国家出版基金项目
NATIONAL PUBLICATION FOUNDATION

抗日战争专题研究

张宪文　朱庆葆　主编

第三辑
敌后
根据地

陕甘宁边区建设研究

谢世诚　周竞风　杨颖奇　著

江苏人民出版社

图书在版编目(CIP)数据

陕甘宁边区建设研究 / 谢世诚，周竞风，杨颖奇著
. —南京:江苏人民出版社，2024.4
(抗日战争专题研究 / 张宪文，朱庆葆主编)
ISBN 978 - 7 - 214 - 28401 - 3

Ⅰ.①陕… Ⅱ.①谢… ②周… ③杨… Ⅲ.①陕甘宁
抗日根据地-历史-研究 Ⅳ.①K269.507

中国国家版本馆 CIP 数据核字(2023)第 196697 号

书　　　　名	陕甘宁边区建设研究
著　　　　者	谢世诚　周竞风　杨颖奇
责 任 编 辑	马晓晓
装 帧 设 计	刘葶葶
责 任 监 制	王　娟
出 版 发 行	江苏人民出版社
地　　　　址	南京市湖南路 1 号 A 楼,邮编:210009
照　　　排	江苏凤凰制版有限公司
印　　　刷	苏州市越洋印刷有限公司
开　　　本	652 毫米×960 毫米　1/16
印　　　张	38.75　插页 4
字　　　数	450 千字
版　　　次	2024 年 4 月第 1 版
印　　　次	2024 年 4 月第 1 次印刷
标 准 书 号	ISBN 978 - 7 - 214 - 28401 - 3
定　　　价	178.00 元

(江苏人民出版社图书凡印装错误可向承印厂调换)

教育部哲学社会科学研究重大委托项目
2021年度国家出版基金资助项目
南京大学"双一流"建设卓越计划项目
"十四五"国家重点出版物出版专项规划项目

合作单位

南京大学　北京大学　南开大学　武汉大学

复旦大学　浙江大学　山东大学

台湾中国近代史学会

学术顾问

总　序

张宪文　朱庆葆

日本侵华与中国抗日战争是近代中国最重大的历史事件。中国人民经过 14 年艰苦卓绝的英勇奋战，付出惨重的生命和财产的代价，终于取得伟大的胜利。

自 1945 年抗日战争结束至 2015 年，度过了漫长的 70 年。对这一影响中国和世界历史进程的重大事件，国内外历史学界已经做过大量的学术研究，出版了许多论著。2015 年 7 月 30 日，在抗日战争胜利 70 周年前夕，中共中央政治局就中国人民抗日战争的回顾和思考进行集体学习，习近平总书记发表重要讲话，指示学术界应该广为搜集整理历史资料，大力加强对抗日战争历史的研究。半个月后，中共中央宣传部迅速制定抗日战争研究的专项规划。8 月下旬，时任中共中央宣传部部长刘奇葆召开中央各有关部委、国家科研机构和部分高校代表出席的专题会议，动员全面贯彻习总书记的讲话精神，武汉大学和南京大学的代表出席该会。

在这一形势下，教育部决定推动全国高校积极投入抗战历史研究，积极支持南京大学联合有关高校建立抗战研究协同创新中心，并于南京中央饭店召开了由数十所高校的百余位教授、学者参加的抗战历史研讨会。台湾中国近代史学会也派出十多位学者，在吕芳上、陈立文教授率领下出席会议，共同协商在新时代深入开展抗战历史研究的具体方案。台湾著名资深教授蒋永敬在会议上发表了热情洋溢的讲话。经过几个月的酝酿和准备，南京大学决定牵头联合我国在抗战历史研究方面有深厚学术基础的北京大学、南开大学、武汉大学、复旦大学、浙江大学、山东大学及台湾中国近代史学会，组织两岸历史学者共同组建编纂委员会，深入开展抗日战争专题研究。中央档案馆和中国第二历史档案馆也积极支持。在南京中央饭店学术会议基础上，编纂委员会初步筛选出130个备选课题。

南京大学多次举行党政联席会议和校学术委员会会议，专门研究支持这一重大学术工程。学校两届领导班子均提出具体措施支持本项工作，还派出时任校党委副书记朱庆葆教授直接领导，校社科处也做了大量工作。南京大学将本项目纳入学校"双一流"建设卓越计划，并陆续提供大量经费支持。

江苏省委、省政府以及江苏省委宣传部，均曾批示支持抗战历史研究项目。国家教育部社科司将本项研究列为哲学社会科学研究重大委托项目，并要求项目完成和出版后，努力成为高等学校代表性、标志性的优秀成果。

本项目编纂委员会考察了抗战历史研究的学术史和已有的成果状况，坚持把学术创新放在第一位，坚持填补以往学术研究的空白，不做重复性、整体性的发展史研究，以此推动抗战历史研究在已有基础上不断向前发展。

本项目坚持学术创新，扩大研究方向和范围。从以往十分关注的九一八事变向前延伸至日本国内，研究日本为什么发动侵华战争，日本在早期做了哪些战争准备，其中包括思想、政治、物质、军事、人力等方面的准备。而在战争进入中国南方之后，日本开始实施一号作战,将战争引出中国国境,即引向亚太地区,对东南亚各国及东南亚地区的西方盟国势力发动残酷战争。特别是日军偷袭美军重要海军基地珍珠港,不仅给美军造成严重的军事损失,也引发了日本法西斯逐步走向灭亡的太平洋战争。由此,美国转变为支援中国抗战的主要盟国。拓展研究范围,研究日本战争准备和研究亚太地区的抗日战争,有利于进一步揭露日本妄图占领中国、侵占亚洲、独霸世界的阴谋。

本项目以民族战争、全民抗战、敌后和正面战场相互支持相互依靠的抗战整体,来分析和认识中国抗日战争全局。课题以国共两党合作为基础,运用大量史实,明确两党在抗日战争中的地位和作用,正确认识各民族、各阶级对抗日战争的贡献。本项目内容涉及中日双方战争准备、战时军事斗争、战时政治外交、战时经济文化、战时社会变迁、中共抗战、敌后根据地建设以及日本在华统治和暴行等方面,从不同视角和不同层面,深入阐明抗日战争的曲折艰难历程,以深刻说明中国抗日战争的重大意义,进一步促进中华民族的伟大复兴。

对于学界已经研究得甚为完善的课题,本项目进一步开拓新的研究角度和深化研究内容。如对山西抗战的研究更加侧重于国共合作抗战;对武汉会战的研究将进一步厘清抗战中期中国政治、经济、社会的变迁及国共之间新的友好关系。抗战前期国民党军队丢失大片国土,而中国共产党在十分艰难的状况下,在敌后逐步收复失地,建立抗日根据地。本项目要求各根据地相关研究课题,应在以往学界成果基础上,着力考察根据地在社会改造、经济、政治、人才培养等方面,如何探索和积累经验,为1949年后的新中国建设提供有益的借鉴。抗战时期文学艺术界以其特有的文化功能,在揭露日军罪行、动员广大民众投入抗战方面,发挥了重要作用。我们尝试与艺术界合作，动员南京艺术学院的教授撰写了与抗日战争相关的电影、美术、音乐等方面的著作。

本项目编纂委员会坚持鼓励各位作者努力挖掘、搜集第一手历史资料，为建立创新性的学术观点打下坚实基础。编纂委员会要求全体作者坚决贯彻严谨的治学作风，坚持严肃的学术道德，恪守学术规范，不得出现任何抄袭行为。对此，编纂委员会对全部书稿进行了两次"查重"，以争取各个研究课题达到较高的学术水平，减少学术差错。同时，还聘请了数十位资深专家，对每部书稿从不同角度进行了五轮审稿。

本项目自2015年酝酿、启动，至2021年开始编辑出版，是一项巨大的学术工程。百余位学者、教授，六年时间里付出了艰辛的劳动，对抗战历史研究做出了重要贡献！编纂委员会向全体作者，向教育部、江苏省委省政府以及各学术合作院校，向江苏凤凰出版传媒集团暨江苏人民出版社，向全体编辑人员，表示最崇高的敬意和诚挚的感谢！

目　录

导　论

中国全面抗战时期,中国共产党领导的陕甘宁边区的各项建设和创新活动,是一曲宏伟壮丽的凯歌。本书对此进行认真但初步的探索。

一、陕甘宁边区的建立和历史沿革

陕甘宁边区(以下一般简称"边区")是中共中央率领中国工农红军长征到达陕北,在原存的陕北、陕甘两块革命根据地的基础上建立、发展起来的。第二次国共合作建立后、抗日战争时期,边区成为国民政府下辖的特区政府。其范围大致包括陕西、甘肃、宁夏三省交界的各一部,多处于黄土高原,面积狭窄,人口稀少,土地贫瘠,经济落后,却是中国共产党在抗日战争时期建立的所有抗日根据地中成立最早、影响最大者,具有极其重要而特殊的战略地位,对于夺取抗日战争和中国民主革命的彻底胜利、建立和建设发展新中国皆有重要而深远的意义。

早在第一次国共合作的大革命时期,中国共产党即发动领导西北地区广大人民开展了轰轰烈烈的反帝、反封建革命斗争,并相继成立了党的地方领导机构。大革命失败后，中国共产党开始独立领导武装斗争，工作重心也逐步由城市转移到乡村。1927年10月，唐澍、谢子长等发动的清涧起义，1928年五六月间唐澍、刘志丹、谢子长等领导的陕西渭南、华县起义（渭华起义），1928年6月，吕佑乾、许才升等领导的旬（栒）邑起义，这三次起义及随后各处发生的武装斗争，为西北地区革命的发展奠定了重要基础，并逐渐形成陕北和陕甘边两块革命根据地，建立了红二十六军和红二十七军。

为了加强对陕甘边和陕北根据地党和红军的集中统一领导，1935年2月5日，根据中共中央北方局指示，陕甘边特委、陕北特委在安定县正式成立中共西北工作委员会，选举惠子俊为书记，刘志丹、谢子长、习仲勋、崔田夫、高岗等为委员，同时成立西北革命军事委员会，由刘志丹（一说谢子长）任主席；同年5月，组建成由刘志丹任总指挥、高岗任政委的红二十六军、红二十七军前敌总指挥部，西北革命根据地正式建立。

同年7月，统一后的西北红军在刘志丹等指挥下，击破了陕、甘、宁、晋4省约5万余人的国民党武装对陕甘边苏区的"围剿"，先后占领延长、延川、安塞、靖边、保安（现志丹）、安定（现子长）6县县城，开辟了甘泉、鄜（富）县、宜君、定边、环县等地区的工作。由此，陕北和陕甘边两块根据地联成一片，形成了北起长城，南至淳化，西接庆环，东临黄河约20多个县，面积达3万多平方千米、人口90万的统一根据地，红军扩大到2个师、9个团共5 000多人，游击队4 000多人[1]，此后又取得了一系列胜利。

---

[1] 齐心、张馨主编：《陕甘宁边区政府成立五十周年论文选编》，西安：三秦出版社1988年版，第23页。

正当陕北苏区进行第三次反"围剿"斗争的紧要之际，中央代表团却执行王明"左"倾路线，开展所谓"反对右倾取消主义"斗争和"肃反"运动，进行"残酷斗争、无情打击"，逮捕了刘志丹、高岗、习仲勋、杨森、张秀山、张策等一大批西北根据地的创建者和领导者，枉杀 200 多名党政军干部，造成西北苏区和革命事业的严重危机。1935 年 9 月，中共中央派驻西北代表团在延川县永坪镇召开的联席会议决定取消西北工作委员会，改组军委，成立红十五军团，并成立以朱理治、郭洪涛为正副书记的陕甘晋省委。

1935 年 9 月，长征中的中共中央召开了甘肃通渭县榜罗镇政治局会议，做出了以陕北作为中国革命大本营的决策。中共中央到达陕北后采取紧急措施，及时纠正在苏区蔓延的"左"倾错误，释放了刘志丹等领导人。同年 11 月，中央红军、西北红军联合作战，取得直罗镇战役胜利，彻底粉碎了国民党军发动的对陕北根据地的第三次反革命"围剿"，为中共中央在西北建立广大的根据地"举行了奠基礼"①。陕甘革命根据地由此成为红军长征的落脚点、中国革命新征程的出发点。

1935 年 11 月初，中共中央决定在陕甘晋苏区设立中华苏维埃共和国临时中央政府西北办事处，统一领导陕甘、陕北和关中、神府两特区苏维埃政府，成立了西北革命军事委员会，毛泽东任主席，周恩来、彭德怀分任副主席，统一指挥红军和陕甘、陕北地方革命武装。不久西北办事处将苏区分为陕北省（书记郭洪涛）、陕甘省（书记朱理治，后李富春）及三边特区（书记谢唯俊）、神府特区（书记杨和亭，后张秀山）、关中特区（书记贾拓夫，后习仲勋）等区

---

① 毛泽东：《直罗战役同目前的形势与任务》（1935 年 11 月 30 日），中共中央文献研究室编：《毛泽东文集》第 1 卷，北京：人民出版社 1993 年版，第 365 页。

划,同时成立中共中央西北局,统一领导两省及三个特区工作。

九一八事变后,随着中日民族矛盾不断加深,中国共产党明确提出"以民族革命战争驱逐日本帝国主义出中国"的主张。早在红军长征途中,1935年8月1日,中共中央由中共驻共产国际代表团代发了《为抗日救国告全体同胞书》,即著名的"八一宣言",呼吁全国各党派停止内战,集中包括人力、物力、财力、武力在内的一切国力"去为抗日救国的神圣事业而奋斗"①。1935年12月,中共中央在陕北瓦窑堡召开的政治局扩大会议通过了《关于目前政治形势与党的任务决议》,确立了关于建立抗日民族统一战线的方针政策。1936年2月,红军抗日先锋军渡黄河东征转战山西;5月,为巩固西北革命根据地,东征红军回师西进,歼灭马鸿逵部3个团以上的兵力,攻占甘肃、宁夏的宁条梁、定边、盐池、豫旺、环县、曲子、花马池、固原等地,开辟了纵横各400余里的新根据地,大体形成了陕甘宁边区的区域范围。

1936年12月,西安事变的和平解决成为建立第二次国共合作、抗日民族统一战线的枢纽。此后,在中国共产党的积极推动下,国共双方经过密集谈判,达成了一系列协议。1937年5月,中共中央和中华苏维埃共和国中央政府正式宣布改苏维埃制度为共和国制度,改陕甘宁苏区为国民政府陕甘宁特区。7月,抗日战争全面爆发后,国共谈判更加紧推进。8月25日,红军改编为八路军。9月6日,原中华苏维埃共和国临时中央政府西北办事处正式改为陕甘宁边区政府,政府主席团成员包括林伯渠(主席)、张国焘(副主席)、习仲勋、徐特立、刘景范、马明方、高岗等。

---

① 中共中央文献研究室、中央档案馆编:《建党以来重要文献选编(1921—1949)》第12册,北京:中央文献出版社2011年版,第265页。

面对汹涌澎湃的全民族抗日热潮,国民政府行政院终于在
1937 年 10 月 12 日召开第 333 次会议划定了边区的区划,包括:陕
西省的延安(肤施)、安塞、保安(志丹)、安定(子长)、延长、延川、旬
(栒)邑、淳化、定边、靖边、甘泉、鄜(富)县、米脂、绥德、葭(佳)县、
清涧、吴堡,甘肃省的庆阳、合水、环县、镇原、宁县、镇宁等 23 县,
宁夏省花马池(盐池县),豫旺,神(木)府(谷),关中部分地区,总面
积约 13 万平方千米,人口约 140 万人,首府为延安,作为国民政府
直辖的特区暨八路军募补区。

整个抗战期间,国共之间的摩擦、冲突并未停止,特别是相持
阶段到来后更趋激烈,国民党军队于 1939 年冬至 1940 年春占据边
区镇原、宁县、正宁、旬(栒)邑、淳化 5 座县城。中共中央针锋相
对,除进行军事反击外,陆续新建新宁、新正、淳耀、赤水、固临 5 个
县级区划。1941 年 11 月为了适应新的形势,边区将辖地新划分为
29 个县、市,计 266 个区,1 549 个乡。此后,直至抗日战争结束,行
政区划虽略有变动但变化不大。第三次国内革命战争胜利后,
1950 年 1 月 19 日中共西北军政委员会成立,陕甘宁边区政府宣告
结束。

二、抗战时期中国共产党的历史使命与陕甘宁边区的地位

服膺马克思主义理论的中国共产党从成立时起就明确提出自
己的历史使命和奋斗目标。1922 年中国共产党第二次全国代表大
会通过的宣言提出党的全部纲领:"消除内乱,打倒军阀,建设国内
和平","推翻国际帝国主义的压迫,达到中华民族完全独立",实现
中国的完全统一、建立真正的民主共和国,并"渐次达到一个共产

主义的社会"①。即承担完成反帝反封建的民主革命和进行共产主义革命、建立共产主义社会的双重历史使命。

整个新民主主义革命时期,中共矢志不渝地领导广大人民开展反帝、反封建、反军阀斗争,为实现民族独立和人民解放而努力奋斗。抗战爆发以后,随着中日民族矛盾上升为中国社会主要矛盾,为完成动员全体人民,团结一切可以联合的力量驱逐日本帝国主义出中国这一最直接紧迫的任务,中共一直站在领导抗日战争的历史最前沿。

但这绝不意味着中共放弃自己的共产主义理想和目标。1936年访问边区的美国记者埃德加·斯诺记述的毛泽东的一番谈话(中华人民共和国成立后才公开),清楚地表明了这一点。

谈话中,毛泽东准确预见了此后中国历史的进程,强调要建立抗日民族统一战线并很快会实现,向斯诺详尽叙述了抗日持久战和获取政权的方式;预见到日本将会进攻欧洲国家在亚洲的殖民地并向美国开战,确信苏联也将加入抗日的国际统一战线;抗日战争不能够指望速胜,他告知,要预见到战争初期日本将赢得所有的重大战斗,但随后将出现持久斗争的局面,此时起主要作用的则是红军游击队,"国民党的力量荡尽以后,红军的力量就迅速壮大起来了"。毛泽东预计抗日战争可能会持续十年,"而且在抗战结束以后,中国革命的力量人数会更多,装备会更好,而且更有经验,更得人心,而作为主要力量出现于亚洲东部"。斯诺说,毛泽东绝不隐瞒中国共产党完全夺取政权的目标,而"抗日战争不过是完成新民主主义阶段的准备罢了。他从容沉着地相信,日本会给中国带

① 中共中央文献研究室、中央档案馆编:《建党以来重要文献选编(1921—1949)》第1册,北京:中央文献出版社2011年版,第133页。

来'机会'——它事实上已经在这样做了"。"毛主席反复地说,中国共产党是决不放弃它的社会主义和共产主义目标的。"所以"当日本人把国民党和西方国家从中国的通商口岸和城市赶走从而留下一种政治真空时,共产党人多么愿意奔赴广大的内地并把农民组织起来"①。

根据这样的历史使命,中国共产党在抗战时期同样肩负着双重任务:夺取抗日战争胜利,并为夺取民主革命的彻底胜利奠定牢固基础。而边区在完成此双重任务过程中具有难以替代的地位。

对夺取抗战胜利而言,边区地处特殊而重要的战略位置,林伯渠在边区第一届参议会上所作政府工作报告中指出:"因为边区跨有陕西、甘肃、宁夏三省各一部,西接甘肃、宁夏,北接绥远,东临山西,所以一方面成为保卫西北的北门锁钥,另一方面又成为坚持华北抗战的重要后方。边区在军事上来说,它是缩毂华北与西北的战略支点。"②其存在、巩固,对坚持抗战全局特别是华北正面战场至关重要,屏障着华北、西北大后方的战略安全。同时,边区又是中国共产党独立领导的敌后战场的指挥中枢、总后方,中共中央在此运筹帷幄,引领军民夺取抗战最后胜利。

而对彻底完成民主革命任务来说,边区是第二次国内革命战争时期唯一没有丢失的根据地,成为中国革命起死回生的落脚点、转折点、出发点。对于它的这一历史地位和作用,毛泽东曾多次给予高度评价。如1945年2月在中共六届七中全会报告中指出:"陕甘宁边区的作用非常大,我说它是中国革命的一个枢纽,中国革命

① [美]埃德加·斯诺:《我在旧中国十三年》,北京:生活·读书·新知三联书店1973年版,第73、74页。
② 陕西省档案馆、陕西省社会科学院编:《陕甘宁边区政府文件选编》第1辑,北京:档案出版社1986年版,第118页。

的起承转合点。长征结束以后,起是从这个地方起的,转也是从这个地方转的","这个地方是落脚点,同时又是出发点","抗战以来,我们的队伍除新四军外,都是从这里出发的"①。同年 4 月在中共七大预备会议上又强调指出:"没有陕北那就不得下地。我说陕北是两点,一个落脚点,一个出发点。"②新中国成立之初,毛泽东在给延安和陕甘宁边区人民复电时再次高度评价说:延安和陕甘宁边区曾经是中共中央的所在地和中国人民解放斗争的总后方,当地人民"对于全国人民是有伟大贡献的",号召"全国一切革命工作人员永远保持过去十余年间在延安和陕甘宁边区的工作人员中所具有的艰苦奋斗的作风"③。

　　边区同样是中共指挥中国新民主主义革命的中枢,各项决策策源地。抗战时期中共中央在此制定了决定中国命运的政治路线、组织路线和一系列方针政策,这些方针政策的产生依赖于实践特别是在边区的实践,在实践中不断完善,并进一步上升为理论。

　　作为中国抗战大后方,抗日民族统一战线的建立和相对稳定的和平环境为中国共产党深入开展理论的研究与创新提供了重要前提。陕甘宁边区时期成为中国共产党人大力推进马克思主义理论中国化的重要阶段,其间毛泽东更是身体力行,率先垂范,撰写了一大批论著,后来收入《毛泽东选集》的多达百余篇。这些彪炳千古的论著深刻揭示了中国基本国情、社会性质、阶级关系、主要

---

① 毛泽东:《时局问题及其他》(1945 年 2 月 15 日),中共中央文献研究室编:《毛泽东文集》第 3 卷,北京:人民出版社 1996 年版,第 265 页。

② 《中国共产党第七次全国代表大会的工作方针》(1945 年 4 月 21 日),中共中央文献研究室编:《毛泽东文集》第 3 卷,第 297 页。

③ 毛泽东:《永远保持艰苦奋斗的作风》(1949 年 10 月 26 日),中共中央文献研究室编:《毛泽东文集》第 6 卷,人民出版社 1999 年版,第 17 页。

矛盾等,形成了新民主主义革命理论,形成了马克思主义中国化的第一个重大理论成果——毛泽东思想。所以邓小平认为这一时期"可以说是毛泽东思想比较完整地形成起来的一段"①。列宁指出:"没有革命的理论,就不会有革命的运动。"在新民主主义理论和各项方针政策指引下,中国革命克服重重艰难险阻,不断发展、壮大,至1945年中国共产党开辟和领导的根据地共19块(除陕甘宁外皆在敌后),人口1亿,军队120万,民兵200万,共产党员100万,为夺取抗战和新民主主义革命彻底胜利奠定了雄厚的基础。

边区是培养、输出革命骨干的重要基地。中国共产党此时更加重视培养干部。1938年10月14日,毛泽东在中共六届六中全会的报告中提出:"政治路线确定以后,干部就是决定的因素。因此,有计划地培养大批的新干部,就是我们的战斗任务。"②边区作为抗战总后方,被誉为"抗日的灯塔"和"革命圣地",吸引成千上万的进步人士、革命青年和海外华侨前来寻求真理,献身民族解放事业。为适应形势发展需要,中共中央、边区党和边区政府高度重视干部的培养和教育,建立了中央党校、中国人民抗日军政大学(简称"抗大")、陕北公学(简称"陕公")等一大批以培养干部为目的的学校(详见文化建设第二节),培养了数以万计的优秀干部,除一部分留边区外,绝大多数分配到八路军、新四军及国统区工作,而据统计,其间输送至其他敌后根据地的政治、军事、经济各方面的干

---

① 邓小平:《对起草〈关于建国以来党的若干历史问题的决议〉的意见》(1980年3月—1981年6月),《邓小平文选》第二卷,北京:人民出版社1994年版,第292页。

② 毛泽东:《中国共产党在民族战争中的地位》(1938年10月),中共中央文献编辑委员会编:《毛泽东选集》第二卷,北京:人民出版社1991年版,第526页。

部达 4 万名以上,技术干部亦有数千,①为各根据地发展提供了组织保证。

　　边区又是中国共产党领导革命、学习建设、治理国家和社会的试验区。"近水楼台先得月",中国共产党的各种理论、方针、政策形成后首先就在陕甘宁边区付诸实施,取得成效和经验后再向其他根据地推广,起着引领和示范作用,有力地支持和带动各抗日民主根据地的建设和发展。正如毛泽东所明确指出:"边区的作用,就在做出一个榜样给全国看。"②也如任弼时所说,相对于华北、华中各敌后抗日根据地,边区"是处于一种领袖的地位","对于全国,甚至全世界来说,是处在一种中央发言人的地位",边区在各个领域的建设和实践,"对于其他根据地有一种先导的模范的作用,要为其他根据地所效法"③。彭德怀也指出:"陕甘宁边区在中共中央领导下取得的重大成就和经验,对敌后各抗日根据地有重大影响。"④

　　边区还是中国共产党人宣示政治理念、展示形象并与世界反法西斯力量密切合作的重要场所。在中共中央率领红军达到陕北之前,国民党统治区民众、世界人民对中国共产党及其政治理念知之不多。正是立足陕北建立相对稳定的根据地之后,才有大批外国记者暨有关人士如埃德加·斯诺、艾·史沫特莱、贝特兰、哈·

---

① 中共盐池县党史办公室编:《陕甘宁边区概述》,银川:宁夏人民出版社 1988 年版,第 3 页。

② 陕甘宁边区财政经济史编写组、陕西省档案馆编:《抗日战争时期陕甘宁边区财政经济史料摘编·财政》第 6 编,西安:陕西人民出版社 1981 年版,第 80 页。

③ 西北五省区编纂领导小组:《陕甘宁边区抗日民主根据地·文献卷》下,北京:中共党史资料出版社 1990 年版,第 2 页。

④ 转引自王寅城编:《陕甘宁边区》,北京:新华出版社 1990 年版,第 48 页。

福尔曼、伊·爱泼斯坦、谢伟思等先后到来，进行了近距离观察、采访和客观报道，才使中外民众对中国共产党有了清楚了解和正确认识。中国共产党还与世界反法西斯力量进行密切合作，在边区成立了东方各民族反法西斯大同盟、在华日人反战同盟延安支部和华北联合会、日本工农学校、朝鲜革命军政学校等组织。越共领袖阮爱国（胡志明），日共领袖冈野进（野坂参三），国际学联代表柯尔曼、雅德、傅洛德、雷克难等先后在延安切磋国际反法西斯问题，甚至连美国政府也将抗战胜利寄希望于中国共产党，因之派出美军观察组进驻延安，并将对华政策做出某些调整。一些爱国民主人士、华侨如梁漱溟、黄炎培、章伯钧、李公朴、赵超构、陈嘉庚等也都先后造访延安，亲睹了边区的建设和发展，与中国共产党领袖进行深入交流，这一切皆为世界反法西斯斗争胜利做出了重要贡献，对中国政治发展产生深远影响。中国共产党领导下的富有活力、充满战斗精神的边区，向世人充分展示了中国的光明未来和希望所在，成为抗战必胜的精神支柱、力量之源。

三、中国共产党的成熟与陕甘宁边区建设的创新性

边区取得如此成就，更由其各项工作、建设的创新，首先是思想、理论的创新所决定的。而这些创新集中到一点，就是此时中国共产党形成的新民主主义理论。我们将在本书次第看到，8 年中，在新民主主义理论引领下，边区创造性地开展了政治、经济、文化、社会、军事等领域崭新的新民主主义社会的综合性建设，开创出一个新社会的雏形，其举措、力度、成就皆前所未有；与此同时，中国共产党又采取创新性的方法大力加强自身建设，这也是在边区建设中的一个亮点。

边区建设的各项创新，源于抗战时期中国共产党政治上的高

度成熟。

在长征生死攸关的 1935 年 1 月，中共中央召开了遵义会议，纠正了"左"倾机会主义的错误的军事路线，确立了毛泽东在全党和全军的领导地位，在极其危急的关头挽救了党、红军和中国革命，其更深远的意义在于：这是党的历史上第一次不受外在干扰、真正独立自主地解决自身问题的转折，因而成为党走向成熟的一个标志。

到达陕北后，由于有了革命两次胜利和两次失败的经验和教训，特别是随后经历了抗日战争的伟大实践和锤炼，初步成熟的中国共产党走向了新民主主义革命时期的全面成熟。正如刘少奇所言："我们的党，已经是一个在长期革命战争中锻炼过来，并已完全熟练了领导革命战争艺术的党。"[①]

邓小平明确指出过，中国共产党的全面成熟首先表现为思想理论上的成熟，其标志则是最终形成了毛泽东思想这一马克思主义中国化第一个重大成果，并为全党承认、接受和掌握，被确立为党的指导思想。虽然毛泽东思想在土地革命战争时期即已产生，但是在延安时期，毛泽东思想才最终走向成熟，而新民主主义理论的系统阐述，又是其中的标志性内容，并进而形成了中国共产党坚持马克思主义基本原理和中国革命具体实际相结合的基本原则，实事求是的思想路线。理论成熟又是政治成熟的重要前提和基础。正如江泽民所指出："我们党坚持马克思主义基本原理同中国的具体实际相结合，形成自己的科学理论，这是我们党政治上成熟

---

① 刘少奇：《论党》（1944 年 5 月 14 日），中共中央文献编辑委员会编：《刘少奇选集》上卷，北京：人民出版社 1981 年版，第 318 页。

的根本标志。"①政治上的成熟，集中表现为我党真正深刻认识了中国的国情和中国革命规律，进而制定出夺取新民主主义革命彻底胜利的一整套正确的路线和方针政策。而这一切，又都贯穿着积极创新的精神。

思想、理论、政治上的全面成熟，又极大地推动中国共产党在组织、作风建设等各方面的成熟，形成了具有中国特色的党建思想，创造了整风运动这种党内马克思主义思想教育模式；形成了以毛泽东为核心的成熟的中央领导集体；形成了理论联系实际、密切联系群众、批评与自我批评作为与其他任何政党相区别的显著标志的"三大优良作风"；从实际出发，因地制宜，在各领域、各项工作中不落窠臼、灵活机动的举措，极大地巩固和发展了中国共产党领导的抗战事业，有力推动了历史进程。这些活动，同样闪烁着创新的光辉。

朱熹曾有名句："问渠哪得清如许，为有源头活水来。"中国共产党思想、理论、政治上的成熟，正是陕甘宁边区建设各项创新的根本源泉，而边区创新的"清流"，又使得全党的创新"源泉"更具生机和活力，两者可谓相得益彰。让我们来领略一番边区建设的这种创新的风范吧。

四、本书的工作与创新

研究党的伟大创新成果，也不能不采取创新的态度，"虽不能至，然心向往之"。

---

① 江泽民:《努力建设高素质的干部队伍》(1996 年 6 月 21 日)，中共中央文献研究室编:《江泽民论党的建设》，北京:中央文献出版社 2001 年版，第 222 页。

自领命本书写作任务以来，首先考虑的即是如何有所新意。这既是丛书的根本要求，也是研究工作题中应有之意，更是面临的最大困难与挑战：陕甘宁这样一个"前人之述备矣"的问题，如何能够在承继以往成果的基础上不落窠臼？对此作者一度也"上穷碧落下黄泉，两处茫茫皆不见"，深感困惑。

但经努力，终于走出困境，取得一定成效：

首先，抓住新民主主义理论这一边区建设、创新的总纲、总根据（当然也是创新的最大成果）来透视中国共产党在边区的各项活动，全篇从而纲举目张，豁然开朗。

第二，根据新民主主义理论这一总纲，本书按政治建设、经济建设、文化建设、社会建设、军事建设5个方面，分26节展开论述，加上导论、结语、后记、索引，共30个部分，这一结构严谨且迄今未见采用，达到了保证内容统一、全面、深入、细致的效果。

第三，研究了许多以往研究涉及不多的内容，特别是"社会建设"部分尤为如此，如"社会管控"应具有独创性。

第四，在资料应用方面，首先全面、基本无遗漏地采用最核心的基本档案史料。在此基础上，及时跟踪最新的资料及研究成果，特别注重发掘回忆录等鲜活的材料。

第五，在文字上也努力打磨，力争准确、简洁、精练、雅达。

第六，在撰述中，更时时把握"创新"这一主旨。郑燮（板桥）有诗云："删繁就简三秋树，领异标新二月花。"作者目标锁定"领异标新"，为此或"删繁就简"，或"添枝加叶"，以期培育出"二月花"。

当然，由于各种主客观因素特别是作者水平的原因，本书肯定也存在诸多不足。作者当虚心、认真听取专家、同人、读者的宝贵意见，不断改进，以臻完善，有所盼焉！

第一章　政治建设

第一节　新民主主义理论与民主政治建设

一、新民主主义理论——边区建设的理论基础

陕甘宁边区的各项建设,包括政治建设的最根本的指导思想,是中国共产党的新民主主义理论。

新民主主义理论是中国共产党理论创新的杰出成果,是毛泽东思想的精华和重要组成部分。它在中国革命长期斗争中逐步产生、发展,而从 1939 年到 1940 年间,毛泽东在延安撰写、发表的《〈共产党人〉发刊词》《中国革命和中国共产党》《新民主主义论》等著作,是这一理论体系最终形成的标志。这一事实雄辩地揭示,陕甘宁边区对于新民主主义理论的最终形成,具有难以替代的地位:处于战略后方、相对安全的陕甘宁边区不仅为一直戎马倥偬的毛泽东、中共中央提供了难得的安定的环境,使之能集中力量进行理论研究和创造,而且为之提供了丰富的实践材料。而这一理论系统形成,又为中国革命包括陕甘宁边区的各项建设,提供了最重要

的保证。

新民主主义理论回答了中国革命的基本问题。

中国当时的国情是什么？中国革命究竟应如何发展？新民主主义理论正确、深刻地回答了这些人们普遍关注、必须回答的基本问题。

新民主主义理论指出，中国共产党领导的整个中国革命运动包括民主主义革命和社会主义革命两个阶段。毫无疑义，中国共产党的根本目标是实现社会主义和共产主义，然而，这绝不可能一蹴而就，所以毛泽东指出："中国革命的历史进程，必须分为两步，其第一步是民主主义的革命，其第二步是社会主义的革命，这是性质不同的两个革命过程。"①而抗日战争时期中国革命的性质则是资产阶级民主主义革命而非无产阶级社会主义革命，这是由中国半殖民地、半封建社会的性质，由中国革命的对象和反帝反封建争取民族独立和人民解放这两大历史任务所决定的。

中国共产党当然决不放弃自己的根本、终极目标，然而，"只有认清民主主义革命和社会主义革命的区别，同时又认清二者的联系，才能正确地领导中国革命"②。那么，这两者的关系是什么？新民主主义理论深刻指出：民主主义革命是社会主义革命的必要准备，社会主义革命是民主主义革命的必然趋势。毛泽东反复强调，作为第一个阶段的民主革命是为第二个阶段的社会主义革命准备条件，而两个阶段必须衔接，中间不容横插一个资产阶级专政的阶段，"这是马克思主义的革命发展论"。民主革命胜利后建立资产阶级专政，俟条件成熟再进行社会主义革命即"二次革命"，这是不

① 毛泽东：《新民主主义论》(1940年1月)，《毛泽东选集》第二卷，第665页。
② 毛泽东：《中国革命和中国共产党》(1939年12月)，《毛泽东选集》第二卷，第652页。

容许更不可能的资产阶级的一厢情愿;而要将社会主义革命任务合并和提前在民主主义任务中去,"毕其功于一役",则是"为真正的革命者所不取的"的"左"倾空想。

新民主主义理论更指出:"而所谓民主主义,现在已不是旧范畴的民主主义,已不是旧民主主义,而是新范畴的民主主义,而是新民主主义。"①毛泽东从时代特点、阶级阵线、政权结构、经济结构、革命的领导权、指导思想、前途等层面,对此具体阐述:

从时代与阶级阵线、革命的领导力量来看,新民主主义革命是在俄国十月革命后发生的,已经属于世界无产阶级社会主义革命的一部分,不同于旧民主主义革命属于资产阶级领导的世界革命阵线的状况,"它是坚决反对帝国主义即国际资本主义的"。革命的领导权已由资产阶级让位给了无产阶级。新民主主义革命的国家政权是由几个革命阶级联合对帝国主义者和汉奸反动派的专政,"反对把中国社会造成资产阶级专政的社会"。政权的领导者同样是无产阶级而非资产阶级。新民主主义革命的国家经济则要没收"帝国主义者和汉奸反动派的大企业",亦即后来所称的"官僚资本"归新民主主义国家所有并经营,分配地主阶级的土地为农民所有,同时保存一般的私人资本主义的企业与富农经济。

这就决定了新民主主义革命是一身二任,"虽然在一方面是替资本主义扫清道路,但在另一方面又是替社会主义创造前提"和扫清更广阔的道路,这个前提和道路就是无产阶级、共产党力量的增长和领导权的确立、国营经济和合作经济的形成,所以,经过新民主主义革命中国所要建立的社会的性质和中国革命的最终前途皆

---

① 毛泽东:《新民主主义论》(1940年1月),《毛泽东选集》第二卷,第665页。

是非资本主义、而是社会主义和共产主义的。[1] 关于中国民主革命的指导思想,毛泽东强调,必须是马克思主义、共产主义,"没有共产主义去指导是决不能成功的"[2]。

但是,毛泽东更强调这不等同于社会实践和社会制度。1944年,毛泽东与英国记者斯坦因的谈话更明确重申必须对共产主义思想与共产主义实践进行区别和切割,这在当时的中国革命中尤为重要。强调两者的关系是"在中国社会发展的现阶段,实现新民主主义政策是我们的近期目标。没有共产主义思想方法,就不能正确地指导我们现在的社会革命的民主阶段;而没有新民主主义政治制度,我们就不能将共产主义哲学正确地运用于中国的实际"[3]。这种观点和方法,当然十分正确,成为马克思主义与中国实际相结合、马克思主义中国化的一个典型和范例。毛泽东因之在当时特别反对企图直接由封建经济发展到社会主义经济、中间不经过发展资本主义的阶段的民粹主义,强调中国必须要经历建设新民主主义社会这个历史阶段。

那么,在当时,中国共产党奉行的新民主主义的"载体"抑或形式是什么? 回答是:"新三民主义"。这是因为两者有其能够契合点:新三民主义的政治和经济的原则与中国共产党的最低纲领即民主革命的纲领具有基本相同点,所以才成为国共合作的抗日民族统一战线的政治基础。

对此,中国共产党和毛泽东反复进行过阐述,以释党内外的疑虑。如1941年毛泽东在陕甘宁边区参议会指出:"参议会的目的,

---

[1] 毛泽东:《中国革命和中国共产党》(1939年12月),《毛泽东选集》第二卷,第647页。

[2] 毛泽东:《新民主主义论》(1940年1月),《毛泽东选集》第二卷,第686页。

[3] 毛泽东:《同英国记者斯坦因的谈话》(1944年7月14日),《毛泽东文集》第3卷,第 182—185页。

只有一个,就是要打倒日本帝国主义,建设新民主主义的中国,也就是革命的三民主义的中国。"①1943年,中共中央关于纪念抗战六周年的宣言又称:"应该改良政治",共产党人的主张"还是和过去一样,认为唯一的方针是实际执行孙中山先生的三民主义"②。1944年,毛泽东再次强调:"中国现在所需要的是民主主义,而不是社会主义。"具体来说包括驱逐日本帝国主义、在全国范围内推行民主制度、解决土地问题三项任务,也就是真正实践新三民主义的民族、民权、民生主义,"这些就是目前中国革命的任务。在这些任务完成之前谈论实现社会主义,只能是空谈"③。根据这样的认知,中国共产党在各个敌后抗日根据地特别是在陕甘宁边区,诚心诚意实践新三民主义亦即新民主主义。

二、民主与抗战

(一)发展民主是夺取抗战胜利的根本保证

在实践新三民主义的过程中,中国共产党将追求民主置于首要地位。其原因在于,中共对于民主的意义的深刻认识:它不仅是建立新民主主义的新中国的目标,更首先是夺取抗战胜利的需要和根本保证。

如何把握抗战和民主之间的正确关系,以毛泽东为代表的中国共产党人多次进行了深刻阐述。

---

① 毛泽东:《在陕甘宁边区参议会的演说》(1941年11月6日),中共中央文献编辑委员会编:《毛泽东选集》第三卷,北京:人民出版社1991年版,第807页。

② 毛泽东:《中共中央为抗战六周年纪念宣言》(1943年7月2日),《毛泽东文集》第3卷,第42—43页。

③ 毛泽东:《同英国记者斯坦因的谈话》(1944年7月14日),《毛泽东文集》第3卷,第182—183页。

随着日本侵华不断加深,特别是全面抗战爆发以后,怎样发动全国人民,汇集民意,集中一切力量,团结御辱,共同反抗日本侵略,驱逐日本帝国主义出中国,成为时代最强呼声,也成为摆在中国共产党面前的一项最重大而紧迫的历史任务。中国共产党始终认为,要发动全体人民共同抗战,调动广大人民的积极性,就必须建立和保障人民民主权利,实现人民民主。

中共在全面抗战爆发前,即对此有着深刻的预见。1936 年 9月,中共中央所作《中央关于抗日救亡运动的新形势与民主共和国的决议》即强调当时提出建立民主共和国是动员民众抗击日本帝国主义侵略、防止"亡国灭种"、夺取抗战胜利的最好方法,宣布中国共产党"积极赞助民主共和国运动"①。

从民主的立场出发,中国共产党也同时批判了国民党违背民主的行径,特别是所实行的选举制度,认为这种一党包办的"选举"制度,毫无民主可言,因而"更是弊病百出,全国舆论甚至国民党内部不直其所为,至广大的民众,则以悲愤的沉默"②。中国共产党因之要求必须立即实行真正的民主改革,选举改革则是抓手、突破口:首先应改革国民大会选举方式以建立真正的民主的国会,制定真正的民主宪法,选举产生真正的民主政府,"将政治制度上国民党一党派一阶级的反动独裁政体,改变为各党派各阶级合作的民主政体"。其次是要落实人民的言论、集会、结社自由,"没有这种自由,就不能实现政治制度的民主改革,就不能动员人民进入抗

---

① 中共中央文献研究室、中央档案馆编:《建党以来重要文献选编(1921—1949)》第 13册,北京:中央文献出版社 2011 年版,第 284 页。

② 周恩来:《我们对修改国民大会法规的意见》(1937 年 3 月),中央档案馆编:《中共中央文件选集(1936—1938)》第 11 册,北京:中共中央党校出版社 1991 年版,第206 页。

战，取得保卫祖国和收复失地的胜利"①。

中国共产党对在抗战时期实行的民主的意义认知不断深化，再三强调民主关系到抗日民族统一战线的建立和巩固，"为了建立真正的坚实的抗日民族统一战线，没有国内和平固然不行，没有国内民主也不行"，"看不清民主任务的重要性，降低对于争取民主的努力，我们将不能达到真正的坚实的抗日民族统一战线的建立"。毛泽东更从动员人民群众的视角强调，"抗战需要人民的动员，没有民主自由，便无从进行动员"，从而得出结论："所以争取民主，是目前发展阶段中革命任务的中心一环。"②林伯渠也具体指出过：如果没有民主，人民的权利没有保障，群众团体将没有发展的基础，全国的优秀人才不能发挥他们的力量，"那么，也就不可能形成能够震撼敌人营垒的全民的团结"③。1940年2月，毛泽东在延安各界宪政促进成立大会上，在总结边区民主抗日初步经验的基础上又精辟指出：抗日和民主，"是目前中国的头等大事"，它们互为条件，缺一不可，"这两件东西少了一件，中国的事情就办不好"，而抗日更需要民主作为条件和保证，认为"没有民主，抗日是要失败的。没有民主，抗日就抗不下去。有了民主，则抗他十年八年，我们也一定会胜利"。所以必须"把独立和民主合起来，就是民主的抗日，或叫抗日的民主"④。

---

① 毛泽东：《中国共产党在抗日时期的任务》(1937年5月3日)，《毛泽东选集》第一卷，北京：人民出版社1991年版，第256、257页。

② 毛泽东：《中国共产党在抗日时期的任务》(1937年5月3日)，《毛泽东选集》第一卷，第255页。

③ 林伯渠：《团结与民主》(1939年10月5日)，《林伯渠文集》编辑组编：《林伯渠文集》，北京：华艺出版社1996年版，第143页。

④ 毛泽东：《新民主主义的宪政》(1940年2月20日)，《毛泽东选集》第二卷，第731、732页。

（二）边区要成为民主建设的模范

根据这样的认知，中国共产党在各敌后根据地进行了轰轰烈烈的各项民主实践。而陕甘宁边区因其特殊地位，成了中国共产党建设党领导的新民主主义的民主实践的首要地区、直接抓手和试验区，将建设新民主主义社会、推进民主的各项方针政策首先贯彻于陕甘宁边区的各项工作中，努力将其建设成为新民主主义的一个模范区。

毛泽东对陕甘宁边区一直寄予厚望，再三再四强调：边区"是第一个根据地，统一战线的策源地，全国有名的、政治的文化的中心"，尽管别的根据地人口比边区多，"但不能代替它的地位"①。虽然陕甘宁边区各方面皆进步，然而他认为"边区的进步主要表现在民主"②。陕甘宁边区作为民主的抗日根据地，要"提高自己，帮助别人"。对边区的民主政治的有效巩固和发展，就会"做一个样子给全国看，给全国一个参考，成为全国的一个样本"，由此来推动"全国民主化"③。从而要求边区的工作一定要做得比全国都好，其示范性主要体现在两个方面，一是"要成为模范的抗战堡垒"④。二是要努力"使边区成为民主的模范，推动整个国家的民主化"⑤。

---

① 毛泽东：《时局与边区问题》(1940 年 9 月 23 日)，胡乔木：《胡乔木回忆毛泽东》，人民出版社 1994 年版，第 136 页。

② 中央文献研究室编：《毛泽东年谱(1893—1949)》(修订本)中卷，北京：中央文献出版社 2013 年版，第 103 页。

③ 毛泽东：《在陕甘宁边区党代表大会上的政治报告》(1939 年 11 月 14 日)，胡乔木：《胡乔木回忆毛泽东》，第 135 页。

④ 毛泽东：《在边区议会开幕时之演词》(1939 年 1 月 17 日)，胡乔木：《胡乔木回忆毛泽东》，第 136 页。

⑤ 毛泽东：《在边区议会上的报告》(1939 年 1 月 18 日)，胡乔木：《胡乔木回忆毛泽东》，第 136 页。

1940年3月初,毛泽东在边区党政联席会上又说:现在全国要办新民主主义,那么,"有没有一个样子呢? 我讲已经有了,陕甘宁边区就是模范"。他欣喜地评价道:"边区的方向,就是新民主主义的方向。"①同年9月,在《时局与边区问题》报告中毛泽东又指出:"边区的政治经济文化是否新民主主义? 我们的答复是的。"他对比道,过去苏维埃制度包括现在的安塞、保安依然是工农民主制度(因成分未增加),也是新民主主义,而目前"多数地方应该是工农资产阶级民主",其中包括了开明士绅,这是资产阶级化的对革命妥协的地主。"新民主主义就是无产阶级领导的人民大众的东西,政治经济文化都是如此。"②刘少奇也讲过,陕甘宁这类在敌后建立的抗日民主政府,"在实质上是最合法的"。他认为,由于国民党中一部分人(即顽固派)反对实行民主,所以中央政府的民主化恐怕一时难以实现。但是,在中国一部分地区亦即中国共产党领导的敌后抗日根据地则已实行民主化。"这种民主化的地区,应该是新的民主共和国——三民主义共和国的地方基础。"他进一步预测在中国构建民主共和国的具体道路"可能是由地方到中央到全国,可能要经过长期的奋斗过程"。因此在敌后建立边区这样的抗日民主政权能够起到推动实现全国民主化的重大的模范作用。虽然目前这种政权只是在敌后一部分地区建立的局部政权,"但它有着全国的普遍意义",我们对此必须特别注意。③

---

① 中共中央文献研究室编:《毛泽东著作专题摘编》上,北京:中央文献出版社2003年版,第711页。

② 毛泽东:《时局与边区问题》(1940年9月23日),胡乔木:《胡乔木回忆毛泽东》,第127页。

③ 刘少奇:《论抗日民主政权》(1940年12月),《刘少奇选集》(上卷),第172—176页。

三、实施民主政治纲领的制定

中国共产党在陕甘宁边区推进民主建设有若干抓手,首先则是制定保障人民的民主权利的纲领,因为纲领是实现目标的直接指向和根本保证,中国共产党对此特别重视。

(一)《民主政府施政纲领》与《抗日救国十大纲领》

全面抗战爆发前夕的 1937 年 6 月 20 日,一份崭新的《民主政府施政纲领》即由中共中央和当时的陕甘宁特区政府提出,共 16 条,其中包括:动员一切人力物力财力准备抗日战争;实行民主普选制度与议会制度;保障人民言论机会出版等民主自由;保障农民已分得的土地,实行耕者有其田;废除苛捐杂税,采用单一累进税;优待抗日战士家属;实行社会救济;镇压汉奸活动,消灭土匪等,从各个方面将民主的内容囊括无遗。

全面抗战爆发后,1937 年 8 月中国共产党制定和公布的《抗日救国十大纲领》所提出的全面抗战路线,要求将发动人民群众抗战与提高人民的民主权利、改善人民的生活相结合,指出这是夺取抗战胜利的关键。洛川会议制定的各项政策,将这条路线具体化,以保证抗日各阶级、最广大人民的各项民主权利。

(二)《陕甘宁边区抗战时期施政纲领》

1939 年 1 月 17 日至 2 月 4 日召开的陕甘宁边区第一届参议会(见第三节)的一个重大成果即是制定了《陕甘宁边区抗战时期施政纲领》,随后于 4 月 4 日正式公布。这个纲领旨在进一步推进陕甘宁边区的抗战事业的发展与民主政治的建设。其制定宗旨是"本着拥护团结、坚持抗战、争取最后战胜日寇的方针,本着三民主义与抗战建国纲领的原则",同时"根据陕甘宁边区的环境与条件"①。纲领全文 28 条,其演绎逻辑是三民主义。其中民族主义具体要求坚持与扩大抗日民族统一战线,坚持抗战。民权主义则内容丰富与具体,核心是要发扬民主政治,具体包括:一是实行直接、普遍、平等、不记名的选举制度,健全民主集中制的政治机构,增强人民的自治能力;二是充分保障人民的各项民主自由与权利,如言论、出版、集会、结社、信仰、居住、迁徙、通信等;三是政府要发扬艰苦作风,厉行廉洁政治;四是维护妇女权利,实行男女平等,提高妇女在政治、经济、社会上的地位;五是建立便利人民的司法制度,保障人民检举、告发权;六是维护人民的教育权利,实行免费儿童教育,发展民众教育,实行干部教育。民生主义则再次强调要确保私人财产所有权,保护边区人民土地改革所得利益;废止高利贷,奖励合作社发展;增加农业生产,提高工业生产,奖励商人投资和保护其自由营业;提倡机关、学校、部队的生产运动、节约运动;确定八小时工作制,保护工人利益;优待抗日军人和工作人员家属等。《陕甘宁边区抗战时期施政纲领》是这一时期中国共产党加强边区建设的基本方略,相比两年前的《民主政府施政纲领》,其内容更加充实完备,许多条文含义更加明确,成为较完整的建设抗日民主根据地的纲领,在当时历史条件下具有"宪法"的性质,是边区的"根本大法",成为"边区一切工作之准绳"②。

（三）《陕甘宁边区施政纲领》

1940 年以后,随着形势的发展,中国共产党又着手制定新的陕甘宁边区的施政纲领,即著名的"五一施政纲领"。中共中央《关于

---

① 陕西省档案馆、陕西省社会科学院编:《陕甘宁边区政府文件选编》第 1 辑,西安:陕西人民教育出版社 2013 年版,第 140 页。

② 陕西省档案馆、陕西省社会科学研究院编:《陕甘宁边区政府文件选编》第 1 辑,西安:陕西人民教育出版社 2013 年版,第 140—141 页。

发布五一施政纲领的指示》，向全党揭示了发布此纲领的原因、背景，最重要的是为适应国内外形势的剧烈变化。其中日本侵略者将打击重点放在敌后战场，国民党加紧"反共"，统治更加腐朽、黑暗，致使人民困惑而彷徨无主，敌后抗战进入最艰苦的阶段；中国共产党打退国民党第二次"反共"高潮，政治上更加成熟，影响力不断提升，则是其最重要的背景，所以此纲领的发布"实具有严重政治意义"①。

在此过程中，毛泽东详细审阅纲领的初稿，并改写了其中大部分内容。经中共中央政治局批准，1941 年 5 月 1 日，中共陕甘宁边区中央局颁发了这一简称为"五一施政纲领"的《陕甘宁边区施政纲领》。

纲领开篇即提出制定本纲领的目的和主旨："为着进一步巩固边区，发展抗日的政治经济文化建设，以达坚持长期抗战增进人民福利之目的起见，特提出本纲领。"制定纲领的依据是"根据孙中山先生的三民主义、总理遗嘱及中共中央的抗日民族统一战线原则"，即仍然为新民主主义的新三民主义。

"五一施政纲领"共 21 条。相比 1939 年的纲领增加了若干新的内容，在坚持推进中国共产党团结抗战、建设新民主主义社会的基本方针的基础上，对各项政策皆做了明确规定，其核心仍然是民主政治建设。如：

第五条规定边区实行"三三制"，"以便各党各派及无党派人士均能参加边区民意机关之活动与边区行政之管理"。规定其中共

① 《中共中央关于发布〈陕甘宁边区施政纲领〉的指示》（1941 年 4 月 27 日），中共中央文献研究室、中央档案馆编：《建党以来重要文献选编（1921—1949）》第 18 册，北京：中央文献出版社 2011 年版，第231 页。

产党员与党外人士共事的原则是"实行民主合作，不得一意孤行"。第六条强调保障各项民主权利："保证一切抗日人民（地主、资本家、农民、工人等）的人权，政权，财权及言论、出版、集会、结社、信仰、居住、迁徙之自由权。除司法系统及公安机关依法执行其职务外，任何机关、部队、团体不得对任何人加以逮捕、审问或处罚，而人民则有用无论任何方式控告任何公务人员非法行为之权利。"第八条则强调边区政府要"厉行廉洁政治，严惩公务人员之贪污行为，禁止任何公务人员假公济私之行为，共产党员有犯法者从重治罪。同时实行俸以养廉原则，保障一切公务人员及其家属必需的物质生活及充分的文化娱乐生活"。

　　与民主政治建设密切相关的是要提高人民群众的文化水平，中国共产党此时更深切认知到只有提高民众的文化水平，才能相应提升其政治觉悟。所以纲领第十四条文化教育政策十分具体，包括："继续推行消灭文盲政策，推广新文字教育，健全正规学制，普及国民教育，改善小学教员生活，实施成年补习教育，加强干部教育，推广通俗书报，奖励自由研究，尊重知识分子，提倡科学知识与文艺运动，欢迎科学艺术人才，保护流亡学生与失学青年，允许在学学生以民主自治权利，实施公务人员的两小时学习制。"[1]

　　中国共产党对这一纲领特别重视。中共中央于4月27日纲领公布的前四天即发布"关于发布《陕甘宁边区施政纲领》的指示"，要求进行广泛宣传。4月28日毛泽东又致信中共中央秘书长任弼时并转边区中央局，要求将纲领在边区刊物发表并广为散布。边区中央局坚决、认真、圆满执行了中央的这一指示。

---

[1]《陕甘宁边区施政纲领》（1940年5月1日），中共中央文献研究室编：《毛泽东文集》第2卷，北京：人民出版社1993年版，第334—336页。

1941 年 11 月 6 日至 21 日,边区召开的第二届参议会于 11 月 17 日正式通过决议,庄严宣告:全部接受"五一施政纲领""作为政府今后的施政纲领,并责成政府督导全边区人民切实执行之",这是因为其"不但适合于边区的需要,而且完全适合于中国的国情,是唯一正确的边区施政纲领,也是团结抗战以救中国的良策"①。以边区最高权力机构的决定,进一步规定了这一纲领的法律地位。

在中国共产党和陕甘宁边区政府的领导下,"五一施政纲领"的各项规定和要求得到了很好的贯彻执行。

从抗战开始到 1941 年的几年内,连续颁布的数个发展民主政治的纲领,充分彰显了中国共产党人发展民主政治的决心。特别是其中的《陕甘宁边区施政纲领》成为中国共产党领导的全国各抗日根据地的模范、样板,在这一纲领颁布前后,各敌后抗日根据地也都发布了自己的施政纲领,其基本精神和主要内容则与之相同,再一次证明了边区实行民主政治对全国特别是抗日根据地所起的影响和作用。中国共产党在新民主主义理论指引下,在基本路线、纲领的基础上随之进行了一系列的制度建设。

第二节　民主选举制度建设

一、民主选举传承与边区第一次普选运动

中国共产党在边区推进民主建设的又一个抓手是实行民主选举。

参政权是民主权利中最重要、也是最根本的权利。列宁早在

---

① 胡乔木:《胡乔木回忆毛泽东》(增订本),北京:人民出版社 2014 年版,第 130 页。

1917 年即认为："民主意味着在形式上承认公民一律平等，承认大家都有决定国家制度和管理国家的平等权利。"[①]在具体形式上，参政权主要表现为选举权、被选举权、担任公职、管理国家和社会事务等。所以，公平、公正的选举制度，既是体现民主制度的一个重要标志，也是实践民主制度的一项重要内容，成为人民自己当家作主、行使自身权利的首要步骤和基本方式，缺少民主选举的环节，就无法产生议会等代议机构，无法真正实现人民的民主政治权利，民主将会沦为空谈。对此，对边区民主政治建设做出巨大贡献的谢觉哉就精辟地指出过这种关系："民主，就必须有选举，有民意机关，有真的选举与真的民意机关。"[②]而选举又是"组织民主政治的开始，没有选举，民主政治开不得张"，将其视为组织、推进民主政治的头一件事，强调绝对不可以忽视。[③] 因此，陕甘宁边区对此也进行了大力建设。

（一）传承与准备

事实上，实行普选一直是中国共产党追求的目标和做出的承诺。早在第二次国内革命战争时期，中央苏区等红色根据地都开展过不同方式的民主选举。长征结束、抗战全面爆发以前，在第二次国共合作的抗日民族统一战线构建过程中，中国共产党即认为将陕甘宁边区创造为全国民主的抗日模范区的任务的第一步，是进行由乡到边区议会的选举。1937 年 2 月 10 日，中共中央在致国民党五届三中全会电中提出停止内战、一致对外等五项要求的同

[①] 列宁：《大难临头，出路何在？》(1917 年 9 月 10—14 日)，《列宁选集》第 3 卷，北京：人民出版社 1995 年版，第 257 页。

[②] 谢觉哉：《再论边区民主政治的实际(节录)》(1940 年 6 月 6 日)，《谢觉哉文集》，北京：人民出版社 1989 年版，第 355 页。

[③] 谢觉哉：《论毛泽东同志(几个断片)》(1940 年 7 月 5 日)，《谢觉哉文集》，第 374 页。

时所做出的四项保证中,即包括在由工农政府改名"中华民国特区政府"的边区内"实施普选的彻底的民主制度"①。在随后迎接抗战全面爆发的紧张准备中,中国共产党将发展完善民主作为关键的举措。5月召开的中共苏区党代表大会再次提出"要实现彻底的民主的选举制度及议会政治",两者密切关联,具体包括各级代表会议、议会"须按照平等、直接、无记名投票方法来进行选举";一俟议会"任期结束后,应按期重新选举,并对各该选区选民负责"。这些规定是构建议会合法性的基础,防止议会成为变相的专制机构;议会或代表会议是权力机关,所有行政机关皆由议会或代表会选举产生,并实行向"议会负责制"。

陕甘宁边区的普选正是在这一系列背景和传统基础上开展的,到1945年前,先后组织开展了两次大规模的民主普选运动。

第一次,1937年7月至12月举行。

1937年5月12日,中共中央(时称"中共中央西北办事处")召开的行政会议通过了《陕甘宁边区议会及行政组织纲要》(系由"特区行政组织法起草委员会"拟定)。《纲要》根据中共中央的一贯主张提出,陕甘宁边区应实行议会民主制,因为这是最为彻底、最有利于抗战的民主制度,具体方法则是以直接选举为基础、直接选举与间接选举相结合,包括:选民直接选举产生各级议会的议员并可以随时撤换;各级行政长官从乡长开始,区长、县长直至边区主席、边区法院院长皆由各级议会选举产生,"各级政府直接对各级议会负责";同时又规定了议会的最基本架构:县议会、边区议会皆设立

---

① 中央档案馆编:《中共中央文件选集(1936—1938)》第11册,第158页。

常驻议员,在县议会、边区议会闭会时,"代行职权"①。

同一天,"特区选举法起草委员会"起草的《陕甘宁边区选举条例》也在此次行政会议上获得通过。《条例》一方面为执行统一战线而遵循国民政府制定的"国民代表大会选举法"所规定的原则,另一方面更从实际出发,充分反映陕甘宁边区作为党领导的红色根据地的特殊情形,共计13章29条。根据中央统一部署和行政会议精神,中央内务部迅速制定了《陕甘宁边区选举委员会工作细则》,并于1937年5月25日获得通过。《细则》全文共5章23条,除"总则"外,对选举委员会的工作人员、选举过程的各项工作皆做出了完整规定。《条例》和《细则》这两个文件的基本内容与中央苏区时期的做法大体相同,成为规范和指导选举工作的根本性指导文件。边区第一届参议会在1939年1月通过的《陕甘宁边区选举条例》、边区第二届参议会在1941年11月修正通过的《陕甘宁边区选举条例》皆基本沿袭此《条例》而有所因革损益,选举的具体操作方法也多参照此《细则》。

选举原则是选举工作的起点。为确保民主选举的公正性,各项文件都对选举原则做出了明确规定:1937年《条例》规定边区、县及乡三级参议会议员要根据"普遍、直接、平等、无记名之投票"原则投票产生,以组成此三级参议会。② 1939年《条例》和1941年条例皆重申此项原则。关于选举资格,1937年《条例》规定是:除汉奸、犯罪分子、精神病患者,凡居住边区、16周岁者,不分性别、宗

---

① 《陕甘宁边区政权建设》编辑组编:《陕甘宁边区参议会(资料选辑)》,北京:中共中央党校科研办1986年版,第42页。
② 《陕甘宁边区选举条例》,楚云:《陕行纪实》,重庆:读书生活出版社1938年版,第39页。

教、民族、财产、文化等方面的差异,"都有选举权和被选举权"①。1939 年《条例》和 1941 年条例同样沿袭了这一规定。

关于选举比例,1937 年《条例》规定了不同层级的不同比例,分别是:乡代表会,每居民 20 人选举产生代表 1 人;区议会,每居民 50 人选举产生议员 1 人;县议会,每居民 200 人选举产生议员 1 人;边区议会,每居民 1 500 人选举产生议员 1 人,还规定"其人数在法定半数以下的,得选举候补议员 1 人"。由各级选举委员会主持全部选举工作。更值得注意的是,当时采取、甚至鼓励开展了竞选的选举方法,各候选人(由各政党及各职业团体提出)产生后通过向选民陈述自己的各项承诺、施政思路,以争取选票。当然前提是"在不妨害选举秩序下"。同时严格规定"各级政府现任长官不得为各级选举委员会委员"②,以保证选举不受行政压力而保持公正性。

随着边区人口的增加和政权结构的变化,1939 年《条例》将选举比例进行了调整,改为:每居民 30 人选举产生乡参议会议员 1 人;每居民 700 人选举产生县参议会议员 1 人;每居民 5 000 人选举产生边区参议会议员 1 人。同时调整乡参议会的任期:"乡参议员每半年改选一次"。以乡行政村作为选举基本单位,但又可因地制宜变通处理,"如有联合数村在同一适当地点举行选举之必要时,可由乡选举委员会自行决定之"③。1941 年《条例》对上述各项规则做了进一步调整:将乡市(或等于区的市)参议员的选举单位调整为居民小组,每 20 人至 60 人的居民小组选举乡市参议员 1

①《陕甘宁边区选举条例》,楚云:《陕行纪实》,第 39 页。
②《陕甘宁边区选举条例》,《新中华报》,1937 年 5 月 28 日,第 3、4 版。
③ 中国社会科学院近代史研究所《近代史资料》编译室主编:《陕甘宁边区参议会文献汇辑》,北京:知识产权出版社 2013 版,第 55—57 页。

人,并规定居民小组人数上下限额为:凡居民不满 500 人的乡市,每居民小组人数不得少于 20 人。反之 500 人以上的乡市,每居民小组人数不得多于 60 人,"在同一乡市的居民小组,其人数相差不得超过十分之三"。同时将乡市参议员产生时间改为每半年改选一次。① 1941 年 1 月 1 日,边区政府公布修正《陕甘宁边区各级在议会选举条例》也对 1939 年颁行的《陕甘宁边区选举条例》有关内容作修正:关于各级参议员选举比例,原定乡选议会,每达居民 30 人选参议员 1 名,边区参议会每达居民 5 000 人选举参议员 1 人,改为:乡市参议会,每达 30 人选参议员 1 名,边区参议会每达居民 8 000 人选举参议员 1 名。关于改选:原定边区参议会参议员每一年改选一次,新条例改为每两年改选一次。还增加了关于少数民族选举的条文。② 这种沿袭和调整,是对民主政治建设的继承和不断推进、发扬光大(本篇第四节)。

以上有关选举的各项法律、法规明确规定了边区民主选举的组织形式和具体内容、方法、步骤,从而为选举运动的有序开展提供了重要的保障。

(二) 第一次普选过程

1937 年《条例》公布以后,根据选举条例第 13 条关于"设置选举委员会"的规定,边区选举委员会这一总揽各项选举事务的机构在中共中央直接领导下迅速建立,由蔡树藩任主任,高朗亭任副主任。1937 年 7 月初选举运动正式拉开帷幕,各县、区、乡的选举委员会纷纷建立,按照党的典型先行的工作方法,边区选举委员会选

① 《红色档案·延安时期文献档案汇编》编委会编:《红色档案·延安时期文献档案汇编·陕甘宁边区政府文件选编》第 6 卷,西安:陕西人民出版社 2013 版,第34 页。

② 陕西省档案馆编:《陕甘宁边区政府大事记》,北京:档案出版社 1991 年版,第 83 页。

择延安县作为提前进行选举的试点，获得相关的初步经验后，7 月中旬起，边区选举运动从乡一级开始全面展开。

乡级选举经过的步骤大体包括：其一宣传发动；其二进行选民资格审查、居民和选民登记；其三提出候选人名单；其四正式投票选举；其五乡代表选举产生后召开乡代表会议，选举产生乡政府机关；其六总结整个选举工作。环环相扣，严丝合缝，按此规范严格的程序，到 8 月底，乡级选举工作基本结束。在乡选举的基础上，9 月开始区、县两级议会议员选举，均以乡为单位，其方法是：民众 20 人选举乡代表 1 人，由乡代表选举出乡长；50 人选举区议员 1 人，区议会选举出区长；200 人选举县议员 1 人，县议会选举出县长。一般乡的居民在 500—1 000 人之间，可分别选举区议员 10—20 名，县议员 3—5 名，选民在乡即可完成选举。到 11 月底，边区政府直接管辖区域（不包括"统一战线区"）内，所有的县、区、乡三级民主选举工作胜利结束，相应产生出了第一届地方民选政府。

陕甘宁边区一级的议员的选举工作随即启动。9 月上旬，边区政府重新改组选举委员会，由高朗亭、林里夫、赵生英等 9 人组成，高朗亭为主任，林里夫为秘书长。选举以县为单位，按居民1 500：1 的比额产生边区议员，组成边区议会，产生边区政府。

11 月选举正式开始，中共中央对此轮选工作举更加重视，于 11 月 22 日特别发出《中共陕甘宁边区委员会关于进行特区政府民主选举的指示》，对各项方针政策再次予以明确规定。特别强调，要通选举来推动抗日民族统一战线的建立，完成从工农民主制（"苏维埃制"）向"普选的民主制"的转换，将特区发展为抗战与民主的模范区域，进一步影响、推动全国的民主运动，促进南京政府的政治机构的改革，推动全面的全民的抗战，争取抗战的最后胜利。但同时指出必须保持边区政权的独立性："而特区政府的组织原则仍应保持民主集中的制度",此次选举是保证这种独立性的一个重要举措:"特区政府的组织,完全经过民主选举,不用等待外来的委任。"[1]毛泽东更强调这次民主普选的巨大的政治价值,高度评价实施这一运动的意义,号召八路军部队积极热情地参加此次边区议会选举。到 11 月底,中国共产党在各县、市参加特区代表大会代表候选人员的名单陆续产生,其中还包括少数直接作为边区议员候选人的中共中央、特区政府领导人,如被安排在保安县的林伯渠,在安塞县的朱德与徐特立,在延安市的李富春、伍修权等。中共陕甘宁特区委员会推荐林伯渠出任边区政府主席,为此,11 月29 日《新中华报》用半个版面对林伯渠的革命经历进行了介绍。经过广泛宣传、发动,到 12 月,共选出边区议员 500 多名,至此,陕甘宁边区乡、区、县、边区各级选举工作全部完成,第一次民主选举胜利结束。

其间,关于代议机构的名称有过演变——中共中央决定 1938年 1 月 5 日召开特区人民代表大会,选举产生各级人民代表,进而产生特区政府机关,即是由"议会""议员"之改称。这是因为,国民政府于 1937 年 11 月将陕甘宁边区政府改称为"陕甘宁特区政府",边区政府乃于 1937 年 11 月 10 日发布《关于统一各级政府名称的通令》予以回应。但除与国民政府官方往来外,内部仍称为边区,不久"人民代表大会"仍称为议会,执行原定各项规制。

然而,由于形势的变化等各种原因,此事一再推迟。其间又对各县的议员(又称"代表")进行复选,直至 1939 年 1 月 17 日,全陕甘宁边区第一届参议员方全部选出,第一届参议会得以组成,第一

---

[1] 西北五省区编纂领导小组、中央档案馆编:《陕甘宁边区抗日民主根据地·文献卷》下,第 6—7 页。

届参议会会议最终召开。2月3日,参议会经选举产生了包括常驻议员、议长、副议长在内的参议会机构、新一届边区政府委员及主要官员:高岗任边区参议会议长,张邦英任副议长,边区政府委员会委员计有林伯渠、高自立等15人,林伯渠出任边区政府主席,雷经天任边区高等法院院长,他们组成了边区政府。

陕甘宁边区第一次民主的普遍选举实现了由工农民主政权向抗日民主政权的转变,奠定了边区民主政治建设的基础,也为民主选举积累了丰富经验,成为此后陕甘宁边区和各解放区深入开展各项选举工作的滥觞,是新民主主义革命政治实践的重大成就。在此基础上,八年全面抗战期间,陕甘宁边区的各项选举工作得以不断推进、提高。

二、第二次普选运动

(一) 克服困难与边区第二次普选

从1941年2月至10月,陕甘宁边区开展了第二次民主普选运动。

虽然第一次普选取得了重大成就,但还存在若干不足,特别是此届政权组织中的成员几乎是"清一色"的共产党员。同时,进入抗战相持阶段以来,内外形势发生了巨大变化:在日本帝国主义对边区侵略、破坏、威胁加剧的同时,国民党顽固派将防范重点由外转内,加紧对边区和敌后抗日根据地的包围和封锁,不断制造各种"反共"摩擦,使得中国共产党领导的抗战和革命事业面临了严峻考验,陕甘宁边区更是首当其冲。

如何战胜困难?中共中央和陕甘宁边区政府采取了一系列有效的措施,而其中的关键是加强边区民主政治建设,扩大人民民主。正如陕甘宁边区政府在为改选而给各县县长的指示信中所说:民主选举是保卫边区的需要。革命要战胜反革命,不仅仅靠武装,更要依靠与人民群众、老百姓的联系,集中起边区民众的力量,才能战胜敌人。进一步开展选举,则能达到"改进政治机构,涌出积极分子,有力地保卫边区"的目的。① 因此,为进一步发扬民主,团结各阶级、阶层人民群众坚持抗战,渡过难关,夺取抗日战争的最后胜利,中共中央遂决定进行全边区的第二次普选。

中共中央、边区中央局和边区政府对此次选举极端重视,做了一系列准备和部署。

1940 年 3 月 23 日《关于进行第二次区级民主选举的通知》由中共陕甘宁边区委员会发出,《通知》告诫全体党组织和党员、干部,这是一次重要的政治活动,是发扬党内民主的契机,而在此严峻的形势下只有充分发扬党内的民主精神,"才能更加提高党员积极性,才能使党的领导机关及干部更加健全,才能更适合于战争的需要,使党的力量更加集中起来坚固起来,更能迅速的推动和领导各种紧急抗战工作的进行和完成";对即将开展的选举运动提出了各项具体要求,包括:明确使党更加成为领导抗战的核心这一总的目标,应该讨论如何领导群众抗战的中心议题;紧密结合各项抗战动员工作开展选举而不是将两者游离与对立,使得两者相得益彰,选举不但不应妨碍抗战工作的进行并能够推动和加强抗战工作,同时选举又在加紧进行各项抗战工作中完成和充实。特别提醒要注意工作方法:在选举前要做好准备工作,如尽早准备好工作报告、候选人名单;发扬党内民主,开展自上而下的酝酿,提高党员的认识与积极性,使得此次选举的意义和总方针为所有党员了解、掌

---

① 陕西省档案馆、陕西省社会科学院编:《陕甘宁边区政府文件选编》第 3 辑,北京:档案出版社 1987 年版,第 48 页。

握;保证绝大多数党员参加选举。《通知》还提出党的建设应通过此次选举得到进一步加强,包括思想建设与组织建设,清除太平观念、悲观失望、消极怠工等错误倾向,相应地在组织上吐故纳新;清除各级组织特别是领导机关内坏分子,同时吸收接纳优秀分子,"以健全党的组织,加强党的领导",求得工作的更加改进。[①] 边区全体党组织和广大党员群众根据中央的指示,迅速投身到这一具有重要意义的选举热潮中。

(二)"三三制"原则与第二次普选

然而,这更是一次与政权改革相结合的选举活动,其中心任务是贯彻中共中央于1940年3月6日发出的党内指示信所提出的"三三制"原则,改选各级参议会和各级政府。故此次选举又被称为"三三制"选举。

"三三制"原则是抗战时期中国共产党发扬民主、扩大和巩固抗日民族统一战线的一项伟大创造(详见本章第四节),这一原则又首先贯彻于此次选举中。在绥德、陇东两分区试行并取得初步经验的基础上,边区政府于1940年12月召开委员会全体会议,决定为全面贯彻"三三制"的原则,健全发展边区的民主制度,于1941年上半年在延安及各直属县进行乡市参议员选举,年内召开陕甘宁边区第二届参议会和各县参议会,由民政厅负责处理选举的各项准备工作。1941年1月30日,边区中央局特地发布《关于彻底实行"三三制"的选举运动给各级党委的指示》,要求各地在此次选举时通过认真贯彻"三三制"原则,以真正建立模范的新民主主义政权。同时,又特别强调党组织要发挥坚强的领导作

[①] 西北五省区编纂领导小组、中央档案馆编:《陕甘宁边区抗日民主根据地·文献卷》下,第522—523页。

用,除认真广泛宣传相关政策外,需防范不敢选举非党人士的"不放手做"、把选举交给非党员去办的"放弃领导"及"简单包办"等错误偏向。与此指示相呼应,边区政府又将《为改选及选举各级参议会的指示信》向各行政部门发布,提出要将民主政治列为选举第一位,将轻视或者拒绝、放弃选举提高到不要民主与不要革命的高度,是立场与政治问题,并诠释改选的意义是:作为民选的边区各级参议会与政府,其工作效果如何需向百姓报告请其检查认可,"看还要你不要。这叫做改选"。这更涉及政府的合法性问题,指出所谓正式的合法政府都必须经过正式选举产生,否则皆属临时的,"未经过选举的地区,各级政府都是临时的,必须由老百姓选举,才能叫正式政府"。此外还就选举有关问题做了详细、明确规定。

1941 年 2 月 7 日,《陕甘宁边区各级选举委员会组织规程》(系同年元旦修正公示)由边区政府正式颁布。该"规程"进一步规定了选举的各项原则特别是贯彻"三三制"原则:办理选举的专门机关是各级选举委员会;其职能为处理此次选举的各具体事项,包括上级选举委员会对下级选举委员会的领导监督工作;由数名委员组成,其中一人任主任委员;边区、县、乡市这三级委员名额为 9—13 名、7—11 名、5—9 名不等,分别由边区、县、乡级政府延聘,县乡人选皆需向上级政府呈请。各级军政领导(政府、法院、驻军官员)不准作为选举委员会委员的规定得到了再次强调,以保证选举公正性。对各级选举委员会的任期"规程"也做了明确具体的规定。边区选举委员会同时成立,乔钟灵为主任。这一切措施为选举的有序开展做了很好的准备。

在进行充分宣传、动员的同时,从 2 月开始,边区政府又在延安裴庄进行试点,在取得经验的基础上,由下而上次第进行的普选工作迅速展开。从 3 月开始,乡、市参议员选举陆续开始,其间,为更好地指导下一阶段工作,5 月 22 日,边区政府发布第二次指示信,该信再次强调"乡市选举工作是民主政治的基础",要求各地、各级政府应高度重视选举工作,"必须用大力做乡市选举运动",认为选举工作能否取得成绩的关键"主要看乡市选举能否深入",还就选举中一些具体工作做了布置和安排。① 各乡、市的选举到 7 月份陆续结束。全边区的 1 549 个乡、市都召开了参议会,选出议员共 29 460 名,相应产生了乡、市长。② 在此基础上,县和边区层面的选举随即展开。8 月,各县选举出了本县和边区的参议员,选举组成的县参议会又选举出县长与县政府工作委员会,新的县政府得以组建。至 1941 年 10 月,陕甘宁边区第二次基层和中层的民主选举基本结束,按照"三三制"构建各级政权机构的艰巨工程宣告胜利完成。

在全边区如此广泛、彻底、普遍的民主选举的坚实基础上,陕甘宁边区第二届参议会第一次大会于 1941 年 11 月在延安召开,会上高岗被选举担任参议会议长,谢觉哉、安文钦为副议长。11 月 20 日,选举产生 18 名政府委员,林伯渠、李鼎铭分任边区政府主席、副主席,组成了同样按"三三制"结构构成的边区政府。

至此,边区第二次选举运动,从各党各派、各群众团体、各民族、各阶级、各阶层的人民中选出了近 4 万名代表,组成各级参议会和政府,建立了以"三三制"为组织形式的各级民主联合政府。

---

① 陕西省档案馆、陕西省社会科学院编:《陕甘宁边区政府文件选编》第 3 辑,北京:档案出版社 1987 年版,第 278—279 页。

② 张希坡、韩延龙:《中国革命法制史》,北京:中国社会科学出版社 1987 年版,第 478 页。

三、边区普选运动的创新与意义

陕甘宁边区的选举运动是抗战时期中国民主政治建设的典范,在中华苏维埃时期民主选举的基础上的传承和创新、发展,具有鲜明的时代和自身特色。

(一) 创新

首先是在选举规制上的创新。

如前所述,《陕甘宁边区选举条例》对边区选举的基本原则明确规定为:"采取普遍、直接、无记名之投票选举,选举边区、县、及乡参议会之议员,组织边区、县及乡参议会。"[①]所谓普遍,是指选民范围广泛,除汉奸、罪犯和神经病(系指精神病——作者注)患者外,凡是居住在边区境内、年满 18 岁的人民皆不分阶级、职业、男女、宗教、民族、财产与文化程度的区别与差异,"经选举委员会登记,均有选举权与被选举权"[②]。所谓直接,是指边区的各级代表、议员均是由选民直接选举产生,从而充分体现选民的意志,保障选民真正拥有的民主权利。所谓平等,是指每个选民不管其阶级、党派、团体、地位的差异,在选举中所享有权利皆相同。而无记名则可以更好地保障选民选举自由,防止各种不应有的干扰。这些规制,完全符合现代民主的要求,属于真正的民主。

和中央苏区时期相比,陕甘宁边区选举的主体范围明显扩大。如《中华苏维埃共和国宪法大纲》(经中华苏维埃第一次全国代表大会于 1931 年 11 月 7 日通过)对境内公民的范畴规定为:工人、农民、红军士兵及一切劳苦群众及其家属,不分男女民族(汉、满、苗、

---

① ② 陕西省档案馆编:《陕甘宁边区政府大事记》,北京:档案出版社 1991 年版,第 123—
　　124 页。

黎)、宗教,在苏维埃法律面前一律平等,皆为苏维埃共和国的公民,他们中年满 16 岁以上者"皆享有苏维埃选举权和被选举权"①。换言之,与之相应的是在此法律框架内所有的剥削阶级分子(地主、富农、资产阶级分子,僧侣也作为其中一员)、反动分子(军阀、官僚、豪绅)均被剥夺选举权和被选举权。而此时人民的范畴有了扩大,包括一切抗日的人员亦即抗日民族统一战线的全体成员。其中最值得注意的是:除了工人、农民、小资产阶级这些统一战线的最基本力量外,一切主张抗日与民主的人士,无论是地主、富农抑或国民党人士、地方实力派均进入人民的范畴,自然也拥有政治权利或"公权",其中最主要的则是选举权与被选举权。根据当时对固林、延长、安定、曲子四县的统计可见此种变化,县、区、乡三级参议员的结构是:工人和贫农分别占 69%、71%、77%;中农分别占25%、22%、17%;知识分子则占 2%、2%、1%;地主、富农、商人占约 4%、5%、5%。② 总之,在选民范围上已由"工农民主选举"转变为"一般民主选举";选民范围扩大到了"边区境内之人民",土地革命时期看重的阶级成分问题已不再是选民资格的障碍,边区选民主体来源具备了丰富性、多元化的特点。

其二,选举方式方法的创新。

适应抗战形势发展和边区实际情况,陕甘宁边区选举在方式方法上也灵活多变,富有创新。

在当时中华苏维埃共和国各根据地内,实行"多层宝塔式"的

① 中央档案馆编:《中共中央文件选集(1931)》第 7 册,北京:中共中央党校出版社 1991年版,第 772 页。
② 陕西省档案馆、陕西省社会科学院编:《陕甘宁边区政府文件选编》第 1 辑,北京:档案出版社 1987 年版,第 134 页。因取整计算,各级参议员中各成分比例合计数略有误差。

间接选举的民主选举方式,即:苏维埃代表在乡一级采取直接选举办法选举产生,乡以上的选举则是各级代表产生上一级代表的间接选举。而陕甘宁边区乡、区、县选举都采取直接选举的方式,从而更有效地扩大了人民直接行使民主的权利和范围。

同时,选举方式又根据客观实际情况及时进行调整,将直接选举和间接选举,民主选举和直接聘请相结合,实现了选举效果的最优化。如第一次民主选举中,出于选民们对中国共产党的极大信任,当选者多为共产党的领导干部。而对于一些从群众中涌现出来的先进分子则因了解不够且受旧观念的束缚,大众投票不太积极,致使直接选举存在较大困难。有鉴于此,在一部分县对边区议员的产生已采取直接选举方式后,在另一部分县改为召开县代表大会选出特区(即边区)代表大会的代表(即议员)的间接选举方式,从而较圆满地达到了选举目的。

又如,依据选举条例,选举应采取候选人"竞选"的方式,但在实际操作中,由于同样的原因,则变成了共产党员之间的互相"竞选",出现过著名的"延安五老"中的徐特立和谢觉哉同台讲演、相互"竞选"的状况,其结果无论谁胜出,皆会造成我党在民意机关和政权机构中的"清一色""一统天下"的状况,不利于多党合作和抗日民族统一战线的建立和巩固,经及时总结经验教训,这一环节被迅速取消。

为深入贯彻"三三制"原则,在边区第二次民主选举中,边区党和政府根据中央指示,采取了一系列有效措施,其重点是确保非党人士当选,使各级政府和参议会的成员结构符合"三三制"的比例(详见本章第三节),确保选举工作获得圆满成功。

另一个严重的现实问题是:与旧中国其他地区一样,由于缺乏民主传统,抗战时期陕甘宁边区的大量民众民主意识淡漠,极少关心政治,鲜有政治参与,且经济、文化落后,信息闭塞,交通不便,在这样环境里能不能开展民主选举、怎样开展民主选举,成为又一个巨大难题。中国共产党人通过采取各种行之有效的方法,圆满完成了两次选举任务。包括:

高度重视对群众的宣传动员。如第一次选举运动前夕,陕甘宁边区党委专门下发指示,要求将对群众进行相关的宣传解释与教育的工作作为首要之举,党政部门所有机关单位都要参加,要做到艰苦深入,指出这是决定选举运动成败的关键,并提出开展宣传与教育工作的若干举措,十分详尽具体。包括要按照干部—积极分子与党员—群众的顺序开展;要结合各地实际情况宣讲选举条例与纲领,"把纲领具体化";要采用多种方式如报刊、宣传队、戏剧、传单、画报、标语深入民间宣介。①

在边区历次选举中,从上到下,自始至终都进行广泛而热烈的宣传活动。毛泽东、林伯渠、谢觉哉等领导人亲自撰写文章宣传号召全党全民参加选举。边区当时的各主要报刊(详见"文化建设"章)等皆大量刊登关于选举的文章,创办了专门为选举服务、前后共出了9期、每期发行量皆超过2 000份的《选举通讯》。边区民政厅及各级选举委员会编辑、印制了多种宣传品,不定期向基层大量分发。各地还因地制宜创造了许多宣传形式,既有普通民众熟悉、喜闻乐见的传统方式,也有加工提高或创作的"高雅"之作。前者如《选举小调》②,后者则有清涧选区学生所编排的话剧《竞选》,该剧通过生动有趣而曲折的情节与鲜活的人物形象,讲述了好人当

---

① 中央档案馆、陕西省档案馆编:《中共陕甘宁边区党委文件汇集(1937—1939)》,北京:中央档案馆1994年版,第19页。

② 陕甘宁边区民政厅编:《一九四一年陕甘宁边区乡选总结》(内部材料),1942年,第26页。

选后为民办事、深得老百姓拥戴的故事。1941年4月,经过鲁艺实验剧团重新加工的该剧于延安的中央大礼堂进行了公演,再次在整个边区产生了很大的影响。

　　投票方式因地制宜。针对边区地广人稀、交通不便、文盲众多等情况,边区党和政府因地制宜,对广大人民群众在实践中所创造的各种投票方式,如"票选法""投豆法""画圈法""背箱子""红绿票法""烙票法"等,进行了充分肯定并予以总结推广,从而创造出了世界选举史上闻所未闻的各种选举方法,有效实现了民主选举所要求的秘密投票原则。《新华日报》曾为此指出:"只要有实行民主的决心,人民的文化水平低与不识字都不会变成不可克服的障碍。"①这是对国民党一再以中国民众文化太低、无法实行宪政,只能继续"训政"的借口的有力回击,引起了民主人士的极大兴趣与共鸣。曾有民主政团同盟成员经实地考察后由衷称赞道:"民众在行使民主的过程中所运用的种种选举方法和可以发挥自主能力和各种事实,是给借口民众不识字、程度太低即不可能实行民主者以最有力的打击。事实证明,唯有在扶助民主中,才可以训练民众的能力,而达到完全的民主。"②

　　中共中央、陕甘宁边区党和政府对选举的巨大努力与卓越领导,结出了丰硕的成果。首先是边区广大人民群众的参选积极性被有效动员激发出来,并持续高涨:1937年选举第一届参议会时,70%以上的选民参加了投票,若干地区更远超此数,如"安塞蟠龙除看家、出外、有病的,以及个别小脚妇女外,差不多全数参加",延

①《人民文化水平低,就不能实行民选吗》,《新华日报》,1946年1月24日,第3版。
② 南开大学历史系、中国近现代史教研室编:《中国抗日根据地史国际学术讨论会论文集》,北京:档案出版社1985年版,第250页。

安则一般达 80％以上。① 而到 1941 年选举第二届参议会时,投票选民则达到 80％,稍低些的地方也远超第一届的比例,如延安裴庄乡共有选民 731 人,参加投票的 574 名,占选民总数的 78.5％②,而高的一些地方如绥德、清涧、延川等处,则高达均在 95％甚至以上。③ 短短 4 年,比例增加了 10 个百分点。以边区当时总人口 140 万人计,即意味着参选人数增加了 14 万人! 虽然囿于各种条件限制,一些统计数字并不太精确,但这一切创造了一种奇迹,当属无疑。

(二) 意义

抗日战争时期陕甘宁边区民主选举的发展及成熟,使一切抗日的阶级、阶层,享有充分民主权利,极大地调动了人民的参政积极性和抗日的积极性,有效地促进了边区各项工作的开展与抗日民族统一战线的巩固和扩大,为夺取抗战的胜利做出了十分重要的贡献。时任绥德警备区临时参议会参议员李鼎铭对此就深有感触地说,从 1911 年爆发的辛亥革命算起至 1941 年第二届参议会选举已经过去了 29 年,"29 年来号称民国,但回头想一想,人民究竟参加管理了什么政? 人民获得了什么民主的权利? 今天边区政府真正给予了警备区人民以抗日的民主的权力,使大家有了参政的机会,我们参议员应切实负起责任,代表民意,始不辜负警备区 50

---

① 陕西省档案馆、陕西省社会科学院编:《陕甘宁边区政府文件选编》第 1 辑,北京:档案出版社 1987 年版,第 133—134 页。

② 宋金寿、李忠全主编:《陕甘宁边区政权建设史》,西安:陕西人民出版社 1990 年版,第226 页。

③ 陕西省档案馆、陕西省社会科学院编:《陕甘宁边区政府文件选编》第 4 辑,北京:档案出版社 1987 年版,第 264 页。

万人民对我们的希望"①!

这一选举运动保证了将边区建设成为全国民主模范的根据地,为敌后抗日根据地乃至全国做出了表率,正如毛泽东充分肯定了边区(时称特区)政府在中共中央领导下,首先在西北广大地区实施抗战和普选的民主政治举措,成为"全国民主政治之先导"②,"边区的进步主要表现在民主"③。其中也是最重要的表现就是"边区各级政府都是由人民投票选举的",他对比说,由人民选举自己所欢喜的人去办政府的事的时候,"这比派官办事制度要好得多",此举更对于动员人民力量参加抗日战争"特别积极而有效"④。朱德也深刻指出"边区是第一个"在中国由议会选举产生政府、决定施政方针的地方。⑤　所以,抗战时期陕甘宁边区的民主选举应是中国共产党在抗战时期民主政治发展、边区抗日民主政权建设的里程碑。

第三节　"三三制"原则和边区政权组织结构

中共在边区推进民主建设的又一个抓手是在政权组织结构中实行"三三制"原则。这又是一项重大创新。边区和各敌后根据地

---

① 李鸿义、王中新主编:《民主中国的模型》,西安:陕西人民出版社 2005 年版,第
　 106 页。
② 中央档案馆编:《中共中央文件选集(1936—1938)》第 11 册,北京:中共中央党校出版
　 社 1989 年版,第392 页。
③ 中共中央文献研究室编:《毛泽东年谱(1893—1949)》中卷,中央文献出版社 2002 年
　 版,第 103 页。
④ 中共中央文献研究室、中央档案馆编:《建党以来重要文献选编(1921—1949)》第 15
　 册,北京:中央文献出版社 2011 年版,第 478 页。
⑤ 甘肃省社会科学院历史研究室编:《陕甘宁革命根据地史料选辑》第 3 辑,兰州:甘肃
　 人民出版社 1983 年版,第 75 页。

按此原则所建立的各级政权和各种主要组织有力促进、巩固和发展了抗日民族统一战线，成为充分体现毛泽东在新民主主义理论中阐述的抗战与民主的辩证关系的一个范例。

一、"三三制"原则的确立及原因

（一）确立原因

"三三制"原则的确立，有其历史的必然。

第一，这是巩固、发展统一战线，战胜严重困难的重要举措。

统一战线是中国共产党夺取革命胜利的"三大法宝"之一。打倒日本帝国主义，进而建设一个新民主主义的新中国，是中国共产党在抗战时期的总目标。要达此目的，就必须团结一切可以团结的力量，联合一切可以联合的人，壮大革命阵营。因此，中共中央在 1935 年 12 月召开的瓦窑堡会议上明确提出了建立抗日民族统一战线的策略方针。毛泽东随后又在瓦窑堡党的活动分子会议上再次强调指出：党的基本策略任务"就是建立广泛的民族革命统一战线"①。在这一方针的指引下，中国共产党开始由工农苏维埃政权向抗日民主政权转变，并在一系列具体政策上做出重大调整，获得广大人民的普遍称赞。

全面抗战爆发以后，以第二次国共合作为轴心的抗日民族统一战线正式形成，但其并不巩固，相反在很多时候存在着破裂的危险：国民党没有改变其坚持一党专政的独裁统治的立场，其本质是反动、反民主的。在抗击日本帝国主义侵略时不敢动员与依靠人民群众的力量，而实行单纯依靠政府和军队的片面抗战路线；在对

---

① 毛泽东：《论反对日本帝国主义的策略》（1935 年 12 月 27 日），《毛泽东选集》第一卷，第 152 页。

内政策上没有实质性地给予人民民主和自由，相反却根据充斥法西斯气味的所谓"一个主义，一个政党，一个领袖"的反动理念，对其把持的反动专制独裁统治不断予以强化，以推行战时体制为名，将原来党内集体领导的委员会制度（也只是名义上而已）改为总裁制，蒋介石几乎包揽了国民党党政军所有的最高职务，拥有一切最核心的权力。

对于抗日的盟友中国共产党，国民党仍一直视为心腹大患，必欲除之而后快。抗战进入相持阶段，日本帝国主义改变侵华策略后，抗日民族统一战线进一步遭到破坏：日本侵略者把军事进攻的重点转向了中国共产党领导的敌后战场，对抗日根据地疯狂"扫荡"，并大力扶持伪军和伪政权，以期实现"以华制华"，与此同时，则加紧对国民党政权实行政治诱降。从而导致以下情况：汪精卫等国民党内亲日派公开叛国投敌；仍留在抗日阵营内的蒋介石集团则表现出动摇、妥协，政策重心由对外转向对内，由抗战初期的较积极抗日变为消极抗日、积极"反共"。这一逆转的标志是1939年国民党五届五中全会的召开。此次历时10天的全会（1939年1月21日至31日）一方面继续坚持持久抗战的基本立场，另一方面则在所谓"树立党基、巩固党基""重整党务，恢复党誉"口号下进一步全面"反共"，制定了"限共、防共、溶共"的反共方针，设立"防共委员会"作为统筹反共活动的主要抓手，并相应地在会上及会后出台了一系列"防共""反共"的文件如《限制异党活动办法》（1939年1月）、《防制异党活动办法》（1939年4月）、《共党问题处置办法》（1939年6月）、《异党问题处理办法》（1939年12月）、《运用保甲组织防止异党活动办法》（1939年12月）、《沦陷区防范共党办法草案》（1939年12月）等，为阻隔人民群众与共产党和敌后抗日根据地的联系，还企图大力推行"连保连坐法"，甚至狂妄提出要"取消"

边区和各敌后根据地。11月12日至21日,国民党又在重庆召开五届六中全会,其核心内容是将五中全会对共产党实行的以政治限制为主、军事限制为辅的方针,改为以军事限制为主、政治限制为辅的方针①,随即停发八路军、新四军军饷,对各敌后抗日根据地特别是陕甘宁边区进行经济封锁,制造军事摩擦,并于1939年底至1940年春、1941年初发动了两次"反共"高潮,其中围攻新四军部9 000余人的"皖南事变",致使抗日民族统一战线风雨飘摇,动荡不安,濒临彻底破裂的边缘。在日军和国民党的联合打压下,加之自然灾害的侵扰,敌后抗日根据地陷入巨大的困难。

面对日益严峻的局势,中国共产党从民族大义和人民根本利益出发,继续坚持抗日民族统一战线,更从现实出发,制定一系列新的方针政策,以更好地团结各阶级、各阶层人民,加强、巩固、发展、壮大人民民主力量,克服困难,坚持抗战,夺取最后胜利。实行"三三制",就是其中一项极其重要的政策。

第二,这是实践新民主主义理论的重大步骤。

如前所述,以毛泽东为代表的中国共产党人在20世纪30年代末、40年代初构建起了新民主主义理论体系。这一光辉理论,对新民主主义政治、新民主主义国家政权问题做了系统阐释。

关于新民主主义共和国的国体,毛泽东指出:其主要成分是中国的无产阶级、农民、知识分子和其他小资产阶级,他们是决定国家命运的基本势力,而无产阶级则是领导力量,新民主主义的中国"只能是在无产阶级领导下的一切反帝反封建的人们联合专政的民主共和国"亦即新民主主义的共和国、新三民主义共和国,采用

---

① 张宏儒主编:《二十世纪中国大事全书》,北京:北京出版社1993年版,第245页。

人民代表大会的政体,其原则是民主集中制。①

　　另一方面,统一战线的原则又贯穿于新民主主义的国家政权之中。毛泽东指出:新民主主义政权不同于旧式的资产阶级专政和苏联的无产阶级专政的国家,即皆非资产阶级或无产阶级一个阶级专政,而是在无产阶级领导下,前述几个阶级加上中国民族资产阶级的联合专政。在抗日战争的语境下,更是"只要是赞成抗日又赞成民主的人们,不问属于何党何派,都有参加这个政权的资格"②。所以毛泽东睿智地称新民主主义的政权是一个抗日统一战线的共和国,"是抗日统一战线的形式。它是抗日的,反对帝国主义的;又是几个革命阶级联合的,统一战线的",毛泽东强调:为了坚持抗战到底,必须团结到底,也只有团结到底才能抗战到底,两者互为依托,缺一不可。为此在政权问题上,中国共产党既不赞成别的党派的一党专政,也不主张共产党的一党专政,而主张各党、各派、各界、各军的联合专政,"这即是统一战线政权"③,刘少奇则在《论抗日民主政权》一文中认为这种各抗日阶级联合的抗日民主政权是抗日民族统一战线的最高形式,甚至是领导中国抗战与革命到最后胜利的"最好的最有力的形式"④。新民主主义理论为抗日民主政权建设提供了根本性指导。

　　然而,如何将这一理论要求真正在抗日战争时期付诸落实?特别是在政权的具体组织形式上,在当时构建人民代表大会的体制缺乏条件、无法实行的情况下,如何找到一种既能满足调动各方面的积极性战胜困难、团结抗日的需要,更能从中找到经验,为建

① 毛泽东:《新民主主义论》(1940年1月),《毛泽东选集》第二卷,第675页。

② 毛泽东:《中国革命和中国共产党》(1939年12月),《毛泽东选集》第二卷,第648页。

③ 毛泽东:《团结到底》(1940年7月5日),《毛泽东选集》第二卷,第760页。

④ 刘少奇:《论抗日民主政权》(1940年12月),《刘少奇选集》上卷,第173页。

设新中国提供借鉴的形式？实行"三三制"，就是中国共产党人根据新民主主义理论指导，对深入推进抗日战争、加强抗日根据地建设所进行的又一探索实践创新。

第三，这是对原有政策深入思考和改革创新的积极成果。

事实上，全面抗战爆发以后，中国共产党在边区和各敌后抗日根据地建立的政权原本就是统一战线性质的政权。但是，由于党处于领导地位，共产党人在人民群众中拥有崇高威信，而一些党员干部因对建立统一战线政权的重要性认识不足和缺乏经验，导致各级民意机关（参议会）和政府机关中的中共党员所占比例过大，连非党进步分子都很少，遑论中间分子，甚至"清一色"的现象也相当普遍，如"第一届参议会完全由党包办，临时请八个非党人士来参加"①。而据统计，边区第一届参议会议员共145人，"中共党员占137人，党外人士仅有8人；该届参议会选举的常驻议员9人，边区政府常委15人，全是中共党员"，成了中国共产党"一统天下"，县、乡这两级情况也基本类似。这就说明：虽然党领导的根据地已由原来的工农民主政权转变为抗日民主政权，性质发生了重大转变，但构成政权运作实体的机关人员的结构却"仍旧贯"，基本上未有多少改变。这种由共产党"包办代替""以党代政"的现象不符合中国共产党所大力倡导的抗日民族统一战线原则，不利于团结大多数，调动各抗日力量的积极性，应"是政权建设中的一个缺点"②。对此，毛泽东坦率指出，"共产党员只有与多数非党员在一道，真正实现民主，才能使革命工作做好，也才能使党的生命活泼起来"，反

---

① 《陕甘宁边区政权建设》编辑组编：《陕甘宁边区参议会（资料选辑）》，北京：中共中央党校科研办公室1985年版，第377页。

② 中共延安地委统战部、中共中央统战部研究所编：《抗日战争时期陕甘宁边区统一战线和三三制》，第426页。

之，如由党一手包办，不仅做不好工作，还会使党员僵化、不能进步。[1] 谢觉哉也曾认为：如果没有工农阶级以外的其他阶层代表人物选入政权，这些阶层的意见就得不到反映，他们（即其他阶层）会认为自己仍然是"被统治者"，更认为执政党也将缺乏监督和刺激而疲沓，"妨碍工作的进步"[2]。

第四，这是驳斥和回击国民党污蔑的迫切需要。

国民党的"反共"顽固势力不仅在军事、经济上对中国共产党进行打压，也从政治、思想上对中国共产党进行各种攻讦。如污蔑八路军、新四军"游而不击"，共产党的武装"配合日军攻击国军"，共产党是"第三国际的代理人"等等，更险恶的是，污蔑中共建立抗日根据地是"封建割据"，是照搬苏俄式的共产党"一党专政"。毛泽东等领袖和中共理论家对此进行过无情的批驳，实践是揭示真相的试金石。抗日根据地实行"三三制"，在全国人民面前彻底揭穿了国民党的谎言，能够进一步争取人民的拥护和支持，有效地孤立顽固势力。

正是在上述背景下，中国共产党因时制宜，迅速出台"三三制"这一重大政策，对边区和各敌后根据地政权和组织结构进行了重大改革，维护和发展抗日民族统一战线的原则。

（二）确立过程

首先是制订、提出基本文件，即《抗日根据地的政权问题》的党内指示（1940 年 3 月 6 日由毛泽东为中共中央起草），对抗日根据

---

[1]《红色档案·延安时期文献档案汇编》编委会编：《红色档案·延安时期文献档案汇编〈共产党人〉》第二卷（第十期至第十九期），西安：陕西人民出版社 2013 年版，第 506 页。

[2] 西南政法学院函授部编：《中国新民主主义革命时期法制建设资料选编》第 1 册，重庆：西南政法学院函授部 1982 年版，第 320 页。

地政权的性质予以明确定位:"在抗日时期,我们所建立的政权的性质,是民族统一战线的。"其内涵和特点为:是一切赞成抗日又赞成民主的人们的政权,是几个革命阶级联合起来对付汉奸和反动派的民主专政,相比地主资产阶级的反革命及土地革命时期的工农民主专政皆有重大区别。根据这一定位,指示规定抗日民主政权在人员组成分配上应为共产党员、非党的左派进步分子、不左不右的中间派各占三分之一。特别强调给中间派以三分之一的比例这一安排的重大意义在于争取中等资产阶级和开明绅士,孤立顽固派,是一个重要的步骤。[①] 这就是抗战时期中国共产党推行的"三三制"政权政策、组织原则之滥觞。指示向各根据地发布并得到迅速落实。随后,毛泽东在多个场合对"三三制"政权进行反复阐述,包括该政权的性质,实施范围不仅包括民意机关也包括政府机构,既反对国民党一党专政,共产党也不主张自己的"一党专政",任何人员或党派,只要不投降不"反共",均可参加政府工作,都有存在和活动之权等,甚至提出"在民意机关中也可以容许少数右派分子参加。切忌我党包办一切"的当时应为"惊世骇俗"的主张[②],显示了阔大的胸襟和无比自信的底气。当然,毛泽东也多次明确指出中国共产党必须在此种"三三制"政权结构中掌握领导权,这也是新民主主义理论关于无产阶级领导国家的必然要求。

二、边区贯彻"三三制"与政权结构的初步调整

作为中共中央所在地,由于所拥有的特殊地位得领风气之先,

---

① 毛泽东:《抗日根据地的政权问题》(1940 年 3 月 6 日),《毛泽东选集》第二卷,第741—742 页。

② 毛泽东:《论政策》(1940 年 7 月 5 日),《毛泽东选集》第二卷,第 766 页。

陕甘宁边区是最先实施"三三制"政策的敌后抗日根据地。

（一）县乡政权的调整

1940 年春，即在中共中央关于"三三制"指示发布后不久，陕甘宁边区党委和政府即率先行动，先后在绥德、陇东两个分区以及鄜（富）县进行试点，以期取得经验。这两个地区都是在打退国民党第一次"反共"高潮、结束国共在同一区域各自行政的"双重政权"格局而成立的隶属于边区政府的新行政区，由于未经过土地革命的洗礼，原来的地主、商人及其他有产者阶层仍然存有较大势力，思想上也对中国共产党存在较多疑惧。[①] 在此处试行"三三制"政策，具有重要的样本意义。

试行的步骤是：由低到高，从临时到正式，推举、选举相互结合。

首先是在这些地方新成立的县、乡基层政权和民意机关中贯彻"三三制"原则。1940 年五六月间，边区政府在绥德、吴堡、清涧三县通过人民直接选举方式产生了各县的保甲长、联保主任及县长等行政工作人员。7 月 28 日至 8 月 4 日，绥德警备区组织召开了分区临时参议会，作为在正式参议会选举产生之前一个过渡性的民意机关，临时参议员共 75 人，皆从警备区全境中的地方士绅、抗日党派、救亡团体及当地政府、驻军中遴选委派，其中国民党、共产党参议员分别为 9 人和 17 人，其余均为无党无派的各县各界绅士、社会贤达等，包括绥德的安文钦、刘绍庭、霍子乐、张哲卿；米脂的李鼎铭、姬伯雄、杜瑞兰；佳（葭）县的任文林；清涧的师道成、惠仁齐；吴堡的樊一乎、王国宏等著名人士。大会以无记名投票方式

---

① 谢觉哉：《陕甘宁边区的选举与议会制度（续）》，《新中华报》，1940 年 7 月 19 日，第 4 版。

选举张秀山为临时参议会议长,安文钦为副议长。① 在陇东分区,临时参议员计国民党 5 人,共产党 5 人,驻军 2 人,各县保安队 3 人,警卫队 3 人,民众团体 10 人,妇联 4 人,工会 6 人,商会 4 人,青救会 5 人,文协 5 人,自卫军 3 人,并由专署聘请有社会威望人士 16 人,登报征求其他抗日党派选派代表 4 人,共计 75 人。1940 年 9 月 18 日至 26 日,陇东分区临时参议会正式召开,出席会议者计 50 余人,选举当地绅士刘仲邠为议长,段得章为副议长。绥德、陇东分区还进一步将"三三制"延伸至行政机构,两分区各县聘请各方面的人士组成的临时政府委员会中也实行"三三制"原则,如在镇原县政府委员会共 35 名成员中,国民党员 10 人,共产党员 14 人,无党派 11 人,含旧行政人员 6 人,并有回民 1 人。②

边区党和政府还将"三三制"原则试行于其他组织,如延安中区五乡民选征粮委员 27 名,其中共产党员 9 人;中区四乡民选征粮委员 27 人,非党员有 11 个③,"这一征粮委员会的组织,恰与我党中央'三三制'政权政策的内容相符合",从而取得了良好的效果:不仅提前完成该乡原定缴纳 340 石公粮的计划,而且多缴纳 11 石 4 斗 4 升,这是由于"全乡各界人民"都认为当年公粮出得公平,出得愿意。④ 谢觉哉曾就此指出:这样有党员、有非党员、有穷汉、有富人的议会或征粮委员会,反映了各阶层各方面的情况,由于都珍

---

① 房成祥、黄兆安主编:《陕甘宁边区革命史》,西安:陕西师范大学出版社 1991 年版,第 216—217 页。

② 房成祥、黄兆安主编:《陕甘宁边区革命史》,第 217 页。

③ 谢觉哉:《论乡市民主制度的重要及其实施》(1940 年 10 月 10 日),《谢觉哉文集》,第 406 页。

④ 中共延安地委统战部、中共中央统战部研究所编:《抗日战争时期陕甘宁边区统一战线和三三制》,第 426 页。

视自己参政的权利,因而对党的政策的充实和对党的信仰的提高皆十分有益。① 绥德、陇东两个分区和延安中区的实践充分证明,"三三制"原则对于上层和基层的政权机关都完全适应,"不仅能适用于议会,也完全能适用于行政机关","'三三制'乃是发扬民意、增强民力的一个武器"②。

（二）普选过程与"三三制"原则的贯彻

边区党和政府通过认真总结以上实践经验,根据中共中央指示精神,做出了自1941年2月起在全区普遍推行"三三制"的决定。如前所述,由于此次政权结构改革和边区第二次普选运动紧密结合在一起,普选运动的中心就是贯彻"三三制",故又被称之为"三三制"选举。

也如上文所述,《关于彻底实行"三三制"的选举运动给各级党委的指示》1941年1月30日由陕甘宁边区中央局发出,号召各级党委要将"三三制"原则在此次选举中予以彻底贯彻,从而使"新民主主义的模范政权"在边区得以真正建立,认为"这是一件伟大的工作",在当前有着"特别重大的战斗意义"。指示根据已取得的实践经验如延安各地征粮委员会组织,绥德、陇东、鄜(富)县各地参议会的经验,指出自乡村起即可彻底实行"三三制";涵盖范围不仅是议会,还应包括政府机关;不仅在组织上,在社会政策上也要实行"三三制",在被选举到参议会和政府机关的人员中,应尽量争取达到有各阶级的代表,选举中要特别注意使那些非共产党员、但政治

---

① 谢觉哉:《论乡市民主制度的重要及其实施》(1940年10月10日),《谢觉哉文集》,第406页。

② 中共延安地委统战部、中共中央统战部研究所编:《抗日战争时期陕甘宁边区统一战线和三三制》,第426页。

上比较进步，且在群众中有威望的人士能够成为候选人。①

在随后开展的各项选举活动中，宣传、贯彻"三三制"成为其中的一项重点内容。

同样，中共陕甘宁边区中央局组织制订"五一施政纲领"的一个重要的动因就是使"三三制"政权及其社会政策在立法层面具备合法性。纲领起草之初，《解放》杂志的一篇社论即恳切表示："对于各党各派无党无派的忠实抗战建国的各种人才，必须善为团结，珍惜爱护，推心相与，共同合作。"②"五一施政纲领"第五条更明确指出要全面贯彻执行"三三制"原则，规定：选举时中国共产党愿与各党各派及一切群众团体建立起选举的联盟，确定共产党员只在候选名单中占三分之一份额，"以便各党各派及无党无派人士均能参加边区民意机关之活动与边区行政之管理"。同时规定在共产党员掌权的单位的三分之二的职员必须是党外人士，"共产党员应与这些党外人士实行民主合作，不得一意孤行，把持包办"③，向人民做出了庄严承诺。

在同年11月召开的第二届参议会上，毛泽东在演说中再次恳切地宣称：要永远坚持与党外人士实行民主合作的原则。这是因为在社会上，共产党员总是少数，党外人士总是多数，"所以党员总是要和党外的人合作，现在就应在参议会中好好实行起来"④。毛泽东这番话，在党外民主人士中引起强烈反响，不少著名人士（如李鼎铭）对此由衷赞叹，感激莫名。

---

① 中央档案馆、陕西省档案馆编：《中共陕甘宁边区党委文件汇集(1940—1941)》。
② 中央档案馆编：《中共中央文件选集(1941—1942)》第13册，第475页。
③ 中央档案馆编：《陕甘宁边区抗日民主根据地·文献卷》下，第76页。
④ 毛泽东：《在陕甘宁边区参议会的演说》(1941年11月6日)，《毛泽东选集》第三卷，第809页。

在开展广泛宣传的同时,边区党组织和政府又通过边区选举工作委员会在延安裴庄乡进行试点,共选出乡参议员 25 名,候补参议员 7 名;在 25 名参议员中绅士 1 人,地主 2 人,富农 6 人,中农13 人,贫农 3 人,其中共产党员 9 人,占三分之一强;如果加上 7 名候补参议员,则共产党员占四分之一强,符合甚至超过"三三制"的要求。① 各分区、各县也都陆续进行了选举试点工作。

配合试点,中共中央、边区党和政府深入开展宣传。《解放日报》曾发表文章对实行"三三制"的优越性进行具体分析:

文章列举了政权人员结构(县级)的三种状况:第一种,县府、县参议会共产党员"清一色";第二种,半数以下之议员、政府委员为党外人士;第三种则是真正实行了"三三制"。其结果是:

第一种,将导致党政不分,以党代政,削弱党在政治上的领导,并造成时间、行政资源的浪费和工作方法的偏颇与强迫命令式作风,严重影响、滞碍干部与群众之间的关系,妨碍党的政策在群众中得到真正落实。

第二种则不能真正发挥党外人士的作用,调动其积极性:由于党外人士在县议会、县政府都只占少数,成了"客人"而非"主人",造成与主观上真诚希望与党外人士合作的良好初衷大相径庭,"实际上变成了'请客'",也使党外人士原本希望在议会、政府发挥作用的愿望落空,"实际上却做了'不愉快的客人'",将原本可以集思广益、助力工作之举变为空洞形式与工作的累赘和负担,出现这种情形当然有损党的工作与形象。

文章着重分析了实行"三三制"的优越性,认为"在第三种情形下,局面就完全不同了"。具体表现为:首先,使广大的人民群众对

---

① 宋金寿、李忠全主编:《陕甘宁边区政权建设史》,第226页。

党的政策更能理解、接受，从而拥护、支持党员的行动。第二，工作制度也必然因之实行转变，真正实现了党政分开，党则实行政治领导，不再纠葛具体政务，这样做完全符合民主的要求，议会也能真正发挥其应有的效能，政府则能按照民主政治的原则独立开展工作，与之相应，这也会带来工作方法、工作方式以及整个工作作风的彻底转变。

文章结论是高度评价"三三制"，呼吁要进一步实行和坚持"三三制"，并将其发扬光大。①

在进行试点、取得经验的基础上，边区普选工作随后迅速展开。普选采取由下而上次第进行的方式。5月22日边区政府为选举工作发布第二次指示信以后，边区各县的乡（市）选举进入高潮，7月，乡级选举基本结束。总体来说，乡（市）选举产生的参议员和政府委员会中，老区共产党员超过了三分之一，新区不足三分之一，总体平均三分之一左右，非党人士占三分之二左右，基本符合"三三制"原则。而据那些作为新区的安定、绥德、吴堡、合水、米脂、镇原、环县、新宁等地（在这些地方国民党仍有相当大的影响，共产党的影响则相对较小）统计，共选出乡级参议员10 511名，其中共产党员2 079名，占19.8%，比例最高的为合水县，占29.3%，最低的绥德县仅占13.8%；国民党员513名，占4.9%，比例最高的为绥德，占9.2%，最低的为新宁，仅占0.3%；无党派人士7 919名，占75.3%，比例最高的为镇原县，占82.4%，最低的为吴堡县，占61.7%。②

6月开始了县、边区层级参议员选举。鉴于已出现和可能出现

---

①《实行三三制——贯彻党的领导》，《解放日报》，1942年3月13日，第1版。

②宋金寿主编：《抗战时期的陕甘宁边区》，北京：北京出版社1995年版，第251—
　　252页。

的问题,7月24日,中共中央西北局再次发布专门通知,指示为顺利完成边区参议员的选举,候选人的遴选与应遵循的原则是:最根本的,要依据党的统一战线与"三三制"的原则与精神来确定名单;其次,我党所提出的必须当选的候选人无论是共产党员抑或非党人士皆需确保当选,其方法是向群众开展宣传,详细介绍和解释这些候选人的履历,以得到群众的了解和拥护。其三,授权各县可根据上述原则,结合当地实际情况对候选名额、人选进行适当调整、酌情变动,但前提是不得增加共产党员的名额。① 这一指示的核心是确保"三三制"原则在选举中的彻底贯彻。

各县根据西北局的指示精神相继对候选人名单作了调整。8、9月,县和边区两级参议员的选举工作在各县相继展开。各县参议会与之同步召开,选举产生出县政府成员,新一届县政府次第建立。据统计,共有242名边区参议员(候补参议员31名包括在内)、2 624名县参议员当选。据资料分析,县参议员,边区直属县中,共产党员的比例超过三分之一,如延川县99名县参议员,共产党员有45名,占45.5%;而在新区多不足三分之一,如米脂县276名县参议员中,共产党员为73名,占26%。总体来说基本符合"三三制"原则。② 而边区参议员的最终落实,又经历了进一步贯彻"三三制"原则的过程。

三、"三三制"下边区政权结构的进一步调整

(一) 各项措施的制定

在边区第二次民主选举中,为进一步落实"三三制",防止共产

---

① 宋金寿、李忠全主编:《陕甘宁边区政权建设史》,第227—228页。
② 宋金寿主编:《抗战时期的陕甘宁边区》,第253页。

党"一党独大"的结果再次出现,边区党和政府根据中央指示,采取了"反保证""推出"与"聘请"等多个事先防范和事后补救措施。所谓"反保证"(保证别人当选),即由中国共产党上级党组织指名保证必须当选的非党人士和中间人士。群众虽然对此有意见,但在行动上都给予了支持,"组织上要保证,咱们选举就是"①;所谓"推出"实为"退出",乃是鉴于边区许多地区最初选举的结果,往往并不符合"三三制"的政策要求,多数情况下仍是共产党员和进步分子占了三分之二多数的状况,从而规定当选举结果共产党员超过三分之一时,共产党员要"让贤",自动"推出",由非党人士依次替补,以减少共产党员所占的比例,增加非党人士的比重;"聘请"即直接指定落选者(或未参选者)当选。

　　然而,由于多采取直接选举的方式,民众出于对共产党人的热爱、对非党人士缺乏了解以及干部认识、工作水平等原因,在"保证非党人士当选"方面仍然存在缺憾:边区中央局所提候选名单中的非党员候选人很多未能当选,边区参议员中共产党员比例仍然最高,不符合"三三制"的原则要求,未达到边区党和政府的预期。为此,边区党和政府决定根据选举条例的规定,直接聘请一部分非党的边区参议员。中共中央西北局即于10月15日为此向边区各级党组织特别发布《关于聘请非党民主人士为边区参议会正式议员的通知》,指出:这次选举的一个重大缺点是西北局"所提候选名单中的非党候选人很多未能当选",其原因在于各县党委领导不力,边区政府现已做出"聘请落选的非党候选人为边区参议会正式参议员"的决定作为补救措施,西北局要求认真落实,并具体提出:各

---

① 《红色档案·延安时期文献档案汇编》编委会编:《红色档案·延安时期文献档案汇编·陕甘宁边区政府文件选编》第8卷,西安:陕西人民出版社2013年版,第100页。

县的党委要指派专门人员代表边区政府向这些非党候选人完整转达此项决定,将我党的"实行'三三制'原则的决心和诚意"向其详细说明之。① 按照统一部署,边区政府很快将拟聘请的名单向各县下达,经认真比较、平衡,最后共聘请了 46 名非党人士(其中绝大部分是开明士绅)。根据西北局的指示精神,各县随后也相继将一些落选的非党候选者聘请为县正式参议员,从而使边区和县参议员的非共产党员的比例有所增加,基本达到了"三三制"的要求。

"反保证""推出"与"聘请"等选举机制的实施,是中国共产党在选举政治上的创新,对于确保"三三制"政权原则,巩固和壮大抗日民族统一战线具有十分重要的意义。

在普选基础上,1941 年 11 月 6 日至 21 日,陕甘宁边区第二届参议会在延安召开。正式参议员 201 人、候补参议员 18 人出席了此次大会。在此 219 名议员中,中国共产党党员 123 人,非中国共产党党员 96 人,他们当中有国民党党员 24 人,救国会派 1 人,居住边区的"东方民族"(日、韩、印度、荷印)及蒙、回、藏族代表 10 人,其他非党人士 61 人。② 由选民直选者 83 人,政府聘请者 36 人。大会通过了中共中央西北局提出的《陕甘宁边区施政纲领》"作为政府今后的施政纲领"的提案;选举产生的边区参议会常驻议员和边区政府委员同样遵循了"三三制"原则,"在十八个政府委员当中,和九个常驻委员当中,共产党员都只有三分之一,真正符合于'三三制'的原则"③。会议闭幕当天,毛泽东到会发表演讲,重申要坚持国共两党合作和各阶级、各党派、各民族合作团结抗战,号召

① 中央档案馆编:《陕甘宁边区抗日民主根据地·文献卷》下,第 79 页。

② 《陕甘宁边区政权建设》编辑组编:《陕甘宁边区参议会(资料选辑)》,第 377 页。

③ 中国社会科学院近代史研究所《近代史资料》编译室主编:《陕甘宁边区参议会文献汇辑》,第 87 页。

共产党员加强与党外人士的合作,克服自己的关门主义和宗派主义①。

作为一次贯彻和落实"三三制"原则的重要大会,边区第二届参议会的召开标志着边区"三三制"政权的初步建立,是边区民主政治发展的一个崭新起点。

(二)"三三制"原则进一步贯彻落实

此后,边区"三三制"政权得到不断巩固和充实。其重点是弥补存在的不足。

虽然 1941 年选举产生的各级民意机关和政府机构普遍贯彻"三三制"原则,但是各地及各级政权的发展仍不平衡,特别是在县乡一级。为此,边区政府特地于 1942 年 3 月 5 日发出《为充实"三三制"及开好各级议会给各县的指示信》,再次硬性要求各县参议会中共产党员超过三分之一的,有关党员参议员"应该自动退出辞职,由无党派候补议员补充"。如遇共产党员参议员因调动离职情况,遗缺"更应以非党员补充,县政府委员同样补充"。并提出各县政府还可以酌量聘请若干有能力、有名望的非党人士。② 延安、延长、子长、志丹、神府、新正、曲子、定边 8 个县还被边区政府选定为试点,提前于 1942 年 8 月至 12 月进行县级参议会及政府改选,以期完全符合"三三制"的政策规定,并能获取相关经验。

经过 1942 年的改选,陕甘宁边区县乡级政权的"三三制"原则得到了更好的落实。如延安、盐池、安塞、神府、甘泉、赤水、曲子、延长等县在 1942 年 5、6 月间召开县参议会第二次会议时,在县政

---

① 毛泽东:《在陕甘宁边区参议会的演说》(1941 年 11 月 6 日),《毛泽东选集》第三卷,第809 页。

② 中共延安地委统战部、中共中央统战部研究所编:《抗日战争时期陕甘宁边区统一战线和三三制》,第 435 页。

府委员、县参议会常驻议员中,共产党员自动退出 100 余人,由党外人士补进。到 1942 年底已有 22 个县完全实现了三三制。至此,全边区基本上按照"三三制"原则建立了各级民意机关和行政机关。

中共中央和毛泽东高度关注陕甘宁边区贯彻"三三制"的进展,不断总结经验教训,及时纠正出现的偏颇,以更好地在各地贯彻实行这一方针。1943 年 3 月 14 日,为庆贺第二个联合国日,《解放日报》发表社论再次强调:中国共产党人对在中国实行民主的政治原则完全赞同。并指出,中国共产党的党员参加的地方政权中,所实行的就是"三三制"原则,政权是民主政权,这是遵循孙中山先生的三民主义与抗战建国纲领,并把民主政治的原则具体化。[1] 1944 年,毛泽东又总结道:"'三三制'的执行,前年开高干会以前右了一点,去年又'左'了一点。"再次重申,打日本是我们的清楚的、确定的方针,以此作为团结的标准,"中国的一切党派,一切阶级,一切政治的、非政治的团体,只要是赞成打日本、同共产党合作的,不是破坏共产党的,我们都要团结"。并郑重承诺:这一方针是始终不变的。[2]

四、边区"三三制"政权构建的意义

"三三制"政权成为抗日民族统一战线在政治上和组织上的具体形式,"三三制"原则的实施,有效地协调了敌后抗日根据地内部各抗日阶级之间的关系,极大地调动了社会各阶级、各阶层、各团

---

[1]《抗战与民主不可分离——祝第二届联合国日》,《解放日报》,1943 年 3 月 14 日,第 1 版。

[2] 毛泽东:《在延安大学开学典礼上的讲话》(1944 年 5 月 24 日),《毛泽东文集》第 3 卷,第 152 页。

体以及各界人士抗日的积极性和建设边区的热情。陕甘宁边区成
为贯彻实行这一政策的滥觞，不仅使得边区自身的政权建设提高
到一个新的发展阶段，也为其他敌后抗日根据地贯彻实施"三三
制"树立了榜样，促进了这一方针在各解放区的实行，对于克服解
放区的困难，坚持抗战，争取抗战的最后胜利具有十分重大的
意义。

　　陕甘宁边区实行的"三三制"，用事实有力地回击了国民党的
一党专政和对边区的攻讦。1945 年 12 月，《解放日报》即以此为例
发表文章称：根据陕甘宁边区政府的各项措施可以明了"三三制"
政策的梗概。文章首先强调陕甘宁边区政府是人民选举产生的政
府，随后介绍其中主要干部政治背景是：主席林伯渠，中共党员；而
副主席李鼎铭、教育厅厅长柳湜、教育厅副厅长霍连果、建设厅副
厅长霍子乐都非中共党员，或为民主党派成员，或为无党派民主人
士；18 名政府委员会成员中共产党员 6 人，只占三分之一。边区政
府以降，县长、科长、乡长、乡文书（当时为脱产的重要基层干部）各
级行政人员中非共产党员者也是人数众多，并列出精确数字为"共
有三千五百八十人"；除行政干部外，其他从事经济、文化工作的非
党干部也有 2 210 人。党和非党的参议员们在参议会中和衷共济，
积极议政，批评政府的工作，提出、通过各种议案，"交给政府去
做"。参议会选举出的常驻委员共 9 名，在参议会大会闭会期间行
使参议会的权力，履行监督等职责，但其中共产党员也只有 3 名，
仍然只占三分之一。文章总结道：这种成员结构，"可见得，共产党
员在里面所占比例，都只占三分之一"。而贯彻执行"三三制"原
则，是产生这种状况的根本原因，文章理直气壮地宣称：中国共产
党反对国民党"由一个党的少数人来包办政府"的一党专政，而是
主张建立包括各党派、各阶级都参加（通过代表）的联合政府，并与

全国人民一起为其实现而努力。"现在,全国范围内的联合政府还没有实现,只有解放区实现了三三制政府,这就是地方性的联合政府。""三三制"揭橥的民主,恰与国民党坚持的"天无二日"的独裁体制形成鲜明对照,成为中国共产党团结引领全体人民夺取新民主主义革命彻底胜利的一面光辉旗帜。

同时,"三三制"方针的实行过程也是把新民主主义的民主政治理论变为具体的民主实践,这一政权的体制,一直实行到抗日战争和解放战争胜利、中华人民共和国成立,引发着中国社会不断发生部分质的变化。这一方针和实践,作为中国共产党的一次重大的理论创新,也对马克思主义国家理论的发展做出了重要贡献。

第四节　边区参议会和边区政府

中国共产党在边区推进民主建设的又一个抓手是:构建以党的领导为核心,以参议会这一特殊代议制和民主政府为两翼的新型的抗日民主政权体制。

一、边区代议制建设

代议制度,是现代民主政治的标志和核心制度,因此,代议制度的建设成为陕甘宁边区民主建设的起点。其核心内容则是构建边区参议会。而创建参议会的唯一目的正如毛泽东所指出的:"就是要打倒日本帝国主义,建设新民主主义的中国。"边区参议会又是"中国共产党实践其民主思想的基地"①,是抗战期间中国共产党在政治建设领域又一伟大创举。

---

① 张宪文:《中华民国史》第3卷,南京:南京大学出版社2013年版,第391页。

（一）建立

中国共产党一直致力在陕甘宁边区培建代议机构。抗战全面爆发前,党中央到达陕甘不久即建立了边区的议会并进行了有效运作,将此与建立抗日民族统一战线紧密结合,在《关于抗日救亡运动的新形势与民主共和国的决议》(1936 年 9 月 17 日)中即宣布,当真正的民主共和国建立后,愿意选派代表参加国会,"并将在苏区内完成同样的民主制度"①。如前所述,此后又向国民党承诺,愿在改为中华民国特区政府后的边区内"实施普选的彻底的民主制度"②,由林伯渠主持筹建陕甘宁特区政府及其"更名改制"事宜。相应地,"中华苏维埃共和国临时中央政府西北办事处"(也是当时中共中央对外联络名称)迅速制定的《陕甘宁边区议会及行政组织纲要》和《陕甘宁边区选举条例》(1937 年 5 月 12 日正式通过)明确提出在边区"实行最适合于抗战的彻底的民主制度"——议会民主制,实行直接、普遍的民主选举,并从 1937 年 7 月开始了普选(见本章第二节)。

面对日益严峻的形势,中国共产党加快推进争取民主的进程。1938 年 3 月 1 日,中共中央致电即将召开的国民党临时代表大会,强调坚持抗日民族统一战线的同时,强调健全民意机关的设立"已经成为刻不容缓的当务之急③。第一次正式向国民党提出"建立民意机关"的主张。

在自己直接管控的陕甘宁边区,中国共产党更加努力将代议制度进一步付诸实际。1938 年 8 月 5 日,边区政府举行第三十一

---

① 西北五省区编纂领导小组、中央档案馆编:《陕甘宁边区抗日民主根据地·文献卷》上,第 73 页。

② 中央档案馆编:《中共中央文件选集(1936—1938)》第 11 册,第 158 页。

③ 中央档案馆编:《中共中央文件选集(1936—1938)》第 11 册,第 486—487 页。

次主席团会议，决定 11 月 15 日召开边区第一届议会。后又推迟，其重要原因是为适应国民政府的要求，促进团结抗战。

在国内外迅速变化的形势的强大压力下，国民党临时全国代表大会于 1938 年 3 月末召开，所通过的《抗战建国纲领》在主张抗日的同时，又做出了实行民主的若干承诺，其中，设立国民参政机关应是最重要的内容。4 月 12 日根据大会决定《国民参政会组织条例》正式公布，同年 7 月 6 日，第一届国民参政会第一次会议决定在各省、市召开参议会，9 月 26 日国民政府颁布相应的命令，并于 9 月、11 月中又先后公布了省、市参议会的相关《组织条例》。中国共产党对国民党的这一进步立即予以真诚拥护，积极支持。由于 1937 年 10 月国民政府已正式承认陕甘宁边区的合法地位，陕甘宁边区形式上已成为国民政府的"地方行政单位"，11 月 25 日，陕甘宁边区政府遂分别发布通电和训令，改边区议会为边区参议会，边区议员改称边区参议员，并决定边区第一届参议会在 1939 年 1 月召开，使得边区政权与国民政府行政组织保持一致，实现全国体制的统一。正如林伯渠在边区第一届参议会（1939 年 1 月 17 日至 2 月 4 日在延安召开）开幕词所说：陕甘宁边区参议会是过去边区议会的改称，"是根据抗战建国纲领中建立地方民意机关的原则，遵照国民参政会的决定而实行的"①。此举标志着中国共产党领导下的革命政权"由苏维埃到民主共和制度"的重大转变得以胜利完成。

由此，边区参议会制度正式确立。

边区政府于 1941 年 1 月 1 日公布的《陕甘宁边区各级参议会

---

① 周扬：《陕甘宁边区参议会第一届大会召开的意义及成果》，《新中华报》，1939 年 2 月 22 日，第 3 版。

组织条例》又对 1939 年所颁布同名条例作修改：关于各级参议会性质由原规定为各级之民意机关改为"各级人民之代表机关"。新条例明确规定乡市在议会采用立法行政合一制，不设议长、副议长。对各级参议会职权也做了修正。① 从而使得边区参议会制度更加健全。

陕甘宁边区参议会抗战期间共举行了两届，第一届参议会只召开过一次全体会议，第二届参议会召开过两次全体会议。具体情况见下表：

抗战期间陕甘宁边区参议会(1939—1945)

	第一届参议会	第二届参议会
存续时间	2 年 10 个月	4 年 6 个月
召开会议	1939 年 1 月 17 日至 2 月 4 日	1941 年 11 月 6 日至 21 日（一次会议）1944 年 12 月 4 日至 19 日（二次会议）
到会议员	146 人	219 人（一次会议）；203 人（二次会议）
正副议长	议长高岗，副议长张邦英	议长高岗，副议长安文钦、谢觉哉
常驻议员	毛齐华、崔田夫、陈伯达、周长安、路子良、王观澜、高述先	李丹生、乔松山、任绍亭、王锡成、刘培基、崔田夫
选举官员	边区政府主席林伯渠，边区政府副主席高自立；边区高等法院院长雷经天	边区政府主席林伯渠；边区政府副主席李鼎铭；边区高等法院院长雷经天
提案数量	12 件	400 件（一次会议）；125 件（二次会议）
通过的重要文件	《陕甘宁边区抗战时期施政纲领》及单行法规 5 件。	《陕甘宁边区政府施政纲领》，单行法规 6 件及"精兵简政"决议。（一次会议）

① 陕西省档案馆、陕西省社会科学院编：《陕甘宁边区政府文件选编》第 1 辑，北京：档案出版社 1988 年版，第 158—159 页。

参议会每次召开,都是边区政治生活中的大事,皆隆重热烈举行。

边区第一届参议会于 1939 年 1 月 17 日至 2 月 4 日在延安召开,共有 146 名参议员出席。中共中央领导人毛泽东、张闻天、陈云出席开幕式并讲话。边区政府主席林伯渠致开幕词,向大会报告政府工作,提出边区今后工作各项内容和方针,选举产生了主要的官员(见本章第二、三节)。

1941 年 11 月 6 日,边区第二届参议会第一次会议在延安开幕。毛泽东出席会议、发表演说。边区政府主席林伯渠在会上致词,诚恳提请各位与会的参议员向边区政府如实反映人民群众的意见和要求,指出政府工作中存在的缺点,提出建设性意见,以帮助政府改进工作。随后进行了各项议政工作。

3 年后,1944 年 12 月 4 日至 19 日,边区参议会二届二次大会在延安举行,与会参议员 203 人,来宾及旁听者千余人。安文钦副议长致开幕词,朱德、陈毅等来宾讲话。12 月 5 日、6 日,边区政府主席林伯渠、副主席李鼎铭分别作《边区民主政治的新阶段》《边区文教工作的方向》的报告。12 月 15 日,边区政府各厅负责人还回答了议员代表对政府各部门工作的质询。

(二)体系与特点

根据边区第一届参议会制定通过的《陕甘宁边区各级参议会组织条例》,陕甘宁边区的参议会分为自上而下的边区、县、区、乡四个层级,构成自身的完善、严密系统。权力架构如下。全权机构:各级参议会参议员大会,经参议员大会选出议长、副议长主持。常设机构:参议会常务委员会,常务议员组成,负责处理在大会休会期间有关事务(乡参议会则有变动,见下)。除少部分特聘议员(不得超过总数十分之一)外,全体参议员的产生必须经边区人民选举。

虽然,边区参议会"是响应了国民参政会的建立各级民意机关的号召而举行",名称亦与国民党统治区各省参议会相同,但其与国民政府的国民参政会及国民政府管辖区域的各地参议会有着根本性不同。

首先,真正有效贯彻实行了的民主。相比国民参政会、省参议会通过"遴选"亦即指定的代表来设立,边区则是经全体民众的"普遍、直接、平等、无记名投票选举制"选出参议员,进而建立起参议会。前述临时"中央政府西北办事处"颁布的《陕甘宁边区议会及行政组织纲要》早就规定议会民主制的实行首先就是"各级议会议员,由选民直接选举","选民对于所选代表认为不称职时,得随时撤回改选之"①。历年所制定的《陕甘宁边区选举条例》皆坚持了这一原则,并特别注意在基层的落实:边区第一届参议会 1939 年 1 月通过的《陕甘宁边区选举条例》规定乡参议员的选举"以行政村为单位"②。经过实践,为更能反映民意,1941 年 11 月边区第二届参议会将此修改为居民小组,规定"乡市参议会每二十人至六十人的居民小组得选举参议员一人",同时还规定了与人数差异相应的变通办法。③ 边区民政厅在其所发布的"选举条例解释"中还指出这一变化更出于便于参议员与居民建立固定联系,能及时听取居民的意见与诉求的考量。1945 年更进一步改为以"自然村"为单位,

---

① 西北五省区编纂领导小组、中央档案馆编:《陕甘宁边区抗日民主根据地·文献卷》上,第 189—190 页。

② 中国社会科学院近代史研究所《近代史资料》编译室主编:《陕甘宁边区参议会文献汇辑》,第 55—57 页。

③《红色档案·延安时期文献档案汇编》编委会编:《红色档案·延安时期文献档案汇编·陕甘宁边区政府文件选编》第 6 卷,第 34 页。

使基层民意代表的选举与工作更趋向合理的制度安排。

　　第二,在直接、普选的基础上产生的陕甘宁边区乡、县、边区三级参议会参议员的构成呈现多元化,包括各种党派、无党派、各阶级、各群体,具有广泛的代表性。如第一届参议会1939年1月成立后,参议员的成分包括工人、农民、小资产阶级知识分子、商人、地主、名流、学者、自由职业者,"他们在一起讨论问题,意见非常融洽"①,并且在性别构成上则因有6名女性而更加引人注目。参议员党派隶属方面,毛泽东曾指出:为了团结一切抗日力量打倒日本帝国主义,中国共产党要和全国一切抗日的党派、阶级、民族合作,"只要不是汉奸,都要联合一致,共同奋斗",国事不是一党一派的私事,共产党只有对党外人士实行民主合作的义务,而无排斥别人、垄断一切的权力,这个原则"是固定不移的,是永远不变的"②。自1940年3月中共中央决定在各抗日根据地推行"三三制"原则,建立"三三制"的政权以后,这一原则更加得以落实。(见本章第三节)

　　第三,最重要者,与国民政府组织的国民参政会和各省市参议会本质上属于"咨询机关"不同,陕甘宁边区参议会一方面是民意机关,对此《陕甘宁边区各级参议会组织条例》《各级参议会组织条例》皆有明确规定,但另一方面,它又是"人民代表机关"即代表边区全体人民利益的边区最高权力机关,各项法规对此同样做了明确规定。由此也决定了参议会的职权和运作的方式。

---

① 《陕甘宁边区政权建设》编辑组编:《陕甘宁边区参议会(资料选辑)》,第184页。
② 毛泽东:《在陕甘宁边区参议会的演说》(1941年11月6日),《毛泽东选集》第三卷,第807、809页。

（三）职权与运作方式

反映和表达民意是其首要职能。中共中央和边区党组织，设计了一系列制度和措施，以保障其有效施行。

为使参议员真正能够发表意见，第一届参议会通过的《陕甘宁边区各级参议会组织条例》对于保护参议员的言论自由明确规定为："各级参议会议员在议会中之言论及决议，对外不负责任。"①《各级参议会组织条例》（经第二届参议会第一次大会通过）其中除延续保护言论自由的权利外，又增加了保护参议员人身自由的条文："各级参议员在任期内，附［除］现行犯外，非经各级参议会或常驻委员会之许可，不得逮捕或羁押。"②1942年4月边区政府公布《陕甘宁边区参议会会议规程》，重申："参议员在会议内得自由发表言论，不受任何限制。"③

在制度保障的基础上，边区历届参议会都积极倡导参议员发言，主要官员皆认真欢迎和倾听参议员意见和建议。如第二届参议会第一次大会开幕时，边区政府主席林伯渠在致词中即诚恳呼请各位参议员应尽量反映来自各个角落的人民的意见、要求和呼声，"很坦白的指摘政府工作的缺点"，"给政府指出今后的大政的方针，指出应该怎样做，做些什么，以作政府今后工作的依据"④。毛泽东在大会上发表的演讲中同样要求"共产党员必须倾听党外

---

① 《红色档案·延安时期文献档案汇编》编委会编：《红色档案·延安时期文献档案汇编·陕甘宁边区政府文件选编》第1卷，西安：陕西人民出版社2013年版，第153页。

② 《红色档案·延安时期文献档案汇编》编委会编：《红色档案·延安时期文献档案汇编·陕甘宁边区政府文件选编》第1卷，第32页。

③ 《红色档案·延安时期文献档案汇编》编委会编：《红色档案·延安时期文献档案汇编·陕甘宁边区政府文件选编》第6卷，第55页。

④ 中国社会科学院近代史研究所《近代史资料》编译室主编：《陕甘宁边区参议会文献汇辑》，第81—82页。

人士的意见,给别人以说话的机会"。特别提到对于正确、错误意见都要听,对者"我们应该欢迎,并要跟别人的长处学习";错者"也应该让别人说完,然后慢慢加以解释。"①会议期间中共中央西北局根据毛泽东的讲话精神反复要求参会的党员要与非党人士诚恳接近,鼓励他们多发表意见,这些举措使得非党人士深受感动,打消了原先的疑虑,从而"敢于吐露出来"许多真正的意见。《解放日报》还发表社论批评以往参议会在这方面的缺点,要求改变多数是干部和少数名流发言的状况,"使得纯百姓议员代表无话不说无意见不讲"②。

参议员反映和表达民意的另一个重要方式是向大会提交、讨论提案。为了调动议员提出议案的积极性,以便更好地汇集民意,边区政府在第二届参议会第一次会议召开之前的 1941 年 9 月 18日即发布《关于边区参议会开会致各县信》,指示当地参议会讨论而须在边区参议会才能解决的问题,应交由该县的边区参议员带来。如该县参议会已闭会,则应召集驻会常委会讨论,使能有集中的较详细的意见带来,同时应将所搜集人民的意见或提案整理好交由参议员带上会,各单位、团体要协助完成,"使边区参议会开得更好"③。1942 年 4 月 6 日《陕甘宁边区参议会会议规程》经第二届参议会第一次大会修正通过、陕甘宁边区政府公布,其第十一条、十二条要求广泛提案:主体广泛,涵盖边区各层级参议员、民众、文化学术团体;内容广泛,只要是有关抗战建国、地方建设以及边区

① 毛泽东:《在陕甘宁边区参议会的演说》(1941 年 11 月 6 日),《毛泽东选集》第三卷,第
　　809 页。
②《陕甘宁边区政权建设》编辑组:《陕甘宁边区参议会(资料选辑)》,第 302 页。
③《陕甘宁边区政权建设》编辑组:《陕甘宁边区参议会(资料选辑)》,第 228 页。

参议会职权范围者"均得提出为议案"①。

　　由于中国共产党、边区政府和参议会的积极倡导,大量提案得以产生,且不断增加,如边区第一届参议会大会共有 12 件重要提案通过,边区第二届参议会第一次大会则通过了 400 余件提案;内容丰富,质量不断提高,皆汇集了各阶层广大民众广泛关注的焦点,契合、因应了当时的严峻形势,如第二届参议会第一次大会的400 余件提案中有军事提案 13 件、政法提案 35 件、财政提案 12件、文教提案 35 件、经济建设提案 6 件、特种提案 11 件。特别是米脂县参议会议长、边区参议员、开明绅士李鼎铭等 11 人提出了《政府应彻底计划经济,实行精兵简政主义,避免入不敷出的经济紊乱之现象案》亦即"精兵简政"案,成为最著名的提案之一,即为范例。

　　除积极倡导提案外,中共中央、边区党和政府还注意对提案加以引导和提高。由于缺乏经验和指导,第一届参议会期间提案虽多,但游离于一些中心问题,导致浪费时间精力的消极后果。有鉴于此,中共中央西北局在第二届参议会第二次大会召开前夕特地专门下发通知,要求各县予以认真准备,围绕中心选择议题,精心准备包括搜集材料、征求多方意见、提出具体解决措施,最后形成提案。《解放日报》也发表了具体指导如何提出好的提案的社论,强调要群策群力,贵精不贵多。党的循循善诱很快见了成效,与第二届参议会第一次大会通过的 400 多件议案相比,第二次大会通过的提案只有 125 件,仿佛减少很多,却是少而精,更加符合边区各项事业的迫切需要,上了新的台阶。

　　更重要的是,边区参议会不仅是"议者"——能真正广泛汇聚

---

① 《陕甘宁边区政权建设》编辑组:《陕甘宁边区参议会(资料选辑)》,第 301、308、388、390 页。

边区民意,而且是"行者",它是真正的权力机构,能通过代表民意的决议交付政府实施,而与号称"民意机关"、实为装点国民党独裁统治门面的国民参政会、各省市参议会的"聋子耳朵"毫无(实际无法)作为的状况形成了鲜明对比。

另一方面,前述各条例又明确规定了参议会同时也是边区最高权力机关和立法机关的法律地位。

1939 年,边区参议会第一届大会制定、通过的《陕甘宁边区各级参议会组织条例》规定参议会法定十一项职权。主要有,人事权:选举边区政府主席、边区政府委员及边区高等法院院长等主要官员;监察及弹劾边区各级政府的政务人员。重大事务决定权:审批关于民政、财政、建设、教育及地方军事各项计划;议决边区政府主席或政府委员会及各厅厅长提交审议事项;议决边区人民及民众团体提交审议事项;决定边区应兴、应革之重要事项。财政权:通过边区政府所提出的预算案;决定废除或征收地方捐税;决定发行地方公债。制律权:制订、议决地方单行法规。督察权:督促及检查边区各级政府执行参议会决议案事项等。县级和乡级参议会的职权分别为 8 项和 7 项,与边区参议会职权相对应,但不能制定单行法规,只能制定本县乡单行公约。

而 1941 年第二届边区参议会第一次大会在参议会上述权力的基础上,又增加若干重要权力:一是罢免权,可罢免从边区政府正副主席、正副县长直至乡市长,以及各级政府委员,即囊括所有行政官员;二是追认权,参议会大会闭会后,其常驻会及边区政府主席或政府委员、县长县政府委员对于重大事务的紧急措置,事后可由参议会予以追认。与 1939 年条例相比,这次修正还加强了对乡基层管控的职权,其中最重要的是,增加了对乡政府官员的罢免、对乡财政的掌控的权力,同时明确规定了执行上级政府指令的义务①,使其职权有了很大的拓展,从而进一步突出了参议会是人民当家作主的性质与作用。

　　总而言之,边区参议会拥有代表、反映民意和"选举、罢免、创制、复决"的全部职权,包括边区的最高人事权、制律权、监督权、审决权。可根据史实进一步诠释如下:

　　1. 制律权。

　　参议会负有"创制及复决边区之单行法规""创制与复决本县(市)单行法规"之职责,并有相应权力。② 制定了一大批法令、法规,如第一届参议会即制定并通过了 5 个单行法规,包括《陕甘宁边区政府组织条例》《选举条例》《各级参议会组织条例》《土地条例》和《高等法院组织条例》等 5 个单行法规,构建起边区基本的法律框架;第二届参议会两次大会则在此基础上进一步细化、拓展,使得各项法规更加完备。据统计,边区参议会在其存在的十多年时间里,制定、认可和颁行的法律法规共达 64 个类别、数千件以上。这对于完善边区法制建设,规范各项主要的社会活动,巩固发展民主政治,具有十分重要的意义,成为将中国共产党的大政方针变为全体人民意志的典范。

　　2. 任免权。

　　根据规定,边区参议会"选举产生选举边区政府主席、边区政府委员"暨边区法院院长等主要官员,据此,上述官员皆是在第一届参议会、第二届参议会第一次会议结束前一天,即 1939 年 2 月 3 日和 1941 年 11 月 20 日以无记名投票方式选举产生。县级官员也

---

① 《陕甘宁边区政权建设》编辑组:《陕甘宁边区参议会(资料选辑)》,第 290 页。
② 《红色档案·延安时期文献档案汇编》编委会编:《红色档案·延安时期文献档案汇编·陕甘宁边区政府文件选编》第 6 卷,第 29—30 页。

由县参议会选举产生。1941 年 10 月 21 日,根据神府、甘泉两县参议会选举结果,边区政府任命两县政府委员、县长、各科室负责人。10 月 31 日,根据县参议会选举结果,边区政府任命盐池县、吴堡县、延安县政府委员、县长。县参议会并选举产生"地方法院院长"。这些官员的撤换也由各级参议会掌控。

3. 监督权。

边区参议会另一项重要职能是监督政府行政,督促政府改进工作作风,提升为人民谋福祉的能力和水平。边区参议会拥有的"监察及弹劾边区各级政府之政务人员""督促及检查边区各级政府执行参议会决议案之事项"等职权于 1939 年即在《陕甘宁边区各级参议会组织条例》中做了明确规定,第一届参议会大会并提出各级参议会要"密切注视政府工作,对政府工作尽监督指导的作用"[1]。其后,修订的《陕甘宁边区各级参议会组织条例》(1941 年11 月第二届参议会第一次大会完成)又进一步细化和拓展了参议会的监督职权。以全心全意为人民服务为宗旨的中国共产党,对于代表人民发声的参议会行使监督职权,始终是坦诚欢迎,高度重视。毛泽东曾在参议会表示:因为中国共产党是为民族、为人民谋利益的政党,本身决不图谋任何私利,所以"它应该受人民的监督,而决不应该违背人民的意旨"[2]。边府主席林伯渠也认为:"只有在人民监督下政府才能把工作做好。"[3]谢觉哉则认为由人民选举产生的议会是主人;政府则是议会选出的佣人。主人对佣人当然有

---

① 陕甘宁边区政权建设编辑组:《陕甘宁边区参议会(资料选辑)》,第 139 页。

② 毛泽东:《在陕甘宁边区参议会的演说》(1941 年 11 月 6 日),《毛泽东选集》第三卷,第809 页。

③ 《陕甘宁边区政权建设》编辑组:《陕甘宁边区参议会(资料选辑)》,第 240 页。

"监督指挥的权利,佣人应接受主人的监督和指挥"①。1939 年 1月,边区政府主席林伯渠向边区第一届参议会大会报告两年来的政府工作时诚恳提出:"希望同志们给我们在工作中的缺点,以很好的批评。只有自我批评,才能真正发现工作中的缺点和错误,而使以后的工作有所改进。"②随后,大会对林伯渠所做政府工作报告进行认真审议,并做出了决议。在肯定成绩的同时又坦率指出了两年来边区的统一战线、工作作风、民主生活及受人力、物力、财力限制,经济、文化各方面的建设不能满足抗战需要等缺点,作为边区政府进一步改进工作的目标。1941 年第二届参议会第一次大会对政府工作报告审议后,所做的总决议中同样具体指出了政府工作中的各项缺点,责成政府切实纠正改进③,不仅坦率,而且尖锐。

　　为了更好地加强对政府的监督,《陕甘宁边区参议会会议规程》(第二届参议会第一次大会通过)又规定:参议员对政府工作报告有书面或口头的询问权,"由大会主席团通知主管机关负责人定期答复之;如认为答复不满意时,可再提出询问"④。据此,第二届参议会大会在 16 天的会期中专门安排两天进行"大会质问政府工作,答复质问"事宜,由萧劲光、林伯渠、谢觉哉、南汉宸等政府负责官员"答复质问"⑤,会上,参议员们充分行使"询问权",对政府的各项工作诚恳但毫无保留地进行批评、提出建议。由于处在战时等

---

①《陕甘宁边区政权建设》编辑组:《陕甘宁边区参议会(资料选辑)》,第 60 页。

② 陕西省档案馆、陕西省社会科学院编:《陕甘宁边区政府文件选编》第 1 辑,北京:档案出版社 1986 年版,第 146 页。

③ 陕西省档案馆、陕西省社会科学院编:《陕甘宁边区政府文件选编》第 4 辑,北京:档案出版社 1988 年版,第 277 页。

④ 陕甘宁边区政权建设编辑组编:《陕甘宁边区参议会(资料选辑)》,第 302 页。

⑤ 中国社会科学院近代史研究所《近代史资料》编译室主编:《陕甘宁边区参议会文献汇辑》,第 78 页。

原因,全体参议员大会不可能经常召开,为使得对政府对监督常态化,不至于出现空缺,大会又在修订通过的《各级参议会组织条例》中详细明确规定了边区、县参议会常驻委员会对政府活动的监督权,进一步加强了监督的力度。

4. 否决权。

如 1942 年 6 月高等法院发布《关于典当时效的规定》,由于系沿袭国民政府的民法,否定了陕北民间一直存在的习惯行为,起到了实际上维护地主利益、损害农民利益的效果,参议会审核后将其废止。1944 年边区第二届参议会第二次会议审议政府向大会提交的《土地条例》和《婚姻条例》时,因多数参议员认为两法案尚"不尽人意"而被否决。

5. 法律上的军权。

人民军队受中国共产党绝对领导与指挥。但边区驻守部队的重大军政问题在法律上须经参议会决定。如 1942 年 9 月 1 日边区政府举行的第三十三次政务会议根据八路军留守兵团司令部的请求,决定由边区政府咨请边区参议会常驻会提交边区二届二次参议会选举点验委员,组织点验委员会到各部队点验整编。

同样,这些职权在最基层也得到了有效的落实。

参议会这一系列民主政治权力的实施,如谢觉哉所指出:是将民主运用到人民大众生活的各个部分,不仅说明"人民选举的政府是为人民服务的",更说明"人民自己有权管理自己的生活和创造自己的生活"[1],即真正当家作主,边区参议会真正确保了边区人民群众的参政议政、管理边区的各项民主权利。

总而言之,边区参议会作为中国共产党在抗日战争时期创建

---

[1] 陕甘宁边区政权建设编辑组:《陕甘宁边区参议会(资料选辑)》,第 447 页。

最早、实施时间最长、最为完善的民主政治的组织形式，具有鲜明特色：既不是按照国民政府省市临时参议会组织法所规定的"咨询机关"，也并非照搬西方议会模式，而是具有民意、立法机关和最高权力机关双重性及重要职能的政权组织，完全符合抗日战争和建设新民主主义的要求。

二、边区政府

（一）构建与发展

陕甘宁边区政府是边区最高行政机关，如前所述，其形成和发展同样有一个过程。中共中央到达陕北后，1935 年 11 月设立中华苏维埃共和国临时中央政府西北办事处作为西北各省苏区的最高政权机关，统一领导陕甘宁苏区内几块根据地，博古（秦邦宪）为办事处主任。抗日民族统一战线形成、全面抗战爆发后，边区政府进行了一系列的调整（其间一度改称"陕甘宁特区政府"），再经过 1939 年 2 月边区第一届参议会和 1941 年 11 月第二届参议会第一次全体大会民主选举，正式产生边区政府，其合法性更加坚固，得以在继承苏维埃政府的革命传统的基础上，因时制宜，向革命化、民主化的方向不断推进。

边区政府成立以后，把争取抗战胜利、实现人民民主作为其两大中心任务，林伯渠在向第一届参议会报告工作时即指出：边区政府的所有工作与努力及各项政策都是为了战争，包括动员力量、后勤保障、优待抗属，保卫边区，保卫党中央，"为夺取抗战最后胜利，实现三民主义新中国而奋斗"[1]。在中共中央领导下，按照各项施

---

① 陕西省档案馆、陕西省社会科学院编：《陕甘宁边区政府文件选编》第 1 辑，北京：档案出版社 1988 年版，第 148 页。

政纲领广泛开展边区政治、经济、军事、社会、文化等各方面建设。同时,大力加强自身建设,出台了一系列规范政务活动、加强思想作风建设的法律、法规和政策文件,使边区政府成为一个精简效能、廉洁勤政的全国模范政府。

(二)结构体系

边区政府按照统一、效能原则构建,十分精干有力。1937年成立时,其机构设置主要为政府执行委员会、主席团、主席,其下有包括农工厅在内9个内设机构。1939年成立的第一届民选的边区政府机构设置主要包括:政府委员会、常务委员会、政府主席与政府副主席;直辖职能、辅助机构8个,包括秘书处和民政、财政、教育、建设、审计5厅、保安处、保安司令部;另有5个临时性机构,主要为筹备边区选举与成立参议会之需而设立,包括提案审查委员会、议员资格审查委员会、法令审查委员会和法规草案、审查委员会等,此后陆续撤销。1940年起,边区政府取消下设的常务委员会,政府委员会成为其最高决策机构。经过1941—1943年三次大规模"精兵简政",遵循"精简、统一、效能、节约与反官僚主义"五大目标,到1944年边区政府机构设置为政府委员会、政府主席与副主席,其下则设有办公、民政、财政、教育、建设5厅和保安处,司法委员会、民族事务委员会,共五厅、一处、两委8个部门,可谓精简之至,以下各级的政府机构基本按此模板,是边区政府的"袖珍版"。

边区政府组织纵向系统,自上而下共分为5个层级,包括:边区政府;分区行政督察专员公署;县(市)政府;区公署;乡(市)政府。基于历史传承与实际,基本层级则为边区政府、县(市)政府、乡(市)政府三级,另两级为派出机关。

分区行政督察专员公署(简称"专员公署")形式上与当时国民政府实行的行政专员督察体制基本相类,但其深层次原因乃是边区政府为"发扬民主政治,提高行政效率"而实行的领率、监督的派出举措:将边区各县划分为几个行政分区,设置此署,性质为代表边区政府督察所辖各县(市)政务的派出机关,不是专门一级政权。各公署之间存在甲、乙、丙三个等级的实际差异,其依据一是自然因素,包括所辖人口、面积、环境、资源、财富;二是政治因素、社会环境,如敌我友力量对比、形势安危等。因此绥德与陇东属于甲等,乙等如关中,丙等如三边,以此确定人员编制名额。① 设专员一人,"必要时得设副专员一人",及下属的"秉承正副专员之命分别执掌各项工作"的机构,一般多为与县级行政机构对接的"一室六科",即秘书室、民政科、财政科、教育科、建设科、粮食科、保安科。专员及副专员均由边区政府选派专人,必要时则令"驻本分区军事长官"或该专区所属一名县长兼任之。由于陕甘宁边区地域有限但人口稀少,故常出现专员公署驻地与县政府所在地重叠的状况,为解决历史上一直存在的上下级"同城"而相互牵掣的问题及贯彻精兵简政起见,边区党和政府采取了两套班子合一、专员兼任县长的体制,但同时严格划分专署与县府的职权与运作,使两者分合自如,且相得益彰。② 不过,随着形势的发展,行署也存在从派出机构向一级实际政权过渡的倾向。

与中国传统治理体制相埒,县是陕甘宁边区政权的最基本层级。《陕甘宁边区政纪总则草案》规定:"县(市)政府为边区政务推

<hr />

① 陕西省档案馆、陕西省社会科学院编:《陕甘宁边区政府文件选编》第5辑,北京:档案出版社1988年版,第17—18页。

② 陕西省档案馆、陕西省社会科学院编:《陕甘宁边区政府文件选编》第5辑,北京:档案出版社1988年版,第8—10页。

行之枢纽。"①虽然党和政府对边区县的基本体制早已确定且在原苏区推行,但由于在国共合作的背景下,若干区域虽由我党实际控制,但乃是由国方陕西省政府委派县长,称为"统一战线区",故"双重政权"现象在边区长期存在。1941年后经反摩擦斗争,我党驱逐了有关地方的国民党官吏(见"军事建设"章第二节),实现了边区政权的真正完全统一,边区第二届参议会第一次大会于同年11月出台《陕甘宁边区县政府组织条例》,县府体制方完全统一与理顺。其合法性为由县参议会选举产生并受其监督。基本行政脉络是"承上启下":受边区政府及所在行政公署领导(包括监督),管辖所属区、乡,综理全县政务。其组织为:主官为县长1人(必要时增设副县长1人)、县府委员6—10人(皆由县参议会选举产生并报上级,主席由县长担任),任期两年,得连任;直属职能机构包括秘书室、分管建设、教育、民政等业务的一至五科与保安科、审计员及保安大队部,对接边区政府及行署主要机构。各科人员精悍,只有秘书、科长、审计员各1人之编制,特殊情况才得增设助理秘书和副科长。在未成立地方法院的县设立司法处,县内各项司法行政业务由其分管。司法处组织为:1名审判员兼检察员,1或2名书记员,1名看守所长。未设上述五科的县,其职务由二科兼任。② 依据人口面积、政治经济情况,特别是人口8万以上、4万以上、4万以下的标准分为甲、乙、丙三等,以此确定人员编制名额。③

① 陕西省档案馆、陕西省社会科学院编:《陕甘宁边区政府文件选编》第7辑,北京:档案出版社1988年版,第187页。

② 陕西省档案馆、陕西省社会科学院编:《陕甘宁边区政府文件选编》第5辑,北京:档案出版社1988年版,第10—12页。

③ 陕西省档案馆、陕西省社会科学院编:《陕甘宁边区政府文件选编》第5辑,北京:档案出版社1988年版,第18页。

　　与行署一样,区公署是为增强县政府工作效能、加强对乡政府的领导而设的县派出机构,"为县(市)政府执行政务的协助机关"①。为此,边区政府特地于 1942 年 1 月颁布的《陕甘宁边区各县区公署组织暂行条例》规定:各县可根据形势及需要将全境划分为若干个区,每区所辖面积方圆百里之内(即 1 万平方米),辖 3—5个乡,在"区内适中或交通便利之地点"设区公署。② 其干部为:1名区长,任命程序为由县长遴选,经县政府委员会讨论通过,再报民政厅审核任命;3—5 名助理员(职责协助区长工作)则由县长任命,边区民政厅备案即可。区长承县长和县府各机构之命开展本区的相关工作。各区还分管区内地方武装自卫军,基本编制为营,区长或区委书记常兼任教导员,营长作为准军事部队主官,其遴选十分谨慎:由县长、县保安大队长决定人选后,报县政府委员会集体讨论通过,再报呈边区保安司令部核准后正式任命,受区长领导和县保安大队长指挥。③ 各区面积方圆不超过 60 里,即 3 600 平方米范围。区公署同样分为甲、乙、丙三等,主要依据是人口,分别为7 000 以上、4 000 以上、4 000 以下④,亦可见边区人口资源之宝贵。

　　乡(市)政府"为边区政权的基层组织"⑤,关于其组成及机构,1939 年、1942 年边区政府两次颁布的《陕甘宁边区各乡市政府组织条例》都明确规定:乡(市)政府由乡(市)长及乡政府委员组成,乡(市)长为主席,行政主官。内设多由当地小学校教员中选任的

①⑤ 陕西省档案馆、陕西省社会科学院编:《陕甘宁边区政府文件选编》第 7 辑,北京:档案出版社 1988 年版,第 187 页。

②③ 陕西省档案馆、陕西省社会科学院编:《陕甘宁边区政府文件选编》第 5 辑,北京:档案出版社 1988 年版,第 13 页。

④ 陕西省档案馆、陕西省社会科学院编:《陕甘宁边区政府文件选编》第 5 辑,北京:档案出版社 1988 年版,第 18 页。

文书1名,与乡长同为脱产工作人员。乡(市)参议会选举产生乡(市)长、乡(市)政府委员,"乡市参议会一年改选一次,乡市长及政府委员同时改选",可连选连任,乡(市)长当选后,须呈请县政府委任之,到下届改选期间,乡(市)长如违法失职,或因故去职,由乡(市)参议会随时改选之,或由县政府命令乡(市)参议会改选之。乡(市)参议会休会期间,乡政府委员会为乡政权的最高权力机关,乡(市)长为乡(市)行政最高负责人。其管辖范围同样分为三等,其划分指标则是人口密度:方圆10里即100平方里,人口1 500人以内为甲等乡;方圆20里即400平方里,人口1 000人以内为乙等乡;方圆30里即900平方里,人口1 000人以内为丙等乡。乡(或等同于乡的市)政府设于适当地点。① 组织设置为若干委员会,成员3—5人,委员和主任委员均由乡(市)政府聘任。② 乡政府以下分设行政村、自然村,由选民大会选举行政村主任和自然村村长,"每半年改选一次"③。

(三) 职能

边区各级政府是独立行使行政权的行政机关,综理边区的政务为其职能,方式是发布政令与制定边区单行条例及规程。其法理依据是参议会所订相关法案、条例,包括《陕甘宁边区政府组织条例》(1939年2月边区第一届参议会通过)、《陕甘宁边区行政督察专员公署组织条例》《陕甘宁边区县政府组织条例》《陕甘宁边区

① 中国社会科学院近代史研究所《近代史资料》编译室主编:《陕甘宁边区参议会文献汇辑》,第119页。

② 陕西省档案馆、陕西省社会科学院编:《陕甘宁边区政府文件选编》第5辑,北京:档案出版社1988年版,第15—18页。

③ 中国社会科学院近代史研究所《近代史资料》编译室主编:《陕甘宁边区参议会文献汇辑》,第120页。

各县区公署组织条例》《陕甘宁边区各乡市政府组织条例》(皆由1942年1月边区第二届参议会通过)等。这些法规对各级政府职能分别做了规定。

边区政府的职责包括:执行国民政府委托事项;选举事项;执行边区参议会议决案事项;综理全边区政务;预算决算事项;所属行政人员任免事项;调派地方部队及督促所属军警绥靖地方事项;边区行政设施或变更事项;处理公产或筹划边区公营事业事项;其他边区政府委员会认为应讨论管理事项,共10项。除第1项表明与国民政府隶属关系属"务虚"、第3项为与边区参议会落实关系、第10项属"预留"空间、第7项军事权力实际不能专属外,其余大体为行政、人事与经济事项。作为边区政府的代表,边区政府主席负有4项主要职责,即:召集、主持边区政府委员会会议;执行边区政府委员会议决案;监督全边区行政机关履行职责;处理边区政府日常及紧急事务。①

边区政府以下职责皆与边区政府相对应,只是范围和权力合理减小。

专员公署行政职责为:督察考察所属各县地方行政(包括现状与规划);巩固属地治安及部署该处抗战工作;督察所属各县经费的收支;召集该区行政会议;考核所属各级公务人员;处理所属各县争议及有关事项;推行边区现行法令,共7项②,可见重心是"督察"。

县级政府的职责8项,包括:核定县府各单位部门工作计划;

---

① 陕西省档案馆、陕西省社会科学院编:《陕甘宁边区政府文件选编》第1辑,北京:档案出版社1988年版,第213页。
② 陕西省档案馆、陕西省社会科学院编:《陕甘宁边区政府文件选编》第5辑,北京:档案出版社1988年版,第8页。

执行边区政府及主管机关指令各事；执行县参议会决议事项；管理县财政收支及县政经费预算、决算；任免所属政务人员；决定本县单行法规；实行全县应予兴革之重要事项；其他县政府委员会认为应讨论事项①。同样，除其中第 2 项、第 3 项是表明与边区政府、县参议会的法理关系外，其余为综理全县行政、经济、人事、法律各政务。

区公署的职责定为 3 项：传达上级指示、命令、法令及反映政情；计划、督导各乡工作（包括民政、财政、经济建设、文化教育及应兴革各事）；组织、训练自卫军，进行全区锄奸保安。② 可见，县府职责是"实体"，专员公署与区公署的职责则主要是"承宣""督察"。

乡（市）政府作为基层政权，其根本职能是贯彻上级指示，完成各项工作任务，为抗战服务、为边区服务，具有人民群众最直接的政权与百姓生活直接组织管理机关的双重定位。1942 年 9 月 19 日《解放日报》发表社论曾对此阐述：乡级政府是最接近人民的最下层政权组织，对于执行政府法令、政策推进、乡村建设工作"是负担着直接的责任的"③。其职责，继《陕甘宁边区各乡市政府组织条例》之后，边区政府又颁发《陕甘宁边区简政实施纲要》（1943 年 2月）规定为：贯彻执行边区施政纲领、边区政府法令、上级政府指示；发展生产事业；发展文化教育；拥军优属（抗战军人家属）、进行抗战动员；建立人民自卫武装、维护革命秩序；举行公益活动，对民间纠纷进行调解；调查登记本乡土地、人口及其他社会情况。而乡

---

① 陕西省档案馆、陕西省社会科学院编：《陕甘宁边区政府文件选编》第 5 辑，北京：档案出版社 1988 年版，第 10—11 页。

② 陕西省档案馆、陕西省社会科学院编：《陕甘宁边区政府文件选编》第 5 辑，北京：档案出版社 1988 年版，第 13 页。

③ 延安《解放日报》，1942 年 9 月 19 日，第 1 版。

政府的群众工作的重要抓手,则是组织、领导各种群众组织围绕中心工作开展活动。

　　随着形势发展,边区各级政府的职能虽然也有一定调整,但总体上未有太大改变。

三、边区政权体制与民主政治

　　作为中国共产党领导的抗日民主政权,边区政府是一定历史条件下形成的特殊形式的政权,既不同于土地革命战争时期的苏维埃政府,也不同于国民党统治下的一般地方政府,而有自己独特的地位与特征,这种特征,集中表现在内外关系上。

　　(一)与独裁体制的切割——与中央政府的独特关系

　　在与国民政府关系上,在国共合作为中心的抗日民族统一战线的背景下,从形式和法理来看,边区政府是隶属国民政府、直辖国民政府行政院的省级特别行政区的行政机构。国民政府行政院于1937年10月12日举行的第333次会议决定:委派丁惟汾出任陕甘宁边区行政长官,林祖涵(即林伯渠)为副行政长官,在丁惟汾未到任之前,由林祖涵代理行政长官一职。此举的真实含义是:借任命职务的方式间接承认了陕甘宁边区的合法存在及其法律地位。这种关系在边区各种法律、法规、政策文件中皆予以了肯定。如《陕甘宁边区政府组织条例》(1939年颁布)即将两者关系定位为:陕甘宁边区政府受国民政府的管辖,边区参议会选举的政府委员会,须"呈请国民政府加以委任","执行国民政府委托事项"[1]。林伯渠在边区第一届参议会报告中则庄重声明:边区政府是中央

---

[1] 陕西省档案馆、陕西省社会科学院编:《陕甘宁边区政府文件选编》第1辑,北京:档案出版社1988年版,第213页。

政府即国民政府下辖的地方政府,"边区是中华民国的一部分"①。然而,另一方面,中国共产党才是边区政府的绝对领导力量,边区政府迭经 1939 年和 1941 年的两次普选由边区人民选举产生,在行政上完全独立,其人事安排与施政活动根本不受国民政府干预影响,和国民政府实际只是一种在抗日民族统一战线框架下的"奉其正朔、有限合作、奉'诏'不受'调'、若即若离"的微妙关系,与国民党独裁体制做了有效切割,构建起了保护民主政治的"防疫线"。

（二）分权制衡机制的贯彻

从内部关系来看,边区参议会和边区政府的关系充分展示了新民主主义的民主体制的特色。

一方面,在法理上,边区各级政府从属于边区参议会,政府包括主要官员的产生都需经参议会的确认或选举,是参议会的执行机关、行政机关。边区参议会有权制定法律,决定政府机构的设置和人员的配备,督促、检查边区政府工作,弹劾、罢免不称职的工作人员,未经参议会"议决"或"创制"先由边区政府所行之政,如颁发之行政命令、制定之单行条例及各项规制等须经参议会核准、追认方能生效。政府须尊重参议会的各项权力,认真贯彻执行参议会各项决议决定,自觉接受参议会的监督、检查,依法行政。

但另一方面,根据法理,政府又拥有相对独立性。边区政府又是独立行使行政权的行政机关。对于政府依法行政,参议会也不能违法、任意干预。特别是,边区政府对边区参议会也有一定的制约权。

参议会通过的法案须由政府公布才能生效。如 1941 年 1 月 1

① 陕西省档案馆、陕西省社会科学院编:《陕甘宁边区政府文件选编》第 1 辑,北京:档案出版社 1988 年版,第 117 页。

日,边区政府公布了修正的《陕甘宁边区各级参议会选举条例》和修正的《陕甘宁边区各级参议会组织条例》。

参议会作为一种广义的"社会组织",系由边区民政厅与之对口联系。民政厅一定程度上也能对参议会"发号施令",成为边区政府制衡参议会的主要"抓手"。1940 年 8 月 10 日民政厅发通令"令饬"各级参议会按照边区政府颁发的各级参议会条例之规定进行整顿,使之能真正发挥其应有的作用。1940 年 11 月 25 日,边区政府举行第三十九次政府委员会议,讨论乡市参议会改选问题。民政厅长刘景范做报告指出,现在下层工作中发生了许多问题,其主要原因之一就是民主制度不健全。乡市参议会虽然建立起来了,但大部分议员是党保证当选的,所以次年的选举要改变这种状况。根据民政厅的报告,会议确定了参议会改选的时间,由民政厅组织成立选举委员会,负责各级参议会的选举工作。

边区政府又经常与参议会举行联席会议,协调处理若干具体和重要事务。联席会议也能够进行一定程度的修律。如《陕甘宁边区各级参议会组织条例》《陕甘宁边区各级参议会选举条例》在1945 年曾做过 3 项修正:为发扬民主加强乡村自治,改乡(市)参议会为乡(市)人民代表会。乡(市)选举区域,一般改为以自然村为单位。为贯彻自由选举方针,乡(市)代表候选人除各党派团体提名外,选民可直接提名,取消须 10 人联署的规定;县议员、边区议员候选人分别由选民 10 人和 20 人以上联合提出 1 人。取消原选举条例中"各级增选议员之法定人数十分之一以上选民联署"之限制。[①] 这些重要的修改是 10 月 14 日由边区参议会常驻会、边区政府联合发文决定的。毋庸讳言,在联席会议上,政府方面常是主角

---

① 陕西省档案馆编:《陕甘宁边区政府大事记》,第 237 页。

和主动者。

边区政府所拥有的这种对参议会的制约权力，呈现了陕甘宁边区政权结构中相当程度的民主制衡的原则。参议会与边区政府二者既相互独立，又相互制约，结合构成最高权力。如加上边区独特的司法体制：边区法院是独立行使司法职权的机关，但同时，边区高等法院要接受"中央"（即国民政府）最高法院的管辖，又受边区参议会的监督与边区政府的领导（详见本章第六节）。即法院司法职能是独立的，但在政治、行政上要受政府领导，时人称司法为"半独立"。因此，边区政权结构模式既不同于西方的"三权分立"、国民政府的"五权宪法"体制，也不同于苏联的纯以党代政体制，而是各取其长、介于二者之间，符合中国国情、最大限度满足抗战和新民主主义革命需要和人民利益的特殊体制，时人称之为"两权半分立"，反映了边区民主机制的健全性和进步性。

更重要者，边区参议会与边区政府是在中国共产党的统一领导下、根据中共中央的方针、政策、决策、指示运作，"议"与"行"本质上高度统一，实质是"议行合一"。边区乡级政权更直接实行"议行合一制"。1939年边区第一届参议会规定乡参议会选举产生常务议员3人，"议长及副议长为当然之常务议员"①，1941年边区第二届参议会第一次大会又明确规定："乡市参议会采取立法行政合一制"，议长、副议长皆不设置，乡参议会召开会议时由推举产生出的三人主席团主持，而乡市长为当然主席之一，休会期间不设常驻委员②，即乡（市）参议会和乡（市）政府的主体和运作合一，乡（市）

---

① 《陕甘宁边区政权建设》编辑组编：《陕甘宁边区参议会（资料选辑）》，第162页。
② 《红色档案·延安时期文献档案汇编》编委会编：《红色档案·延安时期文献档案汇编·陕甘宁边区政府文件选编》第6卷，第31—32页。

参议会既是议决机关，又是执行机关，其开会时，直接办理行政事务，乡（市）政府停止办事。乡（市）参议会闭幕时，由其选出的乡（市）政府为乡（市）唯一的政权机关。"乡上立法与行政不必严格分开。议员是决议者，同时也是执行者。他（乡参议员——作者注）代表他所代表的居民这样议，同时即率领他的居民这样做"①。而在乡政府之下的行政村主任与自然村长自身多为乡参议员。无行政职务的乡参议员虽然以议为主，但要根据所议决定带头执行。这种体制既能发扬民主，又符合边区所处的战争环境和极端落后、传统的农村的实际情况，具有很大的灵活性，十分有利于节省人力财力，减少办事流程，提高办事效率，成为边区乡村基层民主政权的一个突出特点。

四、陕甘宁边区民主政权体制建设的价值

陕甘宁边区民主政权体制，给人民带来了民主的同时，对坚持抗战，建设新民主主义的社会，提供了体制的根本保障，得到了人民的衷心拥护，从而有效地促进了边区从上至下，特别是基层的治理、稳定、巩固。

基层治则天下安。中国传统社会的基层在农村。以毛泽东为代表的中国共产党人进行农村包围城市、武装夺取政权的过程中深谙此理。这是因为，农民是中国民主革命的主力军，"农民的力量，是中国革命的主要力量"，"新民主主义的政治，实质上就是授权给农民"②。而农村是革命力量纵横驰骋的广阔空间，在农村建立的根据地则是革命赖以发展的最重要的战略支撑，对其治理如

---

① 谢觉哉：《陕甘宁边区怎样进行选举》，《新中华报》，1937 年 7 月 16 日，第 3 版。
② 毛泽东：《新民主主义论》（1940 年 1 月），《毛泽东选集》第二卷，第 692 页。

何,关系革命成败。因此自井冈山时期起,中国共产党即重视乡村建设尤其是基层的政权建设,相应地积累了丰富的经验。抗战时期,这一建设更由于战争和条件使然,起着难以替代的重要作用。陕甘宁边区传承苏区的传统的同时,在新的历史背景下采取这一体制,有效地整合了基层的党组织、政权和有组织的民众的力量,使得边区基础稳固呈现不可撼动态势。

陕甘宁边区的民主政权体制,为各抗日民主根据地树立了榜样。

抗战期间,中国共产党及其领导的人民在敌后先后建立十几块根据地并成立民主政权,但未建立一个集中的统一的中央政权。边区政府和敌后各根据地抗日民主政府没有上下级关系。然而由于陕甘宁边区是中共中央所在地,"在一切根据地中,有其特殊的政治地位"[①]。任弼时亦曾在中共中央西北局高干会议上指出:相对于华北、华中各抗日根据地,陕甘宁边区是处于一种"根据地的领袖地位",对于全国甚至全世界而言,则是"处在一种中央发言人的地位",它的一切重要举措,对于其他根据地具有先导、模范作用而"为其他根据地所效法",并列举如精兵简政、整风学习、生产建设等都是由陕甘宁边区发轫,然后在别的根据地进一步推行的。他呼吁要进一步做好陕甘宁边区的工作,"我们这里的事情办得好,办得正确,对于其他各根据地就会有很大的帮助,就会起一种先导的模范作用"[②]。在边区第二届参议会第二次大会上,彭德怀也指出:将边区的许多经验介绍给各敌后解放区,能够使得这些地方民主建设得到更快、更顺利的进行,这对"坚持战争准备反攻有

---

① 西北五省区编纂领导小组编:《陕甘宁边区抗日民主根据地·文献卷》下,第3页。
② 西北五省区编纂领导小组编:《陕甘宁边区抗日民主根据地·文献卷》下,第2页。

好处"①。因此,陕甘宁边区政府事实上处于敌后根据地抗日民主政府的"领袖"地位,其民主机制起着非常重要的示范和导向性作用,成为各根据地效法的楷模。对此毛泽东推介道:边区是民主的抗日根据地,是将抗日与民主制度很好地结合,"以民主制度的普遍实行去争取抗日战争的胜利"的地区。② 特别将边区参议会定位为不能只看成是本区的参议会,"而要把它看成所有华北华中各根据地的参议会的领袖"③,又曾经指出:"边区的进步主要表现在民主。"④其中"最重要的"是"边区各级政府都是由人民投票选举的",由人民选举出自己所欢喜的人去办政务"比派官办事制度要好得多",这对于动员人民参加抗战"特别积极而有效"⑤。以参议会、边区政府运作为代表的边区民主政治制度的广泛实践,使陕甘宁边区成为全国团结抗日的典范,是"全国的模范"⑥,成为"全国最进步的地方"⑦和"唯一乐土"⑧。

　　这一组织、体制更对中国民主政治发展产生了深远影响。毛泽东将边区的方向定位为"全国新民主主义的方向"⑨,边区则是

---

① 中共中央文献研究室、中央档案馆编:《建党以来重要文献选编(1921—1949)》第 21
　　册,北京:中央文献出版社 2011 年版,第 649 页。

② 中共中央文献研究室编:《毛泽东年谱(1893—1949)》(修订本)中卷,第 82 页。

③ 毛泽东:《致谢觉哉》(1942 年 8 月 17 日),《毛泽东书信选集》,北京:人民出版社 1983
　　年版,第 197 页。

④ 中共中央文献研究室编:《毛泽东年谱(1893—1949)》(修订本)中卷,第 103 页。

⑤ 中共中央文献研究室、中央档案馆编:《建党以来重要文献选编(1921—1949)》第 15
　　册,第 478 页。

⑥ 中共中央文献研究室编:《毛泽东年谱(1893—1949)》(修订本)中卷,第 175 页。

⑦《团结一切抗日力量,反对反共顽固派》(1940 年 2 月 1 日),《毛泽东选集》第二卷,第
　　718 页。

⑧ 宋金寿:《抗战时期的陕甘宁边区》,第 766 页。

⑨ 中共中央文献研究室编:《毛泽东年谱(1893—1949)》(修订本)中卷,第 175 页。

"民主中国的模型"①。边区参议会和边区政府这两个中国共产党人创造的新民主主义民主政治载体，实际上是中华人民共和国成立后实行的人民代表大会和中央人民政府（国务院）制度的袖珍版、雏形与先声。

第五节　廉政建设

中国共产党在边区推进民主建设的又一个抓手是加强廉政建设，使得抗战时期的边区政权不仅成为坚持民主政治的典范，也树立起廉洁政治的榜样。

一、廉政建设认识的新高度

（一）新情况

中国共产党的无产阶级先锋队性质、全心全意为人民服务的根本宗旨决定其必然高度重视陕甘宁边区的廉政建设。如毛泽东所说："共产党是为民族、为人民谋利益的政党，它本身决无私利可图。"②实乃正气凛然，掷地有声！廉洁奉公、廉洁政治成为共产党人的崇高理想追求。因此党从诞生伊始就高度重视对党员干部的廉政教育，始终把廉政建设作为政权建设的一项重要内容。中共中央和主力红军长征到达陕北、组建了陕甘宁边区政权、实现了局部执政后，再次将廉政建设作为新民主主义政治建设的基本任务之一，与边区政权建设紧密结合在一起。

---

① 毛泽东：《论联合政府》（1945 年 4 月 24 日），《毛泽东选集》第三卷，第 1045 页。
② 毛泽东：《在陕甘宁边区参议会的演说》（1941 年 11 月 6 日），《毛泽东选集》第三卷，第 809 页。

中国共产党人重视陕甘宁边区的廉政建设,也是从当时边区的现实出发:这个第二次国内革命战争后仅存的硕果、夺取抗战和新民主主义革命彻底胜利的出发点内也出现了若干腐败的现象,发生了一些较为突出的腐败事件,涉及政治、思想、作风、经济等诸多领域。如:

1938年4月2日,陕甘宁边区政府副主席张国焘因个人野心难逞而利用祭扫黄帝陵之机逃离边区,辗转西安、武汉,并悍然不顾中共中央的反复劝告,投靠了国民党,最终充当了军统特务,彻底背叛党、背叛革命,这一恶性事件的出现,不啻发生了一次强烈的"政治地震"。

1937年10月5日"黄克功逼婚杀人案"。共产党员黄克功自小参加红军,历经井冈山革命斗争、二万五千里长征,立有赫赫战功,曾任旅长及抗大的诸多重要职务,但因恋爱不成、进而逼婚,最后因爱成仇,丧失理智,枪杀其单相思对象刘茜(陕北公学女生,时年16岁),负面影响巨大,性质极为恶劣。

而更多的腐败发生在经济领域,主要表现为一些党员干部利用手中权力,贪污挪用公款公物、公款吃喝等等。如肖玉璧1933年参加革命,身经百战,但出任边区某区主席、贸易局副局长、清涧县张家畔税务分局局长等职期间,先后贪污、挪用公款3 000多元。合水县县长请客吃喝,半年花费公款达6 000元。[1] 盐池县县长曹建勋也因贪污罚款被撤职。[2] 定边县某副县长结婚公款请客、雇用8个吹鼓手、由勤务员鸣枪代替放鞭炮,花费边币800万元,为与原

①《抗战时期陕甘宁边区财政经济史料摘编·财政》第6编,西安:陕西人民出版社1981年版,第651页。

②《盐池县曹县长撤职》,《新中华报》,1938年2月10日,第2版。

配离婚"还捎回家 50 万元"。延川县永平区区长张得仓私自挥霍花销所收公债 3 000 余元（皆为边币——作者注）。据统计，1939年至 1941 年 6 月 20 日，整个边区由司法机关审理的贪污犯罪案件占全部刑事案件的 5.16%。1939 年、1940 年查处的贪污案分别达360 件、644 件。①

事实充分证明，抗战时期陕甘宁边区也存在腐败现象。

作为剥削阶级统治下司空见惯的腐败现象，为什么也会出现在共产党执政的陕甘宁边区？ 这不能不引起中国共产党人的深入思考。

（二）新原因

作为无产阶级先进政党，从理论上讲，中国共产党并不应该存在滋生腐败的土壤。但是，中国是一个有着几千年封建历史的国家，生活在其中的每一个人包括共产党员，都不可能不受到剥削阶级腐朽思想的影响。这是腐败滋生的深远的历史积淀。

自 1927 年大革命失败开始，以毛泽东为代表的中国共产党人把工作中心转向农村，走上了农村包围城市、武装夺取政权的道路，长期经营农村革命根据地，在此期间加入中国共产党的许多成员不是无产阶级的先进分子，而是农民阶级、小资产阶级分子，从而把大量非无产阶级思想带入党内。这种状况在全面抗战爆发以后更加突出。一方面，中国共产党抓住历史机遇大力发展党员，但其中不少人组织上入党而思想上并未入党，成为革命队伍中主观主义、宗派主义、官僚主义、享乐主义、山头主义、命令主义、骄傲自满、贪污腐败等种种不良倾向产生的主要根源；另一方面，在中国

---

① 高委主编：《利剑高悬——建党以来十大腐败案件剖析》，北京：中国方正出版社 2013年版，第 45 页。

共产党的抗日民族统一战线方针倡导下,抗日民主力量获得了空前发展和壮大,但同时也不可避免地产生良莠不齐的问题,混入若干不良分子,而中国共产党对执政规律的认知尚不深入,制度建设尚未完善,也导致腐败能一度得逞。

外部环境的变化则是腐败发生的不容忽视的诱因。国共合作实现以后,大后方和边区之间有限度开放、交流,双方在工作环境、生活待遇等方面的巨大差异在原先封闭的边区干部前展现。以1941年前为例,陕甘宁边区工作人员的津贴约分四等:5元,享受者包括边区参议会议长、常驻议员、政府主席、政府委员、各厅厅长等;4元,享受者为行政公署专员等;2.5元,享受者为县长等;1—1.5元,享受者为一般工作人员。而同一时期国民党县长的月工资为180元。两相对照,形成了巨大的反差。特别是国民党出于消灭、瓦解共产党的阴险目的而频频施放"糖衣炮弹",对共产党的干部施行升官、发财、酒色、逸乐等引诱,致使革命队伍中一些意志薄弱者包括党员和干部经不起诱惑而思想发生动摇,出现毛泽东所说"一部分党员对过去艰苦斗争的生活不愿意继续的情绪",特别是红军改编为八路军以后,个别人对严格地接受共产党的领导的政治理念动摇,"发展个人英雄主义、以受国民党委任为荣耀(以做官为荣耀)"等问题[①],进而发展为追求享乐、贪污腐化甚至背叛革命、叛党投敌的恶劣后果。中共中央也在《关于开除张国焘党籍的党内报告大纲》中指出:在抗日民族统一战线的斗争中,党内一些不坚定分子在资产阶级的影响、诱惑之下,"发生动摇腐化,丧失了阶级的立场以至个别的脱离党"。虽然只限于个别动摇分子,但是

---

① 毛泽东:《上海太原失陷以后抗日战争的形势和任务》(1937年11月12日),《毛泽东选集》第二卷,第392—393页。

"值得我们严重注意与十分警惕的"①。

抗战期间陕甘宁边区发生的种种腐败问题，虽然只是极少数人、极个别现象，但影响恶劣，严重损害了中国共产党和边区政府的形象与抗战事业，更与党的理念、宗旨背道而驰。

中国共产党及其领导下的边区政府对腐败零容忍，在与各种消极腐败现象做坚决斗争中，继承和发扬党的廉政建设的传统和经验，采取以思想建设为先导，以组织建设为基础，以法制建设为保障的系统方法，不断加强和完善廉政建设，将这一建设推向了新的高度，形成了独具特色的边区廉政建设体制。

二、反腐倡廉的措施

中共和边区政府反对腐败的方法，总体来看，分为防范性和操作性两大类。

（一）防范

防范性方法中，首先是进行思想教育。

归根到底，腐败首先是从思想认识出现异化开始的。因此边区的廉政建设也须首先从思想入手，对党员、干部进行思想政治教育，在思想上固廉防腐，牢固树立艰苦朴素、勤俭节约、廉洁奉公、全心全意为人民服务的思想。1939 年 8 月 25 日中共中央发出《关于巩固党的决定》，要求将加强党内马克思列宁主义教育作为"巩固党的中心一环"②。中共陕甘宁边区委员会组织部于 1939 年 9 月发出的《关于今后组织工作的指示信》指出要发扬党内民主，"从

---

① 中共中央党史研究室第一研究部译：《共产国际、联共（布）、中国革命文献资料选辑
（1938—1943）》第 20 卷，北京：中共党史出版社 2012 年版，第 553 页。

② 中共中央党史研究室第一研究部译：《共产国际、联共（布）、中国革命文献资料选辑
（1938—1943）》第 21 卷，北京：中共党史出版社 2012 年版，第 166—167 页。

教育的基础上来开展反不正确倾向,克服一切不良现象"①。

　　教育的一方面内容是正面的宗旨教育。毛泽东在其光辉著作《为人民服务》开篇即宣称:"我们的共产党和共产党所领导的八路军、新四军,是革命的队伍。我们这个队伍完全是为着解放人民的,是彻底地为人民的利益工作的。"②谆谆教导,语重心长,确能收振聋发聩,使顽石点头之效。中共其他领导人也分别撰写了一批论著,用革命的理论武装全体党员干部,提升其政治思想觉悟。

　　教育的另一方面内容是直接对党员干部敦促、告诫。1937 年 4 月 21 日,林伯渠(边区政府主席)、谢觉哉(中央审计委员)联衔通令各部门务必保持苏维埃红军时期艰苦朴素、勤俭节约的传统与作风,"防止浪费腐化的习气侵入"。更具体规定公私费用必须予以严格分开,禁止公费私用、高档饮宴,减少公共支出(公差公马等),注意节省零星物资哪怕是一张纸、一片布、一点灯油、一根火柴,爱惜每件公物,延长使用寿命,不增加预算,建立起严格的审计制度,"反对铺张浪费"③。1938 年 10 月,毛泽东又在《论新阶段》(中共六届六中全会报告)中提出共产党员应拥有廉洁的操守:在政府工作中应该成为"十分廉洁、不用私人、多做工作、少取报酬的模范",在利益考量中"无论何时何地都不应以个人利益放在第一位,而应以个人利益服从于民族的和人民群众的利益"。自私自利、消极怠工、贪污腐化、风头主义等行径"是最可鄙的",大公无私、积极努力、克己奉公、埋头苦干"才是可尊敬的"④。在《〈农村调

---

① 西北五省区编纂领导小组:《陕甘宁边区抗日民主根据地·文献卷》下,第521页。

② 毛泽东:《为人民服务》(1944 年 9 月 8 日),《毛泽东选集》第三卷,第 1004 页。

③ 张振德、赵喜民主编:《西北革命史》,西安:陕西人民出版社 1991 年版,第 379 页。

④ 毛泽东:《中国共产党在民族战争中的地位》(1938 年 10 月 14 日),《毛泽东选集》第二卷,第 522 页。

查〉的序言和跋》(1941 年 4 月 19 日)中,毛泽东再次提醒:在抗战最艰苦的时期,出现一部分共产党员被资产阶级腐化、发生资本主义的思想的情况"是可能的",必须与党内的腐化思想进行斗争,"严肃地坚决地保持共产党员的共产主义的纯洁性"①。中央还通过开展政治运动、组织理论学习来加强对党员、干部的思想政治教育。如延安整风即有效地纠正了党内主观主义、宗派主义、党八股等不良倾向。

另一种防范性方法是构建廉政制度体系,持续推进廉政法制建设,制定从无到有、从单一到逐步配套的法律制度、逐步形成了相对完善的法规体系。举措包括:

1. 列入纲领。肃清贪污腐化,建立一个廉洁政府,是抗战时期中国共产党各项政治纲领、施政纲领的重要内容。1937 年 8 月中国共产党洛川会议通过了著名的《抗日救国十大纲领》,其中的第四条中提出要"改革政治机构",以达到"铲除贪官污吏、建立廉洁政府"的目标。② 1938 年中共扩大的六届六中全会报告进一步提出陕甘宁边区要发扬艰苦奋斗的工作作风,在全国起模范推动作用;党要在抗日战争中建立与改造的地方政府,要"成为抗日的、民主的、廉洁的政府",特别强调反对贪污与防止"官僚腐化的倾向"③。随后,《陕甘宁边区抗战时期施政纲领》(1939 年 4 月颁布)详细规定了从严治吏的各项内容(载第十一、十三、二十三等条):要求各级官员发扬艰苦奋斗作风,"厉行廉洁政治,肃清贪污腐化",并要铲除产生腐化的重要温床,即鸦片、赌博;切实保障人民

---

① 毛泽东:《农村调查的序和跋》(1941 年 3、4 月),《毛泽东选集》第三卷,第 793 页。

② 中央档案馆编:《中共中央文件选集(1936—1938)》第 11 册,第 329 页。

③ 中央档案馆编:《中共中央文件选集(1936—1938)》第 11 册,第 679—692 页。

自由检举与告发任何工作人员罪行的权利；厉行开源节流，在各单位开展生产运动、节约运动，增加收入，减少支出，解决战时财政经济的困难。①"五一施政纲领"又特别规定：人民群众有权采用任何方式控告任何公务人员的非法行为；要厉行廉洁政治，严惩与禁止公务人员的贪污、假公济私的行为，更严正声明："共产党员有犯法者从重治罪。"②即对共产党员有着更严格的标准与规范。这一系列相关规定，为边区廉政建设指明了方向，为中国共产党将人民政府建设成为抗日、民主、廉洁的政府提供了根本保证。

　　2. 加强管理。边区政府先后制定和发布了 10 多项涉及干部管理各个方面的政策和法规，建立起一整套完整的干部管理制度。《陕甘宁边区各级政府干部奖惩暂行条例》规定奖励、倡导"克己奉公、实事求是、积极负责、埋头苦干，足资表率者"，同时惩戒"贪赃枉法，腐化堕落，假公济私，包庇蒙蔽者"③。随后，中共中央、边区党和政府制定的《陕甘宁边区各级政府干部任免暂行条例》第四条为要求使用"积极负责，廉洁奉公"的干部，反之，犯有贪污、腐化、营私、舞弊等过恶且未能改过自新的"不得任用为政府干部"④。可见在中国共产党和边区的干部评价标准中，廉洁有极其重要的权重。

　　3. 具体法规。除这些边区的"根本大法"和"支柱"性文件对反

―――――――――――――――――

① 陕西省档案馆、陕西省社会科学院编：《陕甘宁边区政府文件选编》第 1 辑，北京：档案出版社 1986 年版，第 210—211 页。

② 陕西省档案馆、陕西省社会科学院编：《陕甘宁边区政府文件选编》第 5 辑，北京：档案出版社 1988 年版，第 3 页。

③ 陕西省档案馆、陕西省社会科学院编：《陕甘宁边区政府文件选编》第 7 辑，北京：档案出版社 1988 年版，第 195 页。

④ 陕西省档案馆、陕西省社会科学院编：《陕甘宁边区政府文件选编》第 7 辑，北京：档案出版社 1988 年版，第 197 页。

腐倡廉作明确规定外,边区党和政府还制定出台了一系列加强廉政建设的专门性的具体政策、法规。如:

　　中华苏维埃共和国临时中央政府西北办事处在1937年8月即提出政府办公费要实行最节俭的原则,具体规定:县政府办公费每月规定为30元,如与行政督察专员合署可酌量增加办公费,但每月限定在增加20元以内。严控特别开支。区政府月办公费只有3—4元。乡政府的经费,包括办公费和乡长的津贴(伙食、鞋袜费)共每月6元。工勤人员员名额同样严格控制:县政府3人,行政专员驻在县增加1人。区政府1人,乡政府不设。各级政府传递信件、通知在设邮局处利用邮局,不通邮政处组织群众代为传递。"县政府得养马一匹,原来无马者,不得增加。行政专员所在地得增加马一匹。"①这一保持清廉、减轻人民的负担规定为边区政府长期执行。

　　1937年9月边区政府成立伊始,中共中央即重新颁发了1926年8月制定的党内第一部反腐败的法规——《关于坚决清洗贪污腐化分子的通知》,告诫全党,腐败分子与腐败现象会使党陷于腐化,导致无法从事革命工作并将被人民群众"所厌弃",必须"坚决清洗"②。为此边区政府专门制定颁行《惩治贪污暂行条例(草案)》(1938年8月15日),经试行修订于1939年正式颁布实施,规定了贪污罪的内涵,计有为谋一己私利不择手段10项行为,包括克扣、截留、强占、强征、强募财物;公物买卖舞弊;盗窃侵吞公用财物;贩运违禁品、漏税物品;为私利挪用公款;违法收税募捐;伪造、虚报账目;勒索敲诈,收受贿赂;浪费公有财物。根据贪污数目确定的

① 陈文斌:《中国共产党兴廉反腐录(1921—1993)》,北京:西苑出版社1993年版,第12页。
② 中央档案馆编:《中共中央文件选集(1926)》第2册,北京:中共中央党校出版社1989年版,第282页。

量刑标准分为四等：500 元以上死刑或 5 年以上有期徒刑；300 元
以上 500 元以下，3 年以上 5 年以下有期徒刑；100 元以上 300 元以
下，1 年以上 3 年以下有期徒刑；100 元以下，1 年以下有期徒刑或
苦役。所有罪犯皆须被追缴贪污所得财物，无法追缴则没收其财
产抵偿。①

　　1941 年后，因日伪顽联合进攻与围困敌后根据地等原因，抗日
战争进入最艰难的阶段，陕甘宁边区更是首当其冲。为了战胜困
难，减轻群众负担，边区党和政府进一步厉行节约，又于 1942 年 2
月 8 日发布命令，就各级机关使用勤务、公物事项做出严格的规
定。工勤人员：正副厅长级每人使用 1 名勤务员，科长级 3 人使用
1 名勤务员，科员级 8 人至 10 人使用 1 名勤务员。窑洞：正副厅
长、科长级 1 人住 1 孔，科员级 2 人住 1 孔，大窑洞则 3 人住 1 孔。
马匹：正副厅长级每人 1 匹。其余干部按编制名额每 25 人用公马
1 匹，马夫 1 人。如不足 25 人或超过 25 人，要求增加马匹时，得呈
请政府批准。炊事员：每 20 人 1 名。② 1943 年 5 月边区政府又发
布《陕甘宁边区政务人员公约》，规定公务员须"公正廉洁，奉公守
法"，强调政务人员要在品行道德上成为模范，为民众做出表率。
并对这些要求做出具体界定，包括知法守法，不得滥用职权、假公
济私、徇私情、贪污、受贿、赌博、腐化、堕落。（第五条）另一方面则
规定要贯彻执行群众路线：规定政务人员要爱护群众，密切联系群
众，强调"群众是我们的依靠"。要善于联系群众，包括了解群众的
情绪、关心其需要、倾听其批评与意见。不侵犯群众丝毫利益、贪

---

①《红色档案·延安时期文献档案汇编》编委会编：《红色档案·延安时期文献档案汇
　　编·陕甘宁边区政府文件选编》第 1 卷，第 105—106 页。
②陕西省档案馆、陕西省社会科学院编：《陕甘宁边区政府文件选编》第 5 辑，北京：档案
　　出版社 1988 年版，第 218 页。

占其任何便宜。站在群众之中而不站在群众之上。(第七条)①实践证明,这些规定为广大党员干部、工作人员树立了明确的行为准则,确保其真正做到艰苦朴素、廉洁奉公、一心为民。

　　4. 建立健全民主监督制度。边区党和政府通过制定一系列政策、法规构建并逐步完善这一机制,营建出廉政建设的良好环境,防范、遏制腐败问题的发生、滋长,保持中国共产党和人民政府的清正廉洁。

　　在中国共产党党内,中共六届六中全会通过的《关于各级党委暂行组织机构的决定》(1938 年 11 月 6 日)规定在区党委之下设立党的监察委员会,监察党的机关、干部、党员的工作,正确执行党的章程决议情况,以及"审查党的各种机关之账目"②等。

　　中共有关文件还规定了党员之间、党的上下级组织之间、党员个人和党的领导之间相互监督的权利与义务等制度。如前所述,《陕甘宁边区抗战时期施政纲领》《陕甘宁边区施政纲领》皆规定:"保障人民有检举与告发任何工作人员的罪行之自由"③;宣布:人民群众可以用何种方式、控告任何公务人员的非法行为,这是人民应有的权利。④ 以"根本大法"的形式保障了政府必须接受人民的监督。根据《陕甘宁边区各级参议会组织条例》等法规,集中代表人民行使民主权利的边区参议会,拥有监察、弹劾从边区至乡市的

① 陕西省档案馆、陕西省社会科学院编:《陕甘宁边区政府文件选编》第 7 辑,北京:档案出版社 1988 年版,第 223—224 页。

② 中央档案馆编:《中共中央文件选集(1936—1938)》第 11 册,第 772 页。

③ 陕西省档案馆、陕西省社会科学院编:《陕甘宁边区政府文件选编》第 1 辑,西安:陕西人民教育出版社 2013 年版,第 141 页。

④ 陕西省档案馆、陕西省社会科学院编:《陕甘宁边区政府文件选编》第 5 辑,西安:陕西人民教育出版社,2015 年版,第 2 页。

各级政府与司法机关所有公务人员的职权,明确了权力机关、民意机关对边区政府、司法机关及其公务人员的监督权力,为防止民众控告被截留、搁置,《陕甘宁边区政纪总则草案》又特别规定:下级政府及政务人员,对所接人民向上级政府控告、特别是控告政务人员的诉状,必须随时转呈上级政府,"不得有任何阻难,亦不得置之不理"①。此外边区还设有行政督察专员制度,对政府工作予以监察、指导,实行行政部门内部监督。

这些制度有力保障和推动了边区的廉政建设的发展。由此也可见中国共产党和边区政府实行思想道德的软约束和法律制度刚性约束"两手抓""两手都过硬"的领先性。

(二)操作

操作性方法也有两种。

第一是示范。中国共产党和边区政府所树立、表彰和号召学习的一批英模,如张思德、白求恩、柯棣华等,都是践行共产党人全心全意为人民服务、毫不利己、专门利人的典型,其行动和精神,一直鼓舞着边区的广大干部廉洁奉公。而高层领导人更以身作则,率先垂范,与人民群众同甘共苦,为干部群众树立起艰苦朴素、廉洁奉公的崇高榜样,培育了延安精神。

第二是严厉惩治腐败。在有法可依的前提下,边区党和政府坚持违法必究、执法必严的原则,对腐败现象露头即打,绝不手软,坚持法律面前人人平等,强调"党绝不允许在社会上有特权阶层",规定无论何人,只要触犯刑律法纪,党龄、地位、功劳、职务都不得成为对其"赦罪"、开脱的借口。特别提出"共产党员有犯法者从重

---

① 陕西省档案馆、陕西省社会科学院编:《陕甘宁边区政府文件选编》第7辑,北京:档案出版社1988年版,第189页。

治罪"的原则。① 如张国焘是参与中国共产党建党,长期担任党和红军、革命根据地重要领导职务的高级干部,但叛党投敌后,中共中央即开除其党籍。对黄克功处以极刑问题,针对鉴于其曾立功劳而希望贷其一死的观点,毛泽东在给边区高等法院院长雷经天的信中指出:黄虽有过光荣历史,但罪不容赦,如予赦免,便无以教育党、红军、革命者与"做一个普通的人",更掷地有声地强调,对"共产党与红军,对于自己的党员与红军成员不能不执行比较一般平民更加严格的纪律"②。1941 年 2 月 13 日边区高等法院判处肖玉璧死刑并迅速执行,《解放日报》对此专门发表评论指出,"肖玉璧判处死刑了,因为他贪污,开小差,为升官发财以至叛变了革命",边区廉洁政治的土壤中绝不容许这种莠草滋生蔓延。③ 又如盐池县县长曹建勋涉及数宗贪污罚款被撤职。和肖玉璧一样,同是从江西苏区经过长征来到边区的老革命者肖积金,因生活腐化,贪污、挪用公款,被边区法院判处有期徒刑 4 年。定边县永平区区长张得仓担任区长期间挥霍所收公债 3 000 余元,被撤职查办并追缴贪污所得。原陕甘宁边区税务总局科长冯维贤渎职贪污、私藏毒品,边区政府指示:冯维贤罪大恶极,政府机关决不能藏此败类,将其送交法院"甚为妥当",并指示继续深挖,以期惩一儆百,教育所有同志,"造成廉洁奉公之美德"④。这些案例都说明中国共产党在加强廉政建设、反对腐败问题上的鲜明态度、坚定决心。而 1939

---

① 陕西省档案馆、陕西省社会科学院编:《陕甘宁边区政府文件选编》第 5 辑,北京:档案出版社 1988 年版,第 3 页。

② 毛泽东:《给雷经天的信》(1937 年 10 月 10 日),《毛泽东文集》第 2 卷,第 39 页。

③ 高委主编:《利剑高悬——建党以来十大腐败案件剖析》,第 45 页。

④ 陕西省档案馆、陕西省社会科学院编:《陕甘宁边区政府文件选编》第 5 辑,北京:档案出版社 1988 年版,第 56 页。

年、1940 年边区政府开展的审干运动的一项重要内容即为反对"新贪官污吏",共查处乡级干部 150 名,区级以上干部 27 名,分别给以严正的政纪、法纪处理。

严厉打击震慑了许多游走在违法行为边缘者,制止了贪腐的发展与蔓延:与 1939 年、1940 年边区分别查处贪污案 360 件、644 件相对照,1941 年上半年即下降为 153 件[1],证明廉政建设取得了相当的成效。

三、边区廉政建设的意义

由于牢固树立以人民为中心,对贪腐零容忍、严打击的理念,广泛深入开展廉洁奉公的思想政治教育,以及行之有效的法制保障体系、制度运行体制、民主监督机制,中国共产党领导下的陕甘宁边区廉洁奉公蔚然成风,成为抗战时期中国最民主、进步、廉洁的地方,边区政府也被公认为当之无愧的廉洁奉公的模范抗日民主政府。林伯渠在边区第二届第一次参议会工作报告中总结道:"廉洁奉公,已成为政府人员一般具有的品质。"虽然还存在个别的贪污浪费现象,但政府将取之于民者竭尽全力用之于公,形成了"用钱少办事多"的工作作风。政府工作人员多为"不知疲倦的人民的忠仆,他们念念不忘的,只是抗战与人民的整个利益"。因之得到人民的拥护与支持,而具有战胜一切困难的信心与勇气和高度的工作热忱。[2]

这又与国民党统治的大后方贪污遍地、醉生梦死的状况恰恰

---

① 高委主编:《利剑高悬——建党以来十大腐败案件剖析》,第 45 页。

② 陕西省档案馆、陕西省社会科学院编:《陕甘宁边区政府文件选编》第 4 辑,北京:档案出版社 1988 年版,第 263—264 页。

形成鲜明的对照。如毛泽东所总结:发国难财,官商合流,贪污成风,廉耻扫地,是"国民党区域的特色之一"。而"艰苦奋斗,以身作则,工作之外,还要生产,奖励廉洁,禁绝贪污"则是解放区的特色。① 边区"没有贪官污吏"②。林伯渠也在重庆出席国民参政会时自豪地宣称:"敝处"——陕甘宁边区没有贪污,使得与会的国民党参政员自惭形秽。

由此,共产党人和边区政府获得了人民的由衷爱戴和拥护,不仅被边区民众赞为"人民政府""廉洁政府",访问边区的中外人士也无一不对所见的各处贪污绝迹,各级干部的清廉、勤政作风和奋发向上的蓬勃生气留下深刻印象。例如1940年6月初,爱国华侨陈嘉庚曾对比在重庆和延安的观感:"余到重庆所见,男则长衣马褂,满清服制仍存;女则唇红口丹,旗袍高跟,染红指甲,提倡新生活者尚如是。……各处办事员多者百余人,少者数十人,月费各以万计,不知所干何事! 酒楼菜馆林立,一席百余元","金樽清酒斗十千,玉盘珍馐值万钱","交际处应酬互相征逐,汽车如流水,需油免计核"。"迨至延安"则耳目一新:从领袖至一般公务人员皆"勤俭诚朴,公忠耐苦,以身作则,纪律严明,秩序整然,优待学生,慎选党员,民生安定,其他兴利除弊,都积极推行",县长都是民选,官吏如贪污50元即革职,500元则枪毙,犯者无情面可袒护优容。特别感慨那种低俸制:公务人员每月薪水只有5元,毛泽东、朱德的夫人也必须有职务工作,才能领此5元,从而进一步认清历史前进的方向,"由是断定国民党蒋政权必败,延安共产党必胜"③,成为中国

---

① 毛泽东:《论联合政府》(1945年4月24日),《毛泽东选集》第三卷,第1048页。

② 毛泽东:《团结一切抗日力量,反对反共顽固派》(1940年2月1日),《毛泽东选集》第二卷,第718页。

③ 傅子玖:《陈嘉庚传》,石家庄:花山文艺出版社1999年版,第72—74页。

共产党坚定的拥趸。

可见,陕甘宁边区和各抗日根据地政权在极其艰苦复杂的斗争环境中坚持反腐倡廉,为赢得抗战的胜利与最终夺取全国政权奠定了牢不可破的基础。

陕甘宁边区的廉政建设所培育的革命精神具有深远价值。中国共产党强调"厉行廉洁政治,严惩公务人员贪污行为"时,又提出"同时实行俸以养廉原则,保障一切公务人员及其家属必需的物质生活及充分的文化娱乐生活"(见"五一施政纲领"之第八条)①,体现了实事求是的原则。然而这在当时只能是目标,边区共产党人和公务人员的廉洁奉公根本不是依靠那一点俸禄,靠的是对共产主义信仰的初心、觉悟,靠的是誓为人民全心全意谋利益而不惜牺牲自我的革命理念,这是陕甘宁边区廉政建设留下的最宝贵的财富。

第六节　法制建设

民主与法制是现代民主政治紧密耦合的两部分机制,宛如车之两轮,缺一不可。中共在边区从事各项民主政治建设的同时,大力推进法制建设,同样取得了重大的成就。

一、立法

(一)类别与基本程序

边区党和政府始终高度重视立法工作。边区政府成立不久,尽管政务丛集,仍加紧立法工作,先后设立具体从事立法事务的机

---

① 陕西省档案馆、陕西省社会科学院编:《陕甘宁边区政府文件选编》第5辑,北京:档案出版社1988年版,第3页。

构如"法令研究委员会""地方单行法规起草委员会""边区法制委员会""法令审查委员会"等作为抓手,边区议会、参议会相继成立后,立法权力和工作由其负责和统筹,在承继和总结苏维埃时期的经验的基础上,根据抗战的新形势,以新民主主义理论为指导,按照中国共产党的基本方针,制定和公布了一大批法令、法规。据统计,陕甘宁边区存在期间共有 64 个类别、千件以上的法律法规制定颁行,其数量之大、门类之全应属翘楚。

边区的法律、法规大体分为宪政及组织、诉讼、刑事、民事、行政、经济等类别。其中,宪政类有《抗战时期陕甘宁边区施政纲领》《陕甘宁边区施政纲领》等;行政类有《陕甘宁边区政府组织条例》《陕甘宁边区县政府组织条例》,以及有关干部任免、管理条例等;刑事类有《陕甘宁边区惩治反革命条例》《陕甘宁边区惩治汉奸条例》以及刑事案件处理条例等;诉讼类则有《陕甘宁边区诉讼条例草案》《陕甘宁边区民事诉讼条例草案》等;民事类有《陕甘宁边区婚姻条例》《陕甘宁边区劳动保护条例(草案)》《抗日战士优待抚恤条例》《陕甘宁边区债务条例》等;经济类(包括商贸)有《陕甘宁边区土地条例》以及地权、土地租赁、决算、税收、贷款条例等,基本形成了新民主主义的法制体系。

(二)实质与意义

边区立法的实质,是中共中央(包括陕甘宁地方党组织)将自己的方针政策外化为边区法律。在程序上,则严格遵循提出议案、参议会审议、表决、通过、公布等步骤,"法令研究委员会"等研究,操作性机构根据统一部署,为边区参议会、边区政府、边区高等法院起草、审查、修订各项法规草案,确认成熟后提交边区参议会讨论和表决通过,并由边区政府公布,从而正式生效。立法工作使边区政府在政权合法性与组织机构设置、保障人民的各项民主权利等根本领域基本实现了有法可依，为深入开展边区法治建设奠定了基础。

二、司法

边区的司法与民生直接相关，是民主法制最重要的体现和载体之一，其根本任务是加强和捍卫革命秩序，维护人民利益，保障公民的基本权利，促进抗战事业的发展。第二届参议会上，林伯渠所作政府工作报告即说道：作为民权主义的一个重要组成部分，边区的司法制度要保护一切抗日人民的人权、政权和财权，打击汉奸和土匪，既服务于政治，"又向人民负责"，因而构成边区的法制建设的重点。

（一）审判系统

法院是边区主要司法机构。边区最高司法审判机关是陕甘宁边区高等法院，初称"中央司法部"，是在原苏维埃特区司法部基础上于 1937 年 7 月 9 日成立，先于同年 9 月 6 日方告成立的陕甘宁边区政府，边区政府成立后改是名。根据《陕甘宁边区议会及行政组织纲要》（1937 年 5 月中华苏维埃共和国临时中央政府西北办事处颁布），边区法院实行从属于边区政府（是其组成部分），但审判独立、边区参议会选举产生法院院长的特殊体制，"不采取司法与行政并立状态。因为时局变动，审判常须受政治的领导"①。1939年 1 月，边区第一届参议会通过了《陕甘宁边区高等法院组织条例》，将这一体制概括为："边区高等法院受中央最高法院之管辖，

---

①《陕甘宁边区政权建设》编辑组编：《陕甘宁边区参议会（资料选辑）》，第 46 页。

边区参议会之监督，边区政府之领导"但"独立行使其司法职权"①。
《陕甘宁边区政纪总则草案》(1943 年 4 月)再次强调："边区审判委员会和高等法院，受边区政府领导，各下级司法机关，应受各该级政府领导。"②因此，边区法院独立行使职权，同时接受边区参议会监督，并在政治上、行政上受边区政府领导，故时人称之"半独立"。
这种"半独立"体制实际上契合了抗战期间边区的特殊现实：时处战争环境，政治变动频仍，边区作为国民政府省一级的"特区"，其层级最高的法院只能是省级、地方性的高等法院而没有全国的"最高法院"，也无终审权，但事实上，边区高等法院不会提交、国民政府最高法院也不会受理边区的终审案件，有关案件只能在边区自行审理终结，因此当时设置此"受政府领导"的法制体制，对于保障司法审判的顺利进行，服务于抗战大局具有重要的现实意义。

　　作为边区最高司法审判机关，陕甘宁边区高等法院成立之初院长为谢觉哉，7 月 17 日，因其另有任用，乃由雷经天代理院长。此后 1939 年 1 月和 1941 年 11 月召开的边区第一届参议会、第二届参议会(第一次会议)均选举雷经天为院长，直至 1945 年 3 月。

　　据《陕甘宁边区高等法院组织条例》(颁布于 1939 年)，边区高等法院职责是管理全区的审判工作和司法行政事宜，管辖并受理四类案件：一审重要刑事案件；一审上诉案件；不服地方法院裁定之抗告案件；非讼事件。其组织机构约有检察处、民事法庭、刑事法庭、书记室、看守所、总务科等部门，1940 年、1942 年、1945 年先后增设了生产科、执行处、法律研究组、司法行政处等部门。主要

---

① 陕西省档案馆、陕西省社会科学院编：《陕甘宁边区政府文件选编》第 1 辑，北京：档案出版社 1986 年版，第 217 页。
② 陕西省档案馆、陕西省社会科学院编：《陕甘宁边区政府文件选编》第 1 辑，北京：档案出版社 1986 年版，第 187 页。

官员为：院长，由边区参议会选举产生，再经边区政府呈请国民政府批准委任程序，除全权负责高等法院案件外，还拥有管理全边区司法行政事宜，包括审核地方法院对案件的处理、司法系统人事（主要是对司法人员违法惩戒）、财物（罚没所得）稽核、司法教育、人犯处理等共 8 项职权。庭长、推事：民事法庭和刑事法庭作为其中的主体部分，"各设庭长及推事，独立行使其审判职权"，庭长全权负责该庭业务，中心是审判事务，包括领导监督推事、分配与督促审判、决定公审案件、决定强制执行、判决或撤销有关案件，共 6 项职权。推事即法官，负责具体案件，具有对案件的调查、审判、人证物证传讯检查、判决、形成文件（案件批答、判决书）等 5 项职权。高等法院所有司法人员的产生均"由院长呈请边区政府任命之"。各部门各人员皆须"服从法院院长之领导，执行其职务"①。

　　为了方便人民诉讼，加强对地方司法工作的领导，边区高等法院根据边区政府第 43 次政务会议通过之《陕甘宁边区高等法院分庭组织条例草案》，从 1943 年起在各分区专员公署所在地设立分庭。其职责是代表边区高等法院受理不服该分区所辖地方法院、县司法处一审判决而上诉的民事刑事案件，进行二审；"高等分庭之管辖区域与各专员公署所辖之行政区域同"，其办公地点"得设置于专员公署内"；分庭人员为专员兼任的庭长与 1 名推事，1—2 名书记员；庭长全权负责该庭行政及审判业务，庭长及推事"由高等法院呈请边府任命"②。庭长除绥德分庭外，均由各分区行政督察专员兼任。分庭属于边区二审审判机关，有权自行决定不满三

---

① 陕西省档案馆、陕西省社会科学院编：《陕甘宁边区政府文件选编》第 1 辑，北京：档案出版社 1986 年版，第 217—221 页。
② 陕西省档案馆、陕西省社会科学院编：《陕甘宁边区政府文件选编》第 1 辑，北京：档案出版社 1986 年版，第 155—156 页。

年徒刑的刑事案件,而"拟判刑事三年以上徒刑案件,应将拟判词连同原卷呈送高等法院覆核"①。这一规定一直持续到 1945 年 12 月。

县(或相当于县的市)一级的司法机关的发展、成熟经历了一个过程。

根据边区高等法院第 4 号通令(1938 年 8 月 25 日),各县(市)建立起负责一审案件的"裁判委员会"。1940 年 9 月,边区高等法院改设"人民仲裁员"负责县(市)审判事宜。直至 1941 年 12 月,高院发布第 278 号训令正式决定在部分县(市)建立地方法院。其成员一般 10 人左右,包括:院长兼庭长 1 名,推事 2 名,书记长 1 名、书记员 2 名及看守员、法警、公差、伙夫各 1 名。1942 年 1 月,高院又发布第 2 号通告,决定各县在县政府下设司法处(除已成立或即将成立地方法院处如绥德、延安、陇东、庆阳、关中、新正)。其规制、职责次年 3 月 30 日由边区政府颁布《县司法处组织条例草案》确定:在所在县域受理一审民事、刑事案件;成员包括 1 名处长由县长兼任,审判员、书记员各 1 名及 2 名法警,对诉讼案件稀少的县更由处长兼任审判员即减除审判员员额,其他县则由审判员协助处长办理审判事务。但县政府委员会或县政务会议要对重大的民事、刑事案件进行讨论,司法处再行判决。不服一审判决者可向边区高院或各分区高院分庭上诉进行二审。② 这些举措表明,行政特别是县长在地方司法审判工作中具有重要话语权。在当时的历史条件下,由于干部特别是受过专业训练的司法干部匮乏、军情时时

① 陕西省档案馆、陕西省社会科学院编:《陕甘宁边区政府文件选编》第 1 辑,北京:档案出版社 1986 年版,第 155 页。
② 陕西省档案馆、陕西省社会科学院编:《陕甘宁边区政府文件选编》第 7 辑,北京:档案出版社 1988 年版,第 164—165 页。

紧迫、战争压倒一切的现实,实行"县长办案"确实能够弥补司法干部不足,减少诉讼程序,提高办案效率,因而此举具有一定的积极意义,但在实践中也暴露会产生"以权代法""长官意志",不尊重专业意见等问题,削弱了司法的独立性。①

边区县以下乡(或相当于乡的市)一级区划,没有专门的司法机构,只设立作为司法辅助机关的"人民仲裁委员会"。这是根据《陕甘宁边区各乡市政府组织条例》(1942年1月公布)关于乡市政府可设立的"各种专门工作委员会"中的一个,多由3—5人组成,"委员与主任委员均由乡(市)政府聘任之"②,模拟法庭运用法律的形式,调解民间纠纷,以减少民事诉讼,而非第一审机构。这是边区司法工作贯彻群众路线形成的组织形式。

(二) 审判程序

根据《陕甘宁边区保障人权财权条例》等法规,边区人民拥有对诉讼案件"依法按级上诉"的权利。因此边区对诉讼案件实行县地方法院(或司法处)一审、边区高等法院(或分庭)二审、国民政府最高法院三审的制度。然而,国民政府的三审实际上虚置,不仅因为"边区与重庆相隔甚远,事实上不服第二审判决者,再向重庆提起上诉,绝少可能",而且抗日民族统一战线之下的两党关系,使得国民政府最高法院也绝不会受理边区的三审上诉,于是民众遂通常向边区政府上访、上诉,边区政府成了事实上的"最高法院",面临巨大压力,从而认识到"不设置一定机关,无法办理此类案件"。为解决这一问题,边区政府于1942年7月10日发布《关于设立审

---

① 杨永华、方克勤:《陕甘宁边区法制史稿·诉讼狱政篇》,北京:法律出版社1987年版,第19页。

② 陕西省档案馆、陕西省社会科学院编:《陕甘宁边区政府文件选编》第5辑,北京:档案出版社1988年版,第15页。

判委员会受理第三审案件的命令》，决定由其负责办理第三审上诉、行政诉讼、死刑复判等案件。该委员会由 5 名委员组成：林伯渠、李鼎铭、刘景范、贺连城、毕光斗，委员长为林伯渠，朱婴为秘书。边府随即又颁布了《陕甘宁边区政府审判委员会组织条例》（8 月 22 日），对此基本内容做出具体规定：设委员 5 人，其中 1 名委员长、1 名副委员长（系推举决定）；委员长与副委员长由边区政府主席与副主席兼任，其任期同于政府主席与副主席的任期，另 3 名委员任期 3 年，"但得连聘连任"。工作人员包括秘书长、秘书各 1 名，书记官 1—2 人。委员会拥有受理不服高等法院一审及二审判决的刑事上诉及二审民事上诉、行政诉讼、婚姻、死刑复核等案件和法令解释的职权。实行集体讨论决定案件规制，案件"须经委员会讨论通过"，同时又赋予委员长、副委员长的特别权力：刑案中 5 年以下的徒刑，标的物价格在法币 2 000 元以下、契约订于 1941 年 1 月以前和标的物价格在边币 10 000 元以下、契约订于 1941 年 1 月以后的民案，可以由委员长、副委员长全权"负责处理"①。

　　审判委员会成立以后受理了许多案件，开辟了三审的通道，满足了民众希冀公正的心理诉求，并且在处理若干政治性的敏感问题如绥德、米脂等县大量的土地纠纷（涉及土地革命）时，对贯彻既保护贫苦农民利益、又照顾地主的合法权益，团结其共同抗日的民族统一战线基本原则皆发挥了很好的作用。但是中共中央、边区党和政府又很快发现此举存在的负面作用：不仅强化了行政与司法合一，形式和法理上"藐视""弱化"了国民政府和最高法院的"地位"与"权威"，更经过一番实践看到，其实，二审案件中需要纠正者

---

① 陕西省档案馆、陕西省社会科学院编：《陕甘宁边区政府文件选编》第 6 辑，北京：档案出版社 1988 年版，第 314—315 页。

为数不多,却会导致判决不能及时生效,耗时费财、徒增讼累的消极后果。① 有鉴于此,根据边区政府委员会第四次会议的决定,边府于 1944 年 2 月 15 日颁布《关于边区审判改为二级审判制的命令》,取消审判委员会,将司法审判层级由三级仍改为二级,"以后凡民刑诉讼,即以高等法院为终审机关"②。

边区审判委员会的立废沧桑,不仅生动反映了边区党和政府从实际出发的实事求是的作风,更表明了边区的独立性,是名副其实的"特区政府"。

(三) 检察系统

中国共产党和边区政府同样重视检察事业的建设。1937 年 2 月,中华苏维埃共和国临时中央政府西北办事处中央主席团(当时苏维埃政府的内设最高机构)沿袭苏维埃时期的传统,将"国家检察长"设于中央司法部内,相应地,"国家检察员"在省、县两级裁判部先后设立。谢觉哉任国家检察长,徐时奎任国家检察员。在业已建立的延安市地方法庭,由苏一凡任国家检察员。边区政府委员会同时规定,未设检察员的裁判部由县保安机关兼代执行检察任务。边区政府成立后,中央司法部改制为陕甘宁边区高等法院,内设检察员。徐时奎任高等法院检察官。检察职能主要集中在案件诉讼层面,检察机构依然沿用苏区"审检合一"体制。负责一般法律监督职能的独立的检察机关由此不复存在。

根据《陕甘宁边区高等法院组织条例》(1939 年 1 月边区第一届参议会通过)的规定,边区检察体制主体架构是:检察处设于边

---

① 宋金寿、李忠全主编:《陕甘宁边区政权建设史》,第 321 页。

② 陕西省档案馆、陕西省社会科学院编:《陕甘宁边区政府文件选编》第 8 辑,北京:档案出版社 1988 年版,第 67 页。

区高等法院内，主要成员为检察长与检察员。检察长拥有执行检察任务之全权，包括指挥与监督、处理检察员的工作、事务，对案件的分配与督促，决定案件的裁定或诉讼。检察员则拥有案件的侦查、裁定、证据的搜集、提起诉讼（包括撰拟公诉书、协助自诉、充当诉讼当事人或代表公益诉讼）、监督判决的执行诸项职权，还有一项在执行任务时如有必要可"咨请当地军警帮助"的权力。[①] 但实际上检察长一职较长时间内空缺，直至 1941 年 1 月 21 日方由李木庵出任。检察处作为高等法院的下属机构与法院合署办公，同驻节延安市。因这一时期检察机构尚不健全，边区政府委员会决定由边区保安机关代行了大部分检察业务。1941 年 6 月，边区高等法院对各县检察员的职权做了如下规定："各县检察员负责调查检验"；"检察员得下令逮捕一切刑事犯罪"；"侦查案件，由检察员负责"；"如认为罪案成立，即向裁判员提起公诉，如认为罪案不能成立，即将案件裁定撤销"[②]。1942 年春因实行精兵简政而将边区高等法院检察处、县一级检察员撤销，由法院和保安机关分别承担检察工作。

　　检察工作的主要任务集中在刑事方面，包括案件调查、收集证据、勘验现场、检举犯罪、出庭公诉等。如 1937 年 10 月边区高等法院审理黄克功枪杀刘茜案，其时由抗大政治部胡耀邦、边区保安处黄佐超、法院检察官徐时奎三人组成检察机关代表，对案件提起公诉。此案成为边区检察工作活动的一个典型。

---

① 陕西省档案馆、陕西省社会科学院编：《陕甘宁边区政府文件选编》第 1 辑，北京：档案出版社 1986 年版，第 218—219 页。
② 《陕西省志·检察志》编委会编：《陕西省志》第 57 卷，西安：陕西人民出版社 2009 年版，第 33—34 页。

　　总之,陕甘宁边区时期检察制度基本特点是审检合署、"审检合一",检察机关内设于边区高等法院,但根据有关法规(如《陕甘宁边区高等法院组织条例》),其职能则保持独立。这种独立性亦可以从一些细节反映出来。如检察处的负责人不是冠以"处长",而是"检察长"之称。司法文书和政府公文中,"检察长李木庵"和"院长雷经天"也经常并署。除检察长相对独立于法院院长,检察员也相对独立于检察长。如前所述,检察处检察长一职在边区高等法院内一度空缺,然而检察职能在检察员——其实乃检察长副手手中仍坚持独立运作而不受影响。

　　(四)看管系统

　　陕甘宁边区还建立起具有自身特色的狱政系统和监狱制度。

　　"看守所"与"监狱",是边区监禁、管理、改造人犯的两个机关。自边区高等法院成立,看守所即随同产生,隶属边区高等法院或边区公安机关领导,监狱隶属于边区高等法院,或所属行政区法院,或高等法院分庭领导,实际皆由保安处掌控。在1942年以前两者并未严格划分,区别仅是未决犯关押在看守所,已决犯转延安南三十里铺劳动生产所从事劳动生产,以利管理教育。① 1942年9月,劳动生产所正式改为监狱。

　　看守所分为两级,分别为高等法院看守所和各县看守所。高等法院看守所根据《陕甘宁边区高等法院组织条例》等法规,其所长、看守员在法院院长领导下执行职务,设有武装警卫队,"被处徒刑或拘役之人犯羁押于看守所者,准用监狱法之规定"。看守所被赋予监管人犯的所有职权,包括:收押、检查、点验、看管、考查人犯

---

① 中央人民政府司法部司法干部轮训班编:《监狱工作》(内部资料)(5),出版时间不详,第29页。

及其活动；登记、保管其财物；对其教育；组织、分配其工作、劳动；
登记其出入。①

县司法机关看守所体制上归县保安科领导，被拘留者、已决
犯、未决犯，统一羁押在保安科看守所。由于司法机关与看守所
实际分立，"对于犯人之管教有诸多不便"，1944 年 5 月 12 日边
区政府决定各县司法处另设立看守所一个，设看守员 1 名，直属
县司法处领导，凡罚苦役 6 个月以下者，留县看守所管教。但囿
于条件此举进展不快②，而高等法院分庭看守所直至 1946 年初
始设。

看守所同时配置警卫队，负责收押、点验、看管人犯及保管人
犯财物，进行政治思想教育、分配劳动生产、考查犯人表现等等，取
得不凡的业绩，很少有犯人逃脱等事情发生。

边区监狱分高等法院监狱、高等法院分庭监狱两级。

高等法院监狱由"劳动感化院"演变而来。《陕甘宁边区高等
法院组织条例》(1939 年公布)规定在高等法院"设立劳动感化院"。
1941 年 1 月 3 日，高等法院成立延安生产总所，负责组织已决犯人
从事工农业生产，在安塞则设劳动生产分所。次年劳动生产总所
正式改为"陕甘宁边区高等法院监狱"(系边区政府 1942 年 9 月决
定)，仍在延安三十里铺李家沟原址，收押判处有期徒刑 3 年以上
人犯，李育英为首任典狱长。

1944 年 5 月 12 日，陕甘宁边区政府决定"各分区设监狱一
所"，为高等法院分庭管辖的监狱，称"分监"，收押判处有期徒刑 6

---

① 陕西省档案馆、陕西省社会科学院编：《陕甘宁边区政府文件选编》第 1 辑，北京：档案
　　出版社 1986 年版，第 220 页。

② 高海深、艾绍润：《陕甘宁边区审判史》，西安：陕西人民出版社 2007 年版，第 154 页。

个月以上、3 年以下的刑事犯。设典狱员 1 人,警卫队担任看守,在分庭庭长领导下,负责犯人的管理教育。[1] 一年后又因使用率低,边区政府又予以撤销,原收押人犯仍由其所在地县司法处的看守所予以接管。

根据马克思主义解放全人类的崇高理念,从改造犯人这一根本目的出发,边区监狱系统(包括看守所)开展了狱政建设,形成了崭新的新民主主义监狱制度。

首先,高度重视对犯人的"感化教育、争取改造"。高等法院代院长雷经天在 1938 年即提出:要通过采取教育感化的方法,争取犯人转变。林伯渠在边区第一届参议会上也提出:"对于一般犯人,更多注意政治教育和感化,使他们改邪归正,禁止对犯人实行报复手段和虐待犯人。"[2]"由于实行了政治上的感化教育,在政治上表示转变而被释放的人数占了全数已判决的犯人的三分之一。"[3]1941 年"五一施政纲领"又规定坚决废止肉刑,对汉奸分子及叛徒、反共等阴谋破坏分子除坚决不愿改悔者外,一律实行宽大政策,争取感化转变。《陕甘宁边区司法纪要》(1942 年公布)又强调:"边区监所生产教育的目的是改正轻视劳动观锻炼思想意识,消除犯罪邪念,提高生产技能,获得谋生手段。"[4]

其次,尊重犯人的人格。1941 年 4 月,林伯渠提出:对犯人要注意政治教育与感化,不采取报复与惩办,要恢复犯人人格,"必自

---

① 高海深、艾绍润:《陕甘宁边区审判史》,第 154—160 页。

② 高海深、艾绍润:《陕甘宁边区审判史》,第 160—161 页。

③ 陕西省档案馆、陕西省社会科学院编:《陕甘宁边区政府文件选编》第 1 辑,北京:档案出版社 1986 年版,第 144 页。

④ 杨永华、方克勤:《陕甘宁边区法制史稿·诉讼狱政篇》,第 266 页。

尊重他是一个'人'始"①。次年《陕甘宁边区保障人权财权条例》
(1942年2月边区政府颁布)又规定禁止对人犯侮辱、殴打、刑讯逼
供等。为了表示对人犯的信任和对其人格的尊重，有利于犯人的
教育改造，边区监所还推行"犯人自己管理自己"的原则。此外，边
区还实施一些鼓励人犯改过自新的制度，包括：服"外役"、假释、保
释、提前释放等。这些举措在教育、改造、转化人犯方面发挥了积
极的作用，取得了良好的效果。据统计，从1942年到1946年共有
276名人犯被释放，重新犯罪者只占2.7%，受到了广泛的赞誉。世
界学联代表路德参观监狱后感慨写道：此处像医院病房一样舒适，
称自己"很愿意住这样的监狱"②。国民政府行政院非常时期服务
团一些团员参观后也盛赞边区监狱"彻底实行感化教育，足为全国
法院之模范"③。

三、制度创新

在运作实践中，边区司法贯彻有法必依、执法必严、法律面前
一律平等的原则。对共产党人和干部要求则更加严格。同时，鉴
于边区经济文化落后，司法干部严重不足，司法资源严重匮乏的现
实，特别是从便民利民的根本目的出发，中国共产党在法制建设实
践中还创新出一些独特的司法制度。

---

① 陕西省档案馆、陕西省社会科学院编：《陕甘宁边区政府文件选编》第3辑，北京：档案
　出版社1987版，第221—223页。
② 陕西省档案馆、陕西省社会科学院编：《陕甘宁边区政府文件选编》第3辑，北京：档案
　出版社1987版，第223—224页。
③ 陕西省地方志编纂委员会编：《陕西省志·审判志》第58卷，西安：陕西人民出版社
　1994年版，第193页。

（一）注重调解

边区党和政府特别是乡村基层政府十分重视调解，认为"调解可使大事化小，小事化无，增加农村和睦，节省劳力，以从事生产"并弥补司法资源的短缺①，为此，边区党委、政府、保安处、高等法院于 1939 年 5 月 21 日联合下发的《关于目前各县司法干部补救办法的意见》即要求尽量采取调解方式解决"债权、婚姻、烟赌以及一般纠葛"等民事或轻微刑事案件，其操作方式为：在乡政府（或保公所）组织乡长或保长、群众团体代表、乡议长（代表主任）、自卫军连长、锄奸主任等为成员的调解委员会，乡长任主任。但又规定"如果调解不成立，准由当事人起诉"②。边区政府于 1943 年 6 月颁布《陕甘宁边区民刑事件调解条例》进一步强调，"凡民事一切纠纷均应厉行调解"，刑事案件除内乱、外患、汉奸罪、故意杀人等 22 种重罪外，其他各罪"均得调解"，以此倡导"民间调解纷争，减少诉讼"③。调解的各原则包括要根据自愿，虚心听取群众意见，要善于转变当事人的情绪，讲求方法、照顾各方利益而使双方满意、同意，"不可有稍微强迫"等等④，调解不成，应准许当事人向司法机关提起诉讼，"不得拦阻或越权加以任何之处分"⑤，核心是"自愿"、不损

---

① 西北五省区编纂领导小组、中央档案馆编：《陕甘宁边区抗日民主根据地·文献卷》下，第 177 页。

② 陕西省档案馆、陕西省社会科学院编：《陕甘宁边区政府文件选编》第 1 辑，北京：档案出版社 1988 年版，第 260 页。

③ 陕西省档案馆、陕西省社会科学院编：《陕甘宁边区政府文件选编》第 7 辑，北京：档案出版社 1988 年版，第 255—256 页。

④ 西北五省区编纂领导小组、中央档案馆编：《陕甘宁边区抗日民主根据地·文献卷》下，第 178 页。

⑤ 陕西省档案馆、陕西省社会科学院编：《陕甘宁边区政府文件选编》第 5 辑，北京：档案出版社 1988 年版，第 311 页。

害当事人基本权利。

（二）巡回审理、就地办案

鉴于边区的环境特殊，中国共产党又始终积极倡导"建立便利人民的司法制度"。这一制度的重要内容就是实行民众少走、法庭多跑路的巡回审理、就地办案方式。这是边区党和政府决定高院设立巡回法庭的根本考量。其组成由民事、刑事法庭抽派人员，实行《陕甘宁边区人民法院组织规程初稿》第十一条提出的：人民法院须"就地审判"①的规定。1942年制定的《陕甘宁边区民事诉讼条例草案》第四条又规定："司法机关得派审判人员流动赴事件发生之乡市，就地审理。流动审理时，审判人员应注意当地群众对于案情意见之反映，为处理之参考。"②由此随后又产生了将"巡回审判""就地办案"两者有机结合的"马锡五巡回审判方式"。

1943年起，马锡五担任陇东专区行署专员，并按规定兼任边区高院陇东分庭庭长。他创造的这种方式的特点是：将传统的"坐堂问案"改为深入群众生产、生活的田间、住宅调查研究，实事求是了解案情，方便群众诉讼，手续简便，不拘形式；"调解为主，审判为辅"，深化调解与诉讼有效对接，以群众为中心，尊重群众意见，既坚持原则、依法办事、维护当事人的合法权益，又照顾当地的风俗习惯，有效解决矛盾，因而深受群众欢迎，被誉为"马青天"。如他亲自二审复核的华池县封芝琴婚姻案，延安《解放日报》、重庆《新华日报》等皆进行了报道。陕北评话艺人韩起祥、陇东中学教员袁静以此为素材分别编写了《刘巧儿团圆》和秦腔剧《刘巧儿告状》，

---

① 艾绍润、高海深主编：《陕甘宁边区法律法规汇编》，第52页。
② 艾绍润、高海深主编：《陕甘宁边区法律法规汇编》，第67页。

在边区广为传播。"马锡五审判方式"是司法实践中的又一大创新,是党的群众路线在此领域的成功运用,成为当时边区审判工作的一面旗帜。

中共中央、边区党和政府对此充分肯定。毛泽东多次接见了马锡五,1943年3月2日为其亲笔题写"一刻也离不开群众"。同年12月,谢觉哉赞扬他为司法工作创造了好经验,"你不只是好专员,还是个好审判员"①。林伯渠于1944年1月6日也号召提倡这一方式"以便教育群众"。3月5日,毛泽东在中央政治局《关于路线学习、工作作风和时局》的讲话中再次对其赞誉有加,认为他"会审官司,老百姓说他是'青天'"。3月13日出版的《解放日报》专门发表了社论,称赞这一司法制度上的新创造,题目就是《马锡五审判方式》。1944年6月由李维汉执笔,经毛泽东、周恩来审阅发给中外记者的《陕甘宁边区建设简述》中将其作为边区在司法工作中的一大创举正式推介,被西方国家赞誉为"东方经验"。

在边区党和政府的领导下,调解特别是乡级政权调解工作取得了很大的成绩,产生了上诉和缠诉减少,民事、刑事案件数量大幅度下降等显著的社会效益。边区民刑案件从1942年共发生1 832件减少到1944年的1 244件,下降了1/3,就连大后方也称其为"司法的新贡献"②。

边区的法制建设,有力保障和促进了社会的稳定、民主政治的建设和发展,并为新中国的法制建设提供和积累了宝贵的经验。

---

① 陕西省地方志编纂委员会编:《陕西省志·审判志》第58卷,第182页。
② 梁星亮主编:《群众工作史》,北京:中央文献出版社2015版,第212页。

第七节　中国共产党"一元化"领导体制确立与贯彻

边区政治建设取得如此辉煌的成就，是中国共产党坚强领导的结果。特别是在这一时期建立起的党的"一元化"领导体制，起了至关重要的作用。

一、"一元化"领导体制构建的过程

（一）原因与意义

所谓党的"一元化"领导，是指以党的各级组织为中心，统一领导政治、军事、群众团体等各种组织的制度。其中，党处于领导中心地位，这是"一元化"领导体制最本质的内涵。

这一体制，并非首次实施。实际上，早在土地革命战争时期，中国共产党在共产国际领导下即一直实行这种领导制度，可追溯到井冈山革命根据地的前委制度。不过，在当时党的话语体系中并未明确提出这种表述，且实施也并未如此严密。全面抗战时期，中国共产党大力构建和强化这一制度，则有其必然性——只有加强中国共产党的统一领导，才能完成夺取抗战和新民主主义革命的历史任务，在当时极端艰苦时期尤须如此；而当时，党内外确实存在着妨碍党的集中统一领导的消极因素。

对于前者，政治上已高度成熟的中国共产党人充分认识到，党是中国革命事业的领导核心，党的领导是实现党的革命纲领和奋斗目标的根本保障。对此，新民主主义理论反复予以强调：

虽然中国无产阶级客观上存在着人数较少、年龄较轻、文化水准较低等弱点，但其是中国革命最基本的动力和领导阶级。如果

没有这个阶级的领导,中国的革命"就必然不能胜利"①。另一方面,"所谓无产阶级领导,就是共产党领导"②。中国革命的双重任务——新民主主义革命与社会主义革命都必须由中国共产党领导,否则,"任何革命都不能成功"③。在全面抗战历史阶段,面临空前艰苦、复杂的环境,中国共产党肩负着领导人民夺取抗战胜利、推进各项新民主主义建设,并为夺取民主革命彻底胜利做好充分准备的历史任务,更需要加强党的领导,才能实现这一光荣而艰巨的目标。

然而怎样加强党的领导? 此时面临着新的问题。

一方面,相比国内革命战争,抗日战争面临更加残酷、复杂的局面;另一方面,由于历史等原因,现存的革命力量中确实存在着若干影响统一的因素:军队和党组织客观存在的"山头"(毛泽东一直不讳言此点)诱发"山头主义"的产生;陕甘宁边区还存在外来干部和地方干部的差异和矛盾;陕甘宁边区的干部也存在一些派别,如当年分别发动领导陕北、陕甘等地革命的刘志丹、谢子长部下的一些人积怨颇深,刘、谢牺牲后,相互间仍然长期具有扞格不入的心理。

更为严重的是,党中央的领导层面存在着破坏团结的严重威胁,前有张国焘分裂主义,后有王明右倾投降主义。1935 年中共中央和中央红军到达陕北不久,为了加强对边区的领导,于 11 月 3 日成立了以张闻天为书记的中共西北中央局,并随之成立中华苏维埃共和国临时中央政府西北办事处,统一领导陕甘宁地方省委工

---

① 毛泽东:《中国革命和中国共产党》(1939 年 12 月),《毛泽东选集》第二卷,第 645 页。
② 毛泽东:《在中国共产党第七次全国代表大会上的口头政治报告》(1945 年 4 月 24 日),中共中央文献研究室编:《毛泽东文集》第 3 卷,第 305 页。
③ 毛泽东:《中国革命和中国共产党》(1939 年 12 月),《毛泽东选集》第二卷,第 651 页。

作。西北中央局并非中共中央的派出机构,而是中共中央对外的暂用名称,亦正如毛泽东分析此举意义所言:对外使用这两个名义"较适当",而是否公开使用原中共中央和中央政府名义,应俟"打破'围剿'之后再定"①。同时,这也是当时以毛泽东为核心的中共中央与张国焘右倾分裂主义博弈而采取的一个重要策略,目的在于通过这一有原则的重大让步促使公开闹分裂、擅自率领红军南下并自立中央的张国焘能改弦易辙,以维护党的团结与红军一、四方面军的团结。当然由于张国焘冥顽不灵而未奏效,但中共中央的法定地位并未因此动摇,如李维汉曾指出:中共中央"到陕北后,改称为西北中央局,同样领导全国工作"②。

1938 年 10 月,随着广州、武汉失守,抗战进入相持阶段,特别是 1941 年开始,内外形势更加复杂紧张。一方面,敌后抗日进入了最艰苦的阶段,由于日军对中国共产党领导的敌后抗日根据地实行残酷的扫荡,通过构建严密的封锁线(以道路与据点为支撑)割裂、围困我活动区域,造成我"上下级联系的困难,抗战的地区性与游击性的增大",客观上促使许多地方更要独当一面,增强"活动的独立性"、灵活性,但同时又须各组织、各系统统一、协调、配合,"不给敌人以任何可利用的间隙";另一方面,虽然全党、各抗日根据地基本团结统一,但不协调的现象又在若干地区存在,其表现形式很多,而其中最严重的则是"统一精神不足,步伐不齐,各自为政","政权中党员干部对于党的领导闹独立性","本位主义,门户

---

① 中共中央文献研究室编:《毛泽东年谱(1893—1949)》(修订本)上卷,北京:中央文献出版社 2013 年版,第 483 页。

② 李维汉:《回忆与研究》上册,北京:中共党史出版社 2013 年版,第 288 页。

之见等等";①还有一些地区在一些事关全局问题的宣传上存在"独立无政府状态",特别是那些"违背党的政策和中央指示的言论"②的公开散布与传播常使得中央陷入很大被动;"主观主义、宗派主义的遗毒"对抗战事业与党的建设与发展造成极大的妨碍。这种情况最集中的表现就是王明1937年回国、"降临"延安后,自恃是共产国际的代表,口衔"天宪",自说自画,凌驾于中共中央之上,推行右倾机会主义的第二次王明路线,再次给革命事业造成严重损失。

这些现象引起了中共中央的高度警惕。为确保全党和革命队伍的团结,将遭受过严重损失的革命力量真正拧成一股绳,加强党的领导力量,高效克服困难以完成抗战和新民主主义革命的各项任务,中共中央审时度势,采取根本性解决措施——加强党的统一领导,直至实行一元化领导体制,"要求每个根据地的领导一元化"③,并首先在陕甘宁边区得到贯彻和实行,从而极大地促进了边区的政治建设和各项事业的发展。

(二)过程

这一工作一直不断推进。

关于对外宣传的权力集中。中共中央先后于1941年2月和5月发布了一系列文件,如《关于发表有全国意义的通电、宣言与对内指示的规定》《关于统一各根据地内对外宣传的指示》《关于出版

---

① 中共中央文献研究室、中央档案馆编:《建党以来重要文献选编(1921—1949)》第19册,北京:中央文献出版社2011年版,第422—423页。

② 中共中央文献研究室、中央档案馆编:《建党以来重要文献选编(1921—1949)》第18册,第305页。

③ 中共中央文献研究室、中央档案馆编:《建党以来重要文献选编(1921—1949)》第19册,第422页。

〈解放日报〉的通知》等，宣布对外宣传权力集中于中央，此外下级组织与领导，如中央局、中央分局、省委、区党委负责人以及军事首长皆不得在中央指示未发布前公开发言，"一切对外宣传均应服从党的政策与中央决定"，"以保障全党意见与步调的一致"；宣传部统一领导对外宣传，宣传的重要抓手是《解放日报》与新华社，由其向全国传达党的政策，并告知，"《解放日报》的社论，将由中央同志及重要干部执笔"[①]。

　　党领导的人民军队是夺取抗战与新民主主义革命胜利的支撑力量，更特别需要进一步加强军队党组织系统。为此，中共中央革命军事委员会特别颁布《军政委员会条例》(1941 年 2 月)，严格规定在军、师、旅、团及纵队、支队、军区、分区等层级成立军政委员会"作为每级的集体领导机关"，"军政委员会是执行上级指示、决定该部大政方针、布置工作及检讨工作的计划机关"[②]，以加强中国共产党对军事组织系统的集中统一领导。

　　政治思想上的统一。打退国民党第二次"反共"高潮后，鉴于王明右倾投降主义导致"皖南事变"中革命力量遭受严重损失的惨痛教训，中央做出了正本清源性的《关于增强党性的决定》(1941 年 7 月)。针对党内在政治、组织、思想的各种消极、错误倾向。该决定旗帜鲜明地提出了反对"三个主义"，即"分散主义""独立主义""个人主义"，与之做坚决斗争，"坚决肃清阳奉阴违的两面性的现象"。重申无论是普通党员抑或党的干部，都需认真贯彻、严格遵守"个人服从组织，少数服从多数，下级服从上级，全党服从中央"

---

① 中央档案馆编：《中共中央文件选集(1941—1942)》第 13 册，北京：中共中央党校出版社 1991 年版，第 101、305 页。

② 中共中央文献研究室、中央档案馆编：《建党以来重要文献选编(1921—1949)》第 18 册，第 99 页。

这一政治、组织的基本原则,其目的是将全党打造成一个高度组织起来的"统一意志、统一行动和统一纪律"的整体。[1]

全党的整风。进入 1942 年,中国共产党在全党范围内普遍开展整风运动这一独创的党内马克思列宁主义思想教育运动。通过整风,广大党员干部,特别是党的高级干部进一步肃清了历史上"左"右倾机会主义路线的影响和由此引发的各种错误认识,达到了思想的高度统一,为最终确立"一元化"领导体制奠定了最牢固的基础。

二、党的"一元化"领导体制的确立

(一)基本内容

正是在这些背景下,1942 年,党的"一元化"领导体制最终出台。

9 月 1 日,由王稼祥起草的《关于统一抗日根据地党的领导及调整各组织间关系的决定》经中央政治局讨论修订,最终得以通过,并因之而简称"九一决定","建立党的'一元化领导'体制"这一党的历史上的重大决策得以全面系统阐释。

"九一决定"共 11 条,明确指出,实行"一元化"领导根本目的是更加顺利开展抗日战争,每一个根据地领导的"一元化",是根据地建设和实行民主制度的前提,并就怎样建立党的"一元化"领导以及各级领导关系、责任和相关工作方法,进行了鞭辟入里的剖析和具体规定:

党,作为无产阶级的先锋队和无产阶级组织的最高形式,决定

---

[1] 中共中央文献研究室、中央档案馆编:《建党以来重要文献选编(1921—1949)》第 18 册,第 443—445 页。

其"应该领导一切其他组织,如军队、政府与民众团体";这种由党领导一切即"一元化"的领导在根据地的表现应是,每个根据地要有一个统一领导该地党政军民一切工作、一切组织的党的委员会,包括各中央局、中央分局、区党委、地委,"因此确定中央代表机关(中央局、分局)及各级党委(区党委、地委)为各地区的最高领导机关";除此"同级党政军民各组织的相互关系"外,还有上下级关系,其决议、决定或指示,下级所有党组织,包括下级党委、同级政府党团、军队军政委员会、军队政治部和民众团体党团及所有党员,"均须无条件的执行";特别强调更要严格执行下级服从上级、全党服从中央的原则,指出这对于实行党的集中统一领导"具有决定意义"①。

（二）特点

根据"九一决定",可以看出中国共产党在抗战时期的"一元化"领导体制具有一些鲜明特点。

一方面,党领导一切,根据地的党、政、军、民,均在同级或上级党组织领导之下,甚至在一些特殊区域,必要时党政军民的机构"亦须一元化";正如1943年10月14日,毛泽东在《切实执行十大政策》一文中所指出:"实行一元化的领导很重要,要建立领导核心,反对'一国三公'。"②同时,在党内则"严格执行民主集中制,下级服从上级,全党服从中央"③,实行集体领导体制,与这一时期国民党的以独裁专制为目的的"一元化"统治有着本质上的区别。

---

① 中共中央文献研究室、中央档案馆编:《建党以来重要文献选编(1921—1949)》第19册,第422—430页。

② 毛泽东:《切实执行十大政策》(1943年10月14日),《毛泽东文集》第3卷,第69页。

③ 中共中央文献研究室、中央档案馆编:《建党以来重要文献选编(1921—1949)》第19册,第422—430页。

另一方面,"一元化"领导体制不是党在具体工作上包办一切,主要是在两个方面。一是政权,要求防止党政不分的现象,牢牢把握党集中在原则、政策、大政方针这些主要环节对政权进行领导,"而不是事事干涉,代替包办",同时则要坚决克服纠正政权系统中党员干部不遵守党委决定、违反党纪的违背党的"一元化"领导的行为。[①]　二是民众团体,对此要认识其"是民众自己的自愿组织的团体",尊重其自愿原则,党对民众团体的领导要通过党团与党员来实行,党(也包括政府、军队)皆"不应直接干涉民众团体内部的生活",同样要防止与克服"党民不分、包办、清一色的现象"[②]。

(三)实行举措

在确立党的"一元化"领导体制过程中,中共中央层面进行了两个方面的关键性工作:

一是中央人事调整。中共中央于 1938 年 9 月召开的中央政治局会议上,根据王稼祥传达的关于"中共中央领导机关要以毛泽东为首解决统一领导问题"的共产国际与共产国际执行委员会总书记季米特洛夫的决定[③],毛泽东领导的合法性得到进一步巩固。同年 9—11 月中共中央召开的六届六中全会充分肯定了以毛泽东为首的中央政治路线,并进一步明确了毛泽东在全党的领导地位。任弼时 1940 年 3 月下旬从莫斯科回到延安后即加入中共中央书记处,分管中共中央组织部、青委、妇委等部门;1941 年 9 月 28 日中共中央书记处正式发出通知,由任弼时兼任中央秘书长,实际负责书记处日常工作。1943 年,从华中出发的刘少奇辗转跋涉甫回到

---

①② 中共中央文献研究室、中央档案馆编:《建党以来重要文献选编(1921—1949)》第
　　19 册,第 422—430 页。

③ 中共中央文献研究室编:《毛泽东年谱(1893—1949)》(修订本)中卷,第 92 页。

延安，即被毛泽东委以重任，进入中央书记处成为毛泽东的助手与智囊。

与之同步则是书记处内原犯"左"倾错误的领导人在全党整风运动的推动下纷纷实际离开领导岗位，如胡乔木所记述：其中王明被打落"一贯正确""共产国际代表"的神坛后，消极对抗，"一直称病，不干任何工作，不出席任何会议"；而勇于自我革新的张闻天则痛感对实际了解的缺乏而主动到边区及晋西北农村深入开展社会调查；秦邦宪主要分管《解放日报》工作①。

有鉴于此，1943 年 3 月 20 日，根据形势需要，中央政治局决定成立新的"中央书记处"，新书记处三名成员是毛泽东、刘少奇、任弼时，以毛泽东为主席，并规定：主席对书记处讨论的问题有最后的决定权。以新中央书记处成立为标志，中央层级的人事调整基本完成，开始形成以毛泽东为核心的新的领导集体。

二是机构调整。在党内（首先是中央层面）成立了一些专门性的职能机构，分管敌占区、交通、财政经济、华侨等各项业务、活动，以加强对相关工作的领导。同时不断调整中央机构及其职能，使之进一步完善。《中央书记处的任务和组织条例》（1941 年 9 月通过），对有关问题做出规定：根据中央政治局的决定办理日常工作（其性质属于中央委员会组织与执行性质）；准备、召集中央政治局会议，并向中央政治局报告工作；通知、传达中央政治局、中央书记处的一切决定，并检查执行结果；管理中央财政；对延安党和非党干部会议的组织和召集。② 即书记处总揽了全党及延安地区的关键领导工作。随着这些机构特别是政治局、书记处这些党的神经

---

① 胡乔木：《胡乔木回忆毛泽东》（增订本），第 273 页。

② 中共中央文献研究室编：《任弼时年谱（1904—1950）》，第 408 页。

中枢的运转,中央不断总结经验,以"增强中央的领导效能"为目标,以进一步统一与集中事权为抓手,进一步调整中央机构而使之更加简便与灵活,为此,中共中央做出《关于中央机构调整及精简的决定》(1943 年 3 月 20 日政治局会议讨论通过)。该决定再次对政治局、书记处的关系和各自职权予以明确:中央政治局在两次中央全会期间领导党的全部工作,"有权决定一切重大问题",而所有的重大问题包括思想、政治、军事、政策、组织各方面的决定,皆必须经政治局讨论通过,推定毛泽东出任政治局主席。书记处则是政治局的办事机关,组织上服从政治局、要向政治局报告工作,但在政治局统一方针下"有权处理和决定一切日常性质的问题"。同时设立了政治局书记处之下的新的机构及进行人员分工:新设宣传委员会和组织委员会,分别由毛泽东和刘少奇担任此两会的书记。对敌后抗日根据地几大区域即华北、华中、西北(陕甘宁暨晋西北)党政军民工作及大后方、敌占区工作分别委派王稼祥、刘少奇、任弼时、陈云、杨尚昆"负责管理"[1]。

至此,"头部"——中央一级建立党的"一元化"领导体制工作基本完成。随之,各抗日根据地认真贯彻落实"九一决定",中共中央北方局、华中局、南方局、晋察冀分局、晋绥分局、山东分局、太行分局等各地中央代表机构或建立,或调整,或健全,在总体上迅速确立起了党的"一元化"领导体制的框架。

三、边区对"一元化"领导体制的落实推进

作为中共中央所在地,陕甘宁边区贯彻"一元化"体制的工作是在中共中央直接领导下开展的,所取得的许多经验抑或教训,为

---

[1] 中共中央文献研究室编:《毛泽东年谱(1893—1949)》(修订本)中卷,第 430 页。

中共中央实施这一政策提供了重要的借鉴。

（一）贯彻

早在"九一决定"颁布之前，此项工作在边区即已开始。

1940 年 9 月，中央决定成立陕甘宁边区中央局，对边区各项工作实施统一领导。随后边区中央局与中共中央西北工作委员会又于 1941 年 5 月合并组成中共中央西北中央局（也常称为"中央西北局"或简称为"西北局"。1949 年开始统称为"中共中央西北局"，本书即统一以此为名称）。这些组织机构的整合，为随后实行"一元化"领导奠定了很好的基础。

"九一决定"发布后，为在边区首先贯彻实施，在中共中央的直接领导下，中共中央西北局在延安召开了高级干部会议（简称"西北局高干会议"或"西北高干会议"），参加会议的正式代表包括边区、分区、县、军队旅团各级、各系统负责干部 266 人，历时 88 天（1942 年 10 月 19 日至 1943 年 1 月 14 日），几近 3 个月。大会由任弼时主持，其任务是根据整风的精神，讨论总结边区党的历史教训问题、统一领导问题与当前任务问题，检查边区的工作。其中统一领导是重点。毛泽东出席了大会的开幕式和闭幕式。作为一次区域性会议而拥有如此高规格与如此长会期实属罕见，如评论指出，"在中共的历史上是空前的"[1]，可见其所蕴含的重大意义。

中共中央西北局高干会议之所以如此重要、显赫，首先是由于边区领导工作中存在着的闹独立性、自由主义、军阀主义以及党政军民之间种种不正常关系等问题，严重影响了陕甘宁以至党的工作，必须认真解决。任弼时在会议上指出，这些不正常的关系的产生说明"现在我们各个抗日根据地里面，像这样以党为中心的一元

---

[1] 吴殿尧、宋霖：《朱理治传》，北京：中共党史出版社 2007 年版，第 397 页。

化的领导还没有普遍地完满地建立起来"。他反复阐述由党来领导一切工作的意义与必然性,这"在我们边区说来,边区的党,边区的党的领导机关——西北局,有责任并具有一切可能来领导政府、军队、各种群众团体、合作社和学校等"①。会议即根据中央和毛泽东、任弼时的讲话精神,具体揭开了许多问题的盖子,开展了坦率、尖锐的批评,在基本原则性的大是大非方面统一了认识,从而为实现团结、贯彻推进"一元化"确立了前提。

在此基础上,为了加强党在边区的"一元化"领导,会议做出的重大决定是:由上而下,边区各级各方面工作统一于各级党的领导机构,即边区一级所有党、政、军、民工作,都统一于中共中央西北局;分区一级的党、政、军、民工作都统一于党的地方委员会;县、区按此类推。中共中央西北局随之对边区党组织进行机构调整:中共陇东、三边分委分别改为陇东地委、三边地委;成立中共延属地方委员会、延属分区行政督察专员公署、延属军分区。各地委书记都兼任警备司令部或军分区政治委员。陕西省党的工作归关中地委,甘肃省党的工作归陇东地委,宁夏省党的工作归三边地委。会议还确定生产和教育为今后边区建设的两大中心,而以发展生产为基本任务。

边区的军队和边区政府迅速响应"九一决定"。1942 年 11 月 4 日,贺龙发出整军号召:"要求边区军队统一在党西北中央局领导下,以及所有建制部队在陕甘宁晋绥联防军司令部统一领导下,统一思想,统一政策,统一指挥,统一作风";"号召全体指战员,拥护中央与西北中央局,拥护边区政府,爱护老百姓,真实的拥护党的

---

① 任弼时:《关于党的一元化领导问题》(1943 年 1 月 7 日),《任弼时选集》,北京:人民出版社 1987 年版,第 256—258 页。

一元化的领导";在军队组织上,进一步加强党的"一元化"领导的体制:各部队以旅为单位,重新划分出防区,组建成与该地党政配合的分区司令部,规定由地委书记兼任该分区的政委。军队中军政委员会及政治部成为该地党委的一个部,由党委讨论决定"军事政策(如扩兵及建军原则、政治工作)与军事行动"等大政方针,但仍保持军事系统的相对独立性及自身组织关系,由司令员、政委决定具体的各项军事行动,"这样统一在地委领导下,参加根据地建设,及担负军事防务,执行上级决定"①。边区政府也进一步加强对军队的支持和配合,促进军民军政团结。

1942年12月4日,边区政府制定《中共陕甘宁边区政府党团规则(草案)》,规定了边区政府党团和中共中央西北局的关系是:由西北局在边区政府、边区参议会常驻委员会的负责党员中指定党团的人数、人选、党团书记,"并呈请中央批准";强调政府党团必须绝对服从西北局的领导,坚决贯彻西北局对政府工作的各种决议、决定或指示并做出具体实施办法。如发生党团对西北局决定有不同意见时,"可以请求西北局重新讨论,但在西北局未改变前,仍须坚决执行,不得任意搁置或擅自改变";党团处理政府的一切举措中涉及原则、政策、大政方针的办法是:必须事先提出办法,交西北局讨论通过,才能向政府提出。如遇来不及请示而须紧急处置的问题,虽可临机立断,但"也必须在事后立即向西北局报告,请求审查追认",同时还规定边区政府党团与各下级政府党团的关系:不发生直接指导关系,而由西北局将收到的各级党内关于政权

---

① 中共中央文献研究室、中央档案馆编:《建党以来重要文献选编(1921—1949)》第19册,第501—511页。

工作的报告,交这些党团"参考和处理"①。总体来说,文件确定了边区政府及其中党团绝对与自觉服从中共中央西北局领导的体制及显示的坚定决心。

同样,民众组织也必须贯彻党的"一元化"领导,为此,中共中央在 1943 年 3 月 20 日发布《关于中央机构调整及精简的决定》,成立由职工运动、妇女运动、青年运动的三个委员会整合而成的"中央民运工作委员会"。中共中央西北局乃于 1943 年 5 月 5 日发布《对边区群众工作的指示》,相应做出"边区工、青、妇各群众团体的领导机关,应自上而下的合并"的决定,同时强调"各级民众团体的领导责任,主要是由各级党委担负",特别在地委、县委要组建专门的民运工作委员会来"专门研究民运工作政策及领导民运工作"②。5 月 13 日,边区总工会、青救会、妇联会三个群众团体正式联合成"陕甘宁边区各界抗日救国联合会",在西北局领导下开展工作。

(二)贯通特殊环节

推进与落实陕甘宁边区的党的"一元化"工作,还需要解决一些特殊而敏感的问题。它的特殊性,除直接受中共中央的关注、指令外,还涉及各种复杂的历史和人事纠葛。

如前所述,中共中央和红军长征到达前,陕北红军、根据地内部即存在许多矛盾,并因"左"的路线进行的肃反伤害许多同志而加剧。中共中央来到陕北,纠正了"左"的路线、挽救了根据地,但原先矛盾依然潜伏,又增加了新的矛盾。1937 年边区政府成立以后,主席、副主席由林伯渠、张国焘分任,谢觉哉、高岗皆为政府主

---

① 西北五省区编纂领导小组、中央档案馆编:《陕甘宁边区抗日民主根据地·文献卷》下,第532 页。
② 中华全国总工会编:《中共中央关于工人运动文件选编》下,北京:档案出版社 1986 年版,第 119—123 页。

席团成员。1938 年 4 月起,高岗担任中共陕甘宁边区党委书记、边区中央局(后西北中央局)书记。林伯渠、谢觉哉和高岗,当时都是中国共产党重要的高级干部,但各有所长,在许多方面存在较大差异:林、谢是长征到陕北的"外来干部",高岗则是土生土长陕甘"闹红"领导者、陕甘红军和革命根据地的创始人之一,属"当地干部";林、谢德高望重,文化修养深厚,是著名的延安"五老"成员;而高岗熟悉当地情况,人脉优广,拥趸者众,被百姓昵称"高麻子",年轻气盛,但文化不高,行事果决却不失鲁莽,时会冲动。所以,双方之间必然会有方枘圆凿、扞格不入之虞,在工作上常生分歧,龃龉难免。根据中央安排,谢觉哉又于 1940 年 10 月出任中共陕甘宁边区中央局(后西北中央局)副书记并兼任边区政府秘书长和政府党团书记,工作交往更加密集的同时纠葛也相应增加,导致矛盾不断,造成边区政府与边区中央局(以及后来的西北中央局)的关系曾一度紧张,引发了诸多问题。特别是到 1941 年抗战进入最艰苦时期后,在一些经济政策上,包括怎样看待减轻民赋、施行"仁政",如何认识当时带有一定强制性的运盐政策,政府预算,纸币发行等,边区政府与边区中央局之间出现了分歧和争论,致使许多工作深受影响。由于这种复杂性和特殊性,中共中央和毛泽东遂采取调解的方式予以处理解决。

　　毛泽东以极大的耐心做双方的工作特别是思想工作。毛泽东素来对林、谢敬重有加,但当时将高岗看作本地干部的代表,常加表扬,在决定成立边区中央局时明确讲:"高岗的意见应成为主要的意见。"①所以,解决双方矛盾时基本上是维护边区中央局亦即高

---

① 毛泽东:《时局与边区问题》(1940 年 9 月 23 日),胡乔木:《胡乔木回忆毛泽东》,第 138 页。

岗实行的方针政策,说服林、谢(包括委婉批评)予以接受。在做林、谢工作的同时,毛泽东又写信给高岗和边区中央局组织部长陈正人,要求确实掌握现行政策执行中的情况,以便随时发现问题随时解决。

"九一决定"颁布后,为了进一步加强边区政府的工作,协调边区政府与边区中央局的关系,毛泽东采取了重要的组织措施:派罗迈(即李维汉)去边区政府工作,任政府秘书长兼政策研究室主任,取代林、谢的若干职责。毛泽东为此致信谢党哉,劝其和林伯渠注意节劳,"罗迈到政府工作,许多事可交给他做"①,委婉劝二人让权。毛泽东又找李维汉长谈,对边区政府今后的工作提出建议,把延安比作英国的伦敦,意即要求边区政府在执行党的各项政策中起带头和示范作用。中央领导成员矛盾抵牾的正确处理、化解,为落实"一元化"提供了很好的保障。

(三)强化基层"一元化"

边区有效地将此体制贯彻到了最基层,首先强化了基层党的领导。

基层党组织主要是乡(市)、行政村党支部。边区党委一直对其建设高度重视,将其定位为"党的战斗堡垒,是教育党员的学校,是群众中的核心",也是各项工作、基层政权的组织者与领导者,因而基层支部工作"在整个党的工作上有它特别重要的意义"(1939年6月边区党委《关于改进支部工作的指示信》)。针对当时存在的一些党员干部忽视、轻视乡村支部工作的倾向,边区党委指示要

---

① 毛泽东:《时局与边区问题》(1940年9月23日),胡乔木:《胡乔木回忆毛泽东》,第141页。

坚决克服这种思想,提高党员与干部的觉悟,推进基层支部建设。①
陈云作为中央组织部部长,对此也十分重视。他在《支部》一文(载
《解放》杂志)中,在系统地阐述党支部的性质与作用的基础上强
调:边区的地方支部应是乡村政权、地方武装、党政军民各项工作
的领导者与党在群众中的领导核心,必须加强其建设。

1939 年 12 月,陕甘宁边区第二次党的代表大会通过了《关于
深入乡村工作的决议》,号召县以上党委要扎实抓好乡村支部各项
建设工作,特别提出在乡和行政村,"除特殊情形外,应设支部"②。
边区党委还规定:各县区、分区的党委要切实注意领导支部与帮助
支部,包括"特别应注意帮助解决支部工作中的困难,帮助工作方
式及方法的改进"③。

为加强乡村支部建设,制定和完善各项工作制度,使之深入、
扎根于乡村的"议行合一"政权体系中,发挥领导核心作用,边区党
委特别具体做出规定(1940 年 1 月 14 日):乡村支部委员会组成人
员一般 7 或 9 人(特殊情况可为 5 人),职务包括书记,组织、宣传、
政府工作、军事、锄奸、工运、青运、妇运各干事,即囊括党、政、军、
保卫等各项工作的干部(如政府工作干事为乡长,自卫军连长任军
事干事,治保委员任锄奸干事,妇女主任任妇运干事等)。并规定
了变通的办法,及下沿至自然村的举措。④ 从而在党的统一领导下

---

① 中央档案馆、陕西省档案馆:《中共陕甘宁边区党委文件汇集(1937 年—1939 年)》(内
　部资料),第 263、268 页。
② 西北五省区编纂领导小组、中央档案馆编:《陕甘宁边区抗日民主根据地·文献卷》
　下,第 570 页。
③ 中央档案馆、陕西省档案馆:《中共陕甘宁边区党委文件汇集(1937 年—1939 年)》(内
　部资料),第 269 页。
④ 中央档案馆、陕西省档案馆编:《中共陕甘宁边区党委文件汇集(1940 年—1941 年)》,
　第 8—10 页。

全面掌控运作了基层的政务、军事、群众各项工作。在贯彻"九一决定"过程中进一步将基层建设成为边区真正的"基石"和"堡垒"。

抗战时期建立的党的"一元化"领导体制是马克思主义基本原理与中国具体实践相结合所取得的一系列卓有成效的制度创新的硕果,这一独具特色的领导体制、政权体系和运行机制,完全保证了中共中央对各根据地的领导与掌控,有力地推动了全民族抗战事业和新民主主义革命的伟大进程,对于加强根据地政治和各项建设,夺取抗日战争和新民主主义革命在中国的最终胜利产生了决定性的影响,标志着在新的时代背景下,中国共产党政治上的不断成熟。而在中共中央直接领导和推动下,陕甘宁边区的党的"一元化"领导成效尤为显著,实现了中共中央和毛泽东期盼的起到模范带头作用的目标,成为各敌后抗日根据地的榜样。

第八节　对边区民主政治的推介与深化认识

一、对民主政治的推介

(一)边区民主政治的建设成就

陕甘宁边区作为实践民主的楷模,对推动民主政治的发展具有重要的指导意义。中国共产党对陕甘宁边区的民主政治建设一直予以高度评价,视为一张靓丽的名片而积极向外界推介。

1938年7月,毛泽东接见世界学联代表团时,对陕甘宁边区民主政治发展状况,边区的性质、特点、意义及中国共产党的建国主张等做了详细说明。他首先对边区的性质予以定位:这是一个"民主的抗日根据地",随之详细阐介"民主"与"抗日"这两者在边区的结合。边区民众有组织、有自由权利,自由权利包括言论、出版、集会、结社等各项权利，拥有者为绝大多数人，包括工人、农民和商人，学生与知识分子，妇女与儿童"以及宗教团体、自由职业者的团体，都有这种自由"。共产党、边区政府积极支持、扶植、帮助人民群众获取与"普遍地发展"这种自由。在边区唯一被限制的是汉奸，"对于汉奸，是不给任何自由的"。边区的部队内部、外部关系即官兵关系、军民关系同样具有民主精神，表现为官兵一致与军民一致，而边区的教育、经济也是抗日与民主的。

毛泽东又特别指出边区实行的普选的价值。他骄傲地指出，"边区各级政府都是由人民投票选举的"，认为这是边区人民享有的民主自由权利中最重要的内容，要比"派官办事"的制度好得多，对动员人民参加抗战特别有利。同时，又指出此时的选举已与以前土地革命战争时期有很大的不同，是在抗日的前提下"扩大了选举与被选举的范围"，只要年满 18 岁，赞成而不反对抗日的人，都拥有选举权和被选举权。所以商人与有产者也是在此人民的范畴内。[1]

（二）期盼与推介

毛泽东推介边区的民主制度的普遍价值，认为作为一个实行了民主制度的区域，是陕甘宁边区的特点。边区民主的巨大作用就在于示范和引领，指出民主制度在国外早就成为历史，但中国仍未实行。所以"边区的作用，就在做出一个榜样给全国人民看"，使人民认识到民主制度的优越性，"是抗日救国唯一正确的道路"，他希望边区的这个特点能够普及中国，让全国都实行这种制度，将抗日与民主制度相结合，以推进民主制度来争取抗战胜利。

---

[1] 毛泽东：《同世界学联代表团的谈话》（1938 年 7 月 2 日），《毛泽东文集》第 2 卷，第 129—130 页。

　　毛泽东更宣称,中国共产党在抗战胜利后的主要任务是将这种民主制度推广至全中国,届时建立起一个"自由平等的民主国家"。在他的心目中,国家将应实行这样的制度:政府是独立、民主政府,政体为"代表人民的国会",拥有一部符合"人民要求的宪法"。境内的各个民族在平等原则下合起来,人民拥有充分的前述各项如言论、出版等自由,经济发展,实行八小时工作制,允许并适度发展民族的资本主义,农民拥有土地,文化昌明,军民团结。而国家的性质是现代化的民主国家而非社会主义国家,相应地政府也不会是工农民主专政的"苏维埃政府",中国将是"实行彻底的民主制度与不破坏私有财产原则下的国家与政府",摆脱半殖民地半封建,实现了自由平等,进入现代化行列,即"离开了旧中国,变成了新中国"。他诚恳表示,共产党愿意联合全国一切党派与人民共同努力建设这样的国家。这篇谈话初步勾画了一个新民主主义共和国的蓝图和所必然经历的新民主主义阶段。①

二、发展民主政治的进一步探索

　　在边区实践民主政治的过程中,中国共产党对许多问题进行了探索。

　　(一)民主与抗战

　　中共强调民主的价值与抗战的关系。明确指出抗战与民主两者不能分离。从抗战的目的来看,是要彻底消灭法西斯主义,在全世界范围确立起民主主义,否则即使取得战争胜利,也"不能奠定

---

① 毛泽东:《同世界学联代表团的谈话》(1938 年 7 月 2 日),《毛泽东文集》第 2 卷,第 134 页。

人类永久和平"。这是抗战与民主不能分离的根本原因。① 夺取抗战胜利和新民主主义革命的胜利,关键在于实行民主,它是团结与进步的基础,《解放日报》对此阐发道:因为当人民获得民主权利后,就能成为不可战胜的力量,才能达到夺取胜利的目的。并进一步指出了民主权利的有无是具体的,落实在所包含的人权、财权、政权等内容上。② 所以,中国共产党在边区制定的纲领和举措,都突出人民的各项民主权利。

中国共产党进一步认为,民主必须是惠及全体人民的普遍的民主,要使全国人民都拥有人身自由、参与政治、保护财产、言论、生活、工作、学习等各项权利。"总之是要各得其所"。但是,人民中存在各种阶级和利益群体,必须统筹兼顾以达到各得其所,实现利益最大化。在前述在陕甘宁边区参议会的演说中,毛泽东即阐述了中国共产党对处理这些关系的思考和重要原则、方法,提出了中国社会的"两头小、中间大"的著名观点,认为在这种中间阶级最为广大(相应的是无产阶级和大地主大资产阶级皆少)的状况下,"任何政党的政策如果不顾到这些阶级的利益"并使其皆能表述各自的诉求、进而皆能适得其所,否则,将无法处理好国事。中国共产党即以此为考量,围绕团结一切抗日民众,顾及所有抗日阶级的利益并"特别顾及农民、城市小资产阶级以及其他中间阶级利益"的目的而制定各项新民主主义的政策,使人民真正拥有各项民主权利。毛泽东以解决土地问题中农民与地主的不同利益诉求为例具体说明道:在处理陕甘宁土地关系时,中国共产党实行了在减租

①《抗战与民主不可分离——祝第二届联合国日》,《解放日报》,1943 年 3 月 14 日,第 1 版。

②《切实保障人民权利》,《解放日报》,1941 年 5 月 26 日,第 1 版。

减息基础上农民继续交租交息并行的双重政策（详见"经济建设"章第二节），使农民与地主皆能获益。他又举劳资关系为例：既要扶助工人使之能够生活（"有工做，有饭吃"），同时又要让资本家有利可图，其方法是发展实业，这些都是为了团结全国人民抗日，是真正适合当时中国国情的新民主主义的政策。毛泽东特别说明，这些政策已在陕甘宁得到有效贯彻，但完全可向全国推介，衷心希望它们在各敌后抗日根据地和全国都实行起来。①

20 世纪 30 年代末开始，国民党蒋介石开展"实行宪政"的宣传，一时甚嚣尘上，也颇具声势与迷惑力。针对此鼓噪，毛泽东审时度势，1940 年 2 月在延安宪政促进会演说中指出问题的关键在于：宪政的基础是民主，宪政就是民主的政治，离开了民主根本谈不上宪政。进而概述新民主主义的政治原理，指出现阶段中国的政治既非资产阶级专政的旧式、过时的民主政治，也不是苏联的无产阶级专政的民主政治，而是新民主主义的政治，随即又抨击中国缺失民主的现象和危害：认为中国缺少了独立与民主，多了帝国主义压迫与封建主义压迫而变成半殖民地半封建的国家。所以在新民主主义政治基础上的宪政应"是新民主主义的宪政"亦即"抗日统一战线的宪政"，也就是各革命阶级联合起来对汉奸反动派的民主专政。② 这一论述，使得中国共产党在国共这场舆论战中占据了主动的地位。

事实上，在共同抗日的前提下，在抗日民族统一战线内部，国共两党之间围绕民主问题始终存在着激烈的斗争。中国共产党多

---

① 毛泽东：《在陕甘宁边区参议会的演说》（1941 年 11 月 6 日），《毛泽东选集》第三卷，第808 页。

② 毛泽东：《新民主主义的宪政》（1940 年 2 月 20 日），《毛泽东选集》第二卷，第733 页。

方抨击国民党反民主的言行。1939 年,毛泽东对来访的斯诺指出:
"现在的中国,是一个不民主的国家。"当年孙中山倡导的民主原则
虽然已经讲了几十年,"可是,到现在还没有兑现"①。当时,国民党
宣传中国工业不发达是对日作战失利的原因。对此,毛泽东在《中
共中央为抗战六周年纪念宣言》中指出,这不是唯一的理由,也不
能成为主要的理由,中国缺乏民主政治,导致没有发动全国人民抗
战积极性则是主要原因。1944 年 6 月 12 日,毛泽东会见中外记者
西北参观团时又一针见血指出:当前中国最大的缺点"一言以蔽
之,就是缺乏民主"。他反复强调:只有加上了民主,才能使得中国
"前进一步"。所以为了打倒共同的敌人法西斯,为了建立和平的
国内关系与好的国际关系,中国共产党对于国民政府、国民党及一
切党派的希望"就是从各方面实行民主"。毛泽东进一步提出民主
应是全面的民主,包括政治、军事、经济、文化、党务、国际关系等各
个方面,所有这一切皆需要民主。针对国民党关于统一军令、政令
的主张,毛泽东说:实行统一毫无疑问。无论什么都需要统一,也
都必须统一。但是统一应该是建立在民主的基础之上。政治统一
的基础只能是自由民主,包括言论、出版、集会、结社、民主选举政
府,如此"才是有力的政治"。因之,所有的领域,都必须贯彻
民主。②

　　中国共产党对国民党压制民主的抨击,又集中于对其顽固坚
持一党专政的行为的批判。1941 年,《解放日报》的社论即指出了
这种独裁体制下所产生的种种弊端,这也是国民党的弱点形成的

---

① 毛泽东:《同美国记者斯诺的谈话》(1939 年 9 月 24 日),《毛泽东文集》第 2 卷,第
　 241—242 页。
② 毛泽东:《会见中外记者西北参观团的讲话》(1944 年 6 月 12 日),《毛泽东文集》第 3
　 卷,第 168、169 页。

根源,社论推心置腹地告诫国民党:"结束党治,不会使国民党削弱,只会使它加强起来。"①

1944年国民党在豫湘桂战役中一败涂地,导致接踵而来的抗战以来国民党战场的第二次战略性大溃败。毛泽东遂在为林伯渠起草的复王世杰、张治中的信中对此进行了尖锐抨击,一针见血地指出:造成此次如此严重危机,其最根本原因,就是由于在国民党的一党专制、独裁制度下"完全没有民主"。而挽救时局之唯一有效的办法,就是立即结束国民党及其政府的一党专政的局面,立即召开"紧急国是"会议(仍由国民政府召集),参加者应包括全国所有的抗日党派、抗日部队、地方政府、民众团体等方面代表,成立一个各党派参加、组建的联合政府,由其宣布并实行彻底改革现有的"军事、政治、经济、文化各方面的新政策"②。这一主张迅速在全国引起热烈反响,成为进步人士的共识。

(二)共产党人与民主

中国共产党对国民党反民主的深刻批判,更促进了自身对民主政治的认知的提升和建设的进一步发展。

中国共产党更进一步强调共产党员要模范实行民主,并正视存在的不足。毛泽东在边区参议会的演说中批评了党内存在的违背民主精神的关门主义、宗派主义作风,反复指出党在执行统一战线方针取得成绩的同时,一部分党员仍存在着"狭隘的关门主义或宗派主义的作风",认为这违背了共产党员只有同抗日的党外人士合作的义务,无权排斥党外人士,要倾听人民群众的意见、联系人

----

① 《中国民主运动之生力军》,《解放日报》1941年10月28日,第1版。
② 毛泽东:《为林伯渠起草的复王世杰、张治中的信》(1944年9月27日),《毛泽东文集》
　　第3卷,第214页。

民群众、不脱离人民群众的道理,并引述"五一纲领"中相应规定,认为这"就是针对着这一部分还不明白党的政策的同志而说的"。他诚恳表示,中国共产党真心实意想把国事办好,但是还存在很多毛病。对此我党不仅毫不避讳,更一定要加以改正。办法是既要加强党内教育,还要通过与党外人士民主合作,"这样的内外夹攻,才能把我们的毛病治好,才能真正把国事办好起来"。他更从共产党的宗旨高度强调指出,中国共产党是为民族和人民谋利益的政党,共产党本身决无私利可图。所以"它应该受人民的监督,而决不应该违背人民的意旨"①。

（三）对西方民主的借鉴

为了更好地领导抗战,中国共产党对西方民主一些好的内容应加以借鉴。

抗战后期,美国罗斯福政府鉴于国民党独裁、腐败、无能和中国共产党坚持抗战、推进民主卓有成效的现实,派遣军事观察组来到延安和陕甘宁边区。这些外国人的出现,给闭塞的边区展示了"西洋景"。其实,毛泽东等中共领导对西方并不陌生,在与访问边区的斯诺等西方媒体记者,援助中国人民抗战的国际主义战士白求恩、马海德等人的交往中,"像安排打仗的战略那样仔细地安排知识的占有"(安娜·路易斯·斯特朗语)②的毛泽东,早就了解和领略过西方的民主制度、作风,留下了深刻的印象。所以毛泽东对美军观察组热情欢迎,希望每一个在华的美军士兵都应当成为民主的一个活的广告,应当对所遇到的每一个中国人谈民主,也希望

---

① 毛泽东:《在陕甘宁边区参议会的演说》(1941 年 11 月 6 日),《毛泽东选集》第三卷,第809 页。

② 龚育之、逄先知、石仲泉:《毛泽东的读书生活》,北京:生活·读书·新知三联书店2014 年版,第 307 页。

美国的官员也应当对中国的官员谈民主,告知观察组,中国人民是尊重美国人的民主的理想的。另一方面,中国人民其实也是了解和需要民主的,所以他又抨击国民党的一些不肯实行民主的借口与谬论:目前在中国实行民主"并不需要什么长期体验、教育或'训政'"。毛泽东充分自信,与坚持独裁、害怕和反对民主的国民党相反,美国将会发现与国民党相比,中国共产党更容易与美国合作。我党并不害怕,而是欢迎民主的美国的影响。他进一步分析了国共两党的一些差异:中国共产党既无那种只吸收西方机械技术的"天真想法",也反对(国民党的)官僚垄断资本主义,因为官僚垄断资本主义只会并且已经窒息国家的经济发展,"仅仅使官僚们发财致富",而中国共产党只关心采用何种建设、生产的方针以使国家能获得最迅速的发展和提高人民的生活水平、关心中国人民的福利事业,并将此放在首位。他一再向谢伟思等人指出:"美国不必担心我们不合作。我们应该合作。"[①]这番充满自信、不无自豪的肺腑之言和中国共产党推行民主的实践,使得这些原先对共产主义充满偏见、认为中国共产党不要民主的美国军人转变看法,他们中的若干人包括谢伟思,成为所谓"亲中共派",在一定程度上影响了美国罗斯福政府的对华政策。

(四)民主与自由、法制

中国共产党高度评价思想自由的意义,认为人类的历史进步,与思想自由分不开。《解放日报》曾特地发表提倡自由研究的文章,强调在推翻半殖民地半封建的旧中国、建立新民主主义的新中国的抗战时期,更应将这种自由研究的风气大大地开展起来,不但

———————————

① 1944 年毛泽东与谢伟思等人的谈话,中共中央党史研究室等编:《党史通讯》,1983 年第 20—21 期。

在陕甘宁边区要这样，而且在一切抗日民主根据地也要这样，因为这是新民主主义政治的一个重要方面。

中国共产党强调，实行民主又必须遵守法律，而共产党员更应起模范带头作用。曾负责边区法制工作的董必武从党和政府之间的关系予以论证：边区政府是我党领导人民群众所建立，政府也在党领导下进行工作。共产党员对政府所颁布的法令与所规定的秩序"应当无条件地服从和遵守"。如有违背和破坏，自己必须负责而应受到国家法律的制裁。对此，共产党员更须自觉实行，违反者更要从严处置，比群众加等治罪。这是因为群众犯法可能是出于无知，共产党员则是群众中的觉悟分子，如果对其犯法行为予以宽恕，"就不能服人"。为此董必武建议边区党组织应通过一个"党员犯法加等治罪"的决议，以警告党员必须遵守边区政府的法令？这是表明党的大公无私而非严酷。他掷地有声地宣称：中国共产党决不包庇罪人，中国共产党决不容许社会上存在特权阶级。党员更毫无例外而且要加等治罪，"这更表示党所要求于党员的比起非党员的要严格得多"①。

（五）党政关系

虽然尚处在局部执政的条件下，但中国共产党已开始思考党权与政权、党的领导与行政的相关关系，反对以党代政。被毛泽东称为"永远的先生"的徐特立曾深入探讨指出，党的领导的内涵应是：党应在政治上起领导作用，并分析这种作用要表现在建立政治理论、制定政纲、决定政策、确立领导方式等四个层面。在此基础上实行组织上的领导。通过这种方式，"得到群众团体和政府深刻

---

① 董必武：《更好地领导政府工作》（1940年8月20日），《董必武选集》编辑组编：《董必武选集》，北京：人民出版社1985年版，第58—59页。

的认识和自动的执行,而不含任何的强迫与命令,这便是平常所说的党的领导权"。他特别强调要反对强迫思想与行为,认为党没有强迫执行命令的权力,党本身并非权力机关,没有武装、监狱和法律上的制裁,只能依靠自己的党员在政府机关和群众团体中发挥的核心作用。由此,他进一步阐述了争取领导权与争取政权这两者之间的关系,认为,所谓"争取领导权",就是争取实现自己的政纲与政策,而并非就是争夺政权,所以"以党治国"的正确内涵应该是:并非用党来代替议会和政府,将一切政治皆予以包办,变成"党的专政"。他又进一步阐述道,所谓"党的专政"只是指党的政治主张"透过"政府而达到实现而言,并非由党来代替政府行使政权。而"透过政府"也非指党下达并强迫政府执行自己的命令,更不是凌驾于政府之上,而是通过自己的党员在政府中发挥核心作用来实现。他更认为这种"把领导作用与政权混合起来"的做法实际也会戕害党自身,"实际上便等于取消了党"。

徐特立又从政治学的角度指出,作为现代的强大有力的国家,必须要建有的三种组织是政府、政党和群众团体。他分析三者各自的功能是:党担负领导任务;政府担负行政、司法和立法任务;群众团体担负使群众自治任务。三者互相联系,既缺一不可,也不能互相侵犯、替代,"政党在政治上和组织上尽领导责任,而不干涉行政和命令群众"①。

针对国民党贼喊捉贼、倒打一耙反诬中国共产党要建立自己的"一党专政"的谰言,刘少奇进行了有力的驳斥。他阐述道,一党专政完全不符合中国共产党及其领导的军队的宗旨,中国共产党

---

① 徐特立:《政党与政府》(1938年3月7日),《徐特立文集》,长沙:湖南人民出版社1980年版,第111、114页。

建立的抗日民主政权绝不是"一党一派一人所得而私"的，中国共产党是用民主的方法建立地方民主政权。他以八路军、新四军建立政权为例，其在条件成熟之处就要建立起统一战线的各阶级联合的革命政权。如果条件尚不成熟而必须委任临时地方政府人员时，则只要条件一有可能，即人民组织发展至相当程度，人民能够选举出自己所愿意的人来管理自己的事情时，共产党、八路军、新四军就会毫无保留地"将政权全部交给人民所选举的政府来管理"，完成"还政于民"。所以国民党的谰言纯属"恶意的造谣与诬蔑"①。

（六）长期执政的合法性及其保障

尽管尚处于极端艰难的局部执政的语境，毛泽东更深刻思考共产党将来能否长期执政的合法性及其保障问题，这就是 1945 年 7 月 1 日他与访问延安的民主人士黄炎培进行的关于跳出历史"周期率"的那场著名的"窑洞对"的主题。

黄炎培参观边区，对中国共产党人为了理想艰苦奋斗、朝气蓬勃的状况极为感佩，但又对中国共产党能否始终保持这种态势，特别是执政后是否能"不忘初心"不无担心疑虑，故向毛泽东直言不讳地询问：中国共产党能否找出一条新路，来跳出"政怠宦成""求荣取辱""其兴也勃焉""其亡也忽焉"的历史周期率？毛泽东做出了铿锵有力、掷地有声的答复：我们已经找到了能够跳出这种周期率的新路，就是民主，"只有让人民来监督政府，政府才不敢松懈。只有人人起来负责，才不会人亡政息"②。

---

① 刘少奇：《论抗日民主政权》（1940 年 12 月），中共中央文献编辑委员会编：《刘少奇选集》上卷，第 176—177 页。

② 黄炎培：《延安归来》，重庆国讯书店发行，1945 年 10 月，第 64—65 页。

毛泽东和中国共产党在 70 多年前即认定发展民主政治是新中国健康发展、中国共产党长期执政的根本保证和唯一正确的道路。陕甘宁边区对这一认知的确立,功不可没。

三、坚持马克思主义的立场和观点

（一）理想与现实的统一

在坚持发展边区民主的同时,中国共产党又始终坚持马克思主义的立场和观点。中国共产党认识到民主不是抽象、绝对的,而是具体的,民主的实现,不可能一蹴而就,必须坚持实事求是。毛泽东于 1944 年 12 月即对谢觉哉称:"人民各项权利,在我们这里,只能说实现了几个重要部分,例如,管理政府,工作权,在现有物质条件限制下的言论、出版、集会等。至于休息权,中国目前大体上还谈不到,工农更是如此。教育权、老病保养权,还在走头一步。苏联宪法是几个五年计划的产物,在中国许多部分还是理想,不是事实。"他还指出,"在我们的这类文件上,不宜提及苏联宪法,免人误会"[1]。这既是免除授人以柄、被国民党顽固派攻讦的政治斗争技巧,也反映了其对民主的深层次思考。

（二）反对抽象的民主

对于党内一度出现的脱离马克思主义的抽象民主、资产阶级的民主思想,中国共产党也敏锐觉察,严肃批评。1943 年,毛泽东即对持此观点的同志严厉批评并条分缕析:

一是离开了抗战,从民主、自由、博爱等抽象的定义而不是从当前抗日斗争的政治需要出发来谈民主。不强调民主是为抗日,而强调是为反封建。不说言论、出版自由目的是为了发动人民抗

---

① 毛泽东:《致谢觉哉》(1944 年 12 月 1 日),《毛泽东书信选集》,第 248—249 页。

日积极性、争取和保障人民的政治经济权利，而只说是从思想自由的原则出发。不说集会、结社自由是为争取抗日胜利与人民政治经济权利，而说是为增进人类互助团结与有利于科学、文化的发展。未说应剥夺汉奸、破坏抗日团结分子的居住、迁徙、通信及各项政治自由，而"只笼统说人民自由不应受任何干涉"。毛泽东认为实际情况是，各根据地现在对一部分人的民主、自由过于宽泛，"是太大、太多、太无限制，而不是太小、太少与过于限制"。

二是脱离实际。毛泽东认为，主张在各个根据地实行复决权，当时非但不利而且事实上做不到。说法律上决不应有不平等规定，也没有区别革命与反革命。在政治上提出"己所不欲，勿施于人"的口号不适当：当时革命的任务是用战争及其他政治手段来打倒敌人，现在商品经济是社会基础，"这二者都是所谓己所不欲，要施于人"。所以"己所不欲，勿施于人"的原则的实现，战争、政治压迫、经济剥削的消灭只有在阶级消灭后而不是当时。

三是忽视事实上存在的阶级矛盾和阶级间的冲突。毛泽东指出，为了打倒共同的敌人（抗日），国内各阶级间目前存在互助，但是经济上、政治上的阶级剥削与阶级压迫（如反共等）并未废止。所以我们不应提出一般的绝对的阶级互助（"己所不欲，勿施于人"）的口号，而是应该提出限制剥削、压迫要求同时强调团结抗日。并认为关于西欧从工人减少工作时间开始民主运动的说法"亦不合事实"[1]。这一批评，厘清了马克思主义和资产阶级民主观的界限。

（三）反对民粹主义

根据新民主主义理论，中国共产党坚持认为新民主主义革命

---

[1] 毛泽东：《给彭德怀的信》（1943年6月6日），《毛泽东文集》第3卷，第26—27页。

时期必须重视发展非垄断性质的私人资本主义，这是"只有好处，没有坏处的"。但是党内长期存在民粹派的思想。毛泽东对其实质、危害皆进行过深刻分析，一针见血指出：民粹主义的基本主张"就是要直接由封建经济发展到社会主义经济，中间不经过发展资本主义的阶段"，这当然是行不通的空想。这种思想对在农民出身的党员占多数的中国共产党党内会长期存在，他要求防止这种思想，"不要怕发展资本主义"①。

中国共产党对于民主政治的谋划和在各解放区，特别在陕甘宁边区的推进民主政治建设的实践，所取得的有目共睹的成效，为全国人民和进步力量提供了榜样，鼓舞了广大民众坚持抗日和建立新民主主义的新中国的斗志。而其对民主政治的深入思考，更不断推动和发展马克思主义历史唯物主义理论，指引着构建新民主主义的新中国的方向。

---

① 毛泽东：《在中国共产党第其次全国代表大会上的口头政治报告》(1945 年 4 月 24 日)，《毛泽东文集》第 3 卷，第 323 页。

第二章　经济建设

第一节　新民主主义经济理论与抗战
　　　时期边区的基本经济方针政策

一、新民主主义经济理论

中国共产党开展的边区的经济建设,同样是在新民主主义理论的指导下进行的。毛泽东的《新民主主义论》指出:新民主主义的共和国,"在经济上也必须是新民主主义的"。这种经济,同样要实行新三民主义的方针。

（一）经济结构

新民主主义的经济结构是:"大银行、大工业、大商业,归这个共和国的国家所有。"①这符合国民党一大宣言"节制资本"的规定。无产阶级领导下的国营经济是社会主义性质的,是整个国民经济的领导力量,但因经济还十分落后,因此新民主主义共和国"并不

---

① 毛泽东:《新民主主义论》(1940年1月),《毛泽东选集》第二卷,第678页。

没收其他资本主义的私有财产，并不禁止'不能操纵国民生计'的资本主义生产的发展"。根据这样的经济结构，个体、公营、私营、合作各种经济成分都应受到保护、得到充分发展。

（二）土地革命

农村的基本方针是进行土地革命，即没收地主土地，分配给无地或少地的农民，扫除乡村的封建关系，实行孙中山先生"耕者有其田"的口号，"把土地变为农民的私产"①。

毛泽东反复强调土地革命的重要性，指出"新民主主义的主要经济特征是土地革命。即使是现在抗日是我们的主要任务的时期，也是如此"，未来的新民主主义社会不能建立在封建土地所有制的基础上。抗战时期，为团结地主阶级这一政策需要变通，改为减租减息，"从而使日本侵略者在我们的区域内简直找不到合作者了"②。

容许具有民族资本主义性质的富农经济存在，"这就是'平均地权'的方针"。发展合作社经济，这些在"耕者有其田"基础上发展起来的合作经济，"也具有社会主义的因素"。毛泽东在《新民主主义论》中所强调的政策的重点在于，中国经济必须是"节制资本"和"平均地权"，而"决不能建立欧美式的资本主义社会，也决不能还是旧的半封建社会"③。

二、抗战时期边区的基本经济方针政策

根据新民主主义经济理论，在各根据地特别是陕甘宁边区的

---

① 毛泽东：《新民主主义论》（1940 年 1 月），《毛泽东选集》第二卷，第 678 页。

② 毛泽东：《同英国记者斯坦因的谈话》（1944 年 7 月 14 日），《毛泽东文集》第 3 卷，第 183、185 页。

③ 毛泽东：《新民主主义论》（1940 年 1 月），《毛泽东选集》第二卷，第 678、679 页。

实践中,中国共产党进一步制定了许多切合实际的方针政策,就其荦荦大端列举如下:

(一)发展生产、开展经济建设

中国共产党确认,陕甘宁根据地的各项建设的中心应是经济建设。这一方针正式提出于 1940 年代初,但其思想的产生源远流长。

经济是基础,政治、军事等上层建筑的一切活动,只能在以经济为轴心的客观条件范围内进行,这是马克思主义的历史唯物主义的基本观点。深谙此理的毛泽东等人,在长期的中国革命战争中历来重视经济问题。

早在 1933 年,毛泽东就指出了发展生产、开展经济建设的重要性,"如果不进行经济建设,革命战争的物质条件就不能有保障",只有迅速开展经济工作,大量发展红色区域经济,才能使革命战争得到相当的物质基础,才能顺利地开展军事斗争。[①] 1934 年 1月,毛泽东再次指出:必须"进行一切可能的和必须的经济方面的建设",并强调这是"我们的经济政策的原则之一"[②]。后来,毛泽东更深刻总结了二者关系:"战争不但是军事的和政治的竞赛,还是经济的竞赛",要战胜日本侵略者,"还必须努力于经济工作"[③]。

全面抗战开始以后,毛泽东更加重视发展生产,以保障供给,支持长期抗战。1937 年 11 月 8 日太原失陷当日,毛泽东即致电周恩来、朱德、彭德怀、任弼时并告八路军各师主要负责人,进入游击

---

① 毛泽东:《必须注意经济工作》(1933 年 8 月 12 日),《毛泽东选集》第一卷,第 119—120 页。

② 毛泽东:《我们的经济政策》(1934 年 1 月),《毛泽东选集》第一卷,第 130 页。

③ 毛泽东:《游击区也能够进行生产》(1945 年 1 月 31 日),《毛泽东选集》第三卷,第1024 页。

战争阶段的八路军,应"发动群众,扩大自己",而关键则是"不靠国民党发饷,而自己筹集供给之"①。1938年5月,毛泽东又在《论持久战》中明确指出:持久抗战,"经济困难和汉奸捣乱将是两个很大的问题"②。随后,毛泽东在《〈八路军军政杂志〉发刊词》中进一步强调:长期抗战最困难的问题之一,"将是财政经济问题,这是全国抗战的困难问题,也是八路军的困难",毛泽东号召,军队本身应参加生产,这不仅能改善军队生活、补助给养不足,并能"增强军队的战斗力"③。陕甘宁边区要以经济建设为中心的方针,正是源于以毛泽东为代表的中国共产党人对这一思想认识的不断深化,并伴随时局发展变化逐步开展起来的。

1941年毛泽东即明确提出:"经济建设一项乃是其他各项的中心,有了穿吃住用,什么都活跃了,都好办了。"④

1942年12月召开的中共中央西北局高干会议上,毛泽东又进一步指出:边区的"中心的或第一位的工作",就是"经济"与"教育",其他所有工作只有围绕这两项工作开展才有意义。但所有工作包括教育工作的基础是经济工作,因此,"离开经济工作而谈教育或学习,不过是多余的空话。离开经济工作而谈'革命',不过是革财政厅的命,革自己的命"。因此,毛泽东强调,"大批的干部必须从现在的工作或学习的岗位上转到经济工作的岗位上去"⑤。会

① 中共中央文献研究室编:《毛泽东年谱(1893—1949)》(修订本)中卷,第37页。
② 毛泽东:《论持久战》(1938年5月),《毛泽东选集》第二卷,第465页。
③ 毛泽东:《〈八路军军政杂志〉发刊词》(1939年1月2日),《毛泽东文集》第2卷,第141、142页。
④ 毛泽东:《致谢觉哉》(1941年8月22日),《毛泽东书信选集》,第187页。
⑤ 毛泽东:《经济问题与财政问题(节选)》(1942年12月),《毛泽东文集》第2卷,第465、466页。

议因之确定以发展生产为边区建设的基本任务。

确立这一方针，原因在于：

其一，这是坚持抗战、夺取抗战胜利的物质保障。从 1940 年下半年后，各敌后根据地包括陕甘宁边区在日本帝国主义、国民党顽固派、自然灾害夹击下，遭遇到了空前严重的困难，人民的经济趋于枯竭。人民群众是抗战的力量源泉，"如人民（主要是农民）经济趋于枯竭，我党即无法生存"①。

其二，这是保障和改善人民生活，实践为人民服务宗旨的必然要求。毛泽东指出，民主政权的实质，就是改善人民的经济生活与提高人民的政治觉悟，"二者均为抗战"②。要实践这一宗旨，"必须给人民以看得见的物质福利"。毛泽东强调，我们首先不是向人民要东西，而是给予人民东西。那么，就当时陕甘宁边区条件来说，能够给予人民什么呢？那就是"组织人民、领导人民、帮助人民发展生产，增加他们的物质福利"，并在此基础上逐步提高人民的政治觉悟与文化程度。只有做好这一方面工作，我们去做第二方面工作即"向人民要东西"时，"才能取得人民的拥护，他们才会说我们要东西是应该的，是正当的"，"这就是我们党的根本路线，根本政策"③。此后毛泽东又多次重申发展经济以改善人民生活的极端重要性（当然还包括减轻农民对地主的负担和对政府的负担）。

其三，这是建设新中国的先声，引领更广大人民群众拥护新民主主义革命道路的需要。由于中国革命的长期性，为革命事业与

---

① 毛泽东：《在今后三年中应力求巩固，屹立不败》（1943 年 6 月 1 日），《毛泽东文集》第 3 卷，第 24—25 页。

② 毛泽东：《争取在抗战胜利后与国民党建立和平局面》（1943 年 1 月 25 日），《毛泽东文集》第 3 卷，第 1 页。

③ 《经济问题与财政问题（节选）》（1942 年 12 月），《毛泽东文集》第 2 卷，第 467、468 页。

人民的现实需要，"不应该也不可能等候把全部敌人打平后才去进行建设工作。加以中国地方的广大，要使全国人民都信服我们所指出的道路的正确性而拥护我们，而参加革命奋斗，需要我们拿建设的榜样给他们看，才能作得到"①。

同时，这一方针的实行，也有客观条件。这同当时边区的特殊环境密切相关——陕甘宁是抗战总后方，有着相对和平、安宁的环境，并已建立了正常的严密的社会秩序和较完备的民主制度，便于开展经济建设。

（二）经济财政总方针

对于边区经济工作的方针，毛泽东在1942年12月召开的中共中央西北局高干会议上明确指出：发展经济，保障供给，这是我们经济与财政工作的总方针。

这一时期边区遭遇空前的经济困难，特别是在财政上，几乎已到捉襟见肘、山穷水尽的地步。如何解决？

一种思路是增加赋税。对这种"不顾人民困难，只顾政府和军队的需要，竭泽而渔，诛求无已"的做法，毛泽东给予严肃批评，指出"这是国民党的思想"，"决不能承袭"②。

另一种思路是单纯紧缩开支甚至紧缩必要的开支。但"终日只在单纯的财政收支问题上打圈子"，"还是不能解决问题"③。

对此，毛泽东提出了批评，指出持单纯财政观点者，他们"不知

---

① 毛泽东：《必须做好经济建设工作》（1944年4月3日），《毛泽东文集》第3卷，第125页。

② 毛泽东：《抗日时期的经济问题和财政问题》（1942年12月），《毛泽东选集》第三卷，第894页。

③ 毛泽东：《抗日时期的经济问题和财政问题》（1942年12月），《毛泽东选集》第三卷，第891页。

道财政政策的好坏固然足以影响经济,但是决定财政的却是经济",由此,毛泽东一针见血指出了问题实质和正确的解决思路:边区财政的实质是"几万军队和工作人员的生活费和事业费的供给问题",这些都要靠发展经济、发展生产来根本解决,"而企图从收缩必不可少的财政开支去解决财政困难的保守观点,是不能解决任何问题的","只有从切切实实的有效的经济发展上才能解决"①。

正是基于这一认识,中共中央发动了大生产运动,动员广大军民,大力发展边区的经济,并实行精兵简政等重要措施,从而从根本上克服了包括财政在内的各方面困难。毛泽东总结这一时段情况时说,这一时期我们加重了人民的负担,但另一方面"立即动手建设了公营经济",靠军队和学校自己动手解决了大部分需要,"这是我们不可征服的物质基础"。毛泽东进一步强调,"自给经济愈发展,我们加在人民身上的赋税就可以愈减轻",只有大力发展公营经济和民营经济,"才能保障财政的供给"②。

(三) 统筹兼顾

经济问题涉及各方面的利益。为最大限度集中共同利益、最大限度减少各方的矛盾,即实现利益"最大公约数"和代价的"最小公倍数",中共中央实行了统筹兼顾的方针。

毛泽东论述道:"我们认为应该是为着发展生产,而实行一个调节各阶级经济利益的民主集中的经济政策。"全国的军队应当一面抗战,一面生产;机关学校应当一面工作、学习,一面生产;农民应当增加生产,并坚决实行减租减息政策;工人应当增加生产,同

———————————

① 毛泽东:《抗日时期的经济问题和财政问题》(1942 年 12 月),《毛泽东选集》第三卷,第 891、892 页。

② 毛泽东:《抗日时期的经济问题和财政问题》(1942 年 12 月),《毛泽东选集》第三卷,第 894、895 页。

时增加工资;保护中小工业的生产,使之不受官僚资本与投机商业的打击。① 特别是对于地主与农民的经济矛盾,承认地主大多数有抗日要求,党的政策是减轻农民的封建剥削,而不是消灭封建剥削,故"实行减租减息之后又须实行交租交息","借以联合地主阶级一致抗日"。关于工人与资本家的矛盾,要"承认资本主义生产方式是中国现时比较进步的生产方式",小资产阶级、民族资产阶级以及农村中的资产阶级——富农,不仅有抗日要求,且有民主要求,党的政策不是削弱资本主义与资产阶级,不是削弱富农阶级与富农生产,而是在适当地改善工人生活条件之下,奖励富农生产与联合富农,但同样实行减租减息政策。②

在公私关系上,实行"公私兼顾"或"军民兼顾"。但政策重点,正如毛泽东所指出:发展公营经济,"不要忘记人民给我们帮助的重要性","人民给了我们粮食吃","保证了军队和工作人员的食粮",到1941年,边区的粮食供给"还只能主要地依靠老百姓"。毛泽东指出:边区地广人稀,只有150万人口,"供给这样多的粮食,是不容易的",但为了抗日和建国需要,人民群众应该负担,"人民很知道这种必要性",并且"在公家极端困难时,要人民多负担一点,也是必要的,也得到人民的谅解",但我们"一方面取之于民,一方面就要使人民经济有所增长,有所补充",帮助群众发展,"使人民有所失同时又有所得,并且使所得大于所失,才能支持长期的抗日战争",同时只要一有可能,"就要减轻人民负担,借以休养民力"③。

---

① 毛泽东:《中共中央为抗战六周年纪念宣言》(1943年7月2日),《毛泽东文集》第3卷,第43—44页。
② 中央档案馆编:《中共中央文件选集》第13册,第281—282页。
③ 毛泽东:《抗日时期的经济问题和财政问题》(1942年12月),《毛泽东选集》第三卷,第893、894页。

（四）正确实施"仁政"

所谓"仁政"，在当时是指要"薄赋轻徭"，减轻民众负担，毛泽东认为此议不妥，指出那种不顾战争需要单纯地强调政府应实施"仁政"的观点是错误的，他指出，应该区分"小仁政"与"大仁政"，如果抗战不胜利，"所谓'仁政'不过是施在日本帝国主义身上，于人民是不相干的"，相反，当时人民负担重一些，但如果帮助人民政府和军队渡过难关，打败了日本帝国主义，就会过上好日子，"这个才是革命政府的大仁政"①。除增加公粮外，当时边区对民众最大的一项负担是强制运盐，因为这是边区对外贸易、换取境外物资和法币、实现出入口平衡的关键举措。1941 年 8 月 6 日，毛泽东给谢觉哉的信将此作为与发展生产并列的边区财经问题的两个"决定点"：一是发展农、盐、工、畜、商各业，二是输出 3 000 万元以上的物产于境外交换 3 000 万元必需品入境，"只要此两点解决，一切问题都解决了"②。

对强制运盐，谢觉哉、林伯渠等一部分党内同志啧有烦言。毛泽东进行耐心说服，进一步阐明此理，一周后给谢觉哉信又说："劳役须经政治动员是完全对的，这就是我们的劳役与国民党的劳役之原则的区别，我们的特点是革命加战争。"③十天后再次致谢信则词气趋于严厉："我说盐的官督民运含有部分的强制劳动"，"必须承认这部分强制的必要性"，"第一，农暇必须去，非去不行；第二，公盐六万驮，不但今年，明年还是必须的"，"春耕秋收动员，也带部

---

① 毛泽东：《抗日时期的经济问题和财政问题》（1942 年 12 月），《毛泽东选集》第三卷，第 894 页。

② 毛泽东：《致谢觉哉》（1941 年 8 月 6 日），《毛泽东书信选集》，第 176 页。

③ 毛泽东：《致谢觉哉》（1941 年 8 月 12 日），《毛泽东书信选集》，第 182 页。

分强制性",但"运盐的强制性,较之春耕秋收要多一些"①。

　　仁政问题给毛泽东留下了深刻印象。十年后,在讨论关于党
在过渡时期总路线、工业化问题时与梁漱溟的争论中,毛泽东旧话
重提并上升到新的高度:"什么是最大的仁政呢?"毛泽东指出,所
谓仁政有两种,"一种是为人民的当前利益","一种是为人民的长
远利益",强调"两者必须兼顾,不兼顾是错误的",而重点"应当放
在大仁政上"。就是说,"人民生活不可不改善,不可多改善;不可
不照顾,不可多照顾。照顾小仁政,妨碍大仁政,这是施仁政的偏
向"②。"有的朋友现在片面强调小仁政……这种思想共产党里边
也有,在延安就碰到过……那时我就批评了这种思想。当时最大
的仁政是什么? 是打倒日本帝国主义。如果少征公粮,就要缩小
八路军、新四军,那是对日本帝国主义有利的",是在"帮日本帝国
主义忙的"。

　　(五) 货币政策

　　货币是财政经济的血脉。陕甘宁边区和此后陆续开辟的各敌
后根据地,是独立自主的政治、经济实体,只有保持流通货币的独
立性,才能抗御日本帝国主义与国民党顽固势力的侵扰。早在全
面抗战开始后不久,毛泽东即规定了边区货币政策的基本原则:

　　"边区货币政策应根据以下原则:(一) 边区应有比较稳定的货
币……(二) 边区的纸币数目,不应超过边区市场上的需要数
量……(三) 边区的纸币应该有准备金:第一,货物,特别是工业品;
第二,伪币;第三,法币。""发行一定数量的边区纸币……收买法

① 毛泽东:《致谢觉哉》(1941 年 8 月 12 日),《毛泽东书信选集》,第 187—188 页。
② 中共中央文献研究室编:《毛泽东年谱(1949—1976)》第 2 卷,北京:中共中央文献出
　　版社 2013 年版,第 163—164 页。

币,保留一部分法币,大部分购买工业品,用一部分法币兑换伪币。""杂币应设各种方法使其流到边区外去。"①

这些原则得到了有效的贯彻,并在与敌、顽进行的长期博弈中步步取胜,对巩固和发展边区的经济、保持社会稳定发挥了重要作用。

以上各项经济方针原则,是新民主主义经济理论的创造性的运用、外化,反之亦充分证明了这一理论的正确性和创新性。陕甘宁边区的各项经济活动,正是在这一理论和各项方针政策的指引下取得了辉煌的成就。

第二节　土地政策

抗战时期中国共产党在敌后根据地实行了一系列正确的土地政策。其中最重要者乃是推行"减租减息"运动,这是一项符合抗日民族统一战线政策的土地改革运动,此举既团结了社会各阶层,又能极大地调动农民积极性,对于坚持持久抗战并最终战胜日本帝国主义起到至关重要的作用。陕甘宁边区作为中共中央所在地和敌后抗日根据地的总后方,是这一政策最早实施者,取得了显著成效。

一、土地政策的调整

（一）土地革命:中国民主革命的基本内容

近代以来,在半殖民地半封建社会的中国,资产阶级民主革命始终围绕废除封建土地所有制和动员作为革命主力军的农民参加

---

① 毛泽东:《边区的货币政策》(1938 年 8 月 17 日),《毛泽东文集》第 2 卷,第 137—138 页。

革命的基本问题开展,两者密不可分。正如1936年7月22日中国共产党有关土地政策的指示所言:"实现土地革命的意义,不但是给占全国人民80％的农民群众解除封建的剥削,而且同时就是推动这80％的人民积极参加民族解放,强大民族革命力量。"①毛泽东在延安会见美国作家斯诺时更明确指出:"谁赢得了农民,谁就会赢得中国","谁能解决土地问题,谁就会赢得农民"②。有鉴于此,在整个民主革命时期,中国共产党始终高度重视解决农民土地问题,在斗争实践中,在新民主主义经济思想的指引下形成了一整套解决土地问题的路线、方针和政策,并与时俱进,随形势发展而进行调整和发展。

(二)因时制宜:抗日战争与中国共产党土地政策的调整

九一八事变后,中日民族矛盾开始成为中国社会主要矛盾,民族存亡问题摆在了包括民族资产阶级、地主阶级等在内的全体中国人面前,相应地,原有的国内阶级之间的矛盾下降为次要矛盾。为了应对新环境,中国共产党谋划了一系列重大的政策调整,而土地政策调整又是其中心的一环:在反对日本侵略、保卫民族生存的大前提下解决农民的土地问题,使阶级利益服从抗日民族斗争的大局,以达既满足农民利益诉求以调动农民抗日和生产积极性,又团结社会各阶层共同抗日之双重效果。

1935年12月6日,中共中央发出有关富农土地政策的文件,及时调整了土地革命时期没收富农土地的政策,中立富农。随后,中共中央陕北瓦窑堡会议通过的决议再次明确这一政策。西安事

① 中央档案馆编:《中共中央文件选集(1936—1938)》第11册,第57页。
② [美]洛易斯·惠勒·斯诺编,王恩光译:《斯诺眼中的中国》,北京:中国学术出版社 1982年版,第47页。

变和平解决，成为扭转时局的关键。1937 年 2 月，国民党召开五届
三中全会，中共中央致电国民党，提出了有利于抗日民族统一战线
形成的"五项要求""四项保证"。中国共产党明确承诺，"停止没收
地主土地"①，这是中国共产党在土地政策上的重大转变。5 月 3
日，毛泽东发表文章，再次说明转变土地政策的必要性，指出"中国
土地属于日本人，还是属于中国人，这是首先待解决的问题"，要在
保卫中国的大前提下来解决农民土地问题，因此"由暴力没收方法
转变到新的适当方法"，非常必要。② 同年 5 月，即在政治上恢复了
地主、资本家的公民权。

　　8 月 1 日，中共中央对南方各省游击区发出工作指示，要求各
地"尽可能利用一切合法的斗争方式"，如"减租，减息，减税"等"求
得群众生活的改善"③。

　　在 1937 年 8 月召开的洛川会议上，中共中央正式将"减租减
息"确立为抗战时期解决农民土地问题的基本政策。

　　10 月 6 日，中共北方局负责人刘少奇以"陶尚行"为名发表《抗
日游击战争中各种基本政策问题》一文，再次明确对中国共产党土
地新政策的阐释。文章指出，农民占全国人口 80％以上，抗战没有
农民参加是不能胜利的，因此，"正确合理的来解决农民土地问题，
是争取抗战胜利的最重要的一着"，并提出了十大具体政策：1. 没
收汉奸土地分配给无地及少地的农民；2. 逃走的地主，其土地无租
息分给农民耕种；3. 公有土地分配给农民耕种；4. 普遍进行减租，
规定最高租额，减租至最低限额；5. 保障农民佃耕土地的永佃权；

---

① 中央档案馆编：《中共中央文件选集(1936—1938)》第 11 册，第 158 页。
② 毛泽东：《中国共产党在抗日时期的任务》(1937 年 5 月 3 日)，《毛泽东选集》第一卷，
　　第 260 页。
③ 中央档案馆编：《中共中央文件选集(1936—1938)》第 11 册，第 301 页。

6. 认真办理水利及救灾等事；7. 帮助发展农村合作社，帮助贫农的耕具、种子、牲畜等；8. 废止旧的农会法，保障农民组织农民协会以及有言论、集会、出版等自由；9. 惩治敲诈盘剥农民的土豪劣绅；10. 禁止高利盘剥，帮助农民办理低利或无利借贷。① 这一论述将中国共产党的抗日土地政策进一步具体化。

至 10 月，中国共产党在有关没收汉奸财产时进一步明确规定：没收大地主(土地)，是指当了汉奸的大地主，"而未为汉奸者，当然不在没收之列"，中层分子而为汉奸者，"在未得民众同意以前，不应急于没收"②。对没收地主土地持相当审慎的态度。

二、土地政策转型中边区的贯彻与创新

全面抗战时期，中国共产党的土地政策是在实践中不断推进与逐步完善的。陕甘宁边区则是这一政策最早实施的区域。大体说来，根据是否经历过土地革命，而采取两种不同的政策。

陕甘宁地区的土地制度在旧中国同样是地主阶级占有制，广大农民在遭受封建剥削的同时，还因自然环境恶劣而更加贫困。当然也有少数自耕农会因地价低贱和某种因缘际会，通过省吃俭用购买土地而上升为富农或中小地主。作为老革命根据地，在中共中央和主力红军进驻之前，已有约 50% 的地区经过了土地革命，虽然其间"左"的路线一度严重与存在不彻底之处，但基本上废除了封建土地所有制，实现了"耕者有其田"，同时，考虑到一些鳏寡孤独和抗属、工属因无劳动力而允许保留特殊的租佃关系，出租少

---

① 陕西师大政教系、中共党史教研室资料室编：《中共党史教学参考资料》第 3 集，内部出版，1979 年，第 29—30 页。

② 毛泽东：《关于没收汉奸财产问题》(1937 年 10 月 15 日)，《毛泽东文集》第 2 卷，第 41 页。

量土地，所以基本不存在阶级剥削。在此情况下，边区党和政府实行：

（一）停止没收土地，承认土地革命的结果，保护地主、农民双方合法权益

对于已经经过土地革命的地区，中共中央、边区党和政府的方针是：坚持执行抗日民族统一战线，承认地主、富农政治地位，同时确认土地革命的事实，坚决维护农民所获取的土改成果，在此前提下，保护地主的合法权益。

1937 年 4 月 26 日，当时尚为中华苏维埃政府的边区政权发布政府公告，宣布"在没有分配土地的统一战线区域，地主豪绅的土地停止没收。但已没收了的土地不许还原；已取消了的租债不许再索取"，"在已分配了土地的区域，地主豪绅回来，可在原区乡分配他和农民一样多的土地和房屋"①。6 月 20 日边区《民主政府施政纲领》发布，提出了保障农民已分得的土地，实行耕者有其田。

1937 年 9 月边区政府正式成立以后，为深入贯彻洛川会议有关精神，进一步明确规定：凡地主土地未被没收的，"不再没收"，"所有权仍属地主"，已被没收的，如回边区，"可由政府分给与一般农民一样的一份土地和房屋，并享有公民权"，对于地主土地出租，"只要地租不苛刻，政府不加任何干涉"②。措施颁布后，许多原本逃离的地主、富农、有产者纷纷返回了边区。

为进一步巩固土地政策，1937 年 9 月 20 日，边区政府颁发《陕甘宁边区土地所有权证条例》，规定：土地所有权证为土地所有权

① 涂绍钧：《林伯渠》，北京：中国文联出版公司 1991 年版，第 276—277 页。
② 陕西省档案馆、陕西省社会科学院编：《陕甘宁边区政府文件选编》第 1 辑，北京：档案出版社 1986 年版，第 130—131 页。

的唯一凭证，一经发放，原土地所有权的各种契约一律作废。随之在各地进行土地登记，明确土地的所有权。

（二）打击地主阶级反攻倒算

然而，阶级利益引发的阶级斗争是不以人的意志为转移的。一部分不明大义的地主豪绅获得合法身份后，得寸进尺，希冀攫取在土地革命中丧失的利益，在国民党政权暗中支持和唆使下进行"反攻倒算"，他们企图利用边区政府抗日民族统一战线的政策，采取各种卑劣手段，"强迫农民交还已被没收的土地、房屋、耕牛、农具等，强迫农民偿还已被废除的债务和地租，以挑起农村的阶级斗争"①。对此，中共中央、边区党和政府予以坚决打击、制止。

1938年5月15日，由毛泽东起草的边区政府暨八路军后方留守处发出的文告对上述情形予以严正痛斥，强调：凡边区一切已经分配的土地、房屋和已经废除的债务，"不准擅自变更"，并警告不法之徒，"胆敢阴谋捣乱，本府本处言出法随"②。5月25日，边区党委、政府和八路军后方留守处根据此文告发布联合训令，进一步告示：凡是已经没收和分配过的土地、房屋、财产、牲畜等等，豪绅、地主、富农"无权用任何方式直接向分得土地之农民要求发还全部或一部分"，"已经用各种方式强迫农民交还者，其交还部分应收回还原分得之农民"；已经废除的债务，豪绅、地主、富农"不得再向欠债人追偿"，"已追偿者，其追偿回之部分，由当地民众公议处置

---

① 陕西省档案馆、陕西省社会科学院编：《陕甘宁边区政府文件选编》第1辑，北京：档案出版社1986年版，第131页。

② 毛泽东：《陕甘宁边区政府第八路军后方留守处布告》（1938年5月15日），《毛泽东选集》第二卷，第402、403页。

之"①。1939 年 4 月 4 日,边区政府公布边区第一届参议会通过的《陕甘宁边区土地条例(草案)》明确规定,土地私有,"农民分配所得之土地,即为其私人所有",之前的旧有土地关系,"一律作废",边区人民只要取得土地所有权,就有完全的土地使用和支配权。②

1941 年 5 月 1 日边区颁布的《陕甘宁边区施政纲领》对保障边区农民土地的所有权、私有权再次做出了明确规定。

这一系列法令政策的颁布并经过斗争,各地强迫交还土地、债务、地租等情形才得以停止,"阶级斗争才得以缓和"③,在一定程度上制止了地主的嚣张气焰,维护了土地革命的胜利果实。

三、边区减租减息运动

对陕甘宁边区尚未进行土地革命地区,中共中央、边区党和政府遵守"五项保证"的承诺,严格保留原土地所有权,在此前提下实行减租减息。

(一)背景和必要性

其时边区约有一半地区,如陇东分区的庆阳、合水、镇原,绥德分区的绥德、子洲、葭(佳)县、米脂,以及关中分区的赤水、新正、新宁、淳耀等地,土地革命即因抗日民族统一战线的建立而告停止,土地仍有相当大部分集中在地主和富农之手,农民基本无地或只有很少土地的状况继续延续。如米脂县印斗乡九保占住户 5％的

---

① 陕西省档案馆、陕西省社会科学院编:《陕甘宁边区政府文件选编》第 1 辑,北京:档案出版社 1986 年版,第 67 页。

② 陕西省档案馆、陕西省社会科学院编:《陕甘宁边区政府文件选编》第 1 辑,北京:档案出版社 1986 年版,第 224 页。

③ 陕西省档案馆、陕西省社会科学院编:《陕甘宁边区政府文件选编》第 1 辑,北京:档案出版社 1986 年版,第 131 页。

地主、富农却拥有 75.74% 的土地。① 同宜耀县全县仅有耕地 60 000 余亩,地主即占 42 900 余亩,占 71.5%。② 土地的这种高度集中状况迫使农民不得不以高租额租种地主的土地,决定了受封建剥削的普遍性。

由于地方特点和历史传承,当时陕甘宁边区各地的土地租佃形式大致分为"租种类"和"伙种类"两种类型。

租种类则主要采用"定租",又称"死租"或"死租子"方式。伙种,即出租人除了出租土地外,还向承租人提供全部或一部分生产工具,待庄稼收获后,双方按事先约定的比例进行分成。当然还要给主家无偿承担各种劳役。

不管哪一种租佃,租额通常皆甚高,且绝大多数采取实物地租形态,"有所谓五五、四六、三七、二八数种","五五"即每年的收成地主、佃户各占一半;"二八"即地主得八成,佃户得二成。但一般租额都在五五以上,故"大多数的农民,在缴纳佃租以后,所剩无几,有时竟连种子都收不回来"③。同时地处黄土高原的陕甘宁地区生态恶劣,自然灾害频仍,佃户经常因歉收拖欠租额,往往数辈难以还清,收成稍好,手中余粮也会被地主以追收欠租的方式搜刮而去,生活陷入极度困境。不少农民被迫将自己的土地典当或出卖给地主,再向其租种,流传着"借着吃,打着还,跟着碌轴过个年"④的说

① 陕甘宁边区财政经济史编写组:《抗日战争时期陕甘宁边区财政经济史料摘编·农业》第 2 编,西安:陕西人民出版社 1981 年版,第 39 页。
② 李维汉:《回忆与研究》下,北京:中共党史出版社 2013 年版,第 456 页。
③ 陕甘宁边区财政经济史编写组:《抗日战争时期陕甘宁边区财政经济史料摘编·人民生活》第 9 编,西安:陕西人民出版社 1981 年版,第 13 页。
④ 陕甘宁边区财政经济史编写组:《抗日战争时期陕甘宁边区财政经济史料摘编·人民生活》第 9 编,第 13—14 页。

法,充满了凄凉和无奈。

在借贷方面,贫苦农民同样遭受严重的高利贷盘剥。

贫苦农民为生计计时常被迫借高利贷,利率从四、五、八分至十几分不等,并"利滚利"复利计息。总之,"农民一落到高利贷手里就被抽筋剥皮的一直到破产"①。高利贷在许多地方畸形发展,农民不论借钱多少,"均须以地作押","期满不赎变为典地",如典地到期无法赎取或者此时急需用钱,农民只得将地低价出卖,地主则趁机以最低廉的价格买进典地。特别是遭遇了灾荒之年,地主更是得到机会,"用最苛刻的条件,将大批的土地收买进来,再出租给那些卖出田地的农民去耕种"②。

封建剥削压迫着生活在其中的广大农民,严重束缚着农村生产力的发展,这与陕甘宁已完成土地革命的地区形成了鲜明的对比。以"完全是为着解放人民"(毛泽东《为人民服务》语)、以为人民服务为宗旨的中国共产党当然绝对不能容许这种状况继续存在。同时从抗日考量,如不能以正确的土地方针改善广大农民现实的、迫切的物质生活问题,就不可能提高其支持抗日与努力生产的积极性。但土地问题的解决还要服从抗战的大局,符合全民抗战需要,有利于巩固和发展抗日民族统一战线,因此,中共中央、边区党和政府即在此一半区域实行减租减息政策。

(二)主要过程

边区减租减息运动从 1937 年 2 月到 1945 年抗战胜利,逐步展开、不断深化,历时 8 年多,经过了不同的阶段。

---

① 陕甘宁边区财政经济史编写组编:《抗日战争时期陕甘宁边区财政经济史料摘编·人民生活》第 9 编,第 18—19 页。

② 陕甘宁边区财政经济史编写组编:《抗日战争时期陕甘宁边区财政经济史料摘编·人民生活》第 9 编,第 17 页。

　　1937 年 2 月至 1939 年底,广泛宣传及初步试行阶段,根据中共中央指示精神,出台了一些政策、法令,进行宣传和初步试行。1939 年 4 月,边区政府发布条例对土地租赁规定了最高租额。同时鉴于各地情况差异又规定,"各县、市在不违背本条例原则下,得按当地特殊情况制定单行租佃细则",经边区政府批准施行。① 但由于未分配地主土地的区域如绥德、陇东、鄜(富)县、关中等仅由八路军驻防,组建了若干我党掌控的群众团体,而主持政务的官员包括行署专员,县长则由国民政府陕西省政府委派,从而形成了"双重政权"格局,国民党顽固派官员不断伺机制造摩擦,对边区的土地政策百般阻挠破坏,如绥德专员何绍南即公开反对边区政府的"减租减息"政策。一些党员、干部对减租减息的重要性尚缺乏足够的认识,不了解其重大意义,一般只停留在宣传,没有具体实行,"除个别地区因特殊原因而减外,别的均没有减"②。

　　1940 年 1 月开始,进入了真正大力实行时期。

　　打退国民党第一次"反共"高潮过程中,边区人民在八路军的协助下,驱逐了绥德专员何绍南等顽固派,统一了边区的政权,"双重政权"地区普遍召开临时参议会,选举产生了民主政府,减租减息开始进入具体立法实施阶段。如 1940 年 7 月,西北警备区临时参议会通过的《绥德分区减租减息暂行条例草案》规定地租需因土地肥瘠、丰歉年收成不同而递减:"以本年主佃双方约定之租额为标准,此后租额不得增加","1. 丰年按标准租额减百分之二十五(即一石给七斗五升)。2. 平年按标准租额减百分之四十(即一石

---

① 《中国的土地改革》编辑部、中国社会科学院及经济研究所现代经济史组编:《中国土地改革史料选编》,北京:国防大学出版社 1988 年版,第 19—20 页。

② 陕甘宁边区财政经济史编写组:《抗日战争时期陕甘宁边区财政经济史料摘编·农业》第 2 编,第 219 页。

给六斗）。3.歉年按标准租额减百分之五十五（即一石给四斗半）”，“歉年普通耕地收成在三斗以下免租”，“土地特别薄瘠之区，虽丰年每垧收成亦不过三斗者，其免租标准按各地具体情形另行规定”，“伙种土地应按收获量分配之，除子种外地主得四成，佃户得六成”。关于借贷利率则规定：“借贷金钱者，其利率不得超过月息一分五厘”，“借粮食者，年息不得超过十分之三”。另外，地主不得无故收回租地或更换佃户。①同年9月，陇东分区临时参议会通过了《关于调整租佃关系的决议案》，提出三七减租的标准。关中分区则由政府下令实行对半减租。随后边区政府也进一步出台一些调整租佃和借贷关系的具体政策，推动减租减息开展。

然而，由于地主抵制包括抽夺佃地的威胁，加之实行过程中出现了一些偏差，特别是因为没有一致的标准，各地政策执行不统一，加剧了矛盾，致使农民顾虑观望，明减暗不减等现象继续存在，运动裹足不前。

中共中央不断总结政策执行经验。

1940年12月13日，毛泽东在《抗日根据地应实行的各项政策》一文中指示：应实行减租减息以争取基本的农民群众，但“不要因减息而使农民借不到债，不要因清算旧债而没收地主土地”，农民还应交租交息，“保证地主有土地所有权，富农的经营原则上不变动。”②同年12月25日，毛泽东起草了《论政策》的党内指示，再次强调：现在的政策，一方面，规定地主减租减息，这样才能发动基本农民群众的抗日积极性，“但也不要减得太多”，“地租，一般以实行二五减租为原

---

①　艾绍润、高海深主编：《陕甘宁边区法律法规汇编》，第150页。

②　毛泽东：《抗日根据地应实行的各项政策》（1940年12月13日），《毛泽东文集》第2卷，第320页。

则","利息,不要减到超过社会经济借贷关系所许可的程度";另一方面,规定农民交租交息,"不要因减息而使农民借不到债,不要因清算老账而无偿收回典借的土地"①。上述一系列规定坚持了在抗日民族统一战线下解决土地问题的根本原则,具体规定了减租减息的关键性政策,标志着中国共产党土地政策的进一步完善。

1941 年 5 月,第二届"五一施政纲领"中明确规定:在土地未经分配区域如绥德、鄜(富)县、庆阳,"保证地主的土地所有权及债主的债权,惟须减低佃农租额及债务利息,佃农则向地主缴纳一定的租额,债务人须向债主缴纳一定的利息"②。得风气之先的陕甘宁边区随即行动起来,同年 11 月,边区第二届参议会通过决议,宣告接受"五一施政纲领"作为政府今后的施政纲领,并责成政府督导全边区人民切实执行之,减租减息进一步上升到纲领层面而推行。

减租减息运动在各地的发展并不平衡。除少部分地方外,大部分地方则不彻底、深入,甚至仍未真正开展。究其原因,一方面是有些干部对"三三制"政策认识不全面,没有把减租减息作为一切工作的中心和关键加以认真贯彻和执行,担心不利于"三三制"政权而不敢发动群众,对地主一味迁就,只强调团结,却不讲斗争,使得减租减息仍然停留在口头上;另一方面,此时地主凭借在经济、宗法上继续占据的优势,仍采取各种方法消极应对减租减息。据新宁县统计,1941 年至 1943 年间,按新租额地主多收租 2 163 石9 斗 1 升。在同宜耀县,1943 年共计发生 184 件土地租佃纠纷案,其中属于地主收回土地的有 73 件,占总数的 39.67％。③

---

① 毛泽东:《论政策》(1940 年 12 月 25 日),《毛泽东选集》第二卷,第 767 页。
② 毛泽东:《陕甘宁边区施政纲领》(1941 年 5 月 1 日),《毛泽东文集》第 2 卷,第 336 页。
③ 何文孝等:《抗日战争时期陕甘宁边区的减租减息》,《陕西财经学院学报》1981 年第 3期,第 112 页。

　　针对减租减息运动中暴露出的问题,中共中央于 1942 年 1 月
28 日发出了《关于抗日根据地土地政策的决定》,这是敌后抗日根
据地土地政策的指导性文件。

　　《决定》首先重申了中国共产党抗战时期的土地政策,即"一方
面减租减息,一方面交租交息的土地政策"。其制定的原则依据:
一是承认农民(包括雇农)是抗日与生产的基本力量。通过减轻地
主的封建剥削,改善农民的生活,"提高农民抗日的与生产的积极
性"。二是承认大多数地主有抗日要求,一部分开明绅士赞成民主
改革。党的政策不是消灭封建剥削,打击开明绅士,因此"实行减
租减息之后又须实行交租交息","保障地主的人权、政权、地权、财
权",团结地主阶级一致抗日。三是承认资本主义生产方式是中国
现时比较进步的生产方式,资产阶级、特别是小资产阶级和民族资
产阶级,则是中国现时比较进步的社会成分与政治力量,"故党的
政策,不是削弱资本主义与资产阶级,不是削弱富农阶级与富农生
产,而是在适当的改善工人生活条件之下,同时奖励富农生产与联
合富农",但对于富农的封建剥削性质的部分"为中农贫农所不
满",因此实行减租减息时,富农的租息也须照减。文件强调,上述
三条基本原则,是中国共产党抗日民族统一战线及其土地政策的
出发点,"只有坚持这些原则,才能巩固抗日民族统一战线,才能正
确的处理土地问题,才能联合全民支持民族抗战,而使日寇完全陷
于孤立"①。《决定》附有《关于地租及佃权问题》《关于债务问题》
《关于若干特殊土地的处理问题》三个文件,具体规定了政策实施
标准和要求,如减租,租额以减低原租额 25%(二五减租)为原则,
"即照抗战前租额减低百分之二十五,不论公地、私地、佃租地、伙

---

① 中央档案馆编:《中共中央文件选集(1941—1942)》第 13 册,第 281—282 页。

种地,也不论钱租制、物租制、活租制、定租制,均适用之";减息,"以一分半为计息标准",付息超原本一倍者,应"停利还本",超二倍的,应"本利停付"①。

根据中共中央指示精神,中共中央西北局和边区政府迅即做出贯彻执行的具体办法,并成立了由刘景范负责,崔田夫、张邦英、高长久、李景林等参加组成的土地问题专门委员会,集中研究边区土地问题,处理土地纠纷。同年 10 月召开的中共中央西北局高干会议纠正了一部分干部对地主只讲团结、不敢斗争的倾向。10 月11 日,中共中央西北局发出《关于彻底实行减租的指示》和《关于减租实施的补充办法》。

《指示》明确指出减租之所以未能贯彻执行的主要原因,"还是由于党领导上的严重缺点",而"缺乏自下而上的发动群众,没有组织领导群众为减租进行斗争"。

《指示》强调,要保证减租彻底实行,必须发动群众。党应该组织和领导群众,坚决自动地实行政府的减租法令,按照法定租额减租,"坚持佃户对于土地的使用权不变,地主不得任意破坏,对地主因减租而加于农民的一切威胁和压迫,应发动群众以合法方式坚决抵抗之,同时应由政府以法令制止之。只要党和政府对减租采取认真的积极的态度,群众的积极性就会提高,而群众积极性提高,则是贯彻减租的基本保证"。要防止偏颇,"在实行减租中,党的最重要的任务就是要掌握统一战线政策",一方面"保证地主能按法令减租",另一方面又"保证农民在减租后能按照法定额交租,以调节农村各阶层关系,并团结他们共同坚持抗战",为了达到这一点,"党必须反对过于迁就地主而使减租不能贯彻的右的倾向

---

① 中央档案馆编:《中共中央文件选集(1941—1942)》第 13 册,第 286—287 页。

（这在目前是主要的）"，同时也要防止"完全迁就农民而使交租不能贯彻的左的倾向"①。

边区政府 12 月 29 日颁布的《土地租佃条例（草案）》，明确规定出租人和承租人均应按条例规定的减租额收租和交租，具体来说：出租人应按规定租额收租，不得多收或法外增租；一般减租率、定租减租率不得低于 25％；活租（指地分粮）按原租额减 25％—40％；伙种按原租额原租额减 10％—20％；安庄稼同样按原租额减 10％—20％。出租人不得任意收回租地。同时，承租人应依法交租，按本条例减租后之租额交足租额等等。② 解决了一系列重要而具体的问题。

随着这些政策法令的颁布，边区的减租减息运动于 1942 年下半年以后普遍深入开展起来，从而进入到一个新的阶段。其主要标志和特点，一是广泛动员群众参与，群众主要是佃户真正发动了起来，运动具有了深厚的群众基础；二是在党组织统一领导下建立了减租会、减租小组或农会等组织，具体领导减租工作，从而使运动有了较完备的领导组织；三是较周密地制定计划，按照清账、退租、换约等步骤稳步开展。清账是清算 1939、1940 年前减租条例公布后地主未执行、从而使佃户多交租额的账目；退租，是根据清算结果确定应退多收租额数量，由地主如数退回佃户；最后换约保佃，巩固减租成果。

（三）实践中的方法与创新

在积极领导减租减息运动时，边区党和政府根据不同情况，采

---

① 《中国的土地改革》编辑部、中国社会科学院及经济研究所现代经济史组编：《中国土地改革史料选编》，第 113—114 页。

② 陕西省档案馆、陕西省社会科学院编：《陕甘宁边区政府文件选编》第 6 辑，北京：档案出版社 1988 年版，第 429 页。

取不同的措施方法。

在运动大潮中,一部分地主如边区政府副主席李鼎铭的兄弟米脂桃镇区李风雄,绥德辛店区王随合,能深明大义,积极拥护,自动减租;一部分地主则公开进行抗拒、破坏,或采取"抽地自种"(实为改租)、"假佃假卖"、"改变租佃形式"、"丈地加租"、"变相加租"、"明减暗不减"等手段暗中抵制;第三种则持观望态度,既不公开抵制,也不积极响应,消极应付。政府对表现积极者予以公开大力表彰;对顽抗者,则发动群众进行斗争,打击其典型,"杀一儆百",以儆效尤;对观望者则采用召开主佃双方座谈会,进行说理等温和斗争方式达到减租目的。

边区党和政府还在广泛动员群众参与的基础上,总结推广各地典型经验,进一步促进运动健康深入发展。

随着抗战形势的愈加艰难,为深入调动广大群众的抗日和生产积极性,更好地团结社会各阶层坚持长期抗战,中共中央决定更加广泛、深入开展减租减息运动。

1943 年 10 月 1 日,毛泽东在为党中央起草的党内指示信中要求各根据地要认真检查减租政策的实行情况,"凡未认真实行减租的,必须于今年一律减租。减而不彻底的,必须于今年彻底减租"。指示信强调,减租是党领导和帮助下农民的群众斗争,"而不是给群众以恩赐",必须贯彻群众路线,"凡不发动群众积极性的恩赐减租,是不正确的,其结果是不巩固的"①。

(四)成效

在中共中央、边区党和政府的有力领导下,至 1943 年边区减

---

① 毛泽东:《开展根据地的减租、生产和拥政爱民运动》(1943 年 10 月 1 日),《毛泽东选集》第三卷,第 910 页。

租减息取得了显著成效。

一是运动在各地皆得到了普遍、认真、深入的开展,达到或超过了预期目标。如绥德分区除了边界区外,都减了租。绥德、米脂、子州、清涧、葭(佳)县等地除按规定实行减租,并勾欠旧租31 732.82石,退租1 842.73石,同时借抽约、换约之际进行若干土地回赎,许多农民因此而获得了土地。陇东分区庆阳、合水、镇原3县114个乡中,有73个乡、3 759户共减租932石。又据陇东庆阳、合水、镇原此3县17个乡1942年7、8两月减租统计:共有佃户432户,承租土地22 500余亩。经减租,免去1939年以前欠租405石,退回1942年前多收租71石,本年减租282石,合计纯收益达700多石。1943年赤水县二区一乡,15家佃户减免了142石田租,平均每户减租9.47石,很多佃户由终年劳动而缺吃少穿,变为有了余粮,经济生活有了较大改善。"(1942年)关中、三原、陇东回胞的财产,生活发展的数字,以和三六年前对比,上升的指数大部均在百分之五十以上。"①关中分区大部分地方也减了租。各级政府和农会还特别注意了保佃和交租问题。既防止地主抽地退佃,又保护减租后地主的合法收益,督促佃户按约交租。如赤水县五区六乡农会曾帮助地主杨运龙向其佃户陈三东收回当年地租。绥德的义合,米脂的附城、印斗等区政府还派工作人员带领佃户向地主交租。

二是减租减息具体政策落到了实处。如各地普遍认真执行了边区政府的《租佃条例》,剥削量普遍下降25%—30%;租佃形式也发生很大变化,开始普遍采用定租形式,租佃期限均在5年以上,甚至更长,较好地保障了农民的租佃权;正租以外的超经济剥削被

①《边区回胞生活向上》,《解放日报》1942年7月20日,第2版。

废除;高利贷同样被取消,借贷利息一般限定为一分或一分半。

为更深入开展减租减息运动,1943 年 10 月,中共中央西北局又做出决定,再次强调指出,"检查各地减租运动是否贯彻,首先应以发动群众的程度为标准",党的领导必须真正实现,要"把一般号召与个别指导结合起来,把领导核心与广大人民群众结合起来","必须达到把群众真正发动起来"①。随后,至 1945 年抗日战争胜利结束,减租减息运动在边区继续深入开展,取得了更多的成效。

四、抗战时期边区土地政策的意义

抗战时期边区的各项土地政策其大政方针系由中共中央擘画,但边区的特殊地位使之自然成为贯彻这些方针政策的先行区、试验区,而边区党和政府卓有成效的努力,创造出许多成功经验,又使之成为"示范区",各根据地在进行减租减息时,都借鉴过陕甘宁边区的经验和教训,使得运动得以健康发展。

这些政策中,维护边区土地革命的既得成果,是坚持了新民主主义革命的最根本的立场,而实行减租减息,则是在抗日战争的新形势下继续推进土地革命的特殊关键举措,虽然没有改变封建土地所有制,但是实现了对旧有产品分配关系的调整,此举具有重大的意义。

（一）调动农民的抗战积极性

经过减租减息后,贫苦农民开始少交大量租额、利息,特别是收回为数甚巨的退租,得到利益实惠的农民被极大地激发起了生产的积极性。如陇东佃农肖森佃种地 60 亩,"过去麦地有草才锄,

---

① 中国财政科学研究院主编:《抗日战争时期陕甘宁边区财政经济史料摘编·农业》第
　2 编,武汉:长江文艺出版社 2016 年版,第 214—216 页。

没草不锄，今年（1944 年）有草没草全锄”。过去每亩秋地上肥6.25 驮，今年增加一倍。过去 40 亩地上肥 250 驮，今年计划上肥450 驮。过去不修地畔，今年都修了。他说："这都是去年减租使我有粮食吃，才有时间来收集肥料修地畔。过去没粮食吃，还得给人家做短活挣着吃，哪里有时间来弄肥料修地畔呢？"[1]农民积极生产，有力地促进边区经济发展。据延安市腰岘湾等 5 个村的材料统计，1938 年每垧产量 0.38 石，1939 年 0.43 石，1940 年 0.44 石，1941 年 0.56 石，1942 年 0.66 石，1943 年 0.62 石。[2] 农民生产热情的提高，是农村生产力得到解放和发展的重要标志。

　　生产力的提高与群众生活的改善，激发了农民群众的抗战积极性。据统计，主动报名参加普通自卫军的农民，绥德分区 6 县计 53 499 人；三边分区 4 县计 17 712 人；陇东分区 6 县计 16 212人；延属分区 9 县 1 市计 31 520 人。主动报名参加基干自卫军的，绥德分区计 7 193 人；三边分区计 2 557 人；陇东分区计 5 443人；关中分区计 2 436 人；延属分区计 10 460 人，全边区共计28 089 人。[3]

　　而在人力、畜力、物力、财力等方面的支持，详见下表[4]：

---

① 中国财政科学研究院主编：《抗日战争时期陕甘宁边区财政经济史料摘编·农业》第
　　2 编，第 261 页。
② 南开大学历史系、中国近现代史教研室编：《中国抗日根据地史国际学术讨论会论文
　　集》，第 391—392 页。
③ 陕甘宁边区财政经济史编写组编：《抗日战争时期陕甘宁边区财政经济史料摘编·人
　　民生活》第 9 编，第 466—471 页。
④《陕甘宁边区人力畜力物力动员第一次调查草案》（1941 年 8 月），陕西省档案馆、陕
　　西省社会科学院编：《陕甘宁边区政府文件选编》第 4 辑，西安：陕西人民教育出版社
　　2013 年版，第 109 页。

		每个劳动力每年平均负担	全边区劳动力全年平均负担	全边区劳动力以 29 万—30 万计算
人力负担	跟牲口	经常 40 天（运盐 15 天在外）	12 350 000—14 250 000 元	（外运盐 2 250 000 天）
	自卫军训练开会放哨	30—35 天	9 000 000—10 500 000 元	
	担架运输修筑零星	15—20 天	4 500 000—6 000 000 元	
	优待代耕担水砍柴	15—20 天	4 500 000—6 000 000 元	
	小计	100—115 天	30 750 000—36 550 000 元	（外运盐 2 250 000 天）
	折钱	300—345 天	92 250 000—109 650 000 元	外运盐 675 000 元
畜力负担	全年畜力	65—75 天	7 650 000—8 250 000 元	（外有运盐 15 天共计 1 650 000 元）
	折钱	195—225 天	21 450 000—24 750 000 元	（外有运盐 4 950 000 元）
物资负担	公粮	96 785 石	9 678 500 元	
	公债		6 000 000 元	
	教育基金	钱 456 629 元粮 961 石	600 000 元	
	买粮借粮	60 000 石	900 000 元	
物资负担	寒衣代金		1 000 000 元	
	羊毛税		300 000 元	
	马草	3 500 000 斤	350 000 元	
	马料	3 000 石	450 000 元	
	鞋子	40 000 双	80 000 元	每双平均贴 2 元计
	小计		2 180 000 元	
总计		483.5 元—597 元	133 058 000—153 758 500 元	每人每年平均负担 104—120 元

（二）土地所有权、阶级关系的悄然变化

减租减息导致土地所有权发生部分转移，阶级关系发生了变化：

一些农民赎回了典当的土地或购买了地主的土地，如庆阳高迎区有 6 户佃农靠减租等收入从地主手里换得了 200 亩土地，其中 4 户成了自耕农；三乡佃农杨福元曾在 1929 年将 120 亩土地典给地主，折价银币 250 元，仍由其租种，欠租 56 石，1942 年贯彻减租法令后，杨福元所欠旧租全部被减免，并在政府的支持下赎回了全部土地，"从前他的家只有一牛一驴，其余什么也没有，可是现在他却已有驴牛十五头，粮食吃不完，农具样样有"①。米脂民权区 1941 至 1944 年间一些佃农买地 133 垧，7 户贫农上升为中农。

与此同时，地主经济则有所削弱、下降，地主阶级自身相应发生较大的变化。由于地主经济受到限制，不少地主因出卖或典出土地、所收地租已不够维持生活的情况下，被迫开始参加劳动；一部分地主则审时度势，放弃封建剥削，改变经营方向，以出典或出卖土地所得改营工商、运输、或合作事业。如米脂、绥德等县就有 18 家地主在 1942 至 1944 年 3 年中出典或出卖土地 868 垧，占其原有土地的 20%，将全部所得作为资本，投入工商业或合作事业，经营所得占总收入的一半。有的地主"投资工业比收租多五倍利"②，从而使地主经济逐步发展成了资本主义经济，极大地削弱了封建制度的基础。边区党和政府对此予以积极支持，努力使"七分封建主义变成七分资本主义"③。1944 年 6 月，边区政府秘书长李

①　中国财政科学研究院主编：《抗日战争时期陕甘宁边区财政经济史料摘编·人民生活》第 9 编，第 60—61 页。

②　孔永松：《中国共产党土地政策演变史》，南昌：江西人民出版社 1987 年版，第125 页。

③　唐宝富：《抗日根据地政治制度研究》，北京：人民出版社 2001 年版，第 38 页。

维汉回答中外记者团关于中共土地政策问题称:"这个政策已经得到很好效果。地主在减租以后,有的已经开始自己劳动,有的雇人劳动,有的转办工厂、合作社,改变了他们的经济地位。政府鼓励这种改变。这些经验说明,在民主政府领导下,土地问题是可以和平解决的。"①与此农村土地关系、阶级关系变化相应,地主对乡村的政治统治权也被农民组织的减租会、农会等取代,中共对最基层的掌控得到了进一步的加强。

(三)促进社会生产力发展

革命的根本目的是解放和发展生产力。边区经过土改和减租减息,有效解放了生产力,在此前提下,党和政府得以大力发展生产力,特别是不遗余力发展作为经济主体的农业生产。

中国共产党始终重视边区的农业生产,特别是抗战进入相持阶段后,中国共产党将发展农业生产列为边区的中心任务。边区党和政府为此出台了一系列重要政策。

1941年边区"五一施政纲领"专条规定:发展农业生产,动员群众,帮助贫苦农民解决耕牛、农具、肥料、种子等困难,"开荒六十万亩,增加粮食产量四十万担"②,对各个环节一一做了擘画。1941年12月,中共中央西北局为贯彻落实"五一施政纲领",发布了有关经济财政建设的决定,指出:经济建设"必须全力贯彻以农业第一的发展私人经济的方针",保障长期抗战供给,提高人民生活水平,最基本的是靠发展边区人民经济,"而其中最主要的就是首先依靠发展农业生产",因此,必须采取一切积极有效的办法,保障农

① 李维汉:《回忆与研究》下,第456—458页。
② 毛泽东:《陕甘宁边区施政纲领》(1941年5月1日),《毛泽东文集》第2卷,第335页。

业生产发展,"提高农民生产热忱"①。

大力发展边区农业经济,边区党和政府首先是鼓励农民积极开荒。这一时期边区有可耕地 3 000 多万亩,但到 1937 年,已开垦的耕地面积为 8 626 006 亩,仅占 25% 左右②,具有极大的发展潜力。为了调动农民垦荒积极性,边府制定了一系列奖励垦荒的方针,鼓励帮助本地农民、外来流民、难民垦荒,取得显著成效。如1943 年 2 月 22 日《解放日报》所指出:"五年来边区共扩大了二百四十多万亩耕地。"③

边区的田地分为旱地和水地,水地收益为旱地的 10 倍,相差悬殊。边区党和政府因之鼓励农民兴修水利,建设水漫地、堰地、水窖、水井等设施,并出台由旱地变成水地的增产部分,3 年免交公粮的奖励规定。在政策的驱动下,边区水地面积由 1940 年的23 558 亩增至 1944 年的 41 109 亩。④

为解决边区一些贫困农民耕种、开荒缺乏耕牛、工具、粮种等生产资料问题,边区政府在财政极其困难的情况下,坚持向农民发放了大量低息或无息贷款、贷粮,且逐年增加。从 1942 年至 1946年,边区建设厅和边区银行共计发放农业贷款 9.97 亿余万元。1942 年发放农业贷款 500 万元。⑤ 1943 年 1 月 19 日,《解放日报》发表社论指出,"迅速发放农贷,使农贷发挥作用,这是今年农贷工

① 陕西边区财政经济史编写组、陕西档案馆编:《抗日战争时期陕甘宁边区财政经济史料摘编·总论》第 1 编,第 160 页。

② 黄正林:《陕甘宁边区乡村的经济与社会》,北京:人民出版社 2006 年版,第 71 页。

③《大量移民》,《解放日报》,1943 年 2 月 22 日,第 2 版。

④ 中国社会科学院经济研究所中国现代经济史组编:《革命根据地经济史料选编》下册,南昌:江西人民出版社 1986 年版,第 41 页。

⑤《中国经济发展史》编写组编:《中国经济发展史(1840—1849)》第 1 卷,上海:上海财经大学出版社 2016 版,第 320 页。

作中所应特别注意的",边区政府日前业已决定,"今年发放农业贷款二千零八十万元,其中耕牛贷款为一千四百八十万元,此项贷款限五天内全部交给各县承放,县政府于贷款到达之后,至迟须于一个月内全部发放完毕"①。此年农贷增加到 11 978 万元。②

　　边区同样实行了一系列奖励农民植棉的政策。毛泽东早在 1941 年就提出鼓励农民植棉的三项具体政策:一是愿种棉而无棉籽的,"由建设厅贱价卖给或借给,收了新籽之后还";二是"如果一亩地收不到十斤棉花,由政府弥补损失;如果十斤棉花的价钱少于种粮食收入的价钱,由政府赔偿,如果棉花卖不出去,由政府承买";三是三年以内,"棉田免收农业税或救国公粮"③。1944 年边区政府又进一步提出几项重要举措:"第一,切实执行边府三年免征公粮的命令,但已种三年的棉地应征收公粮,以平均负担。第二,新种棉地区,放农贷时应注意放款给种棉的农户,但已经推广能自给的区域,则不必以植棉户为贷款对象。第三,新植棉农户所需的棉籽,仍须由政府有计划的采买或卖给农户或贷给农户。第四,对于植棉有优良成绩的农户,应予以奖励,以发挥他的优良经验,来提高其他农户。"④上述措施有力地促进了边区棉花种植面积的增加,1939—1943 年,边区的植棉面积分别为 3 767 亩、15 177

---

① 延安《解放日报》,1943 年 1 月 19 日,第 1 版。

② 《中国经济发展史》编写组编:《中国经济发展史(1840—1849)》第 1 卷,上海:上海财经大学出版社 2016 版,第 320 页。

③ 陕甘宁边区财政经济史编写组、陕西省档案馆编:《抗日战争时期陕甘宁边区财政经济史料摘编·农业》第 2 编,西安:陕西人民出版社 1981 年版,第 585 页。

④ 高自立:《边区植棉发展概况及今后推广方向》,《解放日报》,1944 年 2 月 10 日,第 1 版。

亩、39 087 亩、94 405 亩、150 287 亩①，比 1939 年分别增加 303％、938％、2 406％、3 890％，可谓突飞猛进，有效保障了边区纺织业的发展，解决了人民穿衣的需要。

在中共中央、边区党和政府的引领下，边区的农业经济得到了很大的发展。从以下情况可见一斑：

解放战争时期的 1947 年，毛泽东、周恩来、任弼时率领"昆仑纵队"（中央机关的代号）转战陕北途中，曾在安塞县王家湾村居住 58 天。其间，这支队伍 300 多人的粮食和菜主要依靠这个只有 7 户人家、100 多居民的小村庄供应。据当年接待过毛泽东一行、时任王家湾行政村代表主任、1935 年入党的老党员高文秀回忆："那会子王家湾村是七户人家，一百多口人，能容下这么多人吃饭，你们想，要是俺们没有余粮咋能成？"另一位当时接待过一同转战的新华社副总编辑范长江等人的王家湾高川村的高长生则更回忆道："当年俺家一共八口人，有两头牛，三头驴，一百多只羊，两头肥猪一群鸡，一年打五六十石粮食，平均一人二千多斤，咋也吃不完。老范他们来的时候，俺家光余粮就存了三十石（一万多斤），腌的酸菜四五大缸。""养羊多，抓的羊毛也多，除了卖钱……穿得暖烘烘。还时常用粮换布，三升米换一尺老布。肉也多"。② 这就有力证明：当时边区生产力有了相当大的发展，一批个体农民摆脱了贫困，积淀起若干财富，过上了安居乐业的生活。中共中央、边区党和政府所实行的发展生产同时藏富于民的政策，为夺取抗日战争和随后发生的解放战争的胜利奠定了较厚实的物质基础。因之，抗战时

---

① 陕甘宁边区财政经济史编写组，陕西省档案馆编：《抗日战争时期陕甘宁边区财政经济史料摘编·农业》第 2 编，第 592—593 页。

② 胡国华等：《告别饥饿———一部尘封十八年的书稿》，北京：人民出版社 1999 年版，第 7—11 页。

期陕甘宁边区的土地政策对中国革命,中国社会政治、经济的发展,具有深远的价值。

第三节 合作经济

一、抗战时期中国共产党对合作经济的探索思考与新认知

(一)合作经济的性质

全面抗战时期,在中共中央、陕甘宁边区党和政府领导下,边区军民广泛开展互助合作,建立了包括农业、手工业、运输、信用、医药等领域生产、消费的多种多样的互助合作组织,多称为"合作社",参加人员包括普通民众、机关、部队、学校等机构成员,形成了一个声势浩大的群众性运动,作为边区经济活动的重要部分,有力地推动着边区建设事业的发展。这是中国共产党制度建设的又一重大创新。

互助合作经济,是在确认各自所有权的基础上互换劳动的行为,既非公营,也非私有,而是属于新民主主义经济范畴的集体经济组织。因参加者的不同而包含不同的类别。在边区,总体而言,首先是私有制特别是个体小农经济的延伸和发展。正如毛泽东所指出:我们的经济是新民主主义的,目前的合作社还是一种集体劳动组织,而不是社会主义的,是"经济上组织群众的最重要形式"①。

其次,公营单位的群众在集中领导下相互帮助、共同劳动,虽不冠以合作社之名,但这种用互相帮助、共同劳动的方法来解决物质需要的群众性生产活动,"带有合作社性质","是一种合作社"②。

---

① ② 毛泽东:《组织起来》(1943 年 11 月 29 日),《毛泽东选集》第三卷,第 931 页。

另外，公营单位与私人、广大群众合作经营，作为国营经济的辅助力量和联系群众的纽带。如边区政府文件所指出："在内部市场，国家商店有左右市场的经济力量，必须是主导力量，合作社则是它的主要助手；在分工上，国家商店数量有限，仅在主导市场才有据点，而合作社则普遍农村，国家商店经过合作社作为与广大群众结合的桥梁。合作社必须在国家商店指导下，进行收土产、供给日用品的业务，以调剂物资，调整物价。"①

因这些差异，这些不同类别的合作经济具备了不同的性质，但皆因"合作"形成的新组合，而成为新民主主义经济的组成部分，具有若干社会主义的因素和特点。

（二）重视合作经济的原因

中共中央、边区党和政府之所以重视和发展合作经济和事业，主要是基于以下的考量：

其一，中国共产党服膺的社会主义和共产主义的理念，强调要破除私有制、实行公有制。苏联所建立的集体农庄的合作制度，早就成为中国共产党的榜样，在土地革命战争时期，各苏区皆不同程度地实行过合作制度。1943年毛泽东指出，我国农民几千年来都是个体经济，这种分散的个体生产是封建统治的经济基础，是农民穷苦的根源所在，"克服这种状况的唯一办法，就是逐渐地集体化"，其唯一道路，就是"经过合作社"②。这种经济虽不改变生产资料所有权，生产成果也不归公有，但在一定程度上具有革命性质。毛泽东指出：边区的土地革命，"是第一个革命"，而实行劳动合作

---

① 陕甘宁边区财政经济史编写组、陕西省档案馆编：《抗日战争时期陕甘宁边区财政经济史料摘编·互助合作》第7辑，西安：陕西人民出版社1981年版，第130页。

② 毛泽东：《组织起来》（1943年11月29日），《毛泽东选集》第三卷，第931页。

互助,生产工具没有根本变化,"但人与人之间的生产关系变化了",因此,从土地改革到劳动互助,"是生产制度上的革命",这种办法,可行之于各个根据地,"将来可推行到全国,这在中国的经济史上也要大书特书的"①。实际上在毛泽东看来,与国营经济相结合的合作社经济已属于半社会主义性质。所以此时提倡互助合作经济,不啻也是新中国成立后社会主义革命的先声。

其二,发展边区经济。作为边区经济主体的个体小农经济极端落后,虽经过土地革命和减租减息消灭和削弱了封建剥削制度,解放发展了生产力,但这种落后状况未得根本改变,物质技术基础短时期内也不可能得到大的提高。在此情况下,互助合作能将生产要素重新配置,整合出的经济增长点,产生"一加一大于二"的效果,这是克服这一短板、推动农业生产力迅速发展的有效路径。1943年10月毛泽东曾撰文指出:用合作社方式,"把公私劳动力组织起来,发动了群众生产的积极性,提高了劳动效率,大大发展了生产",这是边区的一个革命。②"如果全边区的劳动力都组织在集体互助的劳动组织之中,全边区一千四百万亩耕地的收获就会增加一倍以上"③。他将此与土地革命的功效并列,认为"减租提高了农民生产兴趣,劳动互助提高了农业劳动的生产率"④。强调"这是人民群众得到解放的必由之路,由穷苦变富裕的必由之路,也是抗

---

① 毛泽东:《切实执行十大政策》(1943年10月14日),中共中央文献研究室编:《毛泽东文集》第3卷,第70、71页。

② 毛泽东:《毛泽东选集》,哈尔滨:东北书店出版社1948年版,第889页。

③ 毛泽东:《切实执行十大政策》(1943年10月14日),《毛泽东文集》第3卷,第70—71页。

④ 毛泽东:《必须学会做经济工作》(1945年1月10日),《毛泽东选集》第三卷,第1016—1017页。

战胜利的必由之路"①。

其三，落实群众路线的好形式。中国共产党认为合作社的性质是为群众服务，要处处想到群众，为群众打算，"把群众放在第一位"，始终实行"从群众中来，到群众中去"②。根据地在经济上组织群众的最重要的形式是各种合作社，合作社不仅"可以把群众的力量组织成为一支劳动大军"③，更可以以经济的互助合作为入口，带动农村社会的全面改造，"不但生产量大增，各种创造都出来了，政治也会进步，文化也会提高，卫生也会讲究，流氓也会改造，风俗也会改变"④。因此毛泽东高度重视互助合作问题，要求通过互助合作来开展经济、文化、卫生运动。在组织管理上，则实行由群众自我组织、自我提高的民主制度。

其四，在全面抗战背景下，边区互助合作经济还具有推进抗日民族统一战线的重要意义。1944 年 7 月 4 日，延安《解放日报》社论指出："合作社是统一战线的性质，所有农民、工人、地主、资本家都可以参加。"⑤中共中央西北局也明确指出，"合作社是在私有制财产基础上，各阶层人民大众联合经营的文化的卫生的社会公益事业的组织"，对所有愿意参加合作社热心边区事业的人，"不是拒绝，而是欢迎"，"对贸易有经验的商人，和对地方事业热心的士绅，更在欢迎之列"⑥。因此，发展合作经济有利于团结各个阶层，促进

① ③《组织起来》（1943 年 11 月 29 日），《毛泽东选集》第三卷，第 932 页。

② 毛泽东：《毛泽东选集》，第 891 页。

④ 毛泽东：《必须学会做经济工作》（1945 年 1 月 10 日），《毛泽东选集》第三卷，第 1017 页。

⑤ 陕西宁边区财政经济史编写组、陕西省档案馆编：《抗日战争时期陕甘宁边区财政经济史料摘编·互助合作》第 7 辑，第 52 页。

⑥ 甘肃省社会科学院历史研究室编：《陕甘革命根据地史料选辑》第 2 辑，兰州：甘肃人民出版社 1983 年版，第 507 页。

抗战事业的发展。

可以说,抗战时期,是中国共产党对互助合作的认知真正发轫和深化的阶段。

（三）发展合作经济的主要阶段

边区互助合作经济开展较早,土地革命时期就已建有一些农业互助劳动组织和消费合作社。但一是数量少,二是范围小,其三多非群众自发而是政治、行政行为,对边区经济不起实质性的作用。

抗战时期特别是 1939 年以后,边区互助合作经济才有了真正的大发展,这是中共中央、边区党和政府对促进边区合作事业的发展不遗余力努力,在实践过程中不断调适、深化认识、纠正偏差的结果。边区合作事业的发展因之经历了几个阶段。

1937—1941 年,合作社带有"官办"性质。1939 年以前,各地合作社通常是以公家的股金为基础,具有公营性质,多为县、区政府的公营商店,其事业主要不是面向群众,而是帮助政府解决经费问题,"这是第一阶段"。1939 年开始提出"合作社要群众化"口号,但主要做法还是采用扩大群众股金摊派的旧有方式,各合作社工作人员等同公务员,"群众看不到合作社对自己有多大的利益,反而增加了群众的劳力负担"。1940 年起各地政府生产自给任务增加,不少政府机关参与合作社,此时合作社的大股社员主要是政府机关,而对群众利益更少有顾及,这是第二阶段。总之,这一时期,合作社"真正好的很少"①。

---

① ［英］根舍・斯坦因著,李凤鸣译:《红色中国的挑战》,北京:新华出版社 1987 年版,第218 页。

1941 年开始到 1942 年,合作社由"官办"走向"民办官助"。1942 年 1 月,边区政府建设厅根据延安南区合作社经验,提出"民办官助"方针,各地合作社开始取消摊派入股方式,摸索、创造与群众利益相关的新的办社办法。1942 年,中共中央西北局高干会议后,推广延安南区合作社的经验,边区合作事业进入蓬勃发展阶段,这一时期虽然社员人数因可以自由退股而有所减少,但股金却大幅增加,"仅仅在十个月中,股金却突增五百余万,事业也发展了",合作社在组织群众、减免中间剥削和发展人民经济方面,发挥了相当大的作用,"这是第三阶段","边区合作社事业才一般地开始走上了正轨"①。

1943 年—1944 年 6 月,各种合作社蓬勃发展,组织和经营水平也有很大提高。1944 年 7 月到抗战胜利,为克服因物价波动的困难,合作社进行了新的整顿。

从经营范围看,边区合作领域则有农业、运输业、手工业、消费和信用等各种专门合作社及综合性合作社。各种类型合作社各有特点,对边区经济发展各自发挥特殊重要作用。

管理方式上,主要依托行政系统对各类合作社实行管理,1939 年 10 月边区合作社第一次代表大会通过的章程规定:以村为单位,10 人以上者组织社员小组,设组长 1 人;以行政村为单位选举代表,社员 20 人以内选举代表 1 人,由代表管理各村小组长。每区、每县建立区单位社、县联社,分别以社员代表大会为最高权力组织,社内设有社务会、理事会、监事会。

① 杨德寿主编:《中国供销合作社史料选编》第 2 辑,北京:中国财政经济出版社 1990 版,第 311 页。

二、农业互助合作

(一) 历史渊源

农业生产领域的互助合作,是边区合作事业的主体。毛泽东曾指出,"应确定以农业为第一位,工业、手工业、运输业与畜牧业为第二位,商业则放在第三位"[①]。这是由边区经济构成主要是农业,且技术落后又地广人稀、许多地方劳动力严重不足的状况所决定的。边区民间一直存在农业生产上的互助合作,历史悠久。一些互助劳动形式,如以农户之间将人力和畜力相互交换、调剂使用为特点的各种形式"变工"("搭工""换工""插工"),组织起来集体出雇短工的"轧工"("扎工")[②],以锄草为主要业务的"唐将班子"[③],农户之间为耕作方便相互交换、调剂土地使用的"兑地"("换地")等等[④],参加者多为宗族成员、亲友熟人,缺乏正规严格的管理。土地革命战争时期,陕北、陕甘根据地苏维埃政府曾根据江西的经验组织过若干农业劳动组织,但受战事和政治等因素牵掣,这些组织"除'代耕队'外,都不起什么作用"[⑤]。

(二) 初步发展

1935 年 11 月中共中央长征到陕北立足未久,即颁布了《发展合作社大纲》,号召发展合作事业。全面抗战爆发以后,在新民主

---

① 毛泽东:《经济问题与财政问题(节选)》(1942 年 12 月),《毛泽东文集》第 2 卷,第 462 页。

② 陕甘宁边区财政经济史编写组、陕西省档案馆编:《抗日战争时期陕甘宁边区财政经济史料摘编·互助合作》第 7 编,第 13 页。

③④ 陕甘宁边区财政经济史编写组、陕西省档案馆编:《抗日战争时期陕甘宁边区财政经济史料摘编·互助合作》第 7 编,第 18 页。

⑤ 陕甘宁边区财政经济史编写组、陕西省档案馆编:《抗日战争时期陕甘宁边区财政经济史料摘编·互助合作》第 7 编,第 22—23 页。

主义建设方针引领下，边区农业生产逐渐回升，相应地劳动力严重不足的矛盾也日益突出。边区政府遂沿用土地革命时期组织"劳动互助社"等强制办法加以解决，但因由政府包办，依靠行政命令建立，而不是出于农民自愿，故而收效甚微，陆续消亡。

"城中桃李愁风雨，春在溪头荠菜花。"与"官办"合作组织状况相反，边区一些地区依照生产特点的民间旧有的各种农业劳动互助却暗中继续自发兴起，取得了显著成效。如延安县为完成1942年开荒8万亩的任务，曾组织扎工，在三分之一的时间就完成了85％。[①] 但这只是个别地区的情况，并未引起多数干部的重视而得到推行。

抗战进入相持阶段以后，伴随着日益严峻的经济形势，中国共产党明确提出了"发展经济，保障供给"的总方针，更将发展农业生产作为边区第一位的工作。相应地，组织劳动力也就成为发展边区农业生产的关键，毛泽东在1942年11月至1943年1月召开的中共中央西北局高干会议上发表的《抗日时期的经济问题与财政问题》充分肯定和提倡延安县的"劳动互助"，指出："在一村之内，或几村之间，不但每一农家孤立地自己替自己耕种土地，而且于农忙时实行互相帮助。例如以自愿的五家六家或七家八家为一组，有劳动力的出劳动力，有畜力的出畜力，多的多出，少的少出……秋后结账……这个办法叫做劳动互助"，"人口密集的乡村，还可集合多少互助组为一互助社"，"在必要与可能时，社与社之间亦可有些调剂。这就是农民群众的劳动合作社，效率极大"，"我们应大大提倡"，"在全边区普遍地实行起来"，毛泽东号召，"各县应以大力

---

① 陕甘宁边区财政经济史编写组、陕西省档案馆编：《抗日战争时期陕甘宁边区财政经济史料摘编·互助合作》第7编，第24页。

组织劳动互助,大大地发展农民的集体劳动"①。

（三）进一步完善与发展

中共中央西北局高干会议以后,中共中央、边区党和政府进一步积极倡导发展农业生产互助合作。

延安《解放日报》1943 年 1 月 25 日发表的社论,提出完成农业生产任务的有效办法之一"就是实行劳动互助"。边区农村的 30多万个全劳动力以及 30 多万个半劳动力,"这六七十万人,只要组织起来,便是一支雄健的生产大军,便能发出雄厚无比的力量",强调"互助的集体的生产组织形式,可以节省劳动力,集体劳动强过单独劳动"②。

同年 10 月 1 日,毛泽东在为中共中央起草党内指示时指出:"在目前条件下,发展生产的中心关节是组织劳动力。"③

10 月 14 日,在中共中央西北局高干会议上,毛泽东又特别讲了组织劳动力问题,要求部队、机关、学校等大力组织互助,甚至提出"一个连队就可以作为一个合作社的形式"④。

11 月 29 日,毛泽东发表《组织起来》讲话时进一步指出:"把群众力量组织起来,这是一种方针",要"把一切老百姓的力量、一切部队机关学校的力量、一切男女老少的全劳动力半劳动力,只要是可能的,就要毫无例外地动员起来,组织起来",而组织群众最重要方式就是合作社,认为如果我们有了人民群众的这四种合作社(即农业、手工业、运输即运盐队、消费等综合性合作社——作者注),

---

① 毛泽东:《毛泽东选集》,第 771—773 页。

②《把劳动力组织起来》,《解放日报》,1943 年 1 月 25 日,第 1 版。

③ 毛泽东:《开展根据地的减租、生产和拥政爱民运动》(1943 年 10 月 1 日),《毛泽东选集》第三卷,第 912 页。

④ 毛泽东:《切实执行十大政策》(1943 年 10 月 14 日),《毛泽东文集》第 3 卷,第 71 页。

和部队、机关、学校集体劳动的合作社，就可以把群众力量组织成为一支劳动大军。①

同时，中共中央又总结了正反经验和教训，确立了农业互助合作必须贯彻尊重群众意愿、不得强迫、耐心说服、典型示范、以"民办"为核心、"民办公助"、公私两利，兼顾政府、合作社、人民三者公私的利益、个人与集体的利益，"统一领导，分散经营"等原则。其中的核心是"自愿"原则。毛泽东说："只要是群众自愿参加（决不能强迫）的集体互助组织，就是好的"②，只要不是强迫命令，而是耐心说服、典型示范，"几年之内，就可能使大多数农民都组织在农业生产的和手工业生产的互助团体里面"③。与自愿紧密关联的是要实行"等价"原则，在 1943 年 10 月 1 日的指示中称各根据地应"在自愿和等价的原则下，把劳动力和半劳动力组织起来"④。等价意味着经济上平等互利，如此，才能确保"自愿"的真正落实。

（四）特点

在中国共产党和边区政府的高度重视、积极倡导、周密擘画下，陕甘宁边区劳动互助蓬勃发展，1943 年起，掀起了农业互助合作运动的新高潮。

首先是规模大，范围广，参加者人数众多。仅 1943 年，春耕有 10%—15%，夏锄有 40%，秋收有 30%左右的农村劳力参加了各种形式的劳动互助。边区共计有完全劳动力 338 760 个，参加劳动合

---

① 毛泽东：《组织起来》（1943 年 11 月 29 日），《毛泽东选集》第三卷，第 928—932 页。

② 毛泽东：《组织起来》（1943 年 11 月 29 日），《毛泽东选集》第三卷，第 931 页。

③ 毛泽东：《必须学会做经济工作》（1945 年 1 月 10 日），《毛泽东选集》第三卷，第 1017 页。

④ 毛泽东：《开展根据地的减租、生产和拥政爱民运动》（1943 年 10 月 1 日），《毛泽东选集》第三卷，第 912 页。

作社等合作组织的已有 81 128 个,占 24％。① 是年春耕,仅关中、陇东和延属(缺一县数据)三个分区共计组织了 4 588 个变工队,参加的劳动力 32 081 人。扎工和"唐将班子"553 个,参加的劳动力 5 919 人。集体开荒队 75 队,参加的劳动力 1 365 人。在上述各分区中,有组织的劳动力的数目在全部农业劳动力的数目中所占比例,关中分区为 36％,陇东分区为 20％,延属分区为 15％以上。② 各县具体发展也相当迅速。据估计,1943 年边区各种劳动互助组织比较过去至少有了 4—5 倍的发展。③ 1944 年有更多的劳动力组织在各种劳动互助组中,如新正县马栏区达 72％,赤水县四区三乡占 73％,绥德分区模范村郝家桥为 88％。安塞魏家塔村的 77 个劳动力全部参加长年变工。④

　　其次,参加互助合作的农民,除全劳动力,还有各种半劳动力。除本地农民,还有许多外来者、商人等非农民群体。

　　其三,此时互助合作已经具有了全新的性质和特征。与边区民间旧有的劳动互助相比,新的劳动互助组织是在中国共产党和人民政权的领导和组织下、消灭或减轻了封建剥削的条件下建立、发展的,虽然农民仍然保存着生产活动和生产资料上的各种私有权,但这种"建筑在个体经济基础上的集体劳动"⑤,已成为新民主

① 史敬棠:《中国农业合作化史料》上册,上海:三联出版社 1957 年版,第 257 页。

② 陕甘宁边区财政经济史编写组、陕西省档案馆编:《抗日战争时期陕甘宁边区财政经济史料摘编·互助合作》第 7 编,第 25—27 页。

③ 陕甘宁边区财政经济史编写组、陕西省档案馆编:《抗日战争时期陕甘宁边区财政经济史料摘编·互助合作》第 7 编,第 40—41 页。

④ 黄正林:《抗战时期陕甘宁边区农业劳动力资源的整合》,《中国农史》2004 年第 1 期,第 61 页。

⑤ 陕甘宁边区财政经济史编写组、陕西省档案馆编:《抗日战争时期陕甘宁边区财政经济史料摘编·农业》第 2 编,第 405 页。

主义经济的重要部分。劳动互助不再限于宗族亲友之间,取消了旧时的包工头、领头等的剥削、压迫,开始有了民主推选的领头人,采取较公平合理的劳动计算办法,以及较严密的组织、纪律等,改变了以往自由散漫的状况;互助的范围也不断拓展,还将生产和拥军拥政、自卫动员、文化教育等联系起来。

其四,领导、组织工作认真细致,特别是遵循自愿原则。中共中央西北局在总结 1943 年边区劳动互助经验时进一步指出:"一年的经验证明,我们所必须遵守的第一条原则是根据群众的自愿。""凡是这样组织起来的劳动互助就能提高生产,它才是巩固的","所以它们收到了伟大的成绩"①。

(五)成效

经上下齐心共同努力下,边区的农业生产劳动互助合作取得了显著成效,激发了农民生产积极性,更"提高了农业劳动的生产率"②。从 1937 年到 1943 年,边区粮食总产量由 126 万石增至 181 万石,除保证当年消费,尚有 21 万石余粮。③ 农民收入、生活水平也有一定程度上的提高。1938 年至 1943 年,边区粮食消费由每人 0.87 石增至 0.9 石,布匹消费由每人 1.91 丈增至 3 丈。④ 延安县裴庆乡 1943 年全乡人口比 1938 年增加了 297 人,人均粮食消费反

① 陕甘宁边区财政经济史编写组、陕西省档案馆编:《抗日战争时期陕甘宁边区财政经济史料摘编·互助合作》第 7 编,第 51—52 页。

② 毛泽东:《必须学会做经济工作》(1945 年 1 月 10 日),《毛泽东选集》第三卷,第 1017 页。

③ 陕甘宁边区财政经济史编写组、陕西省档案馆编:《抗日战争时期陕甘宁边区财政经济史料摘编·总论》第 1 编,西安:陕西人民出版社 1981 年版,第 76—84 页。

④ 陕甘宁边区财政经济史编写组、陕西省档案馆编:《抗日战争时期陕甘宁边区财政经济史料摘编·人民生活》第 9 编,西安:陕西人民出版社 1981 年版,第 136 页。

增了0.28石。① 对此毛泽东高度评价："边区的生产,可以说是走上了轨道",军民两方"都做到丰衣足食","都欢喜",而这一切"都是实行把群众力量组织起来的结果"②。此外在政治动员、社会改造、文化教育、巩固和发展抗日民族统一战线等方面也发挥了重要作用。

三、手工业生产合作社

（一）发轫

抗战期间边区还建立了众多的手工业生产合作社。

边区工业极端落后,已有的公营工厂数量少,规模小,产品主要供应部队和党政机关。为了实现生产自给、满足军民日常生活的基本需要,党和边区政府一直重视发展手工业生产和手工业合作。中共中央西北局强调:要达到工业品全部自给,任务巨大,仅靠公营工厂很难完成,必须有计划地发展合作社和民营工业。1937年秋曾在延安建立过"工人合作社"(后改名"延安工人合作社联合社"),但至1939年因敌机轰炸等原因而受到严重挫折。

1939年4月,在国际友人、中国工业合作社国际促进委员会成员路易·艾黎的帮助下,中国工业合作协会西北区成立中国工合延安事务所,拨款2万元,推广工业合作,生产日用必需品(为手工业产品)等,边区财政厅代理厅长曹菊如任主任,边区银行具体负责,将工人合作社的被服、制鞋两个生产部门改组为延安被服工业合作社和延安鞋靴工业合作社。到1939年冬,边区已经建立10个

---

① 陕甘宁边区财政经济史编写组、陕西省档案馆编:《抗日战争时期陕甘宁边区财政经济史料摘编·农业》第2编,第382页。
② 毛泽东:《组织起来》(1943年11月29日),《毛泽东选集》第3卷,第930页。

工业生产合作社,股金发展至 11 215 元,生产总值全年约 50 000 元。① 这是边区手工业生产合作社的初创时期。

随着抗战相持阶段到来,边区物资供应更加困难。发展边区手工业生产成为更加紧迫的任务。边区党和政府更加深刻地认识到,"在边区的客观条件下,发展手工业的最好组织形式是生产合作社"②,号召广泛建立和发展手工业生产合作社。1939 年 10 月,边区政府制定发展生产合作社,以生产合作方法组织广大群众的人力和资金普遍发展手工业,以求得战时工业品的自给自足的基本方针。1940 年,建设厅颁布了《生产合作社组织办法纲要》,要求边区各县积极组织各种生产合作社,发展手工业、原料开采、加工制造等,"以应需要"。

(二) 发展

在党和政府的大力推动下,边区手工业生产合作社由此走向蓬勃发展的新阶段。1940 年,生产合作社达 17 个,股金发展至 64 087 元,每月平均生产总值达 34 470.4 元。进入 1941 年,在大生产运动的驱动下,生产合作社的数量、股金、产量都有很大增加。1941 年 6 月底,全边区已有纺织、服装、食品、化学四类生产合作社共计 30 个。其中纺织类 22 个,包括毛织社 2 个、棉毛纺织社 19 个、丝织社 1 个;服装类 5 个,计被服社 1 个,鞋社 2 个,制毡社 1 个,皮毛社 1 个;食品类 2 个,计榨油社、面粉社各 1 个;化学类瓷窑社 1 个。共有股金 613 117 元(内有应收而未收股金 168 000 元),政府贷款 198 870 元(系指经工合贷出的长期贷款,各社在当地临

---

① 陕甘宁边区财政经济史编写组、陕西省档案馆编:《抗日战争时期陕甘宁边区财政经济史料摘编·互助合作》第 7 编,第 190 页。

② 陕甘宁边区财政经济史编写组、陕西省档案馆编:《抗日战争时期陕甘宁边区财政经济史料摘编·互助合作》第 7 编,第 189 页。

时周转借款约 50 000 元未计算在内),合计资金共 811 987 元;其全部财产"如以现在市价盘存,再加上利用之旧房产,约值一百五十万元"。参加生产的社员约 300 人,只入股不参加生产的社员约在 20 万人以上,分布在延安及各县。①

1942 年起,边区手工业合作社更有长足发展,10 月达 50 个,员工增至 563 人,股金增至 2 491 600 元,每月生产总值增至 230 万余元。② 1943 年有各种生产合作社 56 个,1944 年增至 114 个,1945 年更多达 235 个。③ 机关学校也建立了一些手工合作社。1944 年 3 月,延安大学学员工业合作社共有社员 844 人,股金 1 755 760 元,包括 1 个木工厂,1 个缝衣厂,1 个纺织厂及 11 个纺织组。④

手工业生产合作社成为边区公营工业重要的辅助力量,在边区财政、经济中占据相当重要的地位。

(三)重点

手工业生产合作社发展的重点在纺织业。边区原先的纺织业基础十分薄弱,近代以来更是饱受摧残。1938 年前,因需解决吃饭这一更紧迫的问题,边区军民用布均靠外界输入。但从 1939 年开始,因经济封锁导致流入的布匹不断减少,价格飞涨,造成绝大部分农民穿衣困难。为解决这一最基本的需求,边区党和政府高度重视发展纺织业,路径是利用民间劳动力和边区原有的纺织业的

---

① 陕甘宁边区财政经济史编写组、陕西省档案馆编:《抗日战争时期陕甘宁边区财政经济史料摘编·互助合作》第 7 编,第 190—191 页。

② 陕甘宁边区财政经济史编写组、陕西省档案馆编:《抗日战争时期陕甘宁边区财政经济史料摘编·互助合作》第 7 编,第 191 页。

③ 陕甘宁边区财政经济史编写组、陕西省档案馆编:《抗日战争时期陕甘宁边区财政经济史料摘编·工业交通》第 3 编,西安:陕西人民出版社 1981 年版,第 483—486 页。

④ 陕甘宁边区财政经济史编写组、陕西省档案馆编:《抗日战争时期陕甘宁边区财政经济史料摘编·互助合作》第 7 编,第 515 页。

基础,广泛组织纺织生产合作社,发展民间纺织业。1938 年秋,民政厅首设难民纺织厂,随后边区各县市纷纷组织纺织生产合作社,到 1939 年上半年,各地已有纺织生产合作社 110 个,社员总计 9 547 人。1940 年,边区政府颁布《生产合作社组织办法纲要》,规定:每乡组织一个纺织生产合作社,同乡妇女不论年龄大小,凡会纺纱或愿意学习纺纱、织布的,都应动员其参加。[①] 1942 年,毛泽东在中共中央西北局高干会议上发出了"为全面自给老百姓、军队及公务人员需用的二十五万匹大布而奋斗"的号召。[②] 边区合作社联席会议为此决议:"大家都学纺纱织布,纺好纱织好布……组织三十万人纺织,实现穿衣自给。"[③]

在纺织合作运动的驱动下,边区涌现出千家万户纺棉花的热潮。亲历这一场面的文艺工作者创作的《纺棉花》生动地描绘了这一兴旺景象:"太阳出来磨盘大,你我都来纺棉花。棉卷儿紧紧地捏在手,线线儿不断的往外拉。""你说我纺呀纺得快,我说你纺得也不差。两人纺线车两架,一天就纺出了二斤花。""双手来把筐子挎,去到集镇送棉纱。一送那就送到合作社,合作社好比咱群众的家。""纺呀纺呀、纺呀纺呀,村子里家家都纺棉花。"1944 年边区有纺纱妇女 152 645 人,纺车 145 683 架,纺纱 166 020.30 斤;织布妇女 60 548 人,织机 23 095 架,织布114 497大匹[④],无论是办社数量、

① 陕甘宁边区财政经济史编写组、陕西省档案馆编:《抗日战争时期陕甘宁边区财政经济史料摘编·互助合作》第 7 编,第 186—187 页。

② 陕甘宁边区财政经济史编写组、陕西省档案馆编:《抗日战争时期陕甘宁边区财政经济史料摘编·互助合作》第 7 编,第 207 页。

③ 陕西省档案馆、陕西省社会科学院编:《陕甘宁边区政府文件选编》第 8 辑,第276 页。

④ 陕甘宁边区财政经济史编写组、陕西省档案馆编:《抗日战争时期陕甘宁边区财政经济史料摘编》第 7 编,第 208 页。

形式、从业人数、纺织能力、产量等等皆达到了前所未有的高峰。边区的经验也被其他解放区汲取。如太行根据地的涉县 1940 年前妇女纺花皆用手捻,效率低下。根据邓小平的指示,县政府引进推广了边区的纺花车和技术,极大提高了妇女的纺花效率。

(四)组织结构

边区手工业生产合作社的组织形式通常有三种:一是社员集资加工生产,出股金者不参加生产,参加生产者不出股金。二是社员既筹集资金,又参与生产。三是混合形式,部分社员既参加生产又出股金,但绝大部分资金是由不参加生产的社员缴纳,这种形式是边区手工业生产合作社的最主要形式,占总数 70% 以上。[①]

管理机构多由社员大会和工会组成,社员大会下设监事会和理事会,理事会设材料、工务、总务、会计等科;工会则设俱乐部、组织股、宣传股、估价委员会、劳动保护股等机构。干部由社员选举。实行工资制度,学徒、女工、男工同工同酬。1939 年一般采取津贴制,除供给衣食医药费外,月发 3.5 元、5 元、20 元不等津贴。1940 年改成计件和分红混合制。1941 年规模较大的社又实行了累进工资制,这进一步激发了社员生产技术和劳动热情的提高。1943 年南区纺织社采用分红制,资本、劳力折价入股,按股分红,使得分配更加合理。

在宏观上,如前所述,边区政府更注重依托行政体系进行构建和领导,同样通常以乡为单位进行管理。

---

① 陕甘宁边区财政经济史编写组、陕西省档案馆编:《抗日战争时期陕甘宁边区财政经济史料摘编·工业交通》第 3 编,第 515 页。

前述《生产合作社组织办法纲要》,规定每乡组织一纺织生产合作社,按自然村编组,3 人以上为一组,但最多不超过 20 人,选其中 1 人为组长具体负责。以乡为单位召开组长会议,推选理事 3 人,监事 3 人,分别组建理事会和监事会,管理和监察合作社一切事务。参加纺织生产合作社的社员,每人最低限度应认缴社股 1 股(每股 5 角)。特别困难者经理事会许可,可在其将来生产的纱价内分次扣抵。社员纺纱的棉、毛等原料及纺车,以自给为原则,特别困难者可向合作社申请借用,但价值超过 1 元即须按月生息(按当地最低利率取息,最多不得超过 2 分)。社员所生产的毛线或棉纱除自用以外,一律交合作社外销或交联合社织布,不得私自出卖。每县有两个纺织合作社组织成立并开始纺纱以后,应该联合生产。打盐、挖药、制粉、挖煤、造粉笔、榨油、烧瓷等手工业合作社则"要按社员及出产原料地分布情形"灵活设立,每个社员至少须认缴社股 1 股(每股 1 元),基本采取集中生产、统一经营的办法。手工业生产合作社盈余提取 10%公益金、40%公积金外,其余按劳动量与股金比例进行分配。①

随着管理的不断完善,边区手工业生产合作社发展更加兴盛。到抗战胜利前,各类生产合作社多达 235 个,遍及全边区,涉及纺织业 90 个,缝纫服装 68 个,食品业 48 个,化学业 11 个,水泥木工 10 个,铁铺修理所 6 个,矿产业 2 个,职工总数达 5 601 人,包括各界成员。对打破经济封锁,实现边区日用生活品自给发挥了十分重要的作用,被称作边区"全面的经济文化建设的杠杆"②。

---

① 陕甘宁边区财政经济史编写组、陕西省档案馆编:《抗日战争时期陕甘宁边区财政经济史料摘编·互助合作》第 7 编,第 186—187 页。

② 甘肃省社会科学院历史研究室编:《陕甘革命根据地史料选辑》第 2 辑,第 508 页。

四、交通运输合作社

(一)催生

边区地处黄土高原,地理环境复杂,生产力低下,战乱频仍,设施窳劣,致使长期以来交通运输业十分落后,"这个区域内,运输工具,唯一依靠的是牲畜,而牲畜中又唯一主要的是毛驴子"①。从业者主要包括"长脚""短脚""农户脚""区外长脚"等一些个体运输户,统称为"脚户"。

边区政府为适应敌后抗战和边区经济建设需要,每年必须完成食盐、公粮、工业原料等物资运输的任务,包括:出口公粮30万驮,调剂粮25万驮,每次往返时间4天左右;盐25万驮(每驮150斤),平均往返时间20天左右,故而十分重视运输事业的发展。随着抗战相持阶段到来、边区经济形势恶化,提高运输能力、加大物资运输尤为重要。边区政府就此明确指出:发展边区交通运输事业,提高运输力量,这是"发展边区经济,保障抗战供给的前提"。其中食盐生产和运销又是中心任务:"食盐是边区最大富源之一,对于边区的财政收入及国民经济的发展都占有主要地位,其作用甚为重要,是发展边区经济,平衡出入口贸易,稳定金融物价主要因素之一。"②毛泽东1941年8月6日给谢觉哉的信中把发展经济和平衡出入口作为边区财经问题的两个"决定点",强调首先是发展农、盐、工、畜、商各业主要的私人经济与部分公营经济,然后是向境外输出3 000万元以上物产,交换3 000万元的必需品,以达出

---

① 陕西省档案馆、陕西省社会科学院编:《陕甘宁边区政府文件选编》第2辑,北京:档案出版社1987年版,第432页。
② 陕甘宁边区财政经济史编写组、陕西省档案馆编:《抗日战争时期陕甘宁边区财政经济史料摘编·互助合作》第7编,第253页。

入平衡或争取尽可能多的出超,"只要此两点解决,一切问题都解决了"①。故明确边区运输中心,"运盐为主,运货次之"②。

但由于公营运输条件尚不充分,遂只能主要依靠民间运输力量。个体脚户成为运输的主力。据统计,在1939年7月至1940年8月的12个月中,延安、甘泉、固临、安塞、志丹、延安市等10多个县市仅运送公粮就动员牲口19 720头。③但民间旧有运输组织规模有限,效率低,远不能满足边区军民日益增长的需求,曾导致1940年盐荒的发生。为此,中共中央和边政府区被迫实行了"官督民运"的强制运盐政策:"第一,农暇必须去,非去不行;第二,公盐六万驮,不但今年,明年还是必须的。"④中共中央西北局1941年5月做出《关于运销食盐的决定》规定:从边区到乡各级都要成立食盐运销委员会,边区一级运销委员会主任由边区中央局书记高岗担任,军队负责人为各路运销司令;县、区、乡、村四级分别成立运盐总队、大队、小队、组,均由党或政正职干部亲自领导。5月10日,边区政府成立食盐督运委员会,高岗为委员长,高岗、萧劲光、叶季壮、高自立、朱理治等5人为委员,拟定食盐督运的相关规定,明确边区成年男子皆有运输食盐的义务,除边区一级外,各分区、县皆成立督运委员会,区、乡基层则组织运输大队,以确保完成本区域担负的运输任务。5月26日,陕甘宁边区政府发出《陕甘宁边区政府为动员边区人民运销六十万驮食盐的决定》,并指出此举意

---

① 毛泽东:《致谢觉哉》(1941年8月6日),《毛泽东书信选集》,第176页。
② 陕甘宁边区财政经济史编写组、陕西省档案馆编:《抗日战争时期陕甘宁边区财政经济史料摘编·互助合作》第7编,第253页。
③ 陕西省档案馆、陕西省社会科学院编:《陕甘宁边区政府文件选编》第2辑,北京:档案出版社1987年版,第432页。
④ 毛泽东:《致谢觉哉》(1941年8月6日),《毛泽东书信选集》,第187—188页。

义,号召人民将此作为直接的抗战工作和应尽的职责来完成。

应该说,督运措施实施对于增加食盐运销作用显著,边区政府对参运民众也十分体恤,上述《陕甘宁边区政府为动员边区人民运销六十万驮食盐的决定》规定,运销所得的 9/10 归运盐者,政府只得 1/10。[①] 1941 年 6 月,边区政府出台的《运销食盐补充办法》提出要爱惜人力、畜力,各项措施十分周详。但是由于基本是强制,一些地方宣传不到位,造成群众对督运制度和食盐运输缺乏了解,甚至产生负面情绪,视为畏途,"当男子起身运盐时,婆姨送给馍馍、鞋子,伤心的很,以为'永生不能见面了',因之赶脚的人情绪也不高,故意压坏牲口跌死牲口不去运盐,形成对边区运输业发展的障碍"[②]。

可见,与边区抗战和社会经济建设形势和要求相比,已有的运输形式和运输力量显然远远不能满足需要,发展运输合作事业势在必行。为了推动边区运输合作事业的发展,边区党和政府先后制定、出台了一系列重要政策:

1941 年 12 月 15 日边区政府颁布"运输合作社组织办法大纲",要求各地普遍组织人民运输合作社,以保证政府按期收到公盐、公粮并便利人民运输,避免浪费和损失,提高运输能力,保障抗战运输需要,有利边区经济发展。其性质为营业性,因此边区政府规定,无论社员与否,凡委托合作社运输公盐或粮食者,均应按规定缴纳运输费用。[③]

---

① 陕西省档案馆编:《陕甘宁边区政府大事记》,第105 页。
② 陕甘宁边区财政经济史编写组、陕西省档案馆编:《抗日战争时期陕甘宁边区财政经济史料摘编·互助合作》第 7 编,第 252 页。
③ 陕西省档案馆编:《陕甘宁边区政府大事记》,第 127—128 页。

（二）发展

边区运输合作事业发展的一个重要转折点是 1942 年底召开的中共中央西北局高干会议。会议检讨了历年边区盐业政策，毛泽东就此在会上发表了重要讲话，明确指出增强边区运输的关键在于发展合作运输，通过宣传，让群众自愿入股，组织运输合作社及运输队，但必须建筑在为社员谋利益的基础上，"否则是一定要失败的"[①]。根据会议精神，边区政府成立了隶属于建设厅的交通运输局，各分区成立分局，以加强对交通运输事业、组织和开展交通运输的互助合作的领导。除利用和发展民间旧有形式，还重点发展新型运输合作组织。

（三）组织管理

新型运输合作组织的具体形式有：消费合作社下的运输队；以自然村、行政村或区乡为单位，目的在替多数农户完成一般运盐任务的独立的合作运输队（社）；综合社下的运输合作社，实行独立经营、独立核算，根据盈利状况分红，不与其他属下单位混淆；公私合作运输队，即由机关、部队、学校等"公家"以单位牲口参入合作社，或者与私人"脚户"合作运营。其中又以综合社下的运输合作社形式最为完善，发展最为迅速。不论何种形式的互助合作组织，均严格遵循中央规定、毛泽东反复强调的"群众自愿"原则，不得强迫命令，但不论公私合作还是民间合作，"都是受党和政府的领导与支持"[②]。

1943 年 8 月 14 日，边区政府颁布运输合作社的奖惩规定，对以下合作社予以政府奖助：1. 运盐为经常的主要业务；2. 运盐不

---

① 毛泽东：《毛泽东选集》，第 804—805 页。

② 高自立：《运输合作检讨》，《解放日报》，1943 年 9 月 23 日，第 2 版。

走私;3. 运输路线受盐业公司的调动。而运盐走私者;故意损伤合作社牲口及财产,或故意使营业亏损者;贪污浪费、假公济私者;消极怠工,使合作社受损失者,将受到政府惩处。

1943 年 10 月,边区政府又发布指示,允许各分区提前征收和利用公盐代金,助力运输合作发展,指出正确利用公盐代金,是发展运输合作、提升运输能力的好办法,并提出了各项具体要求。

为保障合作社的运营利益,同年 11 月 25 日边区政府发布《关于补助运输合作社的通知》,决定对因草料、伙食、装备等因素造成运输亏本的合作社进行补偿,还实行了其他多项举措,如对各地脚户及合作社给予贷款;减轻脚户负担,运盐收入不交公粮;奖励大批运盐英雄及运输合作组织;改善统销业务,避免店家剥削;改善道路;整理脚店等。"由于上述办法的执行造成运输合作发展的主要原因"①。

（四）成效

边区党和政府的高度重视和有力领导,使得运输合作事业获得快速发展:

参加合作运输的牲口数量全边区 1942 年底为 246 头,1943 年9 月已至 3 706 头,1944 年 6 月增至 6 884 头,不久即达到 61 000余头。②

到 1944 年,边区运输合作资产（除机关部队及私人脚户外）累计达 87 500 万余元,占合作社总资产的 41.3%。

各个县区运输合作队、社都有较大增长。如延安市 1943 年底

---

① 陕甘宁边区财政经济史编写组、陕西省档案馆编:《抗日战争时期陕甘宁边区财政经济史料摘编·互助合作》第 7 编,第 259 页。

② 陕甘宁边区财政经济史编写组、陕西省档案馆编:《抗日战争时期陕甘宁边区财政经济史料摘编·互助合作》第 7 编,第 257—258 页。

有 6 个队,128 头牲口;志丹县 1943 年底建有 850 头牲口的运输队;吴旗县共组织 16 个队,参运牲口计 302 头,超过了原计划的 192 头;定边县不到 2 个月共有 17 个单位、24 个乡成立运输合作社,组织牲口 262 头、集股金洋 482.5 万元。[①] 涌现了一批模范单位和人物。

运输的物资大大增加。如食盐,1941 年为 299 068 驮[②],1942 年为 241 721 驮,1943 年为 387 603 驮。[③] 比 1937 年至 1940 年间有了很大增长。据统计,整个抗战期间,陕甘宁边区共计产盐 200 万驮,除一部分供边区自用外,累计外销 180 万驮,获利甚丰。盐业公司从成立到 1942 年 10 月,共换回法币 4 800 万元,土布 2 万匹以上。[④] 如陇东作为边区食盐外销口岸,1944 年 1—11 月,出口盐 19 996 435.50 斤以及其他物资,换回布匹 450 514 匹,棉花 112 075 斤,另有西安的西药品,平凉的五金等[⑤],保障了边区金融、物价、民生的稳定。

运输合作事业是边区合作社最重要的业务,其规模远超农业、生产、消费等其他各部门[⑥]:

[①] 陕甘宁边区财政经济史编写组、陕西省档案馆编:《抗日战争时期陕甘宁边区财政经济史料摘编·互助合作》第 7 编,第 291—302 页。

[②] 毛泽东:《毛泽东选集》,第 802 页。

[③] 陕甘宁边区财政经济史编写组、陕西省档案馆编:《抗日战争时期陕甘宁边区财政经济史料摘编·工业交通》第 3 编,第 625—700 页。

[④] 陕甘宁边区财政经济史编写组、陕西省档案馆编:《抗日战争时期陕甘宁边区财政经济史料摘编·商业贸易》第 4 编,西安:陕西人民出版社 1981 年版,第137 页。

[⑤] 陕甘宁边区财政经济史编写组、陕西省档案馆编:《抗日战争时期陕甘宁边区财政经济史料摘编·商业贸易》第 4 编,第 555 页。

[⑥] 陕甘宁边区财政经济史编写组、陕西省档案馆编:《抗日战争时期陕甘宁边区财政经济史料摘编·互助合作》第 7 编,第 258—259 页。

	延属分区	绥德分区	陇东分区	三边分区	关中分区	总计
合作社资产总值(元)	1 269 840 130	237 177 308	232 050 132	292 357 316	88 882 809	2 120 307 695
运输资金	496 745 647	138 928 515	141 547 434	158 152 890	35 429 254	970 803 740
百分比(%)	39.1	58.6	61	54.1	39.9	45.8

运输合作事业的提升,推动了边区社会经济和各项工作的进步,有力反制了日本侵略者、国民党的封锁,促进了抗战事业的发展。

五、消费、信用合作社

(一) 消费合作社的建立

边区诸多合作社中,消费合作社和信用合作社与群众日常生活关系最为密切,因而最先得到发展。

由于地广人稀,交通不便,边区商业特别窳劣,"有些地方,我们要买必需用的东西,往往走上百十里路,还买不到;出卖多余的农产,又没人要,就是想受商人的过分剥削还办不到"[1]。因此大力发展消费合作社,对于便利群众生活,活跃边区经济,"对抗战上的帮助和建设新民主主义的新中国,也起极大而且是一个极重要的作用"[2]。

---

[1] 陕甘宁边区财政经济史编写组、陕西省档案馆编:《抗日战争时期陕甘宁边区财政经济史料摘编·互助合作》第 7 编,第 129 页。

[2] 陕甘宁边区财政经济史编写组、陕西省档案馆编:《抗日战争时期陕甘宁边区财政经济史料摘编·互助合作》第 7 编,第 138 页。

1935 年冬，中共中央和红军长征到陕北后，即由党政军机关人员集资股金 2 000 元，成立了机关人员合作社。1936 年 1 月，中华苏维埃共和国临时中央政府西北办事处国民经济部召开省、县部长联席会议，专门研究合作社组织办法，要求各地普遍建立消费合作组织。不久，各县每个区、乡都建立起区分社和乡支社。后因国民党军队进攻而遭到严重破坏。西安事变后才逐步恢复，全面抗战爆发以后得到发展。据统计，1937 年全边区共有消费合作社 142 个，社员 57 847 人，股金 55 525.82 元，公积金 3 594.31 元，销售额 261 189 元。[①] 1938 年，为加强领导，取消了乡支社，各县每区建立一个区分社，合作社数量遂减至 107 个，并逐步建立起各县县联社及边区联社。

但由于消费合作社同样从一开始就具有鲜明的官办色彩，也由此形成"官办民不管，合而不作"[②]的现象。正如毛泽东所指出，1939 年以前，各地合作社主要以公家股金为基础，体现公营性质，大多成为政府的公营商店，合作事业主要不是为群众服务，而是面向政府，帮助政府解决经费，因此一切问题也都由政府来解决。[③]由此产生一些严重弊端：如管理松懈，缺乏活力，经营不善，亏损严重，还存在工作人员贪污腐败；官商作风严重，强迫摊派股金，不解决群众生活需求，实际成为政府机关的供给部等现象；群众颇有意见，称其为"和尚庙""捉鳖社""活捉社"，合作社干部则是不愿意为

---

① 陕甘宁边区财政经济史编写组、陕西省档案馆编：《抗日战争时期陕甘宁边区财政经济史料摘编·互助合作》第 7 编，第 131 页。

② 陕甘宁边区财政经济史编写组、陕西省档案馆编：《抗日战争时期陕甘宁边区财政经济史料摘编·商业贸易》第 4 编，第 284 页。

③ 毛泽东：《抗日时期的经济问题和财政问题》(1942 年 12 月)，《毛泽东选集》第三卷，第 892 页。

群众服务的"照庙和尚"①；甚至认为"合作社没有更好"②。种种弊端"陷合作事业于危急之中"③，改革刻不容缓。

（二）消费合作社的变革

1939 年 10 月，边区召开第一次合作社代表大会，选举产生了合作社总领导机关——陕甘宁边区合作联社。边区建设厅刘景范厅长在大会报告中明确指出，消费合作社在业务方面必须遵行的十大原则：1. 调查民用；2. 适时供给；3. 集中资本；4. 联合采办；5. 廉价售货；6. 抵制投机；7. 优待抗属；8. 禁绝仇货（当时名称，意指"仇敌货物"）；9. 调剂民生；10. 运销土产。要求各消费合作社按此彻底整理。

大会通过决议对消费合作社业务范围做出八项规定：一是抵制操纵，低价售货，并以现金交易为原则。二是实行预决算制度，统一开支、节省开支。三是采办货物以满足群众需求为原则。四是大量贩卖棉花、农具，运销农产，提高群众的生产积极性。五是建立商业情报。六是社员、抗属优先、优惠购物。七是在边界及交通不便地区，设光华商店代价券兑换处。八是帮助政府筹集抗战资财并代各工厂收集原料、推销产品。

同年，中共中央财政经济部发布"根据地合作社暂行条例（草案）"，对合作社各方面规制做出进一步明确规定。条例指出，"消费合作社系用群众集体经营方式以发展国民经济改善人民生活，

① 陕甘宁边区财政经济史编写组、陕西省档案馆编：《抗日战争时期陕甘宁边区财政经济史料摘编·商业贸易》第 4 编，第 290 页。

② 陕甘宁边区财政经济史编写组、陕西省档案馆编：《抗日战争时期陕甘宁边区财政经济史料摘编·互助合作》第 7 编，第 80 页。

③ 陕甘宁边区财政经济史编写组、陕西省档案馆编：《抗日战争时期陕甘宁边区财政经济史料摘编·互助合作》第 7 编，第 466 页。

并组织与教育广大人民群众共同完成'抗战救国'之需要为目的",其主要业务是:供给社员日用生活所需,采购本地土产用以交换外来工业品,"但于必要时应附设信用、生产、运销各部门"①。条例并规定,各级政府对消费社只有领导与监督权,不负责合作社具体事务和人员调配。

党和政府重视引导,推动边区消费合作社的快速发展②:

年别	社数	社员数(人)	已交股金数(元)
1937	142	57 847	55 255.83
1938	107	66 707	75 629.63
1939	115	82 885	114 533.52
1940	132	123 279	268 756.65
1941	138	135 269	373 110.04

又据不完全统计,1940 年相比于 1937 年净利润增加了2 418.3%。③

（三）典型与推广

边区消费合作社的发展,南区合作社是一面旗帜。

延安县南区合作社,即柳林区合作社作为延安县正式创建的第一个消费合作社,成立于 1936 年冬,原本同样存在官办的各种弊端。次年刘建章任主任后,从实际出发进行改革,取消强迫摊派,入社进退自由;取消入股额限制,采取现金、实物、公债、分红等

---

① 陕甘宁边区财政经济史编写组、陕西省档案馆编:《抗日战争时期陕甘宁边区财政经济史料摘编·互助合作》第 7 编,第 141 页。

② 陕甘宁边区财政经济史编写组、陕西省档案馆编:《抗日战争时期陕甘宁边区财政经济史料摘编·互助合作》第 7 编,第 138 页。

③ 黄正林:《陕甘宁边区社会经济史（1937—1945）》,北京:人民出版社 2006 年版,第179 页。

多种入股方式；业务经营面向群众,用低于市场的价格为群众提供日常必需品,"单就火柴、食盐,每年就可以给民众节省下八万余元"。在收购土货、组织生产、集中运输等方面切实为群众谋利益,服务边区和抗战。如组织 800 多妇女纺纱,每月可纺纱 1 400 斤,增加收入 7 万元；代民运盐 1 080 驮；救济移垦难民 340 户；帮助政府进行人民抗战动员,代交教育经费、自卫军哨站费 2.35 万元；替政府代收牲畜税 2 万元,代收民间公债储蓄券 7.4 万元。① 在管理上实行自我管理,民主办社,其工作人员不由上级指派,而挑选和群众关系密切的人担任；定期召开社员代表大会,讨论和决定合作社事务,干部汇报工作,听取意见。这些做法改变了既往政府包办的办社模式,使合作社的办理开始真正走上了为民服务、群众自办的道路②,受到热烈欢迎,群众踊跃入社,业务范围不断拓展,除消费外还拓展了诸如生产、运输等多达几十种的业务并举办文教卫生等社会公益事业,规模也不断扩大,到 1942 年底,南区合作社拥有 10 多个分社,21 个经营单位,南区 90% 以上的户籍入了社,股本总金 250 万元,流动资金 130 万元,贸易总额 1 700 多万元,纯利 180 余万元。到 1943 年,更增至股金 600 多万元,资产 7 000 多万元,社员总数达 2 800 人。③ 1944 年上半年最终发展成为一个综合合作社,"成为南区人民的经济中心"④。南区民众对此赞不绝口,

---

① 李云峰等:《南区合作社史话》,西安:陕西人民出版社 1979 年版,第 57 页。
② 陕甘宁边区财政经济史编写组、陕西省档案馆编:《抗日战争时期陕甘宁边区财政经济史料摘编·互助合作》第 7 编,第 356 页。
③ 延安市志编纂委员会编:《延安市志》,西安:陕西人民出版社 1994 年版,第 333 页。
④ 陕甘宁边区财政经济史编写组、陕西省档案馆编:《抗日战争时期陕甘宁边区财政经济史料摘编·互助合作》第 7 编,第 81—82 页。

称其是"人民的账房"，刘建章主任是"公共的佣人"①。

南区合作社的成功经验受到党和政府的关注。毛泽东曾来此视察，在中共中央西北局高干会议上称赞其有四大优点：一是冲破了教条主义、公式主义，不拘成规，以消费开始，发展边区全体人民经济生活各方面；二是打破了形式主义，认真贯彻面向群众，替人民谋利益的方针；三是做到了以公私两利，通过合作社这一桥梁，使政府、合作社和人民利益，个人利益与集体利益，亦即公与私的利益密切结合起来；四是根据人民意见改善合作社，使之真正成为"被群众所拥护的合作社的模范"，并总结了其综合性、以"民办"为核心、"民办公助"、公私两利，兼顾政府、合作社、人民三者利益，个人利益与集体的利益等经验，提出南区合作社模式"就是边区合作社事业的道路"②。边区政府执行毛泽东的指示，推广南区合作社办社经验，提出了"克服包办代替，实行民办官助"方针③，开展合作商业的改革，促进其健康发展。至1944年6月，此类综合性合作社总数由原来207个增至435个，社员猛增至24.5万余人，股金达13.8亿多元，总资本21亿元。建设厅厅长高自立在边区合作社联席会议上指出："这个发展超过了过去八年成绩的一倍，可以说是空前未有的成绩。"在21亿元资本中，消费仅有7亿元，占1/3，其余2/3则为生产性资金，显示了边区合作社"不仅量上而且也是质

---

① 陕甘宁边区财政经济史编写组、陕西省档案馆编：《抗日战争时期陕甘宁边区财政经济史料摘编·互助合作》第7编，第91—92页。

② 毛泽东：《毛泽东选集》，第787—790页。

③ 陕甘宁边区财政经济史编写组、陕西省档案馆编：《抗日战争时期陕甘宁边区财政经济史料摘编·互助合作》第7编，第80页。

上的进步"①。

　　边区党政机关、学校、留守部队等也都建立了自己的消费等合作社。到 1940 年上半年共建有 30 个消费合作社及食堂,资金共约 6 万余元,既供给本单位,又对外售卖谋利,以改善生活。② 随后其业务也不断扩大。如杨家岭中央机关合作社动员群众参股,扩大业务,农工商兼营,并举办公益事业,成立民主选举的管理委员会,发展为群办公助,"成为机关合作社的方向"③。八路军三五九旅总社 1944 年建有直属门市部、铁木部、理发部及 8 个分社,全部股金为 7 800 余万元,公股占63.3%,此外还拥有水田、工厂。社员持股票买货 9 折优待。这些消费合作社虽然尚不完善,但同样不断发展壮大。

　　(四) 信用合作社的建立

　　另一个和边区民众生产、生活关系密切的信用合作社成立较晚,规模较小,数量较少。

　　如前所述,土地革命前陕甘宁地区农村严重存在高利贷盘剥现象,边区建立后仍继续存在,这与中国共产党政治理念背道而驰,对农村经济发展也极为不利。因此,边区党和政府一直严禁发放高利贷。如 1941 年 11 月边区政府发布债务条例(草案),其中规定:禁止高利贷和一切剥削性债务,债息以月息一分五厘至二分为准,"不得超过之"④。

---

① 陕甘宁边区财政经济史编写组、陕西省档案馆编:《抗日战争时期陕甘宁边区财政经济史料摘编・互助合作》第 7 编,第 82 页。

② 毛泽东:《毛泽东选集》,第 857—861 页。

③《杨家岭合作社是机关合作社的方向》,《解放日报》,1944 年 11 月 9 日,第 1 版。

④ 陕西省档案馆、陕西省社会科学院编:《陕甘宁边区政府文件选编》第 4 辑,北京:档案出版社 1988 年版,第 310 页。

但是,高利贷的流行,说明民间尤其乡村对资金借贷实际有迫切需求。虽然边区政府也因此采取发展金融系统、举办农贷等措施,但成效不大。为解决农民借贷问题,防范和抵制高利贷剥削,并吸收民间游资,融通资金,促进生产发展,中共中央和边区政府在实践中寻找到了发展信用合作制度、建立信用合作社的有效路径。

1935 年 11 月,甫到陕北的中共中央颁布的《发展合作社大纲》,明确指出,创办信用社是为社员全体谋利益,不仅可免除高利贷盘剥,还能获得合作社的分红,意义重大;1938 年 5 月,边区政府政务会议再次提出发展信用社的要求,但推进缓慢。与此同时,民间开始出现自发性借贷互助组织"粮食信用社",其发起、组织者多在乡村有一定影响力,群众根据自愿,以粮食入股,集中存储,以备不虞;并推选"理事会"专职负责借贷事宜。这种信用社实际具有互助和借贷两个功能,兼有义仓和信用社两种性质。

据现有材料,其肇始者为劳动英雄蒲金山。蒲金山是关中赤水县人,1940 年他看到一些外来移民人生地疏,借贷不易,遂想到动员本地乡民以粮食入股提供借贷以化解这一困难,其办法是:借时打借条,盖指印,秋后归还,付利息 30%;入股的老户得利息 20%;10%作为该组织公用资金。后扩大为新户、老户均可借贷,成为边区第一个民间信用社,遂被边区各地纷纷仿效,出现了许多类似的粮食信用社。这些信用社因规模不大,业务简单,形式灵活,得到群众认同、政府认可,随后在各地有进一步发展。

抗战相持阶段到来以后,根据"发展经济,保障供给"的建设总方针,创办信用合作社以融通资金,发展经济,成为当务之急。边区党和政府因之采取的举措约有:

一是鼓励民间自发的粮食信用社发展。如到 1943 年,仅米脂县即设有 17 个小型粮食信用社,农民入股粮食 108 石。1944 年赤水县粮食社共集粮 662 石,贷放 580 石。① 这些集粮以低息、无息放给穷苦农民或需要借贷的农民。

二是增加或扩大原有合作社的信用经营领域。如延安县南区沟门消费合作社 1943 年 3 月改制,开始经营存贷款业务,成为边区第一个真正意义上的信用社合作社,并很快产生效益,到 1944 年 2 月一年之内,股金扩大至 360 万元,存款和放款累计分别达 580 万元与 954 万元。② 资金来源主要是社员股金、银行投资和存款。其中社员股金是信用社创办初期最主要的来源。

(五) 典型推广与发展

沟门合作社经验受到边区党和政府的重视和推广。1944 年春,中共中央西北局研究室在《解放日报》上专门予以介绍和宣传。1944 年 6 月,边区合作社会议提出大量发展信用合作的方针,要求每区建立一个信用合作社,"学习南区李生章信用社的办法",实行低利借贷,抵制敌探买粮和高利贷,吸收民间游资,转入生产,流通金融"③。在政府大力倡导和积极帮助下,边区信用合作社得到快速发展。1944 年 6 月,延安、安塞、曲子、赤水、米脂等县已建立 22 个信用社。④ 同年 9 月,据延属分区统计,信用社由 5 月的 8 个增加到 23 个,股金 4 400 余万元。至 12 月,全边区的信用社增加到

---

① 陕甘宁边区财政经济史编写组、陕西省档案馆编:《抗日战争时期陕甘宁边区财政经济史料摘编・互助合作》第 7 编,第 326—327 页。

② 陕甘宁边区财政经济史编写组、陕西省档案馆编:《抗日战争时期陕甘宁边区财政经济史料摘编・互助合作》第 7 编,第 327 页。

③ 陕甘宁边区财政经济史编写组、陕西省档案馆编:《抗日战争时期陕甘宁边区财政经济史料摘编・金融》第 5 编,西安:陕西人民出版社 1981 版,第 628 页。

④ 陕甘宁边区财政经济史编写组、陕西省档案馆编:《抗日战争时期陕甘宁边区财政经济史料摘编・金融》第 5 编,第 452 页。

86 个,资金增至 5 亿元。① 边区政府建设厅、边区银行在给贺龙、陈云的报告中指出:"在很短的时间与较小的范围内,人民自愿地发展了一亿元以上的存款,将近二亿元的放款,这是以往任何合作业务中所罕见的。证明信用事业是边区群众所迫切需要的,一定有很大的发展前途;同时证明社会上有大量的游资,如果组织起来,将对边区生产事业进一步发展起很大的推动作用。因此,这一工作是值得重视的。"②

抗战后期,许多信用社取消入股,主营存贷款业务,吸储的存款开始成为信用社资金的主要来源,起到了吸收社会闲散游资为经济建设服务的作用。为了更好地吸收存款,信用社制定了"利导"和"自由"政策。即存款保证还本付息;随时存取,不受限制。信用社的贷款一是生产放款,二是有借有还的临时借款,放款遵循讲求实效,尤其是生产实效和有借有还、收取利息的原则。而以有利生产、能用于直接帮助生产并发挥最大的效能为主要目标,因此规定凡有利于生产发展的均可贷款,婚丧等红白事可酌量放款,欲借款投机者一律不贷。放款的主要对象是农民和手工业者。1944年召开的边区合作社联席会进一步强调,要将信用社职能与生产发展紧密结合,否则信用社任务不能算完成。③

边区信用合作社对稳定边区经济、保护和促进社会生产起了十分积极的作用。首先,扶助农民发展生产,促进了农村经济的发

---

① 陕甘宁边区财政经济史编写组、陕西省档案馆编:《抗日战争时期陕甘宁边区财政经济史料摘编·金融》第 5 编,第 327 页。

② 陕甘宁边区财政经济史编写组、陕西省档案馆编:《抗日战争时期陕甘宁边区财政经济史料摘编·金融》第 5 编,第 327—328 页。

③ 陕甘宁边区财政经济史编写组、陕西省档案馆编:《抗日战争时期陕甘宁边区财政经济史料摘编·金融》第 5 编,第 631 页。

展。这是其最重要的价值所在。其次,奖励储蓄,推动节约,活跃了乡村金融。其三,打击了高利贷的盘剥,削弱、消除了高利贷的基础。

除此几类合作社外,医疗领域合作活动也有很大发展并极具特色(见"文化建设"章第三节)。全面抗战八年中,边区的合作运动在落后的物质、技术基础上促进了各项生产的增长,发展了边区经济,打破了经济封锁,保障并在一定程度上改善了军民的生活,维护了边区的财政金融和社会的稳定。而从政治层面看,更充分动员了边区各阶层人士高度组织起来,形成强大的组织力量,团结一致,为夺取抗战最后胜利提供了有利的条件。

同时,这一运动在农村经济建设理论、民主管理、制度建设等方面也取得许多建树,培养和造就了一大批从事合作事业的人才,为新中国成立后,中国共产党领导个体农民和个体手工业者走向社会主义合作化道路积累了丰富的历史经验和重要的理论储备。

第四节　公营工商业

抗战时期,特别是相持阶段到来以后,边区积极发展公营经济,同样取得了骄人业绩。

一、思考与构建

(一) 考量

中共中央、边区党和政府重视公营经济,有其深刻的内在原因。

其一,公营国有经济是新民主主义社会和未来的社会主义社会最重要的经济基础。毛泽东在《新民主主义论》中指出:无产阶级领导下的国营经济属于社会主义性质，"是整个国民经济的领导力量"①，所以，如果说，对具有社会主义性质的合作经济中国共产党已非常重视，那么，对于完全社会主义的公营经济更加重视，乃是完全可以理解的必然之举。

其二，应对日益严峻的、复杂的局面，特别是经济遭遇严重困难，实现"发展经济，保障供给"经济总方针、生产自给的重要举措。1942 年 12 月，毛泽东曾指出：克服 1940—1941 年最严重的困难的关键措施之一，就是"建设了公营经济"②。这是保障财政供给两大来源的一个主要基础。

其三，为夺取抗日战争和新民主主义革命的彻底胜利做准备。1944 年 4 月，毛泽东在延安高级干部会议的演讲中即指出：要在根据地学好如何管理大城市的工商业和交通，"这是第二个必要的思想准备和物质准备"，没有这种准备，就不能把日寇赶出去，不能解放全中国。③

边区公营经济涉及农业、商业、工业等领域。毛泽东曾经具体指出公营经济事业的类别，将其分为三类：一是政府经营的，二是军队经营的，三是党政机关经营的，并强调这些都是直接保障党、政、军人员生活资料和事业经费供给的。

（二）方针政策

中共中央和边区党和政府为发展整个公营经济制定了许多政策。

其一，正确处理公营和民营经济的关系。毛泽东指出，发展民

---

① 毛泽东：《新民主主义论》(1940 年 1 月)，《毛泽东选集》第二卷，第 678 页。

② 毛泽东：《抗日时期的经济问题和财政问题》(1942 年 12 月)，《毛泽东选集》第三卷，第 894 页。

③ 毛泽东：《学习和时局》(1944 年 4 月 12 日)，《毛泽东选集》第三卷，第 947 页。

营经济是为着解决边区 140 万人民的生活问题,同时援助政府与军队;公营经济则要努力解决党政军费用之大部分,以减少取之于民。因此,党和政府要"用极大力量注意人民经济的建设",同时"又必须用极大注意力去经营公营经济"①。要保证财政供给,必须"实事求是地发展公营和民营的经济"②。要防止只重视公营而忽视民营的偏向。1941 年毛泽东给谢觉哉信中指出,当年由于等着公营事业救急,因此只注意了公业投资而未能顾及私业投资,害处则是与民争利(垄断)以及不能解决大问题。故明年决不可继续。③

其二,主张对外开放。毛泽东指出:为了达到自给自足的目的,应积极发展工业、农业和商品流通,吸引外地资本家到根据地来开办实业,奖励民营企业,政府经营的公营企业只是整个企业的一部分,应避免对任何有益企业的破坏。"五一施政纲领"第十一条再次重申:欢迎外地投资,实行自由贸易。

其三,确立发展顺序。毛泽东 1942 年提出将发展农业放在第一位,发展工业、手工业、运输业、畜牧业放在第二位,商业则放第三位,认为商业只可救急而不能成为基础。

(三) 发展过程

而边区的公营工、商业则经历了一个由少到多,由小到大的发展、壮大历程。毛泽东曾总结说,在边区,我们重视公营经济建设始于 1938 年,但那时还只是一部分部队试作种菜、养猪、打柴、做鞋等生产,目的也只是为了改善部队生活,还没想到"借以解决一般的财政供给"。而自 1939 年国民党颁布《防制异党活动办法》等

---

① 毛泽东:《毛泽东选集》,第 751—752 页。

② 毛泽东:《抗日时期的经济问题和财政问题》(1942 年 12 月),《毛泽东选集》第三卷,第 895 页。

③ 毛泽东:《致谢觉哉》(1941 年 8 月 6 日),《毛泽东书信选集》,第 176—177 页。

反共文件、经济财政遭遇严重威胁后，不得不考虑动员全体从事经济自给运动，这是"生产自给运动的第一阶段"，时间大致从1938年至1940年。这一阶段，政府发展了工业建设，军队、机关、学校发展了农业生产。1941年到"此次高干会（一九四二年十二月）"则"为第二阶段"，这一阶段侧重了商业，但政府、部队、机关、学校也都发展了工业与手工业，而"此次高干会后将进到新的发展阶段"①。

二、公营工业

（一）定位

公营工业是边区公营经济的最重要组成部分，时任中共中央职工运动委员会书记的邓发指出，公营工厂是抗日民主政权的公有财产，为了适应革命战争需要，同时繁荣新民主主义经济，因此，"它的利益同全体职工的利益是一致的"；工厂创造的财富，"为革命政府与广大人民所共有"②。其任务主要有三："供给公家"，"发展边区经济"，"培养管理干部"。公营工厂"以供给军需（如被服、石油、纸张等等）、军火（炸弹、子弹、硝酸、枪支以及修理等等）为主，用以支持抗战；以调剂国民经济及金融为副，如肥皂、毛织品、玻璃、石炭、灯油以及食盐等等，一方面解决日常用品缺乏，另一方面向外推销，调整贸易，换进必需品及各种器材"③。

---

① 毛泽东：《经济问题与财政问题（节选）》（1942年12月），《毛泽东文集》第2卷，第460—462页。

② 陕甘宁边区财政经济史编写组、陕西省档案馆编：《抗日战争时期陕甘宁边区财政经济史料摘编·工业交通》第3编，第139页。

③ 陕甘宁边区财政经济史编写组、陕西省档案馆编：《抗日战争时期陕甘宁边区财政经济史料摘编·工业交通》第3编，第140页。

中共中央更不断从战略高度深化对工业的认识。

1944 年 5 月 22 日,毛泽东在中央办公厅招待职工代表会讲话时说:边区工业进步很快,边区五年前才真正有了一点工业,但当时只有 700 个工人,到 1942 年有了 4 000 人,1944 年已有 12 000 个工人。边区工业数目虽小,包含的意义却非常远大,"谁要不认识这个最有发展、最富于生命力、足以引起一切变化的力量,谁的头脑就是混沌无知"。"要打倒日本帝国主义,必需有工业;要中国的民族独立有巩固保障,就必需工业化"。毛泽东指出,近代中国落后的原因,主要是没有新式工业。日本帝国主义敢于这样欺负中国,也是因为我们落后没有强大的工业,因此"消灭这种落后,是我们全民族的任务"。而且,如果我们不能建立新式工业、发展生产力,"老百姓就不一定拥护我们"。毛泽东号召,在边区这所大学校,所有共产党员都要学习经济,学习工业技术,学好一门叫工业的课程。

1944 年 7 月毛泽东与英国记者的谈话中再次明确指出,新民主主义社会不能建立在个体小农经济,特别是封建土地所有制下的小农经济的基础上,中国社会进步将主要靠工业,工业是新民主主义社会的主要经济基础,"只有工业社会才能是充分民主的社会",而发展工业首先必须解决土地问题。共产党领导的土地革命,就是为民主制度的发展和工业化扫清障碍,开辟道路。①

一个半月后,毛泽东写信给博古,再次提出:新民主主义社会的基础是工厂与合作社,不是分散的个体经济。新民主主义社会的基础是机器,而不是手工。"我们现在还没有获得机器,所以我

---

① 毛泽东:《同英国记者斯坦因的谈话》(1944 年 7 月 14 日),《毛泽东文集》第 3 卷,第 183—184 页。

们还没有胜利。如果我们永远不能获得机器,我们就永远不能胜利,我们就要灭亡",建立工业基础,"正是我们革命的任务"①。

(二)初步建立

边区的公营工业是中国共产党人白手起家,筚路蓝缕创建、发展而成的。

抗战爆发以前,地广人稀、地瘠民贫的陕甘宁地区工业基础几乎是空白,连手工业都非常落后,遑论需巨额投资和先进技术、设备、管理的现代工业,民间仅有一些盐池、炭窑和小手工作坊,家庭纺织业也因为"洋布"倾销而销声匿迹,"一切日用品都是仰赖外间输入"②。边区财政厅厅长南汉宸也指出:战前根本谈不到工业,几乎一切日用品,甚至连吃饭的碗,都要靠从外面运来。唯一可称为现代工业的油田也因内战等原因而于20世纪30年代中期大都停止了生产。③ 产业工人更是寥若晨星,毛泽东多次提到过,"一九三七年边区还只有七百个工厂工人"④。可见落后之一斑。

红军长征给边区带来些许工业。1935年10月,中央红军到达陕北时,兵工队伍仅剩下21人和两把虎钳、四把锉刀和一个风箱。中华苏维埃共和国临时中央政府西北办事处成立以后,对陕北地区工业进行初步整理,包括:1935年12月在国民经济部部长兼贸易总局局长毛泽民亲自筹划、行政矿长兼支部书记高登榜的直接领导下,整理了延长油矿和延长石油工厂,到1936年2月共生产原

① 毛泽东:《致秦邦宪》(1944年8月31日),《毛泽东书信选集》,第238—239页。
② 陕甘宁边区财政经济史编写组、陕西省档案馆编:《抗日战争时期陕甘宁边区财政经济史料摘编·工业交通》第3编,第3页。
③ 陕甘宁边区财政经济史编写组、陕西省档案馆编:《抗日战争时期陕甘宁边区财政经济史料摘编·工业交通》第3编,第4页。
④ 毛泽东:《学习和时局》(1944年4月12日),《毛泽东选集》第三卷,第946页。

油 7 万斤并附产品油墨、石蜡、凡士林等,成为当时中国仅有的石油工业矿厂;创办了中央造纸厂,有工人 30 多人,到 1936 年 3 月,产纸 400 余刀;整理了安定和永坪的煤矿、初步进行手工开采等。"加上被服厂、印刷厂等,不过 270 多名职工"①。除延长煤油厂有少量机器外,其他地方没有机器,"就更谈不到机器工业了"②。

全面抗战爆发以后,因战需要,"政府的工业建设发展了一步"。自 1938 年起,边区公营工业大体经历了三个发展阶段。

1937 至 1940 年是初步发展阶段。1937 年边区政府即根据中央指示,提出"在工业上注意发展石油、盐、煤、铁等主要生产,保护手工业"③。同年 10 月边区政府成立经济委员会,其主要任务是决定公营工业的发展、规划,以促进边区工业发展。1938 年 3 月,为加强对已有工业的统一领导,边区政府内设军事工业局,由滕代远为局长,王铮、李强为副局长,管理边区机器厂、油厂、修理厂以及兵工厂等公营企业。1938 年 5 月,边区政府提出发展边区经济的具体方针,随后创办了振华纸厂、新华纸厂、新华肥皂厂、难民纺织厂、新华制革厂、农具厂、卫生器材厂、延长石油厂等企业,都系小规模的经营,但产品已能供给边区一部分的需要。而开办工厂所需资金则很大程度上来自外援。

(三)人才集聚

边区工业的发展,离不开机器设备和专业技术人才的输入,其中著名爱国企业家、抗战中唯一将工厂迁到延安者沈鸿贡献巨大,

---

① 中共中央党史资料征集委员会编:《中共党史资料》第 28 辑,北京:中共党史资料出版社 1988 年版,第 30 页。
② 《模范工程师沈鸿同志》,《解放日报》,1944 年 5 月 10 日,第 1 版。
③ 陕甘宁边区财政经济史编写组、陕西省档案馆编:《抗日战争时期陕甘宁边区财政经济史料摘编·工业交通》第 3 编,第 9 页。

对边区公营工业的发展影响深远。

其一,为边区带来其时最为缺乏的机器设备。沈鸿,浙江省海宁人,抗战爆发前曾在上海创办"利用五金厂"。全面抗战爆发以后,1937年8月26日,沈鸿带领10名职工将包括车床、刨床、铣床、钻床在内的10台机器和其他物资迁至武汉,随后辗转迁至边区,不久被任命为陕甘宁机器厂总工程师,以这些人员和10部机器为基础,陆续设计制造出各行各业急需的多达数百台的多种机器设备,装备原有企业和新建工厂。

其二,试炼灰生铁成功,结束了边区无铁的历史,到1943年,达到了边区用铁量的1/3,解决了当时极为缺乏的铁料问题。

其三,通过教授技术,为边区培养一批技术骨干,生产了大批边区急需的多种工业产品。如延安第一座兵工厂茶坊机器厂,设计制造供子弹厂、迫击炮厂、枪厂、火药厂和前方游动修械厂使用的机器设备134种型号数百台(套)。并为包括制药、医疗器械、造纸、印刷等民用工业设计制造机器设备、单机和重要部件400多台(件)。①

1942年12月毛泽东在中共中央西北局高干会议上高度评价了沈鸿:主动将自己所有的10部机器迁到了边区,为八路军服务,为边区抗战服务。受他影响,又有许多科技人员来到边区,使边区开始聚集一批科学技术人才,成为"建立工业的指导力量"②。毛泽东亲笔为沈鸿题写"无限忠诚"的奖状,盛赞他是"边区工业之父"。

除沈鸿,这一时期还有许多科技人员先后来到边区。如毕

---

① 李永新、张忠文:《沈鸿——从布店学徒到技术专家》,北京:科学普及出版社1989年版,第22—23页。

② 中国人民解放军政治学院党史教研室编:《中共党史参考资料》第九册,北京:中国人民解放军政治学院党史教研室1979年版,第230页。

业于浙大化学系,曾服务于南京中央化学研究所及太原理化研究所,在太原从事防毒面具研究的钱志道;在招商局任工程师、轮机长等职的陈振夏,分别开创了边区基本化学工业、煤油工业之基础;还有曾留学德国学习化工的刘咸一,延安自然科学院化工教员华寿俊出任振华纸厂厂长和工务科长期间,用陕北遍地蔓长的马兰草,试制出马兰草造纸工艺,造出了质量优良的马兰纸;试制世界一流、号称"中国第一枪"——八一式马步枪的刘贵福,皆为边区公营工业发展做出了杰出贡献。

(四)曲折前进

进入 1939 年,边区开始逐步遭禁,发展工业保障军民物资供给更成为边区迫在眉睫的任务。是年边区又设立了主打肥皂生产的新华化学厂和光华制药厂。1939 年 5 月 1 日,边区首届工业展览会在延安桥儿沟举办。展会共收到陈列品千余种,绝大多数是公营工厂所产。其中"最出色的要推边区机器厂所造的各种小型机件、印刷厂的铅印和五彩石印品、通讯材料厂的电信零件、卫生材料厂的改良中药、难民工厂的毛织物、职工学校工厂的日用品、安定丝业的丝绸、延安工人合作社木工厂的木器和鞋工厂的鞋"①。评出了特等、甲等、乙等奖项。展会结束后,边区政府和后勤部又先后去西安采买机器设备。这一年边区公营工厂增加到 7 个,工人 190 人,资金 146 500 元。产量较 1938 年有更大提高,如纺织行业已能年产当地大布 1 400 匹,增加了 116%。② 光华制药厂研制

① 中国革命博物馆编:《解放区展览会资料》,北京:文物出版社 1988 年版,第 18 页。
② 陕甘宁边区财政经济史编写组、陕西省档案馆编:《抗日战争时期陕甘宁边区财政经济史料摘编·工业交通》第 3 编,第 19 页。

特效药14种,生产药品60万包。[1]

1940年,边区财政经济更趋紧张,中共中央及时提出"半自给"口号,并根据实际情况制定了"集中领导,分散经营",以发展轻工业为主的方针。1月,第二届工业展会举办后,政府加大了对工业投资,边区银行借款100万元扩大工厂资金[2],继续奖励创造发明。这一年边区公营工厂增加到9个,其中包括三五九旅创建的大光纺织厂、木铁工厂等8个企业,工厂人数增至434人,资金达523 700元;是年底,边区建设厅又创办了纬华毛纺织厂等。纺织厂加上合作社已增至33个,职工约千人,年产大布14 700匹,增加105%。[3]边区工业在艰难中顽强增长。

皖南事变以后,中共中央和边区政府强调发展边区公营工业,使边区由半自给发展到自给自足,对支持长期抗战,打破封锁,保障边区军民的物资供给,打下新民主主义的经济基础"有头等的重要意义"[4],从而提出了1941年的工业发展任务,"努力发展边区工业,扩大现有各工厂",特别着重定边的盐和安定的炭,延长永坪的煤油,以及各地的纺织业与日常用品的制造(肥皂、药、纸),保证1941年做到毛、棉、麻、油、盐、纸、炭等完全够边区需用,而且最低

---

[1] 陕甘宁边区财政经济史编写组、陕西省档案馆编:《抗日战争时期陕甘宁边区财政经济史料摘编·工业交通》第3编,第279页。

[2] 陕甘宁边区财政经济史编写组、陕西省档案馆编:《抗日战争时期陕甘宁边区财政经济史料摘编·工业交通》第3编,第19页。

[3] 陕甘宁边区财政经济史编写组、陕西省档案馆编:《抗日战争时期陕甘宁边区财政经济史料摘编·工业交通》第3编,第21页。

[4] 陕甘宁边区财政经济史编写组、陕西省档案馆编:《抗日战争时期陕甘宁边区财政经济史料摘编·工业交通》第3编,第22页。

限度要有 1 万驮盐运到边区外去卖,增加边区财政收入。[①] 边区工业进入发展的新阶段。

1941 年三八节,边区政府在财政十分困难的情况下拨出专项经费,举办了第三届工业生产展览会。展览会的成功举办进一步激发边区各地建办包括纺织、造纸、磨粉、榨油、煤炭、陶瓷、木工、铁器等公营工厂、作坊的热潮。通过学习工人模范赵占魁、开展劳动竞赛为主要内容的"赵占魁运动",激发了工人的生产积极性,大大提高了劳动生产率。

1941—1942 年,边区公营工业又有了很大发展。

纺织业:建有(包括扩建)难民纺织厂、纬华纺织厂、庆阳纺织厂、神府纺织厂 4 个,工人数 480 人,资本金 109 万元,月产量纺纱 2 802 斤,织布 633 匹,毛毯 512 床,弹花 7 075 斤。机关经营的纺织企业 15 个,资本金(含借款)101 万元,工人数 1 073 人,月纺纱 2 375 斤,织布 1 265 匹。

化学工业:光华制革厂,资本金 18 万元,工人数 48 人,月产皮革 1 116 张,毛革 1 503 张。新华化学厂,资本金 12 万元,工人数 56 人,月产肥皂 14 347 条,牙粉 2 381 包,精盐 767 磅,墨水 442 瓶。光华制药厂,资本金 20 万元,工人数 30 人,生产退热、感冒散等十几种药品。机关经营的化学制药厂,资本金 3 807 万元(含银行投资),工人数 120 人,能生产福百龙注射液、氯化钨注射液等 8 种注射药类,壮尔神、芦菩片、健胃散等 15 种中药丸剂及药皂、硫磺、牙粉等。延长石油厂,资本金 12 716 元,工人数 58 人,1941 年上半年产原油 7 225 桶。精盐场,资本金 88 万元,工人数 5 人,月

---

① 中央档案馆、陕西省档案馆编:《中共陕甘宁边区党委文件汇集(1940—1941)》,第 492 页。

产精盐 1 905 磅,碳酸钠 1 000 磅,硫酸钠3 431 磅。

造纸工业:有振华纸厂及其分厂、绥德纸厂、金盆湾纸厂,资本金 48.9 万元,工人总数 192 人,纸池 52 个,月产纸 2 355 令。机关经营纸厂有中财部纸厂、政治部纸厂、抗大纸厂、法院纸厂、教导队纸厂、后勤纸厂、留守兵团纸厂等,资本金4.5 万元,工人数 149 人,月产纸 11 令。

铁木机械业:政府农具厂,资本金 1 855 万余元,工人数46人,生产弹毛机及各类农具零部件等。机关经营的如运输科大车厂、税务局大车厂、军工局修理部、科学院修理厂、后勤大车厂、总政大车厂、林务局大车厂、运输科大车厂、化学厂、新华木工厂、新中国木工厂、党校木工厂、法院铁铺等,能生产弹花机、大车、修配各种农具零件。

瓷窑业:经建部瓷窑、新华瓷窑、延中区瓷业社等,每月产瓷缸 120 个。

被服业厂:新华被服厂、供给部被服厂、延安被服厂、抗大鞋厂等,资本金 6 万余元,工人数 140 余人,每月产鞋 5 千双,成衣 7 000 件左右。

印刷业:中央印刷厂、八路军印刷厂。

此外还有经建部煤炭厂、石灰厂、面粉厂,延安制毡社,曲子磨粉社,新兴粉房等。①

据统计,工人总数"一九四二年有了四千人",是只有 700 人的 1937 年的 6 倍。②

---

① 陕甘宁边区财政经济史编写组、陕西省档案馆编:《抗日战争时期陕甘宁边区财政经济史料摘编·工业交通》第 3 编,第 48—55 页。

② 毛泽东:《学习和时局》(1944 年 4 月 12 日),《毛泽东选集》第三卷,第 946 页。

公营纺织企业 1942 年共产布 22 000 匹,产毯 18 000 条,较 1941 年分别增产 1/5 和 1 倍以上。造纸工业 1942 年总产量超过 6 000 令,较 1941 年增产 2 倍以上,已能供印刷用纸,造纸工具已可全部自造。难民纺织厂工具制造部 1942 年能够大量制造梭子、竹扣、纬管、筒子等机具。仅新华化学厂即产肥皂 30 万条,较 1941 年增产 1 倍,不仅自给,还能大量外销。大光肥皂厂的产量足够满足绥米警备区之用。延安煤场到 1942 年 9 月产量即达 170 余万斤。总之,到 1942 年边区公营工业供给了军用、公用 70％以上的布匹、纸张、肥皂;解决了印刷、被服、鞋的全部需要;其他如医药、煤、瓷等亦解决了大半。

（五）整顿提升

然而,这一时期边区公营工业迅猛发展的同时,也出现了一些较突出的问题。

其一,存在"严重的盲目性,无计划性,无政府状态,虚耗了大量人力、物力、财力"①。

其二,经营中背离"集中领导,分散经营"的原则,存在严重的自由主义倾向或过度集中,使得企业没有独立资金、发展空间等。

其三,企业机关化,采取军队或机关的方式,机构庞大,冗员众多,非生产人员常占全厂人数的 17％—45％。缺乏财务、经济核算各项管理制度,企业内部的党支部、行政领导和工会也因职责不清,常常令出多门,相互牵制,造成管理混乱、浪费严重。

此外,由于大多实行供给制而非按劳分配的方式,分配制度的不合理,也一定程度影响了工人的生产积极性,制约了企业的进一

---

① 陕甘宁边区财政经济史编写组、陕西省档案馆编:《抗日战争时期陕甘宁边区财政经济史料摘编·工业交通》第 3 编,第 361 页。

步发展。

对于上述种种问题，中共中央、边区党和政府敏锐地发现，及时采取了有效措施进行全面整顿和改革。1942 年 12 月中共中央西北局高干会议上毛泽东在提出发展边区经济总方针的同时，也提出了工业企业改革的一些重要建议，其重点是建立各项规章制度①：

一是建立经济核算制度，克服各企业管理混乱状态。包括每一工厂要有相当独立的资金（流动的和固定的）；每一工厂必须建立完备的收支制度和手续；各厂必须有成本核算；每一工厂必须建立生产计划完成情况的检查制度；每一工厂都必须有节省原料与保护工具的制度。毛泽东强调，只有实行了严格的核算制度，"才能彻底考查一个企业的经营是否是有利的"。

二是加强管理，克服工厂机关化和纪律松懈状态。毛泽东首先要求要改革工厂机关化现象，"使一切工厂实行企业化"，一切工厂应自主经营、自负盈亏，包括从业人员薪给都应自己解决，"而不支领公粮、公衣与公家的津贴费"。工厂应实行十小时（暂时无法实行八小时）工作制及计件累进工资制。

三是反对平均主义薪给制。毛泽东强调，平均主义将抹杀熟练劳动与非熟练劳动、勤劳与懒惰之间的差别，降低人们的劳动积极性，因此，必须实行计件累进工资制，这样才能激发劳动的积极性，提高生产数量和质量。军工生产虽然暂不实行计件工资制，但"亦应有计件奖励制度"。

四是统一协调行政、党支部、工会三者工作。要拧成一股绳，

---

① 毛泽东：《经济问题与财政问题（节选）》（1942 年 12 月），《毛泽东文集》第 2 卷，第463—464 页。

组织一个委员会,一方面使行政人员、行政工作、生产计划走上正轨,另一方面,要"保障生产计划的完成"。

五是实行奖惩制。工厂要奖励有突出成绩的工人与职员,批评或处罚犯错误的工人与职员,以保证劳动纪律和劳动者积极性的提高。

这些方针政策,极具现代管理思想,为边区公营工业改革指出了方向和具体路径。

根据中共中央西北局高干会议的精神,1943 年 3 月 2 日,边区召开了直属公营工厂厂长联席会议。朱德、邓发、林伯渠、南汉宸、高自立、霍维德、高长久等领导和 13 个工厂厂长、厂工会主任与会。会议首先深刻总结了抗战以来边区公营工业建设的经验,深入讨论了公营工厂的事业发展,党和工会工作,开展"赵占魁运动"等问题;确定了公营工厂的生产任务,批判了官僚主义和职工运动中的经济主义,提出了经济核算制是办理工厂的基本原则,决定边区工业的基本方向是手工业的经营方式,那种抄袭大工业的、过于强调"科学化"的管理方法则是"反科学的"①。

(六) 再发展

从 1943 年起,边区工业在"自力更生"、"发展经济,保障供给"、"发展工业,打倒日寇"的号召下,进入"为争取工业必需品全部自给而奋斗",实现丰衣足食,争取抗战最后胜利的发展阶段。"统一领导,分散经营"仍是这一时期公营工业继续贯彻的重要方针,经过改革,加强了企业生产和营销计划性,清除了盲目性,整顿、合并了若干机关单位所办自给性企业;实行"一元化"领导,加

---

① 张静如、梁志祥、谭德山主编:《中国共产党通志》第 4 卷,北京:中央文献出版社 2001
　　年版,第 652 页。

强企业化管理,建立起厂长负责制、经济核算制度、工资制度,积极培养专业技术人员,各项工作步入正轨,迅速提高,取得长足发展。

1944 年边区公营工厂已达 101 家之多,为 1937 年约 30 倍左右,有职工 7 154 人,连同非公营企业共有"一万二千个工人"①,包括纺织厂 21 家,职工 2 175 人;被服厂 17 家,职工 795 人;造纸厂 11 家,职工 394 人;印刷厂 4 家,职工 297 人;木工及大车业 10 家,职工 290 人;化学工业 9 家,职工 594 人;石油工业 1 家,职工 126 人;煤及炼铁厂 11 家,职工 1 360 人;机械及军火工厂 10 家,职工 973 人;纸烟厂 7 家,职工 150 人。② 各工厂生产效率和产量大大提高。1943 年公私企业生产大布 104 000 匹,纸 8 139 令;1944 年生产大布约 140 000 匹,纸 10 766 令。肥皂产量不仅能够自给且有结余,1939 年至 1945 年共生产肥皂 2 111 292 条(主要是此阶段所产),平均年输出达 600 000 条。火柴 1944 年至 1945 年共生产 2 003 箱,满足了边区军民需求。③ 军工方面,1944 年有工艺实习所、兵工厂、电器材料厂、修械所、难民工厂制造部等共 10 家,职工总数为 973 人,比 1943 年增加了 70%,使用发动机马力增加了 74%。步枪子弹、无烟火药、掷弹筒手榴弹产量分别为 1943 年的 140%、150%、350%、270%。④ 也能制造、修理若干机器,基本化学工业建设初步成功,并在质量上取得了某些改进。

---

① 毛泽东:《共产党是要努力于中国的工业化的》(1944 年 5 月 22 日),《毛泽东文集》第 3 卷,第 146 页。

② 陕甘宁边区财政经济史编写组、陕西省档案馆编:《抗日战争时期陕甘宁边区财政经济史料摘编·总论》第 1 编,第 287 页。

③ 陕甘宁边区财政经济史编写组、陕西省档案馆编:《抗日战争时期陕甘宁边区财政经济史料摘编·工业交通》第 3 编,第 133 页。

④ 陕甘宁边区财政经济史编写组、陕西省档案馆编:《抗日战争时期陕甘宁边区财政经济史料摘编·工业交通》第 3 编,第 348 页。

1938—1945 年边区公营工业纺织、造纸、肥皂、煤炭、原油历年产量见下表①:

年代	布匹 (大匹)	纸张 (令)	肥皂(条) (新华化学厂)	原油 (桶)	煤炭(大斗) (朱家沟矿)
1938	—	50	—	—	—
1939	1 426	168	22 405	3 550	
1940	14 740	833	118 730	3 859	
1941	18 750	2 144	147 603	12 437	6 160 000
1942	23 000	4 983	310 659	16 344	11 190 000
1943	32 969	5 671	482 855	63 496	15 100 000
1944	40 000	10 000	619 175	25 858	8 960 000
1945	—	—	—	11 376	—
合计	130 885	23 849	1 701 427	136 920	41 410 000

1944 年 5 月 1 日,陕甘宁边区隆重召开工厂职工代表大会,计有 39 个工厂、6 个纺织合作社和 203 个代表参会。大会开幕之际,《解放日报》发表《献给边区工厂厂长及职工代表会议》的社论,深刻总结了边区工业六年发展历程,并指出了其中三个重要特征:一是边区工业是在艰难困苦中奋斗出来的;二是边区公营工业从创办之日起就属于新民主主义性质,同时又与生产合作社、私营工厂、家庭手工业、手工作坊等有着手足关系,这与旧资本主截然不同;三是工厂有着新型工人和职员的有力支持,他们"是一种被解放了的、与工厂利益完全一致的人物",因为第二、第三个特点,边区工业获得了很好的成绩,但也因为第一个特点,即极端困难的条

---

① 中国企业史编辑委员会编:《中国企业史》(近代卷),北京:企业管理出版社 2004 年版,第 933 页。

件,边区工业发展曾受到很大限制,"自给工业的很多部门还未能达到全部自给的目的,还只做到'半自给'"①。5月22日,中共中央办公厅为大会举办招待会,毛泽东出席并发表讲话。毛泽东在讲话中充分阐述了发展工业的重大意义,进一步提出了两年内"要争取做到工业品的全部自给,首先是布的自给与铁的自给"的新目标。②25日大会闭幕,通过了《陕甘宁边区工厂职工代表大会宣言》,对边区工业发展做了一次全面总结。

会后,边区公营工业继续推进。1945年1月,毛泽东再次重申:两年内,"做到花、纱、布、铁、纸及其他很多用品的完全自给"③。虽然由于日本投降后国民党发动内战这一计划未得实现,但边区公营工业在历经从无到有,从少到多,不断壮大的多年发展中,有力地支持了抗战事业和整个新民主主义革命的作用,则毋庸置疑。

三、公营商业

(一)构建必要性

党领导边区公营商业发展的过程,更为曲折:这既是一场几乎是"白手起家"式的艰苦创业,也是对公营商业规律不断深化认知的时期,其潜在原因在于,党深受马克思主义经典作家对商品经济科学分析前提下,鞭挞私有商业消极性和中国传统的"重农抑商"观念的影响;以及在长期战争、动荡环境中对商业活动相对陌生

---

① 陕甘宁边区财政经济史编写组、陕西省档案馆:《抗日战争时期陕甘宁边区财政经济史料摘编·工业交通》第3编,第131—132页。

② 毛泽东:《共产党是要努力于中国的工业化的》(1944年5月22日),《毛泽东文集》第3卷,第146页。

③ 毛泽东:《必须学会做经济工作》(1945年1月10日),《毛泽东选集》第三卷,第1020页。

等,从而对边区公营商业的发展调控多次反复,呈现"否定之否定"、螺旋式攀升的态势。

如本篇第三章所述,陕甘宁商业同样极端落后。边区政府成立以后,制定了一系列正确的政策和措施,使商业,首先是私营商业快速恢复与发展。据统计,仅延安一地私营商户从1936年的123户发展到1940年的280户,并出现资金10万元的大户7家。[1] 1940年前边区银行80%以上盈利来自商业。

但仅靠私营商业并不能满足边区抗战和建设的需要。特别是当遇到困难时以逐利为目的的私商更难依恃。所以在发展私营商业同时,中共中央、边区党和政府着手建立和发展公营商业,并使之逐步成为边区新民主主义经济的重要组成部分、边区商业的重要领导力量。从经营主体而言,公营商业主要分两类:一是政府直接经营的大公营商业,由边区政府提供资金、设立专门机构进行管理;二是由机关、学校、部队等经营的小公营商业,亦称"机关商业",由各个单位自行管理和经营。

(二)初步发展

与整个形势的发展相因应,边区公营商业的发展同样经历了曲折历程。

皖南事变以前,边区的公营商业处于自流的、单纯采办性的发展阶段。国共合作之初其"既无财政任务,也无金融任务",主要是负责采购,保证公用物品供给,没有正规的贸易政策,"完全是自由的"[2]。公营商业数量也很少。1938年4月1日,边区贸易局主持

---

① 宋金涛主编:《抗战时期的陕甘宁边区》,第483页。
② 陕甘宁边区财政经济史编写组、陕西省档案馆编:《抗日战争时期陕甘宁边区财政经济史料摘编·商业贸易》第4编,第4页。

成立了光华商店,随即各贸易支局均改为其分店。光华商店是一个"银行直属的商业部门",成立之初由八路军饷款下抽注 5 万元(法币,下同)作为资金,其性质既是边区公营商业的管理部门,又是实际从事贸易活动的商业单位。主要任务除保证党政军的供需品外也从事一些商业经营,包括:出口土产,进口商品;稳定外汇,平抑物价;帮助公私商业及消费合作社发展等。其贸易范围以延安为中心辐射四边。当年贸易总额即达 400 万元,1939 年业务资金增至 50 万元。但此年夏起,国民党开始对边区经济封锁,光华商店主要依靠尚可通行的东路输出食盐等,进口布匹、棉花、纸张、卫生材料、五金等边区必需品,当年贸易总额达 1 000 万元。[①]
1940 年边区自给工业有一定发展后,光华商店除继续积累资金、保障机关供给外,还要向工厂提供生产原料和代销产品,其资金增至120 万元,业务发展迅速,当年商品贸易总额达 2 000 万元,对保障物资供给,平抑物价,积累资金发挥了重要作用。

这一时期机关商业也陆续出现。早在 1937 年八路军三五九旅即在山西武阳和陕西绥德开办有"军民合作社",1940 年绥德"军民合作社"改为"大光商店",是年底共盈利 191 700 元,抽调101 700 元补助部队开支,确定 1941 年的生产基金为 7 万元。[②]
1939 年起又有一些机关、学校、部队响应中共中央发出的"自力更生,发展生产"实现"半自给"的号召,陆续开办消费合作社、饮食店,保障本单位、本部门一般日用品供给,同时对外营业以牟微利,改善本部门生活。到 1940 年上半年,边区已有 30 个合作社和食

---

① 陕甘宁边区财政经济史编写组、陕西省档案馆编:《抗日战争时期陕甘宁边区财政经济史料摘编·商业贸易》第 4 编,第 188 页。

② 陕甘宁边区财政经济史编写组、陕西省档案馆编:《抗日战争时期陕甘宁边区财政经济史料摘编·互助合作》第 7 编,第 438 页。

堂,资金达 6 万余元。①

1940 年冬到 1941 年春,为应对经济、财政困局,实现自给自足,在开展大生产运动时不少机关、单位为解资金不足、供给困难的燃眉之急而经营商业,如保安处的"昌兴社",行政学院的"大公",青年救国会的"青记贩卖部",延安市公安局的"玉丰祥",延安市政府的"庆盛丰",边区财经处的"礼丰店""同义永"等,连中共中央西北局也开设了饭店。原已有的消费合作社、货摊扩大为商店。还有一些机关没有固定的经营场所而由少数人、牲贩运货物沿途买卖,实为流动商贩,时称"走水生意"。②

(三) 整顿提高

皖南事变后,国民党加紧对边区的经济封锁,大后方一些物资尤其是生活日用品一律禁止流入边区,外援亦基本断绝。不少私商关门歇业,或抽逃资本离开边区,致使区内贸易雪上加霜,严重萎缩。

为了克服困难,保障供给,进一步发挥贸易对平衡边区财政经济的作用,中共中央和边区政府提出了"对内自由,对外管理"的方针,制定了若干政策措施,对包括公营在内的边区商业进行整顿,使之在逆境中得到进一步提升和发展:

其一,1941 年 1 月 28 日边区政府决定禁止法币流通,由政府统一掌控用于在边区外购买物资。发行边币 1 000 多万元作为本位币,建立起独立的流通体系和市场,此举避免了大后方滥发法币而出现的恶性通货膨胀波及边区经济,粉碎了国民党顽固派利用

---

① 陕甘宁边区财政经济史编写组、陕西省档案馆编:《抗日战争时期陕甘宁边区财政经济史料摘编·商业贸易》第 4 编,第 242 页。

② 南开大学历史系中国近现代史教研室编:《中国抗日根据地史国际学术讨论会论文集》,第 411 页。

严重贬值的法币套购边区物资的险恶图谋,保证了边区金融和市场的基本稳定,为商业特别是公营商业的进一步发展构建良好环境。

其二,先后设立中央直属财政经济处、后勤经济建设处、各级生产委员会等机构,以加强对发展商业特别是公营商业的领导。

其三,大力发展公营商业,在政策、资金各方面大力扶持以填补私商的各种空缺,掌控商贸命脉,充分发挥边区商贸领域"定海神针"的作用。1941年2月重新恢复贸易局,隶属于边区银行(后改由建设厅、财政厅等直接领导)。1941年5月1日,边区政府发布有关贸易局工作的文件,明确指出抗战时期边区新民主主义的贸易政策,是有计划调剂边区外贸,以保护边区内贸"自由与流通的发展";服从边区自给自足的经济政策,"以边区之有,易边区之无",通过输出边区外所必需物品,换回边区内所必需物品,既要达到进出平衡,又要防止市场操纵,既不妨碍自由,又非放纵自由。并指出,贸易局既要具体执行贸易政策、从事经营活动,又要做好领导各机关部队、公营商业和消费合作社及团结私商的工作①,并规定了具体任务。"贸易局由建设厅直接领导","总局与分局得设贸易委员会",光华商店为"贸易局的一部分"②。贸易局在延安设总局,同时在各地设分局、支局,作为"实现贸易政策的统一领导机关"③。

其四,加强对公营商业组织的领导。1941年5月27日,边区发展公营商业的纲领性文件《关于公营商店的决定》发布。文件指

---

①② 陕西省档案馆、陕西省社会科学院编:《陕甘宁边区政府文件选编》第3辑,北京:档案出版社1987年版,第239页。

③ 陕西省档案馆、陕西省社会科学院编:《陕甘宁边区政府文件选编》第3辑,北京:档案出版社1987年版,第292页。

出,公营商店任务是:组织土产输出,换回必需品,保证机关和人民的必需;平定物价、巩固边币,禁止黑市买卖、偷漏捐税、互相竞争、囤积居奇等不法行为。此外,光华商店还须执行边区"公家商店"任务,以自己力量从事进出口贸易,调剂物价,保证机关、部队供给,帮助企业购买原料,推销产品等。① 次日贸易局局务会议上对光华商店的业务方针进一步加以明确:1. 除了赚钱,光华商店还必须担负起稳定市场、稳定金融的责任。2. 有计划收买运销食盐、皮毛,对外推销,换取棉花、棉布、棉纱、文具纸张等。3. 为工厂供应工业原料,代销成品。4. 价格政策上可适当灵活,一些必需品或边区出产的无可代替的产品,可高于市价出售,以弥补损失。可见,光华商店的主要职能,已从"以财务性为主的商店,转为以建设性为主的商店了"②。

其五,纠正自流发展导致的如"各自为政,互相竞争,甚至违反党的政策,影响物价与金融"等突出问题。③ 从 1941 年起,边区党和政府又着手对公营商业,特别是机关商业进行整改,其内容包括:将商业完全企业化;组织公营商店联合会实行统一领导;扩大经营范围,实施多样化营业;改变经营方式,克服商店林立、互相竞争的弊病;"在同一市镇内有三个以上公营商店的,应即组织'公营商店联合会',所有公营商店均应加入,受所在市镇之贸易总局或

---

① 陕西省档案馆、陕西省社会科学院编:《陕甘宁边区政府文件选编》第 3 辑,北京:档案出版社 1987 年版,第 290—291 页。

② 陕甘宁边区财政经济史编写组、陕西省档案馆编:《抗日战争时期陕甘宁边区财政经济史料摘编·商业贸易》第 4 编,第 190 页。

③ 陕甘宁边区财政经济史编写组、陕西省档案馆编:《抗日战争时期陕甘宁边区财政经济史料摘编·商业贸易》第 4 编,第 244 页。

分局的领导","无贸易局的受当地区以上的政府或贸易局所指定的机关领导之","公营商店联合会中,必须组织党团,该党团由西北局组织部指定贸易机关的负责人领导之",凡所在地有商会者,"一律应加入商会",成为执行政策和遵守法令的模范,并"执行商会的共同决定"。凡属党、政、军、民机关经营之一切公营商店,均应严格遵守政策法令,违反者"均须受到严格之制裁"①。

为了有效克服公营商业自流发展状态,1942年7月边区政府又将贸易局转隶财政厅,9月,成立由财政、金融、贸易三方负责人组成的贸易委员会,统一领导边区公营商业的经营活动。因之在延安成立了以光华商店为中心的"公营商店联合会"。在光华商店外围组建公营经济组织加强对重要物资管控:包括"永昌土布产销有限公司"管理原料产品。盐业公司实施"对外统销,对内不统销"盐业政策。②"对特定业务进行统购统销","推销边区土产,换取日用必需品,有计划的经营进出口业务,并掌握外汇"③。

经不断努力,边区公营商业得到迅速发展、壮大。1941年9月,光华商店除延安总店外,在靖边、甘泉、保安、绥德等22个地区设立了分店或支店,资金总额达430万元,买入、卖出金额分别达到7 975 779元和5 214 864元;④到1942年上半年,分店更增至28

---

① 陕西省档案馆、陕西省社会科学院编:《陕甘宁边区政府文件选编》第3辑,北京:档案出版社1987年版,第290—291页。

② 陕甘宁边区财政经济史编写组、陕西省档案馆编:《抗日战争时期陕甘宁边区财政经济史料摘编·商业贸易》第4编,第193页。

③ 陕甘宁边区财政经济史编写组、陕西省档案馆编:《抗日战争时期陕甘宁边区财政经济史料摘编·商业贸易》第4编,第207页。

④ 陕甘宁边区财政经济史编写组、陕西省档案馆编:《抗日战争时期陕甘宁边区财政经济史料摘编·商业贸易》第4编,第191—192页。

个,共买入48 574 208 元,卖出 42 248 785 元,还以低于市场 10%的价格为财政厅提供 50 多万斤棉花及冬衣材料1 000 余万元,为工业局提供各种工业原料 5 000 余万元,并向多个合作社投资,建立密切联系。[1] 1942 年土产公司有 8 个分公司,盐业公司有 123 个骡马店。[2]

机关商业发展同样迅速。到 1941 年 10 月,仅延安市就有 60 多家机关公营商店。其中,军委系统有西北商店、西北菜社等 14 个;边区政府系统有鸿太号、安太号、光大商店等 27 个;中共中央系统有中和、永昌等 20 个。[3] 1941 年前半年,中央直属财经处和各机关学校开办的 20 个商店获得利润 25.6 万元,供给了各单位日常经费的 48%。后勤系统所开商店获得利润 81 万元,供给了单位日常经费的 45%,[4]贡献同样甚大。

(四) 再提升,新发展

从 1942 年底开始,边区公营商业进入进一步完善、提升的新阶段。

此前整顿虽然取得了成绩,但由于仍然存在机关经费自理、经营自负盈亏的结构性矛盾,导致公营商业组织各自为政、自流发展的现象仍然突出,一些单位背离公营经济的根本目的,除了赚钱"其他问题是不管的","本位主义和个人主义"严重,甚至为达目的

① 陕甘宁边区财政经济史编写组、陕西省档案馆编:《抗日战争时期陕甘宁边区财政经济史料摘编·商业贸易》第 4 编,第 100—101 页。

② 中国人民大学政治经济学系《中国近代经济史》编:《中国近代经济史》,北京:人民出版社 1978 年版,第 240 页。

③ 南开大学历史系中国近现代史教研室编:《中国抗日根据地史国际学术讨论会论文集》,第 411 页。

④ 陕甘宁边区财政经济史编写组、陕西省档案馆编:《抗日战争时期陕甘宁边区财政经济史料摘编·商业贸易》第 4 编,第 244 页。

不择手段,在利益驱动下不顾大局,互相间恶性竞争,囤积居奇,黑市买卖,哄抬物价。① 此外经营作风不正、商店衙门化、偷税漏税、盘剥百姓、财务制度不健全、贪污浪费、不遵守商业规则等问题也仍然较多存在。其产生既是商品经济自身劣根性使然,另一个重要原因则是"领导太多系统紊乱",从而"发生相互竞争,政令百出,各自为政的本位主义"②。这种状况再次引起了中共中央的高度重视,开始进一步从总体上予以解决。

在 1942 年 12 月召开的中共中央西北局高干会议上,毛泽东严肃批评了边区财经机构中存在的不统一、闹独立性、各自为政等恶劣现象,要求必须"建立统一的、指挥如意的、使政策和制度能贯彻到底的工作系统"③。根据会议精神,边区党和政府进一步加大力度,着力整顿商业贸易中的各种错误思想和经营作风,加强集中统一领导,力戒分散和自由主义。主要举措有:

其一,确定各分区财政,实行领导"一元化"。为此,1943 年 2 月边区政府撤销贸易局,代之以物资局,统一领导边区的光华商店、盐业公司、土产公司等,物资局设总局与分局、支局,承担稳定金融、平抑物价、保证供给三大任务。④ 加强对外贸易集中经营,规定了土产、食盐的统销政策。针对机关商业分散状况,1943 年 10 月 16 日合股成立了南昌公司,下设安塞、绥德、甘谷驿等分公司和

---

① 张文杰:《纪念朱理治文集》,郑州:河南人民出版社 1993 年版,第 216 页。

② 陕甘宁边区财政经济史编写组、陕西省档案馆编:《抗日战争时期陕甘宁边区财政经济史料摘编·商业贸易》第 4 编,第 246—247 页。

③ 毛泽东:《抗日时期的经济问题和财政问题》(1942 年 12 月),《毛泽东选集》第三卷,第896 页。

④ 陕甘宁边区财政经济史编写组、陕西省档案馆编:《抗日战争时期陕甘宁边区财政经济史料摘编·商业贸易》第 4 编,第 179—180 页。

一批门市部、过载行等十几个经营单位,实际成为延安地区公营商业的主要业务领导机构与业务载体,其主要任务是"大量推销土产,购入边区必需物资,沟通内地各城乡商业及代客买卖,转运货物,团结外商等"①。光华商店则在原有基础上进一步扩大,于1943年与盐业公司合并为光华盐业公司。

其二,制定相关配套举措。如:精兵简政,核定单位的干部编制,提高工作效率;建立各项规章,特别是严格预决算财务制度,统筹统支,禁止私立"账外账",防范贪污腐败;提出"公营商店群众化"口号,杜绝衙门作风;推行"少而精",并小商店为大商店,集中资本经营等。②

虽然成绩斐然,但中共中央、边区党和政府并未停止而是加大力度继续推进公营商业的整顿提高。1943年10月,毛泽东提出:一切机关学校部队"除各大小单位应一律发展集体生产外,同时奖励一切个人(军队除外)从事小部分农业和手工业的个人业余生产(禁止做生意),以其收入归个人所有"③。这一指示明确任何单位的个人"禁止做生意",将单位经营商与个人经商进行切割,单位是在特殊时期特殊条件下迫不得已的特殊行为,而单位成员绝不能"官""商"一身兼任,这对保持革命队伍的纯洁性,防止背离全心全意为人民服务的宗旨,具有极大的意义。

1944年4月,中共中央西北局第二次高级干部会议召开,会议

---

① 陕甘宁边区财政经济史编写组、陕西省档案馆编:《抗日战争时期陕甘宁边区财政经济史料摘编·商业贸易》第4编,第231页。

② 陈志杰:《抗战时期陕甘宁边区公营商业的构成与经营》,《抗日战争研究》2004年第2期,第116—117页。

③ 毛泽东:《开展根据地的减租、生产和拥政爱民运动》(1943年10月1日),《毛泽东选集》第三卷,第911页。

着重总结了边区的财经工作。为了更好地发挥公营商业的贸易作用，促进经济发展，会议决定再次调整机构，改物资局为贸易公司，并规定，其"唯一的任务就在为一百四十万人民与十万党政干部的生产与消费起集中的组织与调节作用"。边区公营商贸正是遵循这一方针不断继续发展壮大，并取得了显著成效：1944 年边区物出总值为 311 亿元，输入总值 159.6 亿元，出超 150 余亿（皆为边币），彻底扭转了长期入超的局面，创造了奇迹。①

四、价值与意义

抗战时期陕甘宁边区的公营工商业，在当时边区经济发展中起到了重要的主导作用，对于打破日本帝国主义和国民党顽固派的经济封锁，稳定财政金融，保障军民物资供给，克服经济困难，坚持抗战具有重大意义。

更深远的意义在于：

这是新中国经济建设的一次预演。在此过程中培养的一批专业干部，积累的经验和教训，为发展新民主主义和以后共和国的经济建设提供了理论、知识和人才储备，是极其宝贵的财富。正如 1942 年 12 月，毛泽东在总结陕甘宁边区公营经济发展经验时所指出，从 1938 年开始的五年公营经济事业，有了非常巨大的成绩。这个成绩，对于我们，对于我们的民族，都是值得宝贵的。这就是说，我们建立了一个新式的国家经济的模型②，特别是学得经营经济的重要经验，"这是不能拿数目字来计算的无价之宝"③。

---

① 南开大学历史系中国近现代史教研室编：《中国抗日根据地史国际学术讨论会论文集》，第 410 页。

② 毛泽东：《毛泽东选集》，第 815 页。

③ 毛泽东：《毛泽东选集》，第 869 页。

还更应看到,边区培育出的公营经济是新民主主义经济中社会主义性质的经济,虽然总体上还未茁壮,但它是新中国构建强大的国营经济、实现由新民主主义向社会主义转变的酵母。特别是现代工业的初步发展,不仅在落后的西北一角播下了现代化最重要的种子,更为中国共产党人在农村包围城市的艰难征程中,为保持自己无产阶级先进性提供了真正的物质基础。

第五节　经济调整之一——大生产运动

一、经济调整的背景

在坚持抗战、坚持以经济为中心、建设边区新民主主义社会的进程中,中共中央、边区党和政府曾进行过大生产和精兵简政两项在预想之外的经济调整。其发生乃因边区遭遇了严重的财政经济困难。

（一）发展与休养生息

如前所述,边区位于陕西、甘肃、宁夏三地交界,地广人稀,土地贫瘠,物资匮乏,经济十分落后。特别是农业生产力水平低下,产量极低,原本即家底薄弱。

全面抗战爆发初期,在抗日民族统一战线的影响下,边区得到了大量外援,包括国民政府按照国共合作协议发给八路军和新四军的军饷以及对边区的财政补助,爱国华侨、进步人士的捐助等,成为边区财政收入的主要来源。1937—1940 年占比分别为 77.2%、51.69%、85.79%、70.54%[1],时任边区政府秘书长的李维汉称

---

[1] 陈燕楠:《精神的力量延安精神的时代价值》,西安:太白文艺出版社 2015 年版,第261页。

1940 年为 74.7%[①],平均达 71.305%! 加之军民的生产和税收筹款,边区财政状况总体情况较好,1937—1940 年财政收入依次为:526 302 元、907 943 元、6 602 709 元、9 730 995 元。[②] 每年都有一定结余。

在此情况下,边区政府遂实行"力争外援、休养民力,积蓄力量,以支持长期抗战"的方针[③],民众负担普遍较轻微,得以休养生息(详见本章第六节)。

(二) 先声——边区生产运动

早在外援尚有保证、成为边区财政经济主要支撑时,毛泽东即未雨绸缪,预见到将有变局出现,在多个场合反复阐述要调整政策,通过自己动手,自力更生,发展生产,来防范和化解风险,克服困难。如 1938 年 12 月 8 日在后方干部会议上,毛泽东提出:武汉、广州失守后,我们五个方面的工作"其一就是生产运动"。认为目前虽能生存,但如何应对可能出现外援断绝的严峻的经济形势?他指出了三种可能"出路":第一个办法是饿死,第二个办法是解散,第三个办法,不饿死不解散就得要生产。毛泽东进一步指出,我们只能实行第三个方案,即"党政军民学大家一齐动手,衣食住行都由自己来解决"[④]。12 月 12 日晚,毛泽东在抗大干部集会上重申,我们不能饿死,不要解散,就是靠自己动手,并指出开展生产运动不仅必要,而且完全可能,因为:1. 人类从来就是自己搞饭吃,全国农民都是自己解决吃饭问题的,我们为什么不能靠自己的双

---

① 李维汉:《回忆与研究》下,第 385 页。

② 宋金寿、李忠权编:《陕甘宁边区政权建设史》,第 278 页。

③ 陕西省地方志编纂委员会编:《陕西省志·劳动志》第 54 卷,西安:陕西人民出版社 1994 年版,第 442 页。

④ 顾龙生:《毛泽东经济年谱》,北京:中共中央党校出版社 1993 年版,第 130 页。

手解决衣食住行问题？况且部队都是年富力强的劳动者。2. 留守兵团的农副业生产已取得了一定成绩，既然部分生产运动有成效，普遍开展生产运动同样可以。3. 边区荒地很多，只要条件合适就可以耕种生产。"我们种田，生产粮食，是农民；做桌子，造房子，是工人；办合作社，是商人；读书，研究学问，是学生；懂军事，会打仗，是军人"，这就叫"农工商学兵一起联合起来"①。其中所举留守兵团事例为该部在战斗和训练之余，从事种菜、养猪、打柴、做衣服鞋袜、办合作社等生产，目的是改善部队自身生活，尚无用以解决经常性的财政供给问题的意识。但毛泽东敏锐地看到其中的意义，予以表彰和推广。

1938 年 12 月 20 日，《新中华报》发表社论，号召"在边区内，应该广泛开展生产运动"，"物质上能够自己充分供给"②。1939 年 1 月，边区第一届参议会上，毛泽东再次发出"发展生产、自力更生"号召，要求边区各单位、团体、人民群众等各行各业都积极行动起来，开展必要的生产。边区政府主席林伯渠也指出：为支持长期抗战，应对日益加剧的经济困难，并建立国防经济基础，改善人民生活，增强抗战力量，那么，扩大生产运动，就"成为目前重要战斗任务之一"③。1 月 26 日，中央决定成立总生产委员会，由林伯渠、李富春分任正副主任，领导整个边区的生产运动。2 月 2 日，中共中央在杨家岭召开延安各界生产动员大会，毛泽东、张闻天、陈云等出席并发表讲话。时任中央财政经济部部长的李富春代表中央做报告，深刻阐述了边区开展生产运动的意义、目的以及计划和实施

---

① 顾龙生：《毛泽东经济年谱》，北京：中共中央党校出版社 1993 年版，第 131 页。

②《广泛开展生产运动》，《新中华报》，1938 年 12 月 20 日，第 1 版。

③ 陕西省档案馆、陕西省社会科学院编：《陕甘宁边区政府文件选编》第 1 辑，北京：档案出版社 1986 年版，第 149—150 页。

办法，并分配了生产任务，号召全边区党政军各机关、各学校的人员向八路军留守部队学习，发扬艰苦奋斗的革命作风，努力完成生产任务。毛泽东发表了演讲，号召边区广大军民"一面工作，一面学习，一面生产"，展开一场"伟大的经济战线上的斗争"。

2 月 4 日，陕甘宁边区党、政、军部门联合下发紧急通知，要求边区全体人民和全体工作人员广泛开展生产运动，以达到财政经济上的自足自给；"每人应保证从今年秋收后，粮食菜蔬完全由自己生产以自给"；各县均成立领导生产委员会，主任由"县长或县委书记充当之"，领导开展全县的生产运动。① 随后《陕甘宁边区人民生产奖励条例》《督导生产运动奖励条例》《机关部队学校工作人员生产运动奖励条例》等文件陆续颁布。由此，生产运动不仅是为了改善边区军民的生活，而且是"解决一般需要的一部分"，"动员的范围也不限于军队，而是所有部队、机关、学校一律进行生产"②，大生产运动正式拉开了序幕。

中共中央、毛泽东对此项工作抓得极紧。

1939 年 5 月，毛泽东在延安干部教育动员大会上说：我们党最近发起了两个运动，一个是生产运动，另一个是学习运动，都有普遍意义和永久意义。③ 6 月 10 日，毛泽东在延安高级干部会议上又明确提出"自力更生，克服困难"的方针。

这一阶段生产运动首先在农牧业方面取得了初步成效。

---

① 陕西省档案馆、陕西省社会科学院编：《陕甘宁边区政府文件选编》第 1 辑，北京：档案出版社 1986 年版，第 162—163 页。

② 毛泽东：《经济问题与财政问题（节选）》（1942 年 12 月），《毛泽东文集》第 2 卷，第461 页。

③ 毛泽东：《在延安在职干部教育动员大会上的讲话》（1939 年 5 月 20 日），《毛泽东文集》第 2 卷，第 176 页。

1939—1940 年,边区共开荒 170 余万亩,不仅粮食产量有了显著增加,牛、驴、羊等主要牲口数量也有较大幅度增长。到 1940 年,边区部队已可自给一个半月口粮和部分装备。另据中央有关部门统计:边区群众 1939 年共计开荒 104 万亩,粮食增加 20 万担,牛羊则增加百万头,大大改善了生活,并保障了救国公粮 5 万担。机关、学校、部队方面,4 万在职人员的生产运动,平均保障了 3 个月的粮食,警卫营、保卫营及政治教导队则保证了 10 个月或半年的粮食。[①] 军委直属机关和后方留守兵团"平均解决了两个月的粮食,一套夏衣,全部冬季鞋袜","给养大大改善"[②],不仅"在全国有很好的影响,并吸引了外边对我经济上的同情和赞助"[③]。

1941 年以前开展的这场生产运动,常被称为"大生产第一阶段"。但此时边区还有一定外援,财政经济困难还未严峻,尚能"有饭吃,有衣穿",开展生产还只是作为辅助性手段,尚未成为战略性举措,因此,许多人对此意义尚认识不足,未能真正普遍开展起来。

二、大生产发动与初步发展

(一) 压力与困难

随着战争发展,敌后抗战形势日益严峻。

一是抗战进入相持阶段,日军将把军事进攻重点移到了敌后战场,对根据地进行疯狂"扫荡"与"蚕食",推行"彻底毁灭我军民生存条件"的"三光政策",把一些地区完全毁灭成"无人区",从而

---

① 中央档案馆编:《中共中央文件选集(1939—1940)》第 12 册,北京:中共中央党校出版社 1991 年版,第278 页。

② 中央档案馆编:《中共中央文件选集(1939—1940)》第 12 册,第289 页。

③ 中央档案馆编:《中共中央文件选集(1939—1940)》第 12 册,第279 页。

使根据地遭遇严重破坏,面积缩减,"民力凋敝,财政经济日趋困难"①。边区虽然未遭受日军直接入侵,但无论是军事抑或经济,同样遭受空前压力。

二是国民党制造摩擦,掀起"反共"高潮,加紧对边区实行封锁的同时,更从1940年10月起停发八路军军饷和边区政府津贴,断邮,釜底抽薪截留捐款、赠物,使边区外援几乎完全断绝。

三是1940—1941年,边区遭遇了前所未有的严重自然灾害,据统计,1939年受灾面积614 965亩,受灾人口41 177人,损失粮食55 884石;1940年受灾面积4 298 312亩,受灾人口515 145人,损失粮食235 850石;1941年受灾面积603 558亩,受灾人口90 470人,损失粮食47 035石。②特别是"1940年夏秋之季,水、旱、风、雹交相袭击,全区受灾22县1市,灾民达29 242人,损谷禾29 861亩,损牲畜8 992头"③。

三者叠加,由此造成边区极端困难局面。毛泽东曾经指出:1940—1941年是边区最困难的两年,国民党先后发动了两次"反共"摩擦,又停发经费和进行经济封锁,"企图把我们困死"。根据地几乎弄到没有衣穿,没有油吃,没有纸,没有菜,战士没有鞋袜,工作人员冬天没有被盖,"困难真是大极了"④。

另一方面,边区脱产人口却在大量增加(见本章第六节),生之

①中共中央党校党史教研室选编:《中共党史参考资料》(五),北京:人民出版社1979年版,第43页。

②陕甘宁边区财政经济史编写组、陕西省档案馆:《抗日战争时期陕甘宁边区财政经济史料摘编·人民生活》第9编,第263页。

③张扬:《抗日战争时期陕甘宁边区的精兵简政》,《近代史研究》1983年第4期,第135页。

④毛泽东:《抗日时期的经济问题和财政问题》(1942年12月),《毛泽东选集》第三卷,第892页。

者寡,食之者众,使得入不敷出、财政已到不堪重负的地步。

(二)发动

迫不得已,边区最初主要通过传统的征收重税之法予以应对。1941年征收公粮20万石以上(详见本章第六节),由此造成边区群众日消耗粮食尚不足1斤。为解决1941年边区财政赤字问题(5 682 698元边币占整个财政收入的22.49%),采用大量印钞的办法,导致严重的通货膨胀,物价飞涨。物价指数由1940年12月的716.90到1941年1月上升为1 075.50,2月又上升到1 373,3月竟高达2 224,给边区社会经济生活造成极大的混乱。[①] 由此引起党内外强烈不满。

此事引起毛泽东的高度注意,在了解发生的原因,并经调查掌握大量的第一手材料后,指示边区将公粮数额由20万石以上减至民众尚能够承受的16万担。[②]

毛泽东对此印象深刻,曾多次提及,如"那年边区公粮征收二十万石,还要运公盐六万驮",老百姓很苦,怨声载道,"迫使我们研究财政经济问题"[③]。这说明,一味竭泽而渔甚至危及党的执政安全。此事实际成了陕甘宁边区大生产运动兴起的直接原因。

在严重的困难面前,中国共产党人一方面绝不屈服,另一方面"时移则事异","事异则备变",从实际出发,采取了一系列行之有效的措施,开展大生产和实行精兵简政就是其中的最重要者,从开源和节流两个方面抓住了克服严重财政经济困难的问题的关键。

作为"开源"之举,1941年,中共中央、陕甘宁边区党和政府开

① 宋金寿、李忠权主编:《陕甘宁边区政权建设史》,第279—280页。
② 史全伟编著:《清廉勤俭毛泽东》上,北京:中央文献出版社2013年版,第186页。
③ 毛泽东:《在中国共产党第七次全国代表大会上的结论》(1945年5月31日),《毛泽东文集》第3卷,第404页。

始在全边区正式发动严格意义上的大生产运动,至 1942 年。这通常也被称为"大生产运动的第二阶段"。

三、基本政策

大生产运动兴起后,中共中央制定了一系列方针政策。

(一)经济建设为中心

中共中央由严峻的局面认识到,第一阶段的生产运动以其规模和收获远不能满足和解决边区的财政支出和军民生活需求,唯有开展更大规模的生产运动,才能从根本上解决军用民需的问题,为此,进一步调整政策,逐步将发展生产上升到全局性、"中心或第一位"工作、事关边区存亡乃至全国抗战胜败的高度来认识。

1940 年 2 月 10 日,中共中央、中央军委发出指示,要求全军从政治高度认识财经问题,广泛开展生产运动,"开辟财源,克服困难,争取战争的胜利",指示要求"生产运动要有广泛深入的政治动员,与政治任务紧密联结,提高劳动热忱与政治积极性,要有合理的组织工作与实际从事指导的生产委员会监督管理这一运动的进行",还提出了"一面战斗(非战斗机关是一面工作),一面生产,一面学习"的口号,并强调"三者合一,我们就能战胜一切"①。

同年 11 月,边区中央局又先后发出两份重要文件。其中,《关于开展边区经济建设的决定》进一步指出发展经济的重大意义:"没有有效的新民主主义的经济建设,边区的巩固与发展是不可能的",广泛开展经济建设已是刻不容缓,各级党委必须将开展经济

①中央档案馆编:《中共中央文件选集(1939—1940)》第 12 册,第 289 页。

建设,当作当前最迫切的实际中心工作之一。①《关于财政经济政策的指示》则强调指出:目前边区财经政策新方向,就是转到完全自力更生、自给自足的政策,这是摆在边区党和政府以及全体人民面前"新的迫切的严重任务",新民主主义的财政经济的主要动力,"要依靠全边区一百二十万人民","次则依靠边区党、政、军、民、学全部在职人员"②。而毛泽东的一系列论述更从理论和全局高度深刻地阐述了开展大生产运动的伟大意义。(见本章第一节)

(二)步骤、策略

在根本方针的基础上,中共中央、边区党和政府制定了正确的行动步骤、策略。如《关于财政经济政策的指示》中明确指出:我们财经政策的实际计划要适应边区的特点,具体包括,一是要以发展农业生产为第一位;二是发展工业,目前应着重于轻工业与手工业;三是商业应以发展对外贸易为主;四是边区建设以分工合作与集中领导为原则,构建建设脉络;五是财经要有全盘方针和计划,既要量入为出、收支平衡,又要尽可能支援建设;同时号召全边区的人民及在职人员进行可能的节约运动渡过难关,等。③ 1941 年12 月 25 日,中共中央西北局做出有关边区 1942 年度财经建设的决定,明确要求:必须用全力贯彻以农业第一的发展私人经济的方针;继续发展家庭纺织业与尽可能发展制造铁、木工具的手工业,

---

① 中国财政科学研究院主编:《抗日战争时期陕甘宁边区财政经济史料摘编·总论》第1 编,武汉:长江文艺出版社 2016 年版,第 101 页。
② 中国财政科学研究院主编:《抗日战争时期陕甘宁边区财政经济史料摘编·总论》第1 编,第 103 页。
③ 中国财政科学研究院主编:《抗日战争时期陕甘宁边区财政经济史料摘编·总论》第1 编,第 104 页。

以解决边区人民布匹和农业、手工业工具的需要；在集中领导、统一计划、合理分工的原则下，继续发展公营经济生产，这种自给自足带供给性的采取分散经营形式的生产，应当看成为明年财政统筹统支中仍然必不可缺少的重要部分。[1] 经过反复酝酿，边区最终确立了"农业为第一位，工业与运输业为第二位，商业为第三位"的生产自给的思路。而发展农业生产成为整个大生产运动的中心任务。

（三）全体动员，组织起来

军队、机关、学校率先行动起来。按照首先大力发展农业的方针，根据边区地广人稀、荒地众多的特点，积极推行"屯田政策"。八路军总司令朱德亲自勘查、确定位于延安东南约 50 千米处的南泥湾为部队屯垦之地。从 1941 年 3 月开始八路军留守兵团三五九旅分批开进，"一把镢头一支枪，生产自给保卫党中央"，垦荒种地，多种经营，短短两年即将荒无人烟的南泥湾变成了"到处是庄稼，遍地是牛羊"的"陕北江南"。三五九旅粮食自给、经费自给的能力逐年提高。如粮食自给，1941 年为 1 个月，1942 年为 3 个月，1943年已全部自给。经费到 1943 年也实现全部自给。1944 年，更达到"耕二余一"，向边区政府缴纳了公粮 1 万石，[2]成为大生产运动中一面光辉的旗帜。毛泽东、朱德、林伯渠等领导人均来此视察，高度评价这种艰苦奋斗、自力更生的精神，此后，各地多以三五九旅为榜样，大力开展屯垦生产活动。为此，边区政府又陆续采取了一系列措施，包括各县均成立生产建设委员会，发放贷款，推广技术，

---

[1] 陕甘宁边区财政经济史编写组：《抗日战争时期陕甘宁边区财政经济史料摘编·工业交通》第 3 编，第 27 页。

[2] 邓力群主编：《伟人的一生》上，北京：中央民族大学出版社 2004 年版，第 372 页。

兴修水利,积极引导和组织农民开荒垦地;将农民组织起来,开展互助合作,整合劳动力配置,提高劳动效率;一方面有组织、有计划地从人多地少的绥德、米脂等地区将部分人口迁至延属、关中、三边、陇东等人少地多的地区,另一方面,组织移难民开荒,克服边区劳动力不足的困难,实现劳动力和土地此两个生产要素的合理配置。(见"社会建设"章第一节)

(四)"轻舟已过万重山"

在中共中央、边区党和政府的大力推动下,在一系列方针政策的引领下,大生产运动在全边区迅速而广泛地开展。经各方面的共同努力,边区的农副业生产有了长足发展:

年份	开荒亩数	植棉亩数	牛	驴	羊
1939 年	1 002 774	3 767	150 892	124 935	1 171 366
1940 年	698 989	15 177	193 238	135 054	1 723 037
1941 年	390 087	39 087	202 914	137 001	1 724 203
1942 年	281 413	94 405			
总计	2 373 263				

(说明:1. 牲口的统计,葭佳、米脂二县未计入;1939 年的牲口数,清涧等七县是将 1940 年的数目加在里面的。2. 开荒是逐年所开数目。植棉与牲口是逐年统计之全边区所有数。)①

统计说明,边区经济逐年发展,特别是从这种种事实看来,边区粮食已能自给,是无疑问的了。②

边区经济和财政也渡过了最困难的时期。

1941 年各机关经费的自给部分达 70%。1942 年中央各机关

① 中国财政科学研究院编:《抗日战争时期陕甘宁边区财政经济史料摘编·人民生活》第 9 编,第 43—44 页。

② 毛泽东:《经济问题与财政问题》(1942 年 12 月),《毛泽东选集》,第 752—753 页。

自给 48％,边区保安处自给 70％,鲁迅艺术文学院自给 32％。① 当年底,边区党政军民学各部门经费自给率已达到一半以上,资产积蓄达 5 亿元左右。边区在取之于己方面,总量上,已超过了取之于民那一方面②,堪称创造了历史奇迹,形成了我党不可征服的基础。"生产自给的基础已经坚固地打下了","使我们能够依据这个基础继续发展生产,解决今后的问题"③。

四、新的发展与新的目标

(一) 新的努力

1943 年至 1945 年,陕甘宁边区大生产运动继续进行,进入了所称的"第三个发展时期"。

这一时期战争仍在继续,经济方面压力仍然巨大,"发展经济,保障供给",特别是保证财政经济供给仍然是边区军民面对的严峻考验。因此中共中央和边区政府进一步出台政策,推动大生产运动向纵深开展,如 1943 年 6 月 1 日,毛泽东致彭德怀电即提出:"抗战还须准备三年","对人民除坚持'三三制'外,应以大力发展农业、手工业,如人民(主要是农民)经济趋于枯竭,我党即无法生存。为此除组织人民生产外,党政军自己的生产极为重要"④。

---

① 米晓蓉、刘卫平主编:《陕甘宁边区大生产运动》,西安:陕西师范大学出版社 2014 年版,第 7 页。

② 毛泽东:《经济问题与财政问题(节选)》(1942 年 12 月),《毛泽东文集》第 2 卷,第 462 页。

③ 毛泽东:《经济问题与财政问题(节选)》(1942 年 12 月),《毛泽东文集》第 2 卷,第 462、466 页。

④ 毛泽东:《在今后三年中应力求巩固,屹立不败》(1943 年 6 月 1 日),《毛泽东文集》第 3 卷,第 24—25 页。

（二）新的目标及举措

1943 年初，中共中央提出了"丰衣足食"的新目标。

1943 年 1 月 1 日，延安《解放日报》发表社论：在陕甘宁边区——一个比较处于后方的抗日民主根据地，"发展生产，加强教育"将是 1943 年的中心任务，而"发展生产"尤为中心的中心"①。1月 13 日，中共中央在延安召开中直机关和边区学校经济工作会议，边区财经工作负责人之一李富春在会上做了重要报告，指出："今年的生产运动，在陕甘宁边区是第一位的任务"，"毛主席号召全边区在今年要达到'丰衣足食'的目的，在机关学校说来当然更要做到'丰衣足食'的地步。这显然不是一桩简单的事情，而是要大家有足够的衣，足够的食，吃得好，穿得够，它是充满着积极意义的，是个严重的政治任务与经济任务"，因此，"今年的生产任务，不但未减轻，而且应当提高了，也可能提高了"②。

实现丰衣足食，也称为"建设革命家务的阶段"。所谓"革命家务"，最早源于朱德总司令在 1943 年 5 月 1 日延安纪念"五一"大会上所作《建设革命家务》演讲。毛泽东对此极为欣赏，同年 10 月 14日在中共中央西北局高干会上的报告中说：陕北这个地方，可以建立一个又深又好的"巢"，敌人来不了，里面"有工农商业，有牛羊鸡犬，有女子和娃娃，有生产班"，要好好规划一下，像朱总司令所讲的那样，"好好地搞一个革命家务"③。1945 年 1 月还说道："在目前条件下，为着渡过困难，任何机关、部队，都应建立起自己的家

①《新年贺词》，《解放日报》，1943 年 1 月 1 日，第 1 版。

② 中国财政科学研究院主编：《抗日战争时期陕甘宁边区财政经济史料摘编·人民生活》第 9 编，第 42 页。

③ 毛泽东：《切实执行十大政策》（1943 年 10 月 14 日），《毛泽东文集》第 3 卷，第73 页。

务。不愿建立家务的二流子习气,是可耻的。"①

为了促进大生产向新的深度、广度发展,中共中央又及时实行了若干新的举措。

一是强调组织起来。毛泽东于 1943 年 10 月 1 日发出《开展根据地的减租、生产和拥政爱民运动》的党内指示,11 月 29 日又在边区劳动英雄大会上做《组织起来》的重要讲话。毛泽东这两篇文章连同他在中共中央西北局高干会上所做的《经济问题与财政问题》书面报告,一起构成了这一时期敌后根据地开展大生产运动的基本纲领,其中心思想即是通过进一步组织起来的力量推进生产。

二是继续动员全体参加。中共中央和边区的主要领导以身作则,率先垂范,在紧张工作之余,也都积极参加生产劳动。萧劲光回忆,"边区军民,人不分男女老少,地不分东南西北,都迅速行动,掀起了轰轰烈烈的大生产运动",各级领导同志以身作则,带头参加,"毛泽东、朱德、周恩来、任弼时等中央领导同志也亲自动手种菜纺纱,参加助民劳动",周恩来、任弼时"在延安的纺纱比赛大会上,他俩双双获奖"②。1943 年毛泽东看到林伯渠制订的个人生产计划即表示:"你个人的计划能实行,必有好的影响,我也定了一点计划,准备实行。"③

三是树立表彰典型。为了激发人们的劳动热情,边区党和政府从 1942 年起广泛开展劳动竞赛活动,对涌现出的一批劳动英雄予以表彰,树立为榜样。1943 年底,陕甘宁边区第一届劳动英雄表彰大会召开,从各个方面推选出的劳动英雄计有 185 人,如工业方

① 毛泽东:《必须学会做经济工作》(1945 年 1 月 10 日),《毛泽东选集》第三卷,第 1018—1019 页。

② 萧劲光:《萧劲光回忆录》,北京:解放军出版社 1987 年版,第 302 页。

③ 胡乔木:《胡乔木回忆毛泽东》,第 233—240 页。

面的赵占魁,农业方面的吴满有、杨步浩,合作社的刘建章,部队的李位,机关的黄立德,还有妇女劳动英雄郭凤英、张芝兰等,都是边区家喻户晓、公认的杰出人物。1942 年 4 月 30 日,《解放日报》曾在头版头条报道了吴满有的事迹,并发表社论,掀起了"吴满有运动"。毛泽东对此十分重视,指出,"1943 年应大大提倡吴满有式的生产运动",使边区"产生很多的吴满有"[1]。1942 年 9 月 11 日,《解放日报》又发表社论,号召边区各界群众向"模范工人赵占魁学习"。

边区第一届劳动英雄表彰大会评选出特等劳动英雄 25 名,甲等劳动英雄 34 名,乙等劳动英雄 8 名以及 5 个模范村,分别给予奖励:个人劳动英雄分别奖励边币 3 万元、2 万元和 1 万元;每村耕牛1 头。11 月 29 日下午,毛泽东、朱德、刘少奇、周恩来在杨家岭中央大礼堂设宴招待劳动英雄,毛泽东在会上发表了著名的《组织起来》的讲话,高度评价劳动英雄"是人民的领袖,你们的工作是很有成绩的",并要求各位劳动英雄"不要自满",回去之后,要"领导人民,领导群众,把工作做得更好"[2]。

这是中国历史上第一次召开表彰普通劳动者的大会,真正体现了中国共产党践行历史唯物主义,"人民群众是历史的创造者"、尊重劳动、尊重群众首创精神的理念。此后,边区在更大范围内对劳动英雄进行奖励。1944 年 1 月起,《解放日报》开设《边区生产劳动》专栏,系统介绍劳动英雄的典型事迹。同年 7 月,边区政府和边区参议会常驻会共同做出《关于今冬召开劳动英雄模范工作者大会及生产展览大会的决定》。7 月 17 日又发布对一年来生产、教

---

[1] 毛泽东:《毛泽东选集》,第 877 页。

[2] 毛泽东:《组织起来》(1943 年 11 月 29 日),《毛泽东选集》第三卷,第 935 页。

育、拥军、防奸运动中之模范干部和不好干部分别奖惩的命令,表彰 147 名不同岗位的干部,惩处另 3 名违法乱纪者。1944 年 12 月 22 日至 1945 年 1 月 14 日,边区政府又举行了时称"群英会"的第二届"劳动英雄与模范工作者大会",有 476 位劳动模范参会,评选出特、甲、乙等劳模 74 名、200 名、189 名,模范单位 14 个,分别给以奖励。

在劳动竞赛、组织起来等政策的强力推动下,边区大生产运动不断推向新的高潮。1943 年粮食总产量达到 184 万石,比 1942 年增产 16 万石,除去消费,可结余 22 万石;同年植棉 15 万亩,比 1940 年扩大 10 倍,产棉 173 万斤,达到边区棉花需求量半数以上,棉布自给率达 73%;产盐 60 万驮,比 1942 年增加一倍以上;增加耕牛 1 万多头,驴 1 200 余头、羊 20 万只。党政军民学的全年开支 60 亿元(边币),而部队机关学校的生产自给率占 64%,边区财政收入中取之于民部分已只占 31%,为边区历史上从未有过的奇迹。[①] 1944 年,全边区增产细粮 20 余万石,其中机关、学校生产细粮近 10 万石。结余粮食 28 万石,连同前几年的结余,共达 70 万石以上。不少农户实现了耕三余一。植棉 30 万亩,棉花产量达 300 万斤,可织布 150 万匹,自给率达 2/3。工业生产的日用品如毛巾、肥皂、纸烟、火柴、纸张、瓷器等已经自给或者大部分自给。延长油矿恢复生产,军事工业也有新的发展。这就为边区克服困难、坚持抗战,奠定了重要的物质基础。1945 年边区又遭受特大旱灾,农业歉收,但由于边区整个"家底"有了积累,不仅克服了困难,并保证了抗战胜利后大批干部开赴解放战争前方时的各项供应。

到 1944 年,中共中央、边区政府又提出了更高的新目标,"现

---

① 宋金寿、李忠权主编:《陕甘宁边区政权建设史》,第 346 页。

在的方针是要全面自给……经济上要做到全面自给"。要求边区所有家庭"每家有一年余粮。不仅要防备天旱,还要准备反攻","日用工业品要全面自给","我们要在两三年内完全解决衣服的全部自给",还要在两三年内做到 470 万斤铁完全自给,"自己采矿,自己冶炼,并制造必需的机器和农具"。还提出要植树造林绿化荒山,实属高瞻远瞩。① 毛泽东当月再次强调:在党和人民政府领导下,边区人民的生活有了很大改善,日渐丰衣足食。但还没有普遍。特别是因为需要抗战与备荒,必须增加生产,两到三年内"普遍做到每户至少有一年余粮"。边区各项工业品特别是布、铁等要在三年内完全自给,"不仅求数量多,而且要求质量好"②。1945 年初,毛泽东又再次指出:必须在两三年内,使边区和各敌后根据地,做到粮食和工业品全部或大部自给,并有盈余,"使农业、工业、贸易三方面都比现在有更大的成绩"③。

中共中央和边区政府制定的目标进一步鼓舞激发了军民的生产热情,生产持续健康地发展,到 1945 年底,第三阶段的大生产运动亦即整个大生产运动胜利结束。

五、边区大生产运动的意义

(一)直接价值

抗战时期边区开展的大生产运动在各个经济领域都取得了巨

---

① 毛泽东:《在延安大学开学典礼上的讲话》(1944 年 5 月 24 日),《毛泽东文集》第 3 卷,第 152—153 页。

② 毛泽东:《召开陕甘宁边区第二届参议会第二次大会的决定》(1944 年 7 月 5 日),《毛泽东文集》第 3 卷,第 180 页。

③ 毛泽东:《必须学会做经济工作》(1945 年 1 月 10 日),《毛泽东选集》第三卷,第 1015 页。

大成就。特别是当时最为紧迫的农业领域,耕地面积从 1937 年的 862.6 万亩增加到 1945 年的 1 425.6 万亩;粮食总产量从 1937 年的 126 万石增加到 1945 年的 160 万石;畜牧业,在 1939—1944 年的 6 年间,牛、驴、羊分别增加 72 166 头、55 927 头、783 390 只。① 在商贸领域,进出口贸易总额和商品种类也都有大幅增加。到 1945 年抗战胜利前夕,许多县市已经实现了"丰衣足食"的目标。 边区大生产的成就,对其他解放区是巨大鼓舞,所创造的经验也不断向其他解放区推介。1945 年 4 月,毛泽东指示中原解放区军政领导:除粮食外,你们其他费用都应主要靠自给而不是靠税收,要放手让各个解放区发展生产,自己解决供给,这才是最可靠的办法。毛泽东并指出,1940 年到 1942 年整整 3 年,陕甘宁边区财政曾经极其困难,但从 1943 年起就是通过靠自己动手、发展生产这一办法解决了问题,"仅有人口一百五十万的边区,却养活了十万公家人而民不伤"②。这一经验,有力促进了各解放区经济和事业的发展壮大。

(二)深远意义

边区大生产运动当时不仅实现了"发展生产,保障供给"和"自己动手,丰衣足食"的直接目的,而且还有更深远的意义。毛泽东指出:"军队生产自给,不但改善了生活,减轻了人民负担,并因而能够扩大军队,而且立即带来了许多副产物。"包括:改善官兵关系、增强劳动观念、增强纪律性、改善军民关系、军政关系好了、促进了民众的大生产运动。有鉴于此,毛泽东一直将其与另一项创

---

① 陕西边区财政经济史编写组、陕西档案馆编:《抗日战争时期陕甘宁边区财政经济史料摘编·农业》第 2 编,第 85—98 页。

② 毛泽东:《自己动手,克服困难》(1945 年 4 月 9 日),《毛泽东文集》第 3 卷,第 280 页。

举"整风运动"相提并论,视为革命链条上两个关键环节。

这些成就,为夺取抗战最后胜利和迎接解放战争的到来奠定了十分重要的物质基础。毛泽东就此指出,军队生产自给,具有重大的历史意义。这种表面上"落后""倒退"实质上进步的办法,使我们克服了困难,赢得人民的拥护,支持了长期战争,最终达到最后地消灭侵略者、解放全中国的目的,"这种历史意义,难道还不伟大吗"[①]?

因此,大生产运动作为边区建设的应急之举,也是中国共产党运用新民主主义理论指导经济建设的又一项伟大创举。

第六节　经济调整之二——精兵简政运动

为了克服面临的困难,中国共产党领导边区政府、军民在"开源"——开展大生产运动的同时,实行"节流"——进行精兵简政。

一、发生的必然性

(一)原因

如前所述,边区出现严重财政经济困难的又一原因是脱产人员过多,以及迅猛发展的庞大的行政机构。

首先是这一时期大后方及海外进步青年大批到来,导致边区人口迅速增加,党政军学脱产人员数量随之剧增:1937年为14 000余人,1938年至1940年分别为16 000余人、49 686人、61 144人,

---

① 毛泽东:《论军队生产自给,兼论整风和生产两大运动的重要性》(1945年4月27日),
　《毛泽东选集》第三卷,第1107页。

1941 年更高达 73 117 人,另有 8 120 匹马的草料。① 而这一时期边区人口也不过 100 多万! 另一方面,由于抗战以来为适应战争和边区治理建设之需必然要设立若干新机构,但又开始推行机关"正规化",行政机构按照自我扩张的惯性不断膨胀,也造成边区脱产人员增多。如边区政府直属机关计 35 个,仅 100 名工作人员就配备杂务人员 82 人。② 群众团体部门如延安市有青联 8 个,边区文协 12 个并附辖艺术干部学校、西北文艺工作团、杂技团及民众剧团等。③ 边区政府以下直至基层同样机构林立,如延长二区某乡共计有 189 户,821 人,下设有经济、文化、卫生、优抗、锄奸、自卫队、运输队、抗敌后援会等多种组织。负责者共 102 人,平均 8 个人就有 1 个干部,不到两户就有一个"头目"。④ 对于每个根据地党政军脱产人员比例,党中央曾有一般不超过人口总数的 3% 的明确要求,陕甘宁边区人口约 140 万,脱产人员经常在 7 万人左右,更有甚者,如 1941 年边区人口 13.6 万余人,脱产人员 8 万多,已占人口总数的 58.82%,远远超过了中央规定。⑤

(二) 危害

其一,脱产人员的增加,直接导致民众相应负担随之大为加重,加之国民党封锁边区、断绝外援,停发八路军军饷、边区政府经费,财源更加萎缩,边区政府不得不逐年增加捐税,特别是公粮负担,1937 年为 13 895 石(每石 300 斤),人均负担 1 升(3 斤),占全年

---

① 宋金寿、李忠权主编:《陕甘宁边区政权建设史》,第 278 页。

② 何晓莉:《抗日战争时期陕甘宁边区的精兵简政》,《党校教学》1987 年第 4 期,第 14 页。

③⑤ 张扬:《抗日战争时期陕甘宁边区的精兵简政》,《近代史研究》1983 年第 4 期,第 135 页。

④ 郭必选主编:《延安研究》第 1 辑,北京:中共党史出版社 2005 年版,第 147 页。

粮食收获量的1.28％；1938年为15 972石，人均负担1升2合，占年收获量的1.32％；1939年为52 250石，人均负担4升多，占年收获量的2.92％；1940年为97 354石，人均负担7升多，占年收获量的6.38％。[①] 这一数字不包括采购（常带有强制性）所得。另据统计，1938年征募15 955石，采购16 700石，合计32 655石。1939年征募52 251石，采购24 400石，合计76 651石。[②] 1941年春向群众借粮5万石，实征公粮201 617石，人均负担1斗4升8合，占年收获量的13.85％，为1937年的十多倍，由此造成群众日消耗粮食尚不足1斤，另加公草260万斤，应属竭泽而渔，引发各种矛盾、甚至危及党的执政安全（见本章第五节），无论如何是不能长期维持的。

二是滋生官僚主义，影响行政效率。由于部门众多人员庞杂，形成多中心，加之工作制度不健全，责权不明，从而产生办事手续繁多，互相推诿、牵掣，效率低下，滋长官僚主义、文牍主义等工作作风问题。如边区政府文书科，每人每日平均只写539个字；边区通讯站机构臃肿，人员不少，但人浮于事，效率低下，收发信件书报经常发生错误和积压现象。延绥、延庆两邮路日夜开班，但前者单程需时10多天，后者单程需时半个多月，平均每月还多支付运费1.5万元。[③]

三是机构配置"头重脚轻"。上级机关机构臃肿，部门重叠，人浮于事，下级机关虽也机构众多，但真正发挥作用者则人少事繁，

---

① 宋金寿、李忠权主编：《陕甘宁边区政权建设史》，第278—279页。

② 陕甘宁革命根据地工商税收史编写组：《陕甘宁革命根据地工商税收史料选编》第7编，西安：陕西人民出版社1987年版，第128—129页。

③ 《陕甘宁边区政权建设》编写组：《陕甘宁边区的精兵简政·资料选辑》，北京：求实出版社1982年版，第163页。

如乡政府经常办事的主要是乡长一人，里外忙碌，工作不免常常顾此失彼。延安《解放日报》就指出：上级主管部门书面指示太多，且都集中到乡政府，而乡政府人少，文化程度又低，很多事只好搁着。① 特别是上级不同机关皆发号施令，一国三公，致下级无所适从。

在局面严峻、经济剧烈萎缩的情况下，"庞大的财政开支远非群众所能负担得起"。对此，毛泽东明确指出：我们庞大的战争机构"是适应过去的情况的"，过去可以，"也应该如此"，但现在不行了——根据地已经缩小，今后可能还会再缩小，因此，绝不能像过去那样维持着庞大的机构。毛泽东进一步指出，目前，战争机构与形势之间已发生矛盾，敌人正意图用"三光"政策不断扩大这个矛盾，如果"我们还要维持庞大的机构，那就会正中敌人的奸计"。对此"矛盾"，毛泽东还曾形象地喻为"鱼大水小"的问题。②

精兵简政政策正是在上述背景下产生的。

二、启动

（一）探索

面对困境和存在的这一严重问题，中国共产党进行了探索。1940 年 8 月 20 日，中共中央发布指示，对各抗日根据地人力物力安排做出规定：1. 党政军民学脱产人数占全区域人口（不固定的游击区和敌占区不在内）比例不超过 3％。2. 军队人数（不脱生产者不在其内）与党政军民学脱产人数比例最多不超过 2：1。3. 军队

---

① 谢觉哉：《简政不是"减政"》，《解放日报》，1941 年 11 月 30 日，第 1 版。
② 毛泽东：《一个极其重要的政策》（1942 年 9 月 7 日），《毛泽东选集》第三卷，第 881—882 页。

内(包括军队的后方机关学校),要有六成枪支。4. 经费开支同样
按照上述比例。指示强调,为了坚持长期抗战,必须实行统筹统
支,党政军民学都要有严格的编制表。对于新开辟的根据地,虽然
开始时人力、财力、物力、较为宽裕,但"应注意老根据地之经验,不
应浪费人力物力,注意继续人力财力以长期打算为出发点,以减少
将来的困难"①。1941 年 11 月 7 日,中央军委又发出指示,要求主
力部队实行"适当的精兵主义",重点在提高部队的政治、军事技术
水平,缩编和充实编制。文件并具体规定了不同地区的比例。对
于各根据地的脱产人员比例,文件仍强调只能占"百分之三左
右"②。各根据地根据中央指示开始采取相应举措,初步改变了不
合理的状况。

政权组织机构方面,1941 年七八月间,中央政治局多次召开会
议,讨论中央机关的设置与编制等问题。对于中央各机关,政治局
认为,其职责是"研究情况,掌握政策,总结经验,调剂干部",因此
机构设置必须以"精干"为原则,各部委应按此原则"重新编制"。
为此,中央决定成立"改革中央组织机构委员会",由任弼时负责,
并规定了各部委的具体编制。

(二) 他山之石

这一探索在 1941 年底进入了一个新阶段。

如前所述,1941 年 11 月 6 日至 21 日边区第二届参议会上,一
份有关"精兵简政"的提案由党外人士李鼎铭等 11 人联名提出。
这份名为《政府应彻底计划经济,实行精兵简政主义,避免入不敷
出、经济紊乱之现象》、编号第 81 号的提案,其主要内容是:军事政

---

① 中央档案馆编:《中共中央文件选集(1939—1940)》第 12 册,第 470 页。
② 中央档案馆编:《中共中央文件选集(1941—1942)》第 13 册,第 213 页。

治必须以经济为基础。现在资源薄弱，人民困苦。"欲求不因经济枯竭而限制军政发展，亦不因军政发展而伤害经济命脉"，政府必须实行"彻底计划经济"，"精兵简政主义"。提案并提出五条具体举措：1. 推行计划经济。2. 应量入为出。3. 军事上实行精兵主义，政府实行简政主义。4. 规定供给条例。5. 提倡节约、廉洁作风，杜绝浪费。①

　　提案在会上引起热烈讨论。大多数参议员对此表示认同，认为这是一个切中时弊、具有远见卓识的重要主张，随即大会表决以165票（共219人参会）的多数通过，并做出"交政府速办"的审查意见。② 大会随后通过实行"开源节流"的财政工作决议，并决定在常驻议员中成立一小组委员会，专门负责设计和监督政府对财政概算方案的执行。

（三）接受与实行

　　正是因为李鼎铭等人的提案与中国共产党业已进行的有关摸索高度契合，言简意赅，特别系由党外人士提出更反映了民众的共识，因而更具有代表性和广泛性，因此迅速引起中国共产党的高度重视。毛泽东对其仔细审阅，完整抄录圈点，并批注，"这个办法很好"，"是改造我们的机关主义、官僚主义、形式主义的对症药"③。随后对此不断进行推介。1941年11月17日，中共中央政治局召开会议，毛泽东在会上高度肯定了"精兵简政"政策，指出：下一年度边区财经须执行两大原则：一是精兵简政，调整人员；二是扩大收支，发展生产。12月17日，中共中央、中央军委发布由毛泽东亲

①《陕甘宁边区政权建设》编写组编：《陕甘宁边区的精兵简政·资料选辑》，第7—8页。
②《陕甘宁边区政权建设》编写组编：《陕甘宁边区的精兵简政·资料选辑》，第9页。
③ 李维汉：《回忆与研究》下册，北京：中共党史资料出版社1986年版，第502页。

笔起草的工作指示指出：为长期斗争准备和将来反攻，必须普遍实行"精兵简政"，指示强调，敌后抗战能够长期坚持的最重要条件，就是"根据地居民是否能养活我们，能维持居民的抗日积极性"，假若民力很快耗完，或者群众因负担过重而消极而与我们脱离，那么，"不管我们其他政策怎样正确，也无济于事"。因此"'精兵简政'，节省民力，是目前迫切的重要任务"①。1942年毛泽东在给谢觉哉等人的信中又称，"今天所谈二届参议会应以准备精兵简政为中心，在开会以前应实行精简，开会以后应检查（点验）精简，而精简包括精少、效力、统一诸方面"，并在信中称赞晋冀鲁豫边区的精兵简政政策②，半个月后，更将其称为"一个极其重要的政策"，是克服水小鱼大的关键举措。③ 12月，在论述边区财经问题时，毛泽东再次指出：这一次的精兵简政，必须是"严格的、彻底的、普遍的"，而不能是"敷衍的、不痛不痒的、局部的"，"必须达到精简、统一、效能、节约和反对官僚主义五项目的"④。

　　各敌后抗日根据地迅速响应，而边区作为精兵简政政策的策源地，在中共中央、毛泽东的直接关注下，率先行动。

　　1941年12月3日，边区政府发布训令，开始推行精兵简政。训令指出，"精兵简政"主要内容就是要加强行政机构，提高行政效率。而当时政府工作主要问题在于：一是头重脚轻。上级组织庞大，存在分工琐碎又人浮于事的现象，以致周转不灵；下级部门则

① 中央档案馆编：《中共中央文件选集（1941—1942）》第13册，第264—265页。
② 毛泽东：《致谢觉哉、陈正人》（1942年8月19日），中共中央文献研究室编：《毛泽东书信选集》，第199页。
③ 毛泽东：《一个极其重要的政策》（1942年9月7日），《毛泽东选集》第三卷，第882页。
④ 毛泽东：《抗日时期的经济问题和财政问题》（1942年12月），《毛泽东选集》第三卷，第895页。

人员缺乏,事务繁重,又常有不能完成或彻底执行任务的现象发生。二是由于正规制度还没有完全建立,导致各级机关常因突击性工作而放松经常性工作;经常性工作却又因分工不明、责任不清而紊乱,因此,"精兵简政"作为"补救以上两大弱点的主要方案","应坚决执行",从而"为今后的一切工作奠定坚固的基础"①。12月4日,边区政府又向各县下发有关精兵简政的指示信,文件指出,"'精兵简政'是健全行政机构,提高行政效能的最有效的方案,是保证今后完全实现'五一施政纲领'和一切重要决议案的重要步骤",是新选政府首要的施政任务,必须坚决贯彻执行。②

随之这一实践从上到下在诸多领域、部门轰轰烈烈开展起来。

三、办法措施

为保证政策的正确执行与实施,中共中央、毛泽东采取了一系列办法和措施。

(一)宣传动员

中共中央、边区各级党组织和政府通过各种形式,包括会议、媒介进行宣介、动员,进行广泛而深入的宣传,以提高干部、群众的认识和执行的自觉性。据统计,从1941年底到1943年,《解放日报》为此先后发表社论、专论20余篇,情况报道及经验介绍100余篇,答疑解惑,推广经验。特别是《精兵简政》(1941年12月6日)、《再论精兵简政》(1942年2月20日)、《贯彻精兵简政》(1942年4月9日)、《论简政实施纲要》(1943年3月9日)等重要社论更发挥

---

① 陕西省档案馆、陕西省社会科学院编:《陕甘宁边区政府文件选编》第4辑,北京:档案出版社1988年版,第319页。

② 陕西省档案馆、陕西省社会科学院编:《陕甘宁边区政府文件选编》第4辑,北京:档案出版社1988年版,第321页。

了直接的指导与推动作用。其中《精兵简政》作为首篇社论,明确阐述了开展精兵简政的原因及其重大意义,指出"在敌后,敌我斗争已进入了新的阶段",面对敌人新的进攻方式,"我们的兵,不能不精,我们的政,不能不简",而陕甘宁边区由于特殊的环境和条件,"精兵简政","应该有它独特的内容和意义"。社论强调,"精兵主义","主要的应该是提高主力部队的战斗力",完成各项任务,"简政","是就建立正规制度和提高工作效率的问题"。社论最后指出:这一切都是为了更好地使用我们的人力、物力与财力,使边区不仅在政治方向、政策实施而且在工作效率上,都成为全国的模范①。毛泽东亲自撰写了其中的一篇《一个极其重要的政策》。其他领导干部也纷纷发表文章,如陶铸的《谈精兵简政》(1942 年 4 月 16 日)、《再谈精兵简政》(1942 年 6 月 25 日);王幸之的《谈谈合署办公》(1942 年 4 月 27、28 日);左权的《坚决执行精兵政策》(1942年 7 月 13 日);谢觉哉的《提高政府工作效能》(1943 年 1 月 10 日)等,皆多方面阐述精兵简政政策的各项内容。

(二)分别进行

精兵与简政这两方面,精兵,是在牢固树立"我们今天应该是'精兵论',而不是'多兵论'","贵精干而不贵繁多"认识②的基础上,汰弱存强,裁减部队建制,压缩机关人员,充实连队;确定枪兵比例,加强思想政治教育和军事技术训练,提高部队的战斗力。号召部队厉行节约,并在战斗、训练间隙积极开展生产运动,保障自

---

① 《陕甘宁边区政权建设》编写组编:《陕甘宁边区的精兵简政·资料选辑》,第 17— 19 页。

② 《陕甘宁边区政权建设》编写组编:《陕甘宁边区的精兵简政·资料选辑》,第 60— 62 页。

给,克服经济困难。边区八路军留守兵团多为参加长征的老红军,总人数在 15 000 人左右,是这一时期边区党和政府实行精兵的重点单位,兵团领导积极响应,1941 年 12 月上旬即一次裁减 500 人。[1] 此后又进行过多次,并将 3 000 名指战员转到生产战线(不脱离部队),走"寓兵于农"的"精兵"之路,既承担保卫边区、保卫中共中央的重大任务,又积极开展大生产运动,自给自足,减轻民众和政府的负担。这一做法不仅保存、提升了部队实力,而且为边区节省大量的人力、物力和财力用以支持抗日前线,使得"一切为了战争"的口号真正得以落实。同时,边区强调,精兵简政决非一般的"裁兵减员",而是使每一个战士以一当百,成为模范的抗日军人。

精兵简政的工作重点是简政。按照精简、统一、效能、节约和反对官僚主义五大任务,边区政府从 1941 年底到 1944 年初先后进行了三次大规模的"简政"活动。

第一次为 1941 年 11 月至 1942 年 6 月。中心是裁撤机构,精简人员,执行的原则是"少而精"。机构精简,即裁减不急不需机构,合并相似机构,缩小庞大机构;人员精简,即裁减不急不需人员,精简不称职人员,调整业务要求人员,"使之各得其所"[2],与此同时,加强下级政权权限和将精简人员充实基层。

11 月 27 日,新成立的边区政府召开首次政务会议,重点讨论了贯彻精兵简政提案的问题。李鼎铭就此做了详尽报告。除八路军后方留守处主任萧劲光就"精兵"说明外,会议决定成立由刘景范、高自立、周文、南汉宸、周兴等五人组成的边区编整委员会,领

---

[1] 陕西省档案馆编:《陕甘宁边区政府大事记》,第 126 页。

[2] 陕甘宁边区政权建设编写组编:《陕甘宁边区的精兵简政·资料选辑》,第100 页。

导边区的编整工作。12月3日边区政府发出"训令",12月4日又给各县发出了"指示信"。12月上旬,边区政府第二次政务会议召开,规定了具体实施方案:边府各厅处原千余人缩减1/3;各厅处附属部门约7 000余人缩编为不超过6 300人;各专员公署、县、区由4 021人缩编为3 396人,缩减625人;警卫部队缩减500人;自卫军指导员1 000余人全部改为不脱产人员;各群众团体工作人员由1 100余人缩编为600余人。① 其中,边区秘书处由250人减为115人;民政厅(系统,下同)由763人减为549人;财政厅由1 372人减为988人;教育厅由3 033人减为2 965人;建设厅由666人减为290人;高等法院由390人减为305人;保安处由1 785人减为1 494人。边区政府总务处缩编为总务科;保安处各部亦改为科。② 经过整编,包括裁并若干重赘、骈枝机构百余处,全区共精简1 598人,占原有员额的24%,有300多精简人员下移到县、区,充实基层,其余则参加学习或转入生产。③ 与此同时逐步建立起各种工作制度。

第二次为1942年6月至12月。

1942年4月6日至9日,边区政府召开政府委员会议,重点讨论精兵简政,会议认为此前工作有一定成效,但只做了"最初步的工作",只做到"编",未做到"整",故"机构还未臻完善,人员也还未达到充分合理的调剂,下级政府的质量也还未提高"④;也就是说,精兵简政还没有得到彻底贯彻,仍然存在组织机构头重脚轻、干部

---

① 《边区整编委员会拟定编整计划》,《解放日报》,1941年12月13日,第1版。
② 陕西省档案馆编:《陕甘宁边区政府大事记》,第126页。
③ 陕西省档案馆、陕西省社会科学院编:《陕甘宁边区政府文件选编》第6辑,北京:档案出版社1988年版,第2页。
④ 《陕甘宁边区政权建设》编写组编:《陕甘宁边区的精兵简政·资料选辑》,第29页。

调整不到位、工作制度不正规,"政令尚繁而又有些不切合实际情形"等缺陷,因此,"精兵简政应走入第二阶段"①。4月13日,毛泽东《在中央学习组的报告》中也批评此次简政进行得不彻底,总体收效不大,要求"现在要真正的精兵简政"②。

相关工作随即展开。为了加强领导,边区政府成立"边区总编整委员会",由林伯渠、李鼎铭、李富春、叶剑英、谢觉哉、陈正人、萧劲光7人组成,林伯渠、李鼎铭主持会务。各系统成立分会,限期制订编整方案,上交总编整委员会讨论。重点是建立边区政府本身的一些必要的工作制度。同年6月30日,边区政府通过了《政府系统第二次精兵简政方案》《第二次精兵简政实施方案纲要》等文件。

文件强调精简的目的在于提高工作效率,因此必须建立符合边区实际情况的工作制度,提高干部、合理配备干部,增加县级政府权限,"密切党、政、民的工作配合"③。明确提出本次简政的基本原则:紧缩上级,加强下级,政(务)事(务)分开,合署办公。④ 除了继续执行原有的机构改革要求,并"要增加县政府的权限,这是在第一次精兵简政时未曾明确提出的新问题"⑤。

9月1日,边区政府第33次政务会议召开,讨论并通过了《陕甘宁边区精兵简政纲要(草案)》。纲要(草案)再次总结此前经验

---

①《红色档案·延安时期文献档案汇编》编委会编:《红色档案·延安时期文献档案汇编·陕甘宁边区政府文件选编》第6卷,第69页。

② 胡乔木:《胡乔木回忆毛泽东》(增订本),第146页。

③《陕甘宁边区政权建设》编写组编:《陕甘宁边区的精兵简政·资料选辑》,第42—45页。

④《陕甘宁边区政权建设》编写组编:《陕甘宁边区的精兵简政·资料选辑》,第55页。

⑤《第二次"精兵简政"与增加县政府权限》,《解放日报》,1943年3月6日,第1版。

及不足,指出:"统一、少而精、提高效率"是精兵简政的全部意义。文件再次明确,脱产部队应不超过全区人口的 2%,脱产工作人员应不超过全区人口的 1%;并提出十项具体政策:1. 精简上层,充实下层。2. 紧缩机构,精选人员。3. 确定职责,建立制度。4. 办事迅速,减少文牍。5. 学习业务,工作专门。6. 养成法治,厉行民治。7. 军事第一,对军(事)负责。8. 统筹统支,经营一致。9. 负担合理,节省开支。10. 实行奖惩,俭以养廉。会议决定成立"简政委员会",由林伯渠、李鼎铭、谢觉哉、高自立、刘景范、柳湜、周兴 7 人组成,李鼎铭为主任委员,领导边区第二次精兵简政工作。[①] 到 12 月,全部工作基本完成。

第二次"简政"是在第一次"简政"基础上的继续和深入发展,取得的成绩同样明显:边区政府科室减少 10 多个,裁减区以上干部及工作人员 1 232 人,占比 27%,工作效率显著提高,基层政权权限增大,工作效能更高。

第三次为 1942 年 12 月至 1944 年 1 月。

第二次精兵简政工作扫尾之际,正值中共中央西北局高级干部会议召开。11 月、12 月,毛泽东在会上做了《布尔什维克化的十二条》与《经济问题与财政问题》两个报告,皆强调要继续深入推进精兵简政。如前所述毛泽东在报告中指出:这一次精兵简政必须是"严格的、彻底的、普遍的",必须达到"精简、统一、效能、节约和反对官僚主义"的目的。[②] 会后,中共中央发出指示,要求尚未实行精兵简政的地方应立即实行精简;已实行者应加强检查,

---

① 《陕甘宁边区政权建设》编写组编:《陕甘宁边区的精兵简政·资料选辑》,第 65—69 页。

② 毛泽东:《抗日时期的经济问题和财政问题》(1942 年 12 月),《毛泽东选集》第三卷,第 895 页。

凡不彻底的，"须彻底来一次大大的痛快的精简（不是小小的不痛不痒的）"①。

根据中共中央西北局高干会议精神，1942 年 12 月 3 日至 9 日，边区政府委员会第三次会议召开，李鼎铭副主席在会上做有关政府工作和精兵简政实施方案的报告。会议着重讨论了进一步贯彻精兵简政政策问题，通过了《陕甘宁边区简政实施纲要》。这份由边府秘书长李维汉负责起草的文件从目的、任务、机构、人员、制度、作风等方面对 11 个问题做了进一步的具体规定，指出"这次简政工作既是一系列的组织问题，又是一系列的思想问题"，"简政工作，就必须从组织上贯彻，又从思想上贯彻，要从两方面同时贯彻，才能达到目的"，②要以精简上层机构、充实下层领导、坚持统一领导、明确划分职权、改变领导作风、厉行节约为原则，成为指导陕甘宁边区继续实施精兵简政的纲领性文件。

1943 年 3 月 23 日，边区政府第 43 次政务会议通过并颁令执行《陕甘宁边区简政实施纲要》和各级政府第三次整编方案，规定边区政府各厅、处、院干部由 1 203 人减为 1 007 人，事务人员由 489 人减为 320 人。其中民政厅取消秘书室，改设各专业秘书，科由 4 个并为 2 个，编制干部 32 人。厅附属通讯站由 3 科 2 室并为 2 科。2 个干休所和学生疗养院合并。防疫委员会工作并入卫生处。保健委员会工作并入第二科。恢复边区抚恤委员会。财政厅取消所属粮食局、税务局的秘书室，改设秘书和秘书督察员。税务局 3 科并为 2 科。教育厅所属鲁迅图书馆并入政府办公厅研究室。

---

① 中共中央文献研究室、中央档案馆编:《建党以来重要文献选编（1921—1949）》第 19 册，第 558—559 页。

②《陕甘宁边区政权建设》编写组编:《陕甘宁边区的精兵简政·资料选辑》，第 115—116 页。

保安处所属公安局并入保安处。专署取消秘书室,改设行政事务秘书,原 5 科合并为 2 科,分别负责民政、教育、财政、经济建设事务。取消于所在县设立的地方法院,改设边区高等法院分庭,代理边区高等法院受理第二审案件。县政府取消秘书室,改设管理员,合并原 5 科为 2 科。县裁判处改为司法处。根据新的整编方案,各级政府相继裁减了 100 多个部门和科室,区以上干部及工作人员则由 4 453 人减少为 3 221 人。[①] 随后,边区政府陆续颁布若干具体规则、条例、公约、办法。

第三次简政系结合业已开展的整风运动进行,《陕甘宁边区简政实施纲要》被列入干部整风运动学习的材料。这是相比前两次的一个显著特点。思想上、认识上的统一,保证了各项政策得到深入贯彻执行。

四、成效与意义

经 1943 年一年的努力,简政获得了预期效果。1944 年 1 月 7 日,李鼎铭在边区政府委员会第四次会议上作简政总结报告,全面总结了第三次精简工作。至此边区第三次简政和为期两年多的"精兵简政"胜利落下帷幕。

(一)五大目标的实现与政治提升

经过三次简政,边区政权体系初步实现了"精简、统一、效能、节约和反对官僚主义"这五大目标。

"精简":达到机构、人员、业务三精简。机构经过精简,各厅、处、院内设机构裁并 1/4,直属机关从原来的 35 个裁减至 22 个。税务部门从原来 95 个裁减至 65 个。9 个银行办事处全部被撤销。

---

① 陕西省档案馆编:《陕甘宁边区政府大事记》,第 182—183 页。

各系统的缉私机关与保安处的检查机关进行合并。专署及县府一级内设部门从原来的 8 至 9 个减少到 4 至 5 个。既避免了头重脚轻，又达到了简政便民。人员方面，边府办公厅、民政、财政、建设、教育各厅和物资局由 469 人减为 279 人，精简 40%。同时选拔了一批有实践经验的基层干部入专署和边府；选派了一些得力干部去区乡及运输队、合作社，加强了薄弱环节，从而"大大改变了工作面貌，改变了边区的面貌"①。

"统一"：政治方面，克服了工作中政策法令、命令指示、制度纪律不统一现象，"政策、法令、命令和重要指示的决定事先都经过酝酿、协商、讨论的过程"。组织方面，"各厅、处、院、局过去直接指挥下级各科，不经过专员县长的现象，或者彼此对立，互不相谋的现象，大体上也已经改正了"。干部管理方面，"主要干部自由任免的现象，也已改正，干部管理基本上已经统一于民政厅"②。特别是经过整风运动实现了党的"一元化"领导，这是实现各项统一的根本保证。

"效能"：由于加强了统一领导，机构精简，职能明确，人尽其用，减少了互相推诿和扯皮现象，大大增强了政府办事效能。如边府文书科缮写员由 3 人很好承担了过去 13 人的工作；边区通讯站1943 年 1 月至 4 月平均每日投递量 16 661 件，5 月至 11 月即激增至平均每日 30 078 件，增加 80% 以上。产业方面的效率更加明显：难民工厂每台铁机每月平均织布由 13 匹增至 21 匹，增加 61%。振华纸厂 8 月份出纸 115.4 令，10 月份增至 216.6 令，增加 87%，

① 《陕甘宁边区政权建设》编写组编：《陕甘宁边区的精兵简政·资料选辑》，第 155—157 页。
② 《陕甘宁边区政权建设》编写组编：《陕甘宁边区的精兵简政·资料选辑》，第 157—159 页。

加之节省成本,提高效率达 42%。化学工厂 4 月份出肥皂 30 726 条,8 月份增至 58 024 条,增加 89%。[1]

"节约":被服厂、纺织厂、振华造纸厂等公营企业更加注重精打细算,因此而节省大量原材料。特别注意节约民力,如延安县 1943 年动员民力 28 493 个,比 1942 年的 60 025 个减少了 110% 强;绥德 1943 年动员民力 900 个,比 1942 年的 74 196 个减少 73 296 个;军队自运粮草,大大减轻了人民的负担。[2] 在增产的同时成本下降,化学厂肥皂每箱成本由 1.4 石小米减至 0.89 石。振华纸厂每令纸需工由 13.8 个减为 8 个。[3]

"反对官僚主义":通过与整风运动相结合,广大干部的思想得到提高,改进了领导作风和工作方法,有效地纠正了官僚主义的错误。边府对专员公署注意民主协商,减少了命令方式,甚至帮助农业劳动英雄制订了一年生产计划,树立了具体、深入、细致的榜样。县、区、乡的领导作风也有所改进,许多干部亲自帮助群众组织变工队、运输队和合作社、订农户计划、改良植棉、修水利、改造"二流子"等。从上到下"官僚"减少,人民勤务员增多,进一步密切了政府和群众、干部和群众的关系。

(二)克服困难与促进经济、社会发展

需要指出,精兵简政作为"节流",首先是因为要克服经济困难而提出,实施过程也始终遵循"实行生产第一"的要求,从 1942 年到 1943 年,边区政府将贯彻精兵简政政策与认真执行边区经济建设总方针相结合,与"开源"的大生产运动互动,在促进其取得巨大

---

① ③ 陕甘宁边区政权建设编写组编:《陕甘宁边区的精兵简政·资料选辑》,第 163—164 页。

② 陕甘宁边区政权建设编写组编:《陕甘宁边区的精兵简政·资料选辑》,第 165 页。

成绩的同时,保证了"节流"自身的稳步发展。

开源节流并举的效果集中表现为在经济财政状况逐年好转、渡过了最困难的时期的基础上,大大减轻了民众负担,特别是公粮征收,1942 年 16 万石,比上年减征 4 万石;1943 年在粮食增产、已有余粮的条件下只征收 18 万石。1944 年在边区经济有了更进一步的发展时又减征 2 万。1945 年边区遭受特大旱灾,却减至 12 万石。边区"水小鱼大"的矛盾得到很大改变,呈现"水大鱼健"的良好态势,有效化解了曾一度紧张的"官"民矛盾。

抗战时期在陕甘宁边区率先、模范实行的精兵简政,是中国共产党又一项具有战略意义的制度与政策创新。精兵简政不仅有效地应对了困难局面,并且对于加强边区和整个敌后抗日政权的经济、政治、军队建设,争取民心,夯实执政基础,推动抗战事业发展产生了深远影响。正因为如此,精兵简政成为中国共产党为"战胜困难,坚持抗战,争取胜利"而提出的十大政策中位列第二、仅次于"对敌斗争"的"一个极其重要的政策"(毛泽东语),新中国的各项社会主义、改革事业中,精兵简政仍是始终遵循的原则和孜孜以求的目标。

第三章　文化建设

第一节　新民主主义文化理论:文化建设的总纲

抗战时期,中国共产党在各敌后根据地,首先在陕甘宁边区以新民主主义文化理论为指导,精心进行文化建设。

一、新民主主义文化理论的提出与文化建设的重要性

中共历来重视文化建设,此时更是如此。

边区文化建设,是中国革命和边区政治、军事、经济、社会发展到一定阶段时进一步前进的必然要求,更是我党对于文化与政治、经济关系不断深化认识的结果,由此诞生了集大成的《新民主主义论》。这一光辉论著在系统阐明新民主主义的政治、经济、路线、方针和重大政策的同时,全面、深入地论述了新民主主义文化问题。

毛泽东是根据历史唯物主义的原理,从文化的属性视角来阐述文化价值与功能。他指出,(当作观念形态的)一定的文化,是一定社会的政治和经济的反映,又给予伟大影响和作用于一定社会的政治和经济;经济与政治的关系则是"经济是基础,政治则是经

济的集中的表现"①。

　　毛泽东由此进而强调文化特别是革命文化在社会实践中的价值,认为文化不仅仅单纯是政治、经济的反映,它又能够指导政治、经济、军事。② 而革命的文化则是人民革命的有力武器:它在革命前是思想准备,革命中则是"革命总战线中的一条必要和重要的战线"③。

　　在当时,文化建设更有其特殊的重要意义。

　　从抗日角度来看,这是夺取抗战胜利的不可或缺的内容。要打倒日本帝国主义就必须要有军队,这支军队又必须要有文化,毛泽东尖锐指出,没有文化的军队将是一支"愚蠢的军队,而愚蠢的军队是不能战胜敌人的"④。

　　从社会建设角度来看,文化同样不可缺少,因为任何一个社会如果没有文化将无法建设起来。毛泽东举例说明,中国共产党正全力构建新民主主义社会,这一社会也不能缺少文化,如组织变工队、合作社都需要记账,都需要文化,总之没有文化就不行。而边区各项建设中,文化是短板:经济、政治、军事建设这些"好的东西"被不识字、不会算账这些"落后的东西""拖住了脚",阻碍了发展。如果能够克服这些阻碍,我们将能得到更好更快地发展前进。搞好文化建设,补齐这一短板,陕甘宁边区就可以在全国成为更好的

---

① 毛泽东:《新民主主义论》(1940 年 1 月),《毛泽东选集》第二卷,第 663—664 页。
② 毛泽东:《关于陕甘宁边区的文化教育问题》(1944 年 3 月 22 日),《毛泽东文集》第 3 卷,第109 页。
③ 毛泽东:《新民主主义论》(1940 年 1 月),《毛泽东选集》第二卷,第708 页。
④ 毛泽东:《文化工作中的统一战线》(1944 年 10 月 30 日),《毛泽东选集》第三卷,第 1011 页。

模范!①

　　从对于党的建设来看,这是自身发展必须突破的环节。毛泽东总结道:我党经过多年革命实践,现在已经对军事、政治的建设"比较会"即比较掌握,而对经济、文化建设管理尚有欠缺,"不大会"。但如果不会搞经济、文化,毛泽东认为我党除了善于破坏旧的东西、善于打击敌人、能够把敌人打败外,就没有多大用处至少没有很大的用处。他调侃道:"因为你不学会经济、文化,就不能使人人吃饱小米饭,老百姓就会没有猪肉吃,又不识字,又不会闹秧歌。"②这种缺陷如毛泽东所说,集中表现为:我党现在拥有大批精明忠实但缺乏文化基础的干部,将来必然还会有大批这类干部,这样的干部虽然也能做一些工作与学习、掌握一些革命道理,但预期不可能做得好、学得好。③他因之谆谆告诫:"经济、文化这两门不学会就不好。"④

　　所以,边区的文化建设不是抽象、孤立的主观思考的结果,而是在具体实践中客观辩证的认知升华。

二、新民主主义文化建设的内容

(一)中国共产党建设的文化的性质

　　解决了要不要文化建设后,接下来的问题是,我党此时应该建设发展什么样的文化?

　　如前所述,毛泽东是根据历史唯物主义来分析文化的地位、性质、作用的,并进一步认为,文化总是一定社会的文化,文化建设首

---

①②④ 毛泽东:《关于陕甘宁边区的文化教育问题》(1944年3月22日),《毛泽东文集》第3卷,第110、120、108页。

③ 毛泽东:《〈文化课本〉序言》(1942年1月17日),《毛泽东文集》第2卷,第387页。

先要看其处在何种社会形态与历史进程中。

当时的中国已处在新民主主义革命时期（见"政治建设"章第一节），所要建立新民主主义社会，性质是资本主义的，同时又是人民大众的，不是社会主义，也不是老资本主义，"而是新资本主义，或者说是新民主主义"①。这就决定了中国共产党所要构建的文化必然是那种与新民主主义的政治、经济相适应并为其服务的新民主主义的文化。

毛泽东进一步指出，从世界革命的归属来区分，中国的新文化已在五四运动前后分属不同的性质：运动前是"属于世界资产阶级的资本主义的文化革命"之一部分的旧民主主义性质；运动后则成为"属于世界无产阶级的社会主义的文化革命"之一部分的新民主主义性质。造成这种巨大差别的主要原因是文化领导权的转移："五四"前后，中国文化革命的领导权已由中国资产阶级转移至中国无产阶级的手中，毛泽东特别指出，中国资产阶级文化思想要比其政治更加落后，"绝无领导作用"，在文化革命中顶多只能充当一定程度的盟员，而"盟长"即领导者只能由无产阶级文化思想来承担，从指导思想来说，此时这一新民主主义文化"只能由无产阶级的文化思想即共产主义思想去领导，任何别的阶级的文化思想都是不能领导了的"②。

作为革命的新民主主义文化，从根本上说，它与反动、落后的文化势不两立，不打倒帝国主义文化和半封建文化，就不可能建立新民主主义的新文化，毛泽东定位两者的关系是："不破不立，不塞

---

① 毛泽东：《关于陕甘宁边区的文化教育问题》（1944 年 3 月 22 日），《毛泽东文集》第 3 卷，第 110 页。

② 毛泽东：《新民主主义论》（1940 年 1 月），《毛泽东选集》第二卷，第 698 页。

不流,不止不行,它们之间的斗争是生死斗争。"①

（二）新民主主义文化的方向

新民主主义文化如何建设？毛泽东擘画的方向是要建设属于无产阶级革命阵营的民族的、科学的、大众的文化,即与新民主主义革命总路线相应的"无产阶级领导的人民大众的反帝反封建的文化"②。

首先,新民主主义文化是民族的。在中西文化关系上,曾经存在着两种错误的文化观点,一种是盲目排外,闭关锁国,自高自大;一种是自我否定,崇洋媚外,全盘西化。中国共产党人运用马克思主义的观点与方法,正确认识与把握了中西文化关系。而在当时,崇洋媚外是更严重的倾向。所以毛泽东强调,新民主主义文化应是反对帝国主义压迫、主张中华民族的尊严和独立、属于中华民族而带有民族的特性、促进民族发展进步的进步力量,它不是被奴化的文化,不是媚外的文化。与这种内容、特点相适应,新民主主义文化的形式又必然是民族形式。

与此同时,新民主主义文化又是开放的、而不是自我封闭的文化。毛泽东要求将外国的进步文化"作为自己文化食粮的原料",大量广泛吸收引进,不仅吸收当时外国的社会主义的文化、新民主主义的文化,还要吸收外国的古代文化,包括各个资本主义国家的启蒙时代的文化,兼收并包,"凡属我们今天用得着的东西,都应该吸收"。毛泽东对此举更有远大目标:要让中国的新民主主义文化与世界上一切民族的社会主义文化、新民主主义文化互相吸收,互相发展,以"共同形成世界的新文化"。同时又强调,这种联合绝不

---

① 毛泽东:《新民主主义论》(1940年1月),《毛泽东选集》第二卷,第695页。

② 毛泽东:《新民主主义论》(1940年1月),《毛泽东选集》第二卷,第698页。

包括任何帝国主义反动文化,"因为我们的文化是革命的民族文化,"在吸收外来进步文化时则注重以我为主进行消化吸收、反对盲目照搬抄照。毛泽东以人的进食做比喻:吸收一切外国文化要有如同我们吃食物一样的运动程序:

"必须经过自己的口腔咀嚼和胃肠运动,送进唾液胃液肠液,把它分解为精华和糟粕两部分,然后排泄其糟粕,吸收其精华,才能对我们的身体有益,决不能生吞活剥地毫无批判地吸收。"①所以,"全盘西化","乃是一种错误的观点"②。形式是民族的,内容是新民主主义的,从而构成了那个新时代的"新文化"。

第二,新民主主义的文化是科学的。毛泽东界定其科学性体现在:反对一切封建、迷信思想,主张实事求是、客观真理,坚持理论与实践相一致。毛泽东还主张要大力普及科学知识,有了科学知识,自然就可以打破迷信,否则,"他还是要迷信的"③。

然而,在反对封建思想和迷信思想时,要正确处理好古今文化的关系。近代以来,在古今文化关系上也曾经存在顽固守旧、颂古非今和全盘否定、颂今非古的两种错误的文化观点,中国共产党人则另辟蹊径,按照唯物主义辩证方法,主张批判性地继承(扬弃)。毛泽东坚持从文化发展的源流亦即过程来对待古今文化关系,认为"必须尊重自己的历史,决不能割断历史",这是因为中国新的政治、经济、文化源于中国古代旧的政治、经济、文化,由其发展而来,根本不应该也无法割断。要实事求是承认在中国长期发展的封建社会中确实曾创造出了"灿烂的古代文化"。

---

①② 毛泽东:《新民主主义论》(1940 年 1 月),《毛泽东选集》第二卷,第 707 页。

③ 毛泽东:《关于陕甘宁边区的文化教育问题》(1944 年 3 月 22 日),《毛泽东文集》第 3 卷,第 120 页。

　　毛泽东更强调要注意这种尊重的"度",绝不能滑入"颂古非今""赞扬任何封建的毒素"的泥淖与窠臼,只能是"给历史以一定的科学的地位"与"尊重历史的辩证法的发展",要坚持向前看的原则,引导人民群众和青年学生"向前看"而非"向后看"。在此前提下来对古代文化发展过程正确予以清理,原则是:剔除它的封建性糟粕,同时吸收它的民主性精华,这是发展民族新文化、提高民族自信心的必要条件,但是决不能无批判地兼收并蓄。"必须将古代封建统治阶级的一切腐朽的东西和古代优秀的人民文化即多少带有民主性和革命性的东西区别开来。"①

　　在此处理古今中外文化关系过程中,又必须正确处理文化中的唯物主义与唯心主义的关系,毛泽东指出了新民主主义的科学文化、中国无产阶级的科学思想对待中外资产阶级思想文化的取舍原则:能在旧唯物论与政治基础上联合,而不会苟同唯心论。中国共产党人"能够和中国还有进步性的资产阶级的唯物论者和自然科学家,建立反帝反封建反迷信的统一战线;但是决不能和任何反动的唯心论建立统一战线。共产党员可以和某些唯心论者甚至宗教徒建立在政治行动上的反帝反封建的统一战线,但是决不能赞同他们的唯心论或宗教教义"②。

　　第三,从文化宗旨和主体的角度来看,新民主主义的文化是大众的因此也是民主的。新民主主义的文化的服务对象是全民族中百分之九十以上的工农劳苦大众,并要逐步发展成为这些大众自己的文化。它更是要植根于人民大众中才能获得自身的发展,因为人民大众是这种新的革命文化的"无限丰富的源泉"。

─────────────

① 毛泽东:《新民主主义论》(1940 年 1 月),《毛泽东选集》第二卷,第 708 页。
② 毛泽东:《新民主主义论》(1940 年 1 月),《毛泽东选集》第二卷,第 707 页。

　　而如何实践新民主主义文化的大众性,需要解一系列问题,包括前述对文化的领导,为民众服务,对传统文化、外来文化的吸收、借鉴、继承和发展,文化的普及与提高等。对此《新民主主义论》做了概述,如要在抗战时期构建起"自己的文化军队"并指出这个军队就是人民大众。作为无产阶级革命队伍成员的文化工作者要当好人民大众的文化军队的各级指挥员,要接近群众,不能做"无兵司令",革命的文化工作者如果脱离了人民群众,就会变成"无兵司令",其成果的"火力"即发挥的作用、效力就受到影响,难以打倒敌人。因此,毛泽东提出,要在一定条件下对文字进行改革,文化工作者特别是其作品的言语也必须与民众接近,他再次告诫:"民众就是革命文化的无限丰富的源泉"①,等等。两年后,1942年5月,在延安文艺座谈会上,毛泽东对这些方面的内容进一步做了深刻系统的阐述。

　　新民主主义文化理论,为中国共产党领导的各个敌后抗日根据地,特别是陕甘宁边区文化建设确立了正确的发展理念、指导方针和价值取向。

三、新民主主义文化建设的路径

（一）总路径

　　根据当时的形势和实际,中国共产党在陕甘宁边区文化建设的总路径是:"我们的工作首先是战争,其次是生产,其次是文化。"②遵循这一路径,陕甘宁边区在坚持抗战、获得相对安宁,开展

---

① 毛泽东:《新民主主义论》(1940年1月),《毛泽东选集》第二卷,第708页。
② 毛泽东:《文化工作中的统一战线》(1944年10月30日),《毛泽东选集》第三卷,第1011页。

生产运动实现经济自主、丰衣足食的过程中,即大力进行文化建设,使之获得迅速发展。文化建设的成就,又进一步促进了边区政治、军事、经济的巩固和发展,形成了一种良性互动、相互促进的优质循环。

（二）重要环节

毛泽东强调,新民主主义的文化建设工作必须持之以恒,指出当前解放区的文化虽然已有了它的进步的方面,已有了人民的新文化,但还存在着落后的方面,还有很多的封建遗迹,例如陕甘宁边区,区区 150 万人口中竟然有 100 多万文盲,更子留有 2 000 个"巫神",封建迷信的思想意识还严重影响着广大群众。在他看来,对这些"群众脑子里的敌人"的清除需要付出更大的持久不断的努力,"我们反对群众脑子里的敌人,常常比反对日本帝国主义还要困难些"①。

毛泽东指出,贯彻党的群众路线,是建设新民主主义文化的一个关键。必须相信群众、依靠群众,让群众自己解放自己,正确方法应是告诉群众存在的问题及其错误性、由群众进行自我革命,"自己起来同自己的文盲、迷信和不卫生的习惯作斗争"。所以作为人民文化工作者,必须具备高度的为人民服务的热忱,自觉联系群众、不脱离群众。毛泽东进而阐述了其中得失攸关的又一个关键问题,是要尊重群众的自愿:要按照群众的需要和自愿进行;不要从个人的任何良好愿望而是从群众的需要出发;要根据群众的觉悟程度与决心、意愿,即使当群众在客观上有了某种改革的需要,主观上仍然缺乏改革的觉悟与决心、还不愿意实行改革时,也

---

① 毛泽东:《文化工作中的统一战线》(1944 年 10 月 30 日),《毛泽东选集》第三卷,第 1011 页。

需要耐心等待，直到经过工作而条件成熟——多数群众具备改革的觉悟、决心而自愿实行改革，才能进行改革，否则就会脱离群众、徒有形式而失败。他反复强调：在一切工作中皆须防范"欲速则不达"，在改造群众思想的文化教育工作中更须如此。一定要坚持两条原则：群众的实际需要而非"我们脑子里头幻想出来的需要"；群众的真正自愿并由群众自己下决心进行，"而不是由我们代替群众下决心"①。

要结成广泛的统一战线。新民主主义文化在今日"就是抗日统一战线的文化"②。为了进行抗日战争等伟大的革命斗争，我党建立的最广泛的统一战线也必然包括文化领域的统一战线，特别是由于陕甘宁边区的人口稀少、交通不便、原有文化水平很低等特殊域情，加之战争期间，毛泽东认为这种统一战线更需广泛展开。相应地，要不拘一格，纳新容旧，多种形式共存并举。但统一战线不等于赞同非无产阶级的思想，毛泽东早就在《新民主主义论》指出了这一点，后又不断强调，统一战线有两个原则：一是团结，二是批评、教育和改造。对于一切可用的旧知识分子、旧艺人、旧医生，共产党人的任务是对其进行联合、帮助、感化和改造。团结与改造的关系是：为了改造则先要团结。由此信心满满地认为，"只要我们做得恰当，他们是会欢迎我们的帮助的"③。

这一切，都闪烁着实事求是原则的光辉，指引着边区的文化建设不断发展。

---

① 毛泽东：《文化工作中的统一战线》(1944 年 10 月 30 日)，《毛泽东选集》第三卷，第1013 页。

② 毛泽东：《新民主主义论》(1940 年 1 月)，《毛泽东选集》第二卷，第 698 页。

③ 毛泽东：《文化工作中的统一战线》(1944 年 10 月 30 日)，《毛泽东选集》第三卷，第1012 页。

四、新民主主义文化建设的再推进

中共中央、边区党和政府在进行新民主主义文化建设的过程中,有两个重要的节点:一是 1942 年 5 月召开延安文艺座谈会,毛泽东在会议所做的讲话,对新民主主义的文艺工作做了系统深刻的阐述,构成了党领导整个文艺工作的纲领性文件(详见本章第四节)。二是 1944 年 10 月召开的边区文教大会,这是陕甘宁边区文化事业发展的里程碑,对此先进行阐介。

（一）启动

1944 年,抗日战争已呈现胜利的曙光,中国革命进入了新的发展阶段。边区在战胜了各种艰难困苦、日益巩固后,新民主主义文化建设面临着新的发展需要和空间,为此,中共中央、边区党和政府不断深入思考,如何继续推进文化建设这一紧迫问题。

1944 年 3 月 22 日,中共中央宣传部召开了一次重要的座谈会,参加者有中共中央西北局宣传部并边区政府的负责人,以及陕甘宁边区 5 个分区地委书记。作为中央书记处宣传委员会主席的毛泽东莅临会议,发表讲话,再次着重阐述了文教工作的重大意义,强调 1943 年我们搞了大规模的经济建设,生产取得很大成绩,这是一个基础。1944 年应把文化教育提上议事日程。指示"从现在起,我们就要提出发展文化这个问题",要求大家在认真考虑与调查研究的基础上"到今年冬天,我们开一个会展开讨论,搞他十天八天,明年就会搞得好些"①。讲话还对文化工作包括报纸、艺术、卫生等问题提出了具体意见,而"到今年冬天,我们开一个会展

---

① 毛泽东:《关于陕甘宁边区的文化教育问题》(1944 年 3 月 22 日),《毛泽东文集》第 3 卷,第 110 页。

开讨论"是召开文教大会的先声。

　　会后,中共中央宣传部和中共中央西北局宣传部迅速组织了数个文化教育工作调查组,分别深入到各地农村,发掘典型和问题,总结经验,为边区文教大会准备各类材料,成为边区整风后,文教工作纠正教条主义,贯彻理论联系实际,实事求是,一切从实际出发学风的一次成功的实际行动。

　　6月17日召开的联席会议(参加单位为中共中央西北局宣传部、边区政府教育厅、边区文协),推选李维汉(时名"罗迈")、徐特立、胡乔木、李卓然、柳湜、周扬、萧向荣、赵伯平、赵敏毅、柯仲平、蒋南翔、吴文遴等25人组成文教大会筹备委员会,罗迈为主任,罗迈、李卓然、柳湜、萧向荣、赵伯平5人为筹委会常委,具体进行大会的筹备和组织,各项工作有条不紊地持续推进。

　　经过扎实有序的工作,1944年10月11日至11月16日,边区文化教育工作大会("文教大会")在延安隆重开幕,出席者包括绥德、延属、三边、关中、陇东5个分区及部队、延安市机关学校、少数民族等共8个代表团,代表450余人,与会者更达1 000多人,所代表的面十分全面,其中绝大多数是从人民群众中生长起来的工农兵出身的文教工作者,同时也包括边区文化界一些著名人士(医生、学者、作家、诗人、画家、少数民族、宗教团体、旧知识界人士等),以及对边区文化建设热心相助的绅商、国际友人等。朱德在开幕式上讲话指出:文化教育工作取得了巨大的成绩,这是毛主席在文艺座谈会上的讲话的积极成果。文教工作对于争取抗战的胜利有极大的作用,勉励大家时刻要求进步。毛泽东10月30日出席大会,做了《文化工作中的统一战线》的演讲,再次强调了文化工作的重要性,明确了文教工作在整个革命事业中的地位和作用;论述了文化要为人民服务,贯彻群众路线,为边区文教工作的发展进一步指明了前进的道路和正确的方法。吴玉章、徐特立等领导同志也先后与会并讲话。

（二）主要内容与意义

大会根据新民主主义文化思想，贯彻中央和毛泽东的一系列指示，研讨文化建设发展问题，重点讨论教育、卫生、艺术、报纸等方面工作，通过总结过去经验，立足于边区实际，决定今后边区开展文教工作的发展方向，表彰和奖励了一批先进单位和模范人物。

周扬在会上提出了边区文化发展新目标：第一，要有计划地发展和普及群众新文艺运动，文艺工作者要深入工农兵群众，也发动工农兵群众自己动手，创造表现群众生活的新艺术，各尽所能，自由发展。第二，发展文艺统一战线，改造旧秧歌、旧戏，改造和团结旧艺人。第三，党政机关要加强领导，提高文艺工作者的政治和生活待遇，发挥他们的创作积极性。这些主张并被写入相关决议内。

11月16日大会闭幕，胡乔木主持通过了《关于培养知识分子与普及群众教育的决议》《关于开展群众卫生医药的决议》《关于发展群众读报办报与通讯工作的决议》《关于发展群众艺术的决议》《关于加强荣誉军人教育及娱乐活动的决议》《关于开展工厂文教工作的决议》以及"确认邹韬奋为模范革命出版工作者"的提议。

其中《关于培养知识分子与普及群众教育的决议》作为总决议指出，由于战争形势与边区建设的发展，在边区培养知识分子和扫除文盲具有极大重要性。培养大量的边区知识分子是边区的头等任务之一。要达到这个目的，须经过提高在职工农干部的文化和培养与工农相结合的新的知识分子两个方法，并对教育各项方针政策做出原则规定。

李维汉受边区政府委托做《发展大规模的群众文教运动》的大会总结，号召边区文化工作要按毛泽东指示实行文化统一战线；重申大会的决议精神，强调边区文教工作的任务是开展卫生、教育、报纸、文艺的大规模群众运动，在继续发展生产的基础上，在十年之内提高人民群众的文化、健康水平，因此应该重视文教工作，动员一切可以动员的力量一致奋斗；要为边区培养大量的足够的本地知识分子，加强干部教育，充分重视和信任革命知识分子，他们是边区的宝贵财产，要在政治、生活各方面给予关心照顾，鼓励他们努力前进。①

边区政府主席林伯渠所致闭幕词高度评价了大会的意义：这是新民主主义社会建设的一项重大工作，举国空前，现在也只能在边区开，有这样一个边区，中国便有前途。勉励全体代表为中国的新文化运动继续努力，做出更大成绩。

以边区文教大会为榜样，各分区此后也都召开了本区的文教大会，把边区文教建设推向新的高潮。

历时 37 天的陕甘宁边区文教大会，是在整风运动后召开的一次空前的文化工作盛会。在抗战仍在进行的环境下，专门讨论研究文化专题，其历时之久，参加人数之多，内容之丰富，确为前所罕见，反映了中国共产党人对文化工作的高度重视，对于进一步促进新民主主义文化的发展，凝聚起革命文化的力量，团结人民夺取抗日战争和新民主主义革命的胜利，都具有重要意义，亦正如林伯渠 1944 年 12 月在边区第二届参议会第二次会议上所做报告所评价：此会"检讨了历史教训，总结了新经验，明确了开展大规模群众文教运动的方针"，"在边区，在全国都是空前的一页"②。

① 李维汉：《回忆与研究》下，第 589 页。
② 中国社会科学院历史研究所第三所编：《陕甘宁边区参议会文献汇集》，北京：科学出版社 1958 年版，第 215 页。

抗日战争时期,中国共产党人关于新民主主义文化的理论及其实践,是建设新民主主义新中国的重要内容和方针。陕甘宁边区作为贯彻执行这一理论的"首善之区",我们将看到,它在各方面都做出了光辉的榜样。

第二节 教育建设

发展教育,是边区新民主主义文化建设事业的重要组成部分。中共中央、边区党和政府经过艰辛努力,在这片地瘠民贫、极端落后的土地上培育出了丰硕的新民主主义教育的系列果实。

一、新民主主义教育方针、政策的制定

（一）制定过程

中国共产党人一直高度重视教育,将其提升到基本战略地位来考量。在土地革命战争时期的极端艰苦条件下,中国共产党即在各根据地大力发展教育。这一传统在全面抗战时期理所当然得到延续,不仅对教育更加重视,并遵循时代的潮流,形成了新的特点。

最大的特点首先是顺应国内革命战争向抗日战争的转变。红军长征到达陕北立足初稳,中共中央在筹谋中国革命发展全局时即明确了教育在其中的地位,强调发展教育要服从抗战需要。1935年12月召开的瓦窑堡政治局扩大会议根据日本帝国主义加紧扩大侵略步伐,中日之间的民族矛盾上升为国内主要矛盾的新形势,提出的建立抗日民族统一战线的方针,其中即列有发展"抗战的文化与教育"的政策;1937年7月7日"卢沟桥事变"发生后不久,毛泽东发表了题为《反对日本进攻的方针、办法和前途》一文,

其中第六条"国防教育"提出要对过去的教育方针与制度进行根本改革,"不急之务和不合理的办法,一概废弃"①。8月22日至25日,中共中央政治局洛川会议制定的《抗日救国十大纲领》,再次主张对旧教育制度及其课程予以改变,"实行以抗日救国为目标的新制度、新课程"②。1938年10月,中共中央召开结束王明右倾投降主义、再度校准航向的六届六中全会,毛泽东在《论新阶段》报告中又一次对教育改革迟缓的现状表示不满与焦虑,呼吁"伟大的抗战必须有伟大的抗战教育运动与之相配合,二者间的不配合现象亟应免除"。在坚持抗日持久战、巩固与扩大抗日民族统一战线以达到最后驱逐敌人之目的的总任务下,所需要执行的重要的十项任务之一,就是要"实行抗战教育政策,使教育为长期战争服务"。为此,毛泽东进一步提出了四项工作:一是改革学制与管理制度,核心是贯彻学以致用原则,包括"废除不急需与不必要的课程,以教授战争所必需之课程及发扬学生的学习积极性为原则"。二是加强干部教育以培养抗日干部,包括"创设并扩大增强各种干部学校"等举措。三是"广泛发展民众教育"以提高人民的民族文化与民族觉悟,措施包括建立各种补习学校,开展识字、戏剧、歌咏、体育等运动,创办各种地方通俗报纸等。四是发展小学义务教育,"以民族精神教育新后代"。为完成这一重大任务,其基本方法与路径是:与政治动员紧密结合,主要发动群众自我教育,而政府予以恰当的指导与"可能的物质帮助"③。

---

① 毛泽东:《反对日本进攻的方针、办法和前途》(1937年7月23日),《毛泽东选集》第二卷,第348页。

② 毛泽东:《为动员一切力量争取抗战胜利而斗争》(1937年8月25日),《毛泽东选集》第二卷,第356页。

③ 中国人民解放军政治学院党史教研室编:《中共党史参考资料》第八册,第200页。

　　从"国防教育"方针到"抗战教育政策",其核心要义就是要使教育为抗战服务,团结文化教育战线上的一切进步力量共同奋斗,在为抗战服务过程中改革旧教育,发展新教育。这一方针不仅完全契合当时的需要,无疑更具有承前启后的重大意义,成为随后新民主主义教育思想的直接滥觞。

　　六届六中全会后,中国共产党人对文化教育事业的认识不断深化,并在总结实践经验基础上,制定和完善各项重要政策。两年后这一切得到了进一步升华:回答了"新教育"的"新"的本质是新民主主义的教育。毛泽东在《新民主主义论》提出的所要构建的在马克思主义、共产主义指导下的民族的、科学的、大众的新民主主义文化实际也包含了关于新民主主义教育的根本原则、理论、路线、方针和政策。1945 年 4 月,在党的"七大"毛泽东所做的《论联合政府》的报告把《新民主主义论》中关于文化、教育思想做了进一步的科学论述:"中国国民文化和国民教育的宗旨,应当是新民主主义的;就是说,中国应当建立自己的民族的、科学的、人民大众的新文化和新教育。"①

　　新民主主义教育的总的指导方针,更直接地应用于中国共产党领导下的陕甘宁边区及所有敌后抗日根据地。据李维汉回忆,1942 年 9 月,毛泽东当面叮嘱要求边区政府将发展文化教育事业作为必须抓紧进行的任务之一。1944 年更对不同的部门提出了不同的任务,规定中央机关三项任务是工作、生产、教育;前方为战争、生产、教育;后方则是生产、教育。即无论在何环境,都必须发展教育。此后,毛泽东更强调延安和陕甘宁边区教育的价值和地位:认为在没有战争的边区,其直接任务就是生产和教育这两项,

---

① 毛泽东:《论联合政府》(1945 年 4 月 24 日),《毛泽东选集》第三卷,第 1083 页。

而延安又集中了全国的人才，"所以我们的教育工作有全国性的意义"①。

（二）边区的贯彻落实

新民主主义教育的方针政策，在边区自始至终得到了认真的贯彻执行，并在实践中不断得到丰富和完善，尽管财政紧张，条件艰苦，党和政府仍然想方设法挤出有限的经费用于教育，如边区财政厅在1945年10月份的一份工作报告中指出：干部教育费用，在财厅的支出中占有"极大的比例"，自豪地宣称："在目前的中国甚至在全世界还找不到任何一个政权能象今天边区政府这样，用它的经费的百分之二十五以上的钱来从事教育事业。"②在新民主主义教育思想引领下边区形成了党政军民共同办学的热潮。由于体制和需要的差异而大体形成的格局是：中央、军委侧重于高等院校和特殊学校。边区党和政府主要承担中等和小学教育。但边区是"地主"，所以对建在其中所有学校皆须统筹兼顾，以尽"地主"之谊。

边区政府成立后与中央形成合力，将中央极端重视发展教育事业的战略真正落到实处，到1943年更与生产一起确定为目前政府必须集中力量从事的紧要和首要的任务。表现为：迅速建立起从教育厅至县乡的教育科等各级机构。为加强对教育的研究，1939年2月成立边区教育委员会，由李卓然、陈伯达、柯仲平、周扬等13人组成，以加强对教育的领导与筹划。1942年1月18日，教育厅发起组建边新教育学会，推举理事徐特立、吴玉章、罗迈、柳

① 毛泽东：《关于整顿三风》（1942年4月20日），《毛泽东文集》第2卷，第412页。
② 陕甘宁边区财政经济史编写组、陕西省档案馆编：《抗日战争时期陕甘宁边区财政经济史料摘编·财政》第6编，第473页。

湜、马济川、霍仲年、董纯才共 7 人。学会承担研究教育理论、帮助实施地方教育、对教育工作意义广泛宣传、团结边区内外的教育工作者以建立教育界统一战线这四项任务。1942 年 10 月 30 日,边区政府第三十六次政务会议决议在教育厅内设立教育委员会,其任务为决定干部教育和国民教育之方针政策,制定教育的重大设施及研究确定主要干部的配备等服务。11 月 10 日任命柳湜、贺连城、罗迈、徐特立、刘景范为该会委员,柳湜为主任委员。

另外配备了得力的分管干部。1939 年 1 月,第一届参议会选举产生的边区政府由政府委员周扬兼任教育厅厅长。1941 年 11 月,第二届参议会选举产生的边区政府由政府委员著名的党外人士、教育家柳湜、贺连城分任教育厅厅长和副厅长。1942 年 6 月 9 日,边区政府特别给各专署、县发命令,重申不得任意强行调动教育干部做其他工作,以免影响教育工作的推进。得风气之先的边区稳步建立起各项教育制度,有序推进各个层级、各种类别的全方位教育的发展,迅速成为建设新民主主义教育的模范。

二、边区教育事业的初步发展

此时中国共产党人发展教育还面临一个新特点抑或新局面:中共中央和红军到达以前,相比较南方,陕甘宁地区堪称是教育的"沙漠",知识分子缺乏,文盲高达百分之九十几;农村方圆几十里无学校;除若干私塾外,现代意义上的小学寥若晨星,遑论中学和高等学校![1] 中共中央、边区党和政府筚路蓝缕,在这片"沙漠"中开垦耕耘,播种育苗,运风洒雨,到 1940 年,硬是开辟出了片片"绿洲"。

---

[1] 李维汉:《回忆与研究》下,第 436 页。

（一）小学教育

边区政府成立初期，1937 年春，全边区约 13 万平方千米内作为教育基础的小学只有 320 所，学生 5 600 人（不包括绥德警备区，其中相当一部分是红军到来后新建的），失学儿童在 3/4 以上，文盲达 93%—95%。有鉴于此，边区党和政府建设的重点首先是小学。至年底，小学数增至 500 余处，学生达 9 000 余人。[①]

1938 年 4 月 15 日，边区教育厅召开各县主管教育的"第三科"科长联席会议，通过了《关于四至六月教育工作决议》，确定近期中心工作是扩大小学数量，提高质量。4 月 25 日教育厅印发《四至六月教育工作计划》，确定上半年增设 240 处（初级）小学、扩大 8 000 名学生，另开办 14 所高级小学。[②] 9 月 22 日边府主席团第三十八次会议特别决定，边区中学迁走后，在延安另成立一所小学，由延安市政府管理。至 1938 年 12 月，小学和学生数分别增至 775 处、15 570 人。[③]

1939 年 2 月，边府召开的政府委员及各专员、县长联席会议规定在提高教育质量的前提下，本年扩大（初级）小学 100 所，同时扩大完全小学。同年 8 月，教育厅召开边区第二届三科科长联席会议，厅长周扬在报告中指出，一年来边区教育事业有很大发展，小学总数由去年的 706 处增至现在的 883 处，学生则由 14 207 名增至 20 401 名。[④]

1940 年春，边区小学更增至 1 341 所，学生 41 000 多人，学校数、学生数分别达到 1937 年的 4 倍多和 6 倍多。这一年边区政府

---

① 陕西省档案馆编：《陕甘宁边区政府大事记》，第 22 页。
② 陕西省档案馆编：《陕甘宁边区政府大事记》，第 16 页。
③ 陕西省档案馆编：《陕甘宁边区政府大事记》，第 27 页。
④ 陕西省档案馆编：《陕甘宁边区政府大事记》，第 43 页。

又颁布了推进小学教育发展的两项法规:3月29日的《陕甘宁边区实施普及教育暂行条例》规定7—13岁学龄儿童须不分性别和成分,一律入学学完(初级)小学课程。① 12月的《陕甘宁边区实施义务教育暂行办法》又确定在6年内完成8—14岁儿童初级小学三年义务教育的任务。② 其间为提高小学教员质量,不断举办各种培训班。

(二) 中等教育

1937年以前,全边区无一所中等学校。在中共中央、边区党和政府的努力下,1937年3月即成立鲁迅师范,1938年成立边区中学。1940年建立了边区师范、三边师范、关中师范、陇东中学、绥德师范、米脂中学,边区医药学校、边区工校、边区农校。1941年又增加了鄜(富)县简易师范、边区工业职业学校。1942年3月1日,教育厅将接管的鄜(富)县简易师范改为"陕甘宁边区第四师范"。③

其中几个重要的师范学校的沿革颇为纷杂。1937年2月根据中央指示、毛泽东命名开始创办边区第一所师范学校鲁迅师范,徐特立任校长。1939年7月与边区中学合并为边区师范。1943年3月又和鄜(富)县师范合并改名为延安师范学校,由霍仲年任校长。1944年8月,延安师范学校与延安大学中学部合并改名为"延安中学",归教育厅领导,校长仍为霍仲年。该校为边区培养了大量人才。

关中师范原为陕甘宁边区第二师范学校,是一所培养小学教育师资、地方文化教育干部及区乡干部,具有地方党校、干部学校

---

① 陕西省档案馆编:《陕甘宁边区政府大事记》,第58页。
② 陕西省档案馆编:《陕甘宁边区政府大事记》,第80—81页。
③ 陕西省档案馆编:《陕甘宁边区政府大事记》,第143页。

和教师进修学校性质的中等专业学校。1940 年 3 月 25 日正式建成,受专署和边区教育厅双重领导。为适应战时环境并依据学生文化程度的差异编为师范队、预备队、妇女队、特别班。后改为教学班,有师范二、三、四班和预备班,1941 年 8 月起由中共关中区党委书记习仲勋兼任校长。习仲勋按照当时的形势和党面临的任务提出了"巩固学校、保卫关中"的口号,并明确规定学校工作"要依靠群众,依靠地方党支部和乡政权,要和驻地群众保持密切联系,这是学校安全的重要保证"①。1943 年学校改名为"关中师范学校",在前后存在八年半的时间中共培养学生 470 名,分布在各条战线上。

技术、职业类的学校也是如此。

首先是边区农业学校。该校由边区建设厅主管,1939 年 7 月 23 日建成,设有农艺、园艺、畜牧 3 部,附设农事试验场。先后招收了两期共 110 余名学员,培养了一批农技人员和管理干部,并开垦荒地 1 200 多亩,平均每年收获粮食 30 余万斤,养羊 200 多只,牛 20 多头及马、骡、驴等大牲畜,为发展边区农业生产做出了重要贡献。②

1942 年 2 月,为贯彻第二届参议会关于培养边区技术人才的决议案,教育厅与建设厅共同筹办边区工业职业学校。5 月开始正式上课。

1942 年 6 月 11 日,边府决定将农业学校和工业学校合并,成立陕甘宁边区职业学校,隶属建设厅。共有分别附属于农具工厂、

---

① 《习仲勋传》编委会:《习仲勋传》上,北京:中共中央文献出版社 2008 年版,第303 页。
② 政协延安市委员会文史资料委员会编:《延安文史资料·延安革命遗址》第7 辑,政协延安市委员会文史资料委员会 2004 年版,第 333 页。

新华化学厂、难民纺织厂、兴华制革厂、延安新市场等单位的机械、化学、纺织、制革、土木工程、商业贸易等科及农业学校整建制转来的农科共 7 科。分开初级、高级班,实行半年至 2 年的不同学制。至 1944 年由于各附设工厂隶属关系的变更而结束办学,两年中培养了一批初中级人才。

边区医药学校于 1941 年 5 月正式开办,至 1945 年抗战胜利共办两期,培养了一批医务、医药人才(详见本章第三节)。

这十所中等学校中,师范 5 所,中等专业学校 3 所,普通中学 2 所。这一结构深刻反映了当时的特点:边区要继续发展文化教育事业亟须培养师资,理所当然多设"工作母机"师范学校。对于师范的重视还体现在:边区师范学校由教育厅厅长周扬兼任校长;由于女性适合担任小学教师,1940 年 5 月 1 日,边府教育厅公布《陕甘宁边区升入师范学校女生奖励办法》,要求各县政府应尽量动员高级小学毕业或具有同等学力的女生升入师范学校,考试合格录取者不仅由学校供给制服、膳宿、书籍、津贴,还根据各自家庭情况发给 5 或 10 元不等的奖学金。[①] 另一方面需要直接为抗战服务的应用性人才,所以中等专业学设有 3 所;相比之下,培养进一步深造者的普通中学比重自然会小。而各校的不断变动、组合,也正印证了历史唯物主义"消费创造出新的生产的需要""人类始终只提出自己能够解决的任务"的著名观点。[②]

(三) 高等教育

发展高等教育在边区实属"破天荒",这更是中国共产党人直

---

① 陕西省档案馆编:《陕甘宁边区政府大事记》,第 61 页。

② [德]卡尔·马克思著,徐坚译:《〈政治经济学批判〉序言、导言》,北京:人民出版社 1971 年版,第 14、3 页。

接移植和建立起来的。各校时间、负责人如下：

1. 中央党校，1935 年 11 月，董必武；2. 中国人民抗日军政大学，1937 年 1 月，林彪；3. 陕北公学，1937 年 9 月，成仿吾；4. 陕甘宁边区党校，1937 年 9 月，刘有恒；5. 鲁迅艺术文学院，1938 年 4 月，吴玉章；6. 马列学院，1938 年 5 月，洛甫（张闻天）；7. 中国女子大学，1939 年 7 月，王明；8. 八路军医科大学，1940 年 3 月，王斌，1940 年 9 月扩建并改称中国医科大学；9. 泽东青年干部学校，1940 年 5 月，陈云；10. 行政学院，1940 年 7 月，林伯渠；11. 八路军军政学院，1940 年 8 月，王稼祥；12. 自然科学院，1940 年 9 月（原为 1939 年创办的自然科学研究院，是年春改此名），李富春、徐特立；13. 新文字干部学校，1941 年 4 月，吴玉章（边区教育厅一度将其列入中等教育。所谓"新文字"，是 20 世纪 30 年代流行的拉丁化拼音文字）；14. 延安大学，1941 年 9 月，吴玉章；15. 民族学院，1941 年 10 月，高岗；16. 西北党校，1942 年 4 月，习仲勋；17. 军事学院，1942 年 11 月，朱德。

在边区的弹丸之地，成立有 17 所高等学校，其数量之多，规模之大、负责人级别之高皆属前所未见，可见中共中央、边区党和政府对此极端重视的程度！

高等院校由中共中央、中央军委、边区政府直接管辖，培养党所需要的各类高级人才。如张霁中 1937 年到延安入陕北公学，由于会速记技术，被委派举办速记班，培养了一批优秀的速记人才，留下了众多珍贵的原始档案资料，成为《毛泽东选集》等典籍的重要来源。又如入读抗大的雷英夫学业突出被誉称"洛阳才子"，毕业后由毛泽东推荐为周恩来的军事参谋，1950 年朝鲜战争爆发不久即准确预见到战局将出现的巨大逆转，受到毛泽东、周恩来的高度赞赏。

（四）特殊学校

边区还有一些特殊学校,这些学校为对口培养特殊的人才而设置,涵盖了初、中、专科各层次。

延安药科学校。1942 年 1 月由八路军制药厂药训班、中国医科大学药科和调剂两个班合并组建,附设于八路军制药厂。

延安炮兵学校。1944 年冬,为准备反攻,迎接抗战胜利,以八路军炮兵团为基础成立,1945 年 3 月 15 日正式开课。学员分别从八路军、新四军以及地方机关、学校招收,教育方针是"以技术为主,战术为辅",坚持"理论联系实际"和"精讲多练"原则,根据部队当时所拥有的武器和战争的需要进行教学,学制 8 个月。1945 年 9月第一批学员提前毕业,10 月由代校长朱瑞率教职员工和学员迁往东北牡丹江,扩大组建为东北炮校,为我军炮兵的发展培养了大批干部。

延安航校。1938 年 3 月,中共中央利用与当时伪装进步的新疆督办盛世才建立的统一战线关系,选派 44 名干部赴疆学习航空技术。后因盛世才日趋反动,这批学员被调回,中央乃于 1941 年 3月建立军委航空工程学校(对外称"第十八集团军机械工程学校"),培养飞行员和机械师,因苏德战争爆发,苏联无法提供援助而于同年七八月缩编为工程队并入抗日军政大学第三分校。不久三分校撤销、组建军事学院,工程队整建制移入,直至 1943 年该院结束,虽未能正式运转,但仍为人民空军留下了红色基因。

荣誉军人学校。按办学和教育原则收治部队伤病员,将教育与医治、疗养、生产相结合,对伤残军人进行教育、培养的专门学校。开办以来许多学员经过几年疗养、学习重新走上新的工作岗位。1943 年 1 月改归边区政府领导。

延安警政学校(通常也称"延安警察学校")。由边府保安处直接领导,培养警察、保卫干部(主要为县级)和秘密战线干部的公开学校。1940 年 2 月 25 日经延安市公安局长王卓超提案,边府批准,1941 年 7 月开办。学员多系由各分区、地方选送。1943 年 8 月并入行政学院改称"警政班",为我国公安教育的发展奠定了重要基础。

延安东方慕尼黑学校。培养秘密战线特殊人才的学校。1941 年初成立,分为中国学生的民运训练班和外国学生、归国华侨的慕尼黑训练班两个班。前者学习时间 1 年,毕业后到敌人后方工作。学习的内容包括:当时中国 9 个主要政党、11 个派别的组织及活动;中国主要少数民族的生活习惯、日常用语;秘密会社、青帮、红帮的组织及其活动;简明中国历史;杂技和魔术。杂技、魔术被列为必修课程系为在敌后工作时掩护身份并维持生计之考量。后者学员来自印度、印度尼西亚、朝鲜、越南、日本、西方国家等和华侨,主要学习马列主义理论,中国革命战争、汉语知识。

俄文学院。根据毛泽东 20 世纪 40 年代初"为了学习苏联,我们就要培养大量懂俄语的专门军事人才"的指示,1941 年 3 月军委决定在抗大第三分校成立俄文队;不久该校又组建了"俄文二队"。1941 年苏德战争爆发后,航空工程学校的学员并入组成学习工程英语的"俄文三队"。9 月 3 个队合并组建"俄文大队",12 月转为延安军事学院俄文科。1944 年 6 月更名"延安外国语学校",增设英文系,仍隶属中央军委编译局。1945 年 8 月抗战胜利后,迁往东北、华北解放区。

延安日本工农学校。对日军俘虏和投诚人员进行教育的专门学校。1940 年 10 月筹办,1941 年 5 月 15 日在延安文化沟八路军大礼堂举行开学典礼,由八路军总政治部敌军工作部领导。校长为 1940 年春从共产国际来到延安的日本共产党中央委员会领导人野坂参三（又名冈野进）。学校日常事务由八路军总政治部敌军工作部部长王学文和野坂参三共同负责，以对日本士兵施行政治教育，培养反战、能协助八路军做日本军队政治工作、瓦解日军士气的政工干部为目的。开设马列主义、政治经济学、政治常识、哲学、社会发展史、日本问题、中国问题、联（共）布党史、世界地理、时事问题、文化、中国话、棒球和排球等课，学制 1 年。历时 5 年，到抗战胜利共有 300 多学员入学。

朝鲜革命军政学校。在中国共产党帮助下，1942 年 11 月在华北太行山区成立"华北朝鲜青年革命学校"，1944 年 4 月迁到延安川口村，校长金白渊，副校长朴一禹，以培养朝鲜军事干部为主要目的、完成朝鲜民族的解放为宗旨，主要课程有马列主义哲学、政治经济学、军事学、日本问题、朝鲜问题等。[①] 1945 年 8 月下旬迁朝鲜北部。

此外，有关部门、军队还建有一些文艺、医药学校（见本章第三、第四节）。

这些特殊性质的学校，边区政府虽非直接过问，但与自己所辖学校一视同仁，在中共中央统一领导下予以大力支持。

（五）社会教育

如果说前几种教育是正规性的"科班教育"，社会教育则是面向基层民众的非正规的普及教育，国民教育的一部分。中共中央、边区党和政府在大力发展普通教育的同时，花大气力开展社会教育，教育对象系边区存在的大量辛劳谋生无法接受正规教育的民众，主要有读报识字组、识字班、夜校、半日校、冬学、民教馆等形

---

① 崔国哲著，陈雪鸿译：《中国朝鲜族名人评传系列·朱德海评传》，北京：民族出版社 2012 年版，第 69 页。

式。识字组是"以同居或同一村庄中之文盲或半文盲组织之，以三人至五人为适宜"；识字班是"以五人至二十人组织之"；夜校"分高初两级，每夜上课一小时半至二小时，每半年为一学习阶段、期满举行毕业式"，同时"为适应当地情形，可单独设立妇女夜校"；半日校"与夜校同，惟上课时间应在白昼"①；冬学的任务是利用农村冬闲"扫除文盲，主要是识字，但在适当情形下，亦可用以传授为群众所迫切需要的珠算或农业手工业技术，或简单的医药卫生知识"②。民众教育馆的性质定位为"进行社教之机关"，规定其任务为"消灭文盲，宣传政治常识科学常识，发展经济建设，提倡卫生，破除迷信，组织与提高群众文化娱乐工作"③。

由于能传输文化知识，破除迷信，移风易俗，一举数得，且不影响受教者生产、生活，基本免费，因而受到民众的欢迎。

中国共产党早就认识到社会教育具有重要价值。通过社会教育得以向农民灌输党的路线、方针、政策等主流意识形态，实行组织和动员。广大贫苦农民掌握了一定的文化知识后，提高了觉悟，能够更加自觉接受拥护中国共产党的领导，从而成为党领导农民的重要方式和抓手、路径。所以中共中央、边区党和政府对其非常重视，根据毛泽东提出的"按照群众的需要"、"自愿"和"民办公助"在组织、干部、课本、部分经费等方面予以帮助的方针，每年皆对冬学等活动进行部署。

---

① 陕西师范大学教育研究所编：《陕甘宁边区教育资料·社会教育部分》上，北京：教育科学出版社 1981 年版，第 98—99 页。

② 陕西省档案馆、陕西省社会科学院编：《陕甘宁边区政府文件选编》第 8 辑，西安：陕西人民教育出版社 2015 年版，第 216 页。

③ 陕西省档案馆、陕西省社会科学院编：《陕甘宁边区政府文件选编》第 3 辑，西安：陕西人民教育出版社 2013 年版，第 22 页。

　　1938 年 11 月 17 日,教育厅拟定了 20 条冬学标语,包括:"普遍的设立冬学,提高大众文化","开办冬学,消灭文盲,就是增加抗战的力量","人人要劳动,人人要识字,人人要抗战","不分男女都要识字,大家一同上冬学","娃娃们都进小学去,青年都到冬学来",具有极大的号召力量。1939 年 2 月,边府召开的政府委员及各专员、县长联席会议规定要加强社会教育,增设民众教育馆,本年扫除文盲 14 900 名。3 月 2 日,为巩固和拓展冬学成果,教育厅特发通令,要求鼓励说服冬学学员转入小学、夜校、识字组继续学习。8 月,教育厅召开的边区第二届各县第三科科长联席会议又提出,要继续整顿和充实社会教育组织,抓好冬学工作,本年扫盲 5 万名。10 月,为加强对冬学对领导,教育厅训令各分区、各县即行成立冬学委员会,主任分别由教育厅委派和县第三科科长兼任。随即决定全边区举办冬学 500 处,从师范学校抽调 100 名学生分赴各县协助。1940 年 9 月,教育厅又对冬学提前部署,要求提高质量。1941 年 10 月 18 日,教育厅邀请中共中央西北局、边区保安司令部、边区青年救国会、边区妇联、边区总工会等有关人员开会商讨本年冬学工作问题,决定成立冬学委员会指导工作,聘请林伯渠、吴玉章、徐特立、谢觉哉、高岗为该会顾问。其规格之高,阵容之盛,应属罕见。12 月,教育厅派出督学团视察各地教育工作并指导冬学运动。1941 年 12 月 29 日,边府第五次政务会议讨论通过的《一九四二年度教育计划大纲》确定 1942 年教育工作的中心任务之一是"继续推行新文字,消灭文盲"。

　　在党和政府引导下,边区社会教育如火如荼,涌现出一批献身这一事业的先进人物。如中师毕业当了 20 年小学教员的任逢华,退职后在吴堡办识字班,5 年内从 21 人发展到 1 701 人,从 1 个村庄发展到 85 个村庄,从吴堡发展到绥德,每天顶风冒雪步行几十里授学,被誉为"民间教育家"。

边区教育发展之所以能取得如此成就,除党的重视和领导这一决定性条件外,还有若干因素:

首先,契合了人民群众对接受教育的渴求,得到了民众的拥护和支持。

其二,边区作为战略总后方,周边形势相对稳定,为边区教育事业的发展提供了基本安宁的有利的环境。

其三,边区和延安作为全民抗战的领导中心、模范根据地和革命圣地,吸引了大批来自全国各地的爱国进步人士特别是青年知识分子,为边区提供了众多的高质量师资。

三、边区教育事业的提高与继续发展

（一）问题

与任何新生事物一样,边区的教育事业取得巨大成效的同时,也存在若干问题。

首先是速度、规模与承受力的不匹配。

边区短时间内增加了如此多的学校,给原本极其脆弱的财政经济增添了巨大压力。而合格的师资、管理者的不足,更成为许多学校先天不足的短板。不少高校偏重干部教育,实际成为培训班,偏重政治、军事和文科,理、工等科薄弱,结构严重失衡。中小学教学为适应抗战需要也政治重于文化,招生、学制、毕业等制度不规范。虽然皆属战争环境的产物,但也反映了财、才掣肘之困境。

其次,不正确的学风的影响。

在土地革命战争时期和全面抗战初期,中共党内数次发生的以教条主义为主要特征的"左"右倾错误,给中国革命带来了严重危害。虽然自遵义会议始先后在军事上、组织上、政治上得到了纠

正,但其在思想上的影响尚未予以彻底肃清,表现在教育特别是干部教育中就是主观主义、形式主义的不正之风,如毛泽东在《改造我们的学习》中所指责的"三个不注重"的状况:不注重研究现状、研究历史与马列主义的应用,称这些"都是极坏的作风",流毒所至,"害了我们的许多同志"①。并具体列举了在教育中表现是"四个不引导":教哲学不引导学生研究中国革命的逻辑,教经济学不引导学生研究中国经济的特点,教政治学不引导学生研究中国革命的策略,教军事学不引导学生研究适合中国特点的战略和战术,等等,即完全脱离实际。其结果是"谬种流传,误人不浅":在延安所学到鄜(富)县则不能应用;不能解释边币和法币等。特别严重的是造成了学生不关心、不重视中国问题与党的指示,而一心向往那些"从先生那里学来的据说是万古不变的教条"②。

其三,脱离实际的教学规程的妨害。

受这种不正之风的影响,延安干部教育中"正规化"思潮从1940年开始泛滥,不少学校以系统学习马列主义理论为由延长学制,重新规定课程内容和评判标准,加剧了教学与实际隔离脱节、所学与所用脱节的偏差。

中等教育、小学教育也是如此。

中等教育,1942年8月,教育厅重订颁布的《陕甘宁边区暂行中学规程草案》和《陕甘宁边区暂行师范学校规程草案》提出,一是要根据"正规化"来设置课程;二是要根据抽象的政治、思想要求,用教条主义、形式主义方法盲目讲授政治、社会科学概念,减少文

---

① 毛泽东:《改造我们的学习》(1941年5月19日),《毛泽东选集》第三卷,第797页。
② 毛泽东:《改造我们的学习》(1941年5月19日),《毛泽东选集》第三卷,第798—799页。

化教育时间,从而严重脱离了边区的实际。

　　小学教育,首先是急于求成,1938 年在经济建设刚起步,首要任务是发展生产、恢复民力时,边区政府即提出要实行免费义务教育,教育厅遂于 8 月制定并公布了《陕甘宁边区建立模范小学暂行规定》和《陕甘宁边区小学法》。其中规定,边区小学修业期 5 年,前 3 年为初级小学,后 2 年为高级小学,合称为"完全小学"。[①] 同年 12 月制定了《普及教育三年计划草案》规定实行普及教育、强迫教育,要求 3 年内全边区 10 多万学龄儿童全部入学,但该年入学者只有 2 万多人、占学龄儿童的 20％,显然无法实现。[②] 1940 年《陕甘宁边区实施义务教育暂行办法》又提出逐步普及义务教育,学龄儿童(8—14 岁)都要按规定入学,否则予以处罚,同样未能考虑到当时的环境和条件。其次强调"正规化",《陕甘宁边区小学法》规定学校规模是,"初级小学须有学生二十名,完全小学为五十名以上"。其中"初级小学如有特殊情况,得变通办理,但不得少于十五人"[③],各项制度必须整齐划一。鉴于当时不符合规定的初级小学、完全小学大量存在,边区教育科长会议提出"减少数量提高质量"口号,致使 1942 年小学由 1940 年的 1 341 所减至 723 所,减少54％,学生减少 1 万余人,将近 1/3。同时对农村长期存在的旧式私塾、义塾及其教师也加以取缔、限制。这更是忽视边区生产落后、村庄分散、交通不便等特点。

　　此外一些地方的社会教育也因强迫命令等原因而流于形式,

① 陕西省档案馆编:《陕甘宁边区政府大事记》,第 20 页。

② 刘宪曾、刘端棻主编:《陕甘宁边区教育史》,西安:陕西人民出版社 1994 年版,第51 页。

③ 陕西师范大学教育研究所编:《陕甘宁边区教育资料·小学教育部分》上,北京:教育科学出版社 1981 年版,第 59 页。

未得真正落实。

这些不足与弊端如果不予以纠正,势必影响边区教育事业的进一步健康发展,妨碍边区的建设与巩固,从而引起了中共中央、边区党和政府的高度注意,随之结合全党整风运动,采取了一系列举措予以改革,使边区教育在新民主主义教育的思想引领下,在实践中不断推进、完善。

(二)干部教育、高校改革

这一改革的滥觞是中共中央政治局通过的《中共中央关于延安干部学校的决定》(1941年12月17日)。

"决定"开门见山,一针见血指出了延安干部学校教育的基本"病症"是:理论与实际、所学与所用脱节,"存在着主观主义与教条主义的严重的毛病"。其主要表现是,只是"使学生学习一大堆马列主义的抽象原则,而不注意或几乎不注意领会其实质及如何应用于具体的中国环境"。为此,"决定"提出:必须明确学习马列主义的理论的目的绝不是让学生死记硬背书本所说原则,而是让其"能够正确地应用这种理论去解决中国革命的实际问题"。并提出三项要求:区别马列主义的字句与马列主义的实质;真正领会这种实质;学会善于应用这种实质于中国的具体环境,并"抛开一切形式的空洞的学习"①。在如此正确教授马列主义理论的基础上,教学内容需做相应改革:增加有关中国历史、国情、中共党史与政策的教育,以达到学理论、学实际、理论联系实际的效果,还对延安中央研究院和各高等学校的各项规则,包括领导体制、培养目标、招生标准、教员选派、党政工作的开展、教学原则、教学方法、课程的设置、学风的培养等具体内容做出明确规定。1942年1月13日

---

① 中国人民解放军政治学院党史教研室编:《中共党史参考资料》第九册,第169页。

《解放日报》社论对决定的意义做出了高度评价：称赞是培养干部工作中的新纪元，中国教育上的新革命。①

1942年1月，中共中央西北局常委会讨论关于行政学院的办学方向，确定了学习课目要与政府工作、社会现实沟通，学习程序应由具体到理论的三项原则。

当然，纠正教条主义、主观主义并不是要削弱干部的文化教育。1942年2月11日，教育厅邀请中宣部、中共中央西北局、民政厅人员研究在职干部学习问题，确定根据干部文化程度高低，分初级以学习文化为主，中级以史地、国语、普通常识为主，高级以学习本职业务技术、研究各类政策法令为主的分层次教育。

1942年4月3日，《关于在延安讨论中央决定及毛泽东同志整顿三风报告的决定》（史称"四三决定"），由中央宣传部做出，要求各机关、学校要"运用中央文件的精神和实质，彻底改造本部门的工作，彻底改造每个同志的工作作风与思想作风"②。决定发布后，边区党和政府积极响应。5月8日，边府主席林伯渠向第二届参议会常驻会报告政府工作时，强调政府当前工作的重心之一就是加强干部的学校教育。教育厅和延安各干部学校、高等学校按照要求，在学习、研究整风文件的基础上，联系本部门和个人实际，查找不正之风在教学、工作中的表现，有领导、有组织地开展对办学方向的讨论和改革。

得风气之先的中央党校，在同年2月即"四三决定"发布两个月前，就遵照政治局《对党校组织和教育方针之新决定》要求，停止了过去所规定的课程。

①《教育上的革命》，《解放日报》，1942年1月13日，第1版。
② 中国人民解放军政治学院党史教研室编：《中共党史参考资料》第九册，第176页。

　　延安大学决定在所属之法学院、教育学院、社会科学院增设"中国政治""中国经济""根据地情况和政策""敌伪研究""中国通史""国际问题""三民主义""思想方法"等新的必修课程,组织普查团深入边区乡村了解实际情况,以使学校教育能与边区实际及群众需求紧密联系起来。其他高校也进行了讨论和贯彻,毛泽东于1942年5月在延安文艺座谈会上的讲话所阐述的"文艺为什么人"等重大问题的观点,对教育界的整风也提供了重要的借鉴。

　　在开展整风、改革干部教育的同时,中共中央、边区党和政府在组织与体制上对一些重点高校进行了改革和重组。

　　八路军军政学院1942年4月结束;同月陕甘宁边区党校改组为西北党校;军事学院1943年3月并入绥德抗大总校;马列学院1943年5月改组成中央党校三部;西北党校又于1944年2月并入中央党校。

　　而改革重组的重点是延安大学,历时1年多完成。

　　1942年11月20日,边府根据中央决定,任命周扬、吕骥、陈康白、刘披云、王子宜、王子匀、王铎7人为6所高校,包括延安大学、鲁迅艺术文学院、自然科学院、行政学院、民族学院、新文字干部学校(一度也作为中等学校)的"合并委员会"委员,周扬为主任委员,负责合并工作。1943年4月,中共中央最终决定:鲁迅艺术文学院、自然科学院、民族学院、泽东青年干部学校、新文字干部学院整体并入延安大学。根据中共中央西北局常委会指示(1944年4月11日),边府第七十二次政务会议决定将延安大学与行政学院合并,仍称"延安大学",组成由周扬任召集,包括王子宜、刘景范、柳湜、胡乔木、李卓然、宋侃夫在内共7人的临时教育委员会,负责合并工作及此后教育计划的制订。还决定将民族学院迁至定边,由三边专员公署管理。

　　改组后的延安大学体制上改为直接受边区政府领导,内设行政学院、文学艺术院(仍习惯通称"鲁迅艺术学院",简称"鲁艺")、自然科学院三院。行政学院下设行政、财经、教育、司法 4 系,各系主任按其性质由边区政府各部门主管首长兼任;艺术文学院下设文学戏剧、音乐、美术 3 系;自然科学院下设工学、农学、化学 3 系。① 学校的教育计划、学制和课程皆重新制订,焕然一新②,"以适应抗战与边区建设需要,培养与提高新民主主义即革命三民主义的政治、经济、文化建设的实际工作干部为目的"。③ 5 月 18 日,边区政府任命周扬为校长兼教务处长及文学艺术院院长,并任命了其他主要干部。

　　延安大学的成功改组,有效整合充实了边区的高等教育资源,使得边区有了一所真正现代意义上的综合性大学。新中国成立后建立的中国人民大学、北京理工大学等高等学校,皆直接传承了其血脉和红色基因,在数十年中培养出了一批又一批中国新民主主义革命和新中国各项建设事业所需要的人才与中坚骨干力量。

　　对于延安大学的改革和重组,中共中央十分重视。1944 年 5 月 24 日,毛泽东莅临新的延安大学的开学典礼,对其表示热烈祝贺,在会上致辞指出:延大要为打倒日本帝国主义,把中国变为独立、自由的新中国这个任务而奋斗。他肯定了学校改革的成绩,并强调,学校工作不要搞教条主义,过去的缺点一定要克服;一定要学好政治、经济、文化这些课程内容,脚踏实地地为实际服务,进一步指明了延安大学的办学指导思想和办学方向。

――――――――――

① 陕西省档案馆边:《陕甘宁边区政府大事记》,第 203 页。

② 刘宪曾、刘端棻主编:《陕甘宁边区教育史》,第55页。

③《延安大学开学》,《解放日报》,1944 年 5 月 31 日,第 1 版。

（三）中等教育改革

在对延安的高等学校进行改革和重组的同时，边区党和政府对其他学校也进行了整顿。由于直属边区的高等院校不多，所以整顿的重点放在了中小学层面。

1942年6月3日，边府第二十二次政务会议讨论民政厅提出的《政府系统第二次编整意见》，关于学校的编整，提出首先应确定各类学校培养目标以便确定招生对象；合并必须合并的学校，对各校教职员及学生进行审查，清退不合格者；举办专门的文化教育学校，重点招收亟须文化补习的干部。

6月25日，边府第二十五次政务会议原则通过了《陕甘宁边区政府关于整顿边区各直属学校的决定》，明确规定了各直属学校的性质与任务。师范类的延安师范、绥德师范、关中师范、定边师范、鄜（富）县师范定位为培养边区的国民教育所需师资的中等学校；米脂中学、陇东中学等完整中学定位为培养边区青年知识分子之中等学校；新文字干部学校定位为培养"新文字运动"的基本干部及语文研究人才之中等学校；保育院小学为哺育战时难童的完全小学。上述学校均由教育厅直接领导；行政学院为培养县、区两级行政干部的学校，由政府委员会直接领导；各中级专门学校、边区职业学校定位为由建设厅领导的培养工农业行政工作人员、技术人员及商业技术人员的中等学校；边区警察学校为培养边区警察及地方锄奸保安人员的学校，由保安处直接领导；将培养各县医药卫生人员的边区医药学校并入医科大学，委托医大办理。还对各学校的精简、建立正规制度和教学设备等做了规定。

10月14日边府第三十五次政务会议决定成立整学委员会，负责各校的整顿。

改革同样也是首先贯彻整风精神。自1942年4月以后，边区各中学、师范学校的教职员先后学习整风文件,联系中等教育的实际,以反省教育与实际相脱离的教条主义错误为重点,查找存在的各种问题,思考中等教育的发展。

1943 年 1 月 29 日至 5 月 21 日,为贯彻中共中央西北局高级干部会所确定的生产和教育为今后边区建设的两大中心任务的精神,教育厅召开了中等教育整风学习会,学习整风文件,回顾检查中等教育工作,端正办学思想路线,讨论确定中等学校教育方针。[①] 会议批评了 1942 年教育厅颁布的《陕甘宁边区暂行师范学校规程草案》《陕甘宁边区暂行中学规程草案》中脱离边区实际的内容,进一步明确:边区的中等教育的指导思想应是服务于新民主主义政治,服务于边区工农大众,带有干部学校的性质,主要用以培养干部,这不仅仅是为了满足今天边区的人才所需,其意义还将远及于全国的现在和未来。在此基础上,制定了中等教育改革的基本原则,包括:

进一步明确各中等师范学校担负提高现任干部与培养未来干部的双重任务,对象包括小学毕业生、小学教师、区乡干部以及其他地方干部。

各校学制不强求一律,应根据其任务、地方具体情况而制订;为加强学校与地方的联系,各校需与该处乡村政府、生产部门建立经常性的协作制度。

教学内容以文化教育为主,加强政治、思想教育。后者须以边区政治经济为中心、结合生产教育,辅之以时事教育,而不是只讲抽象的理论;前者亦必须从边区的需要与学生的现有程度出发来逐步提高,削减暂时不急需的和过高的课程,增加有实际需要的课

---

① 陕西省档案馆编:《陕甘宁边区政府大事记》,第 159、169、177 页。

程;对于因一定目的而训练的学生进行具体的业务教育。

改革作风,包括四个方面的"坚持与反对":坚持实事求是、民主集中制的集体主义、群众观点、提高政治觉悟,反对主观主义与教条主义、惩罚主义与放任主义、官僚主义、自由主义。

对从事教育工作的干部重新甄别、调整。

坚持由分区直接领导各学校的原则。

要求教育厅对各地执行这些原则中的经验注意及时总结推广,以进行一般指导。[①]

这些原则规定擘画了边区中等教育改革的基本方向和路径,改革即据此有组织、有计划、有步骤地开展起来。

1944 年 5 月,在中共中央宣传部协助下,边府教育厅与中共中央西北局宣传部共同拟定了边区中等学校的新课程,各校的基本课程包括:边区建设、国文、数学、历史地理、生产知识、医药知识等(按三年制安排)。随后学制也调整为两到四年。

6 月 15 日,边府发布命令,将延安大学中学部划归延属专员公署管理,与延安师范合并,改为"延安中学"。使得中学教育结构更加完善。

(四)小学教育改革

在整风运动的推动下,边区的小学教育改革主要围绕两方面开展。

其一,贯彻联系实际的方针。1943 年,在教育厅的领导下,全边区小学教职员以县为单位联系小学教育的工作实际进行集体整风,列举存在的盲目追求"正规化"、排斥民办教育、教学内容脱离群众需要等问题,并着手进行改革。中共中央、边区党和政府不断

---

① 《边区政府一年工作总结》,《解放日报》,1944 年 2 月 8 日,第 1 版。

发现总结改革中出现的新鲜经验，及时予以总结、推广。1944 年 3
月 21 日，《解放日报》报道了延安市完全小学改革脱离实际的教学
方针，在教学内容中增加记账、写信、写路条、写契约、珠算等实用
性知识和技能，自编介绍边区的乡土教材，与生产相结合，遂受到
群众的真诚欢迎的事迹，得到毛泽东的关注，于次日在中央宣传部
召开的边区文教工作的座谈会上称赞"这是很好的一个新闻。这
个小学现在办得很好，过去办得不好，群众不欢迎。这条消息说明
完小已经做出了实际的成绩，应当广播到全国去"①。4 月 18 日根
据毛泽东这一讲话精神以及中共中央西北局的有关决定，边府发
出《关于提倡研究范例试行民办小学的指示信》，指示学习、研究绥
德分区等处经验，贯彻实行教育与劳动相结合的方针，对小学改革
做出具体安排。

　　其二，推广民办、"民办公助"。"指示信"同时指出，为使小学
教育完全适应边区的实际情况和群众需要，应大力推广民办公助
的政策，将大多数甚至全部小学都交给地方由群众自己来办，政府
则对其在物质上予以帮助，在方针上加以指导，并提出具体办法。②
要求各地"各级政府应该注意所属小学教育的改革，提倡研究各地
范例，奖励优良学校、教师、发现教育英雄，搜集材料，总结经验，并
将这些材料提供给今年准备召开的国民教育会议（即后来召开的
边区文教大会——作者注），以期制订彻底改革的方案，于明春普
遍实行"③。8 月开始，一批先进的典型，包括：绥德分区提倡的学校
教育与劳动相结合，与社会相结合，与家庭相结合；公办小学和完

① 中共中央文献研究室编：《毛泽东年谱(1893—1949)》中卷，第 502—503 页。
② 陕西省档案馆编：《陕甘宁边区政府大事记》，第 204—205 页。
③《陕甘宁边区教育资料·小学教育部分》上，第 156 页。

全小学改革的吴旗赵老沟小学；民办公助的延安市杨家湾小学等相继被推介。

民办的成功经验也得到重视，如 1944 年各地陆续出现了 500 余处民办学校，各具特色，其中志丹县七区一乡的村庄轮回施教的巡回学校；农民自办、自管、自教的米脂高家沟民众学校；"一揽子"村学形式的米脂杨家沟学校；改造私塾向新式村学转变的陇东贾其昌私塾等，皆受到总结推广。延安市还将杨家湾、裴庄、磨家湾、沟门的 4 所民办小学的经验汇集成册向各区宣传。边区政府进一步概括了这些坚持实事求是改革的共同特点：

第一，教育和实际相结合，小学成了乡村文化建设中的中心，与村乡政府密切配合开展各项活动，发挥了教育为人民、为抗战、为生产服务的作用。

第二，学校的组织形式、学制等因时、因地、因人制宜，认真贯彻根据群众需要与自愿的原则，从而形成了既有适应农村分散的环境和农民的各项生产活动，特别是农业劳动所需要的各种形式的民办小学，也有适合县城和集镇的中心小学、普通小学、完全小学的格局。课程设置和毕业年限不强求一律，根据情况有所差异和侧重。

第三，坚持群众路线，民办公助。号召群众发扬自力更生、艰苦奋斗的精神，自己维持学校用费，政府则侧重政策、教材、培养教师、加强领导等工作，从而把教育扩展到穷乡僻壤。

在边区党和政府的大力推动下，小学教育改革成绩斐然。

（五）社会教育改革

中等、小学教育改革也促进了社会教育的改革。

针对社会教育存在的问题，边区党和政府对症下药，通过整风，强力克服主观主义、强迫命令、形式主义，并采取了一系列措施。

1942 年 8 月,教育厅邀集中共中央西北局、新文字协会、新文字干部学校、新文字丛书编委会举行新文字工作座谈会,确定今后新文字冬学采取集中与分散、重点与一般相结合的原则,同时在小学试行新文字教学法。

1944 年 6 月 3 日,边区政府发布关于冬学的指示,决定从今年起,每年组织普遍的冬学教育,每乡办一个,条件好的尽量多办;在安排冬学、扫除文盲的过程中坚持群众自觉自愿和劝学的原则,纠正强迫动员,采取民办公助的方针以及分散办理的原则。8 月 22 日,边府发布今年冬学补充指示信,明确了具体的目标:1. 认识 300—500 字,会认会写会讲会用。2. 扎下识字运动的根即创下据点,培养出积极分子。并规订了具体办法和学习内容。①

同时,努力构建社会教育的中坚力量。

前述 1944 年 4 月 18 日边府所发《关于提倡研究范例试行民办小学的指示信》在部署小学教育改革的同时,指示要通过村学的协助办好社会教育(冬学、夜校、识字组等),实现在边区全境消灭文盲的目标。一所小学,就应成为当地开展社会教育、各项文化活动的中心。

而此时,社会教育更增添了那些来自边区的中高级知识分子这一支生力军。在延安整风和延安文艺座谈会方针的引领下,边区高等学校师生和文艺、医疗卫生工作者深入群众、深入社会、深入基层,在虚心向人民群众学习、改造立场、世界观的同时,热忱为民众服务,包括参加社会教育,发挥了当地小学、乡村知识分子难以企及的作用。在延安各单位干部、知识分子的支援下,1944 年全

① 陕西省档案馆编:《陕甘宁边区政府大事记》,第 165、207、214 页。

边区举办了 3 470 所冬学,入学农民达 5 万余人,不少农民通过 3 个月学习初步学会了读、写、算,能读《边区群众报》、写信、珠算、记账,基本扫除了文盲。特别是其中有一批是在边府"卫生第一,消灭婴儿百分之六十的死亡率"的号召下而创办的以妇婴卫生为主要内容的妇女卫生冬学,使得群众接受、掌握了初步的科学接生、育婴等卫生知识(详见本章第三节),受到了具有尊师重教传统、对文化人特别是这批"洋秀才"敬畏有加的质朴农民的热烈欢迎和信任,产生了巨大影响和良好效果。

边区教育改革取得巨大成就的同时也仍然存在一些不足。包括中学教育未能恰当把握系统性与适用性之间的"度",忽视、削弱了一些必要的基础知识的学习;课程的教学大纲过于广泛、复杂;过分强调因地制宜影响了必要的统一性等。小学教育中仍然存在问题。一是一部分教师未摆脱与群众需求和意愿脱节的旧有理念窠臼;二是矫枉过正,过分强调生产劳动、社会活动而忽视知识教学偏向;社会教育中的命令主义、强迫招生、集中办学等偏向也在一定程度上还存在等,但皆是前进中的问题,中共中央、边区党和政府也持之以恒,继续进行克服。

四、边区教育的再提高

1944 年,中国全民族抗战已见胜利曙光。为适应新的形势,进一步把边区建设成为抗日民主模范根据地,中共中央、边区党和政府更加重视教育问题,进一步全面总结整风以来教育改革的经验教训,明确指导思想及方针、政策,推动教育事业深入发展。

(一)毛泽东的论述

1944 年,毛泽东提出了一系列新的思想和方针。

新目标——把边区建成"大学校"。在 3 月认为,有了边区现在的普通教育与干部教育这两种教育,"就可以把整个边区变作一个大学校",从地区来看,每个乡就变成了一个学校,所有的老百姓、干部都在其中学习生产、文化。发展起来几年内,边区群众的文化水平将会比其他地方包括武汉、重庆等大城市的民众都要高。只要好好搞 5 年到 10 年,就会有一个很大的进步与发展,"这绝不是空话"①。勾画出一幅全民教育的宏伟蓝图。

毛泽东将这一目标分解为干部教育与民众教育两部分,分别进行阐述。

关于干部教育的目标,如前所述,他早就提到要提高其文化水平,作为必备的素质,并对许多干部文化基础薄弱的现状焦虑不安,所以对延安的干部教育寄予厚望,称搞好延安的干部教育意义非常之大,是全国性的,"现在可以对付黑暗,将来可以迎接光明,创造新世界"②。

此时,毛泽东则主要强调要实现民众教育的目标:要求 10 年内使得边区的民众人人能看《边区群众报》,另有 1/3 民众更能看《解放日报》。他做了这样的安排:将 10 年分成两个"五年计划",第一个五年计划识 2 000 字左右,在这个基础上,再经过 5 年或 10 年就能实现目标。③ 5 月再次提出,要达到这样的目的:边区 150 万人(老百姓 140 万,党政军人员 10 万)人人都要识字。边区所有

---

① 毛泽东:《关于陕甘宁边区的文化教育问题》(1944 年 3 月 22 日),《毛泽东文集》第 3 卷,第 117 页。

② 毛泽东:《关于整顿三风》(1942 年 4 月 20 日),《毛泽东文集》第 2 卷,第 412 页。

③ 毛泽东:《关于陕甘宁边区的文化教育问题》(1944 年 3 月 22 日),《毛泽东文集》第 3 卷,第 114—115 页。

的老百姓每人识字1 000或以上，要求持续进行，搞十年八年。① 7月又说：与愚昧的斗争虽然有所进步，但文盲尚未完全消灭，因此要采取一切有效的办法"使男女老少在数年内至少都能认到一千字"②。

毛泽东还论述了若干具体方针，其核心是要从实际出发，因地制宜。

新、旧"两条腿走路"。针对边区存在非正规和旧式教育的实际情况，毛泽东提出：不但要办集中、正规的小学与中学这类新式学校，同时要办分散的、不正规的村学以及读报组和识字组，而且要对旧的村塾进行改造、利用。③

鼓励民办教育。他认为学校归民办方式很好，同时肯定由村来办的做法，认为在乡村由一个村承办一所小学比较方便。而如由一个乡办一个小学，小孩就要寄宿、交费（交粮食），并比较在家食用所需粮食只需学校的一半（每年），如果所教再不根据农民实际需要，让学生尽学"九州万国"且"又有变成公家人（指脱产——作者注）的危险，这是不妥当的"④。可谓十分具体和到位。

加强公办教育。对于作为边区教育的骨干力量的公办教育，毛泽东一贯十分重视，此时充分肯定了边区公办学校的发展和进步：140万人中办有6个师范学校与中学，属于历史空前的成绩，

---

① 毛泽东：《在延安开学典礼上的讲话》（1944年5月24日），《毛泽东文集》第3卷，第153—154页。

② 毛泽东：《召开陕甘宁边区第二届参议会第二次大会的决定》（1944年7月5日），《毛泽东文集》第3卷，第180页。

③ 毛泽东：《文化工作中的统一战线》（1944年10月30日），《毛泽东选集》第三卷，第1011—1012页。

④ 毛泽东：《关于陕甘宁边区的文化教育问题》（1944年3月22日），《毛泽东文集》第3卷，第113—114页。

"是在共产党的时代才发展的"。同时嘱咐要继续努力,特别是相关的党组织和政府要充分发挥作用,专员公署和地委要承担起管理责任,"而且还要管得很好"①。

发展社会教育。毛泽东特别提倡办好识字组,认为这是提高文化、消灭文盲的依靠。并设计出发展的路径:由少到多,可以从办一两个开始,教一些人识字后激励促进,利用扫盲成功者的高兴、优越心理的同时"再评选几个模范出来,奖给他们几块手巾,字也识了,手巾也有了"而使文盲羡慕,促使其加入,以形成识字、扫盲的风气。当然,这也要遵循自愿原则。②

注重教学方法。随着整风运动的开展,丰富教学内容,改革教育方法,越来越受到毛泽东的关注。毛泽东重点强调两条:

第一,联系实际。教员应根据学生的情况授课,要防止主观主义、教条主义,脱离学生要求。教师要先向自己的教育对象学习,提出了"三七开"原则:七分是教师先向学生学习,包括具体了解学生历史、个性、需要,"然后再拿三分去教学生",主要教其学会工作方法。这是"先做群众的学生,后做群众的先生"在教育中的应用。他要求"从中央党校、延安大学、行政学院一直到每一个村小学,都要做到这一点"③。

1944 年 5 月 24 日,毛泽东在延安大学开学典礼上的讲话中,强调了要联系实际丰富延安大学的学习内容,指出延大的学生在

① 毛泽东:《关于陕甘宁边区的文化教育问题》(1944 年 3 月 22 日),《毛泽东文集》第 3 卷,第 116 页。

② 毛泽东:《关于陕甘宁边区的文化教育问题》(1944 年 3 月 22 日),《毛泽东文集》第 3 卷,第 115 页。

③ 毛泽东:《关于陕甘宁边区的文化教育问题》(1944 年 3 月 22 日),《毛泽东文集》第 3 卷,第 116—117 页。

目前全民抗战的环境下,在政治上要学习统一战线、"三三制"、精兵简政等党的各项方针政策;在经济上要学习包括工业、农业、商业、运输、财政在内的各项业务[①];在文化上要重视知识的学习,在普及中提升文化水平,另外还要学会演戏、扭秧歌、唱歌,"唱黄河大合唱、小合唱",这些都是一定要学习好的内容,要会做这些实际工作,为实际服务,防止脱离实际而搞教条主义。

第二,群众路线。他由衷希望识字扫盲变为一场群众性的运动,提倡"兵教兵","民教民",即"老百姓教老百姓"。并具体提出认识 10 个字的人就可以当识字组组长,而"认识一百个字的就可以当委员长"[②]。须知,当时国民党的"最高领袖"就是"委员长"蒋介石,从这种调侃可见毛泽东对促进识字的殷切期盼!

毛泽东的论述进一步确立了发展边区文教事业的正确指导思想和方针政策。

(二)毛泽东指示的响应与部署

毛泽东的论述、指示的精神得到了迅速落实。

首先是 1944 年 10 月 11 日至 11 月 16 日召开的边区文教大会,根据毛泽东指示的精神,对边区的教育的发展特别是整风前后的状况、发展、变化及经验与教训进行了全面回顾和总结,进一步纠正主观主义、教条主义影响导致的脱离实际、脱离群众办教育的偏向,讨论了当前和今后的教育工作。

其一,总结了历史。10 月 30 日,李维汉提出了边区教育的三个时期的看法:第一,内战时期,较粗糙和简单,但把教育的权力从

---

① 毛泽东:《在延安大学开学典礼上的讲话》(1944 年 5 月 24 日),《毛泽东文集》第 3 卷,第 152 页。

② 毛泽东:《关于陕甘宁边区的文化教育问题》(1944 年 3 月 22 日),《毛泽东文集》第 3 卷,第 115 页。

敌人转到人民手中。第二,抗战初期,学校的数量和规模都有发展,但受旧式正规化指导思想的影响,存在一些严重缺点,实际效果受到限制。第三,1943年后,贯彻新教育方针时期,教育工作开始了新局面。这一观点得到大会教育组的一致同意。

其二,明确了教育发展的中心任务。大会通过的《关于培养知识分子与普及群众教育的决议》(简称《决议》)指出:"培养大量的边区知识分子,是今天边区的头等任务之一。"[①]并把干部教育放在突出的位置。李维汉在大会的总结中也重点提出,培养大量的足够的本地知识分子是边区今后一切工作的关键,更是开展文教工作的关键。应该充分重视和信任革命知识分子,他们是边区的宝贵财产。党和政府对他们应给予政治上的指导、照顾和学习的机会,应关心其物质生活,家庭生活,解决其工作上的需要,鼓励他们努力前进。[②]

为实现这一目标,大会提出一是继续加强在职干部的教育,努力提高现任干部的文化水平;二是利用延安及边区的学校资源,积极培养新的知识分子。除在边区各中等学校继续扩大增设以训练区乡干部为主的"地干班"外,要求延安大学也要增加招收中学毕业生,即便是高级小学,也应负有干部教育的任务。提出各层级领导机关对办学的分工协作:边区负责办好延安大学;中学和"地干班"由各分区负责办好;完全小学和区乡干部训练班则由各县负责办好。

其三,发展群众教育。《决议》指出了发展群众教育的极端重

---

① 《关于培养知识分子与普及群众教育的决议》,《解放日报》,1945年1月10日,第
　　1版。
② 李维汉:《回忆与研究》下,第589页。

要性,群众教育的中心任务是扫除广大成人与失学儿童中的文盲,主要内容是学会读、写、算,提高其文化与政治觉悟。群众教育的形式,应适合边区环境,推行"小先生制",组织校外识字组,在冬季组织冬学。

其四,深化教育体制改革,依靠群众发展小学。小学应以民办公助的村学为主要形式,这样做的目的既是为了解决政府的财政困难问题,更能贯彻群众路线,广泛地动员各种社会力量,充分地发挥群众办学的积极性,使得小学教育得以更快更好发展。

此外,大会还提出要丰富教学内容,改革教育方法。

1944 年 12 月 5 日,边府主席林伯渠向参议会二届二次大会所做《边区民主政治的新阶段》政府工作报告,提出新时期的主要任务是在继续发展生产基础上,努力发展教育文化,实现文化普及,使边区从文化落后地区变为文化先进地区。次日副主席李鼎铭做《边区文教工作的方向》的报告,要求在 5—10 年内消灭男子 40 岁以下、妇女 35 岁以下的文盲。

毛泽东的论述和边区文教大会进一步促进了边区教育事业的改革和发展。

干部教育在边区文教大会后进一步得到落实。

多所大学和 6 所中等学校得到巩固充实,边区政府更遵循实事求是原则,不拘一格,通篇筹谋,继续完善布局。如为解决医药干部紧缺问题,又从延安大学将一年前撤并其中的医药学校恢复,由边区卫生处复办,招收了第二期学生。

小学教育出现多种形式、多种样式和多种渠道办学的可喜现象。其中公办小学既有保育院小学、干部子弟小学、抗小、延属干小、完小,也有各个生产单位办的小学,从而聚合了边区的各种力量,真正形成了群众办教育的热烈局面。特别是大量的初级小学由公办改为民办公助,而其形式亦多种多样。1944 年 12 月 25 日开幕的边区建设展览会列出:民办小学发展至 550 所,其他各类小学 531 所,真正体现出 1944 年是边区大进步的一年。①

教学的内容得到充实提升。教育厅按照改革要求遵循实事求是的精神,陆续编写了中小学新课本。其中在新编的小学《自然常识》课本增加了边区的历史、地理常识、农业生产知识,以及反对迷信、宣传科学、讲究卫生的内容,音乐课亦加入了具有浓郁地方特色的扭秧歌、陕北民歌等,获得了广大群众的赞赏和欢迎,激发了学生的学习兴趣。

教学方法也进行了改革,其中最重要的是开始实行符合学生实际的启发式教学。一些地方的领导干部还在学校中担负部分授课任务。

群众性社会教育更加蓬勃发展。除每年大量兴办的冬学、民众教育馆外,边区建设展览会列出还建有夜校 90 个,读报识字组3 311 个。②

抗战时期陕甘宁边区的教育事业的建设,有力地促进了党领导的整个新民主主义教育事业和抗日战争、新民主主义革命的发展,并成为新中国恢宏的教育大厦构建过程中不可或缺的奠基石。

第三节 医疗卫生建设

发展医疗卫生事业是边区文化建设的又一重要内容。

中国共产党一贯坚持"一切为了人民健康"的理念,从土地革命战争时期开始逐步构建起的包括"医疗卫生为人民健康和革命

---

①② 陕西省档案馆编:《陕甘宁边区政府大事记》,第 220 页;第 221—222 页。

战争服务"、"预防为主"、"军民融合"、"中西医结合"、"卫生专业人员与非专业人员合作"、"自力更生与获取外援相结合"、"宣传卫生科学,开展群众性卫生运动,调动一切积极力量为人民健康服务"、"减少人民疾病死亡的基本方针就是预防,就是开展群众性的卫生运动"①等符合实际的各项方针和机制,在全面抗战时期的陕甘宁边区得到了进一步贯彻和发展,取得了新的业绩。

一、构建基本医疗体系

(一) 擘画

边区地瘠民穷,经济文化落后集中表现为封建、文盲、迷信和不卫生,毛泽东沉痛指出,"旧社会给边区的遗产是:贫穷、愚昧与疾病"②。而在医疗卫生方面尤为突出:缺医少药,150万人口的区域只有250名左右西医、1 000名中医,平均1 200人左右才有一名医生,且多有庸医;民间迷信充斥,巫神、巫医猖獗,他们常成为为民众"疗病"的主力;卫生条件极差,民众中愚昧不讲卫生等陋习盛行,对疾病不知也多无法防范医治,常常坐以待毙,各种疾病多发并极易流行蔓延,人畜死亡率极高,成人达30%,婴幼儿竟高达60%③,如1937年至1945年间,边区境内因吐黄水病、麻疹病、斑疹病、伤寒、流行性感冒、赤痢、小儿破伤风、百日咳等疾病死亡134 181人,占全边区总人口的8%④,使得原本匮乏的劳动力更雪上加

---

① 《开展全边区卫生运动的三个基本问题》,《解放日报》,1944年7月10日,第1版。

② 毛泽东:《召开陕甘宁边区第二届参议会第二次大会的决定》(1944年7月5日),《毛泽东文集》第3卷,第180页。

③ 李维汉:《回忆与研究》下,第436页。

④ 胡民新、李忠全、阎树声:《陕甘宁边区民政工作史》,西安:西北大学出版社1995年版,第189页。

霜。而牲畜疫病亦是多发，死亡率极高。这对于一心为人民谋福祉的中国共产党人来说是绝对不能容忍的，如毛泽东所说，"我们共产党在这里管事，就应当看得见，想办法加以解决"①。

自从边区成为中国共产党领导抗日战争和新民主主义革命的中心和总后方后，除汇集长征而来的3万多革命精华，更吸引着大批爱国青年、进步知识分子来此，仅荒凉偏僻的延安的人口即增达七八万人。革命队伍的发展壮大，对医疗卫生工作提出了更为迫切的要求，进一步增加了医疗供需之间的不平衡。

面临如此新的形势、新的环境，中国共产党几乎是平地起楼，迅速筹建起一整套医疗事业。

1939年在延安召开的中国共产党陕甘宁边区第二次代表大会做出了"加强卫生工作"的决定。1939年1月，边区第一届参议会通过的《边区政府工作报告的决议》，提出把"发展卫生保健事业，以增强人民的健康"列为政府工作之一。② 1941年，"推广卫生行政，增进医药设备，欢迎医务人才，以达减轻人民疾病之目的，同时实行救济外来的灾民难民"又被边区政府列为一项重要的施政内容③，从而构成了边区医疗卫生事业的总则。1944年10月召开的边区文教大会更把发展医疗卫生事业，消灭疾病，维护人民健康规定为边区建设的一项重大任务，边区医疗卫生工作的权重不断提高。

---

① 毛泽东：《在延安大学开学典礼上的讲话》(1944年5月24日)，《毛泽东文集》第3卷，第154页。

② 陕西省档案馆、陕西省社会科学院编：《陕甘宁边区政府文件选编》第1辑，北京：档案出版社1986年版，第155页。

③ 陕西省档案馆、陕西省社会科学院编：《陕甘宁边区政府文件选编》第5辑，西安：陕西人民教育出版社2015年版，第3页。

另一方面，由于处在全面抗战期间，卫生部门要"与两个敌人作战（民族敌人与健康敌人）"。[①] 1943 年 5 月，中央军委发布《关于卫生部门中教学问题的通令》指出，"卫生部门的基本任务，在于保障部队之健康与伤病员的收容治疗并迅速治愈归队，保持与增进战斗情绪，成为参谋业务中重要一门"[②]，同时还必须承担起保障人民身体健康的任务。

（二）构建基本系统

为适应这种特殊环境，最大限度满足各方面的需求，中共中央、边区党和政府迅速构建起了中央、军委、边区三个医疗系统。

中共中央系统的中央卫生处。1938 年中央设立卫生处，下辖医政、保健、药材三科，直至 1945 年 10 月合并于军委总卫生部。

中央卫生处属一身二任：既是中央机关卫生行政领导部门，也是边区医药卫生技术的指导机关。其主要任务包括：负责中共中央各直属机关、学校人员特别是中央领导同志的医疗和保健工作；领导中央机关卫生业务；在为机关服务的同时积极为民众服务，认真切实负责机关附近一定区域的群众卫生医疗工作。实际上，该处承担了对整个医疗卫生的领导职责。如 1943 年特设了营养研究委员会，指导全体军民应对艰苦生活的各种保障健康方法。在培养医护人员方面也发挥了重要作用。

中央军委系统的军委总卫生部，主要职责是管理在延安的军事机关及留守兵团的卫生工作。其前身是 1935 年 10 月中央红军长征到达陕北以后所设立的军委后方卫生部，1936 年 10 月，红军

---

① 邓铁涛、程之范主编：《中国医学通史》（近代卷），北京：人民卫生出版社 2000 年版，第 580 页。

② 武衡主编：《抗日战争时期解放区科学技术发展史资料》第 5 辑，北京：中国学术出版社 1986 年版，第 19 页。

一、二、四方面军三大主力会师后改为军委卫生部,1937 年 1 月随中共中央进驻延安。1939 年中央军委成立总后勤部,卫生部为其所属三部门之一,下设秘书、保健、医政、药材、管理等科。① 1942 年 6 月与留守兵团卫生部合并组成陕甘宁晋绥联防军卫生部。1945 年 10 月改为中央军委总卫生部。

边区政府系统的政府卫生处。1941 年 1 月正式成立,隶属于边区政府民政厅,内设材料、保健、医政三科,后发展为医政、保健、药材、保育、总务各科和办公室。在卫生处统辖下各县设卫生科员,各乡设卫生委员会。1943 年 7 月,民政厅又决定在对外保留卫生处名义的前提下,将卫生处与边区医院合并,但不久又重新恢复原建制。1945 年 2 月 8 日,边府第九十六次政务会议决定成立边区卫生署。② 其主要职责被规定为:领导和掌理全边区的卫生行政工作及医疗预防技术等事项,包括制定、颁行卫生计划和法规;构建、健全全边区各层级卫生组织;环境卫生之管理;组织下乡巡回医疗之医疗队;城乡防疫之开展;各类医务人员之训练;医药机关之组建与调整;卫生知识之宣传;督率所属各医疗机构积极为广大干部群众、伤病员服务。③

这三大系统在中共中央的统一领导下构成了涵盖整个边区的完整严密的医疗体系。

二、建设骨干医院

建设若干现代意义上的正规医院,构建起边区医疗卫生事业

---

① 陕西省地方志编纂委员会编:《陕西省志·卫生志》第 72 卷,第 84 页。
② 陕西省地方志编纂委员会编:《陕西省志·卫生志》第 72 卷,第 85 页。
③ 陕西省地方志编纂委员会编:《陕西省志·卫生志》第 72 卷,第 86 页。

的基础,成为当时党的一项重要任务。囿于艰苦的条件,中共中央、中央军委、边区党和政府只能首先在各自系统内建立一些骨干医院,随后逐步发展。

(一)中央系统医院

中央卫生处下辖的直管医疗机构包括延安中共中央医院(简称"中央医院")、中央门诊部、干部休养所、肺病疗养所,以及各机关卫生所等。中央医院是其中最为重要的一个。

医院初建时条件十分简陋,此后不断发展,到1943年已颇具规模:拥有窑洞达48孔,房16间;170张床位,医生护士共100余人;设置了内、外、妇、儿、结核和传染等科,建有X光、药剂、手术、化验各室[1],医疗技术水平也不断提高。1943年住院病人整体死亡率降至2.9%,其中小儿支气管肺炎病死率降到5%,被视为绝症的大叶肺炎病死率下降到3.9%,病人、产妇无一例死亡,都创造了当时的医疗奇迹。据统计,从建院到1945年共收治伤病员12 677人(次)。[2] 1939—1945年,接受实习医生115人,培养检验员23人,药剂人员25人。[3]医院和门诊部还经常组织医疗队下乡,为群众防病、治病,并开展卫生宣传,为维护中央领导和人民群众健康做出了很大贡献。

(二)军委系统医院

军委总卫生部下属医疗单位主要有:原第一后方医院改编的第二兵站医院、第四后方医院、八路军总医院(又常被称为"八路军医院""八路军军区医院"等)、白求恩国际和平医院、八路军门诊部、八路军制药厂、抗大卫生处及一二两院、延安中国医科大学及

---

① 中国延安干部学院编:《延安时期大事记述》(试用本),第168—169页。

②③ 中国延安干部学院编:《延安时期大事记述》(试用本),第169页。

附属医院、延安药科学校、八路军留守兵团卫生处及野战医院、联防军医院等。

其中最重要的八路军军区医院成立于 1939 年 5 月,前身为中央组织部干部休养连,主要收治军委直属单位的伤病员。1939 年 12 月 1 日,八路军总部颁布命令将其改称为"白求恩国际和平医院",在各方面大力支持下,承继我军医疗的革命传统和精华、受到白求恩精神和技术亲炙的该院随之得到极大的发展,最终拥有 8 所中心医院和 24 所分院总共 1.18 万张病床的规模[①],成为一所设备齐全、技术力量雄厚、边区一流的正规医院和名副其实的国际医院。1941—1943 年间其住院治愈人数、治愈率、死亡率分别为:511 人、725 人、1 052 人;73.4%,82.01%,83.8%;4.8%,3.5%,2.7%,呈现治愈率不断提高,而死亡率不断降低的良好态势[②],为保障军民健康做出了巨大贡献。

八路军后方留守兵团卫生部(对外称"卫生处")所属野战医院成立于 1940 年,通过逐步建设,成为延安较正规的一所医院,主要为驻边区地方部队和群众提供医疗服务,也是中国医科大学学员临床实习单位。到 1942 年该院共治愈伤病员 1 000 余名,施行手术 380 人次,为百姓免费治病 1 300 人。该院于 1943 年春撤销,部分工作人员调入中国医科大学附属医院。

留守兵团门诊部前身为军委卫生部直属门诊部,1941 年 9 月 1 日正式对外开诊,仍被习惯称为"八路军门诊部""军委门诊部"。分内、外、产妇、皮肤花柳、五官(牙科)、理疗、化验等科室,设备较

---

① 军事科学院军事历史研究部:《中国抗日战争史》中,北京:解放军出版社 2015 年版,第 268 页。

② 兰州军区后勤部党史资料征集办公室:《延安白求恩国际和平医院》,北京:解放军出版社 1986 年版,第 149 页。

为齐全,为军民提供了多项医疗服务。

作为医疗延伸,三大主力红军会师后,中央卫生部先后在陕北蟠龙、青化砭、安河、云岩、甘肃曲子镇设立5所"红军荣誉军人残废医院"。1937年冬在一一五师后方留守处建立临时残废院。1938年6月改名"八路军荣誉军人教导院"。1939年5月5日正式改建为"八路军荣誉军人学校",成为疗养、教育相结合的机构。

（三）边区政府系统医院

边区政府在卫生处(署)直接管辖下的医疗机构约有:边区医院,边区门诊部,各单位(包括机关、学校、工厂、分区)之卫生所,光华制药厂,边区医校(即后来之"西北医专"),干部休养所,以及边区保健药社,边区卫生合作社,边区保健委员会,边区防疫委员会,边区干部疗养院,国医研究会等。

上述所属医疗机构中,边区医院前身是1936年组建于陕北保安的中央机关卫生所,主要负责中央领导的保健工作。1937年7月在此基础上创建边区医院,归中央组织部主管,后直属边区政府主席团。1938年底改属于民政厅卫生科。

医院成立之初同样较为简陋,但由于各方支援,很快发展成设备比较齐全、诊治较为正规、技术水平较高的一所地方医院。每天门诊量300人左右,收治住院人数近150人。延安党政军高级干部、中央负责人也多来该院就诊。

边区门诊部系根据1941年1月13日边区政府"抗字第831号"指令,由1940年1月成立的边区政府卫生所与同年6月成立的中央财政部卫生所于1941年4月合并组建而成,设内、外、五官、皮肤花柳、产妇等诊科。

三个系统的卫生领导机关和医疗机构各有分工又互相协作。在为本系统党政军服务的同时,积极开展民众的医疗。基层的门诊部、卫生所尤为如此。

中央卫生处及其所属各机构大量接诊普通群众,甚至提供免费治疗,仅据 1944 年 3 月 9 日后半年多统计,为群众治病共达 16 345 人(次),所用之药费最低需值 420 余万元[①];留守兵团门诊部先后收住患病群众 62 名,门诊患者 1 162 人,节省群众医药费 88 800元。[②] 边区医院 1941 年治疗的患者中群众占 25%;1942 年为 27%;1943 年达到 30%,该年共为群众看病 9 611 名,其中治愈 9 322 名,治愈率达 97%;1944 年共接诊患者 4 245 人,其中群众 1 345人,占 31.7%,并对群众患者实行包括饮食在内的全部免费治疗。[③] 此外各医院也接收由各党政军机关所设卫生科或卫生所转来的民众患者。

边区的医院是在极其艰苦的条件下克服种种困难开展工作。1946 年 3 月 29 日,白求恩的旧友美国外科医生艾乐思(Leo Eloesser)参观白求恩国家和平医院时,看到“消毒用水是在汽油桶烧出,护士没有手表,量脉搏是用沙子装在玻璃瓶的 30 秒沙漏表,手术用镊子、折骨等器材,是铁匠用旧的钢轨打制出来的”。但在物资极端匮乏的背后,充满了“朝气、希望和活力”[④]。

三、制度建设

如果说医院是医疗工作的“硬件”,那么医疗制度就是医疗系统运作的“软件”。为保障医疗卫生事业的发展,中共中央、边区党

---

① 陕西省地方志编纂委员会编:《陕西省志·卫生志》第 72 卷,第 83 页。

② 陕西省地方志编纂委员会编:《陕西省志·卫生志》第 72 卷,第 97 页。

③ 卢希谦、李忠全:《陕甘宁边区医药卫生史稿》,西安:陕西人民出版社 1994 年版,第 18 页;胡新民、李忠全、阎树声编:《陕甘宁边区民政工作史》,第 270 页。

④ 倪慧如、邹宁远:《太行山里的美国医生》,《南方周末》,2019 年 9 月 26 日。

和政府在建设医院的同时，制定、颁布多项法律、法规，着力构建起关于整个医疗、卫生防疫、公共卫生等方面的系列规章制度，并根据实际情况不断完善。

（一）总体法规

全面抗战爆发后不久，中央军委总卫生部"为求适合现时工作情况，整理正规、统一，特本诸既往的工作传统习惯，和征求现在的工作意见以及吸收其他的工作方法"①于1937年11月制定颁布了《暂行卫生法规》。1938年9月10日再版发行。内容包括医务、卫生、卫生材料管理、卫生人员管理、医院管理、伤病员转运、救护工作条例和部队卫生制度等8个方面，不仅对部队，也对包括地方在内的战时医疗卫生做了制度化的规定。

同年5月，军委总卫生部根据中央组织部召开卫生会议确定的原则发布《卫生部门暂行工作条例》，明确规定卫生行政系统："军委总卫生部为卫生部门工作最高行政指导机关"，"各地军区设卫生部，直属后方医院"，要求各级卫生组织实行集中、精干的原则，以求"人力物力之节省而得遂行其业务"，对包括门诊、出诊、伤病人员收容、药材筹补和分配保管等各项工作规定了基本原则和具体制度。②

根据上述法规，边区政府结合实际情况于1939年7月颁布《陕甘宁边区卫生行政系统大纲（草案）》（简称《大纲（草案）》）、《陕甘宁边区卫生委员会组织条例》（简称《卫委会条例》）、《陕甘宁边区卫生处组织条例》（简称《卫生处条例》）等，至此，边区医疗卫生事业的基本法规基本完备，边区基本医疗卫生行政、管理体制得以

---

① 邓铁涛、程之范主编：《中国医学通史》（近代卷），第581页。
② 邓铁涛、程之范主编：《中国医学通史》（近代卷），第580页。

构建。

《大纲（草案）》规定，边府民政厅管理边区的卫生事业，民政厅卫生处"执行全边区卫生计划"；各县市卫生行政实行双重领导：隶属于该地县市政府及公安局，同时则受民政厅直接领导和监督，并设立卫生所来执行全县市的卫生计划，各县市卫生行政人员的任用由政府首长选定后"呈请民政厅核准聘任"。要求"凡隶属边区政府之区域、市镇、机关、部队、学校、工厂中，因工作需要与可能，得设立卫生所或卫生员"，同时规定"为便于推行卫生运动，在边区各级政府系统与必要之机关、部队、学校、工厂中，根据实际情形组织卫生委员会"，还要求边区卫生处根据实际需要与可能尽量"设立训练班、药厂、休养所、医院等卫生设施"，"其院、厂、所、训练班等章程另定之"①。

《卫委会条例》规定该会附设于民政厅，由民政厅聘任党、政、军、民中有相关经验和一定关系之 7 至 15 人组成，设主任 1 人，负责召集会议和推动全盘卫生工作。主要职责是"检讨边区卫生行政设施计划"并督促卫生处加以实施，每届委员会开会还应"延聘专家及有关系的各高级公务员，列席指导之"。规定边区重要市镇区域、各级政府及其他机关必要时同样应设卫生委员会。②

《卫生处条例》对卫生处的组织设置及职能做出明确规定：该处"掌理全边区卫生行政事宜"，设处长、副处长各 1 人，均"由民政厅任免之"，设置总务、医政、保健 3 科。其中医政科主要业务是：关于公立私立医院药房之监督事项；关于医师、药师等资格之审定

---

① 陈明光主编：《中国卫生法规史料选编（1912—1949.9）》，上海：上海医科大学出版社1996 年版，第 22 页。

② 陈明光主编：《中国卫生法规史料选编（1912—1949.9）》，第 23 页。

及监督事项;关于药商及药品制造之监督事项;关于药用植物之培植及药品制造之奖励事项;关于麻醉药品、毒剂药品及毒剂物之取缔事项;关于医药设施之研究事项;关于其他一切医政事项。保健科主要业务是:关于传染病之检验及防止事项;关于卫生情况调查统计事项;关于卫生行政人员之训练事项;关于各项卫生设施之指导监督事项;关于饮食品用具之检查设计事项;关于医药救济事项;关于其他一切保健防疫事项。①

（二）具体法规

与总体法规相配套,若干具体法规也陆续出台。

医院规制。1939 年 2 月 1 日八路军总部发布《医院组织标准》,将八路军医院的编制、设施分为甲乙丙三种,分别做出具体规定,使医院规范化发展有了重要依据。

边区政府颁布得更多,如 1938 年 9 月《陕甘宁边区保健药社暂行条例》《陕甘宁边区保健药社章程》;1941 年 1 月《关于卫生处建设门诊部问题的指令》《关于保育儿童的决定》、9 月《国医国药奖励优待条例(草案)》;1942 年 10 月《陕甘宁边区卫生处关于所属各类技术人员待遇规定的通知》;1943 年 3 月《陕甘宁边区卫生干部待遇规定》。边区防疫委员会也制定了一批相关法规,如《管理传染病规则》(1942 年 6 月)、《预防管理传染病条例》(1944 年 11 月)、《关于开展群众卫生医药工作的决议》(1944 年 11 月)、1944 年 12 月边区参议会通过的《关于保育儿童健康案》等。此外,边区政府和有关机构颁布的《关于改善边区妇女生活保护妇女切身利益的决定》(1940 年 12 月)、边区参议会通过、边府公布的《劳动保护条例》(1942 年)、《陕甘宁边区禁烟禁毒条例(草案)》(1942 年,一说

_____

① 陈明光主编:《中国卫生法规史料选编(1912—1949.9)》,第 24 页。

1941 年)等法规也在不同方面涉及医疗卫生事项。

这些法规,为整个边区医疗卫生工作的统一领导、统一标准、统一管理,构建完整严谨的医疗体系,奠定了基础,促进边区卫生事业不断发展与完善。

四、培养造就医务人才

发展医疗事业的又一关键是需要拥有技术队伍。中共中央、边区党和政府对此同样极端重视。1939 年,中共中央即做出了为夺取抗战和民主革命胜利必须大量吸收知识分子的决定。同年底,毛泽东又在《纪念白求恩》中特别赞扬其敬业精神和精湛技术,并以此作参照批评见异思迁、鄙薄技术工作的现象。为构建自己的医疗技术队伍,中共中央暨边区党和政府采取了一系列措施。

(一) 引进人才

其中包括来自全国各地的名医,如徐福静、金茂岳、蔓焰(藏纯义)、朱仲丽(朱慧)、李志中、黄开云、孙毅富、傅一诚、史书翰、李亭植、陈应谦、季钟朴、鲁之俊、朱琏、何穆等。他们大都接受过严格的现代医学训练,如鲁之俊毕业于北平陆军军医学校;朱琏毕业于苏州志华产科学院;金茂岳毕业于齐鲁大学医学院,后又获得加拿大多伦多大学医学博士;何穆则曾留学法国,是肺科医学博士。一批外籍医务人员也来此提供服务。(见本章"自力更生与争取外援"部分)

(二) 发展医学教育,培养新生力量

有关部门继承红军时期开办卫生学校的传统,根据当时确定的"养成政治坚定、技术优良的卫生干部"方针[①],利用相对安宁、稳

---

① 朱克文等主编:《中国军事医学史》,北京:人民军医出版社 1996 年版,第 252 页。

定的后方环境开办了一批相对正规的医学院校,采取多种方法大量培养各类医疗卫生人员。主要有:

八路军卫生学校。土地革命战争时期 1931 年 11 月,中国共产党在江西瑞金建立的"中国工农红军军医卫生学校",1932 年更名为"中国工农红军卫生学校",1934 年参加长征,是我党最早创办进行西医学院式教育、唯一以学校名义走完红军两万五千里长征全程并在途中教学不辍的正规院校。1937 年 8 月,红军改编为八路军,学校亦改称"八路军军医学校",后随军开赴华北,并陆续在各根据地设分校。1938 年 5 月改称"八路军卫生学校"返回边区,从抗大、陕北公学、女子大学、安吴青训班等学校选调了一批来自大后方的青年入该校,编为 5 个军医班、3 个药剂班和两个护士队,学员总计八九百名。① 出版了《卫校十日》《卫生月刊》等卫生教研刊物。1940 年 9 月扩建改称中国医科大学。白求恩国际和平医院为其实习医院。

延安药科学校。1942 年 1 月,由八路军制药厂药训班和中国医科大学药科、调剂两个班合并而成,附设于八路军制药厂。从医科大学聘请张乃召、薛公绰为兼任教员。是根据地创办的第一所培养制药人才的单一型的药科学校,共招收中专班学员两期、100多人,学制一年半。还办过一期学制 4 年的大专班。② 1945 年抗战胜利后部分师生与设备迁往东北佳木斯市,改称"东北药科专门学校"。

陕甘宁边区医药学校。边区医疗卫生部门筹办的一所卫生教

---

① 王纪刚编著:《延安大学校》,西安:世界图书出版公司 2016 年版,第 169 页。
② 政协延安市委员会文史资料委员会编:《延安文史资料·延安革命遗址》第 7 辑,第
　328 页。

育学校,1941年5月正式开办。该校的宗旨是"发展边区医药卫生事业,培养医药技术人才"。分设预科与本科,本科的师资、设备、主要教学活动皆紧密依托医科大学。设有医生、司药、护士3个专业,学员文化要求、学制各不相同,其中医生班为初中文化程度,学制3年;司药班为高小程度及有同等学力者,学制2年;护士班则要求识字500以上者,学习1年半。学生入校后经1年基础课程的预科教育后进行专业学习。① 没有专门教员,主要由边区卫生处工作人员兼课。从创办到抗战胜利共举办两期。第一期共招生106人,因遭遇学员文化水平参差不齐等困难,时值实行精兵简政,民政厅遂于1943年7月10日决定予以撤销,将主体部分改名为"医药系"而并入延安大学。不久,边府为解决全边区缺乏医药干部这一紧迫问题,又从延安大学将其分出由卫生处复办,招收了第二期,至1945年10月毕业。两期共培养初级医生110人,护士30人,司药13人,派往边区各医院特别是农村的基层医疗单位。②

白求恩护士学校。为培养专业护理人才,1942年由白求恩国际和平医院开设。2月12日在中国医科大学礼堂举行开学典礼,朱德、叶剑英、叶季壮、饶正锡等领导出席并讲话。朱德针对当时存在的重医轻护的现象特别强调指出,护士和医生同样重要,同样都是革命工作。那种把护士看成勤务的观点是错误的,"没有护士,单靠医生把病医不好。我们尊重医生,并尊重护士",要求医护人员要以白求恩为榜样,不断学习锻炼,才能把技术提高。③ 白求恩国际和平医院各科主任、主治医生和护士长兼任教员。学制2年,理论学习临床实习各1年。至1946年,共开办3期。前两期学

①② 陕西省地方志编纂委员会编:《陕西省志·卫生志》第72卷,第111页。
③ 陕西省地方志编纂委员会编:《陕西省志·卫生志》第72卷,第113页。

员分别为 50 名、60 名,学制半年,1945 年从抗大七分校等单位招收第 3 期学员 50 多人,此届学制为 1 年,半工半读,于 1946 年 3 月 17 日毕业,毛泽东主席为之题词"治病救人"。学校实行严格、规范的教学和实习管理,遴选的学员学习认真刻苦,学习时间虽短,但很快即较全面地掌握了基础知识和基本操作和若干专科护理技术,毕业后分配至白求恩国际和平医院、中国医科大学附属医院和边区政府、军队系统的医疗机构工作,成为护理骨干。

边区医疗卫生教育机构中,中国医科大学(简称"医大")是最有影响者。

如前所述,医大前身为八路军卫生学校,1940 年 9 月经毛泽东提议、中共中央批准更为此名。其办学宗旨确定为:"培养政治坚定、技术优良、为革命工作、为大众服务的卫生干部",而校风则确定为"团结、紧张、仁慈、谨慎",以确保培养真正又红又专的人才。1941 年 7 月毛泽东为其所作"救死扶伤,实行革命的人道主义"的亲笔题词,进一步指明了革命医务工作者和该校的方向。

医大第一期共招有学员 300 多名,按文化水平和经历差异分为 4 个班,分别为:其一高级军医班;其二普通军医班;其三调剂(即药剂——作者注)班;其四特训班。高级军医班以大学肄业生或高中毕业生为招收对象;普通军医、调剂班招收具备中等文化程度的青年;而特训班属培训班性质,对那些具有长期医务工作经验而缺乏理论的老干部进行专门的训练提高。所以,各班学制差异显著,长短不一。随后多从抗大、女大、陕公、青干等校学生和来自大后方的知识青年、前线部队医务工作者中招录。设有解剖、生理、细菌、病理等 7 个学系以及生理实验、解剖实习、化学实验、细菌检查、X 光等室。开设多门基础、专业课程,军医班还学习若干如打针、灌肠、换药、洗胃、上石膏带、听诊等医疗实践技能,并强化政治、军事教育。初期没有教材和讲义,采取听课记笔记、每天晚饭后集中学习和分组讨论、复习每天所学内容的方式。毗邻的白求恩国际和平医院是实习医院。虽然条件简陋,但管理严格,师资力量雄厚,不少是医学界造诣较深的专家,英、法、美、德、日等国留学生,中外教师克服各种困难,一丝不苟、认真严格地教学,确保学生质量。1945 年迁往东北。

全面抗战期间,"医大"共毕业学生医学生 10 期 455 名(含研究班 7 名),药科生 4 期 133 名,护士 2 期 101 名共 689 名。① 并为军民提供了大量的医疗服务。不仅为边区和敌后抗日根据地输送了大批急需的人才,随后并从中涌现了包括担任过毛泽东等中央领导人保健医生的王鹤滨等一批新中国卫生管理干部和著名专家、学者。

(三)优待医疗卫生人才

边区党和政府把团结医务工作者视为重大政治任务,在政治上予以信任引导、业务上积极培养、放手使用。如金茂岳在延安秘密加入了中国共产党,担任中央领导的保健医生,毛泽东、朱德、周恩来均为其题过词。何穆 1939 年到延安后担任边区医院肺科主任、负责筹建新的综合性医院。因工作中意见分歧而回重庆。周恩来仍一如继往对其关心照拂,何穆深受感动之余,于 1940 年 12 月率新招募的一批医护人员,携带边区紧缺的医疗器材重返延安,随即被任命为中央医院院长,为边区肺结核医疗防治做出了重大贡献,而在生活上更竭尽所能予以优待。

如《陕甘宁边区卫生处关于所属各类技术人员待遇规定的通知》(1942 年 10 月 2 日)规定医护人员享有:

① 朱克文等主编:《中国军事医学史》,北京:第 254 页。

津贴费。1. 甲类医生。范围包括：在国内外医科专门学校毕业、富有实际工作经验、工作3年以上者，"每月津贴费六十元至八十元"。2. 乙类医生。范围包括：原卫生学校第1期至第7期的毕业生，按技术程度、服务年龄、行政能力、政治表现等差异每月津贴费为"四十元至五十五元"；第8期至13期按同上原则每月津贴费为"二十元至三十五元；医大实习生在实习期间一律每月十五元"。司药范围包括：在卫生学校调剂班第1期至第6期毕业生每月"二十元至三十元"；第7期至第9期每月"十元至二十元"。而"一般司药每月十元至二十元，见习司药每月八元，未曾住过训练班的调剂员每月六元（其成绩良者酌量增加）"。护士。分为：1. 经过正式训练班训练者"每月六元至十元"。2. 未经训练者的标准则按照服务年限而区别：1至2年为三元，3年四元，4年六元，6年八元，7、8年十元，9、10年十二元（包括卫生员），并规定"成绩优良者酌量增加"。3. 专门护士学校毕业生。"每月二十元至四十元"。

伙食。当时工作人员按级别实行普通干部战士的大灶、中级干部的中灶、高级干部的小灶的标准，通知规定，"司药以上者一律吃小锅饭"（即小灶——作者注），并对甲类医生的家属实行"与本人同等待遇（吃小锅饭）"。为激励努力学习和工作并强调，"根据八路军总卫生部规定原则和审定，各类技术人员按其学历经历工作成绩而增加"。

第二年又颁发了《陕甘宁边区1943年度技术干部优待办法》，医务部门分为四类：

甲类，其资格要求包括：国内外正式医校专科毕业，实际工作3年以上，取得成绩与创造，且现在担任领导工作之医生；专门药科学校毕业，工作3年以上取得成绩之药剂师。

乙类，其资格要求包括：国内外普通医校毕业，工作3年以上取得成绩之医生;药科专门学校毕业,工作 3 年以上之药剂师;药科专门学校肄业,或普通药物训练班毕业,参加 5 年以上之司药;在正式护士、助产学校毕业,工作 5 年以上且获得成绩之助产士、护士。

丙类,其资格要求包括:国内外普通医校肄业,工作 3 年以上具有独立工作能力之医生;经药物训练班、助产训练班、护士训练班毕业,工作 3 年以上、具有工作能力之司药、助产士、护士。

丁类,包括"凡属丙类所规定各种资历以下之技术干部均归入丁类"。

四类人员的津贴待遇标准以小米价计分别为:甲类从 2 斗至 3 斗,乙类从 1 斗至 2 斗,丙类从 6 升至 1 斗,丁类从 3 升至 6 升。还特别规定:甲类干部一律发给小灶费(按各供给部门规定),共同生活的妻子也发与之同样的小灶费;乙类以下干部为大灶伙食待遇,特殊情况须由上级批准。如所从事的工作需要多洗涤衣服与清洁身体,则每年配发工作衣 1 套,每月配发肥皂 1 条。除以上特殊优待,其余待遇与一般干部、战士相同(包括每人每年配发 1 双棉鞋和两双单鞋、1 套棉衣和 2 套单衣)。①

1944 年,边区财政厅再次发布《陕甘宁边区财政厅关于技术干部待遇标准的通知》(1944 年 6 月 21 日财纳字第 26 号)按照 1943 年边区政府颁布之办法有所调整。这一标准包括医务人员在内,总体上仍属多方优待。

须知,当时边区遭遇极端困难、全体军民包括中央领导人都过着清一色节衣缩食的艰苦生活的情况下,对医务人员的优待可谓

---

① 陕西省档案馆、陕西省社会科学院编:《陕甘宁边区政府文件选编》第 7 辑,西安:陕西人民教育出版社 2015 年版,第 91—92 页。

无微不至。在关心优待的同时,更要求他们牢固树立全心全意为人民服务的思想,认真贯彻"救死扶伤,实行革命的人道主义"的理念,毛泽东的《纪念白求恩》更为医务工作者树立起行业的崇高榜样。

五、开展公共卫生工作

(一)方针与总体部署

如前所述,由于深刻复杂的历史原因,边区存在疫病流行、人畜死亡率居高不下的严重局面。中共中央、边区党和政府对此极为关注,除积极医疗救治,更着力开展公共卫生各项建设。其基本方针是:开展群众性卫生运动,预防疾病,提高人民群众的健康水平。

1939年11月召开的中共陕甘宁边区第二次代表大会在分析这种状况的基础上,特别通过了《关于开展卫生保健工作的决议》,号召在全边区广泛开展群众性的清洁卫生运动,提出了教育、医疗并举的方针,教育包括:在边区人民中普遍进行清洁卫生教育,提高其讲究清洁卫生的知识,养成其对身体、衣着、住宅、饮食、便溺等讲卫生的习惯;开展产妇卫生教育,保护婴儿,减少因不卫生而导致死亡的损失。医疗包括:有计划有步骤建设制药厂,发展医药并研究中药,开办中医训练班,设立医药合作社,在各地增设卫生所,发展医疗工作,医治与预防各种传染病,限期放足,以保障人民的健康。边区中央局为此制定了五项措施:

第一,动员边区的各机关团体、军队、学校、医院参加清洁卫生运动,从机关驻地的人民中做起,再向各地推广。

第二,建立一批模范的卫生乡、卫生镇、卫生家庭,以推动其他。

第三，各剧团和报纸有计划地进行清洁卫生宣传教育，出版相关通俗刊物。

第四，各级政府进一步健全管理卫生工作的机构、组织，经常进行清洁卫生和必要设施的检查。

第五，各县选派识字青年到卫生学校学习，以造就卫生干部。①

这项决议是边区公共卫生工作的纲领性文件，在随后实践中持续深入、全面、系统地贯彻、推进、展开。

1942 年，中央卫生处提出"预防第一，减少疾病；掌握医疗技术，减少死亡，以增强生产中的劳动力"②作为自己的工作方针。同年 4 月 22 日，边府第十八次政务会议决定在延安成立防疫委员会总会，聘请傅连暲、李志忠、李治、饶正锡、苏景观、刘景范 6 人为委员，刘景范为主任。根据《陕甘宁边区防疫委员会组织条例》（6 月 2 日公布）的规定，防疫总会统一领导全边区的防疫工作，直属边区政府，内设总务、防疫统计、环境卫生、宣传教育、医务防治等 5 个股。各分区、县均设立防疫分会，负责管理该区防疫工作。③ 1944 年 2 月 20 日，中央卫生处在卫生行政会议上明确决议：群众卫生工作作为本处及所属各院、科、所今后的任务之一，认真切实负责机关附近一定区域的群众卫生医疗工作，除接诊外，还须广泛组织边区群众开展清洁卫生运动，发动群众灭蝇、造厕、挖坑放垃圾等。④

同年 11 月 11 日，中央财政部长李富春在边区文教大会发言，形象概括边区当前状况是"财旺（通过开展'大生产运动'已做到

---

① 陈明光主编：《中国卫生法规史料选编（1912—1949.9）》，第 146—147 页。

② 陕西省地方志编纂委员会编：《陕西省志·卫生志》第 72 卷，第 82 页。

③ 陕西省档案馆编：《陕甘宁边区政府大事记》，北京：档案出版社 1991 年版，第 151、156 页。

④ 陕西省地方志编纂委员会编：《陕西省志·卫生志》第 72 卷，第 82 页。

‘丰衣足食’）人不旺（疫病流行、人畜死亡率仍高）”，群众医疗卫生问题亟待解决。大会做出的《关于开展群众卫生医药工作的决议》强调，重点防止因为饮食不卫生引起的肠胃传染病、因接生剪脐带时人和器具未清洁消毒而引发的婴儿破伤风、个人不卫生行为导致的斑疹、伤寒、回归热等疫病。[①]

12月6日，边区政府副主席李鼎铭在边区第二届第二次参议会大会上做《边区文教工作的方向》的报告，其中在医疗卫生方面提出的目标包括：在5—10年内，坚决消灭人畜严重死亡的现象和男子40岁以下、女子35岁以下的文盲，大力普及卫生习惯和新民主主义文化，在群众文化生活中消灭封建迷信的优势。[②]

同年，毛泽东更进一步强调预防和群众性卫生运动的作用，明确提出：“减少人民疾病死亡的基本方针就是预防，就是开展群众性的卫生运动。”[③]

这些方针和部署的落实奠定了陕甘宁边区群众性的卫生工作的基础。

（二）各项措施

其一，建设基层医疗机构。

中共中央、边区党和政府更深刻认识到造成“人不旺”的直接原因是，医疗机构特别是基层医疗机构短缺。有鉴于此，毛泽东出席中共中央宣传委员会会议（1944年3月22日）时将卫生问题称为边区群众生活中的一个极其严重的问题，“宣传卫生，就应该给群众治病”。而现状是：延安目前只有3个医院，而延安有4万多人

---

① 宋金寿主编：《抗战时期的陕甘宁边区》，第612—618页。
② 陕西省档案馆编：《陕甘宁边区政府大事记》，北京：档案出版社1991年版，第220页。
③ 《开展全边区卫生运动的三个基本问题》，《解放日报》，1944年7月10日，第1版。

口(党政军 3 万人,老百姓 1.4 万人),其中能够享受卫生医疗服务者并不多。"至于边区其他一百三十多万老百姓,则根本没有人管"。因此边区群众中的迷信现象虽有减少,但未能消灭,他认为最主要的原因在于医药卫生工作尚未普及,迫使无法战胜疾病与死亡威胁的群众"只有相信神仙"。他疾呼:各地委、专员公署、分区要制订出 5—10 年内每个分区设有 1 个医务所,能够诊治普通疾病的计划。关于药品,毛泽东主张,一方面各地要发展药品生产工业,能尽量自己制造普通药品,另一方面对无法自己生产的必要药品,"为了人民的福利当然可以到外边去买"①。1 个多月后,5 月24 日在延安大学开学典礼上,他再次强调:每个乡要建有 1 个小医务所。不久又重申:要作更大的努力与疾病斗争,克服"财旺人不旺"的现象,为此应该在数年内达到每乡至少有 1 个医生、每区至少有 1 个药店的目标。② 随后召开的边区文教大会、二届参议会二次大会皆做出了相应的决议。

其二,开展培训。建设基层卫生医疗机构的关键又在于配置医务人员。为此,在经过正规医学教育毕业的医务人员无法满足需求的情况下,边区党和政府不惜代价,培训一些掌握初步医疗知识、技能的人员以应急。事实上,这一工作一直在进行。在经济极端困难时期,1941 年 1 月 10 日,边区政府即发布"抽调人员学习兽医和卫生"的"持字第 384 号"训令,到 1944 年,培训的力度进一步加大。毛泽东不仅提出要想办法在每个分区训练一批医药人才的目标,更提出可采取"送上来"和"派下去"的办法:或由各地(分区)

① 毛泽东:《关于陕甘宁边区的文化教育问题》(1944 年 3 月 22 日),《毛泽东文集》第 3卷,第 119 页。
② 毛泽东:《召开陕甘宁边区第二届参议会第二次大会的决定》(1944 年 7 月 5 日),《毛泽东文集》第 3 卷,第 180 页。

送人来延安学习，或由延安派人去各地培训人员，他赞成周扬开办卫生学习班的主张，"边区一共一千个乡，一百五十万人里头找出一千个人来学医，学他四个月、一年也好，然后到医务所当医生"[1]。如此，每个乡建立 1 个卫生所的目标就可以实现。

根据边府"卫生第一，消灭婴儿百分之六十的死亡率"的号召[2]，以尽快解决旧式接生导致产妇、婴儿死亡率居高不下的严重问题的新式接生训练班最为普遍。

此举率先在关中分区启动。所属新正县政府支持群众张清益在雷庄试办"老娘婆（助产妇）培训班"，聘请由西安接生学校毕业、在卫生科工作的李静医生当教员，用通俗语言向群众讲授婴儿死亡的原因、怎样接生、产妇应注意事项以及如何照顾产妇和婴儿等知识，历时 14 天，学员全部达到了预期要求，返回后对所学内容、新法接生优越性广泛宣讲、传授，使众多妇女掌握了这些知识，取得了明显的成绩，产生了良好的示范效果。中共中央、边区党和政府对此及时予以充分肯定，并加以总结提高，大力推广。《解放日报》对其连续报道，刊出专文对各地推广培训过程中出现的成功和不足分别给以肯定或批评。边区政府还以书刊、识字课本等不同形式通过不同渠道广泛宣传。1944 年 10 月，边府办公厅编发《医药卫生的模范》一书，张清益办班事迹作为单独的一章收入其中。在冬学识字课本上也有此内容，使之传遍各地，妇孺皆知。训练班也与冬学等相结合，延安大学派往陇东分区的一批师生在镇源刘家城开办妇女卫生冬学，抓住旧式接生陋习及由此导致婴儿得破

---

① 毛泽东：《在延安大学开学典礼上的讲话》(1944 年 5 月 24 日)，《毛泽东文集》第 3 卷，第 154 页。

② 何载：《丹心昭日月——缅怀李维汉在西北》，北京：中共党史出版社 2017 年版，第 59 页。

伤风死亡的实际情况开展教育培训,使得群众心悦诚服接受了新法接生,掌握了初步的科学接生、育婴等卫生知识。

在边府倡导和扶持下,此类训练班普遍开办,据前述李鼎铭报告,截至 1944 年底,边区各地一共开办了 18 个助产训练班,训练培养了 359 名助产员。① 其中包括 10 月 9 日边府和中央卫生处开办的来自全区共 80 名学员参加、尚未结束(历时 9 个月)的高级班。

除新式接生训练班外,边区还举办过诸如防疫、救护、中医、兽医等医疗训练班,皆取得了一定成效。

其三,巡回医疗。组织巡回医疗队深入基层,特别是在发生紧急情况时,是更直接有效的举措。成立于 1938 年的边区保健药社即实行医生轮流下乡巡诊的制度。1944 年边区文教大会做出《关于开展群众卫生医药工作的决议》,提出要动员部队机关中的西医兼为群众服务,经常组织巡回医疗队下乡。1945 年 3 月,鄜(富)县、子长、延安等县发生疫病,22 日中西医药研究会即组成医疗队,每队配备内外科西医各 1 人、中医 1 人,4 月 1 日之前赶赴各地,前后共治疗 4 627 人,在 31 个村庄建立了卫生据点,成立 3 个医药研究会,举办 23 个接生训练班培训 302 人,接生婴儿 23 名,在 14 个庙会上作了卫生宣传,做了 4 个乡出生死亡调查。② 其他单位如中央卫生处也多次派医务人员到发病区域指导工作,防止疾病蔓延。

其四,宣传推广普及科学,破除迷信愚昧。

落后与迷信相伴相生。鉴于当时边区民众中文盲、迷信充斥的严峻形势,边区党和政府采取多种措施,通过各种载体,包括会

①　陕西省档案馆、陕西省社会科学院编:《陕甘宁边区政府文件选编》第 9 辑,西安:陕西人民教育出版社 2015 年版,第 85 页。

②　武衡主编:《抗日战争时期解放区科学技术发展史资料》第 6 辑,北京:中国学术出版社 1988 年版,第 197 页。

议、培训、报刊书册、文艺、扫盲等向广大民众宣传普及科学理念和
卫生知识,提高民众的觉悟,破除迷信和不卫生习俗。从 1938 年
至 1943 年,为预防各种传染病的流行,中央卫生处先后 7 次发布预
防通告,并于 1941 年 11 月在《解放日报》开辟了"卫生副刊"专栏宣
传卫生、医疗知识,仅 1942 年就出刊 23 期,及时提出与回答每一时
期的卫生问题及防病常识。1944 年又聘请李鼎铭副主席为顾问,
联防军卫生部、边区卫生处及中医各 1 人为编委,使专栏真正成为
开展群众卫生运动的宣传阵地。对破除迷信的典型,则大力表彰。
经 1944 年 4 月《解放日报》介绍,崔岳瑞因反迷信模范事迹被评选
为模范参议员、边区医药模范。

　　毛泽东对宣传科学破除迷信进行了精辟论述。1944 年 3 月提
出:要将医药卫生知识的宣传普及放在 5 年到 10 年之内普及科学
知识的计划中,和生产计划同时并进。他以亲身经历说明,使群众
破除迷信的关键在于科学的发展和普及:长沙到上海的航船存在
洋船(轮船——作者注)与木船两类。乘坐木船容易翻船,所以乘
客要敬"龙王菩萨",洋船因无此虞,所以乘客也无此举。他还以医
疗技术为例,认为如果多有几个当时在延安的苏联阿洛夫这样的
医生,求子嗣的民众也不会再敬"送子观音"了。结论是,"所以要
老百姓不敬神,就要有科学的发展和普及。科学不发展、不普及,
敬神在他们是完全需要的"①。有了科学知识自然可以打破迷信,
反之,"他还是要迷信的"。

　　在边区文教大会上,毛泽东进一步指出了这一问题的重要性
和艰巨性:首先是迷信的基础深厚,边区 150 万人口中存在着 100

①毛泽东:《关于陕甘宁边区的文化教育问题》(1944 年 3 月 22 日),《毛泽东文集》第 3
　卷,第 120 页。

多万文盲、2000 个巫神,迷信思想还在影响广大民众。反对迷信这些"群众脑子里的敌人",常常比反对现实中的日本帝国主义这类实体敌人还要困难。毛泽东因之号召:"我们必须告诉群众,自己起来同自己的文盲、迷信和不卫生的习惯作斗争。"①中央财政部长李富春发言指出:要提高群众的文化水平,改造他们的不卫生习惯。民政厅长刘景范也向大会提出要改造巫神。

毛泽东做了一系列如何消灭愚昧、提高文化水平的论述(见本章第一节),如特别强调,要坚持群众路线,提倡在群众自觉、自愿基础上再因势利导,绝不能以自认的需要代替群众的需要、以自己下决心代替群众下决心。

其五,开展群众性卫生运动。1942 年 8 月 12 日,边区政府发布命令,决定从 8 月 15 日至月底在延安市开展卫生防疫运动。

1944 年 9 月民政厅、教育厅联合发出通知,决定 9 月 15 日至 10 月 25 日为卫生运动月,以迎接边区文教大会的召开。

文教大会上,民政厅长刘景范再次提出要开展群众卫生运动,大会也做了相应的决议。

六、提倡中西医结合

(一)倡导与方针

在边区社会经济文化水平落后,几乎没有正规的医疗机构,尤其是西医西药极度缺乏的情况下,中共中央、边区党和政府从实际出发,大力倡导中西医结合,特别注重发展中医药事业。

1944 年 5 月,毛泽东在延安大学开学典礼上即举例:边区政府

① 毛泽东:《文化工作中的统一战线》(1944 年 10 月 30 日),《毛泽东选集》第三卷,第 1011 页。

副主席李鼎铭是中医,还有些人是西医,幽默地称"这两种医生历来就不大讲统一战线"。他自谦自己既不懂中医,也不懂西医,但是医生的作用是治病,只要能够治好病,无论是中医还是西医都要奖励。他还公正睿智地指出:治疗还涉及医术,不能因疗效而对中医或西医不赞成。"我们提出这样的口号:这两种医生要合作"①。

在边区文教大会上他又再次强调这个方针,认为要解决边区的人、畜死亡率居高不下、相信巫神的问题,仅靠新医即西医不能解决。西医应该帮助边区现有的 1 000 多个旧医即中医与旧式兽医。他更将此提升到这是实行、发展新民主主义文化的统一战线的高度:为了与疾病、迷信斗争,必须有广泛的统一战线。而在人口稀少、交通不便、原有文化水平很低、又处在战争期间的陕甘宁边区,统一战线尤其要广泛,"在医药方面,更是如此"。为此要认真执行统一战线的团结与批评、教育、改造这两大政策,联合和改造包括旧医在内的可用的旧知识分子,而"为了改造,先要团结。只要我们做得恰当,他们是会欢迎我们的帮助的"②。

边区文教大会、第二届参议会第二次大会响应毛泽东的号召,强调西医、中医要亲密合作、建立统一战线,动员和帮助一切中医和一切药铺为群众服务。《解放日报》1945 年 6—7 月发表多篇报道和评论,进一步倡导中西医结合。

在这一方针指引下,边区中西医合作首先是中医事业得到稳步发展。

---

① 毛泽东:《在延安大学开学典礼上的讲话》(1944 年 5 月 24 日),《毛泽东文集》第 3 卷,第 154 页。

② 毛泽东:《文化工作中的统一战线》(1944 年 10 月 30 日),《毛泽东选集》第三卷,第 1012 页。

（二）大力生产中药

药品是医疗的最基本要素。为克服西药匮乏的困难，边区政府大力挖掘利用当地出产的中药材资源。

1938年，民政厅委托延安市组织部长、中医李常春筹办保健药社。1939年1月，经边区第一届参议会决定，保健药社正式开办，李常春被任命为主任。该社附设于边区干部休养所，由中共中央西北局保健委员会、民政厅提供少量款项合股经营，聘请2位医生，采购一批中药。7月，该社在安塞县冯家塄开业，由民政厅主管，任务为"改良中药，中药科学化，中药西药化，以及解决西药品困难，开展边区医药事业"。8月，《陕甘宁边区保健药社暂行条例》和《陕甘宁边区保健药社暂行章程》正式颁布，12月经边区医院院长与民政厅会商，将其改为卫生材料厂（仍保留原名）。

保健药社遵循"专以研究炮制中药为主，但亦得购置通用之西药"的基本方针，主要经营中药材，并自制丸、散、膏、丹等供给各医院、卫生所，均功效良好。很快又由单纯售药发展为售、诊并举，提出"免费吃药，管保治好"的口号，实行全年365天不休息制度，无分昼夜，患者无需挂号，来即就诊，对急症病人出诊随叫随到、送医上门，不另收取报酬。如李常春主任曾冒风沙出诊，被患者誉为"只有边区才有这样为穷人服务的医生"①，并且药费低廉，更履行社会义务：对灾民免费，优待抗日军人及其家属，轮派医生去乡村巡诊，因之广受欢迎。

1940年7月，民政厅又在保健药社的基础上成立隶属于边府卫生处的"保健药社总社"，资本2 000元（源自卫生材料厂、保健药

---

① 陕甘宁边区政府办公厅编：《医药卫生的模范》，延安：陕甘宁边区政府办公厅1944年版，第77页。

社所有资金与利润),负责者仍为李常春,并对《陕甘宁边区保健药社暂行章程》重新修订、颁布。章程规定以"发展地方医药卫生事业"为该社宗旨;性质定为"药品消费合作社";主要任务是:替边区卫生部门购买国外药品材料、采集土产原料器材、零售批发各项药品及医药用物、辅助卫生运动的开展经常进行卫生知识的宣传教育、辅助地方行政机关进行卫生保健事业;以股份制作为经营方式,只要遵守章程、入股并经董事会批准的个人或团体皆可加入成为该社股东。① 同时实行多种经营,进一步施行医、药兼顾,以药为主,以医为助,兼营药材买卖,开展多种经营如设立杂货门市部、照相馆等,营销所得利润投入中医药事业的发展,构建起药材、医疗、商业"三位一体"的运营模式。

正确的体制、方针政策引导其进入良性循环:规模不断扩大,先后在延安、延川、清涧等 20 个县(市)、乡建立 26 处分社;股金随之不断增加,到 1944 年时达到 3 000 万元,其中除团体所占的 30%外,群众个人占到 70%,可见群众对其的欢迎和拥护。总社与各分社秉承宗旨和作风,努力为民众服务,如曲子县保健药社对就诊者从不取报酬,两年中治愈病人 11 440 名,试制成功玉枢草、锡类散、林树散等 20 余种临床有效的新药。② 所获取的利润大量用于公益事业,除经常性优待军人、抗属、劳模、难民等特殊群体、慰劳军队,应对疫情暴发等突发事件,还对基础性建设予以资助,如为支持陕甘宁边区国医研究会筹设图书馆,于 1944 年上半年将公益金620 000元全部捐献等,实属急公好义楷模。③

---

① 甘肃省社会科学历史研究室编:《陕甘宁革命根据地史料选辑》第 1 辑,兰州:甘肃人民出版社 1981 年版,第 480—484 页。
② 吴堡县志编纂委员会编:《吴堡县志》,西安:陕西人民出版社 1995 年版,第 662 页。
③ 陕甘宁边区政府办公厅编:《医药卫生的模范》,第 79—80 页。

（三）提高中医水平

边区虽有中医 1 000 多名,但良医寥寥无几。边区党和政府遂将提高中医水平作为重要任务,提出了"提高边区国医（即中医——作者注）质量,达到国医科学化",并培养新国医的人才,增加国医事业新鲜血液,解除人民痛苦的目标。①

在边府倡导支持下,各县国医代表及各卫生机关代表数十人参加的国医代表大会于 1940 年 6 月 10 日由民政厅与卫生处联合召开。围绕着如何改进中医中药,以求其趋向科学化,加强中西医联系,互相帮助、共求进步,促进边区卫生工作的中心议题,各代表积极提出了若干提案。会上成立了"陕甘宁边区国医研究会",会员分为个人与团体两种,选举马鸿章为会长;通过了《陕甘宁边区国医研究会简章》,将"团结与提高边区国医人才,研究国医国药之改造,推广边区医药事业,裨益边区人民健康,使国医科学化,国药能代替西药,以克服抗战时期之困难"定为该会宗旨,并提出了一系列任务。6 月 29 日下午,会议通过了《陕甘宁边区第一次国医代表大会宣言》和《国医代表大会提议案》,号召"把全边区国医组织起来,动员起来,争取模范的作用,争取在最后胜利的中华民族解放战争中贡献力量"②,胜利闭幕。会后国医研究会积极展开活动,建立起研究室、图书馆和门诊部,每周组织包括著名中医李鼎铭、毕光斗等主讲的学术交流,选派成员参加医疗单位（如保健药社、卫生合作社）的门诊。到 1941 年 9 月,会员已由 40 余人增至 208人,有分会 11 处。

国医研究会第二届代表大会于 1941 年 9 月 10 日至 13 日举

---

① 卢希谦,李忠全:《陕甘宁边区医药卫生史稿》,第 290 页。
② 陕西省地方志编纂委员会编:《陕西省志·卫生志》第 72 卷,第 132 页。

行,会议的议题是:进一步讨论国医科学化、中西医学的沟通、加强中西医的团结开展医药工作等,并通过各项提案,各与会代表响应会议号召,冲破保守旧习,带头公布了十多种治疗夜盲、腹痛、心痛、花柳等病的家传秘方。选举李常春为会长,毕光斗、欧阳竞等11人为常委。会议闭幕时,高自立、谢觉哉等到会讲话,代表边区政府支持会议的主张,"希望全边区的国医先生们更加团结起来,把中医中的宝贵遗产发扬光大,并使国医科学化,发展边区医药卫生事业"①。9月16日,《陕甘宁边区国医国药奖励优待条例草案》正式制定颁发。11月,新一届国医研究会的首次常委会议研究决定了该会1942年的工作,包括:着力宣传防疫,在农村施种牛痘,防病治病,以及加强自身建设等内容。

　　1942年3月,国医研究会进一步研究制订了改造国医计划,并提出筹款建立中医院的动议。随后这项工作不断推进。1943年,国医研究会执委会又推出"改造国医,设中医院,发健康奖券"的工作计划,决定先在延安建立中医院,然后在各分会设立该院分院;设立函授学校;加强中医的卫生宣传工作,开展国医的拥军拥政运动等。同年3月9日,《陕甘宁边区国医国药奖惩条例草案》(由原《陕甘宁边区国医国药奖励优待条例草案》修订而成)公布,进一步落实边区政府重视、优待国医国药的各项政策,并对相关问题做了具体规定。临近抗战结束时还举办了一期中医训练班,但因解放战争爆发而提前结业。

　　陕甘宁边区国医研究会先后设立了13个分会,团结边区一大批进步的中医,对充分调动其积极性发挥作用,改变边区的缺医少

---

① 甘肃省社会科学院历史研究所编:《陕甘宁革命根据地史料选辑》第4辑,兰州:甘肃人民出版社1985年版,第599页。

药的状况，保障人民身体健康，做出了重要的贡献。

（四）推行中西医学相互学习、相互促进

边区不仅医疗资源匮乏，且同样存在中西医门户之见，在较长一段时间里，医院不设中医，农村没有西医。为此边区党和政府遵循中共中央的指示，努力倡导中西医相互学习、相互促进，有机结合起来。在发展中药的基础上进一步促进中西医的结合，初步形成"中西医在延安开始结合"的良好态势。①

1941 年光华制药厂与中国医科大学合作组建中西医研究室，边府卫生处号召中西医通过互相学习与合作而得到共同提高、发展。同年 4 月，任作田主持的民办公助的延安针灸疗病所成立。边府帮助其扩大用房、增配人员，由于技法高超，服务周到，两年中疗效达 80% 以上，很多患者包括领导人都在此治愈了多年痼疾。1941 年 9 月，边区政府公布的《陕甘宁边区国医国药奖励优待条例草案》对国医享有的权利、国药发明创造奖励办法做出了明确规定。在政策引导下，一批中医和西医开始破除门户之见开展合作研究，任作田即主动公开传授技艺，普及针灸疗法，白求恩国际和平医院院长鲁之俊、军委门诊部主任朱琏等西医参加学习。鲁之俊通过对 80 例患者的临床观察，确认针灸作为一种刺激神经疗法，对半身麻痹、风湿性关节炎等内科病，以及急性传染病皆有疗效。朱琏在新中国成立后则成为中医研究院（今中国中医科学院）首任副院长兼针灸研究所所长，中国现代针灸科研事业的开拓者。任作田在授艺的同时也虚心学习现代医学知识，成为中西医学相互结合、相互学习、相互促进的典范，任作田、鲁之俊被边区政府授予"中西医合作模范医生"的光荣称号。另一著名中医、边府副主

---

① 朱鸿召：《延安曾经是天堂》，西安：陕西人民出版社 2012 年版，第 359—384 页。

席李鼎铭也大力倡导中西医学的结合。

为进一步促进中西医结合,1944年7月中旬,在延安县召开了中西医会议,并决定成立医学研究会。1945年在延安又成立了"中西医药研究会"这一边区中西医合作团体。亲自出席会议的边区政府主席林伯渠等领导人皆再一次充分肯定与号召加强中西医结合,以消灭疾病,救人救畜,实现"人财两旺",更有效地为边区人民服务。并选举了中西医35人为执行委员会。

中西医学结合对改善边区民众的医疗卫生发挥了重要作用。

1944年开春,延安东南的川口、柳林、金盆等地农村出现疫情,后蔓延到延安市,5个月内死亡685人,多是妇女儿童,边区政府紧急调集中西医进行救治。从延安各大医院抽调的西医诊断认为是饮水不净、不常洗衣所导致。而李鼎铭、毕光斗等中医也对疫情独立判断,因地制宜开出药方,供医疗队普遍施治,中西医同心勠力,大大降低了死亡率。同年春,定边城区发生了白喉瘟疫,流行迅猛。三边分区专署于5月9日召集中西医生研讨对策,经共同努力,很快控制了疫情。

边区推行的中西医学结合,不仅功在当时,新中国在广大农村地区培训中西医学和技术结合的不脱产的"赤脚医生",服务广大群众的做法,应是这种活动的合理延伸和发展。[1]

七、自力更生与争取外援

(一)援华医疗队

1937年全面抗战爆发以后,中国共产党在巩固国内抗日民族统一战线的同时,努力推动国际反法西斯统一战线的建立,在坚持

---

[1] 朱鸿召:《延安曾经是天堂》,第359—384页。

自力更生的基础上，争取国际社会的援助。中国人民的正义事业也得到了世界各国人民的关切、同情和支援。我党及其领导的敌后抗战事业，通过斯诺的《西行漫记》等宣介，让国际正义力量有了认知和了解，促使大批国际友人满怀革命热情和对法西斯的强烈愤恨来到边区支援抗战。其中外籍医生作为一支特殊的援助团体，在边区用医术作为抗击日本法西斯的武器，无私忘我地工作，成为救死扶伤的重要力量，他们中的一些人甚至献出了宝贵的生命，为抗战，同时也为边区卫生事业的发展，并为新中国医疗卫生体系的建立做出了独特的重大贡献。著名的有：

加拿大、美国援华医疗队，又称"白求恩医疗队"。1938 年 3 月，受加拿大共产党和美国共产党的派遣，由加拿大医生、共产党员白求恩任队长、包括布朗和美籍护士尤恩女士组成的国际医疗队到达延安。4 月初，毛泽东接见了白求恩，与之进行了长时间交谈，赞扬白求恩为帮助中国人民抗战，不远万里来到中国的国际主义精神。医疗队在延安一个多月后经毛泽东批准转赴晋察冀边区。所到之处不顾危险贴近前线，抢救八路军伤病员，传授医疗技术，并为群众诊疗（如曾为儿童缝合"兔唇"，即腭裂），受到广泛尊重和好评。1939 年 11 月 12 日，白求恩不幸因公殉职，毛泽东专门写了《纪念白求恩》一文，对他的"毫不利己，专门利人"的品格和高尚的国际主义精神予以高度评价。12 月 1 日，八路军总部又颁布命令，将"八路军军区医院"更名为"白求恩国际和平医院"，以资永久纪念。

爱国华侨林可胜（出生于新加坡）担任中国红十字会救护总队总队长，于 1937 年底应周恩来请求派出三支医疗队开赴西北帮助八路军开展战地医疗救护，其中第 23 医疗队在陕北工作 800 天，完成各类手术 3 000 余例，无一死亡。林可胜还拨供了大批医疗器材给边区。

印度援华医疗队。1938 年,朱德代表中国共产党向印度国大党主席尼赫鲁提出援助中国抗战的请求,得到积极响应,最终促成由印度友人爱德、卓克、巴苏、本克、柯棣 5 位医生组成的"印度援华医疗队"来华,爱德、卓克分任队长和副队长。为表示援华的决心,所有队员均在自己姓氏后边加"华"字。1938 年 9 月,他们从孟买乘英国邮轮到广州,进入武汉,先后会见了武汉八路军办事处负责人董必武、叶剑英、周恩来,了解了中国共产党及其领导军民坚持抗战和敌后根据地医疗落后的状况,坚定了赴边区的决心,于1939 年 2 月 12 日到达延安,受到毛泽东等人的热烈欢迎。不久爱德华、巴苏华、柯棣华分配到八路军军区医院;卓克华、本克华分配到八路军卫生学校,并决定延长援华时间。1939 年 5 月底和 8 月初,卓克华和本克华因故、因病回印度。留下的 3 人继续为军民服务,巴苏华、柯棣华还参加了中国医科大学等校的教育工作。

1939 年 12 月 15 日爱德华、巴苏华、柯棣华抵达八路军总部所在地武乡,分配到第一二九师陈赓旅担负战地医疗。1940 年 2 月初,爱德华、巴苏华因病先期离华。柯棣华则继续留在华北抗日前线,于 1942 年 7 月光荣加入中国共产党,同年 12 月 8 日因病逝世,朱德为其主持了追悼会,毛泽东、周恩来亲笔题写了挽词。

此外还有若干外国医生到边区和其他敌后根据地工作。如苏联的阿洛夫(安德烈·奥尔洛夫)1942 年 5 月来到延安,担任毛泽东等中央领导人的医疗保健和中苏两党情报联络工作。白求恩医院中来自 5 个国家的 8 名来华医务专家,除前述印度医生外,还有美国乔治·海德姆(自取中国名"马海德")、德国汉斯·米勒,朝鲜方禹镛、澳大利亚富莱、抗战后期增加的联合国善后救济总署医疗部保尔舍克等等。乔治·海德姆早在 1936 年就与斯诺一起访问边区,后即留在红军中工作,还加入了中国共产党并留在了中国。1943年后,留守兵团门诊部又特设育婴室,由曾在苏联专门研究育婴法、具备丰富经验的国际友人叶华主持室务工作,每周五下午接诊,并宣传普及育婴方面的知识。

（二）其他援助

国际组织、友人还援助边区不少资金、物资、器材。如白求恩医院接受过不少国际资金、包括一辆大型救护车在内的医疗器械,中国战区参谋长史迪威曾协助用飞机运来延安一批医疗器械,还得到国联防疫团一团三组(后改为"西北防疫处")、X光队及护士七队、万国红十字会、华侨的各项捐助,总会设英国伦敦的国际性的宗教慈善组织公谊救护队1941年成立,英国友人任桐年(彼得)与余金龙任正、副队长,队员有新西兰籍外科医生休斯(在华名叫葛礼馥)、加拿大籍化验技师戴粲、英籍X光技师许岩礼、英籍护士甘贞安等6人,曾于1943年运送两汽车药品到延安。

来边区的外籍医护人员皆怀有对中国革命的深切同情和支持中国抗战的坚定信念,兢兢业业努力工作,除带来先进药品器械、直接救治病伤患者外,还在开展医学教育、传授医疗技术、建立完善医疗体系机构组织、传输科学知识、普及卫生理念等方面发挥了巨大作用,特别是无私奉献、国际主义的"白求恩精神",为中国人民留下了珍贵的精神财富。

在中共中央的统一领导下,边区党和政府遵循全心全意为人民服务的宗旨,克服种种困难,努力开拓,不断创新,使得边区医疗卫生事业相比边区初建时,在整体上有了巨大进步和发展。根据不完全统计,至1944年10月,全边区已经拥有11所医院、75个卫生所、7个保健所、270名西医;民间则有1074名中医、6名西医;930家药铺、26个保健药社;61名接生员。此外各地还举办了若干助产员培训班，培训新式接生员 410 人，这些机构和人员，已能初步满足边区军民的就医需求①，为保障军民的健康，夺取抗战和新民主主义胜利提供了强有力的支撑，做出了巨大贡献。而在此过程中形成的经验、精神，更成为新中国人民卫生事业的圭臬和不竭的强大动力。

第四节　文艺建设

文艺是边区新民主主义文化建设的又一重点，经历 8 年筚路蓝缕、艰辛努力，获取了累累硕果和宝贵的经验。

一、聚集人才，构建队伍

（一）重视与渴望

边区甫建立，中共中央、边区党和政府在千头万绪的工作中，即开展新民主主义红色文艺建设。这是缘于对文化工作重要性的深切认知。毛泽东在《新民主主义论》中即指出：革命文化是人民大众进行革命的有力武器。革命前它是革命的思想准备；革命中又是革命总战线中"一条必要和重要的战线"②。在延安文艺座谈会上又指出：在中国共产党所进行的革命斗争中存在各种战线，可以概括为文化与军事两条"文""武"战线，军事当然是战胜敌人的首要保证，但仅此不够，还需要有文化的军队，"这是团结自己，战

---

① 中共陕西省委党史研究室：《中共中央在延安十三年史》下，北京：中央文献出版社 2016 年版，第 747 页。
② 毛泽东：《新民主主义论》（1940 年 1 月），《毛泽东选集》第二卷，第 708 页。

胜敌人必不可少的一支军队"①。在实际讲述时更风趣地将此比喻为"一支朱（德）总司令的部队"和"一支鲁（迅）总司令的部队"。而要发展革命的文艺，人才则是根本条件。《新民主主义论》又特别指出了革命的文化工作者"就是这个文化战线上的各级指挥员"②。所以边区文艺建设首先是聚集人才，构建起一支强大的革命文艺队伍。

（二）构成

边区的革命文艺队伍大体包括这几方面：

其一，原陕北、陕甘苏区者，如杨醉乡领导的"列宁剧团"。

其二，来自中央苏区等根据地的长征到达者，如成仿吾、冯雪峰、李伯钊、危拱之、王亦民等。

这两支队伍人数不多，却是边区文艺建设的基干力量和种子、"酵母"。

其三，来自沦陷区、大后方者。其中既有党的干部、左翼文艺工作者，更有为抗日救国、追求真理、光明的文艺家。如周扬等文艺理论家外，还有丁玲、于黑丁、吴伯箫、舒群、白朗、周立波、萧军、罗烽、周文、欧阳山、刘白羽、草明、沙汀等一批作家；张庚、塞克、姚时晓、王震之、李丽莲、钟敬之、沙可夫、苏一平等戏剧家；音乐家则有冼星海、贺绿汀、张寒晖、吕骥、麦新、时乐濛、向隅、唐荣枚等；美术家马达、江丰、蔡若虹、力群、刘砚、王洪、张谔、张仃、石鲁；电影艺术家吴印咸、徐肖冰、袁牧之、程默等。其中不乏许多著名人士。如丁玲1936年出狱后即来到保安。1939年6月，老舍参加全国慰

---

① 毛泽东：《在延安文艺座谈会上的讲话》（1942年5月），《毛泽东选集》第三卷，第847页。

② 毛泽东：《新民主主义论》（1940年1月），《毛泽东选集》第二卷，第708页。

劳总会北路慰问分团,两次途经延安时向文艺工作者做了关于全国文艺形势的报告,为《中国青年》杂志题词"以全力打击敌人"。1940年5月5日,茅盾脱离新疆军阀盛世才魔掌,25日到达延安,停留4个月,为鲁迅艺术文学院(简称鲁艺)文学系讲授中国市民文学概论课。10月10日,为加强大后方进步文化力量,根据周恩来意见转赴重庆时恋恋不舍,而将儿女留在陕北公学和延安女子大学学习,可谓一往情深。同年萧军也来到了延安,先后出任中华文艺界抗敌协会延安分会理事、鲁迅研究会主任干事、《文艺日报》主编、鲁艺文学院教员等职。冼星海于1938年10月从武汉赴延安。1939年5月出任鲁艺音乐系主任兼教授,担任作曲法、自由作曲、指挥法与实习、曲体解剖四门课教学,并在延安女子大学兼课,担任烽火剧团的音乐教员。1939年5月15日,加入中国共产党,先后创作了《生产大合唱》《黄河大合唱》等近百首歌曲,获得巨大成功。1940年5月4日受中共中央委托,化名黄训,与袁牧之为延安电影团拍摄的纪录片《延安与八路军》的后期制作赴苏联。因反法西斯战争爆发颠沛流离,1945年10月30日病逝于莫斯科克里姆林宫医院。

中国共产党十分欢迎这些外来的文艺人士,毛泽东曾说:这对共产党、八路军、新四军、根据地"是一种很好的现象"①。丁玲到保安不久,毛泽东即于1936年12月作《临江仙》馈赠:"壁上红旗飘落照,西风漫卷孤城。保安人物一时新。洞中开宴会,招待出牢人。纤笔一枝谁与似?三千毛瑟精兵。阵图开向陇山东。昨天文小

---

① 毛泽东:《文艺工作者要同工农兵相结合》(1942年5月28日),《毛泽东文集》第2卷,第425页。

姐,今日武将军。"①欣喜之意,溢于言表。

外来的这批文艺界人士,成为边区文艺建设的主体力量。

其四,我党在边区自己培养的一批青年才俊,如后来成为著名诗人的贺敬之、郭小川,著名漫画家华君武等人,都是十多岁来到延安,他们是边区文艺建设代表未来的新生力量。

此外,边区各地还培养和涌现出一大批业余文艺积极分子,成为基层开展群众性文艺活动与文艺建设的骨干。

这几种不同类别、来自五湖四海的文艺人士,在中共海纳百川、兼容并包的胸襟吸引下,汇聚进边区,特别是延安革命的熔炉中,一时呈现群星璀璨,"天下英才归延安"的胜景。

（三）领导与活动载体

为了加强文艺队伍的建设,中共中央迅速成立了中央文化工作委员会（简称"中央文委"）,而且在其统辖下设立中国文艺协会（丁玲任主任）、陕甘宁边区文化界救亡协会（艾思奇、吴玉章、柯仲平先后任主任）,具体统一领导边区的各文艺团体、刊物、文艺活动。各系统也成立边区音乐界救亡协会、边区文艺（文学）界救亡抗敌协会、边区美术工作者协会、边区戏剧界抗敌协会等分支机构,把各方人士有效组织起来。

在延安自由宽松的环境下,文艺家们根据各自不同专业和兴趣爱好,自愿结成了诸多社团。文学方面主要有战歌社、边区诗歌总会、鲁迅研究会、小说研究会、延安作家俱乐部、延安诗会等18个。戏剧演出团体则主要有鲁艺实验剧团、人民抗日剧社、抗战剧团、民众剧团、烽火剧团、青年剧团（院）、延安杂技团、延安平剧研究院等,除少数专业剧团外,多为业余。音乐社团先后有民间音乐

① 吴正裕主编:《毛泽东诗词全编鉴赏》,北京:中央文献出版社2003年版,第464页。

研究会、延安青年大合唱团、鲁艺音乐工作团、延安合唱团、延安作曲者协会、中央管弦乐团等。美术社团则有木刻工作团、漫画研究会、大众美术研究会、版画研究社等，电影业也建立了社团（见下）。根据不完全统计，在抗战期间延安的文艺团体有 70 多个。

延安还创办了许多培养革命艺术人才的艺术院校，如鲁艺、部队艺术学校、边区艺术干部学校等。演出团体也多兼有演出和学校教育双重职能。雨后春笋般的文艺团体，同样按照党的统一指挥，投入抗战文艺活动中。

与文艺活动蓬勃发展相适应，边区先后创办了 21 种文艺刊物，如以文艺为主体的大型综合性刊物《中国文化》；文艺创作、研究方面则有《中国文艺》《部队文艺》《文艺月报》《文艺战线》《文艺突击》等；音乐方面有《歌曲月刊》《歌曲旬刊》和《音乐工作》等；戏剧方面有《边区戏剧》和《戏剧工作》等；美术方面也有《美术工作》与《前线画报》等。刊物得到中共中央、边区党和政府的关怀和支持。毛泽东为上述刊物中的 1/3 题写刊名，并对许多刊物编刊方针、经费和纸张等问题，都予以指示和关心帮助；党刊党报包括中央层级的《解放》《解放日报》等，除刊载党有关文艺问题的政策、决定外，还多开辟文艺专栏，发表文艺作品和研究文论。其中，即在《解放日报》111 期文艺专栏中发表 195 篇作品，字数约 50 万。尽管因条件艰苦，上述刊物 1/3 只能油印出版，但皆办得生气勃勃，呈现一派百花齐放、百家争鸣的繁荣景象。

二、制定方针，指明方向

在边区文艺建设取得巨大成绩时，中共中央敏锐地看到同时产生的问题，认识到继续前进的关键在于如何把浩浩荡荡的队伍，整合成为一支为抗战、为新民主主义革命服务的真正革命的力量。

原在红色区域、白区党的文艺工作者和党在边区培养的人才当然是拥护党的文艺路线、推进革命文艺发展的基本力量。然而,涌进延安的大批来自沦陷区和大后方的文艺工作者中,不少人资产阶级、小资产阶级思想意识浓厚,虽怀有革命热忱,却站在非无产阶级立场来看待事物,对边区不熟悉了解,与边区民众存在不少隔阂,其作品无法满足边区抗战和民众的需要,一些人还存在轻视甚至鄙视民众的心态,一些人对边区和延安存在的缺点疾恶如仇,但采取绝对化态度,发表不当言论等。

这些问题不解决,则无法打造革命的文艺队伍,引领边区的文艺健康发展。

这成为毛泽东极为关注的焦点,为此,他一方面进行个别交流,如数次与"桀骜不驯"的萧军会面,又特地于 1941 年 8 月 2 日专门在信中苦口婆心进行规劝,谆谆告诫其"要故意地强制地省察自己的弱点,方有出路,方能'安心立命'"①。另一方面,更在根本性方针政策上筹谋擘画,数次发表宏论,其中又以在中共中央和边区政府召集文艺座谈会上所做的重要讲话全面系统提出了建设新民主主义文艺、无产阶级文艺的纲领。

(一)根本问题——为什么人的问题

毛泽东高屋建瓴地指出文艺问题的实质在于两方面:为群众与如何为群众的问题。②

关于第一点,毛泽东明确指出:"为什么人的问题,是一个根本

---

① 毛泽东:《致肖军》(1941 年 8 月 2 日),中共中央文献研究室编:《毛泽东书信选集》,第 174 页。"肖"应为"萧"。
② 毛泽东:《在延安文艺座谈会上的讲话》(1942 年 5 月),《毛泽东选集》第三卷,第 853 页。

的问题,原则的问题。"①我们的文艺不是为剥削阶级,而是为人民的。由此毛泽东进而将人民大众界定为占全人口 90％以上的工人、农民、士兵、城市小资产阶级。其中最重要的是工农兵大众,兵,则是穿了军装的工人、农民,所以,他认为我们的文艺就是为此四种人,特别是为工农兵,"我们的文学艺术都是为人民大众的,首先是为工农兵的,为工农兵而创作,为工农兵所利用的"②。

　　毛泽东把文艺问题提升至为什么人的高度,如此强调文艺要为人民、为工农兵服务,是植根于历史唯物主义的立场,践行历史唯物主义"人民群众是创造历史推动历史发展的真正动力"的根本原理。他坚持这一立场,从来反感知识分子鄙视普通民众,对文艺作品贬低丑化人民群众也不能容忍。看了平剧("平剧"系京剧改称,因当时北京称"北平"——作者注)《逼上梁山》后,就关于旧戏改革问题致编导者信,以强烈的情感阐述了这一观点,他认为:人民是历史创造者,但在旧戏舞台上一切离开人民的旧文学旧艺术上却泛滥成灾,却"由老爷太太少爷小姐们统治着舞台",《逼上梁山》对此历史的颠倒予以了再颠倒,"恢复了历史的面目,从此旧剧开了新生面,所以值得庆贺"。并希望能够多编多演,蔚成风气,推向全国。③ 因此,文艺家只有解决这一根本问题,才能论及其他。

　　(二)如何为人民大众的关键——转变立场

　　毛泽东进而认为,文艺工作者要为人民群众服务,首先必须解决"站在哪一边"的立场问题,旗帜鲜明地提出他们要站在无产阶

① 毛泽东:《在延安文艺座谈会上的讲话》(1942 年 5 月),《毛泽东选集》第三卷,第 857 页。

② 毛泽东:《在延安文艺座谈会上的讲话》(1942 年 5 月),《毛泽东选集》第三卷,第 863 页。

③ 毛泽东:《致杨绍萱、齐燕铭》(1944 年 1 月 9 日),《毛泽东书信选集》,第 222 页。

级而不是小资产阶级的立场上。① 据此他批评一些文艺工作者未转变自身小资产阶级立场,所以比较注重研究、分析、表现小资产阶级及其知识分子,所创作的作品十分同情小资产阶级出身的知识分子,"连他们的缺点也给以同情甚至鼓吹"。反之,则不接近、了解与研究工农兵群众,在他们中缺少知心朋友,当然就不善于描写、表现这个群体,并调侃说:即使描写、表现,人物形象也是一副穿着劳动人民衣服的小资产阶级知识分子的面孔②,实属不伦不类。

所以,创作真正为工农兵的、大众化的、无产阶级的文艺作品的关键就是文艺工作者转移立场,"由一个阶级变到另一个阶级"③,其标志就是知识分子出身的文艺工作者要经过一番改造,实现自己与工农兵大众的思想感情打成一片,否则,"什么事情都是做不好的,都是格格不入的"④。毛泽东又将此概括为"转移立足点",要求文艺工作者在深入工农兵群众、深入实际斗争、学习马克思主义与社会的过程中,将立足点逐渐向工农兵、无产阶级方面转移,"只有这样,我们才能有真正为工农兵的文艺,真正无产阶级的文艺"⑤。对革命的文艺工作者来说,这是一个痛苦但必须历练的过程。

毛泽东进一步指出,在教育工农兵之前,须先有一个向工农兵

---

① 毛泽东:《在延安文艺座谈会上的讲话》(1942 年 5 月),《毛泽东选集》第三卷,第856 页。

②⑤ 毛泽东:《在延安文艺座谈会上的讲话》(1942 年 5 月),《毛泽东选集》第三卷,第857 页。

③ 毛泽东:《在延安文艺座谈会上的讲话》(1942 年 5 月),《毛泽东选集》第三卷,第851 页。

④ 毛泽东:《在延安文艺座谈会上的讲话》(1942 年 5 月),《毛泽东选集》第三卷,第852 页。

学习的任务。思想感情有了变化、自觉地到群众中去以后，还要认真学习群众的语言，文艺作品只有用群众熟悉、习惯的语言，才能为群众所喜欢、接受，才能达到服务、满足、教育、提高群众的效果。他特别强调学习群众语言的重要性，认为无此遑论文艺创造，结果只能是"英雄无用武之地"、费心用力而群众并不买账。[①]

到群众中去，向群众学习，实际更是挖掘文艺发展的源泉。毛泽东坚持辩证唯物主义认识论与历史唯物主义意识论的立场，深刻指出了什么是文学艺术的"源"和"流"：文艺作品本质上是一定的社会生活在人类头脑中的反映，是经过加工的观念形态。革命的文艺当然也是革命作家对人民生活的反映。而"过去的文艺作品不是源而是流"。他认为，人民生活中原本即存在虽未经加工而显得粗糙，却"是最生动、最丰富、最基本"的文学艺术原料的丰富"矿藏"，这是"一切文学艺术的取之不尽、用之不竭的唯一的源泉"。为人民大众的文学艺术就是革命作家通过创造性的劳动对这些原料进行加工而产生的结果。[②] 他因此号召，"中国的革命的文学艺术家"和"有出息的文学艺术家"应长期地无条件地全心全意投身工农兵群众的火热斗争亦即"唯一的最广大最丰富的源泉"，去"观察、体验、研究、分析一切人，一切阶级，一切群众，一切生动的生活形式和斗争形式，一切文学和艺术的原始材料"，创作出比普通生活更高，更强烈，更集中，更典型，更理想，更带普遍性

---

① 毛泽东：《在延安文艺座谈会上的讲话》（1942 年 5 月），《毛泽东选集》第三卷，第851 页。

② 毛泽东：《在延安文艺座谈会上的讲话》（1942 年 5 月），《毛泽东选集》第三卷，第860 页。

的作品与各式各样人物,帮助群众推动历史的前进。① 否则将劳而无功,只能做鲁迅所说的"空头文学家"或"空头艺术家"。这也是毛泽东两年多前即强调过的:不接近民众的革命文化人是"无兵司令",其火力打不倒敌人;为达接近民众的目的,要在一定条件下对文字进行改革,言语也须接近民众,"须知民众就是革命文化的无限丰富的源泉"②,可谓一脉相承。

毛泽东强调,革命作家特别是党员作家要转变立场,就必须学习马克思主义,具备马克思主义知识。③ 只有在马克思主义指导下创作出的文艺作品才属于新民主主义的文化,文艺工作者应该摒弃唯心主义的观点,消除种种非人民大众、非无产阶级的创作情绪。

（三）具体原则

关于如何为人民群众服务,在论述文艺为工农兵和怎样为工农兵服务的基本方针的基础上,毛泽东进一步阐述了若干原则。

革命文艺必须坚持党的领导。这是因为人民大众的反帝反封建的新民主主义文化本身就是由无产阶级领导的,其中的"新文学新艺术,自然也是这样"④。革命的文艺工作者要自觉接受党的领导。

党的文艺工作和党的整个工作的关系。毛泽东赞同列宁的将文艺视为革命的齿轮、螺丝钉,文艺要服从政治,为革命事业服务

① 毛泽东:《在延安文艺座谈会上的讲话》(1942 年 5 月),《毛泽东选集》第三卷,第 861、862 页。

② 毛泽东:《新民主主义论》(1940 年 1 月),《毛泽东选集》第二卷,第 708 页。

③ 毛泽东:《在延安文艺座谈会上的讲话》(1942 年 5 月),《毛泽东选集》第三卷,第 852 页。

④ 毛泽东:《在延安文艺座谈会上的讲话》(1942 年 5 月),《毛泽东选集》第三卷,第 855 页。

的观点,要求文艺应成为整个革命机器的组成部分,成为团结、教育人民,打击、消灭敌人,帮助人民同心同德与敌人斗争的"有力的武器"①。

　　普及与提高。此乃当时存在许多误解、亟待解决的一个问题。针对以往存在的"相当地或是严重地轻视了和忽视了普及"同时"不适当地太强调了提高"的现象,毛泽东分析两者的辩证关系,提出既要重视普及又要重视提高。首先,普及和提高要有正确的标准,同样要从为什么人的立场出发,应是为工农兵而普及和为工农兵而提高,从而决定了只能普及工农兵所需要与便于接受者,从工农兵群众自身基础上去提高。特别要注意对工农兵提高的方向:绝不是把他们提升到"封建阶级、资产阶级、小资产阶级知识分子的'高度'去",而是要沿着工农兵自己、无产阶级前进的方向进行提高。② 从工作的重点来说,在当前情况下,对于最广大的工农兵群众,他们所需要的还非属于"锦上添花"式的提高,而应是具有"雪中送炭"价值的普及,普及的任务更为迫切。因为这是现在正与敌人浴血奋战的但缺少文化(这是由于长时期受封建阶级和资产阶级统治压迫的结果)的工农兵群众的迫切要求。③ 但是普及和提高是不能截然分开的整体,毛泽东论证了两者动态运动过程,指出只有从工农兵出发,才能正确处理好两者关系:普及到一定时期,民众随着文化的增加也必然要求提高。而提高只能是在普及基础上、为普及所决定、同时又对普及予以指导的提高,绝非空中

---

① 毛泽东:《在延安文艺座谈会上的讲话》(1942 年 5 月),《毛泽东选集》第三卷,第 848 页。

② 毛泽东:《在延安文艺座谈会上的讲话》(1942 年 5 月),《毛泽东选集》第三卷,第 859—860 页。

③ 毛泽东:《在延安文艺座谈会上的讲话》(1942 年 5 月),《毛泽东选集》第三卷,第 862 页。

式或关门式的提高。毛泽东还指出,存在着两种提高,前者是为群众所需要的直接提高,后者则是为干部所需要的间接提高,但这也是一种间接地为群众需要的提高,这是因为人民的干部本质上是属于人民的。两者皆需要,两者也必须妥善处理,不可偏废。毛泽东又指出专门家与普及工作者既然最终都是为了群众,二者必然也需要发生紧密的关联与互动。当然,他重点仍是提醒专门家要摆正位置、联系群众、代表群众、表现群众、更要虚心向群众学习,"只有做群众的学生才能做群众的先生"。坚决克服"把自己看作群众的主人,看作高踞于'下等人'头上的贵族"的思想,如果这样,其工作将"是没有前途的"①。

对传统文艺的继承与改造。毛泽东完全赞同要继承中外过去时代所遗留的丰富的文学艺术遗产和优良传统,但此举"仍然是为了人民大众"。而继承和利用旧的文艺形式的同时,又必须对其加以改造,加入新内容,使之变成革命的与为人民服务的东西。② 因此,要搜集整理、改造利用民间文化。

在马克思主义指导下,密切联系实际,特别是研究社会上各个阶级及其相互关系和各自状况、面貌、心理。③ 当然,最大的实际就是最广大的人民群众。

要在最大基础上结成文艺界最广泛的统一战线。其基础是抗日、民主、艺术方法和艺术作风。文艺统一战线中也要坚持团结和

---

① 毛泽东:《在延安文艺座谈会上的讲话》(1942 年 5 月),《毛泽东选集》第三卷,第864 页。

② 毛泽东:《在延安文艺座谈会上的讲话》(1942 年 5 月),《毛泽东选集》第三卷,第855 页。

③ 毛泽东:《在延安文艺座谈会上的讲话》(1942 年 5 月),《毛泽东选集》第三卷,第852 页。

斗争的原则，两者缺一不可，防止"左"右倾的排外主义、宗派主义、投降主义、尾巴主义错误政策。① 其重点是团结小资产阶级文艺家。

坚持文艺批评的政治和艺术两个标准。反对政治观点错误与政治观点正确而缺乏艺术性的"所谓'标语口号式'"这两种倾向，坚持两个标准的统一。② 并批评了延安文艺界存在的"人性论"、"文艺出发点是人类之爱"、"光明黑暗并重"、"文艺的任务就在于暴露"、"不区分'延安'与'重庆'"、"反对歌功颂德"等各种错误观点，由此他提出要开展整风，对文艺队伍在思想和组织上进行认真整顿，而思想整顿又是组织整顿的前提，要开展无产阶级思想反对非无产阶级思想的斗争。③

他又将这些问题的解决归结于"必须彻底解决个人和群众的关系问题"④，因之特别号召一切共产党员、革命家、革命文艺工作者都应该向鲁迅学习，"做无产阶级和人民大众的'牛'，鞠躬尽瘁，死而后已"⑤。

几天后，5月28日，毛泽东在中央学习组的报告中又重申了上述观点，重点仍是文艺工作者与工农群众相结合的问题。⑥ 此后又

---

① 毛泽东：《在延安文艺座谈会上的讲话》(1942年5月)，《毛泽东选集》第三卷，第867页。

② 毛泽东：《在延安文艺座谈会上的讲话》(1942年5月)，《毛泽东选集》第三卷，第870页。

③ 毛泽东：《在延安文艺座谈会上的讲话》(1942年5月)，《毛泽东选集》第三卷，第875页。

④⑤ 毛泽东：《在延安文艺座谈会上的讲话》(1942年5月)，《毛泽东选集》第三卷，第877页。

⑥ 毛泽东：《文艺工作者要同工农兵相结合》(1942年5月28日)，《毛泽东文集》第2卷，第424—432页。

不断强调这些观点。

　　毛泽东提出的文学艺术的各项方针，是当时不断推进的马克思主义中国化的一个重要组成部分，形成了极具特色的中国化的马克思主义文艺理论。这一理论，廓清了文艺队伍中形形色色的错误思想和认识，正本清源，定位了文艺为人民服务的特质，为边区的文艺建设，构建继承古今中外一切优秀成果，又与时俱进，彰显民族传统与时代价值高度统一契合的革命文艺，实现革命文艺创新性发展，指明了根本出路和前进方向。

　　在中国共产党辛勤耕耘、毛泽东文艺思想的引领下，边区文艺工作取得了长足发展，包括：思想认识达到了统一提高，人才脱颖而出，文学、艺术各领域都取得了累累硕果。

　　边区文艺建设所取得的丰硕成果，有力推动了党领导的新民主主义文化的发展繁荣，产生了富有深远历史意义的影响，为新中国的文化事业奠定了牢固的基础。

　　抗战时期边区文化建设的宏伟事业中，还包含报刊建设这一内容。在此过程中所形成的党的领导、实事求是、群众路线、全党办报等经验，也一直被党和国家长期坚持，成为领导、掌控意识形态工作的宝贵的财富。此处不再赘述。

第四章　社会建设

全面抗战时期,中国共产党人按照新民主主义理论,在陕甘宁边区奋力建设新民主主义的政治、经济、文化的同时,努力持续推进社会其他领域的各项建设工作,同样取得了显著的成效。

第一节　救助移难民

全面抗战时期,陕甘宁边区持续遭遇来自内部、沦陷区、大后方的移民、难民、灾民(统称为"移难民")的巨大压力,如何妥善处理这一问题,关系到自身的稳定和抗战事业的成败。为此,边区党和政府在中共中央的统一领导下,采取一系列措施予以应对解决,化害为利,帮助移难民摆脱困境的同时也维护了边区的秩序和社会安宁,更为持久抗战积蓄了重要力量,成为边区社会建设的又一亮点。

一、边区移难民的形成

边区的移难民,系由边区内部和外部两部分组成,是各种因素综合作用的结果。

（一）内部因素

首先是生态失衡、灾害频仍，特别恶劣自然环境所致。据不完全统计，边区从1940—1943年即遭受自然灾害106次，包括旱、水、雹、冻、风、霜、虫、瘟疫各灾分别为16、31、34、7、2、5、3、8次，遍及58县。落后的社会生产方式和卫生防疫条件也进一步加深了受灾程度，在整个抗战时期，边区的农业生产方式极端落后，生产工具简单窳陋，技术粗放，"与清代时期本区域的区别不大"[①]，农民根本无力抵御较大的灾害，疾病流行更造成人畜"不旺"、死亡率居高不下的状况。（见"文化建设"章第三节）伴随着自然灾害的频发，大量灾民不断产生。如1941年的春旱，导致陇东环县灾民"每日稀餐二次，多系吃苦菜、蒿头子、榆树皮，掺一些五谷面和食，灾相很苦"[②]。

边区内部的移民也与生产要素自发配置的驱动有关。传统小农经济不仅规模小，且劳动力和土地等资源分布不均匀，因而流动打工、觅食谋生成为许多人生存的重要手段。在未经土地革命的地区如绥德、米脂等县农业劳动力相对剩余，缺地（包括无承租地）农民遂大量外流（打工或携家带口向地广人稀地区迁徙）。经历了土地革命的地区，则由于大批青壮年农民参军、参政，另有一部分人从事工商业、参加地方工作与各种脱产组织，因此造成农业劳动力严重不足。于是市场这只无形之手出面进行调剂，驱动地少人多之处的劳动力迁移到地多人少的地区，形成境内劳动人口不断自发流动。1939年后大生产运动迅速发展后，劳动力需求增加的

---

① 严艳：《陕甘宁边区经济发展与产业布局研究1937—1950》，北京：中国社会科学出版社2007年版，第57页。

②《陇东、三边灾情严重，边区政府多方设法救济》，《解放日报》，1941年6月15日，第1版。

速度远远滞后于耕地面积的扩大速度,更加剧了劳动力紧张的状况。有鉴于此,1941年起边区政府开始实行有计划的移民,进一步扩大了移民的规模。

（二）外部因素

难民、移民更与当时动荡的现实有关。

全面抗战期间,边区虽处于相对和平的环境,但日军并未停止对其侵犯,如延市、绥德等13处遭轰炸65次、敌投弹2 567枚,造成人员的严重伤亡与财产的巨大损失。[①] 国民党则在抗战进入相持阶段后掀起三次"反共"高潮,在边区,由于军事包围和经济封锁,物资极度匮乏,灾荒更甚,中国共产党自身的生存也受到巨大威胁（见"经济建设"章第五、第六节）,日、顽的压力极大增加了边区灾民的人数。

外来难民,则是战区、沦陷区、大后方天灾人祸的躲避者,相对安宁祥和的边区,成为他们心目中求生的诺亚方舟。

随着国民党在正面战场上不断失利,躲避战火的华北大批难民不断涌入边区。日本侵略者铁蹄所到之处的残暴统治也致使沦陷区人民纷纷向外逃亡。据1939年部分统计,邻近边区的山西、绥远、冀、晋、豫各省约有3万多难民流入边区,另有国民党军人的家属也因得不到当地政府的帮助与救济优待而进入边区。如从绥德、米脂、清涧等地逃入延安、延长、延川的国民党军家属分别有300余人、440人、1 082人,"在安定者七百一十六户,人口约三千左右。其他如关中、靖边、庆（庆阳）、环（环县）各地方都有"[②]。

---

① 胡民新、李忠全、阎树声:《陕甘宁边区民政工作史》,第191页。

② 陕甘宁边区财政经济史编写组、陕西省档案馆编:《抗日战争时期陕甘宁边区财政经济史料摘编·人民生活》第9编,第268—269页。

在大后方，由于军事需要更因政治腐败，苛捐杂税名目繁多，国民党对于人民"不知用全力帮助群众发展生产，只知向群众要粮要款"①，民众为摆脱残酷剥削和压榨也纷纷前往边区，例如吴堡农村居住的很多山西难民，除因躲避日伪残杀烧抢，还因阎锡山当局苛待百姓，征粮、抽丁，"迫百姓自行短见者过多，因之无法生活逃来河西，以谋生路"②。

周边地区同样频发的各类自然灾害也使得逃亡边区的难民持续增多，如1942年夏秋至1943年春夏的河南特大旱灾，涉及60余县，受灾民众数以百万计，"灾民出逃的主要方向是进入陕西境内，既避灾荒，也避战乱"③。1942年由河南流入延安宜川县临镇的难民"一群一群穿着破棉衣，戴着烂毡帽……每个人都有一副愁苦的面容，每个人都有说不尽的辛酸，他们挨门讨饭，发出凄哀的告怜声"④。

因此，除了主动实施的边区内部移民外，应对被迫迁徙的灾民、难民，成为边区党和政府施政、社会建设无法回避的重大问题。边区政府明确认为："这不仅是简单的难民救济，而且有关抗战的问题，应是抗战中应解决的问题之一。"⑤

---

① 毛泽东：《开展根据地的减租、生产和拥政爱民运动》(1943年10月1日)，《毛泽东选集》第三卷，第912页。

② 陕西省档案馆、陕西省社会科学院编：《陕甘宁边区政府文件选编》第9辑，西安：陕西人民教育出版社2015年版，第166页。

③ 江沛：《"哀鸣四野痛灾黎"：1942—1943年河南旱灾述论》，《河南大学学报》(社会科学版)2014年第3期，第45页。

④ 陕甘宁边区财政经济史编写组、陕西省档案馆编：《抗日战争时期陕甘宁边区财政经济史料摘编·人民生活》第9编，第268—269页。

⑤ 《关于边区赈济难民的刍议》，《新中华报》，1938年9月5日，第1版。

二、移难民的接纳和管理

（一）接纳

中国历来就有赈济灾民的传统，尤其是关中、陕西一带，对北宋年间的本地乡贤、理学家张载在《西铭》提出的"民吾同胞，物吾与也"的理念代代奉为圭臬。以全心全意为人民服务为宗旨，"完全是为着解放人民的，是彻底的为人民的利益工作的"中国共产党人、边区党和政府，更继承这一优秀文化传统，对于移难民特别是难民同胞，绝不是闭关杜绝，漠然视之，听任其自生自灭，而是"感同身受"，"休戚与共"，"象忧亦忧，象喜亦喜"，竭尽所能，进行救济。

首先是敞开胸怀予以接纳。

早在 1937 年 8 月，中共中央政治局洛川会议通过的《抗日救国十大纲领》中即已提出"改良人民生活"的目标，其中就包括"调节粮食、赈济灾荒"的内容。抗战初期边区的赈灾、接纳移难民工作主要由民政厅负责，其第三科主管业务为"赈灾备荒、社会救济"。同时，原苏维埃时期的互济会也附设在民政厅，主要从事民间募捐，以救济红军伤残人员、家属及受灾难民。1938 年 9 月 2 日，边区政府成立了以李景林为主任的赈济委员会，受民政厅领导，开展救灾。1939 年赈济救灾工作归民众抗敌委员会、民政厅共同负责。1940 年 3 月，中共边区委员会、边区政府联衔发布《关于赈济工作的决定》，指令各县立即成立赈济委员会，规定其组织架构是：成员 5 名—7 名，包括县委书记、县长、县互济会主任、后援会主任、保安队长、当地驻军负责人，主任委员由县委书记或县长出任，"切实负责领导与推动赈务

之进行"①。赈济委员会遂成为边区主要赈灾机构。1942 年实行
精兵简政,民政厅的赈济救灾业务由重新组建的三科掌管。② 此
外,在经历重大灾害时边府常设立临时机关负责救灾,协调各部门
工作,如 1942 年 8 月延安遭遇大水灾后,边府迅速拨款 5 万元赈济
灾民,组成"水灾善后委员会",成员囊括民政厅、财政厅、延安市、
商会、中央管理局、后勤部、中共中央西北局各单位,主任委员是民
政厅长刘景范,研究决定由延安市政府"救灾委员会"督责办理赈
济与善后各项工作。③

　　路途艰辛、交通不便,加之敌伪顽的重重封锁,更增添了境外
难民逃往边区的困难。为方便难民顺利到达根据地,八路军等人
民武装经常对其给予保护和帮助,边府在沿途设立接待站、招待
所,以解决难民途中的食宿问题,更因大量移难民身无分文,举步
维艰,还对一些人发放路费,以帮助他们完成苦难之旅。

　　与此同时,一系列救助移难民的法规由边区党和政府陆续制
定、颁发。按时间顺序约有:1940 年 3 月 1 日之《陕甘宁边区优待
外来难民和贫民之决定》、1941 年 4 月 10 日陕甘宁边区政府颁布
《优待难民办法布告》、1942 年 2 月 6 日之《陕甘宁边区优待移民实
施办法》、1942 年 4 月 5 日之《优待移民实施办法补充要项》,1943
年 3 月 19 日又在优待移民基础上,为促进垦荒颁布了《陕甘宁边区
优待移民难民垦荒条例》等。

　　这些条例、办法、布告等皆规定要接纳移难民,并做出了具体、
细致安排,不仅保证其生活、生产的基本必备物资和待遇,包括"得

---

① 陕西省档案馆、陕西省社会科学院编:《陕甘宁边区政府文件选编》第 2 辑,北京:档案
　出版社 1987 年版,第 150 页。
② 胡民新、李忠全、阎树声:《陕甘宁边区民政工作史》,第 211 页。
③《边府整理救灾总会》,《解放日报》,1942 年 8 月 30 日,第 1 版。

请求政府分配土地及房屋","其愿耕地者,为其解决土地、种籽、农具的困难","确保移难民有病确实无力医治者,得受公共医院免费医疗"①,还保证其与边区人民享有同等民主权利,包括有同等的选举权与被选举权;有参加一切抗日的团体的权利;免费享受义务教育;受边区一切法令之保护;有自由择业(正当职业)之权利。②

　　1943年3月,《陕甘宁边区优待移民难民垦荒条例》将上述的灾民、移民以及难民统称为"移难民",其内涵包括边区外、沦陷区、边区内三种,分别是:边区外自愿进入者(因其在原地生活困难,或因天灾及其他原因无法生活);沦陷区逃入者(因其不堪忍受敌伪压迫);第三种则是边区内自愿或政府动员移入垦区者(因其在地少人多区域缺乏土地)。③ 接纳的范围更加广泛而具体。据不完全统计,在1937年—1945年间由边区安置之移难民为63 850户、266 619人。④ 仅1941年即移民7 855户,20 740人,以延安最多,安塞、甘泉、延川次之。其中绝大多数为农民,据中共中央西北局调查组1944年对关中分区的新宁、赤水、淳化和同宜耀四个县调查统计,农民占全部移难民总数的93.6%,手工业者占5%,商人占1%,士兵和学生占0.4%,因此移难民被安置后绝大部分参加了农

---

① 陕西省档案馆、陕西省社会科学院编:《陕甘宁边区政府文件选编》第7辑,西安:陕西人民教育出版社2015年版,第97页。

② 陕西省档案馆、陕西省社会科学院编:《陕甘宁边区政府文件选编》第2辑,西安:陕西人民教育出版社2013年版,第75页。

③ 陕西省档案馆、陕西省社会科学院编:《陕甘宁边区政府文件选编》第7辑,北京:档案出版社1988年版,第140页。

④ 陕甘宁边区财政经济史编写组、陕西省档案馆编:《抗日战争时期陕甘宁边区财政经济史料摘编》第9编,第400页。

业生产。[①] 当时流行的《血泪仇》这一著名秦腔现代剧,表现在大后方迭遭苦难的王仁厚一家进入边区"难民乡"后翻身做主、勤劳发家的故事,该难民乡的原型就在边区淳耀县辖区。

这一系列的救济措施,最大限度保障了移难民的生存权利,是边区党和政府维护基本人权的一大仁政。

(二) 加强管理

中国共产党是具有高度组织、纪律性的政党。在中国共产党领导下,边区也实行了系统、严密的社会管控(见本章第五节),对于移难民这一复杂流动群体当然不会例外并更加重视,采取了多项有效措施:

其一,在救济的过程中为及时了解掌握总体和具体情况,各级政府对移难民进行了详细的调查统计,作为制定政策和措施的依据。

1940 年 4 月 30 日,华池县县长李丕福在向边区政府主席林伯渠汇报该县 1 至 4 月行政工作的报告中,民政工作即包括"灾难民的调查登记、统计、实施救济准备"[②]。而工作不足之一就是"对灾难民调查登记统计不彻底,未清楚了解应救程度"[③]。

1941 年 4 月 10 日,边府颁布《优待难民办法》尤其强调登记管理:各县县政府应对所有进入边区的移难民进行登记,有组织地按照边府指定地区居住,但"如难民自愿到某地居住者听便,亦予登

① 陕甘宁边区财政经济史编写组、陕西省档案馆编:《抗日战争时期陕甘宁边区财政经济史料摘编》第 2 编,第 647 页。

② 陕西省档案馆、陕西省社会科学院编:《陕甘宁边区政府文件选编》第 2 辑,北京:档案出版社 1987 年版,第 252 页。

③ 陕西省档案馆、陕西省社会科学院编:《陕甘宁边区政府文件选编》第 2 辑,北京:档案出版社 1987 年版,第 254 页。

记介绍";县政府对所登记介绍的移难民酌量发给路费;各县对所登记介绍的难民发给介绍证件,凭此通过沿路哨站的检查;其中延安因其特殊地位一般不得进入或经过,必须经过者,要(由县政府)向民政厅或建设厅介绍即汇报,登记安置;到达移民地点后,难民须当向当地政府报告,"请求优待"①。1941 年由于来往延安的难民不断增多,出现到处流浪的现象,延安市公安局局长王卓超乃于9 月 25 日向边府主席林伯渠提出,由延安市政府成立专门机构"难民调查登记所",对来往延市(包括所属各区)的难民进行调查登记的建议。② 10 月 1 日,边府发布训令认为该提议"当无不合,仰该市长即行设法妥为办理为要"③。1943 年 3 月 19 日,《陕甘宁边区优待移民难民垦荒条例》要求"各县政府对于移居在该县之移难民,无论该移难民已否申请登记,均应加以调查登记",同时规定,进入边区的移难民必须遵守边区政府的法令,维护社会的治安,协助政府反对一切破坏抗战团结的行径,巩固边区,违犯者(称之为"假借移难民名义"混入者)将依法处理。④

　　其二,设立对口机构,从源头即开始纳入边区社会系统。

　　为了帮助移难民解决在迁移过程中的实际困难和加强管理,1942 年 1 月,边府开始谋划筹办移民站,以使"移难民垦荒六十万

① 陕西省档案馆、陕西省社会科学院编:《陕甘宁边区政府文件选编》第 3 辑,北京:档案出版社 1987 年版,第 142 页。

② 陕西省档案馆、陕西省社会科学院编:《陕甘宁边区政府文件选编》第 4 辑,北京:档案出版社 1988 年版,第 240 页。

③ 陕西省档案馆、陕西省社会科学院编:《陕甘宁边区政府文件选编》第 4 辑,北京:档案出版社 1988 年版,第 239 页。

④ 陕西省档案馆、陕西省社会科学院编:《陕甘宁边区政府文件选编》第 7 辑,北京:档案出版社 1988 年版,第 142、143 页。

亩,并于绥德、靖边设移民垦殖站"①。1942年2月6日,边区政府在《陕甘宁边区优待移民实施办法》中正式提出在绥德、陇东专署、关中专署、安定、靖边、鄜(富)县6地设立移民站,为移难民服务,主要业务为:一次性发放路费(根据至目的地的路途远近、人口多少每户30元—200元);协助解决运输工具牲口;向移难民提供前往目的地之县政府的介绍信;通知移难民途经的各级政府给以方便。同时规定,所发放的路费、补助费和移民站办公费用均由边区政府支出,移民站"对于移民工作,每月向边区政府做工作报告一次"②。

通过这一系列的举措,边区政府既帮助移难民完成了迁移,同时也有效掌控了被接受者,加强了对这一流动群体的动态管理。特别是前期开具介绍信、发放路费,一方面帮助移难民顺利入境,得到合法认可,另一方面也为防范抵御日伪汉奸和国民党特务趁机渗透构建起第一道防线,为进一步鉴别、清理,打下初步基础。而在移难民落脚后,即纳入当地的行政管理系统。在移难民较多和集中处则单独设立建制,如淳耀县(见前述)及安塞县设置"难民乡",乡长及乡政府工作人员皆由移难民选举,皆是例子。

其三,加强鉴别管控。

大量移难民的涌入和流动,为敌对分子进行破坏活动创造了条件,其间不可避免地混有汉奸特务,特别是国民党策动"反共"高潮期间更是如此。为保卫边区和安定地方秩序,边府先后颁布《边区检查行旅办法》(1942年2月7日)、《陕甘宁边区政府关于防止

---

① 陕西省档案馆、陕西省社会科学院编:《陕甘宁边区政府文件选编》第5辑,北京:档案出版社1988年版,第132页。

② 陕西省档案馆、陕西省社会科学院编:《陕甘宁边区政府文件选编》第5辑,北京:档案出版社1988年版,第212页。

敌探破坏活动加强行旅检查及户口检查的命令》(1943 年 9 月 20日)检查行旅,其重点对象之一是移难民(详见本章第五节)。1944年 3 月 11 日,《解放日报》推介了赤水县的具体方法:包括观察容颜是否"是面黄肌瘦",是否有家眷(单人多不可靠),同时详细考察其如何通过封锁线,途中经过了哪些盘问、如何回答等。[1] 使得敌特势力难以插足、立足。

三、救助措施

边区党和政府根据不同情况,对合法、真正的移难民采取了多种救助措施,主要分为:

（一）钱粮急赈

在边区内部受灾之后或当境外大批难民涌入时,各级政府首先予以钱粮急赈,以迅速解决移难民的生存和基本温饱问题。

用于急赈的钱款物资首先由边府拨发,据统计 1939 年—1942年分别发放救济款 8 604.8、86 142、95 000、620 000 元,救济粮1 775、990、3 662.4、800 石。[2]1945 年大旱时,边府紧急调拨救济粮4 000 石,棉花 2 000 斤。[3] 而这些钱款物资是从紧张的财政中挤压开支而来的。

每遇大灾,各级政府还向民众募捐,特别动员机关、学校公务人员向灾民捐钱捐物。1940 年夏秋,水旱风雹交相侵凌,全边区受灾区达 22 县 1 市,边区政府勘灾调剂,筹谋急赈粮款,"发动各机关

---

① 《移民工作经验》,《解放日报》,1944 年 3 月 11 日,第 1 版。

② 陕甘宁边区财政经济史编写组、陕西省档案馆编:《抗日战争时期陕甘宁边区财政经济史料摘编·人民生活》第 9 编,第 271 页。

③ 陕西省档案馆、陕西省社会科学院编:《陕甘宁边区政府文件选编》第 3 辑,北京:档案出版社 1987 年版,第 142 页。

部队学校社团,每人每日节省食米一两救灾"①。1941 年陇东分区由于春寒导致粮食歉收,专署"号召全区党政军举行每日节省一两米救灾运动,已得机关部队热烈响应。在民众中发起一角钱救灾运动,即大家各节省一角钱救济灾民,正在进行中"②。1942 年水灾发生后,以边府再次紧急募捐作为主要救济办法:号召各机关、居民自动捐助粮衣等交由市政府分发,并着令市政府组织募捐队专门募捐。③

　　由于处在国共合作时期,边区党和政府也努力争取国民政府的赈济。如 1937 年夏秋发生雹灾和 1938 年春发生旱灾后,经边府申请,1938 年 8 月国民政府中央赈济委员会发派赈款 10 万元。④次年三边分区等地发生严重灾情,9 月 2 日,边府即向该会呈送边区是年《五六七等月份赈济工作报告书》⑤,说明不足请求增拨。10月 7 日边府又致电国民政府主席林森、军事委员会委员长蒋介石、行政院长孔祥熙及该会,报告旱灾情况,"恳祈拨款救济"⑥,又得到赈款 10 万元。⑦ 1942 年大水灾发生后,边府又及时向国民政府汇报,该会即派郑延卓等于 11 月 20 日至 12 月 1 日前来勘灾,并拨赈

---

① 中国财政科学研究院编:《抗日战争时期陕甘宁边区财政经济史料摘编·人民生活》第 9 编,第 210 页。

②《陇东、三边灾情严重,边区政府多方设法救济》,《解放日报》,1941 年 6 月 15 日,第 1 版。

③ 陕西省档案馆、陕西省社会科学院编:《陕甘宁边区政府文件选编》第 6 辑,西安:陕西人民教育出版社 2015 年版,第 177 页。

④《十万元巨款的赈济费,边区政府决定具体的赈济计划》,《新中华报》,1938 年 9 月 5 日,第 1 版。

⑤ 陕西省档案馆编:《陕甘宁边区政府大事记》,第 43 页。

⑥ 陕西省档案馆编:《陕甘宁边区政府大事记》,第 45 页。

⑦ 陕甘宁边区财政经济史编写组、陕西省档案馆编:《抗日战争时期陕甘宁边区财政经济史料摘编·人民生活》第 9 编,第 273 页。

款 30 万元。① 此外甘肃省政府也曾拨交边区政府赈款 36 000 余元。国联防疫大队安道尔亦捐款 1 万元用于救灾。② 这些赈款虽说与实际所需相比当属杯水车薪,但积土成山,集腋成裘,对纾解燃眉之急,仍大有裨益。

（二）以工代赈

然而,急赈只能解燃眉之急,非财力、物力能持续负担的长久之计,无法让移难民能够安稳生活下去,如《解放日报》曾指出发放救济粮所产生的困境,"新来的难民要发救济粮,这里有两个问题:有些坏蛋家伙,他根本就不打算长期住,专为混粮吃。另一方面有些难民安分守己能劳动,但我们如果给他发的粮多了,可能会浪费。"所以边区党和政府始终认为,真正有效的办法是发展生产以开源。如民政厅颁发的《关于赈济灾难民的指示信》（1941 年 5 月 27 日）所指出:放赈是个消极办法,"少数救济粮款是解决不了根本问题的"。积极办法应是以工代赈,主要帮助移难民提供生产工具以扩大生产以及动员广大人民互相救济。③

1940 年 7 月 22 日边区政府所发"关于救灾办法"的指令,即对庆环分区专员所提出的"以工代赈兴修定环公路"的方案予以肯定,认为此举"既可救济灾荒,又可便利盐运,当予照准"。同时,饬令其转饬各县详细调查能够以工代赈、特别是妇孺能够从事的产业包括纺纱、挖药材等,由政府出资组织进行,"以刺激生产,解决

---

① 《边区水灾波及十余县市,国府拨赈款法币三十万元》,《解放日报》,1942 年 12 月 1 日,第 1 版。

② 林伯渠:《在陕甘宁边区第一届参议会上的政府工作报告》（1939 年 1 月）,《林伯渠文集》,第 102 页。

③ 陕甘宁边区财政经济史编写组、陕西省档案馆编:《抗日战争时期陕甘宁边区财政经济史料摘编·人民生活》第 9 编,第 262 页。

民困"[1]。1941年6月28日,林伯渠、高自立又给定边专署发布指示信,决定以工代赈修筑定边至寺台大车路,要求将修路与赈灾结合进行,一举两得。[2] 1943年以工代赈修成的靖边杨桥畔水渠,全长25千米,每小时可灌田4公顷。[3] 边区政府还以1938年国民政府中央赈济委员会赈灾款开办难民工厂,主要有延安县西川口的难民纺织工厂、保安县城的硝皮工厂、延安县高桥川的农具工厂,皆给移难民提供了若干就业岗位,如难民纺织厂于1938年10月开工,共有183人,其中"外来难民占百分之五十,残废军人占百分之二十,边区内之贫民占百分之三十"[4],1939年抗大的夏装和八路军后方的医用纱布就是由其生产的。从1940年8月至12月,上述难民工厂分别盈利3 575.25元、1 523.3元、1 304元。[5] 边区银行为了促进难民工厂的发展采取定贷的方式,一方面代其购买原料,另一方面订购其商品。[6] 难民工厂的开办,又进一步推动了边区手工业的发展(见"经济建设"章第四节)。

（三）开垦荒地,扩大生产

初步解决移难民的生存问题后,如何安置移难民并帮助其实

---

① 陕西省档案馆、陕西省社会科学院编:《陕甘宁边区政府文件选编》第2辑,西安:陕西人民教育出版社2013年版,第250—251页。

② 陕西省档案馆、陕西省社会科学院编:《陕甘宁边区政府文件选编》第3辑,北京:档案出版社1987年版,第330页。

③ 陕甘宁边区财政经济史编写组;陕西省档案馆编:《抗日战争时期陕甘宁边区财政经济史料摘编·农业》第2编,第179页。

④ 陕西省档案馆、陕西省社会科学院编:《陕甘宁边区政府文件选编》第1辑,北京:档案出版社1986年版,第291页。

⑤ 陕西省档案馆、陕西省社会科学院编:《陕甘宁边区政府文件选编》第2辑,北京:档案出版社1987年版,第184页。

⑥ 《协助难民等三工厂生产,边行贷款代购原料》,《解放日报》,1942年7月25日,第1版。

现自给自足便成为重要问题。鉴于边区地广人稀、可开垦土地很多且劳动力匮乏的实际,边区党和政府将引导、动员移难民开荒种地作为重点内容,持续推进。特别是大生产运动开展后,这种引导动员更成为运动的一项重要内容。

为让移难民能够有足够的土地耕种,边府制定了一系列垦荒政策。1938 年,边区建设厅在关于春耕动员工作的讨论提纲中说道:"各级政府尽量地收容难民帮助开荒,解决难民在开荒运动中的一切困难问题。"[①]1940 年边府又制定颁布了《陕甘宁边区移民垦殖暂行办法》。其中规定移民垦殖之私人土地"由公家规定统一的租价,并保证其移民的永租权",并组建起"移民垦殖委员会"统一贯彻实施。[②] 1941 年 1 月 14 日又发布《陕甘宁边区政府训令》,划定延安、固临间的烂泥洼、松树林地方作为第一移民垦荒区。1942 年 4 月 5 日颁发《陕甘宁边区优待移民实施办法》(2 月 6 日颁布)的"补充要项",将延安、甘泉、华池、志丹、靖边、鄜(富)县、曲子 7 县划作移难民开垦区,在绥德、陇东、关中 3 个专员公署及安定、靖边府、鄜(富)县 3 个县政府设立移民站,同时明确饬令相应的各地政府在食粮、农具、耕牛等方面对移难民应予以照顾。[③] 1943 年起,边区政府更加积极倡导移难民垦荒发展生产,为此进一步积极落实优待内容,帮助全体移难民取得土地,进而解决了窑洞、耕牛、农具、种子、食粮等困难、满足其要求,使之具备起"创立家业的先

---

① 中国财政科学研究院编:《抗日战争时期陕甘宁边区财政经济史料摘编·农业》第 2 编,第 147 页。

② 中国财政科学研究院编:《抗日战争时期陕甘宁边区财政经济史料摘编·农业》第 2 编,第 481 页。

③ 陕西省档案馆、陕西省社会科学院编:《陕甘宁边区政府文件选编》第 5 辑,北京:档案出版社 1988 年版,第 211 页。

决条件"，因此仅是年春季，关中分区与延属分区即分别移入占 1.2 万余与 8 000 余人，加上陇东、三边各分区，共 2 万人以上，在此基础上边区政府进一步强调，"总之，巩固已经移进之移难民，准备继续大量吸收移难民是目前的重要工作，各级政府，必须切实执行"，引导移民、难民发展生产。①

优待政策的一个更关键内容是：对移难民所开垦的土地的所有权予以明确规定与保护。在《陕甘宁边区优待移民难民垦荒条例》(1943 年 3 月)中规定：移难民所开垦的公有荒地的所有权"概归移民或难民"，由县政府发给所有权的登记证，3 年免征公粮；所开垦的私人荒地则 3 年免缴地租，3 年后按规定缴租，地主不得任意收回土地，实际拥有永佃权，这些权利皆是根据地权条例、租佃条例所作出。② 规定酌情为他们调剂种菜、种粮所需的少许熟地，给予窑洞或房屋暂住，帮助其购买耕牛、农具、种子和口粮，减免义务劳动等。还将移难民作为农业贷款的重要对象，1942 年 11 月为方便移难民能及时贷款，成立了农贷委员会。贷款种类也因实际需求而多种多样③，尽可能满足多方面的需求。安塞县"本县今年(1943 年——作者注)百万农贷，不再于各区平均发放，为特别照顾难民移民计，偏重向三区、四区、五区等地多发放云。"④由于措施有力，其垦荒积极性得到了很好的调动。

---

① 陕西省档案馆、陕西省社会科学院编：《陕甘宁边区政府文件选编》第 7 辑，北京：档案出版社 1988 年版，第 272 页。

② 陕西省档案馆、陕西省社会科学院编：《陕甘宁边区政府文件选编》第 1 辑，北京：档案出版社 1986 年版，第 227 页。

③ 刘立、段延辉：《对抗战期间陕甘宁边区移难民农业贷款问题的分析》，《西安邮电学院学报》2010 年第 4 期，第 82 页。

④ 《安塞农贷发放多多照顾难民》，《解放日报》，1943 年 1 月 19 日，第 1 版。

四、互助互济

在急赈、以工代赈、发展生产的基础上,边区党和政府还注意发挥社会的自身力量,倡导长效稳定的民众间的相互救济,调节余亏、丰歉,以弥补以上各项措施之不足。如民政厅 1945 年即认为,这是灾荒发生时相比政府帮助更为及时有效的救灾办法。

互助互济的内容主要包括"设立义仓"、"钱粮互济"、"建立粮食信用社"、"开展农业劳动互助"4 种,除劳动互助属于更长远的措施、带有"开源"性质外,前三种简介如下。

(一)设立义仓

义仓在历史上特别是明清时期即在西北地区存在,民国年间继续沿存,一般由地方富户捐粮设立,推选官绅掌管,然而由于旧社会固有的各种弊端而逐渐趋于没落。边区政府则利用这一形式引导民众储存粮食备荒、周济包括移难民在内的贫苦群众,将其发展为既是公益事业也是一种广泛动员群众的有效形式。1941 年11 月,边区第二届参议会大会上刘景范等 11 人提出"全边区推广义仓防备荒年案",史梓铭等 8 人提出"加强义仓领导增加生产防止年荒请公决案"。大会将两案合并审查、适当修订后表决通过,但考虑到收成不好,农村粮食自足尚有困难,遂决定该案"可暂缓办"①。

然而义仓仍在民间自发产生,1943 年 3 月,关中分区新正县三区一乡党支部书记张清益在其家乡雷庄召集村民大会,通过建立义仓的决议,计划"全村开义田二十亩,所有十五岁以上五十岁以

① 陕西省档案馆、陕西省社会科学院编:《陕甘宁边区政府文件选编》第 6 辑,北京:档案出版社 1988 年版,第 417 页。

下的劳动力规定每人全年给义仓出工五天"①。同年 9 月 23 日规
定义仓的使用为："保证把义粮借给缺粮的人,荒年缓期归还粮食;
歉收年收本不收利;每年四月为开仓借粮时期,以解决青黄不接的
困难,便于生产。""出借义仓粮,一般规定每斗加'合子'即利一升,
以补过斗的损失。没有参加开义田的人,每斗加合子三升。出借
粮食时,须经过义仓委员会批准,不能随便出借。"②此举成为边区
义仓的滥觞,受到中央、边区党和政府的高度认可,进而对义仓的
备荒、促进生产的价值有了更深刻的认知。所以在 1943 年 11 月的
"边区第一届劳动英雄代表大会"上,张清益被评为特等劳动英雄,
大会宣言特别号召"学习关中劳动英雄张清益的办法,到处发起义
仓运动,救济困难,防备荒年"③。12 月 9 日,毛泽东参观陕甘宁边
区第三届生产展览会后邀请张清益在内的 17 位劳动英雄座谈包
括义仓等生产经验,鼓励向群众中广泛宣传,用以指导全边区人民
的生产和生活。1944 年 8 月 22 日,边府再次指令各级政府采取关
中义仓运动经验,劝导人民创建义仓。经大力倡导推动,义仓在边
区得到了蓬勃发展。到 1944 年 6 月,在新正、赤水、淳耀、新宁四县
(属于关中分区)即建有 153 个义仓,并相应垦有 4 620 亩义田。④

　　(二) 钱粮互济

　　包括群众之间互相调剂粮食和合理的民间借贷。1941 年春夏
发生旱灾,陇东、三边富裕户拿出存粮救济周围的灾民。1943 年陇

---

① 《张清益创办义仓》,《解放日报》,1945 年 1 月 14 日,第 1 版。

② 史梓铭:《张清益同志首创的义仓》,《解放日报》,1943 年 10 月 12 日,第 1 版。

③ 中共中央文献研究室、中央档案馆编:《建党以来重要文献选编(1921—1949)》第 20
　册,北京:中央文献出版社 2011 年版,第 679 页。

④ 陕甘宁边区财政经济史编写组、陕西省档案馆编:《抗日战争时期陕甘宁边区财政经
　济史料摘编·人民生活》第 9 编,第 363 页。

东各县发生严重春荒后,镇原、曲子、华池三县县民间调剂的粮食共 260 石余,调剂对象达数百户、数千人。1945 年春多县又发生灾荒,延安、延川、延长、固临、志丹、甘泉 6 县政府发放救济粮共 4 000 石,而民间调剂的粮食为 4 200 余石①,可见民间调剂大有潜力可挖。为此,边府鼓励灾区人民之间相互救济,同时又制定《奖励民间借贷办法》等法规,对各项原则包括"借贷自愿""契约自由""利息合理""纠纷由政府调处"等予以明确规定;为保护移难民、贫民的利益,《陕甘宁边区政府优待外来难民和贫民之决定》又特别强调禁止对难民、贫民发放高利贷,确保民间借贷的健康发展。

(三)建立粮食信用社

这在人稠地少的绥德、米脂地区比较普遍,自从 1940 年关中分区赤水县劳动英雄蒲金山率先建立后,(见"经济建设"章第三节)在全边区得到了逐步发展。

如前所述,粮食信用社实际上也有两种不同性质:一是作为互助供给无利借贷的互济粮;一是作为入股的信用粮。前者主要借给移难民和遭受意外的穷苦农民,半年归还,不付利息,后者主要借给有急用的本村人,必须支付一定利息,从而具备救灾备荒和调剂互助两种功能。安塞樊彦旺的粮食信用合作社除此之外还有增产粮食、发展纺织、节约等优点。

边区党和政府及时发现和推广这些典型和经验,促进其普遍建立,如 1943—1944 年,粮食信用合作社即由 17 个增至 40 多个,②在各地皆得到了不同程度的发展。

_____

① 陕甘宁边区财政经济史编写组、陕西省档案馆编:《抗日战争时期陕甘宁边区财政经济史料摘编·人民生活》第 9 编,第 321、350 页。
② 陕甘宁边区财政经济史编写组、陕西省档案馆编:《抗日战争时期陕甘宁边区财政经济史料摘编·互助合作》第 7 编,第 326—327 页。

　　而中共中央又大力提倡发展各行各业特别是农业互助合作运动(见"经济建设"章第三节),边区党和政府也在移难民中推广各种互助合作组织,提高劳动生产率,进一步改善移难民的生产、生活。这也是对粮食信用合作社的合作互助做法的进一步推广。

五、影响和意义

　　边区对移难民的救助工作产生了重大影响,具有重要意义。

　　(一)展现宗旨,提高威信

　　这一工作,是中国共产党实践"全心全意为人民服务"宗旨的一次光辉展现。

　　边区党和政府,在遭受日本侵略者和国民党顽固派竭力打压,经济、财政各方面极端艰苦的条件下,竭其所能,保证成千上万的移难民的生存,不使一人向隅,恰与 1942 年河南遭遇空前大旱灾时国民政府麻木不仁、见死不救,"河南王"汤恩伯继续残酷搜刮,成为"水旱蝗汤"四大灾害之一,以致饿殍遍野的状况形成鲜明对照。这充分体现了中国共产党是真正代表人民利益、为人民谋幸福的政党,从而进一步提高了党和政府在人民中的威信。正如谢觉哉所总结,"边境的移难民热爱边区,因为他们刚从反动派统治下逃出来,边境人民遭到抢劫,也看得很清楚。他们流行的评语:1. 边区奖励生产、丰衣足食,边区外破坏生产、缺衣缺食;2. 边区生产逐年增多,负担逐年减少,边区外生产逐年减少,负担逐年增多;3. 边区不拉壮丁,边区外三丁抽二",甚至单丁都抽。[①] 这种感受流风所及,沦陷区、大后方大批民众也对边区"虽不能至,然心向往之"。得民心者得天下,这是中国共产党夺取抗战和新民主主义

[①] 谢觉哉:《谢觉哉日记》上卷,北京:人民出版社 1984 年版,第 534 页。

革命胜利的重要保证。

（二）保证了边区社会的稳定

这一工作，充分反映中国共产党政治上的成熟、领导艺术的高超，也进一步促进了其领导能力的提升。

妥善安置和救济移难民，是一项关系到政治建设和经济发展的重要社会政策。中国共产党救助移难民不仅体现了对人民的关怀，更蕴含着与日本帝国主义以及国民党顽固派之间的生死较量，通过对移难民的救助从源头上保障了边区社会的稳定。挣扎在生死线上的民众群体常是一支巨大而盲目的力量。如得不到有效救助和妥善引导，为了生存，他们多会铤而走险，或沦为不思进取的"二流子"，破坏社会治安，影响人民生活和抗战事业，造成严重危害（"二流子"问题详见本章第四节）。[①] 党和边区政府移难民举措实行的结果，成功地化解和消弭了一大隐患。

（三）化腐朽为神奇，变害为利

大后方、沦陷区的大批移难民涌入边区，在一定时间和一定程度上会对边区经济、社会造成极大压力。然而事物皆有两面性。边区政府不仅通过积极救济、安置而成功化解负面影响，而且动员、引导移难民生产，特别是垦荒，弥补了劳动力匮乏、不足，极大促进了农业等生产发展。他们成为"大生产运动中的一支劳动大军，在边区的开荒运动中作用很大。移难民劳动力占了三分之一。如果以每人开荒二十亩计，上万个劳动力可以开荒二十多万亩"[②]。从 1938 年至 1942 年的 5 年里，边区增加的 240 多万亩耕地中，由

[①] 陕甘宁边区财政经济史编写组、陕西省档案馆编：《抗日战争时期陕甘宁边区财政经济史料摘编·人民生活》第 9 编，第 268—269 页。

[②] 西北五省区编纂领导小组、中央档案馆编：《陕甘宁边区抗日民主根据地·回忆录卷》，北京：中共党史资料出版社 1990 年版，第 45 页。

移难民开垦的达 200 万亩之多。① 1943 年是边区生产大发展的一年，"原计划增产细粮八万石，实际达到十六万石以上"②，而优待和发动移难民生产是取得如此巨大成就的一个重要原因。③ 根据中共中央西北局调查研究室的估计，从 1941—1943 年进入边区的 6 万多移难民中，劳动力约有 18 300 多，以一个劳动力平均以耕种 20 亩地、每亩平均收获二斗粗粮计算，即可扩大 366 000 亩耕地、每年增收 73 200 石粮食，并认为这"都还是较低的估计"④。发展生产的基础上，移难民生活也同步改善。在边区政府和人民群众的帮助下，移难民普遍出现一年打下生产基础、二年成家立业、三年后可成为中农甚至富裕中农的现象。⑤ 这又进一步吸引了大后方的百姓移民前来，时任《解放日报》文艺副刊编辑黎辛回忆："因为延安大生产运动，做到了耕三余一，耕二余一。老百姓生活好了，周围国民党统治区老百姓生活难，他就移到边区来，我们欢迎移民。"⑥

经历生死线挣扎的移难民一旦有生存的条件和希望，不仅努力生产，更会感恩戴德，竭诚拥护给其带来这一切的党和边区政府。谢觉哉在 1943 年 7 月 15 日日记中记载移难民感激政府、竭诚

---

① 陕甘宁边区财政经济史编写组、陕西省档案馆编：《抗日战争时期陕甘宁边区财政经济史料摘编·农业》第 2 编，第 652 页。

② 史敬棠等编：《中国农业合作化运动史料》上册：北京：生活·读书·新知三联书店1957 年版，第 254 页。

③ 史敬棠等编：《中国农业合作化运动史料》上册，第 256 页。

④ 陕甘宁边区财政经济史编写组、陕西省档案馆编：《抗日战争时期陕甘宁边区财政经济史料摘编·人民生活》第 2 编，第 644 页。

⑤ 陕甘宁边区财政经济史编写组、陕西省档案馆编：《抗日战争时期陕甘宁边区财政经济史料摘编·人民生活》第 9 编，第 405 页。

⑥ 高凤林：《党中央在延安十三年党群关系口述史》，北京：人民出版社 2016 年版，第76 页。

奉公的情况说，"这些去冬今春从河南逃来的移难民'方脱离国民党反动派黑暗统治所造成的地狱，在边区获到安定生活，反动派竟跟踪来进攻，无不愤激。都表示要坚决的同老户一起，为保卫自己第二家乡——边区而战'。（见同日报）这是边区广大人民及新来的移难民对日寇第五纵队进攻边区的痛恨和对边区热爱的写照，即是边区人民和边区政府与军队结合成为不可战胜的力量的所在"①。堪称变压力为动力，化腐朽为神奇的典范。

抗战期间，边区党和政府在中共中央领导下对移难民的救助，取得了多赢的结果，为持久抗战和夺取新民主主义革命彻底胜利提供了重要保证。新中国成立后的社会救济事业，就是在其基础上进一步发展起来的。

第二节　妇女解放运动

全面抗战时期，边区的妇女解放是边区社会建设的重要内容，同样取得了骄人的业绩。

一、边区妇女运动的发展

（一）传承与新要求

妇女解放，是近代以来席卷全球的潮流。无产阶级革命导师马克思、恩格斯都曾把妇女解放作为衡量社会进步的标准。② 恩格

---

① 谢觉哉：《谢觉哉日记》上卷，第512—513页。

② 见《致路·库格曼》（1868年12月12日），中共中央马克思恩格斯列宁斯大林著作编译局编译：《马克思恩格斯全集》第32卷，北京：人民出版社1974年版，第571页；恩格斯：《社会主义从空想到科学的发展》（1980年1—3月），《马克思恩格斯文集》第3卷，北京：人民出版社2009年版，第531—532页。

斯也赞同空想社会主义家傅立叶的观点："在任何社会中，妇女解放的程度是衡量普遍解放的天然尺度。"他们都对妇女解放运动给予高度同情与关注。

在近代中国同样如此。伴随着中国革命发展，妇女解放在中国的社会改造中日益占有越来越重要的地位，并理所当然成为以解放人民为己任的中国共产党人奋斗目标之一而被时时予以关注。国民革命时期，毛泽东在领导湖南等地农民运动时即曾特别指出，中国妇女除受政权、族权、神权束缚外，还要受夫权的束缚。他热情称赞农民运动对消除妇女压迫的意义。土地革命战争时期，各根据地都开展过轰轰烈烈的妇女解放运动，培养了一批女战士、女干部和妇女运动工作者、领导者。即使在相对薄弱的西北地区苏维埃运动中，也广泛成立了妇女代表会等组织，开展妇女工作，"充实了土地革命的力量，得到了广大基本妇女群众的拥护和爱戴"[1]。

全面抗战期间，中国共产党将妇女解放和民族解放统一起来，进一步大力推进妇女运动。面对民族危机，毛泽东指出：如果没有占人口半数的妇女的觉醒，中国抗战不会胜利，妇女在抗战中具有非常重大的作用，"全国妇女起来之日，就是中国革命胜利之时"[2]。为此，中共中央书记处做出了《关于开展妇女工作的决定》(1939年2月20日)，号召"动员全党女干部与女党员，起来担任妇女工

---

[1] 中华全国妇女联合会编：《中国妇女运动历史资料(1937—1945)》，北京：中国妇女出版社1991年版，第15页。

[2] 毛泽东：《在中国女子大学开学典礼上的讲话》(1939年7月20日)，《新中华报》，1939年7月25日，第1版。

作"①。根据毛泽东关于通过纪念"三八"妇女节以促进"妇女结团体,争取妇女的自由与平等"②的指示,边区年年召开盛大的妇女节纪念大会,不断地唤醒起广大边区妇女的觉悟,激发起她们的自信心和能动性,为保卫、巩固和建设边区坚持抗战做出更大的贡献。

同时,中国共产党着力维护妇女的利益。如 1939 年边区第一届参议会大会讨论并通过的 12 件重要提案中,就包括提高妇女政治经济地位一项。"五一施政纲领"(1941 年)第 16 条又强调了这一原则,并规定要保护女工、产妇与儿童。1945 年中共七大上,毛泽东所做《论联合政府》的书面政治报告中关于"我们的具体纲领"又重申:保护青年、妇女、儿童等群体的利益,实现婚姻自由与男女平等。

(二)边区的妇女解放运动

在中共中央的直接领导和关注下,边区的妇女解放运动也进入了一个崭新的阶段。中共中央、边区党和政府制定和推行一系列的方针政策,在抗日的前提下推动边区妇女翻身解放,争取政治、经济、文化、婚姻等各方面的权利,历史性地提升了其社会地位。

首要之举是建立起"妇女抗日救国联合会"(简称"妇救会")这一广泛动员、团结、教育妇女、维护其自身利益的专门组织。自 1937 年 7 月中共陕甘宁边区党委做出《关于妇女组织的决定》到 1939 年底,全边区已建立 616 个乡妇救会。为建立广泛的抗日民族统一战线,边区党委又决定改选与扩大乡妇女代表会的同时在

---

① 中共中央文献研究室编:《建党以来重要文献选编(1921—1949)》第 16 册,北京:中央文献出版社 2011 年版,第 117 页。

② 中共中央文献研究室编:《毛泽东年谱(1893—1949)》(修订本)中卷,第 117 页。

乡以上新成立各界妇女联合会这一"不分阶级、不分党派的妇女抗日统一战线组织",并厘清此 3 个组织的关系,规定"边区现有之城乡妇女代表会及妇女救国会都得为妇联会的基本组织"①。(中共陕甘宁边区委员会《关于边区妇女群众组织的新决定》,1937 年 9 月)。9 月 12 日在延安成立了"陕甘宁边区各界妇女联合会筹备委员会"(李坚真、史秀云分任正副主任),在其筹划下,通过民主方式,在半年时间内,边区各级(从乡至县)各界妇女联合会(乡称"妇女代表会")即选举产生,计有直属市(延安市)妇联 1 个,县妇联 18 个,区妇联 179 个,乡妇女代表会 1 065 个。以此为基础,边区第一次妇女代表大会(1938 年 3 月 8 日至 11 日)成立了陕甘宁边区各界妇女联合会(简称"边区妇联"),内设组织部、宣传教育部、战时工作部、总务部,史秀云当选为主任。② 其中乡妇女代表会之下设有慰劳队、洗衣队、救护队、生产小组、锄奸组等各组织。边区各级妇联的专职干部,除土地革命时期培养的当地妇女干部和长征来到陕甘宁的妇女干部外,还大量吸收了来自沦陷区、大后方的女青年知识分子,1939 年总数达到 360 多人。③ 1942 年 8 月,中共中央西北局根据中央关于精兵简政的指示,决定将边区总工会、青救会、妇联合并组成边区各界抗日救国联合会。次年 5 月 13 日,该会正式成立,内设宣传、组织、职工、妇女、青年 5 个部门。1944 年春因形势的发展,边区妇联恢复,白茜任主任。

　　妇联会、妇救会负有双重使命:一是围绕党和政府党中心任务

---

① 中华全国妇女联合会编:《中国妇女运动历史资料(1937—1945)》,第 15 页。

② 张静如等主编:《中国共产党通志》第 3 卷,北京:中央文献出版社 2001 年版,第 704 页。

③《延安市妇女运动志》编纂委员会编:《延安市妇女运动志》,西安:陕西人民出版社 2001 年版,第 92 页。

从事活动,二是为妇女自身解放而积极开展工作,发挥了重要的组织和推动作用,"实践证明,妇女儿童有很多事情,需要有妇女组织按照自己的特点,去开展独立自主的活动"①。此外,边区还成立了其他组织,包括边区妇女合作社、抗日女自卫军、延安妇女界宪政促进会等,为广大妇女同胞投入各项抗战事业提供了多种平台和新的有效途径。

二、婚姻变革

婚姻问题始终是妇女问题的一个焦点。

(一)边区原落后婚姻制度下妇女的悲惨境遇

在革命政权建立之前,边区妇女的婚姻与大多数地区一样,是毫无自主权利的封建包办婚姻,并因经济贫穷、文化落后、历史因承沉重而更加落后和野蛮。流行于陕甘宁地区的落后婚姻形式主要有"买卖婚""童养婚""站年汉""换亲转房""招夫养夫"等,这类婚姻是基于金钱、各种利益的考量交换,男女双方全由父母、媒人一手操办,不仅被剥夺了选择的权利,且由于缺乏相互了解未建立感情基础,因而常常孕育着一系列的悲剧,引发各类社会问题。陕北民歌中存在大量鞭挞不幸婚姻、追求真正爱情的内容,就是这种现象的折射。一些贪图钱财、不负责任的父母更把亲生女儿当作"摇钱树",存在如同货物般来回转卖、完全不顾其死活的状况。早婚同样屡见不鲜,据洛川专署调查,"订婚年龄普遍以七岁至十一二岁为多,其六七岁以下或十四五岁以上,则订婚者较少"。"结婚年龄,普通为十五或十七,早也有十三四岁,迟也有至二十余岁

---

① 陕甘宁三省区妇联:《陕甘宁边区妇女运动大事记述》(内部发行),陕甘宁三省区妇联 1987 年编印,第248—249 页。

者"。15 岁以下结婚者,男为 27％,女为 45％;16 岁以上结婚者,男为 34％,女为 49％;20 岁以上结婚者,男为 38％,女为 6％;而 25 岁以上的女子殆无初婚者。① 其他地区同样如此。在此野蛮落后的婚姻制度束缚下,妇女实际沦为生育工具甚至性奴。

（二）构建新型婚姻制度

实行真正男女平等的婚姻制度,让广大妇女群众(特别是劳动妇女)从野蛮封建的婚姻制度之中得以解放,一直成为中国共产党的不懈追求。早在土地革命时期,《中华苏维埃共和国婚姻条例》(1931 年 11 月颁布)即明确规定了苏区的婚姻基本原则:婚姻自由,包括结婚与离婚完全自由,废除包办强迫买卖婚姻;一夫一妻,禁止一夫多妻,禁止童养媳。② 毛泽东将此赞誉为"是人类历史上伟大的胜利之一"③。全面抗战期间在相对巩固、安宁的边区,中共中央更加注重妇女婚姻问题,在继承以往成果的基础上,结合抗战需要和西北地区的传统风俗等具体情况,把工作向广度和纵深不断推进。

《陕甘宁边区抗战时期施政纲领》(1939 年 4 月 4 日)提出:在男女平等与提高妇女的政治、经济、社会的地位的前提下"实行自愿的婚姻制度,禁止买卖婚姻与童养婚"④。《陕甘宁边区婚姻条例》(同日)重申婚姻自由原则的同时进一步规定各项细则:实行一

① 秦燕、岳珑:《走出封闭——陕北妇女的婚姻与生育(1900—1949)》,西安:陕西人民出版社 1997 年版,第 47 页。

② 江西省档案馆、中共江西省党校党史教研室编:《中央革命根据地史料选编》下册,南昌:江西人民出版社 1982 年版,第 194—195 页。

③ 中共中央文献研究室、中央档案馆编:《建党以来重要文献选编(1921—1949)》第 11 册,北京:中央文献出版社 2011 年版,第 127 页。

④ 陕西省档案馆、陕西省社会科学院编:《陕甘宁边区政府文件选编》第 1 辑,北京:档案出版社 1986 年版,第 210 页。

夫一妻制,禁止纳妾、包办、强迫、买卖婚姻、童养媳、童养婚(俗名"站年汉")等陋俗,结婚年龄为男子年满 20 岁、女子年满 18 岁。因虐待等行为可向政府请求离婚。对于子女及财产关系亦进行具体说明。[①]"五一施政纲领"再次重申"坚持自愿的一夫一妻婚姻制"[②]。《陕甘宁边区政府关于严禁买卖婚姻的具体办法的命令》(1942 年 8 月 1 日)详细规定了各项具体政策。《修正陕甘宁边区婚姻暂行条例》(1944 年 3 月 20 日)增添了在遵照条例的原则下,尊重少数民族婚姻习惯等内容。[③]

　　边区党和政府采取各种方式向妇女宣传婚姻制度的各项法令,提高其觉悟,增强维护自身婚姻权益的能力,更通过政权、司法和各级妇女组织予以具体贯彻落实。1943 年春,华池县温台区四乡张八塬村女青年封芝琴冲破封建礼教束缚,争取婚姻自主,成为依法维护婚姻自主权利的典型。此事及以此为素材创作的秦腔《刘巧儿告状》等文艺作品的传播,深深地影响了边区婚姻变革的发展。特别是离婚成了妇女摆脱不幸婚姻的抓手和突破口,从1938 年至 1943 年,仅边区高等法院直接判决之离婚案即由 1938年的 4 件逐年变为 5、8、15、30、22 件;1938 至 1943 年间,各县法院判决的离婚案件 6 年共计 807 件,占各类民事案件的第二位。在逐年增多的离婚案里,由女方提出离婚的案件占据了绝大多数,也折

[①] 陕西省档案馆、陕西省社会科学院编:《陕甘宁边区政府文件选编》第 1 辑,北京:档案出版社 1986 年版,第 221—223 页。

[②] 陕西省档案馆、陕西省社会科学院编:《陕甘宁边区政府文件选编》第 5 辑,西安:陕西人民教育出版社 2015 年版,第 3 页。

[③] 陕西省档案馆、陕西省社会科学院编:《陕甘宁边区政府文件选编》第 8 辑,西安:陕西人民教育出版社 2015 年版,第 142 页。

射出妇女自主地位的整体提高。①

在处理边区妇女婚姻的问题中,抗属婚姻问题一度尤为突出,因此边府专门于 1943 年 1 月 17 日颁布《陕甘宁边区抗属离婚处理办法》,在保护抗日军人利益和维护妇女婚姻合法权益两者之间寻找最大的公约数,以服务抗战和妇女解放这双重大局。

(三)共产党人的以身作则

中国共产党人更以自身的高尚行为对婚姻问题的处理做出了崇高的榜样。

一是强调婚姻自由与严肃性。1937 年 4 月中华苏维埃共和国临时中央政府驻西北办事处外交部干部王友平向造访延安的 10 名北平燕京大学学生介绍边区婚姻状况说:一方面,在边区结婚自由方便,既无须"父母之命、媒妁之言",也没有交换戒指、登报等仪轨,只需登记即可同居;但另一方面,婚后则必须严肃,不得"再与别人谈恋爱。已婚者在没有离婚前,若是再爱别人,法律要处分他的"。坚决反对乱谈恋爱,斥之为"恋爱场中的游击战"。共产党更要坚决禁止这种不良现象在自身出现。②

二是制订严格的纪律。对于革命队伍内成员恋爱婚姻,党组织立有比法律更严格的条件规定。如八路军、新四军军中即定有"二五八团"和"三五八团"条件。前者为 25 岁,8 年军(干)龄,男方为团级干部;后者为男女双方一方是团级干部,双方皆为党员且有 3 年党龄,年龄之和为 50 岁(或超过)。其目的不仅为了保证革命队伍的战斗力,也是为人民做出榜样。

三是反对强迫。领导干部更须如此,不得例外。如林彪担任

① 秦燕、岳珑:《走出封闭——陕北妇女的婚姻与生育(1900—1949)》,第 148—149 页。
② 任天马:《活跃的肤施》,上海:上海杂志公司 1938 年版,第 27—28 页。

抗大校长期间,组织介绍的对象不同意建立恋爱关系,事遂作罢,林彪也未再纠缠。[①] 而一些成功婚娶者皆属双方自愿,如王恩茂、陈云等。

四是对违反纪律、法律者严肃惩处。

全面抗战爆发后,抗大政治部征得毛泽东同意,规定了在学习期间学员不准恋爱、结婚的纪律。后该校一位领导未向组织报告而与女学员结婚,遂被毛泽东撤职,并降一级使用。[②]

对于违法特别是犯罪者更是严惩不贷。黄克功事件的处理即是突出例证。(见"政治建设"章第五节)公审大会上,除宣读毛泽东那封义薄云天的信外,时任中共中央总负责的张闻天也在讲话中强调:恋爱是基于双方统一的自由行为,而强迫、威胁甚至用残忍手段杀害对方,"这是资本主义社会反动意识的作祟。绝不是一个共产党员应有的品德和行径"。希望在民族战争生死存亡的关头青年们不谈恋爱最好,如果不可避免则必须遵循正确的恋爱观去发展。[③]

这些铿锵话语,折射出共产党人在婚恋问题上的凛然正气,至今掷地有声。

中共中央、边区党和政府的一系列纪律、法规政令保障了女子在婚姻中追求幸福的自由和权利,对于改变其奴役婚姻状况起了重要的促进作用。

(四)保护孕妇、儿童

作为对妇女婚姻权益保护的延伸,边区党和政府还在其他方

---

① 莫文骅:《莫文骅回忆录》,北京:解放军出版社 1996 年版,第 349—350 页。

② 莫文骅:《莫文骅回忆录》,第 350 页。

③ 舒湮:《战斗中的陕北·延安行》,上海:上海书店出版社 1996 年版,第 154 页。

面开展工作,特别是对孕妇、儿童予以特别的关护。

针对边区由于经济文化落后、卫生条件窳劣,妇女在怀孕和生育期间易得妇科病、儿童死亡率奇高的状况,1940 年 12 月,边区一届妇联第二次执委会通过《关于改善边区妇女生活保护妇女切身利益的决定》,次年 1 月,边府颁布了《陕甘宁边区政府关于保育儿童的决定》,决定"建立管理'保育行政'组织在边区民政厅设保育科,各县市政府第一科内添设保育科员一人,区乡政府内添设保育员各一人(暂由区乡妇联兼任),专司孕产妇、儿童的调查、登记、统计、卫生、奖励、保护等工作"。并办理"保育人员训练班,抽调文化程度较高者男女六十人,以短期之训练,使其明了产妇卫生,助产接生儿童保育等基本知识。毕业后派到各县开办短期训练班,务期于本年内,边区每一个乡均有一位以上脱离生产的保育员,负该乡保育及接生工作之责"。同时要求民政厅应编发产妇卫生、儿童保育须知等知识的小册子,《边区卫生报》应开辟"儿童保育"的专栏,以经常进行关于儿童保育的宣传教育,并"注意破除用迷信办法(捉夜灯、赶鬼等)代替医疗"①,很快即取得了积极的效果。(见"文化建设"章第三节)

此外,禁止娼妓,也对妇女婚姻的合法权益起着重大的保护作用。(见本章第三节)

边区婚姻制度的变革,打碎了沉重的封建婚俗的枷锁,为妇女的人身、思想和精神获得解放及发展创造了极好的前提。

---

① 《红色档案·延安时期文献档案汇编》编委会编:《红色档案·延安时期文献档案汇编·陕甘宁边区政府文件选编》第 3 卷,西安:陕西人民出版社 2013 年版,第 33—34 页。

三、禁缠放足

裹缠紧勒女性天足使之呈现畸形"美",以满足一些男子病态阴暗的审美心理,自五代以降(始作俑者为南唐李煜等)成为一种风行华夏的野蛮的恶俗陋习。辛亥革命后,尽管政府多次颁布禁止缠足、女子放足令,但收效甚微,在闭塞落后、历史因承沉重的西北地区更是如此。长期以来边区女孩从四五岁即开始缠足,成年后"不能走出家门参加田间生产和社会活动,只能拐着被缠折了足背和足趾的小脚,终日在家操持繁重的家务",造成极大的身体和心理伤害。[①] 中国共产党一直坚决反对这种摧残妇女的行径。土地革命时期,苏区即曾设立放足委员会,中央红军来到陕北特别是进入全面抗战阶段,边区党和政府更不遗余力地推行禁缠、放足工作,并采取了贯彻群众路线和加强领导的一贯方针取得了显著成绩。

(一)制定、颁布有关法令

1937 年 7 月 19 日,《新中华报》发布《政府布告禁止缠足》的公告,对此"最野蛮的伤天害理的封建习惯""出示严禁"。"自禁以后,如有定要缠的或不许放的,政府必处罚其父母或丈夫。"[②]1939 年 8 月 1 日,边区政府正式公布《陕甘宁边区禁止妇女缠足条例》,宣布自此条例公布之日起,边区 18 岁以下的妇女一律禁止缠足,已缠足者一律解放。对于不能够认真实行,违反条例的,要判处其父母"一年以下"或"半年以下"的有期徒刑;对于认真办理的政府人员、人民团体和模范人物给予奖励;对于借农妇落后意识造谣滋

---

① 高凤林:《党中央在延安十三年党群关系口述史》,第 148—149 页。
②《政府布告禁止缠足》,《新中华报》,1937 年 7 月 19 日,第 1 版。

祸者,则按照情节轻重给予处罚。① 1939 年 12 月 3 日民政厅发布训令总结各地放足工作的进展情况,并令各县市政府一科科长继续切实抓紧该项工作。1941 年 4 月,边区中央局所做关于妇女工作的决议又重申:18 岁以下女子应强制执行政府放足法令,对成年妇女"则劝其放足"②,即实行全覆盖、无遗漏的方针。

（二）设立专门机构

通过设立专门机构,对放足工作予以具体归口领导、管理。在边区各界妇女联合会的领导下,边区内部成立了"放足委员会",指导妇女放足。区、县相应成立"放足突击委员会"等组织,各乡则组织突击队,认真拟定放足工作计划,开展竞赛活动。庆环专署与曲子县政府还共同组织检查队进行督促。

（三）广泛宣传动员

根据党的群众路线的传统,边区党和政府通过广泛宣传动员,使群众特别是妇女明了此事意义,变为自觉的行动。许多领导同志带头宣传。如蔡畅即号召妇女们团结起来,打碎封建枷锁,积极投入抗日救国,要求妇女们把缠足布放开,动员家长不要再给女孩子缠足了。闻听的妇女都说:"蔡大姐讲出了我们妇女的心里话。"③中共中央妇委亦曾针对放足工作指示道:"在妇女中用说服教育的方法逐渐达到放足,破除迷信及改变恶习惯,还是重要的工

① 甘肃省社会科学历史研究室编:《陕甘宁革命根据地史料选辑》第 1 辑,兰州:甘肃人民出版社 1981 年版,第 43—44 页。
② 中央档案馆、陕西省档案馆:《中共陕甘宁边区党委文件汇集(1940 年—1941 年)》,第 340 页。
③ 邓颖超编:《妇女运动的先驱蔡畅》,北京:中国妇女出版社 1984 年版,第 65 页。

作之一。"①边区党和政府在严令推行放足时,还采用漫画、歌曲、戏剧、板报等多种方式鼓励放足,表扬先进,批评落后,使放足的观念深入人心。

（四）从实际出发

由于封建愚昧思想的顽固性,边区放足工作在全面开展的同时也遭遇到不少阻力,"妇女缠足为根深蒂固的恶劣传统,因此在执行这一工作中基本上存在很多困难"②。在一些地区,甚至出现了有些基层干部不能说服群众反而被群众所说服的令人啼笑皆非的闹剧。对此党和政府一再要求各级干部充分认识工作的艰巨性,从实际出发,坚持耐心说服,坚决杜绝强迫命令,注意维护妇女的尊严,防止在这一运动中出现歧视小脚妇女的现象。

（五）成效

经过长期坚持和不懈努力,放足工作取得了显著成果,如,至1939年9月,关中分区各县做到了18岁以下的妇女的脚都一律放开,再无缠带,其中新正三区八乡共有妇女431人,已放开的为287人（未放者多系18岁以上）。放足者总体已达妇女总数的80%。③1940年固临县妇女放足444人,1941年延长县妇女放足1 480人。缠足禁止,此风已绝。④ 放足进一步解放了妇女的身体,也有力支援和促进了抗战各项大业的发展。

——————————

①《中共中央妇委关于目前妇女运动的方针和任务的指示信》(1939年3月3日),中共中央党史研究室第一研究部编:《共产国际、联共(布)与中国革命文献资料选辑(1938—1943)》第21卷,北京:中共党史出版社2012年版,第116页。

②盐池县档案局(馆)编:《陕甘宁边区时期的盐池·档案史料汇编》上,银川:宁夏人民出版社2016年版,第55页。

③陕西省档案馆、陕西省社会科学院编:《陕甘宁边区政府文件选编》第1辑,第290页。

④《延长县志》编纂委员会编:《延长县志》,西安:陕西人民出版社1991年版,第572页。

四、动员组织参加劳动生产

实现妇女的真正解放，除消除对妇女的各种封建压迫外，还需妇女自身努力，特别是参加社会的活动，将解放社会与自身解放相结合。前述 1939 年 3 月 8 日毛泽东在纪念三八妇女节会上深刻阐述道：妇女解放与社会解放密切联系，社会解放的真正实现必须发动广大妇女参加；而为真正实现自身解放，"妇女就一定要参加社会解放的斗争"①。参加经济活动、参加劳动又是其中的关键。动员妇女参加生产劳动遂成为中国共产党的一项长期目标。同时，边区婚姻制度变革、放足运动，也为妇女参加生产劳动创造了条件。《新中华报》曾登载一首民谣："大脚参加自卫军，小脚参加慰劳队，男男女女都工作，生产劳动是第一，男人们前方去闹枪，后方的生产靠婆姨，生产运动要号召，人人知名毛主席。"②

（一）成绩

动员妇女参加生产劳动工作，在边区取得了巨大的成绩，对边区的经济建设做出了卓越贡献。

首先是农业。邓颖超、孟庆树在庐山举办的"战时妇女工作谈话会"中说："在去年春耕运动总结中，全边区开垦荒地四五七一九垧（每垧约三亩），包括妇女在内，平均每一青年劳动者开垦一亩田。全边区已组织了农村妇女百分之五十参加生产。今年春耕运动，在生产战线上，将会增加大量的女生产人员，现有的统计为二〇六〇〇人，开辟荒地七〇〇〇垧。延安妇女春季共植树一〇〇〇〇棵，妇女生产组，能经常帮助男子提水、送粪、打土疙瘩等工

---

① 中共中央文献研究室编：《毛泽东年谱（1893—1949）》（修订本）中卷，第 117 页。
②《陕北秧歌》，《新中华报》，1939 年 3 月 31 日，第 4 版。

作,有些直接参加劳动耕种。"①延安县柳林区二乡 3 个村中"百分之百妇女做饭做针线,百分之五十五的是奶儿子并料理家事,百分之七十四喂鸡、猪,照料牲畜,百分之八十九参加各种农业劳动,百分之十一的妇女参加打土疙瘩、点籽、作粪、锄地、背庄稼,个别的还有掏地刨梢的"②。参加大生产的妇女达 12 万人。

边区妇女对发展边区纺织业贡献尤多。据统计 1942 年参加者88 500 人,组织了 3 806 个纺织小组,超过原计划 246 个,并发展迅速,至 1944 年达 213 193 人,纺纱 1 660 203 斤,织布114 497 匹。③

（二）价值

边区妇女参加生产劳动有其深远的意义。

一是获取劳力资源。1934 年在中央苏区,毛泽东即指出:推动妇女参加生产,是当时农业生产的最基本任务。新中国成立后又深刻认为"中国的妇女是一种伟大的人力资源"④。在人口只有140 多万、地广人稀的边区,此举对打破日伪和国民党顽固派的经济封锁,实现丰衣足食,具有极大意义,真正顶起了边区的"半边天"。

二是提高妇女的社会地位。这是妇女获得自身解放的重要一环,恩格斯指出:"只要妇女仍然被排除于社会的生产劳动之外而只限于从事家庭的私人劳动,那么妇女的解放,妇女同男子的平

---

① 陕西省妇女联合会编:《陕甘宁边区妇女运动文献资料选编(1937—1949)》(内部资料),陕西省妇女联合会 1982 年编印,第 34 页。

② 中国财政科学研究院编:《抗日战争时期陕甘宁边区财政经济史料摘编·农业》第 2编,第 515 页。

③ 中国财政科学研究院编:《抗日战争时期陕甘宁边区财政经济史料摘编·工业交通》第 3 编,第 423 页。

④ 毛泽东:《〈发动妇女投入生产,解决了劳动力不足的困难〉一文的按语》,中共中央办公厅编:《〈中国农村的社会主义高潮〉选本》,北京:人民出版社 1956 年版,第 241 页。

等,现在和将来都是不可能的。"①只有参加生产,获得利益,才能在家庭和社会中获得地位,才能真正实现男女平等。中国共产党人服膺这一观点,毛泽东就要求要从提高妇女在经济、生产上的作用出发来开展妇女工作。② 中共中央在《关于各抗日根据地目前妇女工作方针的决定》(1943年2月24日)也明确提出:只有"从经济丰裕与经济独立入手",才能达到提高妇女政治地位、文化水平、改善生活、走上解放道路的目标。③ 如此,边区广大妇女真正开始扬眉吐气,相应地大男子主义作风在不少家庭中有所收敛,妇女在精神上也获得了进一步解放。

五、文化教育

着力改善妇女的文化教育,提高其文化水平,是边区党和政府妇女工作的又一重点,具有特殊重要意义。

（一）必要性

边区原本文化教育落后,(见"文化建设"章第二节)堪称"文化教育的荒地"。④ 而边区广大妇女的文化程度、受教育程度则更低,普遍深受传统家庭观念和封建思想束缚,生活在以家庭为中心的狭小范围内,"造成他们的眼光短浅,这一点因陕西交通不便,封建

---

① 恩格斯:《家庭、私有制和国家的起源》(1884年3月底—5月26日),中共中央马克思恩格斯列宁斯大林著作编译局编:《马克思恩格斯文集》第4卷,北京:人民出版社2009年版,第181页。

② 中华全国妇女联合会编:《中国妇女运动历史资料(1937—1945)》,第261页。

③ 中共中央文献研究室、中央档案馆编:《建党以来重要文献选编(1921—1949)》第20册,第127页。

④ 陕西省档案馆、陕西省社会科学院编:《陕甘宁边区政府文件选编》第3辑,北京:档案出版社1987年版,第205页。

势力的浓厚,比其他省份(交通方便的地方)更显致"①。所以要实现妇女真正解放,提高其文化水平是必不可少的环节,其中又以识字为关键。对此列宁曾深刻指出:文盲是站在政治之外者,不识字只能是无政治的流言蜚语、传闻偏见,所以,"必须先教他们(文盲者——作者注)识字"②。在重视发展边区文化教育与致力妇女解放的双重驱动下,边区党和政府因之对妇女教育更加关注,筚路蓝缕,开展大量工作。

早在全面抗战爆发伊始,陕甘宁边区党委即在《关于边区妇女群众组织的新决定》(1937年9月)提出,要组织妇女识字班、唱歌班、动员青年妇女及女童入学,增加女子学校,以达到"提高妇女文化水平与救亡知识"的目的。③ 1939年3月,中央妇女工作委员会也指出:有关组织在要求政府机关和民众团体设立妇女免费教育学校的同时,发动群众尽可能建立识字班、夜校等,以经常广泛开展识字启蒙运动,"启发妇女的民族意识、民主思想和基本的政治觉悟"④。

在边区党和政府的统一部署下,边区的妇女文化教育按照普及和正规两个方面不断进行。

(二)普及教育

由于经济、生活条件限制,让群众"都脱离生产来学习,事实上

---

① 中央档案馆、陕西省档案馆编:《陕西革命历史文件汇集(1939年)》2,中央档案馆、陕西省档案馆1992年版,第153页。
② 列宁:《新经济政策和政治教育局的任务》(1921年10月17日),《列宁全集》第33卷,北京:人民出版社1957年版,第59页。
③ 中华全国妇女联合会编:《中国妇女运动历史资料(1937—1945)》,第15页。
④ 中共中央党史研究室第一研究部编:《共产国际、联共(布)与中国革命文献资料选辑(1938—1943)》第21卷,第116页。

还是不可能",对于家务繁重的妇女更是如此,"这唯一的补救方法,便只有利用生产的空暇来学习"①。所以边区妇女的文化教育主要还是依靠适应这种情况、不妨碍生产、生活的各种形式的社会教育。(参见"文化建设"章第二节)因而也得到包括妇女在内的民众的欢迎而获得快速发展。据统计,1938 年共有冬学 619 处,学生10 317 名,其中女生约 1/7,为 1 470 余名;1939 年 7 月,夜学 581 组(延安市和延长县未计算在内),其中女生人数为 418 人;识字小组5 513 组,女生 10 053 人;186 所半日学中女生人数为 2 340 人。此外各区县还有临时设立的妇女培训班,帮助妇女识字读书。② 1939年 4 月,《陕甘宁边区党委妇委关于目前开展妇女运动的指示信》中提及:"旧日几乎全数文盲的边区妇女大众,在今日如市镇、如农村中已有百分之二十以上的妇女参加了识字组、俱乐部和半日学校,卷入消灭文盲的浪潮中。"③边区女童、青壮年妇女文盲不断减少,不少妇女能够看报及写简单书信、报告,政治水准也有惊人进步,她们踊跃参加各种会议和政治活动,懂得抗战救国、国民精神总动员、拥护共产党拥护边区政府等政治常识。

(三) 正规教育

正规教育则是由上至下创立各种正规的学校完成。抗日军政大学、战时青年训练班以及其他学校陆续建立后,即向女生敞开了大门,特别是女子大学第一期招收了近 500 名,第二期增至 1 000多人。④ 其他学校也招收一定数量的女生。如 1938 年 4 月,抗大

---

① 陕西师范大学教育研究所编:《陕甘宁边区教育资料·社会教育部分》上,第60页。

② 中华全国妇女联合会编:《中国妇女运动历史资料(1937—1945)》,第 192 页。

③ 中央档案馆、陕西省档案馆编:《中共陕甘宁边区党委文件汇集(1937—1939)》(内部资料),中央档案馆、陕西省档案馆 1994 年印,第 247 页。

④ 陕甘宁三省区妇联编:《陕甘宁边区妇女运动大事记述》,第45页。

第四期共招收学员 5 562 人，其中女生 654 人，单独编成一个女生大队。① 各校皆注意根据女生不同文化水准因材施教。边区还专门设立抗日军人家属学校（学员多为妇女），1939 年边区政府主席林伯渠在第一届参政会的报告中说：该校先后招收 300 余人，已有百余人毕业，她们多从原来目不识丁，提高到能给"前方抗战的家人"写信的水平。② 这些学校和机构成为"推动边区教育发展的台柱"③。

在中等学校中女生的数量虽较少，但逐年增加。例如延安中学 1938 年初只有 4 名女生；同年冬增加到 10 名；1941 年暑期全校有学生 201 名，其中女生 46 名；1942 年该校一班共有学生 30 多名，其中女生就有 13 名。绥德师范学校有女学生 58 名。④

女子接受小学教育也相应得到更大的发展。据 1939 年统计，当时边区拥有的 883 所小学（高、初两级）、20 401 名学生中，女生约占 1/6、3 400 余人。在关中分区的宁县小学中，1938 年仅有 2 名女生，1939 年增加至 200 名。⑤ 边区党和政府重视培养女性师资，未雨绸缪，为发展边区小学教育包括边区妇女教育做准备（见"文化建设"章第二节）。随后，小学和其中的女生皆不断增加。

妇女教育的两个方面工作相辅相成，相互促进。接受正规教育的女生常要担负起社会教育的责任，义务充当识字班、冬学等教

---

① 陕甘宁三省区妇联编：《陕甘宁边区妇女运动大事记述》，第29页。
② 中共中央文献研究室、中央档案馆编：《建党以来重要文献选编（1921—1949）》第 16 册，第 51 页。
③ 陕甘宁三省区妇联编：《陕甘宁边区妇女运动大事记述》，第29页。
④ 陕西省地方志编纂委员会编：《陕西省志·妇女志》第 62 卷，第 251 页。
⑤ 中华全国妇女联合会、妇女运动历史研究所编：《中国妇女运动历史史料（1937—1945）》，第 191 页。

员；对经过社会教育，初步识字并有愿望和条件进入正规学校接受教育的女性，党和政府也大力支持，从而整体推动边区妇女文化水平的提高。

随着文化教育的开展，通过识字读报，边区妇女不仅在文化程度上有了较大的提升，并步步觉醒，开始冲破传统思想和习俗的束缚，逐渐接受新观念新事物，民族意识和社会意识也有极大增强，时时用语言与行动表达了边区妇女抗战到底的决心。而且，也懂得了如何行使自己的权利，维护自己的合法利益。前述妇女结婚、离婚自主性的出现，就是最好的体现。

六、妇女参政

（一）参加各项社会活动

觉悟了的边区妇女积极参加各项社会活动，除成为大生产中的"半边天"外，年满 18 岁以上、45 岁以下、身体健康者还积极加入自卫军，与男子一起在生产劳动的同时，参加各种保卫、战勤业务。1938 年，边区女自卫军人数达 10 212 人。[1]

边区妇女还广泛参与军队后勤保障、慰劳救护工作，为路过的八路军部队收留伤病员，寻找住房，烧水做饭，缝补洗涤。这些工作，是在各地妇联统一部署下有组织地开展的。[2]

（二）参政议政

陕甘宁边区妇女解放运动的最高层面，是引导妇女参加各项政治活动（纯粹意义上），提高她们的政治觉悟，包括参加选举、议政、培养女干部等。

① 陕西省地方志编纂委员会编：《陕西省志·妇女志》第 62 卷，第 287 页。
② 陕西省地方志编纂委员会编：《陕西省志·妇女志》第 62 卷，第 288 页。

提高妇女的参政意识,鼓励妇女参与政治生活,具有妇女解放与夺取抗日战争与新民主主义革命胜利的双重意义。

边区政府在鼓励妇女参政的举措中,首先制定法规,保障妇女的各项政治权利。边区历次颁布的选举法规皆规定女性具有同等的选举权和被选举权(见"政治建设"章第二节)。1939年1月,第一届参议会召开后不久,3月4日,边府发布通令要求以后在各级参议会选举中提高女参议员的比例,争取达到25%,各个机关也需尽可能多录用女职员,以保证妇女参政权利。

同时广泛宣传动员妇女参政议政。《解放日报》曾发表社论说道:"我们号召全边区的妇女,鼓起她们的勇气!提高她们的信心,热烈地参加选举运动吧!谁说你们之中不会产生大批管理国家大事的人才呢?我们号召全边区的妇女,用你们最大的努力,来参加选举运动吧!用你们自己的双手,来创造你们自己的自由幸福的新生活吧!用你们自己的手,来和男子们共同建立新民主主义的新中国吧!"①宣传部门还编写了《边区妇女参政歌》:"从前的女人不当人,任人家唾骂任人家拧。转罢了锅台爬上了炕,猪狗不如过一生。如今咱边区讲民主,男人女人真平等。边区政府共产党,领导咱妇女来参政。走走走,姐妹们,快走出这黑格洞洞的小窑门,去看看外面的太阳月亮和星辰。快走上那政治的大舞台,让咱们自己来决定自己的命运。黑暗的日子已经过了几千年,如今咱们翻了身!"②

经过广泛的宣传动员,妇女参政的意识和热情逐渐提高,越来越多的妇女参与到边区的政治生活中。在边区第一届参议会议员

---

① 社论:《动员边区妇女来参加选举运动》,《解放日报》,1941年6月21日,第1版。

② 刘御:《延安短歌》,上海:上海文艺出版社1959年版,第59页。

选举时,广大妇女包括老年妇女皆踊跃参加。

边区妇女还积极参加议政,在各级参议会的提案中,在"妇女方面,更明显地提出了她们的要求",包括参加生产、放足、废除买卖婚姻等,皆关乎妇女的切身利益。① 如高敏珍、冯兰英等 6 人在第一届边区参议会上提出的《提高妇女政治经济文化地位案》内涵丰富广泛,意义重要显著,措施具体切实,因而获得大会通过。② 召开第二届边区参议会时,女参议员们代表广大妇女同胞提出了更多的议案,表达了广大妇女自身的诉求,也行使了她们自身的权利。

针对政府工作的不足,一些乡县的女参议员还竞相提出批评建议,如在 1941 年志丹县的参议会上,不少女参议员给县长等干部提意见,皆具体直率,针砭公正,从而受到重视和欢迎。③

动员妇女参加政治活动,成为培养妇女干部的重要途径。

中国共产党一贯重视对妇女干部的培养工作。早在全面抗战爆发时,毛泽东即提出了要培养大批妇女干部的战略任务。1937 年 9 月,中央组织部又对培养妇女干部问题做出具体部署(见《妇女工作大纲》),要求将这一工作作为"妇女工作的中心一环",并提出了通过党校、各种训练班(长期与短期)等具体办法。④ 在发动妇女参加政治活动的有力推动下,大批优秀的女干部脱颖而出,如:

---

① 陕西省档案馆、陕西省社会科学院编:《陕甘宁边区政府文件选编》第 1 辑,北京:档案出版社 1986 年版,第 134 页。

② 中国社会科学院近代史研究所、《近代史资料》编译室主编:《陕甘宁边区参议会文献汇辑》,北京:知识产权出版社 2013 年版,第 49 页。

③ 陕西省妇联妇运史小组:《陕甘宁边区妇女运动专题选编》(内部资料),1984 年编印,第 33 页。

④ 中华妇女联合会编:《中国妇女运动历史资料(1937—1945)》,第 6—7 页。

边区第一届参议会（1939 年）选举产生了 7 名女性参议员：路志亮、高敏珍、冯兰英、刘贵珍、刘生云、郗桂英（第七人缺记）。而路志亮还当选为常驻议员，这位原陇东家庭妇女，完成了从童养媳、分区妇女主任到成为一名脱产的高级干部的转变。

相比第一次选举，边区第二次参议会议员选举时（1941 年），当选的各级女参议员的人数明显增加，"当选的乡级女参议员最多的达乡参议员总数的 20％至 22％，一般的也达 8％左右。如子长县妇女当选者占 20％；绥德 18 个保选出乡参议员 460 人，其中妇女有 80 人，占 1/6。赤水县乡级女参议员占全体议员的 40％"。整个全边区乡、县、边的女参议员分别达到 2 005 人、167 人、17 人的规模。①

不仅在代议机构，在行政系统也有不少女干部加入。如刘月明是延长县五区白家瑶宁村女村长，被群众誉为"模范村长"；延安县东二区年仅 19 岁的乔桂英则当选为乡长；"农村出身的妇女刘生云被选为（延安县）东一区区长"，随后更成长为全国第一位模范女区长②；更有绥德分区妇女主任邵清华 24 岁时担任安塞县县长，成为"边区第一位女县长"③。刘贵珍担任某县第一科长。各机关学校团体妇女工作人员也有相当数目。

边区妇女拥有和男子完全平等的选举权、参政权，这是社会文明进步的重要标志。时任延安《解放日报》副刊《中国妇女》编辑主任的罗琼撰文指出：这应是苏联之外的世界先例，而在中国，"从辛亥革命起，妇女已无数次的演出了争取参政权的悲壮剧，然而至今只有我们陕甘宁边区和敌后抗日根据地的妇女群众，仰仗了抗日

①③陕西省地方志编纂委员会编：《陕西省志·妇女志》第 62 卷，第 266 页。
②陕西省地方志编纂委员会编：《陕西省志·妇女志》第 62 卷，第 265 页。

民主政权的保障,千万妇女群众的浴血抗日的斗争,才真正享受了这种胜利的果实。"①应是的评。

七、妇女先进人物的涌现

在中共中央、边区党和政府领导下,边区妇女解放运动中先后涌现出一批批杰出的先进人物,包括优秀的女党员、女知识分子、女劳动英雄,她们在各项工作和活动中做出了突出贡献,发挥了重要的影响,起到了模范带头和积极引导作用。

（一）妇女模范、干部

随着大生产运动的深入发展和生产大竞赛的普遍开展,一大批妇女劳动模范相继涌现。如农业劳动英雄马杏儿、郭凤英;纺织英雄黑玉祥、刘桂英、张芝兰;抗属英雄刘金英;部队家属劳动英雄陈敏、柳辉明;女工劳动英雄李凤莲等,整个边区女劳动英雄、女劳动英雄奖章获得者分别达300多名及607名（不完整统计）。她们是妇女生产劳动的组织者和推动者,成为边区家喻户晓的明星人物,对妇女们的引导和激励十分直接与显著,有力地促进了整个边区各项抗战、生产事业与妇女活动的进一步发展。

大量的妇女干部在党和政府及邓颖超、蔡畅、康克清、帅孟奇、刘清扬等妇女运动领导人带领下,兢兢业业从事边区妇女工作,不断成长。例如1936年参加革命的杨生荣带头放足,积极响应县、区政府号召创办冬学、夜校,组织群众开展扫盲识字活动。大生产运动中又带领全村群众大力发展种植、养殖业和多种经营生产,其家也成为全县突出的勤劳致富户。1943年中共环县委、县人民政府和中共陇东地委授予杨生荣"模范女共产党员"和"模范妇女"称

---

① 罗琼:《献给我们的边区女参议员》,《解放日报》,1941年11月9日,第1版。

号。翌年3月,边府号召全边区妇女向杨生荣学习。从此在陇东乃至边区人民群众中传颂"陕北有个吴满有,陇东有个杨生荣"①。向杨生荣学习活动促进了女干部的成长。1940年边区中央局在《党与党内妇女组织及相互关系》中指出:"边区已经有着不少出身农村、具有丰富实际工作经验、能够与群众打成一片的当地女干部;有着数千个成份很好的妇女党员,散布在各个城市与农村。数年以来她们确实做了很多工作,起了很大作用。"②

（二）妇女知识分子

边区的女知识分子也积极工作,在若干方面起到了不可替代的作用。如获得"边区特等文教英雄"称号的陶端予,1938年到延安后便积极投入边区建设,主动深入基层农村当教员,经其艰苦努力,杨家湾率先消灭了文盲与疾病,成为卫生与识字的模范村,与之相应,群众精神面貌也有了很大的改变。1940年"三八"节后,女子大学实习工作团一行23人到陇东、绥德、安定、鄜（富）县一带,1940年9月,中国女大也抽调100多名学生赴各区县,在当地党和政府安排下积极从事宣传、扫盲、组织等活动,这些朝气蓬勃、有文化、年轻靓丽的"女子"（陕北对女孩的称呼）给闭塞的农村带来了一股新鲜活泼的生气,迅速获得了农民群众的信任,取得了地方干部难以达到的效果。中国女大一、二、三班毕业后,也分赴农村及机关从事妇运或其他工作。1941年,边区开展了第二次选举运动,女大高级班学生组成选举工作团深入农村,动员组织妇女参加选举,取得很大成绩的同时也提升了自己的素质,"这些受过专门训

---

① 《环县志》编纂委员会编:《环县志》,兰州:甘肃人民出版社1993年版,第414页。
② 中央档案馆、陕西省档案馆编:《中共陕甘宁边区党委文件汇集（1940—1941）》,第273页。

练,具有一定文化理论水平的女知识分子,通过深入基层,理论联系实际,大大提高了政治思想觉悟和工作能力,密切了和人民群众的关系"。而许多女性知识分子充实到妇女工作部门后,更有力促进了边区妇女运动的深入发展。①

边区妇女的解放运动取得了巨大的业绩。凡访问边区者,无不为妇女焕然一新的精神面貌所震撼。福尔曼到访边区时发现:在每个星期六晚上的舞会上,"女孩子都着宽大的裤子,束着根带子,在前线生活着穿裙子是不方便的。更进一步,为了表示妇女地位的自由解放,女孩子随时可以选择她的舞伴;这是丝毫没有犹豫和拘泥的"②。斯坦因也说道:"有名的女革命家、女小说家、女教育家、女演员,和农妇、工厂女工、秘书、女学生、教员在一起,她们穿着一样的服装,都戴着一顶受大众喜欢的军帽,这顶军帽似乎成了这新民主主义中男女老幼的一部分了。"③这场持续未辍的系统深入的努力,堪称全国妇女解放的楷模,因此,1940 年 3 月 16 日,在纪念"三八"节的会上(由于气候和防空的关系推迟),毛泽东不无自豪地盛赞延安妇女所拥有"能开会,能讲话"这样的自由平等,同时强调,"必须要全国妇女都能这样做,延安妇女应当推动全国妇女起来共同奋斗"④。作为全国妇女解放的开端,边区的实践也为抗战胜利后,特别是为新中国成立后全国范围内的妇女解放事业开辟了广阔的道路。

---

① 陕甘宁三省区妇联:《陕甘宁边区妇女运动大事记述》,第68—69 页。
② [美]哈里森·福尔曼著,陶岱译:《北行漫记》,北京:解放军文艺出版社 2002 年版,第 94 页。
③ 中共陕西省委党史研究室:《中外记者团和美军观察组在延安》,西安:陕西人民出版社 1995 年版,第 432 页。
④ 陕甘宁三省区妇联:《陕甘宁边区妇女运动大事记述》,第62 页。

第三节　边区"三禁"

边区的各项社会建设工作中，"三禁"——禁烟毒、禁赌博、禁娼妓又是一项重要内容。

毒品、赌博、娼妓这"三毒"本是旧中国朽壤浊水中绽放的三朵"奇葩"，但在边区这片"新天新地新世界"里悄然继续滋生乃是多方原因造成的：

首先这是中国共产党人被迫接收的历史"遗产"，这一"遗产"有其延续性顽强性；其次是当时现实斗争中包括日本帝国主义、国民党顽固势力的强行"馈赠"；三是革命队伍内部一些人免疫力不强导致其蔓延。

"三害"对新生的红色政权构成了严重威胁。中共中央、边区党和政府率领军民针对"三害"，开展以禁毒为主体的"三禁"，这既是当时革命的需要，也是无产阶级政党与旧社会决裂，建设新社会、树立新风气的使命使然。

一、边区毒品的状况与由来

（一）状况

自从中国沦为半殖民地半封建社会，鸦片为轴心的毒品即在华夏泛滥成灾。帝国主义和国内反动势力将其"变成自己财政系统的不可分割的部分"，而对广大民众来说则不啻为"自杀行为"。① 长期以来，西北地区所深受烟毒之害仅次于西南云贵川等省。吸

---

① ［德］马克思：《鸦片贸易史》，中共中央马克思恩格斯列宁斯大林著作编译局编译：《马克思恩格斯全集》第 12 卷，北京：人民出版社 1962 年版，第587 页。

食鸦片也是地瘠民贫、闭塞落后的陕甘宁地区较为普遍的陋习之一。如英国传教士史密斯说：延安地区城镇居民中，"百分之九十都是或轻或重的鸦片受害者"①。这种状况一直沿袭至中国共产党执政时期。中央红军甫到陕北的1935年冬，仅安定县一地，约60％的居民是烟民，其年龄、性别则"全覆盖"，包括青壮年、老年，"甚至还未成年的小童女孩，也有吸食鸦片者"②。1936年斯诺从西安出发北上前往洛川沿途所见都是成熟的罂粟。③

　　1937年栒（旬）邑、榆林等县登记的烟民都在3 000人以上，其中栒（旬）邑一县的烟民每月吸食量高达3 000两；米脂、绥德、神木、淳化也都超过了1 000人。④ 未经登记者更不知凡几！由此可见，当时吸食鸦片者之广泛，已构成严重的社会问题。

　　（二）原因

　　边区的毒品泛滥，是长期的历史根源、深刻的现实基础、复杂的外界环境等多方面因素共同构成的。

　　首先陕甘所在的广大西北地区农业生产方式落后，民生艰难，生活困苦，种植粮食的老百姓辛劳一年往往不足自家温饱，遂如《新华日报》曾指出的，为了生存而改种性价比高的罂粟。⑤ 20世纪20—30年代，陕甘两省罂粟种植面积因之分别占农田面积的90％和75％⑥，形成了该处货源充足、价格相对低廉的毒品市场，

---

① ［英］欧内斯特·波尔斯特·史密斯著，刘蓉译：《辛亥革命前后的延安》，西安：陕西人民出版社2011年版，第70页。

②⑤ 湘潮：《边区禁烟运动的成绩》，《新华日报》，1938年6月3日，第2版。

③ ［美］埃德加·斯诺著，董乐山译：《西行漫记》，上海：东方出版社2005年版，第28页。

④ 国民党陕省政府统计委员会：《统计材料月刊》第2卷第3、4期合刊，1937年。

⑥ 中华国民拒毒会编：《中国烟祸年鉴》第1辑，第8页；中华国民拒毒会编：《拒毒月刊》第23期，1928年7月1日。

然而由于交通闭塞,烟土出口不易,加上经济贫困,许多吸毒者无力购买或多买,导致"销路闭塞,最后便只好自己来受用"①,形成一种恶性循环。

其次,统治西北地区的军阀官僚将毒品视为利薮,强迫农民种植鸦片,通过抽取"烟亩捐"和"白地捐"(种植与不种鸦片者)以敛财,也如斯诺所言,使得"最好的土地都种上了鸦片"②,"而在政府方面也可以多得一笔烟税"③,强迫种植罂粟的同时,反动当局还公开诱导民众吸毒。如1936年底,区区居民不到5 000人的延安,就有官办烟馆5个。④

在反动政治的淫威下,农民即使不愿意,也不得不大量种植罂粟。

再其次,由于鸦片本身具有一定的镇痛、麻醉等功效,西北地区普遍落后的医疗条件也促进了烟毒作为药品被广泛使用,多有因此而成瘾者。而落后的经济文化环境使得农民辛劳之余缺乏娱乐的条件,"吃烟"(包括鸦片和旱烟)遂成为其消遣、待客方式而"一直到今天(全面抗战时期——作者注)还可以看见它的残遗"⑤。这一切的叠加产生了如前所述的、触目惊心的鸦片吸食的大众化状况。

最后,日本帝国主义的毒化政策。日本侵略者一直大力向中国各地输送毒品,一方面借此攫取人民的金钱财富"以毒养战",另

①③ 湘潮:《边区禁烟运动的成绩》,《新华日报》,1938年6月3日,第2版。

② [美]埃德加·斯诺:《西行漫记》,第28—29页。

④ 《延安市志》编纂委员会编:《延安市志》,第484页。

⑤ 艾思奇:《抗战中的陕甘宁边区文化运动——1940年1月6日在陕甘宁边区文化协会第一次代表大会上的报告》,《艾思奇全书》第2卷,北京:人民出版社2006年版,第784页。

一方面更用以戕害民众的身体，麻痹其精神、瓦解其抗日意志，致使中国人民遭受的痛苦与损失"或不亚于战争直接给予的灾难和损害"①。

包括边区在内的敌后抗日根据地是日军毒化的重点区域。作为中国共产党领导敌后抗战的中枢、总后方，边区更是深受其害，8年中多次破获大量由敌占区走私毒品入境的案件。1945年5月抗战胜利前夕，边区政府仍为阻断日军毒品而发布《陕甘宁边区政府严禁料面入境的命令》，这种针对边区的毒化政策，可谓贯彻始终。

各种因素的叠加，使边区长期面临毒品的严重威胁。对于这份历史、现实的强迫"馈赠"，中国共产党人如果不及早采取坚决措施，烟毒"不仅可使我边区人民的身体日益衰弱，社会生产力日益减削，且将吸竭边区之经济命脉，致边区于死无翻身之地，使革命力量遭受极大的摧残"②。严禁鸦片烟毒遂成为陕甘宁边区党和政府矢志不渝的一项任务。

二、禁毒的立场与举措

（一）严正的立场

中国共产党禁毒态度始终坚定明确，早在1930年颁布的《苏维埃土地法》中，就对游民分地做出了规定：必须戒绝鸦片、赌博等恶习，否则将被收回其田地。1931年5月颁布的《赣东北特区苏维埃暂行刑律》专门设定"鸦片烟罪"，列有违犯者最高被处以死刑的条款。

---

① 王德溥：《日本在中国占领区内使用麻醉毒品戕害中国人民的罪行》，《民国档案》1994年第1期，第55页。

② 史志诚主编：《陕甘宁边区禁毒史料》，西安：陕西人民出版社2008年版，第123页。

　　全面抗战时期,中共中央在各根据地继续实行严厉禁烟政策。全面战争即将爆发的 1937 年 5 月,中华苏维埃共和国临时中央政府西北办事处即发布了关于禁止鸦片的布告。边区政府正式成立后,1938 年 2 月 23 日,第二十二次主席团会议确定"边区内绝对禁种大烟"①。1939 年 1 月 1 日边府、八路军后方留守处联合发布布告,规定包庇贩卖鸦片者"均得以违法惩处"②。同年《陕甘宁边区抗战时期施政纲领》(4 月 4 日颁布)又庄严宣布要"铲除鸦片赌博"③。1941 年 10 月朱德、林伯渠签发《国民革命军第十八集团军总司令部陕甘宁边区政府关于禁烟的布告》。同年 11 月,林伯渠在边区府第二届参议会第一次大会所作"工作报告"中再次强调为提高人民的民族精神,"在这里要禁绝烟赌"④。1943 年 1 月边府接"各县偏僻地方仍有不少偷种鸦片烟苗者"密报,林伯渠、李鼎铭即用"快邮代电"给各专员县(市)长发布《陕甘宁边区政府关于查禁鸦片烟苗的命令》,饬令严厉查禁,对查实者依法严惩;已经种植者则"严令彻底铲除,改种良田"⑤。同年 9 月,林伯渠暨民政厅长刘景范给各专员公署、县(市)政府下发边区政府关于禁止吸食鸦片"指示信",要求彻底进行烟民的清查登记,开展戒烟竞赛等,限期戒绝。⑥ 10 月针对敌占区烟毒入侵加重,朱德、林伯渠再次发布《国民革命军第十八集团军总司令部陕甘宁边区政府布告——禁

① 陕西省档案馆编:《陕甘宁边区政府大事记》,第 13 页。

② 陕西省档案馆编:《陕甘宁边区政府大事记》,第 28 页。

③ 中共中央文献研究室、中央档案馆编:《建党以来重要文献选编(1921—1949)》第 16 册,第 159 页。

④ 西北五省区编纂领导小组、中央档案馆编:《陕甘宁边区抗日民主根据地·文献卷》下,第 98 页。

⑤ 史志诚主编:《陕甘宁边区禁毒史料》,第 67 页。

⑥ 史志诚主编:《陕甘宁边区禁毒史料》,第 101 页。

种禁吸烟毒》,修订《陕甘宁边区查获鸦片毒品办法修正草案》。如前所述直至1945年5月边府仍下令阻止日军输入毒品。可见边区对禁毒矢志不渝。

（二）严密细致的方针政策

8年中,边区政府并先后制定颁布了十余部关于禁烟禁毒的专门性条例、命令①,包括《苏维埃政府西北办事处关于禁止鸦片的布告》(1937年5月)(简称《布告》)、《陕甘宁边区禁烟禁毒条例(草案)》(1941年,一说1942年,简称《条例》[草案]、《陕甘宁边区查获鸦片毒品暂行办法》[1942年1月,简称暂行办法]、《陕甘宁边区查获鸦片毒品修正办法》[1942年9月16日]、《陕甘宁边区禁烟督察队服务规则》[1942年9月16日])等纲领性法规,从而构建起了一整套涉及边区禁毒的各个主要的环节方针、政策体系,并与时俱进,根据不断发展变化的情况及时调整,使得禁毒不断向纵深发展。

其一,禁种。此为正本清源之举。面对地区存在的严重且具有普遍性的种植鸦片问题,《布告》重申的第一条禁令即为:已种鸦片之田地由各级政府督促铲除而"改种其他粮食"②。《条例》(草案)第四条将"种植鸦片烟苗者"列为违犯禁烟禁毒条例而论罪。③禁种的同时边府还鼓励边区百姓增加生产,摆脱贫困。

其二,禁售禁运。《布告》规定无论何处,所贩卖之鸦片一律没收并予以处罚。商户与居民一样,限十日内上缴拥有的鸦片。④《条例》(草案)又对帮助或庇护他人吸毒、买卖或贩运烟毒、设立传布

---

① 见史志诚主编:《陕甘宁边区禁毒史料》。
②③④ 史志诚主编:《陕甘宁边区禁毒史料》,第51页。

烟毒的商店机关作出一起惩处的规定。①

　　其三,禁食(吸)、戒毒。《布告》规定:"烟馆立予封闭。""吃鸦片未登记的,立即登记,限期戒绝。"居民限十日内上缴拥有的鸦片给当地政府。②《条例》(草案)则将无论采用何种吸食方式(冲食或注射)、制造何种吸食或注射器具的行为皆列为"违法",并划定烟毒包括鸦片、吗啡、高根、海洛英(因)及"各种烟毒配合或化合丸药"等种类。③

　　禁止吸食的同时又大力推行戒毒。《布告》宣布由各级内务部(延安市由市禁烟委员会)发卖戒烟药丸,吸食者凭登记证购买。贫穷者可减价或免费。④《条例》(草案)第五条又规定:吸食者(或注射者)须限期戒绝(在政府公布登记后),并按年龄对期限分别做出规定:30岁以下3个月;40岁以下6个月;60岁以下1年;60岁以上2年,"倘因年老力衰经政府指定医生证明者不在此例"⑤。既严格,又体现了人道立场和实事求是的精神。此后(1943年9月)边府又专门指示各专署、县政府,规定1个月之内,由所属各乡、市政府按烟瘾、年龄的大小对境内烟民分别登记,向其分发(或帮助寻找)戒烟丸药,如期戒断。组织其参与生产劳动,动员妇女、儿童等做劝戒工作。各乡、市将"戒大烟"加入乡市公约。发动戒烟竞赛,根据戒绝情况对吸食者分别奖惩。一些地方还设立过戒烟所。

　　其四,从严惩处。《布告》即规定不按期限登记上缴鸦片的居民、商户"查出除没收外,并严加处罚"⑥。《条例》(草案)则规定,凡吸食、销售、贩运毒品者及抗拒禁烟行动者,皆要受到惩处,其幅度

---

①② 史志诚主编:《陕甘宁边区禁毒史料》,第51页。

③④⑤ 史志诚主编:《陕甘宁边区禁毒史料》,第53、51、53页。

⑥ 史志诚主编:《陕甘宁边区禁毒史料》,第51页、65—66页。

从苦役、有期徒刑(皆有年限差异)直至"烟毒价值在五百元以上者,处死刑,并没收其家产"。又特别规定受日本侵略者指使贩毒者"按惩治汉奸例论罪"①。

其五,注重细节、程序。《暂行办法》既规定边区任何单位与个人都有缉毒(吸食或贩卖)之责,但同时又规定,只有边区禁烟督察处或分处这些专职禁毒机构才有权处置毒贩和没收毒品,其他机关皆不得擅自处理,只能送交督察处。未设督察处的县市则送交当地政府,由其转送该管分区设置或距离较近的禁烟机关。而督察处理毒品与毒贩的程序是:妥为储藏毒品准备销毁;24 小时内将人犯转交司法机关讯办;凡窃扣缴获之毒品者皆要受惩处,单位"由督察处随时呈报边府处理",个人"则送司法机关依法惩办";公安机关或其他与查禁烟毒有关的机关,要对查获的毒品、吸毒用具等造册,"连同人犯、烟毒、烟具一律移送司法机关处理";司法机关对涉毒案件判决后,须"将烟毒及烟具全数移送禁烟督察处(或分处)处理"②。这些规定,详细周密,环环相扣,通过程序的公正来确保禁毒结果的公正。

(三)禁毒机构

为有效禁毒,与制定政策同步,边府建立了专门机构并不断完善。

首先在县(市)内设立。1940 年 3 月,曲子县县长马锡五向边区民政厅呈文报告禁烟的窘境后,请求在该县设立戒烟所,"以绝流毒"。该县拟呈的《拟成立戒烟所办法》中提出戒烟所的工作任务包括收容集中监禁当地的烟民、流氓,依法惩办并进行教育、劳动,同时"制造大批戒烟药丸,限期戒绝(由县府负责)"。同年 9

---

①② 史志诚主编:《陕甘宁边区禁毒史料》,第 51 页、65—66 页。

月,安定县组成戒烟委员会,并得到了民政厅的认可。[①]

鉴于敌占区烟毒不断地向边区偷运,1942 年 1 月 14 日,边府决定设立"陕甘宁边区禁烟督察处",负责"查禁及处理边区境内之鸦片毒品",由霍维德(时任财政厅副厅长)兼处长。同时颁发《陕甘宁边区禁烟督察处组织规程》(简称《组织规程》)规定,该处下设秘书室、第一科、第二科、督察队等机构,秘书室负责文件、经费、人事,第一科负责毒品案件的处理(包括没收、销毁毒品与烟具、核发查缉毒品奖金等),第二科负责对烟民的调查、登记(包括颁发"烟民证")、督劝烟民戒毒并进行调查检验,督察处负责毒品的查缉、看守与解送毒犯等相关人犯。同时规定在重要城市设立督察分处[②],统一领导边区禁烟工作。同年 8 月修改《组织规程》后,根据实际需要重新修订,规定"分处长由县长兼任,并设副处长一人兼任秘书,关于检查与处理案件,则由县保安科及裁判员兼任之"[③],从而厘清了"条""块"关系,强化了领导力量。由于鸦片贩运常与物资走私紧密相连,且为了进一步精简机构,1943 年 11 月,边府决定各级禁烟督察机关、税务缉私队以及食盐金融等缉私组织"一律并入保安机关的组织系统内",并出台《统一缉私机关的组织与工作条例草案》,将鸦片及海洛因、红丸、白面吗啡的买卖、吸食、种植等俱以毒品行为论,为边区开展禁毒斗争,遏制各种烟毒犯罪活动提供了有力的机构、组织保障。

---

① 史志诚主编:《陕甘宁边区禁毒史料》,第 175—176 页。
② 陕西省档案馆、陕西省社会科学院编:《陕甘宁边区政府文件选编》第 5 辑,北京:档案出版社 1988 年版,第 44 页。
③ 史志诚主编:《陕甘宁边区禁毒史料》,第 19 页。

三、砥砺奋进

边区党和政府对禁毒立场坚定、措施严密，但禁毒工作是在艰难中砥砺奋进的，相关的指示命令不断下达，从侧面反映出其困难和复杂。

如前所述，由于西北地区历史上长期广泛、普遍种植罂粟，并且成为用以维持民众生计的一种重要物资，因而，边区不少民众在意识上并不能立即转变对烟毒的认识，如斯诺记载他在陕北靠近甘肃边境某村所遇到的最后一个离开的老头作为当地贫民会主席，"但他仍要鸦片"[①]！即便边府多次发布禁毒令，但一般民众并不把贩卖烟土当作犯罪。特别当禁毒关系到百姓的生存生活时，这一问题便更加复杂化。

禁毒还关系到抗日的统一战线的巩固和发展。1941年6月，靖边县委书记惠中权向中共中央西北局报告称，该县长城区有"蒙人种洋烟，汉人租地种洋烟"的情况。中国共产党多年以来对蒙古族人民一直实行民族平等、维护蒙胞利益、团结广大蒙胞一致抗日的政策，通过在政治上争取蒙古王公建立了大青山抗日根据地，使得毗邻内蒙的长城地区成为"较可靠的屏障"，"通入蒙地的孔道"，因此处理"必然要从我党民族政策、抗日统一战线政策出发，不能拘于一些小节目"，亦即绝不能采取等同于其他地区的做法。

面对客观存在的问题，中国共产党采取了行之有效的对策。

（一）坚持实事求是原则

既坚持原则，又具体情况具体分析，根据实际加以灵活变通处理。

---

① ［美］埃德加·斯诺：《西行漫记》，第248页。

如对禁种，1943 年 4 月延属分区专员曹力如向边区政府主席林伯渠、副主席李鼎铭汇报决定对烟苗"出土即铲，更责成县区乡长绝对负责，不得玩忽"①；然而及至 8 月，曹力如又连同张邦英、王震下发秘密通知，要求对烟苗状况再作深入调查，"有计划的进行没收，最低限度公家要没收到全收入的百分之八十"，"在没收时，烟户最多只能留到百分之二十"，采取这一相对弹性措施的背后是为了"使公众得有收益起见"②。可见一定程度上禁毒还需考量经济而无法简单依靠行政命令，恰如马克思的名言："君主们在任何时候都不得不服从经济条件，并且从来不能向经济发号施令。"③再如对待蒙古族居民种植鸦片，在做出全局考虑后，中共中央西北局指示靖边县委④："蒙人种烟和蒙地汉人种烟，我们不应也不能采取直接干涉的态度，你们党政军民共同商量好，应派较有地位的干部去善意的对蒙古王公和当地蒙汉居民说服"，"我们决不能用武装强力打苗，也不应用武装威胁，更不应收受贿赂，总之我们不能让蒙古王公和人民离开我们去和张廷芝那些混蛋一起来反对我们甚至被日寇所动摇所利用，实事求是比较权衡"。这说明禁毒在当时必须服从抗日民族统一战线大局，"两利相权取其重，两害相权取其轻"，以实现革命利益的最大化。

又如戒毒，前引《条例》（草案）按年龄分期戒烟的规定，其中 30、40 岁以下分别为 3 个月至半年，而 60 岁以下、60 岁以上则为 1 年和 2 年，并特别附加："倘因年老力衰经政府指定医生证明者不

---

① 史志诚主编：《陕甘宁边区禁毒史料》，第 135 页。

② 史志诚主编：《陕甘宁边区禁毒史料》，第 137 页。

③ ［德］马克思：《哲学的贫困》，中共中央马克思恩格斯列宁斯大林著作编译局编译：《马克思恩格斯全集》第 4 卷，北京：人民出版社 1958 年版，第 121 页。

④ 史志诚主编：《陕甘宁边区禁毒史料》，第 262 页。

在此例。"①与前述 1937 年 5 月颁布的《布告》"至长不得超过六个
月"②的期限相比大大增加、延长。同时《条例》(草案)在对"种、贩、
售、吸"四种毒品犯罪的处理上区别对待,对作为"为牟取暴利而造
成毒品泛滥的直接祸首"的从事毒品贩卖者给予严厉打击③,而对
吸食者施以较轻的处罚,其原因是考虑吸毒者也多为被动受害者,
在当时当地吸毒普遍流行的时空语境下,"法难责众"成为无可奈
何的现实存在,断然严厉禁吸,不仅欲速不达,还将激化矛盾。这
些举措体现出中国共产党的科学品质和实践精神。

(二)认真贯彻群众路线

相信群众是群众路线的前提。尽管边区存在相当多的民众吸
食毒品,但中国共产党人不对其嫌弃,认为他们是受害者,责任绝
不在民众自身。边区党和政府相信只要认真引导,禁毒一定能成
为民众的自觉行动。

根据这一认知,边区党和政府首先注重加强对群众的宣传教
育,让包括烟民在内的广大民众了解鸦片等毒品的危害,从迎纳嗜
好变为嫉恶厌弃;宣介禁毒政策,将其从单纯法令转变为集体关注
的焦点,出现人人谈禁毒、处处讲戒烟"妻劝其夫,兄勉其弟,父诫
其子"的状况④,禁毒工作实现从政府走向群众,从政府单一力量走
向了边区集体的力量,从"要我戒毒禁毒"走向"我要戒毒禁毒"的
切换。

其次鼓励举报。《布告》第七条即规定:对举报贩毒者"给予所
获鸦片价值十分之二的奖金"。如系直接缉获毒品送交政府者则

---

① 史志诚主编:《陕甘宁边区禁毒史料》,第 53 页。
② 史志诚主编:《陕甘宁边区禁毒史料》,第 51 页。
③ 蒋秋明、朱庆葆:《中国禁毒历程》,天津:天津教育出版社 1996 年版,第 545—546 页。
④ 湘潮:《边区禁烟运动的成绩》,《新华日报》,1938 年 6 月 3 日,第 2 版。

"赏金加重"①。《暂行办法》规定了奖励的标准:亲自查获烟毒案件
送交督察处或当地政府的,给予全部奖金;事前举报使缉获成功者
举报人得三分之一奖金,并规定具体数额。② 1942 年 9 月出台的
《陕甘宁边区查获鸦片毒品修正办法》,其中对奖励金额给予增加,
查获烟毒 50 两以下,每两奖励 50 元;50 两以上 100 两以下,每两
奖励 35 元;100 两以上 500 两以下,每两奖励 25 元;500 两以上
1 000 两以下,每两奖励 15 元;1 000 两以上,每两奖励 10 元。③
1943 年 5 月边区政府批准实施《陕甘宁边区查获鸦片毒品第三次
修正办法》,将举报者原得奖金"三分之一"改为"二分之一"④,奖励
金额则再次增加,查获烟毒 50 两以下,每两奖励以 100 元;50 两以
上 100 两以下,每两奖励 80 元;100 两以上 500 两以下,每两奖励
60 元;500 两以上 1 000 两以下,每两奖励 40 元;1 000 两以上,每
两奖励 25 元。对于奖励金额的增加一方面是因为"币值贬价而烟
价上挺",另一方面则是为了"激发密告人之积极性"⑤。

　　其三是充分发挥赤卫军、儿童团、工会、贫农团、妇女协会等群
众团体的作用,通过这些组织开展禁毒宣传教育和防范等活动,如
在读报组、识字组的学习中融进烟毒之危害、戒烟的方法、禁烟禁
毒法律法规等内容,使接受教育的民众了解和积极支持政府各项
政策,甚至举报自家烟民。据当时为延安保小学生的谢绍明回忆:
"我们儿童团的任务是什么呢? 一个是抓大烟枪,抽大烟、戒大烟
的,还有一个抓赌博。"这是因为小孩不像大人顾惜情面,"烟具收

---

① 史志诚主编:《陕甘宁边区禁毒史料》,第 51 页。
② 史志诚主编:《陕甘宁边区禁毒史料》,第 11 页。
③ 史志诚主编:《陕甘宁边区禁毒史料》,第 23 页。
④ 史志诚主编:《陕甘宁边区禁毒史料》,第 31 页。
⑤ 史志诚主编:《陕甘宁边区禁毒史料》,第 74 页。

了给他掰碎,扔灶火里烧掉,那个时候这种事就要我们干"①。党和政府还把禁毒事业与妇女解放、改造二流子、发展生产、学习文化等有机地结合在一起,成为相互配合、相互促进的系统工程。盐池县刘生海由吸食烟毒的"二流子"转变成劳动英雄并受到毛主席接见就是生动一例。

群众路线的贯彻使得民众禁毒自觉性和积极性不断提高,从而有效构建起了防毒、缉毒的天罗地网,并提升了民众政治觉悟,吸毒与否成为选举的重要考量。据《新华日报》记载,一名化妆成磨刀匠的毒贩精心藏匿毒品进入边区后,被一位妇女发现而图谋落空。对此《新华日报》评介道:"边区政府究竟用了什么神奇的法术,而收到如此伟大的效果呢?"回答:最重要的办法是,它不专门依赖于政府的权威以及发布的命令,"而是依赖于动员广大群众,自觉的来认识禁绝烟毒的严重意义,有组织来执行禁绝烟毒的命令"②。《群众》杂志也指出:要把禁烟同样看成是与抗战一样的全面性、民众性的民族解放斗争,"要动员广大的民众来共同努力"③。

(三)从严治吏,自我革命

在治理烟毒时边区党和政府还面临如何对待对自己内部发生的各种违法、违纪问题的考验。

在当时的环境中,由于各种原因,一部分公务人员也发生了涉毒问题,表现为:

其一,吸食、售卖毒品。如边区税务总局科员冯维贤私藏烟土150余两,在侦办此案的过程中,又查获其同伙独一旅供给部军人

---

① 高凤林:《党中央在延安十三年党群关系口述史》,第154页。
② 湘潮:《边区禁烟运动的成绩》,《新华日报》,1938年6月3日,第2版。
③《禁烟抗战同样是民族解放的斗争》,《群众》第2卷第1期,1938年6月11日,第1页。

郭树华。1942年6月,山西烟贩李起发、高光富等人贿赂公职运输人员运六件烟土到子长县,并进入公营商店大光商店出售,被县公安局查获。建设厅交通运输处职员宋桂年"于去年冬曾由吴堡家乡带来鸦片一钱余在延出售"①。

其二,从中贪污、受贿。据学者统计,从1939年至1941年,边区公务人员因鸦片贪污受贿而被处理的案件"1939年有360起,1940年644起,1941年上半年153起"②。

这些违法乱纪行为严重扰乱了边区禁毒工作,更玷污了党和边区政府的形象。对其如何处理,不仅关系到禁毒工作的成败,还关系到中国共产党自身和整个抗战与革命事业的兴衰。边区党和政府处置这一类腐败时态度明确,绝不护短,对被发现的涉毒公职人员,都严惩不贷,真正做到一视同仁,且力度、标准皆超过对普通民众。

前述冯维贤、郭树华两人均被交由法院审理,边府并要求税务总局继续搜寻与提供相关材料,"以期惩一儆百",教育其他所有同志,培养"廉洁奉公之美德"③。李起发、高光富一案中子长县公安局向大光商店追要赃物时受阻挠,有关领导得知后即发函严厉要求大光商店"将存货如数交出,给予惩处"④。建设厅则"以宋桂年身为公务人员,竟敢触犯政府法令,私售鸦片,屡窃公款,实毫无公务人员之品格;除立予撤职外,并即解送司法机关惩办"⑤。

除对案件发现一起、认真严肃处理一起外,边区党和政府还从

---

①《卖鸦片、窃公款宋桂年处徒刑七月》,《解放日报》,1942年2月11日,第4版。

②刘志琴主编:《烟毒兴灭》,北京:民主与建设出版社1997年版,第125页。

③史志诚主编:《陕甘宁边区禁毒史料》,第232页。

④史志诚主编:《陕甘宁边区禁毒史料》,第246页。

⑤《卖鸦片、窃公款宋桂年处徒刑七月》,《解放日报》,1942年2月11日,第4版。

制度上予以防范。如前所述,《暂行办法》规定:任何单位与个人窃取、偷换查获的毒品概由司法机关、单位、禁烟督察处呈报边府处理。对因施行查缉职务而侵占他人与毒品无关财物行为,"依诈欺论罪"[1]。1942 年边府第十三次政务会议(3 月 4 日)所制定的禁毒条例和具体办法中又特别规定:对制造、贩卖毒品的普通公务人员和在职军人的量刑要加重三分之一,禁烟人员更加重二分之一。[2]

中国共产党、边区党和政府这种自我革命、从严治吏、不护短的光明磊落之举,为群众做出了榜样,从而进一步有力推动了禁毒工作的开展,极大地提高了自身的威望。

在禁毒的同时,边区还开展了禁吸纸烟的活动。此举主要出于经济考量,如据 1942 年统计,仅纸烟一项每年从境外运至边区内部的"价值竟达一千余万元之多,这样大的浪费,影响民生经济,实在非常重大"[3],但与禁毒相比,这一运动实际是"软约束",成效应属有限。

四、边区禁毒的成效与意义

(一) 成效

边区雷厉风行的禁毒斗争,有效地遏制了境内各种毒品犯罪活动,阻遏了外来烟毒的输入,荡涤和基本清除了境内原本炽烈的吸食烟毒的旧习,扭转了社会风气。中央红军进入陕北半年之内,当地烟民所占人口比例即已降低 20%,而两年内则"将近绝迹了"[4]。1936 年,斯诺在边区游历并与农民广泛攀谈,记载道"陕北

---

① 史志诚主编:《陕甘宁边区禁毒史料》,第 11 页。
② 刘志琴主编:《烟毒兴灭》,第 125—126 页。
③ 史志诚主编:《陕甘宁边区禁毒史料》,第 56 页。
④ 湘潮:《边区禁烟运动的成绩》,《新华日报》,1938 年 6 月 3 日,第 2 版。

已经彻底消灭了鸦片,这是个杰出的成就。事实上,我一进苏区以后就没有看到过什么罂粟的影子"①,很快成了"禁烟模范区"②。

(二)政治价值

早在1942年5月15日,国民党"中央社"就以边区逃出的难民的名义,编造"边区当局以筹饷增税为理由,提倡种植鸦片,并偷运北方及他处发售"的谎言,被新华社立即据理驳斥,并自信称"年来边区与外界隔绝,忌者故造蜚语,以谋蒙蔽,倘中外关心边区人士,能莅临边区,极所欢迎,因一经实地考察,真相自不难大白"③。1943年国民党顽固派发动了第三次"反共"高潮,在由其操控的三届二次国民参政会上,何应钦所做军事报告再次污蔑边区政府强迫人民种植鸦片。与会的董必武同志对此从容应对,指出这是早经延安新华社、《新华日报》驳斥的谣言。他更从粮食生产的角度进行分析:鸦片种植与粮食生产不可能兼容。而陕甘宁边区被重重封锁,要供应老百姓、军队、公务人员、学生所需粮食,不仅实现自给,"还供给北面榆林邓、高二部驻军的粮食。如果地方种了鸦片烟,哪里来的这许多粮食呢?何总长的报告,仅根据西安来的谣言,为什么不考虑一下《新华日报》辟谣的记载呢"④?理直气壮,被当面"打脸"的何应钦等在如此铁证面前只得哑口无言。边区的成功禁毒实践,有力地驳斥了来自国民党在此问题上对中国共产党的造谣污蔑,使得我党在"反摩擦"斗争中占据有理、有利、主动的地位,维护了自己的名声和革命利益。

---

① 〔美〕埃德加·斯诺:《西行漫记》,第225页。

② 《禁烟节感言》,《新华日报》1942年6月3日,第1版。

③ 《斥"陕北种烟"谰言》,《新华日报》,1942年5月20日,第1版。

④ 董必武:《关于出席和退席三届二次国民参政会的经过》,1943年12月28日,《董必武选集》编辑组:《董必武选集》,第91页。

（三）国际影响

边区禁毒成功实践也在国际上获得了巨大声誉，树立起了良好的国际形象。1944 年 5 月，包括多名外国记者在内的"中外记者西北参观团"到访延安，参观的过程中边区是否种植鸦片成为一个重要的探寻内容，特别是一些居心叵测的国民党官方记者，更是如侦探般四处搜寻。袁福生回忆说，"有一次，他们要求到山沟里去'参观'我们的庄稼，实际上是要看看我们那里有没有鸦片。没做亏心事，不怕鬼敲门。我们答应了他们去参观。一个国民党坏家伙，在路上看见我们地里种的麦子，错认为是鸦片，好象发现了宝贝一样，大呼起来：'鸦片烟！鸦片烟！'并指给外国记者看，国民党摄影记者立即拿出照相机来准备拍照，"但是我们带领他们的同志说：'先生，这不是鸦片，而是小麦，大概你们没有见过小麦，也不知道鸦片是什么样子吧！'这一席话，使我们和外国记者都哈哈大笑，弄得国民党那些家伙脸红耳赤。他们到山上山下转了半天，还是没有发现一棵鸦片"①。美国记者哈里逊·福尔曼在经历对边区长时间的观察后说道国民党所言"边区三分之一的最好土地都种了罂粟"等话"都是严重的诽谤"。而他自己却敢说："我在共产党区游历了 5 个月，没有发现任何一点鸦片的痕迹。"②

边区的各项禁毒实践，更为新中国成立后在全国范围内彻底根除毒品提供了宝贵的经验。

---

① 袁福生：《中外记者代表团访问陕甘宁边区》，《革命回忆录》编辑组：《革命回忆录》13，北京：人民出版社 1984 年版，第 164 页。

② ［美］哈里逊·福尔曼著，熊建华译：《来自红色中国的报告》，济南：济南出版社 2006 年版，第 9 页。

五、边区禁赌

边区在厉行禁毒的同时又全面荡涤赌博这一不良社会风气。

（一）存在状况

边区境内较长期间存在着严重的赌博现象。据西安事变后红军进入延安（1936 年 12 月 17 日）后统计，当时城内仅有居民 1 096 户、4 841 人，就麇集有赌场 15 家，赌头赌棍 53 人，日夜开展赌博等罪恶活动，严重扰乱社会治安秩序与败坏社会风尚。① 边区的民谣中，赌博也是常见的主题，如在安塞地区流行的《光棍摸牌》称：“荞麦花花遍地得儿开，腰里掏出一疙瘩儿牌，摸了一牌又一牌，有心还想摸个两三牌。”②盐池县《劝郎》中也有“八劝我郎君，莫把赌场去，十个赌汉九个穷，倒了一场空”③。可见赌博现象的广泛性和对民众生活的深深的影响。

更令人痛心的是，赌博之风也蔓延到革命队伍内部。一部分干部经不住诱惑，参与甚至组织赌博，如 1939 年 11 月 2 日，曲子县县长马锡五在九十月份工作报告中指出：个别干部特别是区乡村级的干部，不愿学习，对工作散缓甚至赌博。1940 年 7 月，边区政府巡视员刘景瑞在检查环县的工作时亦发现干部参加赌博的情况。边区管理局干部郭一鸣 1941 年致信边区政府，“以公民的资格”提请政府注意“近来延市赌风甚炽”的情况。据其所知，赌博在机关、居民中普遍存在，“比如延大一伙夫几天输六百元，保育院、

---

① 《延安市志》编纂委员会编：《延安市志》，第 484 页。
② 中国民间文艺研究会编、中央音乐学院民间音乐研究所整理：《陕甘宁老根据地民歌选》，上海：新音乐出版社 1953 年版，第 43 页。
③ 盐池县县志编纂委员会编：《盐池县志》，第 390 页。

中央医院、管理局等机关下层人员都是一输好几百"①。延安市职工合作社社员肖积金 1943 年 3 月间被派赴绥德营业,因赌博及个人挥霍挪用公款 1 万余元,在返回延安途中因挪用之公款无法偿还,又拟侵吞随身携带之公款 64 300 元、白洋布半匹,乃顿起不良之心,路过飞机场将款和白布寄存在熟人张鸿耀家。回社即伪造事实,虚报中途遇匪被抢劫公款 8 万余元白洋布半匹,以欺骗该社,达到贪污之目的。② 延川禹居区九乡青救会主席因和乡长、指导员领导赌博及其他问题被撤职。③ 1943 年 2 月,中共中央西北局惩处一批贪污腐化劣迹干部,其中警备五团供给处主任王华亭、联合商店主任刘润华、三五九旅骑兵大队长王鸿荣等人均有赌博的嗜好。④

（二）产生原因

边区赌风如此炽烈同样有其深刻的内在原因。

与毒品泛滥一样,这绝非边区成立后所滋生,而是由来已久,由特定的社会历史环境造就的。

历史上,经济贫穷、文化落后的整个西北地区,赌博是民间流行的主要娱乐方式之一。官方基本采取默许的态度,官绅更是"与民同乐"积极参赌并借机敛财,起了恶劣的示范、导向作用,同时由于这一旧社会遗留垃圾同样具有较强的顽固性,边区党和政府成立后在面临诸如抗日、御顽、发展经济等各种紧迫的问题时,不可

① 胡新民、李忠全、阎树声编著:《陕甘宁边区民政工作史》,第 306 页。

② 艾绍润、高海深编:《陕甘宁边区判例案例选》,第 135 页。

③ 中央档案馆、陕西省档案馆:《中共陕甘宁边区党委文件汇集(1940—1941)》,第 410 页。

④ 《西北局奖励廿二位生产英雄,溺职人员分别惩处》,《解放日报》,1943 年 2 月 3 日,第 1 版。

能立即多顾及此,一劳永逸予以彻底扫荡清除。

　　边区周边的环境也助长赌博滋生蔓延:大后方的军政官员特别是顽固派分子一方面竭力向边区"推销"赌博,千方百计唆使百姓参加赌博,甚至开设"赌博捐",曲子县政府的报告曾谈及该县发生赌博的重要原因即是"顽固分子有利用赌博之流,故意聚赌以破坏边区"①;另一方面则"凭借手中的权力,以禁赌为名,大肆没收赌资赌具,并将部分耍赌者投入监牢,借此罚款或收受巨额钱财。然而,其专署、保安司令部、保安团队及县政府各部门的许多人员,本身就是赌头赌棍招赌抽头,从中渔利"②。由于不堪如此欺压与盘剥,致使原属于国民党控制的鄜(富)县之永坪乡第四保,要求归并边区。而一些思想落后的群众由于无法在边区赌博而潜逃至大后方参赌,1939年4月2日,关中分区专员霍维德即向政府报告"与友区接壤处有个别群众到友区赌博"③。

　　组织赌博也成为国民党顽固派在抗战过程中不断制造摩擦以打击共产党,滋扰破坏边区的手段之一。1941年5月,陇东分区行政督察专员王维舟、副专员马锡五向边府报称,我军保安队、便衣队在陇东分区救助受灾人民时受到顽军及土匪的活动骚扰,"在我华池县亦组织大批赌博,一群四五十人者有之,甚至拿起戈矛放哨聚赌,镇曲边界亦然"④。国民党顽固派给边区政府的禁赌工作造

---

① 《红色档案·延安时期文献档案汇编》编委会编:《红色档案·延安时期文献档案汇编·陕甘宁边区政府文件选编》,第2卷,第162页。

② 中共绥德县委史志编纂委员会编:《绥德县志》,西安:三秦出版社2003年版,第361页。

③ 中共绥德县委史志编纂委员会编:《绥德县志》,第241页。

④ 陕西省档案馆、陕西省社会科学院编:《陕甘宁边区政府文件选编》第3辑,北京:档案出版社1987年版,第308页。

成了严重阻碍。

当然,从自身来看,边区政府的一些干部对禁赌认识不足、工作不力也是赌博蔓延的又一原因。前述曲子县政府的报告也承认"赌博在旧历年关时而发生……这个赌博发生的主要原因:第一,下层组织有个别采取不理现象"①,霍维德报告也称该区部分民众往大后方赌博原因之一即是"乡府工作正在整理进行时期,对群众教育还差,干部责任不够"②。至于那些陷入赌博泥淖、难以自拔的干部、公职人员,则是革命意志不坚定,经不住诱惑,咎由自取。

（三）危害

赌博给边区造成了重大的危害。

首先,当一部分人沉溺赌博后,无论是倾家荡产还是一夜暴富,皆会无心劳动,耽误生产,使原本劳动力就相当匮乏的边区雪上加霜。如安塞县一区四乡的黄千礼借用他人之牛运送公盐时,到宁条梁赌博,输后以牛抵债,致使盐、牛两空,造成该县未能完成运盐任务。春耕时节赌博耽误农时危害尤为严重,中共中央西北局曾特别指示:"根据报告,近来安塞及许多地方赌风流行,政府对此应该严励〔厉〕禁止,并用大力宣传、动员甚至于强制游手好闲的二流子参加生产,对窝赌渔利的人应该加以教育,对同流合污的党政人员应该给予严重的处罚(安塞一个乡长赌博赚钱,不愿工作)。要知赌风流传,祸害非浅,这不但对边区的巩固和人民的生活的改善有百害而无一利,特别是对春耕运动的为害更

---

① 《红色档案·延安时期文献档案汇编》编委会编:《红色档案·延安时期文献档案汇编·陕甘宁边区政府文件选编》第2卷,第162页。
② 陕西省档案馆、陕西省社会科学院编:《陕甘宁边区政府文件选编》第1辑,北京:档案出版社1986年版,第241页。

大，需要设法立即根绝。"①

其次，引发各种治安甚至刑事案件，影响社会稳定。前述郭一鸣致边区政府信进一步分析说，那些参加赌博的下层事务人员及莠民收入微薄，根本无法弥补赌博造成的巨大损失，从而导致"偷盗之事接踵而来"且已为事实所证实，更严重的是，"小而偷盗变卖公物，大而汉奸利诱作破坏工作"亦将成为"发展之必然规律也"②。一些赌徒更公然对抗执法，1942 年乡干部黄巨金在清涧县沙河里督促完成催粮任务时，发现多人赌博，扣押了经常招赌为业的高鸿业后，被其他赌徒绳勒堕崖，区政府派往查看的保安助理员也被扣押，直至自卫军连长汇报详情，区长亲自带人前往才抓获部分行凶者，"并将黄巨金担架抬回区府，调治四十余天才复原体"③，产生极坏的社会影响。

其三，更严重的是，公职人员参与赌博，为莠民赌博树立了恶劣的"榜样"，甚至成为其保护伞，给边区的禁赌工作造成了严重的阻碍，严重损害了党和政府的威信。

面对赌博的种种危害，边区党和政府态度同样坚决鲜明，雷厉风行地开展了轰轰烈烈的禁赌工作。

（四）边区禁赌方针政策及成效

1938 年至 1939 年，边区各级司法部门审理的案件中，有关赌

---

① 中央档案馆、陕西省档案馆：《中共中央西北局文件汇集 1942 年》，中央档案馆、陕西省档案馆 1994 年印，第 114 页。

② 胡新民、李忠全、阎树声编著：《陕甘宁边区民政工作史》，第 306 页。

③ 陕西省档案馆、陕西省社会科学院编：《陕甘宁边区政府文件选编》第 6 辑，北京：档案出版社 1988 年版，第 247 页。

博的案件共有 187 起，占全部案件（2 166 件）的 8.63%。①《陕甘宁边区抗战时期施政纲领》(1939 年 4 月 4 日发布)更宣布要"铲除鸦片赌博"②。中共中央领导也对此十分关心，并视为纯洁党的队伍建设的重要内容。1942 年 12 月，毛泽东在中共中央西北局高级干部会议上说道："尤其严重的，是在一部分干部之间发生了贪污、赌博等极端恶劣的现象。"③

边区党和政府制定了相关的禁赌政策。

一是严厉惩罚。1942 年 3 月 21 日边府颁布的《陕甘宁边区违警罚条例草案》中规定，对于"于道路或公共处所为类似赌博之行为者"，处以"十日以下之拘留或十个工资以下之罚金"④。没收的赌款和罚款则用作教育经费和财政收入，以收化害为利之效。1939 年 4 月靖边县政府的工作报告称，"各区之款洋大部分是买卖婚姻与赌博等来没收的"⑤。同年 8 月 15 日《陕甘宁边区各县教育经费筹措暂行办法》规定："根据边区政府二十七年六月七日决定所没收之买卖婚姻款或经县政府判决没收之赌博款或罚金，以及经县政府判决之缠足罚金，均全部作为教育经费之收入。"⑥1941 年 1 月 1 日，《陕甘宁边区各县市地方财政收入暂行章程》规定各县

① 陕西省档案馆、陕西省社会科学院编：《陕甘宁边区政府文件选编》第 3 辑，北京：档案出版社 1987 年版，第 226 页。

② 陕西省档案馆、陕西省社会科学院编：《陕甘宁边区政府文件选编》第 1 辑，北京：档案出版社 1986 年版，第 210 页。

③ 中共中央文献研究室编：《文献和研究 1985》，北京：人民出版社 1986 年版，第 10 页。

④ 陕西省档案馆、陕西省社会科学院编：《陕甘宁边区政府文件选编》第 5 辑，北京：档案出版社 1988 年版，第 345 页。

⑤ 陕西省档案馆、陕西省社会科学院编：《陕甘宁边区政府文件选编》第 1 辑，北京：档案出版社 1986 年版，第 266 页。

⑥ 陕西省档案馆、陕西省社会科学院编：《陕甘宁边区政府文件选编》第 1 辑，北京：档案出版社 1986 年版，第 318 页。

市财政收入中的"司法罚金"主要"系指赌博、婚姻贩卖者,吸烟顽固不改者"①。同年 4 月,安塞县政府工作报告中称:财政收入"共合洋六百三十七元六角。均是由司法机关合法处理交来的",其中"赌博罚款一百零八元"。②

对于有关公职人员参加赌博的腐化的行为,党和政府惩处更加严厉。1939 年 1 月实施的《陕甘宁边区政府第八路军后方留守处布告》中规定:"强占民房,聚众赌博,包庇或贩卖鸦片者,无论任何机关与人员,均得以法令惩处之。"③《陕甘宁边区政务人员公约》(1943 年 5 月 8 日颁布)中对"公正廉洁,奉公守法"具体解释就包括"不赌博"的这一官箴。④ 根据边区党委组织部于 1939 年 10 月的统计,全面抗战两年来,边区内部共清洗了 1 383 名异己分子,其中与赌博有关的为 93 名,占总数的 6.72%。⑤

二是宽严相济,惩处与教育相结合。鉴于边区的赌博行为具有一定的复杂性、广泛性和长期延续性,边区党和政府惩处时根据情况区别对待,注重对情节较轻者进行教育。1940 年 6 月边府根据庆阳县报告提出:"至于戒赌,也是教育工作,应渐渐的禁戒。首先禁止那些专以赌博为职业的,但也不能'一律从重处罚'。其余

---

① 陕西省档案馆、陕西省社会科学院编:《陕甘宁边区政府文件选编》第 3 辑,北京:档案出版社 1987 年版,第 13 页。
② 陕西省档案馆、陕西省社会科学院编:《陕甘宁边区政府文件选编》第 3 辑,北京:档案出版社 1987 年版,第 261—262 页。
③ 陕西省档案馆、陕西省社会科学院编:《陕甘宁边区政府文件选编》第 1 辑,北京:档案出版社 1986 年版,第 114 页。
④ 陕西省档案馆、陕西省社会科学院编:《陕甘宁边区政府文件选编》第 7 辑,北京:档案出版社 1988 年版,第 224 页。
⑤ 中央档案馆、陕西省档案馆:《中共陕甘宁边区党委文件汇集(1937—1939)》,第 339 页。

在过时过节,偶尔以赌博为娱乐的,则只能劝戒。如果所有参加的均是正当人,则毋须干涉。因为只是禁止他赌博还是消极的,积极的是发展正当娱乐,使他自动不赌博,而参加正当娱乐才是积极的。"①

三是全面部署,协同进行,防止顾此失彼。如 1941 年 10 月华池县参议会总结中说道:"华池的赌博现在可以说是禁绝了,可是接近定边地方,勾引我县群众赌,还说:'你们华池禁止,可到我们定边境来,他就不敢来抓了。'请求定边亦严禁。"②

四是相信、依靠群众。与禁毒等工作一样,边区党和政府在禁赌工作中同样认真贯彻党的群众路线,充分相信群众,依靠群众,从而获得了人民群众的信任和支持。时任庆阳民众抗敌后援会主任的姚静波回忆:"严禁赌博是稳定社会秩序,巩固抗日后方的一项有效措施。由于我们坚持对报案人保密,检举揭发的不乏其人,庆阳的赌棍们是最怕后援会抓赌的。有一次,有人报告国民党驻在庆阳的区政府聚赌。为了政治上揭露他们,我们就抓了这场赌,处以罚款,要他们具结保证永不再犯。这一影响所及,既搞臭了国民党区政府,也煞了民间的赌风。"③为了禁赌、禁偷、禁淫乱,多数农村还组织了"吃合伙"(又名"吃一伙"),由合伙人共同制定若干条规定,合伙人犯约照规定处罚。不服则由"纠黑人"查明,"起盘费人"向合伙人收集盘费给"告状人"赴县告状④。米脂县群众还订

①《红色档案·延安时期文献档案汇编》编委会编:《红色档案·延安时期文献档案汇编·陕甘宁边区政府文件选编》第 2 卷,第 281 页。

② 陕西省档案馆、陕西省社会科学院编:《陕甘宁边区政府文件选编》第 4 辑,北京:档案出版社 1988 年版,第 331 页。

③ 中国人民政治协商会议甘肃省委员会文史资料研究委员会编:《甘肃文史资料选辑》第 12 辑,兰州:甘肃人民出版社 1982 年版,第 68 页。

④ 陕西省档案馆、陕西省社会科学院编:《陕甘宁边区政府文件选编》第 3 辑,西安:陕西人民教育出版社 2013 年版,第 204 页。

立了村规民约加强戒赌，"全村公议，限期戒赌，期内无论男女老幼不得玩钱，先须宰杀猪羊会食一次，然后写立字据，公呈县署盖印，村头收执，如有犯者，公共处罚。亦有究红究黑诸各色，有不服者禀官惩办，过期再议，取决多数，少数不得违议"①。一些模范人物也在禁赌中发挥了重要作用，如劳动英雄杨步浩曾"帮助三个赌博、吸洋烟的懒汉改造成为自食其力的劳动者"②。群众的拥护和发动，使得禁赌工作真正落到了实处。

在中国共产党、边区政府和广大人民群众的共同努力下，边区境内一度蔓延的赌博之风得到了有效遏制，例如盐池县的群众曾经"广染烟赌有百分之百，不赌即烟"。经过努力，"赌博铲除殆尽，不再发生，现即年关亦难遇见，此为政府法令严禁的效果"。"现在调查已断嗜好者有半数"③。特别是干部队伍的禁赌更有成效，如安塞县第一区区长1942年春耕期间"到正月十五还在耍赌博"，中共中央西北局高干会议后，干部在思想上有了极大转变，真正认识到了赌博的危害和生产第一的意义，从而进一步提升了干部的素质，提高了党和政府的威信。

六、边区禁娼

（一）状况及原因

与当时其他地方相同，边区也存在旧社会遗留的严重影响社会安定、败坏社会风气的色情业。仅延安一地在中国共产党迁往

---

① 陕西省地方志编纂委员会编：《陕西省志》第77卷，西安：三秦出版社2000年版，第318页。

② 中国人民政治协商会议延安市委员会文史资料研究委员会编：《延安文史资料》第5辑，1989年印，第106页。

③ 盐池县档案局（馆）编：《陕甘宁边区时期的盐池档案史料汇编》上，第22页。

前,"当时社会风气极为腐败,明妓、暗娼就有几十人"①。对于娼妓
等灰黑色群体产生的原因,毛泽东曾深刻指出,源于中国殖民地和
半殖民地地位所造成的农村与城市中的广大失业人群,其中许多
人无法正当谋生,而"不得不找寻不正当的职业过活,这就是土匪、
流氓、乞丐、娼妓和许多迷信职业家的来源"②。对边区存在的色情
现象,《新中华报》曾分析称:"自晋西北迄宁夏这一带地方,因为地
瘠苦寒,丰富宝藏未能开采,兼之军阀的搜括,匪乱烟土的毒害,人
民生活异常艰苦,所以娼妓很普遍,造成了妇女卖淫的风气。在西
北有一句很流行的歌谣:'沙土堆墙墙不倒,嫖客来了狗不咬,女儿
跑了娘不找。'人民对卖淫不视为羞耻的看法,由此可见。"③边区党
和政府当然不能允许这种丑恶现象继续存在,同样采取严厉禁止
的政策,同时更对娼妓进行改造,使之成为劳动新人。

(二)政策、措施

针对娼妓的改造,边区实行二重解放法,"先解放变为普通女
子,再解放变为自力更生的'人'"④。

首先实行教育,使娼妓主动弃恶从善,改邪归正。其次对于
一些屡教不改者则严厉处罚,如在三边地区禁绝公开的娼妓后,
对继续"从业"的暗娼"发觉后处以游街示众等重罚"⑤。再其次
通过劳动方式,延安地区"大生产运动中,改造'二流子'过程中,
就对一部分娼妓也进行了改造。延安的'二流子'、娼妓通过改

① 中国人民政治协商会议延安市委员会文史资料研究委员会编:《延安文史资料》第3
　辑,1986年印,第47页。
② 毛泽东:《中国革命和中国共产党》(1939年12月),《毛泽东选集》第二卷,第646页。
③⑤ 中国井冈山干部学院、中央档案馆编:《新中华报·综合版·整理本》7,南昌:江西
　人民出版社2016年版,第3713页。
④《延安市妇女运动志》编纂委员会编:《延安市妇女运动志》,第118页。

造,完全成了自食其力的新人。"①谢克在《延安十年》中写道:"在延安娼妓是犯禁的,不过变相的娼妓即女二流子一类还有少数的存在。这类女二流子也就是农村中的交际花,过去相当多,现在受改造二流子的影响,大部分也转变成了妇纺能手了。从各医院的病历统计上,我们也看出了花柳病患者逐年减少,这似乎可以反映同样的问题。"②

鉴于边区范围内娼妓的产生与在旧式婚姻下妇女人身受束缚、经济不独立、完全依附于男子密切相关,边区党和政府对旧式婚姻的改革,有力推动了禁娼工作。正如1941年4月,林伯渠在《陕甘宁边区政府工作报告》中指出:边区实行的男女有同样财产权和婚姻自由使得"(妇女)这个半数人类大解放的事业,虽还没做得很好,但是基础是奠定了。所以边区没有明或暗的娼妓。因为如此,所以妇女的地位和觉悟性日渐提高,参加生产与参加工作的一天天多了"③。特别是妇女开始拥有自主的财产,包括分配土地的权利,能够维持生活,为生计所迫沦为娼妓的最重要的根源被消灭,禁娼工作得以正本清源,所以林伯渠在边区第二届参议会上自豪宣布:"乞丐和娼妓,在经过土地分配的区域久已不存在。"④

抗战时期,边区"三禁"取得的巨大成功,有力地荡涤了旧社会遗漏的污泥浊水,打造出整个边区的一派风清气正、安定祥和的局面,为边区的各项建设扫除了相当大的障碍。这种状况恰与沦陷

---

① 《延安市妇女运动志》编纂委员会编:《延安市妇女运动志》,第118页。

② 谢克:《延安十年》,上海:青年出版社1946年版,第68页。

③ 陕西省档案馆、陕西省社会科学院编:《陕甘宁边区政府文件选编》第3辑,西安:陕西人民教育出版社2013年版,第244页。

④ 陕西省档案馆、陕西省社会科学院编:《陕甘宁边区政府文件选编》第4辑,西安:陕西人民教育出版社2013年版,第186页。

区、大后方"'烟''花'烂漫""麻(将)风遍地"的乌烟瘴气形成极其鲜明的对照。所以毛泽东在驳斥国民党顽固派攻诘时不无自豪地说道,"陕甘宁边区是全国最进步的地方,这里是民主的抗日根据地。这里一没有贪官污吏,二没有土豪劣绅,三没有赌博,四没有娼妓,五没有小老婆,六没有叫化〔花〕子,七没有结党营私之徒,八没有萎靡不振之气,九没有人吃摩擦饭,十没有人发国难财"①。由此可见,边区"三禁"当时的重大政治意义,更使人民特别是沦陷区、大后方的民众,体味到未来新中国的风采。

第四节　改造莠民

此处所谓莠民系指"二流子"。对其教育改造也是边区新民主主义社会建设、构建淳风良俗的一项重要内容与创造性工作。

一、"二流子"渊源及危害

"二流子"作为一种蔑称,具有"不入流""流而为鬼"等贬义,是陕甘宁一带专门指不务正业、游手好闲、"赌吃嫖遥"、大法不犯、小恶频仍的一类人,他们多以赌博、偷盗、贩卖毒品(小量)、迷信、色情为生计,来源多为社会底层的破产农民、小手工业者,是"黑暗社会制度下的牺牲品,反过来又成为社会上的蠹虫和祸害"②。

(一)原因及状况

作为社会边缘化群体,"二流子"的产生与存在有着多重原因。

---

① 毛泽东:《团结一切抗日力量,反对反共顽固派》(1940年2月1日),《毛泽东选集》第二卷,第718页。
② 陕甘宁边区财政经济史编写组、陕西省档案馆编:《抗日战争时期陕甘宁边区财政经济史料摘编·农业》第2编,第688页。

边区所在的广大西北地区,原本即地瘠人贫,生态恶劣,近代以来战乱频仍,天灾人祸不断。在灾难劣境面前,难民群体有不同的生存路径:得遇某种幸运而能生存立足,再通过辛勤劳动逐步发展;当兵吃粮,成为旧军队重要兵源;啸聚山林为匪作盗。除此之外,相当多数则在苟延残喘之余或为非作歹,沦为地痞、流氓、恶霸,或成为自暴自弃者,"二流子"则介于这两者之间,属非大奸大恶,但小坏小歹不断的层面。当然,这些群体会不断切换,如旧军队即极易产生"二流子"。毛泽东谈及当时军队兵员招募方式时说:旧式的募兵制会"造成那样多的二流子"①。

陕甘宁边区建立后,在中国共产党领导下,成为政治清明、蓬勃向上的抗战后方,但是贫穷落后的面貌和沉重的历史因袭绝非一时能轻易改变,"二流子"得以滋生的土壤继续存在。

首先如本篇第一章所述,边区一直存在大量的移难民。其在迁徙、向流民的转变过程中,有些人会自暴自弃而沦落,如延安县的"二流子"中,有些就是从米脂横山一带迁移而来。

其次,文化、教育、医疗卫生同步极端落后状况(见"文化建设"章)也从精神上为"二流子"产生提供了温床。

同时,边区原本存在的烟毒一时难以根绝(见本章第三节),在毒魔控制下,"瘾君子"无心也无力劳动,生活每况愈下,为满足烟瘾常将家产变卖一空,有些人甚至将政府发放的贷款用来吸食鸦片。烟毒不仅摧残了吸食者的躯体,也侵蚀了他们的灵魂,使得相当一部分民众贫穷堕落,沦为"二流子"。

从社会心理层面来看,"二流子"的思想、行为、作风会影响、腐

---

① 毛泽东:《论军队生产自给,兼论整风和生产两大运动的重要性》(1945 年 4 月 27 日),《毛泽东选集》第三卷,第 1107 页。

蚀更多的人。懒惰、不务正业是这一群体最大的表征。这些行为又由其阴暗心理、庸俗"哲学"所支撑:"破罐子破摔","面子不如里子,里子比不上肚子","蚂蚁成天忙,累得瘦仃仃;核桃虫不动,吃得肉滚滚",皆是其信条、口头禅,形象地表达出不思进取、得过且过、打流混世的卑劣心态,并恬不知耻地到处宣扬、散布。在这些精神病毒、无耻谰言的感染蛊惑下,会有更多人堕入"二流子"的行列。

由于上述各种原因,导致边区存在大量二流子。据粗略统计,边区"二流子"在3万至7万人之间,这在140多万的边区人口中,成为绝对不容小觑的一个群体!

(二) 危害

"二流子"对边区的社会建设和抗战事业具有很大的危害:

政治上,"二流子"与边区一系列政策皆方枘圆凿,格格不入,甚至污蔑诋毁,阻碍其贯彻实施。如大生产运动开展后,"二流子"在思想和行动上却背道而驰,颠倒是非,说三道四,成为阻力与赘疣。①

经济上,"二流子"挤占、浪费边区有限的物资资源,人民的政府对于生命一视同仁,绝不允许饿死民众,对"二流子"也是如此。每次发放的救济粮款皆要被"二流子"拿走相当部分,挤占了其他人的空间,但救济常加深了"二流子"不思进取等恶习,成了边区经济发展的蛀虫。据调查,延安市100多名"二流子""每月浪费多达百万元之巨"②。

---

① 莫思:《反对农村中的"二流子"》,《新中华报》,1940年12月29日,第4版。

②《党政协力劝导本市二流子参加生产,男耕女织痛改前非》,《解放日报》,1943年3月23日,第4版。

社会管理上,其违法乱纪行为破坏正常社会秩序,妨碍社会安宁,败坏社会风气。"二流子"到处造谣生事,如一度广泛流传的陕北"红鞋女妖精"的故事,"经调查,才知道是'二流子'搞的鬼"①。边区长期继续存在的赌博、偷盗、色情、迷信等旧社会遗存的"毒素","二流子"即是传播的中间宿主。更危险的是,"二流子"是敌伪、反动势力最佳的搜罗利用的对象,"所以改造他们也正是锄奸自卫的一个前提和条件"②。

二、方针政策与措施

对于这样一个人见人憎甚至"狗不理"、哀其不幸、怒其不争的特殊群体,中国共产党人不是厌恶、排斥、摒弃,而是以解放全人类的气魄,敞开胸怀,予以关爱帮扶——在不让一个人饿死、一个人流离失所的施救对象中也包括"二流子"们;与此同时,更对其耐心开展认真严肃的教育改造工作。教育改造是目的,而关爱帮扶是实现教育与改造的前提与有效路径。

毫无疑问,"二流子"作为阻碍边区发展的消极势力,对其改造也即成为边区社会建设必然要求和任务。1942 年 12 月,毛泽东在《经济问题与财政问题》的报告中将"二流子"改造列为领导、组织、帮助人民发展生产、增加福利的重要工作之一。1943 年 11 月,毛泽东再次号召:"所有二流子都要受到改造,参加生产,变成好人。"③同时,如果说是旧社会将人变成了"流鬼",此时中国共产党

---

① 艾思奇:《附录一:第一讲问题解答三,宗教迷信问题》,《艾思奇全书》第 4 卷,北京:人民出版社 2006 年版,第 238 页。
② 陕甘宁边区财政经济史编写组、陕西省档案馆编:《抗日战争时期陕甘宁边区财政经济史料摘编·农业》第 2 编,第 690 页。
③《组织起来》(1943 年 11 月 29 日),《毛泽东选集》第三卷,第 932 页。

人在边区革故鼎新则为改造"二流子""将'鬼'变成'人'"创造了根本条件。① 因此,改造"二流子"活动与各项中心工作相因应,在边区如火如荼迅速开展起来。主要环节包括:

(一) 确定标准

这是正本清源、出台其他政策的出发点。

延安县和华池县是边区较早着手对二流子进行改造工作的地方。进行之初因为缺乏经验,对"二流子"的含义界定模糊不清,划分标准难以把握,往往失之于宽,只考虑是否参加生产而不论其他因素,扩大了所划范围②,从而给这一工作带来不少困难,造成诸多负面效果,产生不良影响。经过深入调查不断实践和认真总结,边区政府以生活来源与生产、职业的关系作为主要抓手,对判断"二流子""半二流子"或"准二流子""非二流子"形成了科学、合理、严谨的评价标准,分为三类:

其一,"二流子",系完全依靠不良行为而无正当职业谋生者;

其二,"半二流子",系兼靠正当职业与不良行为谋生者;

其三,"二流子习气",乃指依靠正当职业谋生但染有不良嗜好或不良习气者。③

为防止基层干部在具体的界定和划分时出现各种偏差,边区政府还推介若干具体案例作为典型。另一方面,又注意将真正意义上的流氓与"二流子"作区别,深刻认知边区的"二流子"已经不再是传统意义上的旧社会的流氓,"所以今日改造二流子工作,正

---

① 陕甘宁边区财政经济史编写组、陕西省档案馆编:《抗日战争时期陕甘宁边区财政经济史料摘编·农业》第2编,第688页。

② 王丕年:《谈农村二流子》,《解放日报》,1943年6月4日,第4版。

③ 中共西北局中央局调查研究室编:《陕甘宁边区二流子的改造》,济南:山东新华书店1944年版,第9—10页。

是整个新民主主义革命的一部分,这是人民的意识的改造"①。

评价"二流子"正确标准的制定有效避免了打击面的扩大,团结了多数群众,为改造真正的"二流子"工作的开展奠定了牢固的基础。

(二)方法措施

改造"二流子"的根本目的是使其通过生产自食其力,最重要的方法也是让其参加劳动,也只有生产劳动的锻炼才会使其得到根本改造。边区党和政府为此提出:"改造二流子的办法:是把旧社会遗留下来那些游手好闲、不事生产的人,加以教育和改造,帮助他们生产的条件,替他们订生产计划,经常督促检查,使他们转到生产上来。"②

第一,教育为先。在思想上引导帮助"二流子"提高认识,自觉转变。彭真指出:应该坚持说服动员,即使必须强迫时也应通过教育与劳动中改造的办法,而"不应采取片面的单纯强制的'管制'办法"③。基层党和政权组织系统、群众骨干、积极分子积极开展这一工作,使之认清形势,服从法令,自觉参加劳动,改正恶习。另一方面,"二流子"又是弱势群体,饱受贫困困扰和道德谴责、社会鄙视、排斥,"几乎没有多少社会资源,但在乡村中占少数,是乡村社会中的劣势阶层"④,自尊心、羞耻心丧失,一味打压、指责、训斥不仅无效且会

---

① 《边区二流子的改造》,《解放日报》,1944 年 5 月 1 日,第 4 版。

② 陕甘宁边区财政经济史编写组、陕西省档案馆编:《抗日战争时期陕甘宁边区财政经济史料摘编·农业》第 2 编,第 521 页。

③ 彭真:《我们应如何执行中央关于一九四八年工作的指示》(1948 年 7 月 10 日),《彭真文选(1941—1990)》,北京:人民出版社 1991 年版,第 168 页。

④ 王先明:《变动时代的乡绅——乡绅与乡村社会结构变迁(1901—1945)》,北京:人民出版社 2009 年版,第 335 页。

使之更加自暴自弃，进一步沦落。故对其教育改造需要关爱、帮助，鼓励、劝说，伴之以乡情、亲情，情理交融，才能使顽石点头。

第二，创造条件。经说服教育，不少"二流子"有了转变意向，但早已失去了土地等生产资料和生产工具，形成"家中无余粮，就业无门路"的困境。针对这种情况，边区党和政府采取各种措施，包括及时予以物质援助及提供就业岗位，如延安市南区政府在已有转变的 50 个"二流子"中推介 13 人当上泥工，并对其他人或借给资本或调剂土地或提供纺车等生产工具（对女"二流子"），使之劳动自给。①

第三，组织起来。除帮助"二流子"个别劳动以外，党和政府还把"二流子"组织起来，分工协作，集体劳动。② 如延川县在 1945 年就组织 81 个"二流子"参加了变工、扎工。③

第四，强迫改造。改造过程中确实存在若干思想落后的"二流子"，他们油盐不进，顽固不化，采取各种手段对抗抵制。④ 边区党组织和政府也认识到，仅靠善意远难奏效，"无霹雳手段，难显菩萨心肠"，还必须伴之以采用强制、半强制方式才能真正促进其转变。《陕甘宁边区优待移民难民垦荒条例》（1943 年）就规定：对于移难民中不参加劳动生产的"二流子"，"乡政府应予以更多的教育说服，必要时即予以强迫，务使其参加劳动"⑤。措施约有：

---

① 陕甘宁边区财政经济史编写组、陕西省档案馆编：《抗日战争时期陕甘宁边区财政经济史料摘编·农业》第 2 编，第 699 页。

② 陕甘宁边区财政经济史编写组、陕西省档案馆编：《抗日战争时期陕甘宁边区财政经济史料摘编·农业》第 2 编，第 698 页。

③《改造二流子是长期经常工作》，《解放日报》，1945 年 2 月 4 日，第 4 版。

④《关于组织二流子集体生产》，《解放日报》，1944 年 5 月 3 日，第 4 版。

⑤ 甘肃省社会科学院历史研究室编：《陕甘宁革命根据地史料选辑》第 1 辑，第 263 页。

一是颁布强制法令。如,1944 年 3 月依据边区政府委员会通过的《二流子过犯应交由乡市政府及群众约束改造的决定》,边区高等法院对一次性释放的 23 名"二流子"提出了回归后必须参加劳动的强制性条款并帮助制订生产计划。[①]

二是设立戒烟所,帮助吸食鸦片的"二流子"戒烟和参加劳动生产。由于烟瘾难以自我克制根除,这种强制性措施对"二流子"的改造起到了重要作用,也让他们获得了新生。谢觉哉在 1943 年 6 月 1 日的日记中写道:"二流子大多是抽洋烟,赤峰区三十六个烟民只剩五个未戒了。有押后才转变的二流子,写信到看守所很感激,说要送瓜来。"[②]

三是强烈鞭策。组织游街、大会批斗,大大提高其"知名度",从而产生强烈冲击和巨大的震慑作用。如"二流子"刘四经过此番"待遇"后内心受到巨大的震撼,对人民政权的力量感到了恐惧,随后在村长和县长的帮助和鼓励下,最终得以转变。[③]

第五,贯彻群众路线,依靠人民群众推进改造。

一是推行乡村法规。1943 年 2 月起,边区政府推行各乡村制订"村民公约"活动,公约中无一例外皆列有防范和改造"二流子"的内容。[④]

二是实行社会监督。

其一,将"二流子"置于公众视线之下,多采取"挂二流子牌、带二流子白条"方法,"二流子"被"入另册",成为异类,时时游斗,促

---

① 《边区高等法院释放二流子使其转入生产》,《解放日报》,1943 年 4 月 23 日,第1版。
② 谢觉哉:《谢觉哉日记》上,第 478—479 页。
③ 赵元明编:《陕甘宁边区的生产故事》,上海:大众书局 1946 年版,第 160—163 页。
④ 《改造二流子简报》,《解放日报》,1944 年 4 月 9 日,第 4 版。

使其改过自新,以摘除"这块丢人的牌子",清除莠民的标识。①

其二,广造舆论。采用黑板报揭露、"小先生"监督、秧歌剧等多种形式批评"二流子"的不法行为,说明改造"二流子"的重要意义,一些嘲讽性民间"口头文学"广泛流传②,营造出一种鄙视"二流子"行为的社会氛围,促进了对"二流子"的改造。

人民群众充分发动后,不仅节省了政府有限而宝贵的人力、物力和其他行政资源,其最大效用是,更使得改造真正落实到了基层,能够变为常态化持续进行,特别是群众与身边"二流子""零距离"接触,从而能够时时刻刻发挥监督和帮助的作用,监督形成全方位无死角,约束"二流子"不良行径的同时形成巨大的舆论、社会心理压力,激发其残存的羞耻之心,唤醒其回归社会、不甘沦为社会异类的意识,鞭策其转变。正如艾思奇所说:"这种社会道德的力量,已成为农村中改造二流子的一个重要依靠。"③

社会监督当然有其粗鲁、过火成分,但在当时语境下不失为祛除沉疴的"良药""猛药",因而效果明显。

第六,树立"浪子回头金不换"的榜样。对一些转变显著、表现突出的"二流子",党和政府及时予以表彰,以带动其他"二流子"的改造。如前述1943年3月,安塞县的民众大会在表彰劳动英雄、批判"二流子"的同时,也安排完成转变的"二流子"张守万上台现身说法。④ 刘生海曾是边区出名的"二流子",后来转变成劳动英雄,

---

① 赵元明编:《陕甘宁边区的生产故事》,第160页。

②《笑话二流子》,《解放日报》,1943年4月24日,第4版。

③ 艾思奇:《建立新的劳动观念》,《艾思奇全书》第3卷,北京:人民出版社2006年版,第392页。

④《安塞民众盛会,杨朝臣张万库受奖,二流子数人当众受罚》,《解放日报》,1943年3月17日,第4版。

得以参加 1943 年 12 月召开的边区劳动英雄代表大会。① 1944 年在延安市政府召开的一次劝说会上，刘生海又对到会"二流子"现身说法。许多"二流子"深受感动，从心底里说，"刘生海的路就是咱们的路"②。边区宣传部门还把具有代表性的实例改编为文艺作品例如《二流子转变》《李财东》《动员起来》等等在乡村巡回演出，使得更多的二流子看到光明的前途。

　　值得注意的是，不少中国共产党高级领导也参与了对"二流子"的改造。首先，"一九三九年规定人人参加生产劳动，从党中央毛泽东、朱德起到每一个干部、战士都进行生产"③，为全党、全民包括"二流子"在内树立了劳动光荣的崇高典范。毛泽东不仅率先垂范，亲自参加生产，同时还直接教育帮助延安杨家岭自己住所附近的一名"二流子"，使之痛改前非，一年后成了劳动积极分子。④ 毛泽东还号召全党同志"应该不惜风霜劳苦，夜以继日，勤勤恳恳，切切实实地去研究人民中间的生活问题"，并且帮助人民具体地去解决这些问题，而不是讲空话，这要成为"每个在农村工作的共产党员的第一位工作"，其中就包括"二流子劳动"问题。⑤ 1943 年毛泽东曾接见刘生海，使其本人和其他转变者更坚定了追求进步的决心。

---

① 《刘生海谈亲身经验，二流子变成劳动英雄》，《解放日报》，1943 年 12 月 5 日，第 4 版。

② 《生产运动又一胜利，本市二流子纷纷转变，五十余人决心悔改参加生产》，《解放日报》，1943 年 12 月 22 日，第 1 版。

③ 李维汉：《回忆与研究》下，第 539 页。

④ 杨凤岗：《毛主席用实际行动教育改造懒惰青年》，《党史博采》1994 年 3 月 15 日，第 41 页。

⑤ 毛泽东：《经济问题与财政问题》（1942 年 12 月），《毛泽东著作选读》下册，北京：人民出版社 1986 年版，第 564 页。

三、成效与意义

边区对"二流子"的改造获得了巨大的成功。

（一）成效

相比较 1937 年，到 1943 年年初，全边区"二流子"已从数万减为 9 544 名，至年终又有 5 587 名脱"流"，占 58.5％。[1] 剩余者也在随后一段时间里被逐步改造，取得不同进展。延安县乌阳区集中了 18 个"二流子"组成扎工队，分工协作，集体劳动，两个多半月后，14 个"二流子"表现了真心转变，由于劳动认真，被附近群众争相雇佣。[2] 一些"二流子"更华丽转身为劳动模范。

（二）意义

转变的"二流子"积极投入劳动生产中，为边区提供大批劳动力，不仅自给自足，还缴纳公粮，由单纯消费者、资源浪费者变为生产者、财富创造者，为抗日事业做出了有益的贡献，堪称化腐朽为神奇。例如，在延川县清延区的 23 个"二流子"转变后，1943 年共种地 350 垧，收获粮食 149 石，不仅不愁吃穿，还在"征粮时自动要求出公粮"[3]。此外在开荒、运盐等活动中转变后的"二流子"也多做出了贡献。

改造"二流子"对引领边区社会风气也起到了积极作用。在思想意识上，"轻视劳动的思想被彻底涤荡，乡村民众牢固地确立了劳动光荣，劳动有饭吃，劳动才能不被人轻视，劳动才能赢得尊重和权威等劳动至上的观念。在这里，劳动第一次代替了识文断字

---

[1] 陕甘宁边区财政经济史编写组、陕西省档案馆编：《抗日战争时期陕甘宁边区财政经济史料摘编·农业》第 2 编，第 689 页。

[2] 陕甘宁边区财政经济史编写组、陕西省档案馆编：《抗日战争时期陕甘宁边区财政经济史料摘编·农业》第 2 编，第 698 页。

[3]《延川县清延区二十三个二流子全部转变》，《解放日报》，1944 年 2 月 2 日，第 4 版。

从而成为获取乡村社会权威的重要方式"①。

　　经过劳动改造,原本是社会"病灶"的"二流子"改邪归正后,减少了对群众的负面影响,有效维护了社会的稳定,如毛泽东所说:"动员二流子参加生产,不但增加了劳动力,而且消灭了坏人坏事,取得了人民的拥护,巩固了社会的安宁。"②特别表现为:一部分二流子戒掉了烟瘾,一些卖淫、嫖娼、乱搞违法的男女关系者收敛,不仅压缩了边区毒品、色情、迷信的活动空间,也很大程度上净化了边区的社会风气(见本章第三节)。社会风气的改善还体现在封建迷信得到一定程度的抑制。如前所述,由于边区民众卫生习惯较差,得病后常常求巫婆神汉。遂使一部分巫神有了可乘之机,骗取钱财,甚至每次做"法事"时"都要四个劳动力伺候他们装腔作势",严重败坏风气,因而巫神被视为"最坏的一种二流子"。③ 边区党和政府不仅加强医疗卫生事业建设(见"文化建设"章第三节),更在改造"二流子"的过程中重点打击神汉、巫婆,迫使其弃业和转变并现身说法向民众坦白其搞迷信牟利的伎俩。这种成功使得边区风清气正,呈现出一派欣欣向荣的崭新气象,向人们展示了新民主主义新中国的雏形。

　　中国共产党人在边区改造"二流子",不仅取得了经济、政治、社会的显著效益,同时也取得了对人的改造工作的巨大成效。社会实践早已反复证明,对人的改造的难度远大于对社会其他层面

---

① 雷小倩:《陕甘宁边区二流子改造及其影响》,《延安大学学报(社会科学版)》2011 年第4 期,第 41 页。

② 彭明主编:《中国现代史资料选辑》第 5 辑,北京:中国人民大学出版社 1989 年版,第530 页。

③《延属分区改造另一种二流子,组织巫神参加生产,专属指示各县进行》,《解放日报》,1943 年 5 月 23 日,第 4 版。

的改造,而改造莠民尤其艰难。对于改造落后的群体成为社会新人的重要意义,边区党和政府曾总结道:"几年来我们不仅进行了经济、政治、文化各方面的改造和建设,而且还进行了'人'的改造和建设。旧社会遗留给我们的渣滓——二流子,大部分都改换了原来的面貌,变成健康勤劳的农民,壮大了农业生产的阵容。"①1944年,林伯渠在《边区政府一年工作总结》中也讲道:"假使说变革社会是一件艰巨的工作,那末不难想象,改造人的意识更是一件艰难的工作。但大家知道,我们已有了改造四千五百个二流子转入生产运动的经验。"②

这一成功实践,体现了中国共产党对马克思主义关于人的本质原理的认知和坚守,并为随后开展的对人的改造工作积累了宝贵的经验。毛泽东在新中国成立前夕发表的《论人民民主专政》指出:"对于反动阶级和反动派的人们,在他们的政权被推翻以后,只要他们不造反,不破坏,不捣乱,也给土地,给工作,让他们活下去,让他们在劳动中改造自己,成为新人。他们如果不愿意劳动,人民的国家就要强迫他们劳动。"③很明显,这是吸收了改造"二流子"的经验而做出的重大决策,并在新中国成立后得到了有效的贯彻。

第五节　社会管控

全面抗战时期,边区各项建设蒸蒸日上,社会治理井井有条、蔚为大观,如此成绩的取得,有赖于中国共产党人实行了卓有成效

---

① 《改造二流子》,《解放日报》,1943年2月14日,第1版。
② 甘肃省社会科学院历史研究室编:《陕甘宁革命根据地史料选辑》第1辑,第383页。
③ 毛泽东:《论人民民主专政》(1949年6月30日),《毛泽东选集》第四卷,北京:人民出版社1991年版,第1476—1477页。

的社会管控。

社会管控，顾名思义，是政府通过行使所垄断的国家公共权力，管理和控制社会的行为，包括诸如体制、组织、制度、掌控、动员、反馈等一系列实体与机制。"管"与"控"密不可分：有效控制是有效管理的前提；有效管理才能进行有效的控制。两者相得益彰，相辅相成，以达到实现有效治理、巩固统治为最终目的。作为必须行使的事权，古今中外所有政权皆无一例外，莫不高度重视，牢牢掌握，充分行使，不离须臾，只是由于政权性质、体制、历史和文化传承差异，而呈现不同的性质、方式，产生不同的效果。

长期处于尖锐复杂的战争环境中的中国共产党需要自己拥有的根据地内的稳定，因而对其社会管控始终高度重视，自是理所当然。

然而，中国共产党始终代表着无产阶级和最广大人民群众的根本利益。在民主革命阶段局部执政中对社会管控，归根结底是为了民众利益，因而得到了民众的理解与支持，与以往统治阶级出于私利而实行的对民众镇压性管控截然不同。

中国共产党又是善于学习的无产阶级先进政党，实施社会管控时在坚持马克思主义国家学说、学习苏联体制的基础上，不断攫取借鉴中国传统文化的有关内容和各种经验。此时中国共产党在政治上已高度成熟，掌控的边区作为建设新民主主义新中国的试验区，相对安宁但更为复杂，从而对社会管控提出了新的要求，促使其更加重视这一工作，进一步总结了民主革命时期积淀的经验、教训，结合全面抗战新形势下的新情况和边区实际进行了新的探索和创造，将管控推到了新的阶段，取得了更大的成效。

一、党政"一元化"的管控体制

（一）确立

实行党的"一元化"领导，是中国共产党根本性体制，全面抗战时期这一体制在原有基础上得到了完善和进一步加强。特别是通过延安整风，在清除宗派主义的影响的基础上，1942 年 9 月 1 日，中共中央政治局讨论通过的《关于统一抗日根据地党的领导及调整各组织间关系的决定》（简称"九一决定"），第一次明确提出建立党的"一元化"领导，从中央直至基层构建起党统领一切组织、机构的机制（见"政治建设"章第七节），将整个社会力量、工作在党领导下有机整合起来，社会管控相应实现了新的发展。

（二）基本格局

在"一元化"体制下，形成了中国共产党集中统一领导和边区政府具体负责的格局。特别是随着"三三制"政权建立，进一步理顺了党和边区政府的关系。中共中央、边区党组织是边区社会管控的领导核心，发挥着总揽全局、协调各方的作用。边区政府根据中央的统一部署，设置专门机构，操作各项管控。

边区政府成立后颁发的《陕甘宁边区政府组织条例》（1939 年 4 月 4 日）规定，"边区政府于必要时得增专管机关"具体管理边区社会生活领域各项社会事务。其中与社会管控直接关联的如边区民政厅即拥有以下职责，包括：警察行政事项；户口调查统计事项；禁烟、禁毒事项；人民团体登记事项。保安司令部职权包括：绥靖地方事项；协助保卫边区事项；边区人民抗日武装团体之调查、整理、训练事项。保安处则拥有 3 项职权：对汉奸、敌探的侦查、捕缉、处治事项；对人民锄奸组织的指导事项；其他有关边区锄奸工作的事项①,更是社会管控的核心事务。

同时边区实行"三级两辅制","三级"即正式行政区划层级分为"边区、县、乡"三层级,"两辅"即边区、县级政权派出机关包括专署和区署(公所),实现了上下分层级管理体制(见"政治建设"章第四节)。此外还根据需要设置了垦区、移民开垦区、盐业中心区之类特别行政区,每一层级皆有相应的职能管理机构,建立起"条""块"协调的完善的政权管理体系,有效将对社会的管控落实到了基层。这套系统和做法,是第二次国内革命战争时期苏维埃体制的延伸和发展。

特别是,由于极端重视基层建设,基层党、政府、武装(受党组织领导的民众武装)、民众团体在党统一领导下,分工合作,同心协力,按照统一部署将各种组织、力量整合,在需要时能迅速调动、敏捷应对。乡管辖的行政村、自然村党和行政组织保证了政令的贯彻执行到户到人,真正实现了全方位、无遗漏、无死角的全覆盖式的全面管控。

二、强化专职管控机构

设置专门的管控机构,是构建有效管控的关键。边区政府在继承苏维埃原有机构的基础上,在新的条件下加以变通和完善。

(一)边区政府保安部队

是由原来各游击队、警卫队等地方武装改编而成的武警性质的内卫部队(详见"军事建设"章第一节),在边区的锄奸维稳、管控的工作中,起到了支撑作用。

---

① 陕西省档案馆、陕西省社会科学院编:《陕甘宁边区政府文件选编》第1辑,北京:档案出版社1986年版,第212—215页。

（二）边区政府保安处

是原中央苏区、陕甘红区、工农红军的保卫部门衍生而来的、集保卫、情报、治安于一身、强悍的管控社会力量（详见"军事建设"章第三节）。

（三）公安局

如果说，保安处侧重于秘密管控，公安局则是公开的管控机构，现代社会的"标配"，边区党和政府很早即进行了有计划的构建。1937年10月4日，边府决定成立延安市政府并同时设立延安市公安局，任命刘护贫为局长。1938年5月，中共中央根据延安当时的复杂形势从中央保安处特务队等单位抽调35名干部战士成立警察队，归延安市公安局领导，编制为3个班，同年8月扩编为3个区队、140多人。其基本职责为维护公共秩序和社会治安，主要业务包括：维持秩序，调解纠纷，管理交通，治安、人员检查（配合公安局治安整治），公共活动（大型）安全警戒保卫。此后中共中央社会部颁发的《公安局组织纲要》（1940年）对公安局的性质进一步定位为"抗日民主政权维持治安的机关"与"各级政权机构中的组成部分"，规定其任务是：保卫抗日政权、保障一切公民的民主权利、保障各抗日党派的合法自由、镇压敌探汉奸与少数阴谋破坏分子、维持社会安宁、巩固抗日根据地。其组织是：边区政府下设总公安局，行政公署、县设公安局，专署设公安督察专员，区设治安员。公安局内部机构分为：社会、司法、教育、秘书等部门，其中"社会"负责侦查、情报、社会调查等业务，集政治保卫、刑事、治安权力于一身；"司法"负责预审、看守、起诉等业务；"教育"负责干部管理、群众锄奸教育等业务。另设有武装警察性质的警卫部队：边府、行政公署、县公安局分别设有警卫大队、警卫中队与警卫区队，职责是武装警戒、看押犯人以及其他保卫任务。县以上公安局有侦查、检查、逮捕、审讯、维持治安、动员民众锄奸等职权。[①] 1942 年 1 月，鉴于绥德市治安原由分区保安处负责，诸多不便，遂成立绥德市公安局。同年 2 月 9 日，保安处在鄜（富）县、瓦窑堡各设 15 人的公安局一所。公安局系统得以进一步健全。

除公开组织以外，根据实际工作需要还成立了一些秘密组织（见"军事建设"章第三节），负责收集情报、侦破敌特组织任务的同时也负有监控社会特别是各种异动的职责。

以这些机构作为主要抓手，辅之以所组织动员的各种民众组织（见下），边区的社会管控具备了强大的硬实力。

三、健全制度机制

作为软实力，边区党和政府制定颁发了一系列法规，建立与健全各项管控机制。

（一）户籍制度

户籍管理，作为统计和掌握所辖区域人口的重要根据，从来就是国家管控社会全局的一项基本制度。局部执政的中国共产党人也不例外。第二次国内革命时期即企图在各根据地予以实行，但由于各种原因，中央苏区未实行严格的户口登记和管理，但进行过人口统计。中央内务部曾于 1932 年夏要求各省、县进行一次全面的户籍人口调查统计，因战争激烈、苏区变动频繁，江西全省仅 8 个县开展了这项工作。

自边区诞生、特别是全面抗战开始后，出现了新的复杂情况：如前所述，作为中国共产党领导抗战的总后方，最革命进步的地方，这里吸引着沦陷区、大后方大批追求进步的人士前来，更存在

---

① 穆玉敏：《北京警察百年》，北京：中国人民公安大学出版社 2004 年版，第 326 页。

众多移难民为求生存的大规模流动,对正常社会秩序本就产生了较大影响,何况其中泥沙俱下,鱼龙混杂,隐藏了若干借机混入的敌对分子,成为隐患。为了巩固政权、保护边区人民之生命财产,防范敌对势力,在相对安全稳定的条件下,党和政府立即着手构建、推行户籍制度。

《陕甘宁边区政府颁布优待难民办法的布告》(坚字第 63 号,1941 年 4 月 10 日)即规定,各县必须登记前来边区的难民。

《陕甘宁边区户籍条例(草案)》(1943 年制定,时间还存在其他说法,以下简称《条例》)规定:"户籍之籍别,以县市(等于县的市——作者注)为单位";"户籍及人事之登记,以乡市(等于乡的市——作者注)为其管辖区域";户籍的判定,依据:其一,户主,需在一县或一市区域内有住所一年以上,"而在他县市内无本籍者,以该县或市为本籍"。其二,子女,如无其他本籍,即"以其父母之本籍为本籍"。其三,夫妻双方只能以一人的本籍为本籍,并具体规定"妻以夫之本籍为本籍,赘夫以妻之本籍为本籍,一人不得同时有两本籍"。流动人员实行寄籍:已有本籍而在其他县市内居住满 6 个月,即以该县或市为其寄籍,无本籍或本籍不明、而在一县市内居住未满 6 个月也同样按此实行寄籍,"一人不得同时有两寄籍"。户籍编造以一家为一户,但"虽属一家而异居者各为一户",单位(包括机关、学校、宗教寺院、教堂)则以该单位为一户,"其主管人在本法上之地位,与家长同"。边区境内的人员迁移,如一户本籍由一县市移转于另一县市,需由家长向本籍的当地(县市)政府申请发给转籍证明书。在同一县市内,一户本籍由一乡市迁徙到其他乡市,需由家长向原乡市政府申请发给迁徙证明书。对不申请户籍或呈报不实人员给予处罚,"于法定期间内,无正当理由应申请登记而不为申请,并经乡市政府催告后半个月内仍不为申请者，或对人口呈报不实者，处十元以下之罚金或二日以下之劳役。出罚金或服劳役后仍应申请登记之"①。

户籍登记作为户籍入口更进行了严格的管控。《条例》为此特别规定：乡（市）长需要依据户籍登记簿、人事登记簿，分别编造"本籍及寄籍、户籍变更事件之户数、人口、性别、年龄、职业"，"出生之男女及其父母年龄、职业及结婚、离婚、死亡，宣告死亡之男女及其年龄、职业"的统计季根和年根呈送区公所转呈县市政府，由县市政府接到前项报告后，编造关于全县市之分类统计季根及统计年根各一份，呈送民政厅，以便边府及时掌握各地的人口情况。在实施户籍制度过程中，《条例》也充分注意保障民众的利益，"关于户籍或人事登记纠纷事件，以乡市政府之处分为不当或违法者，得用书面或口头诉愿于县政府，县政府接受书面或言词诉愿时，认为该诉愿无理由者，应以决定驳回之。有理由者，应以决定令该乡政府变更或撤销原处分。诉愿之决定，应送达于该乡市政府及诉愿人。诉愿人不服县政府之决定者得向民政厅提起再诉愿，如诉愿人再不服民政厅之决定者，得向边区政府提起再诉愿，必要时得向司法机关依法提起诉讼"②。

（二）检查制度

户籍是掌控相对固态的居住人口。为控制人口流动并甄别其中的敌对分子，则实行了检查制度。

《陕甘宁边区检查行旅办法》（1942 年 2 月 7 日）指令边区保安处所属的检查站、哨站，经保安处委托的军警机关，检查出入边区

的车辆、驮兽、行旅及其携带物品，以及"在边区境内行旅认为有检查之必要者"，对于"敌探汉奸及其他犯罪嫌疑者""现行犯""违禁品""反动刊物及文件""漏税物品""私带我军政机关之秘密文件或地图等""假造路条护照或其他证明文件者""无正当理由而拒绝检查者"等情况予以扣留，并在 24 小时内连同证物送当地县市政府保安科或边区政府保安处，侦查属实后分别转递司法机关或军事机关处理之。①

《陕甘宁边区政府关于防止敌探破坏活动加强行旅检查及户口检查的命令》(1943 年 9 月 20 日)指出："根据七月间南线备战动员材料及延安、绥德等县反特务斗争材料，均充分证实敌寇汉奸与国民党反动特务机关大量的、有计划的派遣侦探奸细混入我边区进行刺探军情，建立内线，造谣诱惑，扰乱治安等破坏活动。"为此要求各级政府应特别注意加强边境地区及交通要道的居民和行人中的检查工作，对象包括："1. 来路不明之人，如友军逃兵，敌区友区来人或难民而无一定介绍或证明信件者。2. 无一定职业之人，如当地二流子及其他借朋友、老乡、同学或亲属关系而在该村停留多时者。3. 形迹可疑之人，如平常有侦察材料，或临时认为有考察之必要者。"具体检查办法是：户口检查由当地自卫军负责进行，如附近有锄奸机关或部队，即应与其协同商量进行；检查前，应有计划、有组织地进行调查，"确定检查目标，进行抽查"；检查过程中应向被检查者宣传解释，防止发生负面影响。检查后应对各种结果区别对待：对无问题的住户，应解释检查的重要性及意义；如发现疑点则应分别轻重处理；检查出违禁品及其他可疑物证，则应"如

---

① 陕西省档案馆、陕西省社会科学院编：《陕甘宁边区政府文件选编》第 5 辑，西安：陕西人民教育出版社 2015 年版，第 176—177 页。

数送交政府处理"①。少先队、儿童团也时常协助自卫军和锄奸机关参与户口检查。1940 年 1 月 27 日颁布的《陕甘宁边区抗战时期查获违禁物品奖惩规则》则进一步规范和延伸了相关的检查程序。

（三）护照制度

与检查制度相配套的是护照（包括"路条""通行证"）制度。

《出入特区边境护照使用条例》（1937 年 12 月）规定："凡出入特区（陕甘宁其时称为'特区'）边境的任何公民以及在职的公务人员必须持有特区政府保安处的护照，方准出入特区边境。"护照领取需要"有各革命团体主要负责人介绍及各县区政府主席之介绍"，或"有三家商店担保"，或"有二家住户居民担保"。同时，携有边区政府保安处护照者须随时受沿途检查站之盘问和检查，在检查中"如查出领护照人有汉奸行为者，担保人须负绝对责任"②。

《关于处理边界纠纷和保护抗日救国团体防止汉奸托匪阴谋活动的决定》（1938 年 6 月 9 日）又指出：抗战期间为防止汉奸、托派③、土匪假借名义实行阴谋破坏起见，要求在边区从事各种抗日救国事业的个人或团体，"须持有中央或地方党政军机关和正式民众团体的护照或介绍信"，并经边府查验属实后发给由陕甘宁边区政府、八路军后方留守处、陕甘宁边区保安司令部之一开具的介绍信，"方得到目的地活动，否则各级政府得制止之，并不能允许其停

---

① 陕西省档案馆、陕西省社会科学院编：《陕甘宁边区政府文件选编》第 7 辑，西安：陕西人民教育出版社 2015 年版，第 217—218 页。

② 陕西省档案馆、陕西省社会科学院编：《陕甘宁边区政府文件选编》第 1 辑，西安：陕西人民教育出版社 2013 年版，第 24 页。

③ 即"托洛茨基反对派"及"陈独秀取消派"。当时根据共产国际观点，被视为敌人、匪帮。

留,以防奸宄"①。1941年5月26日民政厅又在关于动员工作的指示信中要求"发给居民路条或通行证时,要严格考查清楚,以免有逃跑躲避兵役等事发生。必须建立各要路口盘查哨站制度,严格考查来往行人,以防止逃跑与奸徒混入边区等事发生"②。

为有效进行检查、盘查,《陕甘宁边区政府紧急通知——各机关人员外出须携带路条》(1942年12月22日)进一步规定:在边区境内:其一,延安所有的党政军民机关、学校、部队、公营商店的人员,凡离开延安外出时都"必须携带路条或护照手续,以便各检查哨站随时检查,否则各检查哨站有留难之责任"。其二,路条由市政府统一制发,各机关、学校(部队另用自己的军用护照与路条)需"一律到市政府领取,并缴纳必要的纸张费"。其三,路条需严格掌控,"各机关团体应指定可靠人员负责保管及填发路条,以免发生弊端"。其四,到边区境外更加严格:边区各机关团体(人员)如因公出边外,"必须携带军用护照或保安处所制发的护照,否则边境军警及检查哨站有扣留之责任"③。

针对各地区类型不同的通行证带来的麻烦,为便于军警查验,《陕甘宁边区颁发通行证护照规则》(1943年4月)规范了通行证、护照的样式及颁发权限:"通行证规定由县(市)政府保安科(公安局)统一印发,凡住在各县(市)之机关、学校、团体及公营工厂、商店,所用之通行证,一律到各该县(市)政府保安科(公安局)领取。"领取手续由各县(市)政府保安科(公安局)自行规定;民众所需要

---

① 延安市中级人民法院审判志编委会编:《延安地区审判志》,西安:陕西人民出版社2002年版,第321页。

② 甘肃省社会科学院历史研究室编:《陕甘宁革命根据地史料选辑》第1辑,第103页。

③ 陕西省档案馆、陕西省社会科学院编:《陕甘宁边区政府文件选编》第6辑,西安:陕西人民教育出版社2015年版,第251页。

的通行证,由村长介绍到乡政府领取;"除以上规定之通行证护照及军人由军事指挥机关另有规定之军人护照外,禁止其他私制之路条护照在边区内通行"。特别再次强调对通行证需严格掌控,"各机关、学校、团体,应指定可靠人员负责保管及填发通行证,以免发生弊端";同时再次严行规定:各机关单位人员、普通民众"因公事或私事须离开所在县(市)外出者,必须携带通行证,否则各检查哨站有留难之责任";单位人员出边区"必须携带边区保安处所制发之护照,否则边境军警及检查哨站有扣留之责任(携有八路军旅部以上护照者例外)"①。

(四)报告反馈机制

社会管控不仅要有部署,更要有落实。为此,边区党和政府建立了报告反馈的机制。如前述之《陕甘宁边区政府关于防止敌探破坏活动加强行旅检查及户口检查的命令》第一条即规定:要根据各县的具体情况,"在边防与交通要道实行户口报告制度,每个自然村应将该村之来往人员及时报告乡政府,再由乡政府报告区政府"。而检查以后则"要总结每次检查经验,报告当地保安科"②。其他的各项工作也都有类似的规定。这一机制,不仅使得管控得以落实,更有利于总结经验教训,不断提升管控的水平。

(五)对民众团体的管控机制

抗日战争是一场人民战争。边区党和政府在中共中央的领导下大力动员广大人民群众参战,建立了大量民众团体和动员机制(见"军事建设"章第一节),与此同时,又采取措施,对民众团体实

---

① 陕西省档案馆、陕西省社会科学院编:《陕甘宁边区政府文件选编》第 7 辑,西安:陕西人民教育出版社 2015 年版,第 139 页。

② 陕西省档案馆、陕西省社会科学院编:《陕甘宁边区政府文件选编》第 7 辑,西安:陕西人民教育出版社 2015 年版,第 217—218 页。

行了有效管控。

早在第二次国内革命战争时期,中国共产党即建立了对群众组织的"党团"领导模式。中共六大通过的党章第十四章规定:"在非党组织(如职工会、农会、社会团体及文化组织等)之各种代表大会和会议上及机关中,凡有党员三人以上者均成立党团,其任务在于非党的组织中加强党的影响,实行党的政策,并监督党员在非党组织中之工作。"①随后中共六大通过的《中国共产党组织决议案草案》中,再次强调了"党团"对群众组织建设的重要性:"应当注意在群众组织中之党团的工作,应当与当地之各支部之日常的工作发生联系。一方面党团之日常工作应当建立支部的工作上;另一方面,支部在某个群众组织之下,进行组织群众的时候,都应该在党的口号之下。"②此时则变通实行这一体制,除在其中继续设立党团或其他党组织外,1938年1月29日,成立了边区群众性的抗战动员组织——陕甘宁边区抗敌后援会,统一领导边区各抗日群众团体。这一做法得到中共中央的充分肯定。同年10月15日洛甫(张闻天)在党的六届六中全会的报告《关于抗日民族统一战线与党的组织问题》中指出:"地方党应统一关于当地民运的领导,群众团体的党团应直属地方党。"③此后,边区的民众动员,形成了中共边区委员会统一领导、民政厅具体主管的体制。这一年,边区又成立了民族革命战争战地总动员委员会。边府1942年4月3日颁布的《陕甘宁边区民众团体组织纲要》规定:民众有权建立民众团体,边

---

① 中央档案馆编:《中国共产党第二次至第六次全国代表大会文件汇编》,北京:人民出版社1981年版,第367页。

② 本书编委会主编:《中国共产党历届代表大会记录"一大"到"十七大"》第1卷,北京:中共党史出版社2007年版,第284页。

③ 中央档案馆编:《中共中央文件选集(1936—1938)》第11册,第697页。

区的民众在自愿的原则下，可以根据"各种不同职业、地区、信仰、性别、年龄，组织团体"（关于民众动员及组建群众组织、民众团体，另参见"军事建设"章第一节），但必须受政府领导，包括：所有民众团体都必须"向政府申请登记"；皆有"协助政府进行各种公益事宜，并受当地政府之指导"的义务。特别强调对民众团体登记问题，进一步明确规定民政厅是登记的主体：所有民众团体都要向民政厅申请登记（由当地政府转呈），由民政厅审核后发给登记证，在延安市的民众团体则可直接向民政厅申请登记；登记的条件是：属于文化学术的民众团体"其成员至少须有五人以上"，属于社会活动的民众团体则"至少须有二十人以上，始得声请登记"，并要呈报组织章程、负责人相关信息、分布及活动范围、成员人数等内容。①同日颁发的《民众团体登记办法》则严格规定了登记的具体程序、办法。

对群众团体的牢牢掌控，确保了这些团体不致异化而走向反面，成为失控的势力。

四、贯彻群众路线，实现群防群控

群众路线是中国共产党根本性的工作路线、组织路线。中国共产党人在革命实践中充分认识到，要有效管控社会，维护稳定，就必须贯彻群众路线。边区党和政府在构建专门的机构的同时，充分发动和依靠群众，团结一切可以团结的力量参加各项社会管控活动。

---

① 陕西省档案馆、陕西省社会科学院编：《陕甘宁边区政府文件选编》第6辑，北京：档案出版社1988年版，第17—19页。

（一）群防群控

在动员组织民众的基础上，边区党和政府构建起与专门机构相配合的"群防群控"的管控系统，群众组织、民众团体作为有组织的力量，协同进行各方面的工作、活动。

组织起来的民众即是防范敌伪的强大力量。1938 年 3 月 3 日，边区政府即向民众倡导："全边区人民应该努力帮助政府军队组织担架队、运输队、缝纫队、洗衣队、看护队、救护队、慰劳队、锄奸队及修筑工事，征募战士，收集军需用品，供给军队粮食及盘查、放哨、警戒、侦察、剿匪、锄奸等工作。应该更加提高全边区人民的政治警觉性，每个村庄、市镇，大家都注意切实执行警戒、盘查工作，使汉奸、敌探、托匪不能混入活动。"①

如属民兵性质的群众武装组织边区抗日自卫军系由原赤卫军改编而来（详见"军事建设"章第一节），肩负着放哨、警戒、盘查等工作，对防止汉奸的渗透起到重要作用。边区政府颁布《陕甘宁边区抗日自卫军组织条例》（1937 年 10 月）规定的任务即包括"搜索零星匪徒，捕捉侦探"；"担任警戒，设置盘查哨"；"侦察敌情，递送情报"②。1942 年 4 月 22 日，边府政务会议通过新的《抗日自卫军组织条例》将自卫军分为基干自卫军和普通自卫军，基干自卫军成为准地方部队，普通自卫军则仍保留"维持地方治安"的职责。③

又如锄奸委员会。1937 年 10 月、1939 年 3 月 5 日，边区政府

① 陕西省档案馆、陕西省社会科学院编：《陕甘宁边区政府文件选编》第 1 辑，西安：陕西人民教育出版社 2013 年版，第 36 页。

② 陕西省档案馆、陕西省社会科学院编：《陕甘宁边区政府文件选编》第 1 辑，北京：档案出版社 1986 年版，第 15 页。

③ 陕西省档案馆、陕西省社会科学院编：《陕甘宁边区政府文件选编》第 6 辑，西安：陕西人民教育出版社 2015 年版，第 29—30 页。

先后颁布了《陕甘宁边区锄奸委员会组织条例》和《陕甘宁边区民众锄奸委员会组织条例》，确定该组织为人民自愿协助政府进行锄奸保卫工作之民众抗日团体。其组织特别是核心机构直接受政府和保安处领导、掌控，"民众锄奸委员会以乡（市同）为单位组织之，直接受乡政府之管辖（市同）。但工作上由保安处系统指挥之"，除此垂直系统，还构建与同级的其他群众组织包括工会、农会、妇女联合会、自卫军、少先队等的横向关系，由这些组织"各推出代表一人组织之"。在锄奸委员会内部设立专职的核心机构"锄奸小组"。凡边区未被剥夺公权的人民，均有权自愿加入，民众锄奸委员会按照性别、年龄"分别组成青年组、成年组、老年组、妇女组、儿童组等"。每组 3—10 人，选组长 1 名负责，人口稀少的村落，则可以不分年龄、性别等而组织混合小组。① 在边区第一届参议会上，林伯渠报告了广泛动员民众参加锄奸运动的情况说：已在每个乡建立了民众锄奸委员会，每个委员会领导 10 个以上的锄奸小组，每个小组平均有 10 人以上的锄奸组员。边区共计建立起了 700 个以上锄奸委员会、9 000 个锄奸小组，拥有 10 万多锄奸组员。"这种群众组织，一年来经过教育整理，成为坚强伟大的力量，在乡村及城市中，配合自卫军经常进行放哨、盘查、侦察、宣传等等锄奸警卫工作"②。群众组织与专业防控机构密切互动，在诸多领域发挥了重要的自我治理功能，使得防控之网更加严密，大大加强了边区政府对社会的管控力度，为完成各种抗战和建设任务，维护社会稳定，巩固边区做出了重要贡献。此后锄奸组织又进一步发展（详见"军

---

① 《红色档案·延安时期文献档案汇编》编委会编：《红色档案·延安时期文献档案汇编·陕甘宁边区政府文件选编》第 1 卷，第 175—176 页。

② 陕西省档案馆、陕西省社会科学院编：《陕甘宁边区政府文件选编》第 1 辑，西安：陕西人民教育出版社 2013 年版，第 82 页。

事建设"章第三节）

（二）加强宣传教育

有效的思想政治教育，提高人民群众对于管控的认识，是加强社会管控的基础工作。

向群众进行宣传、教育，原本是中国共产党的优良传统和巨大优势。中共中央边区党和政府始终高度重视对群众的思想政治教育工作，毛泽东在六届六中全会所作报告中即提出：要在一切为着抗战的原则下广泛发动民众教育，并提出了若干具体形式，包括组织各种补习学校、开展识字、戏剧、歌咏、体育等运动，创办各种敌前敌后的地方通俗报纸，以"提高人民的民族文化与民族觉悟"①。宣传教育的一个重要内容就是关于社会管控，特别是各种法律、法规。如路条、护照、通行证制度在边区人民的生活中扮演着重要角色，但也必然对民众造成许多不便。为使民众认识到其对保卫边区的重要作用，1938年冬，马健翎依据农村妇女积极参加"缝补衣服送前线，盘查放哨捉汉奸"等抗日救亡运动的先进事迹，创作了秦腔剧《查路条》，人物形象真实鲜明，语言生动活泼、幽默诙谐。此剧随即在各地广泛演出，取得了进一步提高了人民群众的警惕性的效果，《解放日报》曾报道："当它在临固边境上演后不久，当地的一个农妇即在放哨中抓到一名汉奸。原因是她看了《查路条》，学得机智和巧妙的思想。"②可谓立竿见影。1939年2月，沃渣创作了《查路条》黑白木刻，登载于《新华日报》，画面中一个石砌的哨棚旁一人手持长矛询问一名陕北打扮的农民，而另一人正在查看

---

① 中央档案馆编：《中共中央文件选集(1936—1938)》第11册，第616页。
② 《延安文艺丛书》编委会编：《延安文艺丛书·文艺史料卷》，长沙：湖南文艺出版社1987年版，第511页。

这名农民的路条，场景简单明了，但宣传了路条在边区人民生活中的重要影响。

宣传教育提高了边区民众思想政治觉悟，使得群众认识到管控的意义，从被动受管控变为自觉接受、参加管控，进一步夯实了社会管理之基。

五、加强民主与法治

（一）依法管控

边区严密的社会管控是在民主与法制轨道上运行。

边区党和政府努力使管控做到有法可依。如前所述，边府在十多年的时间里，主要在全面抗战时期共制定和颁布了64个类别、数量达千件以上的法律法规，其中直接与社会管控相关的除前述登记、检查，禁烟、禁毒、禁赌、禁娼外各项各件外，还有《陕甘宁边区抗战时期戒严条例（草案）》（1939年）、《陕甘宁边区处置破坏抗战分子暂行条例》（年份待考）、《逮捕反革命分子暂行条例草案》（年份待考）、《破坏边区治罪条例草案（修正案）》（年份待考）、《陕甘宁边区抗战时期惩治盗匪条例（草案）》（1939年）、《陕甘宁边区抗战时期惩治汉奸条例（草案）》（1939年）、《边区维护革命秩序暂行办法》（1943年1月17日）等。边区党和政府严格执行这些法律法规，按法律标准禁止、惩治若干行为，把民众各项活动和政府管控活动规范在正确合法的范围内。在此基础上同时实行有法必依，严格执法，违法必究。

边区还十分重视发挥乡规民约在社会管控中的积极作用，将其与法律、法规的宣传教育结合起来。这些村民公约从农村生活的实际出发，涉及日常的方方面面，具有较强的适用性和可行性，弥补了法律法规的空缺，不是法律，但若干情况下胜似法律。

依法管控，保证了管控具备了合法性和正当性。

（二）充分发扬民主

管控更建立在民主的基础之上，边区党和政府为发扬民主不遗余力。

如贯彻"三三制"的各级参议会对调动人民群众的积极性、整合乡村各种力量起到了重要作用。1944 年 3 月 25 日林伯渠在边区高干会上高度评价了"三三制"等党的各项政策对发扬民主所取得的成效，乡参议会在"议行合一"体制下充分发扬民主：议决与执行都是"一揽子，'大家动手'。这种方式又民主，又集中，合乎'三三制'精神。能解决问题，能办好事情。没有形式主义，也没有教条主义，它是群众的马克思主义的创造。"①而实行"三三制"又进一步贯彻了民主精神，调动起党外人士的积极性。"精兵简政"政策的实施则将边区政府各级编余的干部、人员充实到下级政权中，加强了基层政权尤其是最基层的乡级政权正规化建设，提高了工作效能，包括发动、组织民众参与社会管控的能力，将政权、管控真正深入农村和农民之中。

人民特别是农民获得民主权利，改变了他们以往对政治冷漠、对国家政权敌视、反感抵制社会管控的态度，最重要的，中国共产党获得了他们的衷心拥护。如西方学者感言，由于共产党对世世代代受压迫欺凌的农民实行了民主，为其带来了实际福祉，"农民便有了奋斗的目标，而且将会为了维护这些权益而去与任何敌人战斗，无论这敌人是日本人还是中国人"②。曾到访过延安的美国

---

① 陕西省档案馆、陕西省社会科学院编：《陕甘宁边区政府文件选编》第 8 辑，西安：陕西人民教育出版社 2015 年版，第 152 页。

② ［美］马克·赛尔登著，魏晓明、冯崇义译：《革命中的中国——延安道路》，北京：社会科学文献出版社 2002 年版，第 270 页。

外交官谢伟思也说道,农民之所以支持中国共产党,是"因为他们深信共产党人是为他们而战斗的。而他们之所以形成这样的信念是因为共产党人给他们带来了看得见、摸得到的实惠"①。由此他们认为政府是自己的政府,从而积极拥护政府的号召,如七七事变发生后,"全边区人民经过各种动员的方式很快就了解并接受了政府抗战救国的一切解释和动员令"②,包括社会管控,并在管控的每一个环节中认真践行。如:

积极踊跃加入各种民众团体和组织。如王若飞说,在边区,"这里的政府军队和人民是亲密的打成一片的,这里的民众是有着高度的民族觉悟,过着长期的组织生活,他们早就团结在各种抗敌群众团体之内",如抗敌后援会、工会、青年救国会、妇女联合会、农民会、文化界救亡协会……早就建立自卫军、少先队等武装组织,"并具有丰富的游击战争经验"③。林伯渠也在陕甘宁边区第一届参议会上介绍了边区民众高度组织化的情况,不无自豪地宣称:"由于广泛的民主政治的实施和政府的有力的帮助,边区民众的绝大多数都参加了民众团体。"边区人民每人至少参加了一种组织,有的人"还加入了两个以上的团体"④。完全克服了深被诟病的旧中国的"一盘散沙"的状况。

积极响应动员。王若飞总结道,边区的抗战动员工作比全国

① [美]马克·赛尔登著,魏晓明、冯崇义译:《革命中的中国——延安道路》,第271页。
② 林伯渠:《陕甘宁边区政府一年来的政况》(1938年7月7日),《建党以来重要文献选编(1921—1949)》第15册,第499—500页。
③ 中共中央党史研究室第一研究部《关山渡若飞》编辑组:《关山渡若飞:王若飞百年诞辰纪念集》,北京:中共党史出版社1996年版,第239页。
④ 中共中央文献研究室、中央档案馆编:《建党以来重要文献选编(1921—1949)》第16册,第63页。

其他区域更容易进行，其原因在于：其一，依靠各种群众组织从政治上宣传鼓动群众积极自觉参加，而不是单纯采用行政命令强迫群众执行，"所以不会使群众有恐惧逃避现象"。其二，广大民众早已组织起来与武装起来，"所以不会有'急时抱佛脚'的慌乱没办法现象"。他还对比组织起来的边区民众与阎锡山治下一盘散沙的山西民众应对日军的天壤之别："在黄河东岸的村镇，敌军未到已逃亡一空；在黄河西岸的群众，任敌人炮轰如何利害，仍沉着镇静的协助守军参加抗战工作"[1]。再次说明了发扬民主对于动员的重要性。

　　民主与法制轨道上运作的社会管控，真正将治理落实到了每一个角落。

　　陕甘宁边区卓有成效的社会管控，保证了中国共产党和边区政府各项方针政策的贯彻实施，保障了边区社会秩序，配合促进了中国抗战事业的发展，在此奋斗过程中产生的各种创新，也为中国共产党此后全面执政提供了极其宝贵的经验。

---

[1] 中共中央党史研究室第一研究部《关山渡若飞》编辑组：《关山渡若飞：王若飞百年诞辰纪念集》，第239页。

第五章　军事建设

第一节　军队建设

全面抗战时期,边区的建设和创新也体现在军事层面——中国共产党在新民主主义理论引领下,在军事上(包括隐蔽战线)各种建树,多率先在边区实行;边区的相关成功实践被推广和运用于各敌后战场,从而演出了一场场威武雄壮的活剧,展现了一幅幅人民战争绚丽多姿的壮丽画卷。

一、全面抗战新形势下党的新的军事路线

(一)国共合作统一战线下的革命目标与政治路线

1937年全面抗战爆发以后,全民族同仇敌忾,共赴国难,以国共合作为基础的抗日民族统一战线最终正式形成。

合作抗日,首先是军事合作。根据两党协议,1937年8月25日,西北主力红军正式改编为国民革命军第八路军(简称"八路军"),9月11日,改称第十八集团军,但仍沿用第八路军番号。随后,主力红军长征开始后留在南方8省的红军武装、游击队改编为

国民革命军新编陆军第四军。

面对这种新形势,中国共产党应该怎样完成夺取抗日战争和中国民主革命彻底胜利的光荣而艰巨的双重历史使命? 以毛泽东为核心、政治上已高度成熟的中国共产党迅即做出反应,制定了正确的路线、方针、策略和一系列具体政策。

从政治上来看,中国共产党敏锐地认识到这是历史提供的难得契机(见导论及"政治建设"章)。而完成双重使命的关键在于,发展在第二次国内革命战争后期遭到重大损失的革命力量,特别是军事力量。1937 年 8 月 22 日至 25 日,中共中央在陕北洛川召开政治局扩大会议,通过了《抗日救国十大纲领》(简称《十大纲领》)、《关于目前形势与党的任务的决定》(简称《决定》)等重要文件。《决定》指出:中国政治形势开始进入一个新的阶段,这一阶段党最中心的任务就是"动员一切力量争取抗战的胜利","站在斗争的最前线"①。《十大纲领》则提出实行"全国军事的总动员","全国人民的总动员",武装人民配合发展抗日游击战,配合主力作战。②

这一决议,将完成抗日战争和民主革命的任务天衣无缝地衔接起来。

(二) 军事路线

在政治方针的引领下,党形成了新的完整的军事路线和理论。

其一,抗日战争、武装斗争的地位、作用。毛泽东首先从战略高度高屋建瓴、精辟地论述这一问题:"革命的中心任务和最高形式是武装夺取政权,是战争解决问题。"毛泽东强调,在中国,没有武装斗争,就没有无产阶级和共产党的地位,也不能完成任何革命

---

① 中央档案馆编:《中共中央文件选集(1936—1938)》第 11 册,第 324—326 页。

② 中央档案馆编:《中共中央文件选集(1936—1938)》第 11 册,第 327—328 页。

任务。① 号召每个共产党员都应懂得这个真理:枪杆子里面出政权。毛泽东分析了抗日战争中的爱国主义和国际主义的关系,认为"爱国主义就是国际主义在民族解放战争中的实施",要求中国共产党人必须将二者紧密结合起来,既是国际主义者又是爱国主义者,口号则是"为保卫祖国反对侵略者而战"。共产党员要发挥其全部积极性,"坚决地走上民族解放战争的战场"②,要求"全党都要注重战争,学习军事,准备打仗"③。

其二,"争兵权"。武装斗争的主要工具是军队。毛泽东指出:"在中国,主要的斗争形式是战争,而主要的组织形式是军队。"根据历史的经验,中国问题解决须臾离不开武装斗争,而认识这一点,对于今后进行胜利的抗日战争是有利益的。他因此特别强调,"共产党员不争个人的兵权","但要争党的兵权,要争人民的兵权"。④

"争兵权"的关键,首先是要保证中国共产党对改编后的八路军和新四军的绝对领导,绝对不容国民党控制甚至染指这两支革命武装力量。我党向国民党的承诺是,改编后的红军接受国民政府军事委员会之"指导"而非"指挥"。一字之差,含意天壤之别!中共中央革命军事委员在改编命令明确指出:部队改编后,必须加强党的领导,必须"成为共产党的党军","为党的路线及政策而斗

---

① 毛泽东:《战争和战略问题》(1938 年 11 月 6 日),《毛泽东选集》第二卷,第 541、544 页。

② 毛泽东:《中国共产党在民族战争中的地位》(1938 年 10 月 14 日),《毛泽东选集》第二卷,第 521、520 页。

③ 毛泽东:《战争和战略问题》(1938 年 11 月 6 日),《毛泽东选集》第二卷,第 543 页。

④ 毛泽东:《战争和战略问题》(1938 年 11 月 6 日),《毛泽东选集》第二卷,第 543、544、546 页。

争"①。部队仍然按 1927 年"三湾改编"规定的原则,从上至下建立党的各级组织,改编之初虽然按国民党要求取消了"政治委员"之名,但实以副职主官的名义保留这一建制,以保证党掌控全军,绝对服从中共中央革命军事委员会的领导、指挥。为加强党对军事军队领导,洛川会议将中共中央革命军事委员会扩充为 11 人,由毛泽东为书记,朱德、周恩来为副书记,对外则称主席、副主席,明确了毛泽东全军最高统帅的地位。②

其次是坚持独立自主的指挥与战略。

国民党要求八路军主力加入正面战场序列,与日军打正规战,特别是消极防御战,拼消耗。这一安排,不仅被动笨拙、难以克敌制胜,更隐含借日军之手消灭中国共产党军队的险恶用心,如按此实行其结果既会丧失抗战支撑力量、不能夺取最后胜利,更将导致丧失无产阶级和共产党的地位,"就不能完成任何的革命任务"③。这是我党无论如何也不能接受的。

所以洛川会议做出了极为重要的战略决策:把党的工作重心放在战区和敌后,放手发动群众,开展抗日的游击战,创建抗日的根据地,壮大革命力量;把减租减息作为抗日战争时期解决农民问题的根本政策;在国民党统治区放手发动爱国的群众运动与国民党片面抗战路线作斗争。第一、第二项决策,是实现中国共产党这两重使命的根本保证,实际上是在抗战和国共合作新条件下继续走中国特色的农村包围城市、武装夺取政权的革命道路。

---

① 中共中央文献研究室编:《毛泽东年谱(1893—1949)》(修订本)中卷,第 17 页。

② 中国抗日战争军事史料丛书编审委员会编:《八路军·回忆史料》,北京:解放军出版社 2015 年版,第 145 页。

③ 毛泽东:《战争和战略问题》(1938 年 11 月 6 日),《毛泽东选集》第二卷,第 544 页。

（三）战略方针

1938年5月，毛泽东发表光辉著作《论持久战》，从时代特点、战争性质、中日国情等层面深刻分析了抗日战争的客观规律，明确指出抗战是一场持久战，并由此提出了一系列重要的战略思想，包括红军的基本任务：创造敌后根据地，相机消灭敌人，从战略上支援友军作战，扩大红军，争取战争领导权；战略方针：独立自主的山地游击战；作战原则：分散以发动群众，集中以消灭敌人；相应地要大力创建敌后根据地等。特别是反复阐述了抗日民族统一战线的有关问题，强调要坚持独立自主原则，对国民党保持高度的阶级警觉性。①

洛川会议、《论持久战》反复强调要发动群众开展独立自主的抗日游击战争这一形式，一方面，这是因其具有无法绕越的战略地位，即中国是一个大而弱的国家，却被另一个小而强的国家攻击，但是，"这个大而弱的国家却处于进步的时代，全部问题就从这里发生了"②。另一方面，发动民众开展游击战，更是发展壮大革命力量的一大抓手，民众正是在这种初始的作战中学习、提升军事技能，成为正规主力部队的源源不断的后备力量。有鉴于此，毛泽东一再强调此点。

1937年8月1日，毛泽东指示红军：目前作战，是"在整个战略方针下执行独立自主的分散作战的游击战"，因此红军不宜出兵过大，否则便"不能发挥游击战"③。8月9日，毛泽东再次指出：红军必须实行独立自主的指挥和分散的游击战争，不可集团作战，惟其

---

① 中共中央文献研究室编：《毛泽东年谱（1893—1949）》（修订本）中卷，第16页。
② 毛泽东：《抗日游击战争的战略问题》（1938年5月），《毛泽东选集》第二卷，第405页。
③ 中央档案馆编：《中共中央文件选集（1936—1938）》第11册，第299页。

如此,才能发挥红军长处,并强调要防范国民党的叵测用心,应予警觉,"防人之心不可无,应有戒心"①。随后毛泽东还指出了抗战初期游击战与土地革命战争时期的不同,强调这一时期游击战实是"用正规性(某种程度上)的八路军去分散执行游击任务"②。

(四)贯彻人民军队各项建军原则

在抗战时期,毛泽东特别注重对部队的思想政治建设,进一步贯彻人民军队的各项建军原则。

其一,强调党对军队的绝对领导。只能是"党指挥枪","决不容许枪指挥党"③。

其二,强调人民军队的根本宗旨是全心全意为人民服务。1944年9月8日,毛泽东出席中共中央直属机关追悼因公牺牲的中共中央警卫团战士张思德的会议,在所做题为"为人民服务"的著名讲演中,系统阐明这一宗旨以及相应的诸如生死观、虚心接受批判意见、革命队伍内部成员关系等原则:

强调共产党及其领导的军队是革命的队伍,完全是为着人民解放、为着人民利益工作的。

强调"人总是要死的,但死的意义有不同",要奋斗就会有牺牲,我们不怕牺牲,只要是"为人民而死,就是死得其所",就比泰山还重。

强调我们是为人民服务的,因此就不怕有缺点错误被别人批评指出,"不管是什么人,谁向我们指出都行",只要你说得对就加以改正,只要是对人民有益处"就照你的办"。

---

① 中共中央文献研究室编:《毛泽东年谱(1893—1949)》(修订本)中卷,第13页。

② 毛泽东:《战争和战略问题》(1938年11月6日),《毛泽东选集》第二卷,第549—550页。

③ 毛泽东:《战争和战略问题》(1938年11月6日),《毛泽东选集》第二卷,第547页。

　　强调军民之间、官兵之间完全平等。革命队伍中每一个人都应相互关心，相互爱护，相互帮助。

　　其三，构建良好的军民、军政关系。为人民服务，不仅是历史唯物主义使然，更是克敌制胜的关键所在。毛泽东反复强调，战争的伟力最深厚的根源存在于民众之中。军民打成一片、团结如一人，"这个军队便无敌于天下，个把日本帝国主义是不够打的"。所以必须构建良好的军民关系和军政关系。而其关键，在于"尊重士兵"和"尊重人民"①。毛泽东告诫大家："八路军也是老百姓，故军队不要忘本，本就是工农"，"我们要军民合作"。毛泽东强调：八路军有两条规矩，一是官兵合作，一是军民合作。② 1943年毛泽东又指出：军队必须爱护人民，不能损害人民利益；军队必须尊重党，尊重政府，"不能闹独立性"③。

　　毛泽东、中共中央在历史转折的关键时期制定的政治路线、军事路线，为争取抗战和民主革命胜利指明了正确方向，极大丰富和发展了第二次国内革命战争期间业已形成的马克思主义与中国实际相结合的中国特色的军事理论。而这种丰富和发展，又是首先在边区贯彻和实行的。

二、留守部队建设

　　从土地革命战争开始，在敌强我弱态势下，我党领导的人民军队即实行正规军、地方武装和群众武装相结合的体制。抗战时期，

---

① 毛泽东：《论持久战》（1938年5月），《毛泽东选集》第二卷，第512页。
② 毛泽东：《在陕甘宁边区农业展览会上的讲话》，《新中华报》，1940年1月16日，第1版。
③ 毛泽东：《组织起来》（1943年11月29日），《毛泽东选集》第三卷，第934页。

边区是继续贯彻这一体制的模范。其构成如下：

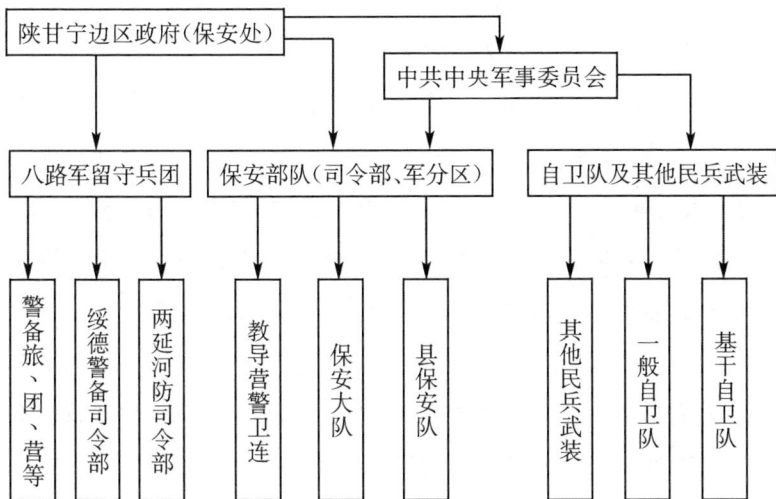

```
陕甘宁边区政府(保安处) ───────┐
                          ↓
                中共中央军事委员会 ──────┐
  ┌──────────┬─────────────┤              │
八路军留守兵团  保安部队(司令部、军分区)   自卫队及其他民兵武装
  │               │                        │
┌─┼─┐         ┌──┼──┐              ┌──┼──┐
警  绥  两     教   保   县          其   一   基
备  德  延     导   安   保          他   般   干
旅  警  河     营   大   安          民   自   自
、  备  防     警   队   队          兵   卫   卫
团  司  司     卫                    武   队   队
、  令  令     连                    装
营  部  部
等
```

（一）建立与建设

边区的主力部队是八路军留守部队。

根据中共中央的决策，为了完成夺取抗战胜利和奠定新民主主义革命彻底胜利基础的双重使命，八路军主力迅速东渡黄河，奔赴抗日最前线、相机侧击日军后，组成各支小部队分散深入敌后，发动群众展开游击战、创建抗日根据地，发展壮大自身革命力量。

与此同时，边区境内留有正规部队9 000余人。其目的一是作为边区发展武装力量的骨干、种子；二是拱卫我党当时唯一掌控的根据地、战略总后方的现实考量：边区面临黄河东岸日军和北、西、南"盟友"国民党的双重威胁。特别是如前所述，毛泽东早有预见而强调要对国民党保持警惕，所以红军主力"要留一部分保卫陕甘宁边区"①。没有一个强有力的"护法金刚"，一旦全党神经中枢有

① 中共共央文献研究室编：《毛泽东年谱(1893—1949)》(修订本)中卷，第16页。

任何闪失，中国革命的损失将不堪设想。此举乃当时形势使然，合情、合理、合法，且符合当时惯例，国民党当局当然无话可说。

中共中央精心打造这支部队。

1937年9月，"八路军后方留守处"在延安成立，主任（司令员）兼政委萧劲光，参谋处处长毕占云，副处长曹里怀，政治部主任莫文骅（因战争年代部队干部变动频繁，此后有关人员除涉及外一般不多提及），部队从一一五师、一二〇师、一二九师三大主力团以下建制分散抽调构建，其中包含了原陕北红军及地方武装部分。

同时，东渡各主力部队均在陕甘宁这一总后方设有后方留守处。为适应这一状况，中共中央和中央军委又在延安设立"总留守处"，仍以萧劲光为主任，谭政任政治部主任，统一节制各留守处。总留守处下又设东、西两地留守处。东地区留守处以陈伯钧为主任，陈先瑞为副主任，负责神木、府谷、靖边、安定、志丹、肤施、甘泉、鄜（富）县、洛川等县，统一指挥第一二〇师第七一八团、特务营、工兵营、炮兵营、辎重营以及第一一五师炮兵营、辎重营；西地区留守处以王宏坤为主任，王维舟为副主任，负责定边、盐池、环县、庆阳、合水、正宁、旬（栒）邑、淳化等县，统一指挥一二九师的三八五旅旅部、七七〇团和特务营、工兵营、炮兵营、辎重营等部。

为了加强对留守部队统一领导、提升部队素质，1937年10月，中央军委将留守部队统一整编为8个警备团和骑兵团、炮兵团、特务团、第七七〇团及鄜富（县）甘（泉）独立营。其中警备六团当时只确立名义，1937年11月3日方由中央军委将原独立二师王兆相部改成。12月，中央军委又将留守处改编为留守兵团，由中央军委直接领导，任命萧劲光为司令员兼政委，曹里怀为参谋长，莫文骅为政治部主任。兵团的主要任务是：保卫边区，保卫党中央，清除匪患，安定人民生活，守卫河防，巩固与扩大自身力量,进行正规化建设,不断提高战斗力,随时做好战斗准备,培养与积蓄干部。

兵团各部队防区进一步确定为:北线榆林、绥德由警一团驻防。南线由警四团、警二团、骑兵团、炮兵团驻防。西线由警七团、七七〇团驻防。东线(即河防沿线)由警三团、警五团、警六团、警八团驻防。三五九旅回撤后也驻防东线。

除了留守兵团,陕甘宁边区还设立了绥德警备司令部,亦称"五县警备司令部"。

1937年10月,根据国共协议陕北的绥德、米脂、葭(佳)县、清涧、吴堡5县划归陕甘宁边区管辖后,中共中央遂设立绥德警备司令部,由陈奇涵为司令员,郭洪涛为政委,毕占云为参谋长。1938年4月,为统一边区武装部队的指挥,中央军委又将陕甘宁边区保安司令部及所辖地方部队统一划归留守兵团指挥,总兵力达1.5万余人,包括一个旅、十个团、十个保安队、一个独立营。

为了加强河防和应对国民党制造的"反共"活动,1939年7月,中共中央军委再次调整了边区部队,将八路军总部炮兵团拨归留守兵团,随后又与其他部队合编为兵团的直属特务团。8月,成立了关中警备司令部。同年10月,一二〇师王震奉命率八路军三五九旅(欠第七一九团)由晋察冀返回边区,接替绥德警备司令部防务,统一管理辖区军事事务,归留守兵团指挥。同年冬,中共中央和边区中央局成立绥德警备区军政委员会,王震任书记,统一领导军队和地方工作,整合形成了强大合力。12月,在绥德警备司令部基础上又成立警备第一旅司令部,下辖警备第三团和第八团,驻防关中等地。

与此同时,为进一步加强边区军力,八路军后方留守处与边区党委、政府联合发布训令,决定在边区内动员壮丁1 710名补充留守兵团和保安部队。①

　　1940年2月，警备第六团拨归一二〇师指挥。4月和10月，三五九旅雁北支队、第四支队、第七一九团先后回边区归建。到1940年底，边区留守兵团部队所属包括：第三八五旅、三五九旅、警备第一旅及警备第一、第四、第五团及特务团、骑兵团，加上保安司令部所辖部队，总兵力达3.1万余人，长、短枪共计1.5万余支，轻、重机枪1077挺，迫击炮17门。1941年底，留守部队及关中警备司令部、保安司令部等所属共达3.4万余人。② 这在地瘠民穷、人口稀少的陕甘宁，应是极大的发展。

　　打退国民党第二次"反共"高潮后，在国民党继续不断制造"反共"摩擦事件并策动更大的阴谋的背景下，为了准备应付突然事变的发生，毛泽东未雨绸缪，在1942年5月3日的中共中央政治局会议上提议，组织陕甘宁晋绥联防司令部，统一两地军事指挥，以加强陕甘宁边区与晋西北的防务。5月13日，中共中央军委决定在延安成立陕甘宁晋绥联防军司令部，以"统一晋西北与陕甘宁两个区域的军事指挥"，以贺龙为联防军司令员，徐向前为副司令员兼参谋长，关向应为政治委员（高岗代理），林枫为副政委，所辖部队包括一二〇师、留守兵团、晋西北新军、三五九旅、陕甘宁边区保安部队和炮兵团等。③

---

① 陕西省档案馆编：《陕甘宁边区政府大事记》，第48页。

② 熊月之等编：《大辞海·中国近现代史卷》，上海：上海辞书出版社2013年版，第360页。

③ 中共中央文献研究室、中央档案馆编：《建党以来重要文献选编1921—1949》第19册，第280页。

为贯彻精兵简政和进一步统一军事指挥,1942 年 9 月 15 日,中共中央军委决定将陕甘宁晋绥联防司令部与留守兵团司令部合并,统一直接指挥晋西北和边区各部队,但八路军留守处及留守兵团司令部名义保留,联防司令部名义一律不对外使用,任命贺龙为司令员,徐向前、萧劲光为副司令员,关向应为政治委员,高岗为副政治委员,张经武为参谋长,并任命方强为留守兵团政治部主任,管理司令部直属队、原有留守兵团、保安三一五队、三五九旅、新一旅的政治工作,进一步巩固和加强了边区的安全保卫力量。

中共中央一直关注这支在视线之内、直接捍卫心膂的"近卫军"建设。

1937 年 12 月召开第一次兵团首长会议时,毛泽东、周恩来等领导人出席,毛泽东在讲话中指出留守部队的价值和建设方向,强调留守和前线抗日救国同样重要,留守兵团建设必须尽快走上正规化道路。根据毛泽东讲话精神,会议明确了留守兵团"加强战斗准备""正规化建设""统一战线""紧密与人民团结"等几项主要任务。一年后,1938 年 12 月,留守兵团和保安部队第一次党代会召开,会议再次明确了留守部队的工作方针:加强战备,加紧训练,提高战斗力,努力生产,克服困难,随时准备粉碎敌人的进攻,"把部队变成战斗的学校与集体生产的场所","把每个战士变成抗日的优秀干部"①。留守兵团在中央的引领下,在正规化建设的道路上不断迈进。

(二)从严治军

一段时间内,由于环境的艰苦、物资供应困难增加的客观原

① 军事科学院军事历史研究部:《中国抗日战争史》中卷,第 190 页。

因,更由于纪律教育的放松,及某些旧思想旧作风的残存等主观因素,边区部队中曾出现了不尊重地方政府与其工作人员、超越权限擅自代行政府的职能、违背或不执行政府的法令、违反群众纪律等现象。

这些情况引起中央和毛泽东的高度重视。

在一次会议上,当留守兵团负责人报告取得哪些成绩之后,毛泽东在高度肯定成绩同时也强调指出:有成绩是应该的,现在问题不是讲成绩,而是找缺点。1940年8月5日,八路军总政治部专门发出有关整饬纪律、改善军政军民关系的训令。8月13日,毛泽东起草中央军委有关文件时又指出:在新开辟的区域,军队政治机关负责建立地方政权和党的组织,但必须严格实行党的政策。在政权及地方党已建立完备的区域,军队不应干涉他们的工作且应尊重他们。强调要与军队中一切违反党的政策的行为做严肃斗争;军队党与地方党,如遇争纷,"应更多地责备军队党","军队干部与地方干部关系"同样如此。[1] 而在具体问题上,更是按此原则处理。如一次延安市公安局与卫戍司令部发生纠纷时,卫戍司令员受到了毛泽东的严厉斥责,这场风波最后主要以军方承认错误而结束。

毛泽东随后更严肃批评了军队中滋长的一些军阀主义毛病:一部分人养成了骄气,对士兵,对人民,对政府,对党横蛮不讲理,只责备地方工作同志,不责备自己;只看见成绩,不看见缺点;只爱听恭维话,不爱听批评话,并强调指出"陕甘宁边区,就有这种现象"[2]。

---

① 胡乔木:《胡乔木回忆毛泽东》,第143—144页。

② 毛泽东:《组织起来》(1943年11月29日),《毛泽东选集》第三卷,第934页。

在毛泽东的推动下,1943 年起,边区发动了拥政爱民和拥军优抗运动。1 月 25 日,八路军留守兵团发布有关拥政爱民的决定,指出:拥护政府、爱护人民"是我们革命军队的责任"①。随后规定,每年 2 月 5 日至 3 月 4 日为边区部队的拥政爱民月,并公布《拥政爱民公约》。10 月 1 日,毛泽东为中共中央起草党内指示,正式把"拥军优抗""拥政爱民"确立为党和军队的重大制度,要求各根据地党委和军政机关于 1944 年农历正月普遍举行一次大规模的拥政爱民和拥军优抗的群众运动。具体做法是:军队方面,要重新宣布拥政爱民公约,开检讨会,召集群众联欢会(当地党政参加),对损害群众利益的,要进行道歉和赔偿。群众方面,由当地党政和群众团体牵头,重新宣布拥军优抗公约,广泛举行劳军运动。在拥政爱民和拥军优抗的运动中,军队和地方党政要彻底检查各自在过去一年的错误缺点并应于 1944 年坚决改正,指示还要求,"以后应于每年正月普遍举行一次",广泛开展群众性的自我批评,各方面只批评自己,不批评对方,彻底改正缺点不足。② 10 月 14 日毛泽东再次强调:"只要军队能拥政爱民,政与民是会爱军队的。"③毛泽东的这些规定,对加强全军包括边区部队的建设,无疑起着至关重要的作用。

(三)贯彻与提升

留守兵团认真贯彻中共中央和毛泽东的指示,除认真克服存

---

① 中共中央文献研究室、中央档案馆编:《建党以来重要文献选编(1921—1949)》第 20 册,第 86—89 页。

② 毛泽东:《开展根据地的减租、生产和拥政爱民运动》(1943 年 10 月 1 日),《毛泽东选集》第三卷,第 913 页。

③ 胡乔木:《胡乔木回忆毛泽东》,第 143—144 页。

在的问题,并在部队建立经常的政治思想教育制度,因时因地地结合部队实际反复进行教育,营以上干部普遍组织了政治学习小组,开办训练班,不断选送有关人员进各种学校学习。对连以下的干部战士主要是加强时事与政策教育,开展识字教育,认真加强连队党支部建设。留守部队还出版《烽火报》和《烽火副刊》等刊物,成立艺校,创办剧团,广泛开展形式多样的教育活动。

在坚持政治建军的根本方向的同时,兵团根据毛泽东指示,十分重视正规化建设,提出"奠定部队正规化基础"的号召,开展健全指挥机关、统一部队建制、统一规章制度等项工作。到1939年5月,兵团正式颁布了《内务条令》《纪律条令》《参谋工作条例》等一系列规制。

为加强军事训练,采取层层督察、层层落实,通过干部教育、示范教学等方法,形成了一个无所遗漏的教育训练网。特别注意从边区和部队实际出发,紧紧围绕近战战术这一中心,坚持以班排夜战、河川作战等为演训重点,尤其着重训练射击、刺杀、投弹、迫近作业四大技术。伴随着持续的强化训练,留守兵团的整体军事素质和战斗力不断提高,同样成长为八路军的正规主力部队。

由于自然条件恶劣,更由于国民党当局不断加剧的经济封锁、打压,留守部队发展壮大过程中和边区军民一样,始终面临严峻的困难。

为克服困难局面,并减轻人民负担,从1938年起,留守兵团即根据毛泽东关于"开展部队生产运动"的指示,率先提出"生产、学习"的口号,广泛开展农业生产以及种植蔬菜、饲养牲畜、开办磨坊、开办合作社、动员战士做鞋、织布、织毛衣毛裤毛袜的生产运动,成为随后全党全军大生产运动的先声。

大生产运动开展后,留守部队积极响应,在原来的基础上拓展,因地制宜地很快建起包括毛纺、被服、鞋袜、木工、大车等工厂以及瓷器窑、砖瓦窑、煤窑和各种作坊,开展畜牧、运输、商业等多种生产经营。1939 年垦荒 2.5 万余亩,收获细粮 2 590 石(38 万余千克);1940 年垦荒 2 万多亩,收获粮食 2 400 多石(36 万余千克),不仅改善了部队自身的生活,减轻了人民的负担从而密切了军民军政关系,更弘扬了"自力更生,艰苦奋斗"的革命精神,三五九旅的南泥湾垦荒壮举已作为这一精神的代表,永远载入了史册。

三、地方部队建设

为加强边区防务和治安保卫,安定总后方,配合前线主力部队作战,边区党和政府高度重视地方武装力量的建设。

(一)建立与基本编制

边区的地方部队当时冠以"保安部队"的名称,其前身是原边区地方红军、游击部队,西北主力红军改编之后所余力量,被统编为边区保安队。

1937 年 8 月 15 日,中共中央军委成立专门统辖边区地方武装部队的指挥机构——保安司令部,受中央军委节制、指挥,隶属于边区政府领导,统辖全边区地方保安部队和民众武装,高岗为司令员兼政委,周兴、谭希林、吕振球分任副司令员、参谋长、政治部主任,军分区设分区保安司令部。其军分区情况详见下表①:

---

① 郭化若:《中国人民解放军军史大辞典》,长春:吉林人民出版社 1993 年版,第22 页。

军分区名称	成立时间	军队主官	撤销时间
关中军分区	1937 年冬	司令员:张仲良 政　委:习仲勋(后任) 副司令员:金道松	保安司令部撤销后,直属陕甘宁晋绥联防军
陕甘军分区	1937 年冬	司令员:王世泰 副司令员:郑自兴	1938 年撤销
神府军分区	1937 年冬	司令员:黄罗斌 政　委:张秀山 参谋长:杨文模	1941 年后撤销
庆环军分区	1938 年下半年	司令员:王世泰 政　委:马文瑞 参谋长:张吉厚	1941 年后撤销
三边军分区	1938 年下半年	司令员:白寿康 政　委:刘英勇 参谋长:刘齐川	保安司令部撤销后,直属陕甘宁晋绥联防军

10 月 4 日,边府第八次主席团会议确定:将原西北保卫局合并于保安司令部。保安司令部中心任务是剿匪、锄奸和整理地方武装。保安部队扩大到 5 000 余人,[①]成立伊始基本编制为"统辖教导营、警卫连、十个保安大队以及各县保安队"[②]。

保安大队亦称基干大队,其成员绝大多数来自本乡本土的贫苦农民,并且参加过中国共产党领导的各种武装斗争,负责在边区境内机动作战;县保安队主要在本县范围内活动;其警卫队成员则是经过精心挑选的政治觉悟高、素质优越的骨干,负责党政军机关及首长的安全保卫。

---

① 陕西省档案馆编:《陕甘宁边区政府大事记》,第 4 页。
② 王晋林、秦生:《新民主主义模型:陕甘宁革命根据地史》,北京:中共党史出版社 2007 年版,第 85 页。

（二）基本职能

根据保安司令部的职责，边区保安部队的主要任务是负责维持社会治安与秩序，严密掌控匪、奸情况，并"与之作无情的斗争"，"保证人民应享受之一切民主权利"①。加强边区地方防卫，进行剿匪、肃奸、防谍，镇压区内的汉奸和一切反动派的各种阴谋破坏活动，管理地方民兵组织，协助配合留守兵团保卫边区，成为巩固边区的一支重要武装力量，同时又担负向主力部队输送指战员、动员与组织民众参加抗日救国、加强群众武装建设的承上启下的功能。

（三）发展

随着形势的发展，保安部队得到了不断发展。1938 年开始，关中分区第一及第二保安基干大队、绥德独立营、保安第三、第四基干大队、直属第四基干大队、庆环分区第五基干大队及该分区保安队、神府分区保安队等陆续改编为 7 个独立营，逐步向正规部队过渡。

为应对国民党顽固派的"反共"阴谋，1939 年 1 月，边区政府和八路军留守处共同决定，由边区保安司令部统一节制保安部队和地方武装。

1940 年，边区保安司令部将绥德分区保安大队改编为保安第一团；独立四营、八营及安定保安大队改编为保安第二团。

1940 年边区保安司令部内设机构改为司令部、政治部、供给部、卫生部，管辖绥德、关中、陇东、三边 4 个分区及边府直属县、市的地方武装。1941 年 3 月 24 日边府第五十四次政府委员会议确定扩大保安部队随时准备应付突然事变。整个抗战时期，这支部队不仅很好地完成了各项任务，自身也得到了很大的加强与提高，

① 林伯渠：《由苏维埃到民主共和制度》，《林伯渠文集》，第47页。

向主力部队输送了大批合格的兵员,在解放战争开始后,绝大部分整建制地编入野战部队。

四、民众武装力量建设

(一)建立与初步发展

根据毛泽东始终强调的"兵民是胜利之本"的思想,边区在加强正规部队各项建设的同时,积极发展民众武装力量、民兵性质的"自卫军",其前身是原陕甘、陕北苏区的赤卫队等。另有少先队也作为准群众军事组织而存在。为了适应全面抗战环境与民主制度发展,1937 年 8 月 25 日,中共陕甘宁边区委员会决定改造赤卫军,"改名为抗日自卫军",明确它是半军事性质的群众武装组织,是保卫边区的武装力量、抗日的后备军。①

1937 年 10 月 1 日,《抗日自卫军组织条例》发布,对这支武装各个方面都做出明确规定,其主要任务:一是保卫边区;二是配合保安队或单独负责锄奸灭匪,捕捉侦探;三是担任警戒,设哨盘查;四是侦察敌情,递送情报;五是抗战训练,负担战时有关军事工作。自卫军的人员组成,《条例》规定:凡边区劳动公民,愿意从事抗战事业、遵守自卫军纪律,年龄在 18 岁以上 45 岁以下、身体强健者,"均有加入抗日自卫军的光荣权利",妇女可成立妇女自卫队。②

自卫军的编制,依次为班、连、营,营为最高单位。每一乡或地域接近的两乡可编成一个连,连设基干自卫军班或排;每区编成一个营,营设基干自卫军排或连,营部则设于区政府所在地。妇女方

---

① 西北五省区编纂领导小组、中央档案馆编:《陕甘宁边区抗日民主根据地·文献卷》上,第 176 页。

② 关保英主编:《陕甘宁边区行政组织法典汇编》,济南:山东人民出版社 2016 年版,第 3 页。

面,一乡或地域接近的两乡妇女自卫军须编成相应的连、排、班,选妇女任相应职务,连为妇女自卫军最高单位,但"受同乡的男子自卫军连部指挥";"各正班排连营长负责军事指挥及教育,各副班排连营长负责政治领导及教育";自卫军实行严明纪律(由保安司令部制定、颁布)。抗日自卫军统由保安司令部负责指挥和训练,保安司令部随时"以命令行之"①。

边区党和政府积极加强边区自卫军建设。

1937年10月4日边府第八次主席团会议确定建立3 000—4 000人的自卫军基干大队。②

1938年3月28日,边区党委发布整理地方武装决定,将该年四五两月定为"地方武装整理月",大量增加自卫军的数量,"要特别着重于基干自卫军的整理",强化"基干自卫军的政治教育和军事训练",要做到每人能有一件武器,"要大大提高自卫军的政治警觉性,与抗战积极性"。该年自卫军人数发展到14万多人,其中基干自卫队有2万多人,绝大部分是工农分子,党员约占14%。③

1938年,边区成立民族革命战争战地总动员委员会,颁布《人民自卫队组织条例》,进一步明确了自卫军(队)的性质与任务,规定在敌军后方战区和我军后方普遍组织不脱离生产的人民自卫队,凡年在18岁至50岁的人民没有疾病者,不分男女均得参加,以配合抗日军队作战,进行游击战争,侦察警戒封锁消息,维持地方治安,镇压汉奸活动,捕捉敌探间谍,担任战勤任务等等。

---

① 关保英主编:《陕甘宁边区行政组织法典汇编》,第4—5页。

② 陕西省档案馆编:《陕甘宁边区政府大事记》,第4页。

③ 中国战争动员百科全书编审委员会:《中国战争动员百科全书》,北京:军事科学出版社2003年版,第623页。

　　到1938年底,边区自卫军(队)的人数除参军上前线外,有145 000多人,其中基干自卫军21 800多人,并自下而上地建立起各级指挥系统,经常承担各种军事、政治训练和战勤(包括运送物资、救护伤病员)、配合作战等工作。其装备主要是红缨枪、马刀、步枪、土炮,拥有担架及运输工具。连以上干部由政府指定,但经全体队员同意;连以下则由民主方法选举产生。为不误农时,凡以农民为主组成的自卫军(队)一般每周军事操练、政治课、讨论会各一次。军事操练附带讲授游击战术和战时运输等具体实用内容。

　　妇女自卫军人数,据不甚精确统计有40 000余人,除参加盘查放哨,主要任务是救护、宣传、募捐、慰劳,也要接受军事训练,并重视对基层(班、排、连)女军事干部的培养。

　　(二)整顿与发展

　　随着形势的发展,边区党和政府对民众抗日武装不断整顿,使之健康发展并壮大。

　　1941年3月24日,边府第五十四次政府委员会议确定加强自卫军的训练和领导,随时准备应付突然事变。所谓"突然事变",是指国民党制造的第二次"反共"高潮的硝烟尚未散尽。

　　同年"五一施政纲领"提出"加强抗日自卫军和少先队的组织与训练,健全其领导系统"。

　　1942年4月1日,根据中央军委有关指示,边府、留守兵团、边区保安司令部联合发布《为重新整理边区自卫军工作的决定》,针对其若干存在的问题特别是在数量、质量的问题决定在各县、区成立人民武装委员会,统一领导该辖区的自卫军、少先队及地方武装;自卫军在政府意图下独立活动;凡年龄在19岁以上、50岁以下之边区公民均可参加自卫军;应求质不求量,县以上统于边区保安司令部系统。①

　　1942年4月22日边府第十八次政务会议通过修正的《陕甘宁边区抗日自卫军组织条例》，明确规定抗日自卫军是边区政府领导下的人民自卫武装，不脱产的、半军事性的群众武装组织，属各级保安司令部指挥，边区军民凡年满18岁以上、50岁以下者，不分民族、阶级、性别、宗派、信仰、职业，一律参加抗日自卫军。抗日自卫军分为基干自卫军和普通自卫军两种。普通自卫军主要职责是"（一）维持地方治安，担任抗战勤务；（二）敌人进攻时进行群众性之游击战争"。基干自卫军挑选精壮勇健年在40岁以下之男丁（包括少先队）组成，实际是准军队，其主要职责是，"（一）警戒地方治安，保护地方政府；（二）清剿敌探与土匪；（三）在战争情况下，配合正规军作战，或单独进行小规模的破击战斗，坚持游击战争；（四）当敌人进攻时，指导普通自卫军实行坚壁清野，掩护地方政府与人民之转移"②。

　　1942年5月10日，中共中央西北局发布加强地方武装工作的决定，对自卫军、模范少先队的组织、训练等各方面再做明确规定。参加者年龄以18岁到45岁为宜。各地可按居民的1/25—1/30的比例组织基干自卫军和模范少先队，以达全边区建立5万民兵的目的。领导机关为区县和边区人民武装自卫军（队）委员会。基干自卫军和模范少先队之武器除适当分配少数步枪外，主要是地雷炸弹和土枪土炮，达到每个队员都有1件可使用武器、3—5枚手榴弹，费用由各地政府发动人民设法筹措之。需加紧实施军事、政治

---

① 陕西省档案馆编：《陕甘宁边区政府大事记》，第146—147页。
② 陕西省档案馆、陕西省社会科学院编：《陕甘宁边区政府文件选编》第6辑，西安：陕西人民教育出版社2015年版，第29—30页。

训练，包括军事上如何使用手榴弹、破路、袭击和侦察、通信；政治上提高对敌斗争热忱，坚定抗战革命胜利的信心等。对于一般自卫军和少先队的组织如担架队、交通运输队、洗衣队、慰劳队等应按战时要求加以整顿，以备使用。5 月 15 至 17 日，边区政府召开县市长、自卫军政治委员联席会议研究贯彻这一决定。5 月下旬，各分区、县开始对自卫军进行整顿，清洗不良分子，精简老弱，提拔一些作战勇敢、有较高威信的成员当干部，实现县有自卫军营、区有连、村有排、自然村有班的要求，自上而下建立了指挥系统，加强思想政治教育。

5 月 20 日，边府发布命令提出，鉴于国民党顽固分子不断加紧对边区侵犯的严重态势，各县立即组织游击队，由县长和县委书记分别担任大队长和政委。① 后因情况变化而暂缓组织，改为加强自卫军训练，建立强固的民兵基础②，将群众武装的发展仍落实于自卫军。

1943 年 11 月，中共中央西北局又发出指示，提出在全边区训练 25 万个可作战的地方自卫武装，并进行组织整顿：1. 健全自卫军领导机关。边区设立专门管理自卫军的"人民武装科"，县设大队部，县长、县委书记分兼大队长、政委，另设脱产的副大队长一人，区按此模式设营长、政委和副营长。2. 统一自卫军组织。除边界地区的游击队和游击小组外，各地自卫军一律改编为基干、普通两种，凡抗日公民 16 岁以上、45 岁以下男子全部参加普通自卫军，每区组织一个 120 至 150 人的基干连。3. 加强军事技能的教育、训练。边区政府再次积极响应，认真贯彻。

---

① 陕西省档案馆编：《陕甘宁边区政府大事记》，第 153—154 页。

② 陕西省档案馆编：《陕甘宁边区政府大事记》，第 158 页。

　　由于从中央到边区各级党的组织和各级政府的极端重视和强有力的领导与不懈努力,经过不断整顿和建设,边区地方武装不断壮大,据统计,到1944年3月,边区共有基干自卫军28 089人,普通自卫军118 943人(不含关中分区)。[①] 到1945年,基干自卫军已发展到3万多人,普通自卫军15万多人,占边区人口总数的12%。[②] 自卫军的质量也在一轮轮的整顿中不断得到提升,成为一个肩膀荷锄、一个肩膀背枪,生产、训练、保卫面面俱到,担负生产、支前等日常工作,保卫家乡、维护地方秩序的可靠革命力量。各村自卫军成员日常业务包括:清除谣言,汇报敌情,设置哨所、盘查行旅,捉拿奸细,设定集合点,规定信号,遭遇敌军袭击抢掠、奸细大规模破坏时80%的队员能集中应对,并常保持有55到70名精干分子能够随时调动。自卫军在警戒地方治安、维护社会秩序方面发挥了积极作用。

　　而在抗日、清剿土匪、反击国民党顽固派制造的摩擦历次战斗中,多有自卫军承担提供递送情报、担任向导、运送军火与给养物资、救护转移伤病员等诸多战地勤务,并直接参加战斗,配合主力打击敌人,抗战头3年与河防、留守部队一起打退日军百余次进攻,消灭国民党顽军和土匪48股,计4 000余人。[③]

　　不断锤炼的自卫军,更成为正规部队的后备军,为主力部队源源不断输送了高质量兵员,有力支援了全国抗战。

---

① 陕甘宁边区财政经济史编写组、陕西省档案馆编:《抗日战争时期陕甘宁边区财政经济史料摘编·人民生活》第9编,第466—471页。

② 中共陕西省委党史研究室:《中共中央在延安十三年史》下,第697页。

③ 郑训:《中国民兵史话》,北京:长征出版社1992年版,第311页。

五、民众动员

（一）意义

毛泽东早就指出了动员民众的伟大意义，强调"只有动员群众才能进行战争，只有依靠群众才能进行战争"[①]。在《论持久战》中又强调，"动员了全国的老百姓，就造成了陷敌于灭顶之灾的汪洋大海"，就可以弥补因武器等因素造成的缺陷。[②] 1938 年 10 月召开的中共中央六届六中全会要求"进行切实的抗战动员"[③]。1939 年 4 月颁布的《陕甘宁边区抗战时期施政纲领》中指出：要团结全边区人民与党派，动员一切力量，为保卫边区，保卫西北，保卫中国，"收复一切失地而战"[④]。中国共产党领导的各敌后战场，特别是在边区进行了卓有成效的动员工作，而在政治上成为主人、经济上得以极大改善的民众，特别是抗日和革命的主力军的农民积极响应动员，组织成了抗敌的天罗地网，铜墙铁壁。

（二）机制、体系

陕甘宁边区作为我党领导的模范抗日根据地，最先建立了完善的民众动员机制、体系和模式。

首先是在党的"一元化"领导体制下，各级党组织发挥了主导

[①] 毛泽东：《关心群众生活，注意工作方法》（1934 年 1 月 27 日），《毛泽东选集》第一卷，第 136 页。

[②] 毛泽东：《论持久战》（1938 年 5 月），《毛泽东选集》第二卷，第 480 页。

[③] 中共中央文献研究室、中央档案局编：《建党以来重要文献选编（1921—1949）》第 15 册，第 677 页。

[④] 陕西省档案馆、陕西省社会科学院编：《陕甘宁边区政府文件选编》第 1 辑，西安：陕西人民教育出版社 2013 年版，第 140 页。

作用。边区民众动员工作的领导，抗战初期一般由边区党委负责进行整体动员；八路军后方留守处、边区保安队和民政厅共同负责进行参战和支援前线的动员；民政厅负责人力物力的动员；每年一度的救国公粮的征收动员由财政厅下属的粮食局主管等。1938年中共扩大的六中全会决定，各中央局、中央分局、区、地方、县等各级党委会下专门设立战事动员部，将动员作为中心任务，共产党员成为动员的骨干力量，形成了中共边区委员会统一领导、民政厅具体主管的体制。

1941年12月，边区在第一次精兵简政的整编中，"陕甘宁边区战时动员委员会"成员做了调整，由高岗（中共中央西北局书记）、萧劲光（八路军后方留守处主任）、南汉宸（边区政府财政厅厅长）、柳湜（边区政府教育厅厅长）、高自立（边区政府建设厅厅长）、王世泰（边区保安司令部司令）、方仲如（中共中央管理局局长）、叶季壮（八路军总后勤部部长兼政治委员）、刘景范（边区政府民政厅厅长）等9人组成，仍由刘景范任主任委员，周克庄任秘书。

其二是在抗日民主政权系统中构建起自上而下的动员机构。

1938年，边区又成立了民族革命战争战地总动员委员会。为加强各种动员的统一领导形成合力，1941年1月边府聘请王首道（中共中央办公厅）、叶季壮（八路军总后勤部）、莫文骅（八路军后方留守处）、邓洁（中央机关事务管理局）、唐洪澄（边区政府民政厅）、吕振球（边区保安司令部）、高长久（边区总工会）、刘景范（边区政府民政厅）、谭生彬（边区政府民政厅）等9人组成"陕甘宁边区战时动员委员会"，刘景范任主任，谭生彬任副主任，主管动员一切事宜，包括制定法规、发布命令、指示以及各项具体领导、监督有关事宜。① 同年 5 月 9 日,《陕甘宁边区战时各级动员委员会组织规程》要求边区政府、分区专员公署、县政府(等于县的市)依照规程组织各级动员委员会,即"动委会",由各级党政军及群众团体组成,组成人数边区为 7 至 9 人,分区及县市为 5 至 7 人。其主要任务有三项:一是工程动员,主要从事军事防卫、军事仓库、飞机场建筑以及修筑公路等;二是运输动员,主要包括军需品的运输、伤病员的护送以及公粮转运等;三是根据政府需要而实施的诸如财力、物力、人力等方面动员。② 5 月 26 日,民政厅给各专员、县(市)长发出指示信,要求各级政府建立抗战动员工作制度,做到统一地、合理地、有组织地动员。5 月 28 日,边区民政厅再发"动员工作"指示信,要求各级动员委员会迅速建立,以便统一筹划和领导动员工作。各地各级动员委员会随之建立起来。

　　除经常工作外,特殊情况时,动委会可呈请党政军民机关内抽调干部协助,从而形成了层级结构的垂直动员体系,深入至最基层的自然村。

　　其三是构建群众团体的横向动员体系。

　　民众团体是边区党和政府联系人民群众、推进各项工作的重要纽带,发挥着不可替代的重要作用。

　　中国共产党历来高度重视群众团体组织的作用,认为群众组织是人民政权最重要的支持与依靠,是党(工人阶级的先锋队)与群众联络的重要桥梁,是党传达政治影响的重要途径,"是人民政

① 中共中央党史研究室编:《中流砥柱:中国共产党与全民族抗日战争》上,北京:中共党史出版社 2005 年版,第 306 页。
② 陕西省档案馆、陕西省社会科学院编:《陕甘宁边区政府文件选编》第 3 辑,北京:档案出版社 1987 年版,第 248—249 页。

权的轮带"①,对政府施政起了决定作用,没有群众团体则政府的抗战建国动员工作是难以顺利实现的。毛泽东对此高度重视,多次号召在斗争中组织各种群众团体,并不断地发展之。毛泽东指出,民众如果没有组织,就不能表现出抗日的力量,就不能肃清公开的或隐藏的各种汉奸势力,并"从这种斗争中去发动民众建立或巩固当地的抗日政权"②。延续当年苏区的传统,边区建立了如工人救国会(总工会)、农民救国会(农民协会)、妇女救国会(妇女联合会)、青年救国会、文化界救国会、儿童团等群众团体。不仅有常设团体,也有因临时需要而设立的组织,据 1943 年不完全统计,全边区有民众团体 25 种、55 个,按类别可分为救亡、文化、反战、宗教、学术、研究和工、商、医、学等十大类,涵盖各个方面。③ 80% 的群众都加入到各种团体中,被组织、动员起来,④并扎根于广大基层。据粗略统计"边区的人民,至少每人加入了一种组织,有的还加入了两个以上的团体"⑤,从而将原本分散的民众高度组织起来,完全克服了深受诟病的旧中国的"一盘散沙"的状况。

这些团体结构严谨,除有其各自工作系统,同时又统属党和政府领导。党对群众组织民众团体实行了严密有效的管控(见"社会建设"章第五节)。为了将民众团体纳入中国共产党的战时轨道,六中全会决定,设立战事动员部的同时设立民运部,要求在民运部内可组织工人、农民、青年、妇女等委员会。而各级抗敌后援会的

---

① 西北五省区编纂领导小组、中央档案馆:《陕甘宁边区抗日民主根据地·文献卷》下,第 487—488 页。

② 毛泽东:《抗日游击战争的战略问题》(1938 年 5 月),《毛泽东选集》第二卷,第424 页。

③ 胡新民、李忠全、阎树声:《陕甘宁边区民政工作史》,第 220 页。

④ 社论:《巩固胜利的基础》(1938 年 4 月 17 日),《群众》,第 1 卷第 18 期。

⑤ 《陕甘宁边区政权建设》编辑组:《陕甘宁边区参议会资料选辑》,第 119 页。

成立将各民众团体组成了有机整体。

1938 年 1 月 29 日,边区成立陕甘宁边区抗敌后援会,各县、乡也设立分会,统一领导各抗日群众团体开展动员活动。为了进一步加强集中统一领导,边区党委和政府于 1939 年 8 月明确规定:乡抗敌后援会为乡一级统一的民运组织,内设主任 1 人,常务委员 4 至 6 人,分别负责组织、宣传、职工、青年、农民、妇女、武装、锄奸等事务,同时取消原有民众团体如农民会、妇联会、青救会、乡工会等,其工作由乡抗敌后援会统一接管,"并分别责成抗后会职工委员、青年委员、妇女委员直接指挥与督促农村中的工人小组、青年小组及妇女小组的工作","村抗敌后援会的组织,在人口多的行政村或自然村可按妇女、青年、工人,农民等分别组织工人、青年、妇女的各种小组;在人口少的地方,而就近合并组织又称不便时,可混合成立抗敌小组,设组长一人"①。1940 年 1 月 14 日边区党委对乡村组织作出规定:"(一)乡青救会、妇联会及工会组织,均以三人至五人组织之,设主任一人。(二)抗后会只保存名义。(三)互济会应系群众组织,为了工作便利起见,其工作可由优抗互济会管理之。(四)农会的组织取消。"②此后,中共中央西北局又发布《对边区群众工作的指示(草稿)》,进一步明确基层群众团体要"去掉空架子",在具体的生产与教育事业中去联系群众、组织群众,"替群众做实际事",一切"重内容,不重形式"③。此外,乡政府下还设立优待救济委员会、文化促进委员会、经济建设委员会、锄奸委员会、

---

① 中央档案馆、陕西省档案馆:《中共陕甘宁边区党委文件汇集 1937 年—1939 年》,第 296—297 页。

② 中央档案馆、陕西省档案馆:《中共陕甘宁边区党委文件汇集 1940 年—1941 年》,第 10 页。

③ 中央档案馆、陕西省档案馆:《中共中央西北局文件汇集 1943 年》,第 221—222 页。

卫生体育委员会、人民仲裁委员会等临时委员会,以专门动员民众参与各项工作。美国女记者史沫特莱曾著书《中国的战歌》感慨,凡是有八路军的地方就一定有群众组织。

这就形成了一个条块呼应,在党委统一领导下各部门围绕中心任务配合动员,而各级动员委员会等组织同时垂直开展各项具体工作,形成包罗万象的完整网络系统。广大人民群众既是动员者,又是被动员者,群众加入各个团体,即完成了由被动的他发动员成为自主动员的圆满切换,形成了中国共产党领导的抗日根据地民众动员的基本范式,使动员建立在坚实的基础之上,既具有坚强的组织的依托和保障,更使得动员的深度、广度、效果皆达到可控的边际状态。

（三）法规

陕甘宁边区陆续制订颁布了若干民众动员的法规。如《陕甘宁边区政府通令——关于向群众暂借粮食的办法》(1937 年)、《陕甘宁边区关于征收救国公粮的决定》(1937 年)、《陕甘宁边区党委陕甘宁边区政府关于征收救国公粮的决定》(1938 年)、《陕甘宁边区党委陕甘宁边区政府八路军后方留守处关于动员壮丁的训令》(1939 年 12 月 28 日)、《陕甘宁边区政府关于动员及代雇民夫牲口的规定》(1940 年 7 月 4 日),此外还有边区《战时动员物资办法》(1941 年 5 月 9 日)、《战时动员壮丁牲口条例》及《施行细则》(1941年 5 月)等。

这些法规分别规定了各项工作的具体方针、政策、原则和办法,使动员工作做到统筹兼顾、合理负担,节省人力、物力,标志着边区动员工作进一步走向制度化、规范化,生动折射出中国共产党治理国家能力的不断提升。

（四）方法

中共中央、边区党和政府不仅重视民众动员，更讲究动员的方式方法，强调要将政治动员作为关键举措。毛泽东指出，一场伟大的民族革命战争，如果没有广泛而深入的政治动员，绝不可能取得胜利；要胜利，就"离不开动员老百姓"[1]，因此政治上动员军民这个问题，"实在太重要了"。[2]

毛泽东并提出怎样进行政治动员：第一，要把战争的政治目的告诉军队和人民，让每个士兵、每个人民都明白为什么要打仗。而对于抗战，其政治目的就是"驱逐日本帝国主义，建立自由平等的新中国"。[3]第二，要有实现这一目的的政治纲领，以说明政策和步骤。抗战政治动员的纲领就是《抗日救国十大纲领》和国共合作的《抗战建国纲领》。第三，动员渠道和手段要多种多样，可以"靠口说，靠传单布告，靠报刊书册，靠戏剧电影，靠学校，靠民众团体，靠干部人员"。[4]那些不符合民众口味的方式必须切实改变。第四，抗战的政治动员必须是经常的，而不可能一劳永逸。另外，在毛泽东看来，抗日的政治动员最根本之处在于联系实际，而不只是将政治纲领简简单单地背给老百姓听，要联系各方面实际情况，"把战争的政治动员，变成经常的运动"，战争的胜利首先是要靠它。[5]

正是根据毛泽东这些指示，边区党和政府在动员中从实际出发，采取适应群众需求、群众喜闻乐见、通俗普遍的形式，创造了丰富多彩、灵活多样的动员方法。包括成立宣传队、歌咏队奔赴街头、乡村、工厂、炭窑每一角落讲演、教歌，利用各种香会、庙会、赛

---

[1][3][4][5] 毛泽东：《论持久战》（1938 年 5 月），《毛泽东选集》第二卷，第 481 页。
[2] 毛泽东：《论持久战》（1938 年 5 月），《毛泽东选集》第二卷，第 513 页。

会宣传抗日救亡；建立各种俱乐部组织政治讨论；成立民众剧团，利用传统艺术形式，深入乡村、街道巡回演出，编辑出版各种抗敌书刊。把各项动员工作真正落实到群众中，从而极大地激发了他们的自觉性、主动性和积极性。

（五）开展运动

在充分动员民众的基础上中共中央、边区党和政府开展了诸如支前运动、生产运动、青年运动、妇女运动等各种运动，推动抗战和建设事业不断发展。其中拥军运动是一大亮点，始终处于中心地位，成为既是动员民众支持抗战的最直接手段，也是激励军队杀敌报国士气的关键举措与环节，一身而二任。

边区党和政府大力提倡拥军。早在 1937 年即颁布了《抗日军人优待条例》。边区的拥军工作十分具体、细致。1940 年 9 月 30 日，边区党委和边区政府、八路军后方留守处、边区抗敌后援会联合发出公开信，号召边区各地城市商人及富绅等为八路军募捐寒衣代金 40 万元，要求于 11 月底以前完成任务。[①] 10 月 4 日，边府发布公告，为了解决八路军前方将士冬衣问题，决定征收羊子税，并规定了征收办法。[②]1941 年 4 月 1 日，边区中央局、边区政府、边区抗敌后援会联合发起募捐慰劳运动，号召机关、团体捐赠钱物慰劳驻关中部队。[③] 4 月 5 日，边区政府发出通令，决定将原采用的一乡转一乡护送伤病员的办法改为一县转一县，并具体规定了 6 条措施[④]，以充分保证对伤员救治的疗效。从 1943 年起更正式实行拥军的运动。

---

①② 陕西省档案馆编：《陕甘宁边区政府大事记》，第 71 页。

③ 陕西省档案馆编：《陕甘宁边区政府大事记》，第 96 页。

④ 陕西省档案馆编：《陕甘宁边区政府大事记》，第 97 页。

　　1943年1月15日，边区政府发布关于拥军的决定和指示指出，"八路军是值得政府和人民拥护的军队"[1]，要求各级政府和人民切实做好优待抗属工作；确定1月25日至2月25日为全区拥军运动月，并指示了具体办法。1943年2月20日，林伯渠在南泥湾检阅垦区部队，出席该部队拥政爱民大会并讲话，高度赞扬了八路军的卓著业绩。2月25日又发表谈话，再次高度赞扬八路军，称之"真正的是我们边区人民自己的军队"，号召边区人民更加广泛、深入地开展拥军运动。[2] 值得注意的是，这一决定早于毛泽东同年10月1日发出的关于开展拥政爱民、拥军爱民优抗的指示（见本章"留守部队建设"部分）。

　　文件发布以后，边区各地政府更加积极响应。1944年1月初，民政厅对1943年边区拥军工作进行全面深入总结，肯定了成绩，表扬了拥军工作做得好的地区和单位，分析了取得成绩的基本原因，指出了存在的缺点，提出了今后努力的方向。1月9日边府又发出《关于拥军工作的指示》，提出：由于抗战和革命是长期的，因此拥军优抗须有长期的打算；本年拥军月仍定春节前后举行，并指示了拥军月应进行的工作，附发了《陕甘宁边区拥军公约》。[3] 1945年1月25日，边区政府又发出当年的拥军优抗工作指示，确认从旧历十二月二十日至正月二十日为全边区拥军运动月。

　　边区党和政府对拥军工作逐步进行制度性构建。1943年1月17日，边区政府与第十八集团军后方留守处共同发出命令，颁布《陕甘宁边区调整军政民关系维护革命秩序暂行办法》《陕甘宁边

---

① 中共中央文献研究室、中央档案馆编：《建党以来重要文献选编（1921—1949）》第20册，第61—64页。

② 陕西省档案馆编：《陕甘宁边区政府大事记》，第180页。

③ 陕西省档案馆编：《陕甘宁边区政府大事记》，第199页。

区动员潜逃及逾假不归战士归队暂行办法》《关于动员潜逃及逾假不归战士归队办法》《陕甘宁边区抗属离婚处理办法》《陕甘宁边区军民诉讼暂行条例》等多项规制,从而推动拥军更扎实、规范进行。

拥军还必须妥善对待军人家属。只有这样,才能使前方将士免除后顾之忧,安心报国杀敌,此即传统的所谓"王道不外乎人情"之意。边区党和政府不断号召开展这一工作。1938年2月2日,民政厅发出优待抗日军人家属的训令,指出此举是抗战动员的重要工作之一。① 1940年9月,民政厅通令各级政府及优抚委员会,认真执行边区政府所颁之优抚条例,切实做好抗工属优抚工作。② 同样为之制定了一系列法规:1937年、1939年、1941年制定的三个边区施政纲领都有优待抗属的规定,还制定了一些具体条例,如1939年的《陕甘宁边区义务耕田队条例》、1940年的《陕甘宁边区抚恤暂行办法》、1941年的《陕甘宁边区政府为优待抗属组织代耕队给各县的指示信》,以及《陕甘宁边区优待抗属代耕工作细则》《征收救国公粮条例》《优待抗日军人家属条例》《修正陕甘宁边区优待抗日军人家属条例》《陕甘宁边区抚恤优待条例(草案)》等等。

这些法规内容详细。如《抗日将士优待抚恤条例》中规定:战士在抗日服务期间,本人及其家属可免纳一切捐税;免费乘坐车船;其子女免费入学;其家庭缺劳力者由代耕队代耕;抗日战士因年老、病、残退职者,终身享受一切优待;凡阵亡、病故者,公布其功绩,为其建立纪念碑,其子女由政府抚养至18岁。③ 1941年8月,民政厅公布《陕甘宁边区优待抗属代耕工作细则》中又规定要坚持

---

① 陕西省档案馆编:《陕甘宁边区政府大事记》,第12页。
② 陕西省档案馆编:《陕甘宁边区政府大事记》,第70页。
③ 陕西省档案馆编:《陕甘宁边区政府大事记》,第39—40页。

物质与精神并重的优待抗属原则,物质上要保证抗属的生活水平不得低于一般群众;精神优待在政治上提高抗属的地位,使人民群众都尊重抗属,并对代耕工作的组织与办法进一步做了规定。①1943年1月17日,边府公布《陕甘宁边区优待抗日军人家属条例》,又详细规定了优待抗属的范围、原则、标准、办法等,其优待原则是:优待抗属要优先于优待工属;尽量保证抗属的物质生活水平,同时注意提高抗属的政治觉悟,使他们向自力更生方向努力。②并附颁《优待抗日工作人员家属暂行办法》。

到1944年,又将照顾延伸至帮助退伍军人(不少是伤残者)建立家庭的层面。前述1月9日边府《关于拥军工作的指示》第二条即要求对退伍、残废军人同样应执行建立家务的方针,帮助他们成家立业。③1945年1月25日,边府关于1945年拥军优抗工作的指示重申了这一要点。④

党和政府的积极倡导,促使边区拥军优属运动不断高涨,极大鼓舞了军队士气,加强了军民军政团结,真正达到了"军民团结如一人,试看天下谁能敌"的效果,同时又带动其他运动,围绕着动员全边区群众拥护党和政府、在党领导下积极参加抗战、建设边区的宗旨健康发展。

边区的民众动员是空前的创举,在动员深度、广度和方法、机制、基本模式各个方面对其他抗日根据地起到了示范带头作用,也表明中国共产党在政治上、特别是治理能力上更加成熟。

---

① 陕西省档案馆编:《陕甘宁边区政府大事记》,第113—114页。

② 陕西省档案馆编:《陕甘宁边区政府大事记》,第175—176页。

③ 陕西省档案馆编:《陕甘宁边区政府大事记》,第199页。

④ 陕西省档案馆编:《陕甘宁边区政府大事记》,第224页。

第二节　保卫和巩固边区的军事斗争

边区军民在八年全面抗战中，与各种反动、敌对势力进行了英勇顽强的军事斗争。

一、"保卫黄河"

（一）部署

山西太原失守后，日军直逼边区黄河东部天堑防线。边区黄河防线北起府谷，南至宜川，蜿蜒 1 000 余里，担负着正面阻止日军渡河西进，拱卫西北的艰巨任务。同时，它也成为边区的东部的重要屏障和中共中央、中央军委连接各敌后抗日根据地的重要孔道。1938—1939 年，侵入华北的日军持续向边区河防发动攻势，企图突破黄河防线入侵边区，进而席卷整个大西北，严重威胁了作为党的神经中枢的边区和西北抗战后方的安全。保卫黄河防线，成为此间边区的军事工作之重点。中央军委调集了留守部队的主力，严密布防，于 1937 年 11 月 17 日将全部河防防线由北向南划为神府、绥德、两延（延川、延长）三个防区：神府防区由留守兵团警备第六团负责守备葭（佳）县北、万户峪、沙峁、磐塘、马镇、贺家堡等沿河各渡口；绥德防区由警备第八团负责守备大会坪、蝎蜽峪、宋家川、李家沟、丁家畔、康家塔、枣林坪等渡口；两延防区渡口繁多，更因直接护卫党的神经中枢、日军觊觎的重点目标延安，故成为河防重点区域，由警备第三团负责守备河口、界首、枣林坪（不含）等渡口；警备第四团负责守备延水关、高家畔渡口；警备第五团负责驻防守备凉水岩、马头关、清水关等渡口。留守兵团司令员萧劲光担任河防总指挥，其下分设神府、五县（绥德、米脂、葭[佳]县、吴堡、清洞）、两延河防司令部,作为兵团派出指挥机构,统一受留守兵团节制。

(二) 主要战斗

从 1938 年初至 1939 年底,日军凭借优势强大的装备,持续进攻边区河防,出动兵力数千至万余人的大规模者达 23 次。两年中,我军通过顽强的战斗胜利保卫了河防,其中较大的战役有:

1. 1938 年 2 月至 5 月绥德防区吴堡、宋家川段之役。这年 2 月 27 日驻山西日军第一○九师团沿汾（阳）离（石）公路西犯,攻占军渡、碛口等黄河东岸要口,猛烈炮击西岸吴堡、宋家川一带河防阵地。被击败后,又于 5 月再次攻击军渡以图攻占西岸宋家川。

2. 1938 年 12 月至 1939 年 1 月两延防区之役。山西日军继上年岁末占领大宁、吉县、永和后,于 1939 年元旦出动 3 000 人兵分三路攻占黄河东岸的马头关、凉水岩、泥金滩一线,猛烈炮击、轰炸河西河防阵地,进行强渡。

3. 1939 年 5 月至 6 月绥德防区宋家川之役。1939 年 6 月 4 日—5 日,从太原增调的日军两个师团动出 10 000 多人进占河东军渡后,炮击河西宋家川、枣林坪一线八路军河防阵地。次日又以 15 000 余人进占孟门、碛口两镇,并派飞机对河西河防阵地及边区城市进行猛烈轰炸。与此同时,另一部日军 2 000 余人经隰县、大宁攻击两延防区,并于 6 日晚占领河东马头关及泥金滩,猛烈轰击西岸警备五团阵地。

4. 1939 年 11 月神府防区葭（佳）县之役。11 月 20 日,10 000 余日军兵分四路由晋西大武、离石、柳林、穆村等处合围碛口,同时派兵奔袭葭（佳）县渡口。占领碛口、孟门后,向河西猛烈炮击,集中 2 000 余人从碛口分乘船只抢渡。

5. 1939 年 12 月绥德宋家川之役。其时日军集结驻离石、柳林兵力 4 000 余人再次进犯军渡,12 月 12 日占领李家垣,对宋家川等处河防阵地实施猛烈炮击,企图趁机强渡。

毫无疑问,日军的进犯无一例外是以失败而告终。

我军之所以能以劣势装备一次次粉碎了日军的进攻,挫败了其渡河西犯的企图,成功捍卫了河防,最根本的原因是执行了毛泽东关于人民战争的军事思想、战略战术,其荦荦大端约有:

系统周密部署。河防三大防区既各独当一面,又南北一气呵成,相互策应,特别是在结合部绝不留空隙和死角。各防区兵力实行梯次配置,除在第一线构建坚固工事随时抵御来敌,更在适宜地点部署大量机动部队相机驰援和灵活作战,以歼灭敌人有生力量。

将防线向外延伸,在黄河东岸预设阵地作为河西阵地的犄角,以阻击、牵制、迟滞敌人逼近河岸,为河西阻击预留、拓展空间和时间。

实行积极防御的方针,包括在日军进攻前先发制人,派出机动部队东渡黄河主动出击,迂回日伪侧后,在边区人民支援和晋西北人民和八路军多部直接配合下发动突然袭击,袭扰敌后方交通运输线,使其顾此失彼,迟滞其向西岸逼近;日军进攻时,在河西依托黄河天险和防御工事顽强阻击并与河东的积极进攻相结合,采取主动、灵活、积极、坚决、突然的战术,以猛烈火力击敌于半渡之中等等。

如 1938 年 2 月,绥德防区吴堡、宋家川段之役开战后,警备八团于宋家川渡口一带扼守的同时,警备三团则分出一部渡至东岸突袭敌后,迫使军渡、柳林之敌于 3 月 3 日向离石撤退。3 月 13 日,进占保德的日军第二十六师团 2 000 余人在神府磐塘渡口对岸开始强渡黄河。守备部队及神府地方武装提前埋伏,日军密集渡河时突然以猛烈火力痛击敌军于半渡,并派出一部分机动兵力渡至东岸袭击日军侧背,在八路军第一二〇师积极配合下迫使渡河日军回撤,同时也为一二〇师在晋西北收复 7 座被占领的县城、粉碎日军的首次围攻创造了很好的条件。日军第一〇九师团于 5 月再次进攻东岸军渡渡口、觊觎西岸宋家川渡口时,河防部队也再次主动出击,未等敌到达河岸,即由警备八团主力东渡黄河进至汾离公路翼侧,于 5 月 10 日夜在离石城西北突袭西进日军,击溃一个大队(营),歼敌 200 余人。日军被迫撤退。

又如 1938 年 12 月两延防区之役,警备五团趁日军运动集结防备不虞时以猛烈火力突袭,击毁渡船、毙伤一部分敌军,迫使其撤回东岸。八路军河东部队则不断袭击日军运输队,切断其交通线,使其腹背受敌。1 月 4 日日军被迫撤退。警备五团则乘胜追击,一部兵力渡河东进,在大宁城西曲峨镇再次痛击日军,并安全回撤。

1939 年 5 月,日军向边区河防绥德防区宋家川一线发动了最猛烈的一次进攻,采取了多点同时发起攻击以分散、钳制河防部队,完成重点突破的战术,志在必得。河防部队在宋家川、马头关、泥金滩一带面对日军昼夜炮击、轰炸,坚守阵地沉着应战,一次次挫败了日军渡河企图,甚至使之始终未能靠近河岸。在此期间,东岸我军部队加强在敌后各种袭扰活动,策应河防作战。当日军再次全线撤退之际,警备五团以猛烈火力对其突袭,警备八团一部东渡黄河,追击日军,共毙敌 50 余人,并收复李家垣(在军渡以东)和柳林等地。

再如 1939 年 11 月神府防区葭(佳)县之役中,警备八团首先以炮火猛烈轰击集结与渡河之敌时,左翼部队警备六团则派出一部至东岸迂回袭击日军侧后,东西夹攻,共击毙日军 100 余人、俘虏 22 人,迫敌分路撤退。

河防部队特别防范日军在河东扎根的企图。1939 年 9 月 4

日，驻守汾阳、离石的日军占领军渡后，立即构筑工事，修筑公路，企图长期据守，作为伺机西犯河防的立足点。为粉碎日军这一图谋，留守兵团先后派出部队，趁其立足未稳在军渡以东之穆村、薛村展开突然袭击，破坏了两地间公路，同时在孟门等地袭扰向碛口进犯的日军一部，并在侧后不断打击，迫使其于12日龟缩至柳林、穆村地区，无法动弹，我军遂趁机将军渡、李家垣予以收复。

经过我军不断的凌厉打击，自1939年后，日军虽未断窥测和骚扰，但再未能对边区的河防发动大规模进攻。边区军民成功捍卫了自己的根据地和西北大后方的安全，创造了抗日战争防御作战的辉煌战绩。

二、肃清匪患

（一）前期

历史上，包括陕甘宁在内的西北地区素多匪患。红军长征到达后，边区内匪情仍一度严重，甚至发生1937年4月25日，股匪在距离延安不远的劳山袭击中共代表团车队、周恩来险遭不测的恶性事件。经红军清剿，全面抗战爆发前，基本消灭了边区匪患。但全面抗战爆发以后，随着边区主力部队开赴前线作战，濒临灭绝的匪情又死灰复燃，并在日本侵略者、汉奸、特务的收买下再度猖獗。除少量零星散匪外，据统计，团伙匪帮共有40多股，人数多达4 000余人，枪械2 000余支。其中较大者按其活动区域有：延长、延川陈老大，甘泉李钦武，安定刘志清，庆阳、环县赵老五、缪福禄、耿子平，保安、定边薛子茂、范玉山、李维俊、金介尼、余庆五等，三边张廷芝，关中夏老么、张怀立等。这些土匪已不是传统的以打家劫舍、掠财夺钱为目的的"经济"土匪，而多为"政治"土匪：他们在抢掠的同时，还从事袭击政府、刺杀干部群众、投毒、散布谣言、为侵略者刺探搜集情报、组织"黑军"及其"政府"的各种破坏活动,给边区造成了极大的危害。

为了安定社会秩序,保卫和巩固边区的抗战和建设事业,中共中央、边区党和政府决定对土匪进行全面清剿。1937 年 11 月,边区政府宣示要彻底清剿土匪,并将剿匪与镇压汉奸卖国贼、亲日派活动并列为边区政府"巩固后防"的重要任务。[①] 其基本方针是:政治争取分化瓦解和军事打击相结合,在充分依靠群众、发动群众和群众武装的基础上,组织主力部队和保安部队、自卫军联合行动,实行凌厉的军事打击。据此,清剿部队集中优势兵力,采取机动灵活战术,对各股匪连续进行猛烈围剿。

清剿分 5 个区域进行:第二十七军两个警卫营、蒙汉骑兵支队、二十九军第五团、独一师第一团负责三边、志丹一带;横山警卫营、延川警卫营负责龙州堡一带;独立第一师(缺一团)、清涧警卫营、延长警卫营两个连、延川警卫队负责延长、延川一带;警备四团警卫营两个连、保安第四大队负责黄龙山区及关中一带;警备八团两个营、保安第五大队、华池、志丹保安队一部负责庆环地区;另又集中力量对为害最烈之股进行打击。1937 年 11 月,边区剿匪部队共 2 000 余人在官滩、圮蜡梁、仓房梁等地三次集中清剿,共计歼灭张廷芝、范玉山、薛子茂等股匪百余人,缴获大批马匹、枪支。在鄜(富)县以西黑水寺、张村驿等地歼灭两股勾结和依附匪帮的民团。1938 年 2 月,在黄龙山区的清剿又获成效,共毙匪百余人,缴枪 70 余支。1939 年 1 月,林伯渠在报告边区政府工作时指出:两年来的剿匪斗争,共计消灭股匪大小 40 多支,毙伤 800 人左右,俘虏 400

[①] 中央档案馆陕西省档案馆:《中共陕甘宁边区党委文件汇集 1937 年—1939 年》,第 71 页。

人左右，缴枪 1 000 多支，边区内部土匪基本上被肃清，认为这是"一件伟大的胜利"①。其后战斗继续推进，1941 年 2 月，警备二团主力围剿庆阳、环县以北之甜水堡、河连湾赵老五股，经半月战斗，将其大部击溃。随后一年又对残存余匪继续清剿。

从 1937 年下半年到 1942 年 2 月，我军开展的 10 次清剿，特别是 3 次集中围剿将顽匪 36 股彻底消灭，并击溃 10 多股，缴炮 2 门，机枪 10 挺，步枪 1 700 余支，子弹 7 万余发，俘毙千余人。军民在战斗中伤亡 700 余人。对敌采取的投降免死、不咎既往、立功受奖等瓦解政策也取得了一定成效。

（二）后期

到抗战后期，国民党"反共"行为加剧，顽固派除在边境不断挑起摩擦事件、派遣特务在边区内部破坏外，还采用纵容、扶植土匪甚至纵兵为匪、化兵为匪的办法残害边区。1942 年后，一度缓和的匪情又开始复炽，在绥德、清涧、安定、米脂、陇东及关中地区均有土匪多股频繁活动，无所不为，作恶多端，再度对军民构成严重威胁。

根据新的严峻情况，晋绥联防军司令部于 1942 年 12 月 13 日、1943 年 2 月 28 日两次做出清剿土匪的决定，并在中共中央西北局高干会期间专门召集剿匪工作会议，制定了"地方清乡配合军事进剿，正确执行政策，进行艰苦的群众工作，军民协力，剿抚兼施，坚决彻底肃清匪患"方针，成立由各分区司令部和党政机关联合组成的清剿委员会，在匪情严重的地区组织分会，统筹全区和各地剿匪工作。具体部署是：绥德分区之涧峪以东、老君殿、怀宁湾以北为

---

① 陕西省档案馆、陕西省社会科学院编：《陕甘宁边区政府文件选编》第 1 辑，北京：档案出版社 1986 年版，第 125—126 页。

独一旅清剿区；怀宁湾以东以南地区为保安四团清剿区；各地自卫军应加强对土匪必经道路的侦察警戒；关中、陇东、三边分区的剿匪工作统由各分区指挥与部署。根据匪特活动规律，武装可靠党员和群众，严密侦察、监视集市、庙会，堵查一切交通要道。剿匪部队组成以连为单位的轻装精干的便衣队并吸收当地干部参加，发现土匪则穷追猛打，采取灵活堵截奇袭，匪游我堵，匪化装我也化装的战术，克敌制胜。继续坚持对土匪采取宽大与镇压相结合的政策，分别首要与胁从，区分罪恶轻重，予以极刑、徒刑、教育保释等不同处罚，坚决禁止乱杀与随意株连家属的"左"的行为。边区各级锄奸委员会为配合联防军剿匪，组织各村订立剿匪防奸公约，调查土匪的各种关系，对嫌疑者进行暗中监视，有明显破坏者即行逮捕法办。在群众中开展宣传教育，讲清对土匪的政策，开展对土匪的瓦解工作。

由于执行正确方针政策，经多方紧密配合，通力协作，持续打击，至抗战结束前边区匪患再次基本平息，从而不仅为民众的安宁正常生活，也为夺取随后到来的西北地区解放战争胜利提供了条件。

三、膺惩顽逆

边区部队在担负河防和剿匪的同时，还要与国民党顽固派制造的层出不穷的"反共"摩擦进行紧张的博弈。

（一）方针策略

摩擦与反摩擦，是抗日战争时期统一战线内部国共两党斗争的特殊形式。这一斗争产生的根源在于：在中日民族矛盾占主要地位的情况下，国共双方虽然实行了合作抗日，双方所代表的阶级之间的矛盾相应下降到次要地位，却依然存在，国民党顽固势力削弱以至消灭中国共产党的企图一直未改变，并随着中国共产党的发展壮大而更加炽烈。又囿于无法发动全面"围剿"，遂代之以暗中破坏（即特工手段，见本章第三节）与局部侵扰，所以，"反共"摩擦主要指侵扰特别是一定规模的武力侵扰行为无法避免。边区更因特殊重要性，又成为摩擦的重点。国民党先后调集胡宗南等部 30 万军队包围、封锁边区，进行各种挑衅，制造多起摩擦事件和流血惨案。据萧劲光统计，从 1938 年底至 1944 年春，顽固派对边区发动的武装进攻达 275 次，抢劫骚扰 457 次，暗杀、诱逃、拘捕人员 295 次。[1] 中共中央、边区党和政府从抗日大局出发，一再忍让，多次与国民党方面谈判，力争减少和避免武装冲突，但无法阻止事态的发展。

中国共产党当然不能束以待毙，认识到国民党的"反共"摩擦既然不可避免，开展反摩擦也势在必行。这是一个事关全局的根本性问题。国民党顽固派的倒行逆施导致全面抗战八年中小规模摩擦与反摩擦斗争（亦即小规模军事冲突）不断，参与的部队常常都用"保安队"名义，中国共产党采取"有理""有利""有节"的斗争策略，稳扎稳打。为此，1939 年 1 月开始，边区保安司令部将顽固派在边区的一些行为如编组保甲、破坏宣传、擅立捐税、擅捕边区人民、组织非法团体等均以汉奸罪论处，此举有效控制了边区内国民党的武装，限制了其在边区内的活动。

（二）主要斗争

1939 年 1 月，国民党召开五中全会，制定了《限制异党活动办法》等一系列反动文件，确立了"反共、限共、溶共"等方针及一系列实施措施，随即发动第一次"反共"高潮，边区再次遭受严重侵扰。同年 12 月，胡宗南等"反共"势力对边区陇东、关中等地区悍然发

---

[1] 萧劲光：《萧劲光回忆录》，第 108 页。

动进攻。10 日深夜,胡部第九十七师等部会同陇东地区各县保安队进攻八路军驻宁县的第七七〇团一个营,造成 300 余人死伤,并占领宁县县城。14 日驻镇原的七七〇团另一个营也遭袭击,被迫撤至城外,镇原被顽军夺占。与此同时,庆阳、合水等县的国民党顽固派势力也趁机袭扰八路军三八五旅所部,并断绝交通,搜捕我地方工作人员。1940 年初,胡部又集中第二十八师主力和其他部队共 2 万余人向关中分区的店头、马家堡、淳化、马栏等地进攻。至 1940 年 6 月,国民党顽固派共占据了旬(栒)邑、淳化、正宁、宁县、镇原 5 座县城,又在绥德地区内煽动叛乱,袭击我军七一一团等部,杀戮和迫害我大批军政干部和民众。

国民党顽固派的反共军事进攻严重破坏了团结抗战的局面,直接严重威胁延安的安全。中国共产党从抗战大局出发,再次派谢觉哉为代表与国民党谈判,力避冲突。12 月 22 日,留守兵团司令员萧劲光直接致电蒋介石,要求停止对边区的进攻,恢复团结,继续共御敌人。25 日,八路军正副司令员朱德、彭德怀通电全国,抗议国民党顽固派枪口对内进攻陕甘宁边区,提出执行国家法纪,惩办肇事祸首,制止军事行动。第十八集团军驻重庆办事处也向蒋介石、何应钦提出严正交涉,再次要求撤退包围陕甘边区的部队。但国民党当局对此置若罔闻。

当边区连续遭受攻击且谈判无果后,中国共产党终于忍无可忍,被迫以留守兵团等正规主力部队展开较大规模的自卫反击作战,坚决击退来犯的顽军。三五九旅则奉中共中央军委命令,从雁北进驻绥德,迅速平息武装叛乱,肃清了绥德、米脂、葭(佳)县、吴堡、清涧等县的"反共"顽固势力,控制了绥德地区,特别是将以顽固和穷凶极恶著称的绥德国民党专员何绍南及其亲信驱离,很大程度上清除了该地的一大"病灶"。

中国共产党在此基础上,扩大战果,驱逐国民党行政官员出边区是其中最重要的成果之一:这是因为国共第二次合作、建立抗日民族统一战线后,国民党虽然被迫承认了陕甘宁边区的合法性,但同时坚持由陕西省政府向其派驻行政官员,中国共产党从团结抗日大局出发,同意这一要求,但实际上也建立了自己的行政体系,因此边区的 23 个县多处都成为国共各自任命县长、专员、建立保安队的"双重政权",且这些国民党官员多为负有特殊任务、具有特殊身份的"反共"分子(详见本章第三节),给中国共产党的民主改革和建设带来极大困扰,此时我党遂借兵威之余,1940 年 2 月,由毛泽东草拟以八路军后方留守处主任萧劲光之名义致国民党第一战区司令长官程潜电文,严肃指出:国共已合作 3 年之久,但边区行政尚未确定,以至出现古今中外闻所未闻的一县竟有两县长的咄咄怪事,而"陕省所派县长及绥德专员等",肆无忌惮,"专以制造摩擦、扰乱后方为能事",边区军民早已忍无可忍,"群以拘捕治罪为请",但为顾全抗日团结大局,"请钧座令知陕省府主动撤回",否则"实行护送出境"①。鉴于这些官员实已无法"行政"的状况,程潜遂回电同意边区各县县长得由边区政府委派,从而清除了中国共产党首脑卧榻之旁的窥测者,彻底结束了边区"双重政权"的畸形格局,真正统一了边区政权。

1940 年夏秋,击退国民党第一次"反共"高潮后,为了继续坚持抗日民族统一战线,维护国共两党长期合作、团结抗日的大局,该年 6 月,中共中央派周恩来、叶剑英为代表,在重庆与国民党代表何应钦、白崇禧谈判,强烈要求国民党当局真正承认中国共产党的合法地位,包括明令划定延安等 23 个县为陕甘宁边区,组织边区

———————————

① 中共中央文献研究室编:《毛泽东年谱(1893—1949)》(修订本)中卷,第 172 页。

政府,被拒绝。很快,国民党又发动了第二次"反共"高潮。

此时,晋西北抗日根据地已相对巩固,日本侵略军对边区的直接威胁基本消除,但国民党顽固派从四周对边区进行侵袭的危险性不仅始终存在,而且有增无减。

1943 年夏,国民党又趁共产国际解散等机会,策划发动第三次"反共"高潮。6 月 18 日,胡宗南根据蒋介石的密令在洛川召开军事会议,随后调集部队,准备兵分九路"闪击延安"。

对此,边区党和人民坚决斗争。7 月 9 日,各界人士 3 万余人在延安举行抗战六周年纪念大会,大会号召边区军民紧急动员起来,以实际行动保卫边区,制止内战。朱德以八路军总司令名义分别致电蒋介石、胡宗南,严正抗议和警告其发动内战的行径。留守兵团司令萧劲光也致电国民党有关将领,呼吁团结抗战,避免内战危机。毛泽东在《解放日报》发表社论《质问国民党》,以犀利的笔触严词抨击国民党各项倒行逆施的行径。

与此同时,我党在军事上迅速做好应战准备。中央军委调三五八旅由晋西北开赴边区,同时从晋察冀、太行等区抽调部队开赴晋西北和边区准备应变。陕甘宁晋绥联防军司令部重新调整了作战部署,以增强边区的纵深防御和军事机动。

边区人民也紧急动员起来,随时做好反击国民党"反共"进攻的战斗准备。边区警卫部队则多次击退国民党军队的试探性进攻。由于中国共产党在政治上掌握主动,军事上缜密准备,加之国际形势的发展,国民党陷入空前孤立、无机可乘、政治、军事彻底被动的境地,被迫暂时搁置闪击延安、入侵边区的阴谋,原本气势汹汹的第三次"反共"高潮一时烟消云散,得以制止。

但国民党顽固派并未改弦易辙,仍坚持其消极抗日、积极"反共"政策,继续对边区实施包围、封锁和破坏活动,仅 1944 年上半年挑起的摩擦事件就多达 100 多起。

1945 年抗战胜利前夕,国民党顽固派又一次企图夺取关中分区。7 月,胡宗南借口八路军煽动其在淳化组训的三团民兵"叛变",调集 6 个师的兵力分三路向边区留守部队爷台山阵地发起攻击。23 日又投入了预备第三师。边区留守兵团一部和地方武装在爷台山阵地打退了国民党顽军 3 个师几十次进攻后,为了避免内战,主动后撤,胡宗南部由此侵入边区纵深约 10 千米,此即所谓"淳化事件"。

事件发生后,朱德于 7 月 23 日致电蒋介石、胡宗南要求予以制止。7 月 26 日,陕甘宁晋绥联防军司令员贺龙等分别向蒋介石、胡宗南及国民参政会致电,说明事件真相,严正要求立即停止进攻,撤回原防区,并组织社会团体公正调查。我军还邀请美军驻延安的观察组前往爷台山地区察看。8 月 7 日,朱德再次致电蒋介石、胡宗南,重申各项主张。但胡宗南部继续进犯旬(栒)邑、耀县等地。在政治解决无望的情况下,为制止侵犯、保卫边区,并给来犯者以必要的教训,关中分区警备司令部遂集中新四旅第十六团和警备一旅第三团一营、三五八旅第八团,从 8 月 8 日起对侵占之敌开展自卫反击,于 9 日全歼 5 个连守敌,俘虏 100 余名,收复了爷台山阵地,战至 11 日,入侵的国民党顽固派军队被全部赶出,爷台山保卫战以我军完胜而告结束。这也是抗战时期陕甘宁留守部队最后一次反摩擦军事斗争。

在党中央、中央军委、边区党和政府的领导下,边区军民所开展的"有理、有利、有节"包括有限度的自卫反击、斗而不破等反摩擦斗争,有效制止了国民党顽固派对边区的进攻、破坏,维护了抗日民族统一战线和团结抗战的大局,受到了中共中央的充分肯定和国际国内进步力量的高度赞扬。

第三节　情报、保卫工作建设

作为军事斗争（当然也包括政治斗争等）的特殊延伸，情报保卫是边区的另一条重要战线。

一、沿革与组建

（一）沿革

中国共产党历来重视情报、保卫工作。如其创始者周恩来所述："国家安危，公安系于一半。"[1]从 1927 年大革命失败起，中国共产党即在上海建立了特科这一情报、保卫机构。1931 年在中央苏区成立国家政治保卫局。第二次国内革命战争中，国共斗争即包括双方情报隐蔽战线的生死博弈。特科 1935 年 11 月在上海被破坏。1934 年 10 月国家政治保卫局随红军长征，到达陕北后在瓦窑堡又重新组建"西北政治保卫局"，王守道任局长，1936 年 2 月由周兴接任。1937 年 1 月，该局迁至延安棉土沟。

（二）体系

全面抗战爆发后，中国共产党更强调情报、保卫工作的重要性："在伟大的民族解放战争中，要打明的仗，也要打暗的仗……这就是反敌探奸细反共特务的斗争，叫做锄奸保卫工作。"强调暗仗有时候作用广大，战略战术也更复杂更深奥，[2]因之更加重视此项工作，西北政治保卫局迅速衍化为中央、军队和边区三大情报系统。其中中央系统是全部情报工作的领导中枢，由军委二局暨总

---

① 王均平主编：《治安学》，武汉：武汉大学出版社 2016 年版，第 134 页。

② 陕甘宁边区政府委员会编：《陕甘宁边区政府工作报告》，第 44 页。

政锄奸部构成的军队系统侧重军事情报,而边区系统无论是机构还是重大业务,一直直属中央领导,成为党开展此项工作最主要的抓手。此处着重研介中央和边区系统。

中央系统:1937 年 12 月成立"中央特别工作委员会",对外称"敌区工作委员会",周恩来任主任,张浩任副主任。因周恩来常驻大后方,张浩不久病重,遂由康生、潘汉年接任主任、副主任,下设战区部,部长杜理卿(许建国,以下两名不再列其关系);城市部,部长潘汉年、副部长汪金祥;干部部,部长陈刚。1938 年又成立"中央保卫部",由杜理卿任部长。1939 年 2 月 18 日,中央书记处做出《关于成立社会部的决定》,由社会部统一领导各根据地和敌占区的情报、保卫工作,康生、李克农任部长、副部长;下设第一部(侦察),部长许建国;第二部(情报)部长潘汉年,副部长孔原、曾希圣;办公室、秘书处。各地党的高级组织内部相继成立区域性社会部。1941 年初皖南事变后,中共中央又成立"中央调查研究局",由毛泽东亲任局长,并于同年 9 月在原中央社会部和军委总参谋部情报部门的基础上成立"中央情报部",作为中共中央和中央军委统一掌管军政战略情报的机关,由中央调查研究局领导。中情部与中社部实际是一个机构两块牌子,成为全党情报工作的领导机构。

边区系统:边区政府成立后,1937 年 9 月,西北政治保卫局改称"陕甘宁边区政府保安处",简称"边保",隶属于保安司令部,内称"边区保安司令部保安处",由保安司令部副司令员周兴兼任边区保安处处长,副处长杜理卿。所属除秘书、总务科、红军工作科、保卫营外,设第一至第六科,分别为情报科、侦察科、刑事科、预审科、机关保卫科、治安科,其中第六科(治安科)科长刘护贫兼任延安市公安局局长。此后机构不断调整,但基本骨架实质未变。1939 年 4 月 4 日颁布的《陕甘宁边区政府组织条例》规定了保安处的主要职责:一是侦缉、惩处汉奸、谍探;二是指导民众锄奸组织;三是边区其他锄奸工作。① 保安处内设机构:一是社会局,负责锄奸工作,设有情报科、侦查科、预审科等;二是治安局,负责社会治安,设有治安科、派出所、便衣警察等。社会局与治安局分工协作,互相配合,共同打击各种破坏活动,维护边区安全稳定,具有鲜明的安保特点。② 保安处直达社会基层,在各分区设有保安分处,各县设立保安科(保卫局),受保安处和县委、县政府双重领导,主要受保安处直接指挥。其主要业务为侦察、情报、审讯、管辖看守所(县监狱)。延安市公安局由边保处直辖,在全市设有 4 个派出所和城内主要路口的 6 个警察哨岗,警察 300 多人和骑兵巡逻队。保安处还统辖边区的警察武装保安队,直辖有保安团,各县称警卫队、治安队或特务队,兵力 1 排至 1 连不等,是县政府唯一的武装力量。区设有保安助理员,乡设有治安委员会或治安委员。③

中共中央在各大区建立社会部后,西北社会部(西北局社会部)实体即为陕甘宁边区保安处,对外作为边区政府保安处,对内则是中共中央西北局社会部,亦即两者是两块牌子一套班子,且后者作为党的机构并不公开。1943 年 1 月颁布的有关组织规程中就指出:边区政府保卫处从党的组织系统来说,是西北中央局的社会部,从行政系统来说是陕甘宁边区保安处,它在西北局和边区政府共同领导下从事锄奸保卫工作,西北社会部又直接受中社部领导,

① 《红色档案:延安时期文献档案汇编》编委会编:《红色档案:延安时期文献档案汇编·陕甘宁边区政府文件选编》第 1 卷,第 209 页。

② 欧阳华:《抗战时期陕甘宁边区锄奸反特法制研究》,北京:中国政法大学出版社 2013 年版,第 62 页。

③ 中央档案馆、陕西省档案馆编:《中共中央西北局文件汇集 1941—1945》,中央档案馆、陕西省档案馆 1994 年版,第 106—109 页。

成为其直接实施部门，许多活动皆由保安处出面，西北社会部（边区保安处）的职责是保卫党，保卫革命武装，保卫抗日民主政权，防止、镇压和肃清各种敌探奸细活动和破坏行为，"巩固革命秩序，保障社会安宁"①。即工作重点是对边区、中共中央的保卫，所以边区保安处要受边区政府、中共中央西北局、中社部甚至中共中央的多重领导，是西北社会部的实体，中央社会部最重要的抓手，这种党政合一的体制，又便于上下沟通，各方协调，在边区锄奸、肃特及保卫等隐蔽战线领域充分发挥其力量。

二、斗争对象与方针政策和措施

（一）定位

全面抗战时期，日本帝国主义、国民党军统中统特务对边区进行了大肆破坏，造成了严重危害。

事实充分证明，汉奸、间谍特务是边区的心腹大患，面对日本和国民党间谍的猖獗活动，中共中央、边区党和政府依靠人民群众坚决抗击。

1937 年 7 月 8 日，中共中央发出的通电即提出"立即肃清潜藏在中国境内的汉奸卖国贼分子，及一切日寇侦探"。《抗日救国十大纲领》同样提出"肃清汉奸卖国贼亲日派"，强调如不加强此项工作，抗战不可能胜利，号召全党全军和各级锄奸保卫部门严加警惕民族敌人与阶级敌人的内奸政策，"把肃清内奸、反对奸细，当作锄奸工作最中心的任务"②，"彻底消灭汉奸、敌探、土匪的活动，以巩

---

① 中央档案馆、陕西省档案馆编：《中共中央西北局文件汇集 1941—1945》，中央档案馆、陕西省档案馆 1994 年版，第 98—99 页。

② 总政治部办公厅编：《中国人民解放军政治工作历史资料选编》第 5 册，北京：解放军出版社 2002 年版，第 434 页。

固抗日后方"①。毛泽东也多次强调"揭发和清除奸细"问题。②

（二）政策措施

在中共中央的统筹下，边区率先开展了大规模的锄奸、肃特工作，1938年5月15日边府和八路军留守处联合发布文告，号召民众积极告发在边区从事阴谋破坏、肆意捣乱、勾引煽惑、暗探军情的奸特分子，凡"证据确实者，准许就地逮捕。一经讯实，一律严惩不贷"③。随后又制定出台惩治汉奸的一系列具体规定，内容包括：

其一，指导方针。毛泽东在《防奸经验》第6期上提出了防奸工作的两条路线。正确路线是：首长负责，自己动手，领导骨干与广大群众相结合，一般号召与个别指导相结合，调查研究，分清是非轻重，争取失足者，培养干部，教育群众。错误路线是：逼、供、信。"我们应该执行正确路线，反对错误路线"④。这是中国共产党特别是边区与敌特斗争的根本性指导方针。

其二，贯彻群众路线。如前所述（见"社会建设"章第五节），陕甘宁边区党和政府充分发动群众，普遍建立锄奸组织。1937年10月边府颁布条例，要求普遍组织锄奸委员会，积极配合各专门机关开展锄奸肃特工作。10月10日从中央局到地委成立了保卫委员会，由党的书记兼任主席，群众团体普遍设立锄奸小组。1938年10月4日边府第八次主席团会议确定各乡成立锄奸委员会，责成

①《陕甘宁边区政权建设》编辑组编：《陕甘宁边区参议会资料选辑》，北京：中共中央党校科研办公室1984年版，第141页。

② 毛泽东：《中国共产党在民族战争中的地位》（1938年10月14日），《毛泽东选集》第二卷，第523页。

③ 陕西省档案馆、陕西省社会科学院编：《陕甘宁边区政府文件选编》第1辑，北京：档案出版社1987年版，第62页。

④ 中共中央文献研究室编：《毛泽东年谱（1893—1949）》（修订本）中卷，第448页。

雷经天、伍修权、周兴等 3 人共同修订锄奸委员会组织条例。①
1939 年初,陕甘宁边区锄奸委员会已达到 700 多个,锄奸小组将近
9 000 个。② 同年 3 月 5 日,边府公布《陕甘宁边区民众锄奸委员会
组织条例》,规定其职责是组织民众,协助边区保安机关和自卫军
肃清汉奸、谍匪以及一切企图破坏抗战、破坏边区的阴谋活动。10
月 20 日边区党委、政府做出决定,对乡锄奸保卫委员会体制加以
规定:该委员会受乡支部及乡政权领导,由乡支部书记、乡政府主
席、保卫干事、乡抗敌后援会主任、自卫军连长 5 人组成;主要职责
是防止与举发居民中的汉奸活动及其他破坏行为;监视嫌疑分子;
盘查过往人员;清查户口;举发隐藏奸细、土匪和违法分子;检举私
藏武器及违禁品等等。在边区党和政府的推动下,同年 11 月,边
区民众锄奸组织已有民众哨站 1 004 个,锄奸网员 4 859 人,锄奸
团员 129 523 人。③ 1944 年 1 月 17 日,边府又发布有关防奸的指
示,号召边区全体人民,无分男、女、老、少皆要努力参加防奸工作,
协助政府保卫机关开展防奸安保工作,并要求各级政府在边区各
地广泛进行宣传与动员。为此,边保先后编辑《锄奸画报》《锄奸通
讯》《防奸经验》等,有力配合了边区的锄奸反特工作。

与此同时,边区部队也开展了锄奸反特工作。1939 年 6 月 26
日中央军委及总政治部发布锄奸"训令",要求加强对锄奸工作的
领导,力求部队成分的纯洁与组织的严密。1940 年 6 月 10 日总政
治部发布《关于锄奸工作的指示》,提出各项具体政策。9 月 3 日总
政治部颁布《锄奸人员守则》,规定了部队锄奸人员必须具备的品

①　陕西省档案馆编:《陕甘宁边区政府大事记》,第 4 页。
②　雷云峰主编:《陕甘宁边区史·抗日战争时期》上,第 122 页。
③　陕西省公安厅编:《陕甘宁边区公安保卫史》,第 77 页。

质和遵守的纪律。1941年总政治部发布《关于军队锄奸工作及组织条例的决定》,规定:第一,在八路军总部、各师、各旅及军区等军事系统成立"锄奸局(部)",内分"内部工作部"与"外部工作部"两部分,两部的任务分别是:在军内肃清一切奸细、内奸,在军外捕捉汉奸、敌探,摧毁伪政权,镇压铁杆汉奸,平定各种暴乱。第二,八路军团以上的政治系统内设锄奸部门,营级独立支队设特派员,留守兵团和晋绥联防军设立"政治部锄奸部"领导锄奸工作,政治部主任负责指导各级锄奸部门日常工作。第三,设"锄奸保卫委员会"为军队各级锄奸保卫工作最高领导机构;各级锄奸委员会主要由本级军事主官、政治委员、政治部主任、组织部长、锄奸部长等组成,政治委员任主任,指导部队锄奸工作。锄奸部受锄奸委员会领导,下设侦查、教育、执行3科,分管情报侦查、锄奸干部的教育、处理政治犯等工作。群众性的锄奸防特运动的开展,形成了覆盖陕甘宁边区的巨网,短期内破获了一大批敌特、汉奸土匪案。①

其三,强化专门机构。在群众性防范的基础上,中共中央、边区党和政府又精心构建专门的锄奸反特机构,并不断强化之。

在中央社会处直接领导下,边区保安处即"边保"作为边区锄奸反特的最主要专门机关,进行了一系列工作:

作为直接指挥中枢,边保不断下发指导锄奸工作的文件,加强调研,创办情报专刊《书报简讯》,定期向中央和有关部门通报敌特情况。

强化组织的构建。为加强地方保安,1941年底以后边区保安处又在关中、陇东、三边、绥德和延属等地等陆续设立保安分处,形成五大分区的布局。

----

① 中共陕西省委党史研究室:《中共中央在延安十三年史》上,第614页。

　　加强专门机关的建设的一个重点是在充分发动群众的基础上,精心培育情报、保卫、锄奸工作的专业人才队伍,这被视为实现锄奸、保卫边区目标的最重要途径。

　　陕甘宁边区锄奸干部主要由三部分组成,第一类是德才兼备的无产阶级革命家,是保卫锄奸工作的核心力量。第二类是工农干部,思想觉悟较高,与人民群众联系密切、工作积极,但由于历史原因,他们大多文化偏低,工作缺乏创造性。第三类是从大后方来到边区的青年知识分子干部,他们文化水平较高,有革命热情,但缺乏实践工作经验和革命斗争锻炼。总体来看,文化程度偏低又是突出现象。如据 1944 年 12 月统计,160 名保安处干部中文化程度分别为大学 9 人,高中 24 人,初中 30 人,高小 44 人,识字 53 人;又如安塞县区一级干部文盲占比:区委书记 4.3%,区长 57.1%,自卫军营长 85.7%,工会主任 67.1%,妇联主任 100%,保安助理员和妇救会主任均为 28.6%[1],严酷的现实提出了必须加紧培养、造就大批德才兼备、忠诚革命事业、具有较高政治水平和较强业务能力的锄奸干部的任务。

　　为了加强锄奸干部教育的领导,边区在中共中央的直接领导下,率先开展对新老锄奸干部的教育和培训工作。边区政府和驻军建立了专门的组织领导机构,先后多次下发文件、颁布法规,构建起锄奸干部的学习教育培训的各项制度。

　　干部锄奸教育围绕锄奸斗争工作和业务开展"做什么,学什么"[2],基本内容涵盖政治、军事、业务、文化四部分。

---

① 陕西师范大学教育研究所:《陕甘宁边区教育资料·在职干部教育部分》,北京:教育科学出版社 1981 年版,第 120 页。

② 总政办公厅编:《中国人民解放军政治工作历史资料选编》第 6 册,北京:解放军出版社 2001 年版,第 619 页。

政治理论教育包括学习中共中央对时局的宣言、决定,研究边区政府发布的政策、法令及国民政府发布的对边区有借鉴价值的法令等,以提高锄奸干部的政治思想觉悟,增强对党的政治路线的理解,清除模糊认识。

文化教育则主要针对文化程度偏低、但具有一定实际工作经验的工农干部。根据基础不同,课程设置为高、中、初三级,主要教授一些基本的社会科学和自然科学知识。

军事教育旨在提高军队中锄奸干部的管理与指挥能力。

锄奸干部的教育重点是业务技能,以使他们成为"他所干的那种工作的专家"[1],其中 10％至 20％的人要能够学会"调查、研究、侦查、询问、审查等一全套的理论与技术","为将来准备大批的锄奸干部"[2],肃清、争取、改造特务、破坏分子。其内容包括:锄奸政策法律和业务的历史知识,研究敌(日本)、友(国民党)、我三方情况,掌握了解敌特活动规律和当地锄奸工作特点,研究各项具体业务,注重向国外、敌方和友军学习,扩大眼界,通过训练,"提高网员的知识与技能水平"[3]。

相关业务教育培训逐步形成常规化机制:由锄奸部门每周开授数小时锄奸课,每月召开一次锄奸工作研讨会,组织重要案件业务干部参加公审,定期组织业务测试和考核。成立情报、侦查、预审、行旅检查等业务研究组,专门研究锄奸业务中的各种难题,编辑出版用以开展工作研究和交流的锄奸刊物,如《公安旬刊》《锄奸

---

[1]《业务教育和政治教育》,《解放日报》,1942 年 3 月 10 日,第 1 版。

[2] 上海《社联通讯》编辑部编:社联通讯(增刊)《整党整风研究资料选编》,1983 年 6 月,第 37 页。

[3] 总政办公厅编:《中国人民解放军政治工作历史资料选编》第 6 册,第 113 页。

画报》《锄奸通讯》《业务通讯》《西北公安》等，①对锄奸干部进行政治、纪律和保密教育。延安整风期间，中共中央西北局整风学习委员会（边保是其中重要成员）还专门印发《防奸教育材料》，用其中详细剖析杨志功作为日本和国民党双料特务在延安的特务活动罪行等鲜活案例对锄奸保卫干部进行深刻教育。②

除常规、普及性教育培训外，边保还举办各种类型的专职干部培训班。

一是地方锄奸干部训练班，帮助地方培养锄奸干部，重点要求其掌握关于"党委领导、群众路线、公秘结合、分级负责、执行政策、依法办事"各项基本原则，明了保卫工作的基本内容和主要任务，包括加强防范和保卫要害部门，保卫边区重点目标、机密和要害部位安全，严格内部治安管理，维护好边区治安秩序，开展敌情调查研究，打击刑事犯罪分子和汉奸特务分子等。每期时间短则一周，长则一两个月。

二是高级专业干部班。在选派干部前往专门培养保卫干部的西北公学专项培养的同时举办深造班，在中社部的直接主持下，1938年6月，保安处在延安城外七里铺举办了第一期情侦干部训练班，此后又连续举办了七期，培训各县政治保卫分局局长和优秀侦查员，旨在提升受训者的政治、业务的综合素质和能力，进一步明了侦查工作的性质、任务、方针、原则，学习运用多种调查方式，掌握敌人的活动和线索。培养了一批优秀人才，为夺取抗战和随后解放战争的胜利、建立建设新中国储备了一大批骨干。

---

① 陕西省公安厅编：《陕甘宁边区公安保卫史》，第164页。

② 中央档案馆、陕西省档案馆编：《中共中央西北局文件汇集1941—1945年》，第118页。

1941 年又成立延安警政学校，为陕甘宁边区和晋绥边区培养公开的公安保卫干部和警察（见"文化建设"章第二节）。

抗战中后期，边保专门开设邮电机要训练班，培养学员明确邮电机要的性质和任务，熟悉掌握邮电机要密码规则诸项素质和能力。此类训练班以小型、分散、秘密为特征。

除注重培养自己的干部，中国共产党、边保还特别注重对反革命分子、特务的教育转化工作，化敌为友、化消极为积极，以利于锄奸反特的开展。1941 年国民党第二次"反共"高潮，国民党特务活动升级，中社部指出这一问题"值得全党严重注意和高度警惕"，明确提出了相应的政策：对内奸分子中执迷不悟者实行坚决镇压；对动摇被骗分子实行"一打一拉"，鼓励其回心向善；对痛改前非并愿意为我积极服务者迅速秘密说服争取；对借机深入突击者应加紧教育促其警惕；对已被敌人成功说服者应尽最后努力劝其悔悟；对被敌人密捕释放者应注意调查监视，酌情处理。[1]

其四，镇压与宽大、从轻与从严相结合。明确宽大、从轻主要目的是争取失足者，教育群众，缩减敌人的社会基础，打击最主要的敌人。中国共产党和边区规定，敌特中那些属于被胁迫参加多少还有些革命性的，应尽可能争取为我所用，"其他则一律释放"[2]。被敌人威逼利诱当谍探但无重大破坏行为、并能揭露敌人秘密、有立功表现者给予宽大处理。对这些动摇分子和胁从分子不得随便扣上汉奸帽子，要运用正确策略推迟他们转变为汉奸的过程，或使其变汉奸时陷于孤立。这些政策取得了明显效果。如绥西办事处

---

[1] 郝在今：《中国秘密战：中共情报、保卫工作纪实》，北京：金城出版社 2017 年版，第 252 页。

[2] 中共中央文献研究室、中央档案馆编：《建党以来重要文献选编（1921—1949）》第 17 册，第 704 页。

党政、司法机关于 1943 年 10 月 10 日至 16 日联合召开的政策兑现大会，对张通智等虽有一定罪行、但能主动坦白认罪的人当场释放。受政策感召，先后有 541 人主动投案，坦白罪行，因而"得到了解脱，走向光明"①。

(三) 构建防线

边保在整个边区，特别是延安构筑起公开与隐蔽的防线。中共中央进驻延安不久，西北办事处政治保卫局于 1937 年 1 月 20 日发出"关于目前警戒工作问题"的密令，要求在革命根据地实行五重警戒制：群众布哨；流动侦察警戒；隐蔽检查警戒（又名坐探）；布置工作网侦察；加强保卫队、特务队的教育，增加机关警戒力量，成为此后基本布局。②

公开方面，在七里铺、三十里铺、鄜（富）县茶坊、延川永坪、黄河边的临镇、延水关等处交通要道设立检查站，规定凡从大后方来延安人员必须持有边保颁发的护照（见"社会建设"章第五节）；在国民党控制的邮政、邮电局内设立邮电检查站，检查、监控往来国统区、沦陷区的函电；除专门机关外，边区上下成立的群众团体"锄奸委员会"也形成了巨大的防范网络。

中社部侧重秘密战线工作，有系统地开展与汉奸敌特斗争，严防其混入党内，确保党组织的巩固和各项政治军事任务的执行；同时尽可能利用敌人弱点，打入敌人内部，搜集敌对分子各种情报。③边保按此规定精心构建起强悍的锄奸、反特的秘密战线。

西北旅社、新市场的照相馆、边区政府交际处等重要接待场所

---

① 中国革命博物馆编：《解放区展览会资料》，北京：文物出版社 1988 年版，第173 页。

② 陕西省公安厅编：《陕甘宁边区公安保卫史》，第 73 页。

③ 陕西省公安厅编：《陕甘宁边区公安保卫史》，第 73 页。

都受边保掌控。在城乡各处以及单位、团体秘密且广泛设立"工作网",使各级保卫机关实现了耳聪目明。1940年初成立了便衣队,由赵苍璧担任队长,参照苏联的教材结合边区实际情况和自己丰富的侦察工作经验,编写了《怎样搜集和传递情报》《侦察与反侦察》等基础教材,对队员进行培训。便衣队员随后以不同职业、不同身份作掩护,分散到各地搜集情报,隐蔽跟踪嫌疑人员,控制社会秩序,在商贩等群体发展线人,将各个隐蔽角落纳入视线。为了安全传送情报特地在延安七里铺建立了一个"义兴和"客栈作为便衣队的秘密联络点。此外与中社部、军委系统相配合建立监听电台,配备技术人员和密码破译人员。

三、博弈与硕果

(一) 博弈

针对间谍的活动,边保在中共中央和中社部的直接领导下严密应对。如加强防范,各检查站仔细检查国民党过境人员、车辆,曾查出国民党二十二军过境车辆中非法携带的鸦片、银元,过境县长行李中携带的大批"反共"文件;采取"拉出来""打进去"的两手,特别强调"化敌为我服务",大胆使用国民党特务反正分子和可利用的嫌疑分子;1940年底,中社部发出《关于开展敌后情报工作的指示》,提出"大胆放手,积极开辟"方针,要求"展开进攻性情报工作",据此开设外勤据点,围绕着边区四境,对当面之敌展开工作。针对榆林、洛川、西峰各方向的中统、军统区室站点分别建有延安东北的绥德、米脂据点,南部的鄜(富)县、甘泉据点,西南的定边、陇东据点;在陇东还采取用收缴的鸦片来换取国民党特务情报等特殊方法。

（二）硕果

边区锄奸反特工作取得丰硕战果。

对日特斗争。1937 年、1938 年两年中，保卫部门共破获 100 多起敌特汉奸案，其中秘密侦探案 9 起，利用宗教团体掩护进行汉奸活动案 2 起，组织匪徒枪杀群众案 4 起，化装身份（如农民）进行汉奸活动案 5 起，引诱策反抗日战士带枪逃跑案 5 起。破获土匪案 150 多起，瓦解股匪、争取匪众 100 多人，缴枪 100 多支。此外还破获一些豪绅地主等人的破坏活动，没收烟土 7 000 多两，查获伪钞案 20 多起。1938 年至 1939 年连续破获哥老会受日军收买而组织的"天星党""黑军政府""防共委员会""探访委员会"等反动组织；1938 年 3 月 27 日边区高等法院公审自称八办政训处处长马克志、1936 年即加入日本特务机关企图入边区绘制陕西兵要地图的吉思恭，执行死刑；从 1939 年至 1941 年，保安处共破获 73 件汉奸日谍案件，日特拜明耀、罗鸿沟、宋昌龄、蔡长庚等多人被捕获。1941 年冬，中央社会部接待从敌占区来延安的原苏军情报组谍报人员张帆和田某夫妇，发现张帆给《解放日报》及所经各处的诗文实际在通报行程。经陈龙审讯，得知二人奉苏军情报组之命在沈阳做情报工作时被日军逮捕，被派入延安潜伏，为通报行程而只在报纸上发表文章。[①] 还抓获了以在延安开布店为掩护的日本特务、窃取延川县秘书职位的汉奸，消除了许多隐患。1943 年查获汉奸、特务携带持有的炸弹 142 颗，长短枪 207 支，轻机枪 2 挺，子弹 5 175 发，捕获特务 279 人。[②]

---

① 胡晓华：《军统、中特特务为何始终无法打入延安》，北京《纪实》2010 年第 7 期，第 32 页。

② 中国革命博物馆编：《解放区展览会资料》，北京：文物出版社 1988 年版，第 164 页。

对国民党特务的斗争更是业绩斐然。

边区形成的天罗地网，使国民党特务很难进入，更根本无法立足。

戴笠原对张国焘的"特种问题研究所"寄予厚望，但张国焘策划的"拉出来，打进去"皆落空。马志超的"特警训练班"第一批进入延安的薛志强等无法立足而回。1938年5月底，被派任延安电报局长汪克毅逃回说："一到延安就感到难受，仿佛四面八方的眼睛都刺着我，连电报局里面的人对我也不放松，他们好像是用无言的心声在詈骂我：'你是特务，不准你乱动。'""我简直气都喘不过来。我故作镇静，而内心恐慌。再说，机子上面有固定的值班，我所要发的电报发不出去，实际上我也没有什么电报可发的。我觉得我的身份被发觉了，待在延安，动都动不得，越想越不对，因此我只好借口回来了。"其在延安前后只有4个月。①

关中分区包括耀县、富平、淳化、旬（栒）邑等处，很快在国民党机关内部建立一批内线，获取了国民党中统特务机关在关中活动的一系列重要情报，被整理成《中统陕室特务一瞥》。在关中地委书记习仲勋的主持下，逮捕了被国民党逮捕后自首叛变加入了中统的"西北青年救国会"首领、"西北五青年"之一的何某。小学教员杨宏超被边保外勤组打入中统任"专任调工"，获取了包括中统派遣文彬策反关中银行行长周崇德的情报。而中统陕西调查室主任李茂堂在中共中央、中央社会部直接擘画下成了中共特别党员，向我党提供了大量高级情报，营救一批被捕同志，发挥了特殊重要作用。

---

① 张严佛：《抗战前后军统特务在西北的活动》，全国政协文史委员会：《文史资料选辑》第64辑，第103页。

军统榆林、绥德区上校专员韦良是绥德、米脂外勤据点发展的重要内线，提供了胡宗南部动向，国民党榆林区秘书长李文芳提供了中统密码。

甘肃省庆阳青年学生吴南山参加军统汉中训练班后，回庆阳西峰镇陇东中学进行特务活动。他目睹了边区新民主主义的现实情况，向县长陆为公交代了历史，经地委书记马文瑞批准参加革命，成为边保的线人，协助边保查明、抓获、诱捕潜入边区的包括西北特侦站派出的联络员祁三益、杨超、李春茂和总联络员赵秀汉等汉训班特务，并进一步扩大线索，于1942年5月抓获已潜入军委二局、晋绥联防司令部、中共陕西省委、边保绥德专署、陇东专署、延安防空监视哨、若干教育部门的特务分子51人（一说52人），摧毁了军统设在边区庞大的特务网[1]，对此戴笠直到1943年赵秀汉跑回西安才得知，恼羞之余对边区周边的特务机构进行大规模改组，将西北特侦站正副站长程慕颐、林继之撤职。[2] 这是抗战时期破获的最大的国民党特务案，受到毛泽东亲自表彰。1941—1944年，边保抓获了国民党安插在边区内及边区周围的特务分子279人。至1942年底各外勤据点已在国统区发展情报力量百余人，获得情报数百件。特别是通过获取了国民党驻延安联络参谋使用的密电码，从而掌握了一批战略情报，对中央的诸如抗战胜利后毛泽东是否赴重庆谈判等重大决策的制定起到了巨大作用。

因此类材料的高度机密性，相关档案多未公布，有关事例、统计数字仅能供参考。

抗战时期边区开展的隐蔽战线的各项斗争，其中肃特工作虽

---

① 参见陕西省公安厅编：《陕甘宁边区公安保卫史》，第89页。

② 江绍贞：《戴笠与军统》，北京：团结出版社2006年版，第134—146页。

然一度出现过扩大化错误（很快被纠正），但成绩是巨大的。它有效配合了军事斗争，保卫了党和人民群众的安全，巩固了红色根据地，为夺取抗战和新民主主义革命彻底胜利提供了强大的保障。

结　语

"忆往昔峥嵘岁月稠"。全面抗战时期陕甘宁边区的建设和创新活动是一曲壮丽的凯歌。建设恢宏壮丽,创新熠熠生辉,两者结合互动,结出了累累硕果:从中共中央、中央红军进驻陕北到1945年短短十年中,边区原本偏僻荒凉、贫穷落后的面貌大有改观,不仅当之无愧成为各敌后根据地的示范区,更在西北一角显现了未来繁荣、昌盛、进步的新民主主义中国的风采,正如著名爱国侨领陈嘉庚参观边区后所预言,"中国的希望在延安"[①],这是历史的奇迹。

如此骄人业绩的取得,必有其内在必然原因,而最根本的,一言以蔽之,是因为有了中国共产党——是中国共产党人在极其艰苦的条件下领导军民兢兢业业努力奋斗的结果,是中国共产党坚持"初心"、实践使命、发挥先进性使然。就其荦荦大端枚举如下:

其一,思想上、政治上、组织上已高度成熟的中国共产党,发挥了引领方向、统筹全局、协调各方、培养和输送干部的关键作用,坚持一切从实际出发,实事求是,准确分析和把握时代特征,并根据

[①] 杨国桢:《陈嘉庚》,北京:人民出版社1987年版,第87页。

形势发展、变化,制定出一系列路线、纲领、方针、政策,边区各项建设事业始终有着坚强的领导,得以克服各种困难障碍,沿着正确轨道不断前进。

其二,始终坚持以人民为中心。以人民为中心,全心全意为人民服务,是中国共产党一以贯之的根本宗旨。毛泽东在边区对此进行了系统阐发:1939 年 2 月 20 日给时任中央书记处书记、中宣部部长张闻天的信中第一次作出"为人民服务"的表述;1944 年 9 月 8 日在张思德追悼会上发表了"为人民服务"的著名演讲;10 天后,9 月 18 日,在中共中央办公厅招待英模会上再次指出:"我们的军队是真正人民的军队,我们的每一个指战员以至每一个炊事员、饲养员,都是为人民服务的","要和人民打成一片";[1]随后接见新闻工作者时又一次提出:为人民服务,"三心二意不行,半心半意也不行,一定要全心全意为人民服务";[2]在七大又一步系统阐述了"全心全意为人民服务"的深刻内涵,并将其上升到党和人民军队唯一宗旨的高度。

中国共产党是一个为民族、为人民谋利益的先进政党,"它本身决无私利可图"[3],因此,毛泽东指出:"共产党人的一切言论行动,必须以合乎最广大人民群众的最大利益,为最广大人民群众所拥护为最高标准。"[4]任弼时同样指出:中国共产党,"是最革命的最能够代表人民并为人民谋利益的政党,我们党的主张是代表人民的意见与要求的","我们的党是无产阶级政党,是从无产阶级的最

---

① 毛泽东:《坚持为人民服务》(1944 年 9 月 18 日),《毛泽东文集》第 3 卷,第 210 页。

② 吴再著:《向中国共产党学习》,深圳:海天出版社 2010 年版,第 92 页。

③ 毛泽东:《在陕甘宁边区参议会的演说》(1941 年 11 月 6 日),《毛泽东选集》第三卷,第 809 页。

④ 毛泽东:《论联合政府》(1945 年 4 月 24 日),《毛泽东选集》第三卷,第 1096 页。

高利益,从劳动群众的利益出发,来决定我们的主张与政策的,而无产阶级与劳动群众的利益,又是与全民族解放的利益是一致的"①。

根据这一宗旨,边区各级政府的工作人员都是人民的"公仆""勤务员",边区政府所做的一切工作、各项建设都是为了人民首先是边区人民的根本利益和看得见的当前利益,如通过经济建设民众得以丰衣足食,建起了自己的"革命家务";卫生建设大大降低人畜死亡率,维护了人民的健康;发展教育使得大批民众脱盲,文艺建设为民众带来了革命健康的精神生活;妇女解放运动中大批妇女获得新生;军事建设更是其他建设的保障,边区因之获得了安宁,宛如战争环境的瀚海中的绿洲,都是在不折不扣实践宗旨。

同时,中国共产党始终高度重视人民群众的作用,坚持人民群众创造历史的根本认识,形成了"一切为了群众,一切依靠群众"、"从群众中来,到群众中去"的中国共产党根本的政治路线、组织路线、工作路线——群众路线。这是"共产党员革命的出发点与归宿","我们同国民党的根本区别"。② 中共七大第一次明确概括了中国共产党群众观点的四个主要方面,即一切为了人民群众、全心全意为人民服务的观点,一切向人民群众负责的观点,相信群众自己解放自己的观点,向人民群众学习的观点,并要求这些观点"必须在每一个党员思想中牢固地建设起来"③。边区党和政府即紧紧依靠广大人民群众,组织广大人民群众投入抗战、保卫和建设边区的伟大实践。毛泽东在七大总结敌后抗战经验指出:包括边区在

① 任弼时:《关于党的一元化领导问题》(1943 年 1 月 7 日),《任弼时选集》,第 259—260 页。
② 毛泽东:《切实执行十大政策》(1943 年 10 月 14 日),《毛泽东文集》第 3 卷,第 71 页。
③ 刘少奇:《论党》(1945 年 5 月 14 日),《刘少奇选集》上卷,第 354 页。

内的解放区人民积极参加抗战的同时"又热烈地从事政治、经济、文化、卫生各项建设工作"。在这方面,最重要的是动员全体人民从事粮食和日用品的生产,使一切机关、学校,除有特殊情形者外,一律于工作或学习之暇,从事生产自给,以配合人民和军队的生产自给,造成伟大的生产热潮,借以支持长期的抗日战争。在解放区,敌人的摧残异常严重,水、旱、蝗灾也频频发生,生存条件十分恶劣。但是,中国共产党和人民政府领导全体人民有组织地开展了伟大的群众运动,御敌、灭蝗、治水、救灾等等,"收到了史无前例的效果,使抗日战争能够长期地坚持下去"①,刘少奇同样指出:党的一切纲领与政策,不论怎样正确,"如果没有广大群众的直接的拥护和坚持到底的斗争,都是无法实现"②。

另一方面,中国共产党不仅有为人民谋福祉的初心,同时更顺应了历史发展的进步潮流,如本书所示,所进行的建设,建设中制定的一系列符合历史前进方向、切合当时实际的正确方针政策、构建的行之有效的制度体系,使得为人民谋利益的良好愿望得以落实,真正实现了"顺天心,膺民意",理所当然获得民众的认同和拥护,民众特别是作为中国革命主力军、但分散落后的农民因之被吸引、被充分广泛动员组织起来,在各项建设中发挥了无可替代的作用。

其三,中国共产党作为先进的政党,具备了高超的政治智慧和能力。这种智慧和能力在相对安宁、局部执政的条件下得以充分施展。表现为:紧紧把握时代特征,审时度势,以巨大的马克思主义勇气,开展了一系列的工作:

---

① 毛泽东:《论联合政府》(1945 年 4 月 24 日),《毛泽东选集》第三卷,第 1041 页。
② 刘少奇:《论党》(1945 年 5 月 14 日),《刘少奇选集》上卷,第351 页。

首先是以创新的精神引领建设,在各项建设中贯穿着创新的精神。创新又是建立在理论创新的坚实的基础上,正是理论的发展创新不断推动边区建设的实践创新。理论创新是马克思主义的理论品格、内在要求、本质特征,是中国共产党人始终遵循的准则。全面抗战时期以毛泽东为代表的中国共产党人始终坚持把马克思主义基本原理和中国具体实际相结合,不断总结革命经验,科学阐明了中国基本国情、社会性质、主要矛盾、阶级关系、中国革命的对象、任务、动力、前途,形成了新民主主义理论,实现了一次重大的理论飞跃。理论创新是先导。在新民主主义理论指引下,在边区各项建设的实践过程中,相应持续产生了制度创新、体制创新、观念创新、思维方式创新,先后推出的"三三制""两权半分立""一元化"领导体制、大生产运动、精兵简政等,皆属于不落窠臼、没有先例的创举,而建设又使得创新有了源源不断的动力与活力,两者互为表里,相得益彰,推动边区的深刻变革和不断前进。

统筹规划,协调发展。边区按照创建新民主主义国家这一重要目标,整体推进包括政治、经济、军事、文化、社会等各领域的一系列建设,系统构建在党的"一元化"领导下的"经济—政治—文化三位一体"的国家制度,始终不渝坚持以经济建设为中心,但在一定时期又根据变化的形势突出工作重点,各项工作协调平衡,相互配合、相互促进、有条不紊整体推进;既着眼当前,又考虑未来;既考虑主体,又顾及其他,产生"一加一大于二"、利益最大化、代价最小化的"最大公约数"和"最小公倍数"的叠加效果。任弼时就曾指出:今天中国共产党所执行的统一战线政策和其他各项具体政策,如"减租减息又要缴租缴息","改善工人待遇又要资本家可以赚钱牟利"等等,"都是从照顾绝大多数劳动人民的利益出发",同时"也照顾了少数地主资本家的利益",体现了"既照顾了现在也照顾将来"①。

　　坚持实事求是,从实际出发,以解决实际问题为导向制定各项方针政策,进而构建制度体系。贯彻实事求是最重要的前提就是倾听人民群众的呼声,从中发现问题,"雷公不打毛泽东"事件使得毛泽东了解到人民群众负担过重而决定开展大生产;李鼎铭"精兵简政"的提案被认为"提得好,对人民有好处,我们就采用了"②而得到大力推广,与前者共同构成为战胜困难、促进革命队伍建设的两项关键性举措,皆为范例。

　　善于从人民群众的实践中发现、总结、推广典型。如基层党组织发现吴满有、赵占魁等默默奉献的劳动模范,受到中共中央、边区党和政府的高度重视,进行总结后在全边区开展了轰轰烈烈的"吴满有运动""赵占魁运动",把建设推向了新的高潮。

　　将创新与汲取传统的有益文化相结合,注重从中华优秀的传统文化中汲取营养。如司法中注重调解;医疗卫生中利用中医药;文艺中利用传统形式承载革命内容,"旧瓶装新酒";党的民主集中制、"一元化"领导体制、集体领导制度、请示报告制度等维护党的集中统一的制度体系,体现了追求整体的传统政治导向;全心全意为人民服务、救助移难民、拥政爱民、减租减息、耕者有其田等制度均贯穿了"民吾同胞物吾与""民为邦本本固邦宁"的传统政治理念;要求每一个共产党员积极工作、不惜牺牲以实现中华民族与中国人民的彻底解放,体现了家国一体的传统政治情怀;不断强调要以理论与实践统一为方法,达到克服主观主义、发展革命理论的目的则是契合了传统知行合一的方法。优秀的传统文化,作为中华

---

① 任弼时:《关于党的一元化领导问题》(1943年1月7日),《任弼时选集》,第260页。
② 毛泽东:《为人民服务》(1944年9月8日),《毛泽东选集》第三卷,第1004页。

民族的文明的结晶,对各项建设和创新工作有潜移默化、培根铸魂的促进作用。

其四,加强党的自身建设,推进伟大自我革命。

从遵义会议到抗战时期,中国共产党日益成熟,但决不故步自封,始终高度重视开展"伟大自我革命",把党的全面建设视为"伟大的工程"①。边区作为抗战总后方、中共中央所在地,党的建设工作得到了集中、深入、有效的实施。包括:

勇于自我革命。

一是虚心纳谏。1941 年毛泽东指出:我们不怕说出自己的毛病,我们一定要改正自己的毛病,这样"才能把国事真正办好起来"②。1944 年又进一步指出,"因为我们是为人民服务的,所以,我们如果有缺点,就不怕别人批评指出","只要我们为人民的利益坚持好的,为人民的利益改正错的,我们这个队伍就一定会兴旺起来"③。

二是敢于正视自身存在的问题,向痼疾开刀,对症下药,勇除沉疴。延安整风运动是一次全党马克思主义思想教育运动,肃清"左"倾教条主义和右倾机会主义的流毒,在思想上清除主观主义,确立起实事求是的学风,正式形成马克思主义中国化的第一个重要理论成果;政治上、组织上清除自由主义、两面态度、独立倾向、宗派主义、分散主义,确立巩固以毛泽东为核心的中央的"一元化"领导体制;作风上形成了中国共产党根本区别于其他一切政党的理论联系实际、密切联系群众、批评和自我批评的三大优良作风;

---

① 毛泽东:《〈共产党人〉发刊词》(1939 年 10 月 4 日),《毛泽东选集》第二卷,第602 页。

② 毛泽东:《在陕甘宁边区参议会的演说》(1941 年 11 月 6 日),《毛泽东选集》第三卷,第810 页。

③ 毛泽东:《为人民服务》(1944 年 9 月 8 日),《毛泽东选集》第三卷,第 1004—1005 页。

从严治党,惩贪祛腐,对违法乱纪行为零容忍,严惩不贷。

三是将制度建设贯穿于政治、思想、组织、作风、纪律等建设中,形成了一系列行之有效,影响至今的制度,并构成了严谨的体系。这种革故鼎新又与各项建设实践紧密结合,共产党人积极投身各种运动、活动,并在其中充分发挥先锋模范作用,内外兼修,达到了通过自我革命保持党的先进性纯洁性、推动革命、建设事业发展的多重目的,全党也因之达到空前壮大、团结和统一,到1945年中共七大召开之际,中共党员人数已发展到121万人,"其中绝大多数是在抗日时期入党的"①,成长为一个思想上政治上完全成熟、组织上巩固的全国性大党,充分发挥了战斗堡垒和先锋队作用,成为中国抗战胜利的中流砥柱,并为中国革命取得最终胜利奠定重要基础。

铸就一系列伟大的革命精神,具有极其丰富的内涵。包括:

夺取抗战和民主革命彻底胜利、进而实现人类解放的崇高理想。诞生于这一时期的抗大校歌"像黄河之水汹涌澎湃,把日军驱逐于国土之东,向着新社会前进前进,我们是劳动者的先锋",正是这种理想的表述。无私奉献,牢固树立全心全意为人民服务宗旨,明确共产党员、革命干部的"公仆"意识。更重要的,共产党人不但是言者,更是行者,为实现理想和使命而"积极工作,艰苦奋斗,英勇牺牲"(抗大校歌),在革命建设事业中"先天下之忧而忧",筚路蓝缕,承担最沉重的任务,从事最艰巨的工作,而建设成果的享受,则是"后天下之乐而乐",与民众同甘共苦,为人民和革命的利益不惜牺牲自身利益,如"三三制"选举中国共产党员自动退让,精兵简政中压缩机构和人员等,皆是集中的体现。

乐观自信的情怀。在崇高理想的指引下,尽管条件极端艰苦,

---

① 毛泽东:《论联合政府》(1945年4月24日),《毛泽东选集》第三卷,第1094页。

但共产党人总是充满必胜的信念,洋溢着乐观自信的微笑,到处都能听到革命的歌声,呈现出一派生机与活力。徐特立总结道:"我们党的自信心,群众的自信心,结合成为战胜帝国主义的民族自信心,因此就战胜了一切肉体上的困难。"①这是中国共产党"初心"的外在展现和边区的风貌,与国统区纸醉金迷但悲观萎靡形成了鲜明对照,显示出国共两党走向没落和代表未来的截然不同趋向。

其五,骨干力量的作用。

非常之功要有非常之人。陕甘宁边区建设取得的伟大成就,离不开一大批"好"干部的杰出贡献。

毛泽东指出:指导伟大的革命,要有伟大的党,还"要有许多最好的干部"②。为了中国革命胜利,中国共产党始终高度重视干部的培养。抗战时期更将培养和造就一大批"好"的干部提升到战略高度。在中共中央精心培育下,边区在革命、建设实践中涌现出一大批杰出代表,如:

马锡五,原名马文章,陕西省保安县(现为志丹县)人。幼时家境贫寒,刘志丹在陕北"闹红"后毅然投身革命,1935 年 4 月,任陕甘边苏维埃政府的粮食委员会委员长,中共中央、中央红军到达陕北后,任陕甘省苏维埃政府国民经济部部长,12 月加入了中国共产党,继任陕甘省苏维埃政府主席。③ 从 1937 年 10 月起先后担任庆环专区专员兼曲子县县长、边区政府委员、陇东分区行政督察专员公署副专员等职,多次受到党和边区政府表彰,毛泽东称赞扬他善

① 湖南省长沙师范学校编:《徐特立文集》,长沙:湖南人民出版社 1980 年版,第246 页。
② 毛泽东:《为争取千百万群众进入抗日民族统一战线而斗争》(1937 年 5 月 8 日),《毛泽东选集》第一卷,第 277 页。
③ 中共陕西省委党史研究室编:《中共陕西历史人物传》第 4 卷,西安:陕西人民出版社 2001 年版,第 3 页。

于结合实际,正确执行党的政策。① 边区政府曾表彰他领导的运盐工作"功绩是不可忽视的"②。同样在中共中央西北局高干会议上受到表彰,毛泽东为其题词"一刻也不离开群众"。③ 1942 年 12 月兼任边区高等法院陇东分庭庭长,开始长期从事司法工作,亲自审判的"封芝琴婚姻案""苏发云凶杀案""杨兆云状告政府案"等案件,特别是创造的符合边区特点的"马锡五审判方式"(见"政治建设"篇第六章相关内容)皆产生了极好的效应,赢得百姓们的交口称赞,被称为"马青天",也受到中央的重视和推广,成为边区司法界一面旗帜。1944 年 3 月 5 日毛泽东谈机关干部作风时指出,在我们的机关中"也有好的首长,如马专员会审官司,老百姓说他是'青天'。"④1944 年 1 月林伯渠在边区政府工作报告中号召,"提倡马锡五同志的审判方式,以便教育群众"⑤。

这些骨干承上启下、创造性工作、不懈努力,有力促进了边区各项建设的开展。

光前裕后,继往开来,陕甘宁边区建设作为中国新民主主义革命发展历程中一个重要阶段,中国共产党人在局部执政、艰苦卓绝条件下取得辉煌业绩的事实,不仅永载史册,而且雄辩地证明了"没有共产党就没有新中国"和共产党一定能够建立新中国的真理,而建设中的各种创新和取得的经验,更是新中国建设发展的永久财富。

---

① 杨忠虎、张用建主编:《陕甘宁边区劳模运动》,北京:中央文献出版社 2016 年版,第 372—373 页。

② 中共陕西省委党史研究室编:《中共陕西历史人物传》第 4 卷,第 4—5 页。

③ 陕甘宁边区财政经济史编写组、陕西省档案馆编:《抗日战争时期陕甘宁边区财政经济史料摘编·生产自给》第 8 编,西安:陕西人民出版社 1981 年版,第741 页。

④ 毛泽东:《关于路线学习、工作作风和时局问题》(1944 年 3 月 5 日),《毛泽东文集》第 3 卷,第 97—98 页。

⑤ 甘肃省社会科学历史研究室编:《陕甘宁革命根据地史料选辑》第 1 辑,第 404 页。

后　记

本书是团结协作的产物,具体写作分工如下:

导论:谢世诚、周竞风。

"政治建设"章:第一节谢世诚;第二节周竞风;第三节周竞风;第四节谢世诚、周竞风;第五节周竞风、谢世诚;第六节周竞风;第七节周竞风;第八节谢世诚。

"经济建设"章:第一节谢世诚;第二节周竞风、谢世诚;第三节周竞风;第四节周竞风;第五节周竞风、谢世诚;第六节周竞风、谢世诚。

"文化建设"章:第一节谢世诚、胡宝平(中共南京市委党校);第二节杨颖奇;第三节韩振武(苏州卫生职业技术学院)、谢世诚;第四节谢世诚。

"社会建设"章:第一节夏黎明(南京大学马克思主义学院)、谢世诚;第二节夏黎明、谢世诚;第三节夏黎明、谢世诚;第四节夏黎明;第五节谢世诚、夏黎明。

"军事建设"章:第一节周竞风、谢世诚;第二节周竞风;第三节谢世诚。

结语:谢世诚、周竞风。

参考书目:周竞风。

索引:谢世诚、周竞风。

全书由谢世诚统筹,周竞风、杨颖奇协助定稿。其中周竞风在搜集资料、撰写若干初稿、技术支持等方面做了大量工作;南京师范大学马克思主义学院研究生华诺、李娅茹、简晓慧、王俊东、陈晓玥、凌勇亮、靳涛,公共管理学院研究生代玉戈、王宇屹参加搜集资料;南京信息工程大学高盛蔷、金陵科技学院刘霆也提供了若干帮助。

新生儿呱呱坠地,当然欣喜。但更不能忘记从酝酿、写作到付梓、面世,南京大学张宪文教授暨民国史研究中心各位老师、评审专家,江苏人民出版社编辑皆给予了宝贵的指导,付出了繁重的劳动,作者在此仅掬一瓣心香,致以深深谢意!

参考书目

经典著作暨重要文集、年谱：

《马克思恩格斯全集》，北京：人民出版社中文第 2 版

《马克思恩格斯文集》，北京：人民出版社 2009 年版

《列宁全集》，北京：人民出版社 2017 年版

《列宁选集》，北京：人民出版社 1995 年版

《毛泽东选集》，哈尔滨：东北书店，1948 年版

《毛泽东选集》，北京：人民出版社 1991 年版

《毛泽东文集》，北京：人民出版社 1996 版

《毛泽东著作专题摘编》，北京：中央文献出版社，2003 年版

《毛泽东书信选集》，北京：人民出版社 1983 年版

《刘少奇选集》，北京：人民出版社 1981 年版

《任弼时选集》，北京：人民出版社 1987 年版

《董必武选集》，北京：人民出版社 1985 年版

《邓小平文选》，北京：人民出版社 1994 年版

《陈云文选》，北京：人民出版社 1995 年版

《彭真文选》，北京：人民出版社 1991 年版

《徐特立文集》，长沙：湖南人民出版社 1980 年版

《林伯渠文集》,北京:华艺出版社1996年版

《谢觉哉文集》,北京:人民出版社1989年版

《江泽民文选》,北京:人民出版社2006年版

《毛泽东年谱(1893—1949)》(修订本),北京:中央文献出版社2013年版

《任弼时年谱》(1904—1950),北京:中央文献出版社2014年版

档案文献、史料选编

中共中央文献研究室、中央档案馆编:《建党以来重要文献选编(1921—1949)》,北京:中央文献出版社2011年版

陕西省档案馆、陕西省社会科学院编:《陕甘宁边区政府文件选编》(第1—9辑),北京:档案出版社1986—1990年版

陕西省档案馆、陕西省社会科学院编:《陕甘宁边区政府文件选编》(第1—9辑),北京:档案出版社,西安,陕西人民教育出版社2013—2015年版

陕甘宁边区财政经济史编写组:《抗战时期陕甘宁边区财政经济史料摘编》(第1—9编),西安:陕西人民出版社1981年版

中央档案馆、陕西省档案馆编:《中共陕甘宁边区党委文件汇集(1937—1939)》,中共陕西省委党校印刷厂1994年版

中央档案馆、陕西省档案馆编:《中共陕甘宁边区党委文件汇集(1940—1941)》,中共陕西省委党校印刷厂1994年版

中央档案馆、陕西省档案馆编:《中共中央西北局文件汇集(1941年—1945年)》,中共陕西省委党校印刷厂1994年版

西北五省区编纂领导小组:《陕甘宁边区抗日民主根据地·文献卷》上,北京:中共党史资料出版社1990年版

西北五省区编纂领导小组:《陕甘宁边区抗日民主根据地·文献卷》下,北京:中共党史资料出版社1990版

甘肃省社会科学院历史研究室编:《陕甘宁革命根据地史料选辑》(第1—5辑),兰州:甘肃人民出版社1981—1986年版

中国社会科学院近代史研究所编:《陕甘宁边区参议会文献汇辑》,北京:

知识产权出版社 2013 年版

陕西师范大学教育研究所:《陕甘宁边区教育资料·社会教育部分》上,北京:教育科学出版社 1981 年版

陕西师范大学教育研究所:《陕甘宁边区教育资料·小学教育部分》上,北京:教育科学出版社 1981 年版

陕西师范大学教育研究所:《陕甘宁边区教育资料·在职干部教育部分》,北京:教育科学出版社 1981 年版

艾绍润、高海深主编:《陕甘宁边区法律法规汇编》,西安:陕西人民出版社 2007 年版

史志诚主编:《陕甘宁边区禁毒史料》,西安:陕西人民出版社 2008 年版

陕甘宁边区银行纪念馆编:《陕甘宁边区金融报道史料选》,西安:陕西人民出版社 1992 年版

陕甘宁边区政权建设编写组编:《陕甘宁边区的精兵简政·资料选辑》,北京:求实出版社 1982 年版

中国人民政治协商会议甘肃省委员会文史资料研究委员会编:《甘肃文史资料选辑》(第 12 辑),兰州:甘肃人民出版社 1982 年版

中国人民政治协商会议吴旗县委员会文史资料研究委员会编:《吴旗文史资料》(第 2 辑),1988 年版

中国人民政治协商会议延安市委员会文史资料研究委员会编:《延安文史资料》(第 3 辑),1986 年版

中国人民政治协商会议延安市委员会文史资料研究委员会编:《延安文史资料》(第 5 辑),1989 年版

中华全国妇女联合会编:《中国妇女运动历史资料 1937—1945》,北京:中国妇女出版社 1991 年版

《中国的土地改革》编辑部、中国社会科学院及经济研究所现代经济史组编:《中国土地改革史料选编》,北京:国防大学出版社 1988 年版

杨德寿主编:《中国供销合作社史料选编》第 2 辑,北京:中国财政经济出版社 1990 版

史敬棠等编:《中国农业合作化运动史料》上册,北京:三联书店 1957 年版

史敬棠等编:《中国农业合作化运动史料》下册,北京:三联书店 1962 年版

中国社会社会科学院新闻所编:《中国共产党新闻工作文件汇编》上,北京:新华出版社 1980 年版

中央统战部、中央档案馆编:《中共中央抗日民族统一战线文件选编》,北京:档案出版社 1985 年版。

陈明光主编:《中国卫生法规史料选编(1912—1949.9)》,上海:上海医科大学出版社 1996 年版

武衡主编:《抗日战争时期解放区科学技术发展史资料》第 1 辑,北京:中国学术出版社 1983 年版

武衡主编:《抗日战争时期解放区科学技术发展史资料》第 5 辑,北京:中国学术出版社 1986 年版

武衡主编:《抗日战争时期解放区科学技术发展史资料》第 6 辑,北京:中国学术出版社 1988 年版

中国革命博物馆编:《解放区展览会资料》,北京:文物出版社 1988 年版

陕甘宁边区民政厅编:《一九四一年陕甘宁边区乡选总结》(内部材料)1941 年

楚云:《陕行纪实》,重庆:读书生活出版社 1938 年版

黄炎培:《延安归来》,重庆国讯书店发行,1945 年 10 月

陕甘宁边区政府办公厅编:《医药卫生的模范》,延安:陕甘宁边区政府办公厅 1944 年版

任天马:《活跃的肤施》,上海:上海杂志公司 1938 年版

赵元明:《陕甘宁边区的劳动英雄》,上海:大众书店 1946 年版

谢克:《延安十年》,上海:青年出版社 1946 年版

中共西北局中央局调查研究室编:《陕甘宁边区二流子的改造》,济南:山东新华书店 1944 年版

中共中央西北局调查研究室编:《陕甘宁边区的劳动互助》,邯郸:冀南书店 1946 年版

刘御:《延安短歌》,上海:上海文艺出版社 1959 年版

地方志

陕西省地方志编纂委员会编:《陕西省志·劳动志》第 54 卷,西安:陕西人民出版社 1994 年版

陕西省地方志编纂委员会编:《陕西省志·检察志》第 57 卷,西安:陕西人民出版社 2009 年版

陕西省地方志编纂委员会:《陕西省志·审判志》第 58 卷,西安:陕西人民出版社 1994 年版

陕西省地方志编纂委员会编:《陕西省志·卫生志》第 72 卷,西安:陕西人民出版社 1996 年版

陕西省地方志编纂委员会编:《陕西省志·民俗志》第 77 卷,西安:三秦出版社 2000 年版

盐池县县志编纂委员会编:《盐池县志》,银川:宁夏人民出版社 2002 年版

延安市志编纂委员会编:《延安市志》,西安:陕西人民出版社 1994 年版

环县志编纂委员会编:《环县志》,兰州:甘肃人民出版社 1993 年版

延长县地方志编纂委员会编:《延长县志》,西安:陕西人民出版社 1991 年版

吴堡县志编纂委员会编:《吴堡县志》,西安:陕西人民出版社 1995 年版

华池县志编纂委员会编:《华池县志》,兰州:甘肃人民出版社 2004 年版

中共绥德县委史志编纂委员会编:《绥德县志》,西安:三秦出版社 2003 年版

报纸杂志

《解放》

《新中华报》

《解放日报》

《新华日报》

《群众》第 2 卷第 1 期

回忆录、传记、日记

谢觉哉:《谢觉哉日记》上卷,北京:人民出版社 1984 年版

莫文骅:《莫文骅回忆录》,北京:解放军出版社 1996 年版

萧劲光:《萧劲光回忆录》,北京:当代中国出版社 2013 版

李维汉:《回忆与研究》下,北京:中共党史出版社 2013 年版

胡乔木:《胡乔木回忆毛泽东》(增订本),北京:人民出版社 2014 年版

张秀山:《我的八十五年——从西北到东北》,北京:中共党史出版社 2007 年版

邓力群主编:《伟人的一生》(上),北京:中央民族大学出版社 2004 年版

李永新等著:《沈鸿——从布店学徒到技术专家》,北京:科学普及出版社 1989 年版

涂绍钧著:《林伯渠》,北京:中国文联出版公司 1991 版

何载:《丹心昭日月 缅怀李维汉在西北》,北京:中共党史出版社 2017 年版

专著

王晋林、秦生:《新民主主义模型——陕甘宁革命根据地史》,北京:中共党史出版社 2007 年版

宋金寿、李忠全主编:《陕甘宁边区政权建设史》,西安:陕西人民出版社 1990 年版

雷云峰主编:《陕甘宁边区史(抗日战争时期)》上篇,西安:西安地图出版社 1993 年版

星光,张杨:《抗日战争时期陕甘宁边区财政经济史稿》,西安:西北大学出版社 1988 年版

米晓蓉、刘卫平主编:《陕甘宁边区大生产运动》,西安:陕西师范大学出版社 2014 年版

刘宪曾、刘端棻主编:《陕甘宁边区教育史》,西安:陕西人民出版社 1994年版

黄正林:《陕甘宁边区乡村的经济与社会》,北京:人民出版社 2006 年版

黄正林:《陕甘宁边区社会经济史(1937—1945)》,北京:人民出版社 2006年版

杨东:《乡村的民意:陕甘宁边区的基层参议员研究》,太原:山西人民出版社 2013 年版

卢希谦、李忠全:《陕甘宁边区医药卫生史稿》,西安:陕西人民出版社 1994 年版

魏协武:《陕甘宁革命根据地银行编年纪事》,北京:中国金融出版社 1993年版

严艳:《陕甘宁边区经济发展与产业布局研究 1937—1950》,北京:中国社会科学出版社 2007 年版

中共陕西省委党史研究室:《中共中央在延安十三年史》上、下,北京:中央文献出版社 2016 版

高凤林:《党中央在延安十三年党群关系口述史》,北京:人民出版社 2016年版

中共陕西省委党史研究室编:《中外记者团和美军观察组在延安》,西安:陕西人民出版社 1995 年版

艾克恩:《延安文艺史》下,石家庄:河北教育出版社 2009 年版

阎伟东、孙玉玲编:《延安精神概览》,北京:当代中国出版社 2005 年版

姬乃军:《黄土魂——陕北民歌纵横谈》,西安:陕西人民出版社 1991 年版

顾龙生:《毛泽东经济年谱》,北京:中共中央党校出版社 1993 年版

刘益涛:《毛泽东与延安时期精兵简政》,西安:陕西人民教育出版社 1993年版

龚育之、逢先知、石仲泉:《毛泽东的读书生活》,北京:生活·读书·新知三联书店 2014 年版

孔永松:《中国共产党土地政策演变史》,南昌:江西人民出版社 1987 年版

钱承军：《建国前中国共产党报刊研究》，北京：中国文联出版社 2009 年版

梁星亮主编：《群众工作史》，北京：中央文献出版社 2015 版

唐宝富：《抗日根据地政治制度研究》，北京：人民出版社 2001 年版

柴树藩，于光远，彭平：《绥德、米脂土地问题初步研究》，北京：人民出版社 1979 年版

傅上伦、胡国华等：《告别饥饿——一部尘封十八年的书稿》，北京：人民出版社 1999 年版

王先明：《变动时代的乡绅——乡绅与乡村社会结构变迁（1901—1945）》，北京：人民出版社 2009 年版

朱克文等主编：《中国军事医学史》，北京：人民军医出版社 1996 年版

许文博等主编，张兴荣等编写：《中国解放区医学教育史》，北京：人民军医出版社 1994 年版

欧阳华：《抗战时期陕甘宁边区锄奸反特法制研究》，北京：中国政法大学出版社 2013 年版

陕西省公安厅编：《陕甘宁边区公安保卫史》，陕内资图批字，2005 年 059 号

蒋秋明、朱庆葆：《中国禁毒历程》，天津：天津教育出版社 1996 年版

张希坡、韩延龙：《中国革命法制史》，北京：中国社会科学出版社 1987 年版

杨永华、方克勤：《陕甘宁边区法制史稿·诉讼狱政篇》，北京：法律出版社 1987 年版

郝在今：《中国秘密战——中共情报、保卫工作纪实》，北京：金城出版社 2010 年版

马振犊：《国民党特务活动史》，北京：九州出版社 2012 年版

江绍贞：《戴笠与军统》，北京：团结出版社 2006 年版

杨者圣：《特工老板徐恩曾》，上海：上海人民出版社 1997 年版

王健英：《民主革命时期中共历届中央领导集体述评》下卷，北京：中共党史出版社 2007 年版

论文

齐心、张馨主编:《陕甘宁边区政府成立 50 周年论文选编》,西安:三秦出版社 1988 年版

南开大学历史系编:《中国抗日根据地史国际学术讨论会论文集》,北京:档案出版社 1985 年版

王德溥:《日本在中国占领区内使用麻醉毒品戕害中国人民的罪行》,《民国档案》,1994 年第 1 期

黄正林:《抗战时期陕甘宁边区农业劳动力资源的整合》,《中国农史》,2004 年第 1 期

雷小倩:《陕甘宁边区二流子改造及其影响》,延安大学学报(社会科学版),2011 年第 4 期

张扬:《抗日战争时期陕甘宁边区的精兵简政》,《近代史研究》,1983 年第 4 期

江沛:《"哀鸣四野痛灾黎":1942—1943 年河南旱灾述论》,《河南大学学报》(社会科学版),2014 年第 3 期

唐晓辉:《抗战时期陕甘宁边区社会互助互济运动研究》,《农业考古》2017 年第 6 期

周祖文:《论全面抗战时期陕甘宁边区基层动员的逻辑》,《抗日战争研究》,2019 年第 3 期

陈志杰:《抗战时期陕甘宁边区公营商业的构成与经营》,《抗日战争研究》,2004 年第 2 期

秦燕:《抗日战争时期陕甘宁边区的婚姻家庭变革》,《抗日战争研究》,2004 年第 3 期

杨双利、高石钢:《论抗战时期陕甘宁边区的信用合作社》,《农业考古》,2015 年第 3 期

外国著作

[英]林迈可著,杨重光、郝平译:《抗战中的红色根据地》,北京:解放军文

艺出版社 2005 年版

　　［美］马克·赛尔登著，魏晓明、冯崇义译：《革命中的中国：延安道路》，北京：社会科学文献出版社 2002 年版

　　［英］根舍·斯坦因著，李凤鸣译：《红色中国的挑战》，北京：新华出版社1987 年版

　　［美］洛易斯·惠勒·斯诺编，王恩光译：《斯诺眼中的中国》，北京：中国学术出版社 1982 年版

　　［英］欧内斯特·波尔斯特-史密斯著，刘蓉译：《辛亥革命前后的延安》，西安：陕西人民出版社 2011 年版

　　［美］H. 福尔曼著，熊建华译：《来自红色中国的报告》，济南：济南出版社2006 年版

　　［美］哈里森·福尔曼著，陶岱译：《北行漫记》，北京：解放军文艺出版社2002 年版

　　［美］埃德加·斯诺著，董乐山译：《西行漫记》，上海：东方出版社 2005年版

　　［美］埃德加·斯诺著：《我在旧中国十三年》，北京：三联书店 1973 年版

索　引

词语索引

人名索引